U0092531

熊禮匯 注譯
侯迺慧 校閱

新譯淮南子（下）

三民書局 印行

國家圖書館出版品預行編目資料

新譯淮南子／熊禮匯注譯,侯迺慧校閱.－－二版四刷.－－臺北市：三民，2021
面；　公分.－－(古籍今注新譯叢書)

ISBN 978-957-14-2553-5 （下冊:平裝）
1. 淮南子 2. 注釋

122.21

古籍今注新譯叢書

新譯淮南子（下）

注譯者｜熊禮匯
校閱者｜侯迺慧

發行人｜劉振強
出版者｜三民書局股份有限公司
地　址｜臺北市復興北路 386 號（復北門市）
臺北市重慶南路一段 61 號（重南門市）
電　話｜(02)25006600
網　址｜三民網路書店 https://www.sanmin.com.tw

出版日期｜初版一刷 1997 年 5 月
初版二刷 2002 年 5 月
二版一刷 2008 年 1 月
二版四刷 2021 年 6 月
書籍編號｜S031430
ISBN｜978-957-14-2553-5

著作權所有，侵害必究
※ 本書如有缺頁、破損或裝訂錯誤，請寄回敝局更換。

三民書局

新譯淮南子 目次

下冊

附錄

卷一二

道應

【題解】許慎說本卷題名，言「道之所行，物動而應，考之禍福，以知驗符也，故曰道應」。本書〈要略〉言本卷寫作特點和用心，則說：「〈道應〉者，攬掇遂事之蹤，追觀往古之跡，察禍福利害之反，考驗乎老莊之術，而以合得失之勢者也」。「已言俗變（指上卷〈齊俗〉）而不言往事，則不知道德之應」。曾國藩釋題意及文章作法，亦謂「此篇雜徵事實，而證之以老子《道德》之言。意以已驗之事皆與昔之言道者相應也，故題曰道應。每節之末，皆引老子語證之，凡引五十二處」。上述言論皆能道出本卷之大概。細言之，本卷意在應用歷史事實、神話、傳說、寓言等「已然之事」，印證黃老道論的一些主要觀點，以顯出黃老道學的正確、合理、可用。全卷五十六則，引《老子》語錄五十三條（有兩則均引二條），引《慎子》、《管子》、《莊子》語各一條。文章寫法則仿效《韓非子‧喻老》。常是用一事（也有用數事者）說一理，即使以理說理，也借助人物對話完成，而在篇末引出所證道論之語。這種用形象說理的文學效應是不言而喻的。從文體特徵看，本卷不少短篇很像後世一些篇末點題的寓言。

太清❶問於無窮❷曰：「子知道乎？」無窮曰：「吾弗知也。」又問於無為❸

曰：「子知道乎？」無為曰：「吾知道。」曰❹：「子之知道亦有數❺乎？」無為曰：「吾知道有數。」曰：「其數奈何？」無為曰：「吾知道之可以弱，可以強；可以柔，可以剛；可以陰，可以陽；可以窈❻，可以明；可以包裹天地，可以應待無方❼。此吾所以知道之數也。」太清又問於無始❽曰：「鄉❾者，吾問道於無窮，無窮曰：『吾弗知之。』又問於無為，無為曰：『吾知道。』曰：『子之知道亦有數乎？』無為曰：『吾知道有數。』曰：『其數奈何？』無為曰：『吾知道之可以弱，可以強；可以柔，可以剛；可以陰，可以陽；可以窈，可以明；可以包裹天地，可以應待無方。吾所以知道之數也。』若是，則無為之❿知與無窮之弗知，孰是孰非？」無始曰：「弗知深，而知之淺。弗知內，而知之外。弗之精，而知之粗⓫。」太清仰而歎曰：「然則不知乃知邪？知乃不知邪？孰知知之為弗知，弗知之為知邪？」無始曰：「道不可聞，聞而非也；道不可見，見而非也；道不可言，言而非也。孰知形形⓬之不形者乎？」故老子曰：「天下皆知善之為善，斯不善也⓭。」故「知者不言，言者不知⓮」也。

【章　旨】這一章借太清和無窮、無為、無始的對話，論「道」的特性。雖然文章以無始之言「道不可聞」、「道不可見」、「道不可言」為道的最高特徵，但無為所說「道之可以弱，可以強；可以柔，可以剛；

可以陰，可以陽；可以窈，可以明；可以包裹天地，可以應待無方」，極言道之無所不可，仍是對道的特徵的一種描述。不過是淺層次的描述。作者著意發揮的是老子「道可道，非常道」（《老子》第一章）、「道隱無名」（《老子》第四十一章）的思想。而文中說「不知乃知」、「知乃不知」，則本於老子的「知者不言，言者不知」（《老子》第五十六章）。本章文字多取自《莊子・知北遊》。

【注釋】❶太清　寓託人名。舊注謂「元氣之清者也」。❷無窮　寓託人名。舊注謂「無形也」。成玄英《莊子疏》謂「泰，大也。夫至道弘曠，恬澹清淡，囊括無窮，故以泰清、無窮為名也」。❸無為　寓託人名。舊注謂「有形而不為也」。❹曰　原文無此字，依《莊子・知北遊》原文補。本書舊注釋無為言知道謂「無為有形，故知道也」。❺數　理數；道理。此處指特性。❻窈　通「幽」、「黝」。黑色。此處作黑暗解，與「明」意義相對。❼應待無方　應待，即應對。無方，即沒有極限。❽無始　寓託人名。舊注謂「未始有之氣也」。❾鄉　同「嚮」。剛才。❿之　原文無此字，依王念孫校補。⓫弗知深六句　謂深淺、內外、精粗，均指修道工夫而言。原文「知」下有「之」字，依王念孫校刪。⓬形形　使有形之物具有形體。指道而言。原文僅有一「形」，依《莊子・知北遊》補。郭象注謂「形自形耳，形形者竟無物也」。《列子・天瑞》亦謂「形之所形者實矣，而形形者未嘗有」。⓭天下皆知二句　出自《老子》第二章。原文作「天下皆知美之為美，斯惡已；皆知善之為善，斯不善已」。張舜徽釋謂「此言君道之所以為美善，不同於世俗之所謂美善也。世俗以有為為美，而君道以無為為善；世俗以煩勞相尚，而君道以簡易相高；世俗以尊威自重，而君道以謙下自處；世俗競炫其才智，而君道率安於愚弱。舉凡天下所共推為美且善者，皆君道之所忌，當深惡而痛絕之」。⓮知者不言二句　出自《老子》第五十六章。張舜徽謂「此言人君若愚，『處無為之事，行不言之教』，不以多言為賢也」。知，同「智」。

【語譯】太清向無窮問道：「你懂得道嗎？」無窮回答說：「我不懂得。」太清又問無為說：「你懂得道嗎？」無為回答說：「我懂得道。」太清問：「你所懂得的道也有特點嗎？」無為說：「我所懂得的道有特點。」太清問：「道的特點怎麼樣？」無為說：「我所了解的道可以使它自己變得弱小，也可以變得強大；可以變得柔和，也可以變得剛烈；可以為陰，也可以為陽；可以黑暗，也可以明亮；可以包裹天地，可以應對萬物的變化而沒有極限。這就是我所知道的道的特點。」太清又問無始，說道：「不久之前我向無窮請教道的特點，無窮說：『我不懂。』又向無為請教，無為說：『我懂得道。』我又問他：『你所了解的道也有特點嗎？』無為說：『我了解的道有特點。』我又問他：『道的特點怎麼樣呀？』無為說：『我知道道可以使它自身變得弱小，也可以變得強大；可以變得柔和，也可以變得剛烈；可以為陰，也可以為陽；可以黑暗，也可以明亮；可以包裹天地，可以應對萬物的變化而沒有極限。這就是我所了解的道的特點。』像這樣，無為的懂道和無窮的不了解道，究竟哪個正確？哪個不正確呢？」無始回答說：「說不懂道的是對道了解很深，而說懂道的是對道了解得很淺。說不懂道的是深入了解道的內涵，而說懂道的還停留在道的表層。說不懂道的是把握住了道的精華，說懂道的只是粗略了解道。」太清抬頭感歎地說：「那照你這樣說，不懂得道就是了解道嗎？懂得道就是不了解道嗎？誰知道了解的是不了解，而不了解的是了解呢？」無始說：「道是不能聽聞的，能夠聽聞的不是道；道是不能看得見的，能夠看得見的不是道；道是不能用言語談論的，能用言語談論的不是道。誰能知道那使有形之物具有形體的沒有形體的道呢？」所以老子說：「天下的人都知道善之所以為善，這就顯出不善來了。」所以「聰明的人是不隨便說話的，隨便說話的不是聰明人」。

白公問於孔子❶曰：「人可以微言乎❷？」孔子不應❸。白公曰：「若以石投水❹何如？」曰：「吳、越之善沒者❺能取之矣。」曰：「若以水投水，何如？」孔子曰：「菑、澠之水合，易牙嘗而知之❻。」白公曰：「然則人固不可與微言乎？」孔子曰：「何謂不可！唯知言之謂者乎❼！夫知言之謂者，不以言言也。爭魚者濡，逐獸者趨，非樂之也❽。故至言去言，至為無為。夫淺知之所爭者末矣❾。」白公不得也，故死於浴室❿。故老子曰：「言有宗，事有君⓫，夫唯無知，是以不吾知也。」白公之謂也。

【章旨】這一章用白公向孔子討教微言之事說明「至言去言，至為無為」的道理。人知言貴在知其旨趣，不在以言傳言。以言傳言乃得其末。而深得言之旨趣又是很難的事。此章本於《呂氏春秋・精諭》，又見於《列子・說符》、《文子・微明》。

【注釋】❶白公問於孔子　白公，春秋楚平王之孫，太子建之子，名勝。其父為費無極所譖，出奔鄭國為鄭人所殺。勝欲令尹子西、司馬子期伐鄭，二人許而未行。適逢晉人伐鄭，子西、子期將救鄭，勝怒，曰：「鄭人在此，讎不遠矣。」欲殺子西、子期，故問孔子。❷微言乎　微言，猶言密謀、陰謀密事。原文無「乎」字，依楊樹達校補。❸孔子不應　舊注謂孔子「知白公有陰謀，故不應也」。❹以石投水　此處用以比喻微言不為人所察覺。原文作「以石投水中」，依俞樾校刪「中」字。❺善沒者　善於潛水的人。❻菑澠之水合二句　是說異味之水相合終為識味者所別，說明事物終不可隱。菑澠，齊地二水名。菑水，即淄水。源於山東省萊蕪縣。澠水，源於山東省臨淄縣西北。易牙，春秋齊桓公的幸臣，善於烹煮調味。❼唯知言之謂者乎　王念孫釋謂「言唯知言之謂者，乃可與微言也」。唯，原文作「誰」，依王念孫校改。謂者，發言之旨趣。❽爭魚者濡三句　謂爭魚逐獸者各應自然之勢，故或濡或趨。爭，求。❾夫淺知句　言淺智者等到事情顯明了而後爭，為失本而存末。淺知，指淺智者。❿死於浴室　白公殺子西、子期於朝，而劫惠王。自立為王月餘，葉公子高率徒攻白公，白公奔入山中自縊而死。本書舊注謂「楚殺白公於浴室之地也」。浴室之地不詳。⓫言有宗二句　所引老子語出自《老子》第七十章。奚侗說「言宗事君，謂道德也」。張舜徽謂「宗、君猶言主綱、要領也。老子自謂闡發君道之言雖多，而其中有主綱；人君所務之事雖繁，而其中有要領，一歸於柔弱、謙下而已。深慨時人愚而無知，是以不知我言之可貴也」。宗，本；主旨；宗旨。君，主。指根本。

【語譯】白公問孔子說：「人可以暗中謀劃密事嗎？」孔子不回答。白公說：「就像拿石子投入水中，怎麼樣？」孔子回答說：「吳、越一帶善於潛水的人能將石子從水底取出來。」白公又說：「如果像拿水倒入水中，又會怎麼樣呢？」孔子說：「菑水、澠水合在一起，易牙嘗一嘗就能分別出來。」白公又問：「這樣的話，那麼人就一定不能在一起密謀事情了嗎？」孔子說：「怎麼能認為一定不可以呢！大概只有能知道言語旨趣的人才能一起密謀言事吧！明白言語旨趣，是不用言語說出來的。捕魚的人衣服會弄溼，追趕野獸的人要奔跑，並不是他們高興那樣做。所以最高明的表達是去掉言詞不說話，最高明的行為是順應自然，不求有所作為。那些才智淺薄的人所爭論的都是支微末節。」白公不明白這個道理，所以作亂而死在浴室之地。因此老子說：「言論有一定的宗旨，事理有一定的根本，只因為人們不明白這個道理，因此大家不了解我。」白公的情況就是這樣。

惠子❶為惠王❷為國法，已成而示諸先生❸，先生皆善之。奏之惠王，惠王甚說之，以示翟煎❹，翟煎曰：「善。」惠王曰：「可行乎？」翟煎曰：「不可。」惠王曰：「善而不可行，何也？」翟煎對曰：「今夫舉大木者，前呼邪許❺，後亦應之。此舉重勸力之歌也，豈無鄭、衛激楚❻之音哉？然而不用者，不若此其宜也。治國在禮❼，不在文辯❽。」故老子曰：「法令滋彰，盜賊多有❾。」此之謂也。

【章　旨】這一章用翟煎和惠王論法的故事印證老子「法令滋彰，盜賊多有」的觀點。說明法貴簡明易行，不在文辭之美，而在於切合實用，解決問題。本章所用事例及大半文字出自《呂氏春秋．淫辭》。

【注　釋】❶惠子　即惠施。❷惠王　梁惠王（即魏惠王）。❸先生　年高而有德者。❹翟煎　《呂氏春秋》作翟翦，高誘注謂其為「辯人」。本書本句原文無「翟煎」二字，依王念孫校補。❺邪許　眾人勞動時一齊發出的呼聲。《呂氏春秋．淫辭》

作「輿謣」。❻激楚　聲音高亢淒清。《呂氏春秋》原文謂「翟翦對曰：『……此其於舉大木者善矣，豈無鄭、衛之音哉？然不若此其宜也。夫國亦木之大者也』」。❼在禮　原文作「有禮」，依王念孫校改。❽文辯　指文辭豐富、巧妙，善於辯說。❾法令滋彰二句　出自《老子》第五十七章。張舜徽謂「尚智則偽生，繁令而奸起，以明有為之不如無為，為人君發也」。案：帛書乙本《老子》作「法物茲章，盜賊多有」，意謂珍好之物越是彰揚其美，盜賊就越多。此當為《老子》本義。滋彰，愈加明顯。滋，益；愈加。

【語　譯】惠子替梁惠王制定國家法律，完成後就拿給年長德高的先生們看，先生們都說制定得好。臣下將這個情況上奏惠王，惠王很喜歡這部法令，就拿給翟煎看。翟煎說：「這法好。」惠王問道：「好，可以在全國頒布執行嗎？」翟煎說：「不能。」惠王問：「既然很好，卻不能夠頒布執行，這是什麼原因呢？」翟煎回答說：「現在一些人抬大木頭，前面一個人喊著『邪許，邪許』，後面的人就跟著應和。這是抬重東西時，鼓動眾人一齊用力的歌。難道沒有像鄭國、衛國民歌那樣高亢淒清的歌曲嗎？然而大家不唱那樣的歌，原因就是不如呼叫這『邪許、邪許』的口號適宜。治理國家在於制定禮法，不在於法令的文字豐富、巧妙、善辯。」所以老子說：「法令愈加顯明，盜賊反而增多。」就是這個意思。

田駢❶以道術說齊王❷，王應之曰：「寡人所有，齊國也。道術難以除患，願聞齊❸國之政。」田駢對曰：「臣之言無政，而可以為政。譬之若林木無材，而可以為材，願王察其所謂，而自取齊國之政焉。已雖無除其患害❹，天地之間，六合之內，可陶冶而變化也。齊國之政，何足問哉？此老聃之所謂『無狀之狀，無物之象❺』者也。若王之所問者，齊也；田駢所稱者，材也。材不及林，林不及雨❻，雨不及陰陽，陰陽不及和❼，和不及道❽。」

【章　旨】這一章用田駢和齊王論道術之事言道之大用。文中說知道術而不言政，卻可以為政，正如林木無材，而擁有林木就能「為材」一樣。又說材不及林，林不及雨，雨不及陰陽，陰陽不及和，和不及道。借比喻以作論，形象地說出了道支配一切、籠括一切的道理。本章文字取自《呂氏春秋・執一》。

【注　釋】❶田駢　戰國齊人。駢與鄒衍、淳于髡為齊宣王之上大夫。其人善辯，號曰天口駢。嘗學於彭蒙，遊學稷下。❷齊王　即指齊宣王。❸齊　原文無此字，依楊樹達校補。❹已雖無除其患害　此句謂如此，雖無除其患害。已，《爾雅・釋詁》謂「此也」。❺無狀之狀二句　出自《老子》第十四章。原文係描述道的特點。❻林不及雨　舊注謂「雨然後材乃得生也」。❼和　指陰陽二氣相互作用產生的和氣。和氣產生萬物。❽和不及道　道氣化為陰陽，陰陽二氣相互作用產生和氣，和氣始生萬物，故言「和不及道」。

【語　譯】田駢用道術來說服齊宣王，齊宣王回答說：「我所擁有的是齊國這個國家，用道術很難消除這個國家的禍患，我希望聽你談一談對齊國政事的意見。」田駢回答說：「我說的話不涉及政治問題，但卻可以用來處理政事。這就好比樹林中沒有現成的木料，卻可以產生木料一樣。希望大王仔細思考我所說的道理，而自己從中獲得處理齊國政事的方法。其中雖然沒有消除齊國禍害的具體辦法，但大王在天地之間、六合之內，可以像自然化育萬物那樣治理政事。齊國的政事，哪裡值得一問呢？這就是老聃所說的『沒有形狀的形狀，沒有物象的物象』。像大王所問的，是齊國的政事；田駢所講的，就像是木料一樣。木料是比不上樹林的，樹林是比不上雨的，雨是比不上陰陽二氣的，陰陽二氣是比不上和氣的，和氣是比不上道的。」

白公勝得荊國❶，不能以府庫分人。七日❷，石乞❸入曰：「不義得之，又不能布施，患必至矣。不能予人，不若焚之，毋令人害我。」白公弗聽也。九日，葉公❹入，乃發❺大府之貨以予眾，出高庫❻之兵以賦民，因而攻之，十有九日而擒白公❼。夫國非其有也，而欲有之，可謂至貪也。不能為人❽，又無以自為❾，可謂至愚矣。譬白公之嗇也，何以異於梟❿之愛其子也？故老子曰：「持而盈之，不如其已。揣而銳之，不可長保也⓫。」

【章　旨】這一章用白公貪財為葉公所滅以印證老子的「持而盈之，不如其已。揣而銳之，不可長保也」。本章文字取自《呂氏春秋・分職》及《文子・微明》。

【注　釋】❶荊國　即楚國。❷七日　舊注謂「白公篡得楚國，貪其財而不分人也。得積七日也」。❸石乞　白公親近之臣。後與白公奔逃山中，唯其知白公死所。原文作「石乙」，依王念孫校改。❹葉公　葉公子高。楚葉縣大夫沈諸梁，字子高。白公劫惠王，葉公率眾攻討，使白公逃往山中自縊而死。❺發　打開。❻高庫　此指藏車馬兵甲的大型倉庫。❼擒白公　舊注謂「葉公殺白公也」。白公實自縊而亡。❽為人　指為他人謀利。❾自為　即替自己打算。❿梟　鳥名。即鴞。俗稱貓頭鷹。傳說梟愛養其子，子大反食其母。⓫持而盈之四句　出自《老子》第九章。高延第謂「鍾擊刀劍使之鋒利，則易折缺。日中則移，月滿則虧，人事亦然」。張舜徽說「此亦為君道而發，言當以盈滿為戒也」。持，帛書《老子》乙本作「植」，為「殖」之異體，貨殖之義，指積其財貨。不如，原文作「不知」，依《老子》原文校改。揣，捶擊。

【語　譯】白公熊勝得到了楚國，卻不能拿出府庫中的財物來分給眾人。過了七天，石乞進宮對白公說：「用不義的行為得到這些財物，又不能施捨給人，禍患一定會到來。不能給與別人，不如把它們燒掉，不要讓人來害我們。」白公不聽他的。到了第九天，葉公從外進入國都，於是打開大倉庫，把裡面的財物送給眾人，把大兵器庫中的武器發給民眾，就靠這些來攻討白公，過了十九天便捉住了白公。國家本來不歸他所有，而他卻想佔有，可以說是貪婪到極點。不能為人謀利，又不能替自己打算，可以說是愚蠢到極點。打個比方來說白公的吝嗇，他的行為和貓頭鷹喜愛牠的幼兒又有什麼不同呢？所以老子說：「積聚財貨太豐足了，不如停下不再積聚了。刀劍的鋒口錘擊得很鋒利，那鋒口就容易折缺而不能長久保持。」

趙簡子以襄子❶為後，董閼于❷曰：「無恤賤，今以為後，何也？」簡子曰：「是為人也，能為社稷忍羞❸。」異日，知伯與襄子飲而批❹襄子之首，大夫請殺之，襄子曰：「先君之立我也，曰能為社稷忍羞，豈曰能刺人哉！」處十月，知伯圍襄子於晉陽，襄子疏隊❺而擊之，大敗知伯，破其首以為飲器❻。故老子曰：「知其雄，守其雌，其為天下谿❼。」

【章旨】這一章用襄子為社稷忍羞、終滅知伯的故事，印證老子知雄、守雌的道理，發揮的是黃老道學中貴柔、貴後、貴下的思想。

【注釋】❶襄子　趙簡子（名鞅，晉卿，當時主晉國之政）庶子。名無恤，為翟婢所生，後鞅廢太子伯魯，立無恤為太子。❷董閼于　趙鞅家臣。❸忍羞　舊注謂「襄子能柔，能忍恥也」。❹批　擊；用手打。❺疏隊　猶言分隊。舊注謂「疏，分也。隊，軍二百人為一隊。分斯隊卒擊之」。❻飲器　酒器。❼知其雄三句　出自《老子》第二十八章。下言「為天下谿，常德不離，復歸於嬰兒」。河上公謂「雄以喻尊，雌以喻卑。人雖知自尊顯，當復守之以卑微。去雄之強梁，就雌之柔和，如是則天下歸之，如水流入深谿也。人能謙下如深谿，則德常在，不復離於己。當復歸志於嬰兒，惷然而無所知也」。雄，剛強。雌，柔弱。谿，溪澗；山間小河溝。

【語譯】趙簡子將襄子立為太子，他的家臣董閼于問道：「無恤出身低賤，現在立他為太子，這是為了什麼呢？」簡子回答說：「無卹為人，能夠為了國家的利益而忍受羞恥。」後來有一天，知伯和襄子在一起喝酒，而用手打襄子的頭，大夫們要求殺死知伯，襄子說：「先君立我為太子，說我能為國家利益而忍受羞恥，哪裡是說我能刺殺人呢！」停留了十個月，知伯在晉陽包圍了襄子，襄子把隊伍分開以攻擊知伯的軍隊，把知伯打得大敗，把知伯的腦殼剖開做了酒器。所以老子說：「知道什麼是剛強，而安守柔弱，將成為天下的谿澗。」

齧缺❶問道於被衣❷，被衣曰：「正女❸形，壹❹女視，天和❺將至。攝女知❻，正女度❼，神將來舍❽。德將為若美❾，而道將為女居❿。惷乎⓫若新生之犢⓬，而無求其故⓭。」言未卒，齧缺繼以讎夷⓮。被衣行歌而去曰：「形若槁骸，心如死灰⓯。真其實知⓰，不以故自持⓱。墨墨恢恢⓲，無心可與謀。彼何人哉！」故老子曰：「明白四達，能無以知乎⓳？」

【章　旨】這一章用被衣告訴齧缺如何具備道、德，印證老子不用心智而求得博大之明的說法。被衣講人的得道實分兩階段，一是通過「正女形，壹女視」，以達「天和（指人自然稟受之純氣、亦即元氣）」。二是通過「攝女知，正女度」使神來、德來、道來。被衣又針對齧缺的疑慮點明道、德修養的要領，就是去故巧，無心可與謀。本章文字多取自《莊子・知北遊》，一些重要語句亦見於《文子・道原》。

【注　釋】❶齧缺　寓託人名。《莊子・天地》謂「堯之師曰許由，許由之師曰齧缺，齧缺之師曰王倪，王倪之師曰被衣」。❷被衣　即「披衣」。又稱蒲衣子。寓託人名。《尸子》謂蒲衣八歲，舜讓以天下。❸女　同「汝」。❹壹　專一。❺天和　天然和氣；元氣。此指人自然稟受的純氣。❻攝女知　謂收斂其聰明智慧。攝，收攝；收斂。❼度　意度；思慮；意識。❽神

將來舍　宣穎釋《莊子》謂即「神明自歸」。來舍，來居止。或謂舍有「受容」之意，亦是。❾為若美　意謂為汝而充實。《管子・心術》說「無為之謂道，舍（受容）之之謂德」，故言。若，汝。美，充實。《孟子・盡心下》：「充實之謂美。」本書原文作「來附若美」，依王念孫校改。❿為女居　為汝所受容。即以汝為居所，為汝所具備。居，有受容之意。⓫舂乎　即舂然。愚而無知之狀。⓬犢　初生之牛。⓭故　事。成玄英《莊子疏》謂「故，事也。心既虛夷，視亦平直，故如新生之犢於事無求也」。⓮齧缺繼以讎夷　謂齧缺聞被衣之言而仍疑之。讎，通「由」、「猶」。夷，與「豫」為雙聲。故讎夷，即猶豫、疑而不決之意。舊注謂「讎夷，熟視不言貌」。⓯形若槁骸二句　《莊子・齊物論》言「形固可以使如槁木、心固可以使如死灰乎」。槁骸，槁木之骸。即枯樹枝。死灰，火已熄滅的冷灰，不會復燃。⓰真其實知　以其所實知者為真。林希逸釋《莊子》謂此句「言其實見此理之真也」。⓱不以故自持　即不以智巧自我矜持（誇耀）。即《莊子》所謂「去智與故，循天之理」。不以故，不以智故（智巧）。原文無「不」字，依王念孫校補。⓲墨墨恢恢　墨墨，混沌無知之狀。恢恢，廣大寬闊、無所不容之狀。⓳明白四達二句　出自《老子》第十章。張舜徽說「明白四達，是無所不知也。知而不自以為知，乃君道之所尚。《韓非子・揚權》云『聖人之道，去智與巧』，《呂氏春秋・任數》云：『去智無以知則公』，皆即『無知』之意」。四達，通達無阻。知，同「智」。指心智。

【語譯】齧缺向被衣請教如何得道，被衣說：「端正你的形體，專一你的視線，天然的和氣將會到來。收斂你的智慧，端正你的思慮，神明就會來歸。德將為你而充實你的心，而道將為你而停留。使你像一頭愚蠢無知的初生小牛，而對什麼事情都不想知道。」話還未說完，齧缺便露出了猶疑神態。被衣邊走邊唱走了，他唱道：「形體就像枯槁的樹枝，心就像熄滅了的冷灰。把自己實際了解的東西當做真知，不拿智巧來自我誇耀。顯得混沌無知而無限廣大、寬闊，沒有心能與人同謀事理。那是什麼樣的人呀！」所以老子說：「明白事理通達無阻，能聽其自然不用自己的心智嗎？」

趙襄子使❶攻翟❷而勝之，取左人、中人❸。使者來謁之，襄子方將食而有憂色。左右曰：「一朝而兩城下，此人之所喜也。今君有憂色，何也？」襄子曰：「江河之大也，不過三日❹。飄風暴雨不終朝❺，日中不須臾❻。今趙氏之德行無所積，一朝❼而兩城下，亡其及我乎？」孔子聞之曰：「趙氏其昌乎！」夫憂所以為昌也，而喜所以為亡也。勝非其難也，持❽之其難者❾也。賢主以此持勝，故其福及後世。齊、楚、吳、越皆嘗勝矣，然而卒取亡焉，不通乎持勝也。唯有道之主能持勝。孔子勁，杓❿國門⓫之關⓬，而不肯以力聞。墨子為守攻，公輸般服⓭，而不肯以兵知⓮。善持勝者，以強為弱。故老子曰：「道沖，而用之又弗盈也⓯。」

【章　旨】這一章用趙襄子居安思危、勝而慮亡之事，得出「憂所以為昌」、「喜所以為亡」以及「善持勝者，以強為弱」的論點，印證老子「道沖，而用之又弗盈也」（道虛而用之無盡）。本章文字多取自《呂氏春秋．慎大》，其文亦見於《列子．說符》。

【注　釋】❶使　原文無此字，依王念孫校補。趙襄子使新稚穆子（即其家臣新稚狗）攻翟而未親往。❷翟　狄。此指鮮虞，在今河北省正定縣一帶活動。❸左人中人　鮮虞二邑名。原文作「尤人、終人」，「尤人」依王念孫校改為「左人」，「終人」依《列子》、《呂氏春秋》原文改為「中人」。❹江河之大也二句　長江、黃河水雖大，但不超過三天水就小了。舊注謂「三日而減」。《說苑．談叢》據此而言「江河之溢，不過三日」。❺飄風暴雨句　本於《老子》「飄風不終朝，驟雨不終日」。句中「飄風」即猋風。指旋風、疾風。不終朝，猶言不終日。終朝，整天。原文無此三字，依俞樾校補。❻日中不須臾　《莊子．天下》嘗言「日中方睨（斜）」，故言。日中，指太陽正當天中。須臾，片刻。❼一朝　原文上有「今」字，依王念孫校刪。

又原文下無「而」字，亦依王念孫校補。❽持　守。❾其難者　原文作「者其難」，依王念孫校改。❿扚　引。此指孔子手握城門關楗而舉之。原文作「杓」，依王念孫校改。⓫國門　指國都城門。⓬關　關楗。指閉門所用的橫木。⓭墨子為守攻二句　公輸般在楚，楚王使之設雲梯以攻宋。墨子行十日十夜至郢勸楚王止其事。楚王說公輸般為巧工，所造雲梯無人可破，必定破宋。墨子於是和公輸般在楚王面前模擬攻守之勢，結果公輸般九攻之，墨子九卻之；公輸般九守而墨子九下之。攻宋之事楚王即作罷。墨子，名翟，魯國人，生當春秋末年和戰國初年。公輸般，魯國人，因此也稱魯般（或魯班），又稱公輸子。能造奇巧的器械。⓮以兵知　謂以善用兵見知於天下。⓯道沖二句　出自《老子》第四章。高延第謂「無為之道，虛靜淵深，濡潤萬物，不以盈滿為事」。沖，虛。用之又弗盈，即謂用之無盡。盈，滿。滿則有限。

【語　譯】趙襄子派兵攻打翟國，戰勝了對方，攻下了左人、中人兩座城。使者來向他報告情況，襄子正要吃飯而面帶憂愁之色。他身邊的人說：「一個早晨就攻下了兩座城，這是人們為之歡喜的事。現在你卻面帶憂愁，這是為什麼呢？」襄子說：「長江、黃河水很大，但不超過三天水就會減少。狂風暴雨不會持續一整天，太陽在天正中的時候不會超過片刻工夫。現在趙氏的德行沒有什麼積累，一個早晨就攻下了兩座城，是不是國家滅亡的命運要降臨到我頭上了呢？」孔子聽見襄子的話以後說：「趙氏大概要興盛起來了吧！」為國家衰亡而擔憂，正足以使國家昌盛；而為打了勝仗而高興不已，正是國家要衰亡的表現。獲得勝利並不是困難的事，守住勝利的果實才是困難的事。賢明的君主因為不忘危亡而保住勝利的果實，所以他的福祉能傳給後代。齊國、楚國、吳國、越國都曾得到過勝利，可是最後都滅亡了，原因就是不懂得守住勝利的果實。只有有道的君主能守住勝利的果實。孔子手臂強勁有力，能把關閉國都城門的橫木舉起來，卻不肯以有力氣著稱於世。墨子攻城、守城的戰術，使公輸般佩服，卻不肯以善於用兵而知名於天下。善於守住勝利果實的人，能將強大表現為弱小。所以老子說：「道是空虛的，可是用起來卻沒有窮盡的時候。」

惠孟❶見宋康王❷，康王蹀足❸謦欬❹，疾言曰：「寡人所說者，勇有力❺也，不說為仁義者也，客將何以教寡人？」惠孟對曰：「臣有道於此，使❻人雖勇，刺之不入；雖❼有力，擊之不中。大王獨無意耶？」宋王曰：「善，此寡人之所欲聞也。」惠孟曰：「夫刺之而不入，擊之而不中，此猶辱也。臣有道於此。使人雖有勇弗敢刺，雖有力不敢擊。夫不敢刺、不敢擊，非無其意也。臣有道於此，使人本無其意也。夫無其意，未有愛利之心也。臣有道於此，使天下丈夫、女子莫不歡然皆欲愛利之❽，此其賢於勇有力也，四累之上❾也。大王獨無意邪？」宋王曰：「此寡人所欲得也。」惠孟對曰：「孔、墨是已。孔丘、墨翟，無地而為君，無官而為長❿，天下丈夫、女子莫不延頸舉踵而願安利之者⓫。今大王，萬乘之主也。誠有其志，則四境之內皆得其利矣。此賢於孔、墨也，遠矣！」宋王無以應。惠孟出，宋王謂左右曰：「辯⓬矣，客之以說勝寡人也！」故老子曰：「勇於敢則殺，勇於不敢則活⓭。」由此觀之，大勇反為不勇耳。

【章　旨】這一章以惠孟和宋康王的對話說明「勇有力」者必為「為仁義者」所制。「為仁義者」不但能使「勇有力」者「刺之而不入」，「擊之而不中」，使之「弗敢刺」、「不敢擊」，使之「本無其意」，還能使之「有愛利（兼愛互利）之心」。不但能使他有愛利之心，還能「使天下丈夫、女子莫不歡然皆欲愛利之」。此乃為仁義者「賢於勇有力」者之處，亦為其最可貴之處。惠孟說的為仁義者的代表人物是孔丘、墨翟。他稱他們「無地而為君，無官而為長」，勸宋王「誠有其志」、「賢於孔、墨」，都說明他強調的是孔墨（主要是墨家）思想的精神力量。而作者卻借用老子的話來評論惠孟之言，得出「大勇反為不勇」的結論，印證的是道家無為、柔而不剛的論點。本章文字出自《呂氏春秋．順說》，其文又見於《列子．黃帝》。主要觀點還見於《文子．道德》。

【注釋】❶惠孟　宋人，惠施同族之人。《呂氏春秋》、《列子》皆作「惠盎」，陳奇猷疑「孟」為「盎」形近之譌。❷宋康王　名偃，戰國宋君。係自為王，在位四十七年。史稱其大行不道。嘗以皮袋盛血，懸而射之，號曰射天，為諸侯所患。齊湣王與楚、魏伐宋，三分其地。❸蹀足　跺腳。原文上無「康王」二字，依王念孫校補。❹謦欬　咳嗽。❺有力　原文作「有功」，依王念孫校改。❻使　原文無此字，依王念孫校補。❼雖　原文下有「巧」字，依王念孫校刪。❽愛利之　原文下有「心」字，依王念孫校刪。愛利，為兼愛互利之意。❾四累之上　陳奇猷綜合曾國藩等之解說，釋此句謂「刺不入、擊不中，一層；弗敢刺、不敢擊，二層；無其志（本書作『無其意』），三層；歡然愛利，四層；即所謂四累。而四層中，歡然愛利，最為可貴，故歡然愛利之賢於勇有力而居於四層之最上者」（《呂氏春秋校釋》）。累，層累。❿無地而為君二句　舊注謂「無地為君，以道富也。無官為長，以德尊也」。⓫天下丈夫女子句　陳奇猷釋《呂氏春秋．順說》中此句「猶言天下丈夫、女子莫不歡然而願利孔、墨。延頸舉踵亦歡然之意」。安，與「利」意同。利在句中有喜愛之意。⓬辯　有口才；會說話。⓭勇於敢則殺二句　出自《老子》第七十三章。高延第謂「敢謂強梁，不敢謂柔弱。強梁者死之徒，故殺；柔弱者生之徒，故活」。張舜徽謂「此亦為君道而發，非為眾人說教也」。敢則殺，原文無此句，依王念孫校補。敢者，恃氣而為也。殺，死。不敢，非恃氣而為，行必制於意理。

【語譯】惠孟拜見宋康王，康王跺腳咳嗽，急遽說道：「我所喜歡的是勇猛而有力氣的人，不喜歡那些推行仁義的人，貴客將用什麼來指教我呢？」惠孟回答說：「我這裡有辦法，能讓人雖然勇猛，卻刺不進去；雖然有力氣，卻打不中。大王難道對這沒有興趣嗎？」宋康王說：「好，這正是我想要聽的。」惠孟說：「刺殺而刺不進去，打又打不中，但被刺被打還是一種恥辱。我這裡有辦法，讓人雖然很勇猛卻不敢刺，雖然有力氣卻不敢攻打。但是不敢刺、不敢攻打，並不是不想刺、不想攻打。我這裡又有辦法，能使人根本就沒有要刺、要攻打的心意。但是沒有刺、擊的意念，卻還沒有具備兼愛互利的心志。我這裡有辦法，能使天下的男子、婦女沒有人不高高興興願意兼愛互利的，這辦法勝過勇猛有力的人而處於前面講的四層之上。大王難道不想知道嗎？」宋康王說：「這是我想獲得的。」惠孟回答說：「能這樣做的就是孔丘、墨翟。孔丘、墨翟，沒有土地而被稱為素王，沒有官職而被視為尊長，天下的男人、婦女沒有不伸長脖子、踮起腳跟而喜愛他們的。現在大王是擁有萬乘兵車的大國君王，如果真能具有孔丘、墨翟的心志，那麼四境之內的人民都會得到好處。這就大大勝過孔丘、墨翟了！」宋康王沒有什麼話好回答。惠孟出去後，宋康王對身邊的人說：「他真會說話，來客用他的言辭把我說贏了！」所以老子說：「很勇猛的人恃氣而為就會死，很勇猛的人不恃氣而為就能活下來。」從這看來，大勇反而成了不勇了。

昔堯之佐九人❶，舜之佐七人❷，武王之佐五人❸。堯、舜、武王於九、七、五者，不能一事❹焉，然而垂拱❺受成功者，善乘❻人之資❼也。故人與驥逐走則不勝驥，託於車上則驥不能勝人。北方有獸，其名曰蹷❽，鼠前而兔後❾，趨則頓，走則顛，常為蛩蛩駏驉❿取甘草⓫以與之。蹷有患害，蛩蛩駏驉必負而走。此以其能，託其所不能。故老子曰：「夫代大匠斲者，希不傷其手⓬。」

【章　旨】這一章講賢聖之君如何用人。謂君王未必具有臣下之能，貴在能用其能，所謂「善乘人之資」。文中以人能用驥拉車、蹷能被蛩蛩駏驉背負的例子，都是不能者駕馭有能者，證明君主「善乘人之資」的正確。老子的話則說明君主要放手讓臣下工作，不可越俎代庖。否則不但於事無補，還會傷及自身。

【注釋】❶九人　堯之輔佐之臣九人指禹、皋陶、稷、契、伯夷、倕、益、夔、龍。❷七人　舜之輔佐之臣七人指禹、皋陶、稷、契、益、夔、龍。❸五人　周武王之輔佐之臣五人指周公、召公、太公、畢公和毛公。❹一事　從事一人之事。或謂擔任一人之職。❺垂拱　垂衣拱手。形容無所事事，不費力氣。❻乘　利用。❼資　資質。指才能。❽蹷　獸名。前足短，後足長。❾鼠前而兔後　謂蹷前足短，如鼠前足短一樣；後足長，如兔後足長一樣。舊注謂蹷之得名即因足起，「鼠前足短，兔後足長，故謂之蹷」。❿蛩蛩駏驉　古代傳說中的獸名。舊注謂「蛩蛩駏驉，前足長，後足短，故能乘虛而走，不能上也」。一說蛩蛩、駏驉為二獸名。《山海經・海外北經》言「(北海)有素獸焉，狀如馬，名曰蛩蛩」。而張揖注〈子虛賦〉謂「距虛似贏(即騾)而小」。⓫甘草　此處當指味甜之草。⓬夫代大匠斲者二句　出自《老子》第七十四章。張舜徽謂「代大匠斲，乃喻君行臣職也。道論之精，主於君無為而臣有為。君行臣職，乃主術之所忌，故老子又以傷手為戒」。希，同「稀」。少。

【語譯】從前堯的輔佐之臣有九人，舜的輔佐之臣有七人，周武王的輔佐之臣有五人。堯、舜、周武王對於那九位、七位、五位輔佐之臣所做的事，不能從事任何一項，可是卻垂衣拱手、不費氣力地獲得了成功，原因就是他們善於利用人的才能。所以人和千里馬賽跑是不會勝過千里馬的，但託身在車上，那千里馬便不能勝過人了。北方有一種獸，名字叫做蹷，牠的前腿就像鼠的前腿一樣比後腿短，牠的後腿就像兔的後腿一樣比前腿長，只要走得快就不順，一跑就跌倒下去，常常替蛩蛩駏驉拾取味道甜美的草送給牠們。所以蹷遇到了禍患，蛩蛩駏驉一定會馱著牠逃跑。這便是用牠的能力為依託來解決牠因不具備某種能力而出現的難題。所以老子說：「代替木工大師傅砍木頭，很少有不傷手的。」

薄疑❶說衛嗣君❷以王術，嗣君應之曰：「予所有者，千乘也，願以受教。」薄疑對曰：「烏獲舉千鈞，又況一斤乎！」杜赫❸以安天下說周昭文君❹，昭❺文君謂杜赫曰：「願學所以安周。」赫對曰：「臣之所言不可，則不能安周。臣之所言可，則周自安矣。此所謂弗安而安者也。」故老子曰：「大制無割❻」，「故致數輿無輿❼也。」

【章旨】這一章用薄疑說衛嗣君以王術可使嗣君得治衛之術、用杜赫說周昭文君安天下之術可使昭文君得安周之術，說明大中含小而不細分為小，而得大者即已得小，能治大者即能治小，並以此印證老子說的「大制無割」、「故致數輿無輿也」。強調的是以渾厚之德、純樸無為作為治國之道。本章文字多半取自《呂氏春秋・務大》。

【注釋】❶薄疑　戰國時衛之賢人。《韓非子・外儲說右上》言「衛嗣君謂薄疑曰：子小寡人之國，以為不足仕」。❷衛嗣君　戰國末年衛國國君。❸杜赫　戰國時六國著名謀士之一。周人，杜伯之後。❹周昭文君　周衰，分為東西二周，周昭文君為東周之君。❺昭　原文上無此字，依王念孫校補。❻大制無割　出自《老子》第二十八章。河上公注《老子》謂「制，斷割也。至於大制，則不斷割以為器，猶守其樸。樸者，無為也。謂渾厚之德也。大制者，不制也，謂至妙之制也」。樸散而後為器，而樸未散已有器之用，此即「大制不割」。大制，最大之制作。老子把未經人工加工之樸稱為大制。❼致數輿無輿　出自《老子》第三十九章。《老子》帛書乙本作輿，甲本「輿」作「與」，有的本子「輿」作「譽」。學者或以「與」為正，然作「輿」亦可解說。馬宗霍釋謂「輿者器也，致猶集也。集眾材而成輿，則凡材之呈效於輿者，皆輿之一體，故曰致眾輿也。然當其為材，則固樸也，不得以輿目之，故又曰無輿也」。馬氏還用李贄語釋此句，謂「今夫輪輻蓋軫衡會而成車。人但知其為車，而不知其為數者所會而成。初無所謂車也」（李氏語見魏源《老子本義》引文）。

【語譯】薄疑用君王治國的策略來勸說衛嗣君，衛嗣君回答說：「我所有的不過是一個只有兵車千乘的小國，我希望接受你如何治理這種小國的指教。」薄疑回答說：「烏獲能舉起千鈞重量，又何況舉一斤重呢！」杜赫用安定天下的策略來勸說周昭文君，周昭文君對杜赫說：「我希望學習使東周這個小國安定下來的方法。」杜赫回答說：「我所說的話若不能安定天下，那也就不能使東周安定。我說的話若能夠安定天下，自然也就能使東周安定了。這就是人們所講的不使某物安定卻使它安定了。」所以老子說：「最大的制作物是不被割斷作為器物的。」「所以那些組合成車的眾多部件，當它們還是木材時，是不能被看作車輛的部件的。」

魯國之法，魯人為人臣妾❶於諸侯，有能贖之者，取金於府。子贛❷贖魯人於諸侯，來，而辭不受金。孔子曰：「賜失之矣！夫聖人之舉事也，可以移風易俗，而教順❸可施後世，非獨以適身之行也。今國之富者寡而貧者眾，贖而受金，則為不廉；不受金，則不復贖人。自今以來，魯人不復贖人於諸侯矣。」孔子亦可謂知化矣❹。故老子曰：「見小曰明❺。」

【章　旨】這一章就孔子因見子贛贖人不受金，而知魯人不復贖人，稱讚他「知化」，且用此事印證老子說的「見小曰明」。本章所用事見於《呂氏春秋・察微》、《說苑・政理》、《孔子家語・致思》。

【注　釋】❶臣妾　奴隸。男曰臣，女曰妾。原文中無「臣」字，依王念孫校補。❷子贛　即子貢。姓端木，名賜。❸教順　即教訓。古順、訓通用。原文上有「受」字，依王念孫校刪。❹孔子亦可謂知化矣　本書〈齊俗〉論謂「孔子之明，以小知大，以近知遠」。《呂氏春秋》論謂「孔子見之以細，觀化遠也」。知化，知事理之變化。❺見小曰明　出自《老子》第五十二章。王弼謂「為治之功不在大。見大不明，見小乃明」。張舜徽謂「此言人君所務，唯在幽微柔弱，不貴以強大剛強自賢」。見小，見微。見微知著，能察乎秋毫之末。明，指明白事理。

【語　譯】魯國的法律規定，魯國人在各諸侯國中作奴隸，如果有人把他們贖回來，就可到官府領取金錢。子贛從諸侯國中贖回魯國人，回來後卻推辭不接受金錢。孔子知道後說：「端木賜錯了啊！聖人做事情，可以移風易俗，而給人的教訓可以影響到後世，不僅僅只是採取適合自己心意的行動。現在國內富裕的人很少而貧窮的人很多，贖回奴隸而接受官府給的金錢，那就是不廉潔；但是不接受官府給的金錢，那就不再有人願意贖人了。從今以後，魯國人不再從諸侯國贖回奴隸了。」孔子也可以稱得上是懂得事理變化的人。所以老子說：「能見微知著就叫做明白事理。」

魏武侯❶問於李克❷曰：「吳之所以亡者，何也？」李克對曰：「數戰而數勝。」武侯曰：「數戰數勝，國之福。其獨以亡，何故也？」對曰：「數戰則民罷❸，數勝則主憍❹。以憍主使罷民，而國不亡者，天下鮮矣。憍則恣，恣則極物❺；罷則怨，怨則極慮。上下俱極，吳之亡猶晚矣，夫差之所以自剄❻於干遂❼也。」故老子曰：「功成名遂❽，身退，天之道也。」

【章旨】這一章主要是寫李克和魏武侯討論吳國滅亡的原因。認為吳亡乃因其「數戰而數勝」。以此來印證老子說的「功成名遂，身退，天之道也」。數戰數勝會引來主驕民怨，招致亡國，故老子以功成身退為君王提供一條避禍之路。但數戰數勝而主不驕、民無怨這種現象就不能出現嗎？作者沒有說及。可見老子說的並不是君王解決上述問題的唯一辦法。本章所用事見於《呂氏春秋・適威》。文字又見於《文子・道德》。

【注釋】❶魏武侯　戰國魏君。文侯之子，名擊，與韓、趙三分晉地，在位十六年。❷李克　即李悝。魏國人，為魏文侯相。❸罷　通「疲」。疲困。❹憍　即「驕」。驕傲。❺極物　盡物。此指耗盡財物。❻自剄　即自殺。剄，用刀割頸。❼干遂　地名。古吳邑，位於今江蘇省吳縣西北。《戰國策・魏策》言「越王句踐以散卒三千，禽夫差於干遂」。❽功成名遂　出自《老子》第九章。原文作「功遂」或「功成」。此亦說為君之道，言當以盈滿為戒。遂，就；順利地完成。

【語　譯】魏武侯問李克說：「吳國之所以會滅亡，是什麼原因？」李克回答說：「原因就出在多次打仗而又多次獲得勝利。」魏武侯說：「多次打仗而又多次獲勝是國家的福氣。吳國偏偏因為這而滅亡，這是什麼緣故呢？」李克回答說：「多次打仗就會使民眾疲困，多次獲得勝利就會使君主驕傲。用驕傲的君主來驅使疲困的民眾，而國家不滅亡，這在天下是少有的。君主一驕傲就會行為放縱，一放縱就會耗盡財物；民眾一疲困就會怨恨，一怨恨就要費盡思慮。君民上下的力量早都耗盡、用盡了，吳國的滅亡還算晚的呢，這就是夫差為什麼會在干遂自殺的原因。」所以老子說：「一個人功成名就，就抽身引退，這是自然的規律。」

甯越❶欲干❷齊桓公，困窮無以自達，於是為商旅❸，將任車❹，以商於齊，暮宿於郭門之外。桓公郊迎客，夜開門，辟❺任車，爝火❻甚盛，從者甚眾。甯越飯❼牛車下，望見桓公而悲，擊牛角而疾商歌❽。桓公聞之，撫其僕之手曰：「異哉，之❾歌者非常人也！」命後車載之。桓公反至❿，從者以請，桓公贛⓫之衣冠而見之，甯越見⓬，說以為天下。桓公大說，將任之。群臣爭之曰：「客，衛人也。衛之去齊不遠，君不若使人問之。問之而故⓭賢者也，用之未晚。」桓公曰：「不然。問之，患其有小惡也。以人之小惡而忘人之大美，此人主之所以失天下之士也。」凡聽必有驗，一聽而弗復問，合其所以也⓮。且人固難全⓯也，權⓰而用其長者而已矣。當是舉也，桓公得之矣。故老子曰：「天大，地大，道大，王亦大。域中有四大，而王處其一焉⓱。」以言其能包裹⓲之也。

【章旨】這一章以齊桓公用甯越之事，印證老子說的王為域中四大之一（言其能包容）的說法。桓公起用甯越，不論出身、不求其德才之全、不因人有小惡而忘其大美，因此放心地任用其長處。不單器量大，而且見識高。本章文字多取自《呂氏春秋・舉難》。所用事又見於《新序・雜事》。

【注釋】❶甯越　《呂氏春秋》、《新序》皆作「甯戚」。❷干　干謁；對人有所求而請見。❸商旅　行商。❹將任車　謂扶著載物之車以前進。將，扶進。任車，載物之車。❺辟　闢除而避。馬宗霍謂此處兼闢除、避去二義，謂「本文言甯越將任車宿於郭門之外，桓公開門迎客，車當門外之車，故必闢除其車，摒於一邊，而使避之也」。❻爝火　火把之火。❼飯　以食餵牲口。❽商歌　悲涼低沉的歌。《太平御覽》卷五七二引〈道應〉本文，錄甯戚歌辭曰：「南山粲，白石爛，短褐單裳長止骭。生不逢堯與舜禪，終日飼牛至夜半，長夜漫漫何時旦？」可資參看。❾之　是；這。原文無此字，依俞樾校補。❿反至　謂桓公返而至於朝中。反，原文作「及」，依王念孫校改。⓫贛　賜給。⓬甯越見　此三字連同上句「之」字，原文皆無，依楊樹達校補。⓭故　通「固」。本來。⓮凡聽必有驗三句　是說凡聽人說，必先驗其是否切當。一聽已驗其說與己意中所欲者相合，故「弗復問」，以與己意中所欲相合者而用之。合其，合己聽知之意。所以，用之。⓯全　原文作「合」，依王念孫校改。⓰權　衡量。⓱天大六句　出自《老子》第二十五章，其中「王」，古本《老子》作「人」。河上公說：「道大者，包羅諸天地無所不容也；天大者，無所不蓋也；地大者，無所不載也；王大者，無所不制也。」張舜徽謂「古之陳君道者，主於法自然而尊無為，與天地合德，故以王為四大之一」。域中，宇內；天下。⓲包裹　包容。

【語譯】甯越想干謁齊桓公，但因為貧窮而無法見到桓公以表達自己的願望，於是便去經商，扶著裝貨的車子往前趕路，到齊國來做生意，晚上就在郭門外過夜。這晚齊桓公到郊外迎接客人，夜裡打開了郭門，讓貨車移走、避開，火把熊熊燒著，跟隨的人很多。甯越在車下餵牛，望見桓公而心生悲傷，敲打著牛角、快節奏地唱出悲涼低沉的歌聲。桓公聽見甯越的歌聲，便撫摸著僕人的手說：「奇怪啊，這個唱歌的人不是一個平常的人！」於是命令後面的車子把甯越帶回去。桓公返回朝中，隨從人員請問如何安置甯越，桓公便賜給甯越衣帽，並接見他。甯越拜見桓公，就向他陳說治理天下的想法。桓公十分高興，將要任用他。眾位臣子爭論說：「來客是衛國人。衛國離齊國不遠，君王不如派人到衛國去探聽。如果探知他本來就是一個賢人，那時再任用他還不晚。」桓公說：「不能這樣。到衛國去問情況，我擔心甯越會有小的不良行為。因為人有小的不良行為而忘掉他的大的美德，這是造成君主失去天下賢士的原因。」凡是聽人說話必然會檢驗一下他說的是否正確，一聽就發現他說的和自己的想法一致，那就不要再問了，而要應用那些和自己想法一致的意見。況且人本來就很難十全十美，只要經過衡量而用他的長處就好了。對這件事情的處理，齊桓公是做對了。所以老子說：「天是大的，地是大的，道是大的，王也是大的。天下有四大，而王者佔其中一個。」這是說君王能夠包容人才。

大王亶父❶居邠❷，翟人攻之。事❸之以皮帛珠玉而弗受，曰：「翟人所求者地，無以財物為也。」大王亶父曰：「與人之兄居而殺其弟，與人之父處而殺其子，吾弗為。皆勉處矣！為吾臣與為翟人臣❹奚以異？且吾聞之也：不以其所以養❺害其所養❻。」杖策❼而去，民相連❽而從之，遂成國於岐山❾之下。大王亶父可謂能保生矣。雖富貴，不以養傷身；雖貧賤，不以利累形❿。今受其先人之爵祿，則必重⓫失之。生之⓬所自來者久矣，而輕失之，豈不惑哉？故老子曰：「貴以身為天下，焉可以託天下⓭。愛以身為天下，焉可以寄天下矣。」

【章旨】這一章用古公亶父為了不犧牲人民利益，放棄邠地而西奔岐山，結果民眾「相連而從之」、「遂成國於岐山」的古事，印證老子說的「貴以身為天下，焉可以託天下；愛以身為天下，焉可以寄天下矣」。強調的是君王應當以民心為心，才能得到人們的真心擁戴和成就王業。本章文字多半取自《呂氏春秋・審為》，其事又見於《莊子・讓王》，部分語句還見於《文子・上仁》。

【注釋】❶大王亶父　又稱古公亶父。周文王的祖父，周民族興起的創始者。❷邠　古地名。在今陝西省彬縣。❸事　侍奉；奉送。❹為翟人臣　原文僅有「翟人」二字，餘依楊樹達校補。❺所以養　指用來養人的土地。原文作「所養」，依楊樹達校補「以」字。❻所養　指人民。原文無「所」字，依楊樹達校補。❼杖策　拄著拐杖。❽相連　一說相連續，一說連為古「輦（人拉的車）」字。姑依前說。❾岐山　位於今陝西省岐山縣內。❿累形　勞累形體。⓫重　不輕易。⓬生之　原文無此二字，依王念孫校補。⓭貴以身為天下二句　把身軀看得較「為天下」為貴的人就可將天下託付給他。即《莊子・讓王》所說：「夫天下，至重也，而不以害其生，又況他物乎？唯無以天下為者，可以託天下也。」焉，乃。託，託付。出自《老子》第十三章。《老子》中此二句各本文字有異，故本書所引字句未必與眾本同。王弼釋老子語謂「無以易其身，故曰貴也，如此乃可以託天下也。無物可以損其身，故曰愛也，如此乃可以寄天下也」。宣穎釋《莊子・在宥》所引《老子》此二句謂「貴愛其身於為天下者，內重而見外之輕，此所以於為天下無為，乃可以為天下之君也」。

【語譯】太王亶父住在邠地，獫狁經常來攻打他。他送給獫狁皮料、絲帛、珍珠、美玉，而對方卻不接受，說：「我們獫狁所要得到的是土地，而不是為了財物。」太王亶父對民眾說：「和人家的兄長住在一起卻要殺掉他的弟弟，和人家的父親住在一起卻要殺掉他的兒子，我不做這樣的事。大家都好好地在這裡住下去吧！作我的臣民和作獫狁的臣民又有什麼不同呢？而且我聽說過：不要為了賴以養生的土地而危害所養育的人民。」於是太王亶父拄著拐杖離開邠地，老百姓一個接一個跟著他走，於是便在岐山下建立了國家。太王亶父可以說是能夠保護生命的了。雖然富貴，不因為貪圖供養而傷害身體；雖然貧賤，不因為要謀取利益而勞累形體。現在承襲先人的爵位俸祿，那就一定不讓它輕易丟失。人的生命的來源夠久了，卻輕易地丟掉它，這難道不是很糊塗嗎？所以老子說：「一個人把自身看得比治理天下還貴重，就可以把天下託付給他。一個人把珍愛自身看得比治理天下還重，那就可以把天下交付給他。」

中山公子牟❶謂詹子❷曰：「身處江海之上，心在魏闕❸之下。為之奈何？」詹子曰：「重生❹。重生則輕利。」中山公子牟曰：「雖知之，猶不能自勝❺。」詹子曰：「不能自勝，則從❻之。從之，神無怨❼乎！不能自勝而強弗從者，此之謂重傷❽。重傷之人，無壽類矣！」故老子曰：「知和曰常，知常曰明，益生曰祥，心使氣曰強❾。」是故「用其光❿，復歸其明⓫」也。

【章　旨】這一章由詹子開導中山公子的話，說明人如何克服名利欲望而有利於健康。他以「重生」為處方，言能重生就能輕利。當然能輕利，就能克服欲望而不勞神，也就有益於健康。老子的話則從如何維護人的元氣之和的角度，說明人調心以制欲、養氣進而衛身的道理。本章文字多半取自《呂氏春秋・審為》、《莊子・讓王》，一些重要語句亦見於《文子・上仁》。

【注　釋】❶中山公子牟　魏國公子。名牟，封於中山（位於今河北省定縣）。❷詹子　詹何。道家人物。魏國人。❸魏闕　高大的宮門。指榮華富貴。魏，通「巍」。高大。闕，宮門。❹重生　猶尊生。舊注謂「(重)己之性（指生）也」。❺自勝　克己；自我克勝私欲。《老子》第三十三章謂「勝人者有力，自勝者強」。又《呂氏春秋・先己》謂「欲勝人者必先自勝」。❻從　同「縱」。放縱。一說訓為「徇（以身從物）」，亦通。❼神無怨　舊注謂「言不勝己之情欲，則當縱心意，則己神無怨也」。❽重傷　猶言再傷。林雲銘釋《莊子》中此句謂「不勝（指『不能自勝』），一傷也；強抑（指『強弗縱』），再傷也。故曰重傷」。❾知和曰常四句　出自《老子》第五十五章。和，指人性的淳和。其特徵是天真、純樸，愚而無欲。如《老子》所說「含德之厚，比於赤子。……未知牝牡之合而朘作，精之至也。終日號而不嗄，和之至也」。常，常度；常規。益生，指違反「和」之常度而強為之。有貪生縱欲之意。祥，妖祥。即不祥。❿光　指認知事物的能力。即吐明者。⓫明　此同前言「知常曰明」之「明」。人內在素質。

【語　譯】中山公子魏牟對詹何說：「我雖然住在江湖上，但心裡卻思念著高大宮門內的榮華生活。這怎麼辦呢？」詹何回答說：「重視你的生命吧。重視生命就會輕視利祿了。」中山公子魏牟說：「雖然我知道這個道理，但還是不能克制私欲。」詹何說：「不能自己克制私欲，那就放縱欲望好了。放縱欲望，你的心神就不會有怨氣了呀！不能自我克制私欲而又勉強不放縱私欲，這就叫做兩次受到傷害。兩次受到傷害的人，不能成為長壽這種類型的人！」所以老子說：「知道淳和就是人性的常度，知道人性常度就是明，縱欲貪生就叫做不祥，用心使喚氣就叫做逞強。」因此，「用了那種光，還要讓它回到能產生這種光的明處去。」

楚莊王❶問詹何曰：「治國奈何？」對曰：「何明於治身，而不明於治國？」楚王曰：「寡人得立宗廟社稷❷，願學所以守之。」詹何對曰：「臣未嘗聞身治而國亂者也；未嘗聞身亂而國治者也。故本在❸於身，不敢對於末。」楚王曰：「善。」故老子曰：「修之身，其德乃真也❹。」

【章　旨】這一章講君王修身的重要，理由是君王貴身全德而天下可以自治。因為人之身、人之德係由道分化而來，而身、德又為天下人所同有。因而君主能全德貴身，不以己欲擾民則不言治天下而天下大治。所以道家強調治身，實是強調君主體道、合道。能與道合，則天下治。本章基本觀點及所用事見於《呂氏春秋・執一》，又見於《列子・說符》。

【注　釋】❶楚莊王　春秋楚國君王。名旅，嘗問周室九鼎之大小輕重，春秋五霸之一。❷立宗廟社稷　謂主祭宗廟（諸侯祭祀祖先處）、社（土地神）、稷（穀神）。即臨朝治政。立，通「涖」。臨。❸在　原文作「任」，依王念孫校改。❹修之身二句　出自《老子》第五十四章。原文說：「修之身，其德乃真。修之家，其德有餘。修之鄉，其德乃長。修之邦，其德乃豐。」

修之天下，其德乃溥。」《韓非子・解老》謂「身以積精為德，家以資財為德，鄉國天下皆以民為德。今治身而外物不能亂其精神。故曰『修之身，其德乃真』。真者，慎之固也」。真，此處指修身之德謹慎牢固。

【語譯】 楚莊王問詹何，說：「怎麼才能治理好國家呢？」詹何回答說：「您為什麼明白修養身心的道理，卻不知道如何治理國家呢？」楚莊王說：「我現在要主祭宗廟、社稷，我希望能學習守住國家的方法。」詹何回答說：「我未曾聽說過身心修養得好而國家政治混亂的；也未曾聽說過心性濁亂而能把國家治理得好的。所以根本在於自身，我不敢用末節之事來回答您。」楚王說：「好。」所以老子說：「修養身心，他的德就會謹慎、牢固。」

桓公❶讀書於堂上❷，輪扁❸斲輪於堂下，釋其椎鑿而問桓公曰：「君之所讀者，何書也？」桓公曰：「聖人之書。」輪扁曰：「其人❹在焉❺？」桓公曰：「已死矣。」輪扁曰：「是直❻聖人之糟粕❼耳！」桓公悖然❽作色而怒曰：「寡人讀書，工人焉得而譏之哉！有說則可，無說則死。」輪扁曰：「然，有說。臣試以臣之斲輪語之：大疾，則苦而不入；大徐，則甘而不固❾。不甘不苦，應於手，厭於心❿，而可以至妙者，臣不能以教臣之子，而臣之子亦不能得之於臣。是以行年七十，老而為輪。今聖人之所言者，亦以懷其實⓫，窮而死，獨其糟粕在耳！」故老子曰：「道可道，非常道。名可名，非常名⓬。」

【章　旨】這一章以輪扁對聖人之書的議論說明好幾個道理，比如說人的生活經驗、從事某一事業的心得是很微妙的，很難用文字傳達出來，有的可意會不可言傳，有的連意會也做不到。又比如讀書不要拘於文字，要善於體會作書者的真精神。還比如獲得真知要靠自覺、自證的工夫。還有人們求知不可盡信書，而要有多思善辨的頭腦等。但本文作者特別強調的是真知以及技藝出神入化的境地是無法用言詞述說的。否則便非真知、真感受。因此他便借這故事來印證老子說的「道可道，非常道。名可名，非常名」。本章幾乎全取自《莊子・天道》。文字小有差異。

【注　釋】❶桓公　指齊桓公。❷上　原文無此字，依楊樹達校補。❸輪扁　人名。製造車輪的工匠。原文作「輪人」，依王念孫校改。❹其人　指作書的聖人。❺焉　同「乎」。❻直　僅；只是。❼糟粕　酒滓。一說酒滓曰糟，浮米曰粕。一說酒滓曰糟，漬糟曰粕。❽悖然　發怒的樣子。悖，通「艴」。❾大疾四句　指輪榫而言，木工斲輪孔以安輻條，輻榫入孔，孔小太緊則苦澀難入；孔大太鬆則甘滑易入而不堅固。兩者都不是安榫的理想狀況。大疾，猶言太緊。苦，澀。大徐，猶言太寬、太鬆。甘，滑。❿應於手二句　《莊子・天道》作「得之於手而應之於心」。厭於心，猶言合於心。厭，飽；滿足。⓫實此指不可言傳的真實體會。⓬道可道四句　出自《老子》第一章。第一「道」作名詞用。可道，可用言語傳述。此「道」作動詞用。常道，久長不變之道。一說即指君人之道。常名，久長不變之名。此「名」與「道」即名與實的關係。

【語　譯】齊桓公在堂上讀書，輪扁在堂下砍削車輪，輪扁放下錐鑿問桓公，說：「你所讀的是什麼書？」桓公回答說：「我讀的是聖人寫的書。」輪扁又問：「寫書的人還活著嗎？」桓公說：「已經死了。」輪扁說：「那這書中所寫的只不過是聖人的糟粕罷了！」桓公臉色一變，怒聲說道：「我讀書，做工的人怎麼能加以譏諷呢！你要是有道理可說就算了，沒有道理可說就治你死罪。」輪扁說：「好，我有道理要說。我試著拿我砍削車輪的事來說：砍削車輪，榫眼小，就會太緊，輪輻就滯澀而不能嵌進去；榫眼大，就會太鬆，輪輻就鬆鬆滑滑而不牢固。我能做到嵌輻條時既不鬆滑也不滯澀，手裡做的和心裡想的一致，而且可以使這種情況達到奇妙的境地。但我卻不能把這一套教給我的兒子，而我的兒子也無法從我這裡學到這一套技能。所以我活了七十歲，一直到老還在製作車輪。現在聖人所說的話，也因為他懷抱真實的體驗，終究不得志而死，只有糟粕存留下來！」所以老子說：「道如果可以稱說，那就不是長久不變的道。名可以稱說，就不是長久不變的名。」

昔者司城❶子罕❷相宋，謂宋君曰：「夫國家之安危，百姓之治亂，在君行賞罰。夫爵賞賜予，民之所好也，君自行之。殺戮刑罰，民之所怨也，臣請當❸之。」宋君曰：「善。寡人當其美，子受其怨，寡人自知不為諸侯笑矣。」國人皆知殺戮之專制在子罕也，大臣親之，百姓畏之。居不至期年，子罕遂劫❹宋君而專其政。故老子曰：「魚不可脫於淵，國之利器不可以示人❺。」

【章　旨】這一章以子罕分掌君權以至篡國亡君之事，說明君王執政，大權不可旁落。並以此印證老子說的「魚不可脫於淵，國之利器不可以示人」。文中所用事見於《韓非子・二柄》、《韓非子・外儲說右下》、《韓詩外傳》卷七以及《說苑・君道》等書。

【注　釋】❶司城　官名。即司空。春秋宋國避宋武公之諱，改司空為司城。❷子罕　此指戰國宋人子罕。非春秋時宋國「辭玉」之子罕。❸當　掌管；主持。❹劫　威逼；威脅。原文作「卻」，依王念孫校改。❺魚不可脫於淵二句　出自《老子》第三十六章。以魚比喻君主，用淵比喻權勢。意謂魚離開水就會死，君主離開權勢就會敗亡。或謂以淵喻「道」，亦通。利器，指君權和君王執政之術。示人，以事告人。

【語　譯】從前司城子罕輔佐宋國君王，他對宋國君主說：「國家是安定或危險，老百姓是治理就序還是混亂不堪，就在於君王如何實行賞罰。賞賜爵祿、給與恩惠，這是民眾所喜好的事情，由君王您自己來施行。而殺戮刑罰，這是民眾所怨恨的事情，請讓我來掌管就好了。」宋國國君說：「很好。我來管好事，你來承受怨恨，我自己知道再不會被諸侯嘲笑了。」國內人民都知道殺戮的獨斷權力在子罕手中，於是大臣親近他，百姓畏懼他。這樣不到一年，子罕就威逼宋國君主而獨掌了他的政權。所以老子說：「魚不能脫離水，君王駕馭臣下、治理臣下的策略是不能告訴別人的。」

王壽❶負書而行，見徐馮❷於周塗❸。徐馮曰：「事者，應變而動。變生於時，故知時者無常行❹。書者，言之所出也。言出於知者，知者不藏書❺。」於是王壽乃焚其書而舞之❻。故老子曰：「多言數窮，不如守中❼。」

【章　旨】這一章中徐馮的話有兩層意思，一說事因時而生，所以知時者無固定不變的行動；一說書乃出於智者之言，所以智者不藏書。王壽焚書一說明他想做個智者，二說明他已意識到書中所言未必是盡合時宜之智，故作者借其事印證老子說的「多言數窮，不如守中」。本章所用事例見於《韓非子・喻老》。

【注　釋】❶王壽　古好書之人。❷徐馮　周之隱者。❸周塗　周之道路。原文無「塗」字，依俞樾校補。❹常行　固定不變的行為。《韓非子・喻老》言「事者，為也。為生於時，知者無常事」。❺書者四句　《韓非子・喻老》謂「書者，言也。言生於知，知者不藏書」。知者，即智者。聰明的人。原文無「不」字，依王念孫校補。❻王壽乃句　舊注謂「自喜焚其書，故舞之也」。原文無「其」字，依王念孫校補。❼多言數窮二句　出自《老子》第五章。多言數窮，帛書甲、乙本均作「多聞數窮」。謂聖人（君王）一人多聞不足恃，以智自賢，其數（作「術」解）恆窮。數，道數；道理。守中，守虛。中，沖；空虛。

【語　譯】王壽背著書走路，在周國的路上見到了徐馮。徐馮說：「事情是適應情況變化所採取的行動。情況的變化是由時間的流動所產生的，所以懂得時間特點的人沒有固定不變的行動。書本出自於言語，言語出自於聰明的人，而聰明的人不收藏書本。」於是王壽便把他背的書燒了，並且高興得跳起舞來。所以老子說：「話說得多就把道理說盡了，還不如堅守虛靜的好。」

令尹子佩❶請飲莊王❷，莊王許諾。子佩具於京臺，莊王不往。明日❸，子佩疏揖❹，北面❺立於殿下，曰：「昔者君王許之，今不果❻往，意者臣有罪乎？」莊王曰：「吾聞子具於強臺。強臺者，南望料山❼，北臨❽方皇❾，左江而右淮，其樂忘死。若吾薄德之人，不可以當此樂也，恐留而不能反❿。」故老子曰：「不見可欲，使心不亂⓫。」

【章　旨】這一章所說莊王謝絕登京臺、覽勝景而飲的道理，說明本書作者已認識到自然美有一種徹底征服人心、以致使人「其樂忘死」、「留而不能反」的力量。但他在本章並不是要強調自然美的魅力，而是要肯定楚莊王的善於克制自己，主動避開外物的誘惑。所謂「不見可欲，使心不亂」。

【注　釋】❶令尹子佩　令尹，官名。為春秋楚國眾臣之首。子佩，人名。楚莊王之相。❷請飲莊王　即請莊王參加所備的酒宴。舊注謂「請飲，請置酒也」。❸子佩具三句　原文脫去，依王念孫校補。具，準備酒席。京臺，高臺；大臺。或謂楚高臺名。古京、強二字同聲而通用，故下文稱強臺。❹疏揖　舊注謂「疏，徒跣也。揖，舉手也」。徒跣，脫襪光著腳站著，此為古時人臣見君之禮。❺北面　指面朝北。莊王坐北朝南，子佩言事，自是「北面」。❻果　果然。指實踐約定。舊注謂「果，誠也」。一作「成」。❼料山　山名。一作「獵山」。❽北臨　原文作「以臨」，依《文選・與滿公琰書》注改。❾方皇　水（大澤）名。一說山名。❿反　同「返」。⓫不見可欲二句　出自《老子》第三章。原文是講君主如何治理「民（指臣下）」，謂「不見可欲，使民心不亂」。張舜徽謂「此言善為君者當去好去惡，掩情匿端，不使臣下有緣以侵其主也」。可欲，指可引起貪欲之物。

【語　譯】令尹子佩請楚莊王參加他設的酒宴，莊王答應了。子佩在高臺上準備好了酒席，莊王卻沒有去。第二天，子佩光腳著地，舉手作揖，面朝北站在殿下，對莊王說：「往日君王答應了我，現在卻沒有依約前去，我想是不是我有什麼過錯呢？」莊王回答說：「我聽說你在高臺上預備了酒席。高臺那個地方，向南可以望見料山，北邊面對方皇之水，左邊是長江，而右邊是淮河，在臺上觀覽這些勝景，那種快樂，可以使人忘記人會死亡。像我這樣德行淺薄的人，不能夠享受這種快樂，恐怕會想留在那裡而不想返回。」所以老子說：「不要見那些能引發貪欲的東西，使自己的心不要迷亂。」

晉公子重耳出亡，過曹❶，曹無禮❷焉。釐負羈❸之妻謂釐負羈曰：「君無禮於晉公子。吾觀其從者❹，皆賢人也，若以相夫子反晉國，必伐曹。子何不先加德焉！」釐負羈遺之壺餕❺而加璧焉。重耳受其餕而反其璧。及其反國，起師伐曹，剋❻之，令三軍無入釐負羈之里。故老子曰：「曲則全，枉則直❼。」

【章　旨】這一章用釐負羈在重耳困阨時贈物結好而終為重耳所報（免受晉軍亡曹蹂躪之苦）的事情，印證老子說的「曲則全，枉則直」的道理。其事採自《左傳・僖公二十三年》、《國語・晉語》以及《韓非子・十過》、《呂氏春秋・上德》。

【注　釋】❶曹　春秋曹國。時曹共公當政。❷曹無禮　指曹共公無禮。原文無「曹」字，依馬宗霍校補。《左傳》云：「曹公（共公）聞其（指重耳）駢脅（肋骨相連如一骨），欲觀其裸浴，薄（設帷簾）而觀之。」《國語・晉語》則謂「曹共公聞其駢脅，欲觀其狀，止其舍，諜（刺探）其將浴，設微薄而觀之」。《呂氏春秋・上德》則謂「曹共公視其駢脅，使之袒而捕魚」。❸釐負羈　曹國大夫。❹從者　指狐偃、趙衰等人。❺壺餕　以壺盛飯。一說同「壺飧」，指壺裝之水泡飯。餕，熟食。❻剋　通「克」。取勝。❼曲則全二句　出自《老子》第二十二章。帛書乙本「枉則直」作「枉則正」。河上公注《老子》謂「曲己從眾，不自專，則全其身也。枉屈己而申人，久久自得直也」。枉，屈。

【語　譯】晉國公子重耳逃離晉國而流亡於諸國，經過曹國，曹國君王對重耳很不禮貌。曹大夫釐負羈的妻子對釐負羈說道：「我們君主對晉國公子太沒有禮貌。我看晉國公子的那些隨從人員，都是賢良的人，如果他們幫助公子返回晉國，他一定會來討伐曹國。你為什麼不先對公子施與恩惠呢！」於是釐負羈送給重耳一壺食物外加一塊玉璧。重耳收下了那壺食物而退回了玉璧。當他回到晉國後，就起兵討伐曹國，結果打贏了，命令三軍不要進入釐負羈的故鄉。所以老子說：「委曲便能保全，枉屈便能伸直。」

越王句踐與吳戰而不勝，國破身亡❶，困於會稽。忿心張膽❷，氣如湧泉，選練❸甲卒，赴火若滅。然而請身為臣、妻為妾，親執戈為吳王❹先馬❺，果禽❻之於干遂。故老子曰：「柔之勝剛也，弱之勝強也，天下莫不知，而莫之能行❼。」越王親之，故霸中國。

【章　旨】這一章用越王句踐在敗亡之後，忍辱事吳，終於滅吳、稱霸中國的故事，證明老子講的「柔之勝剛也，弱之勝強也」的道理。作者的意思似乎不單是要人們明白這個道理，還意在提倡學習句踐的實踐精神，以成其事。

【注　釋】❶國破身亡　句踐攻吳，敗於夫椒，後率餘兵五千，保棲於會稽（今浙江省紹興縣之上會稽山），為吳王夫差所圍。亡，作逃亡解。❷忿心張膽　猶言心怒膽張。形容極為氣憤。❸選練　精銳幹練。❹吳王　指夫差。原文作「吳兵」，依王念孫校改。❺先馬　即洗馬、前馬。君王出行時為之前導者，故舊注謂「先馬走（衍字，當刪），先馬前而走也」。原文因注文而誤為「先馬走」，依王念孫校刪「走」字。《國語・越語》言句踐「其身親為夫差前馬」。《韓非子・喻老》亦言句踐「身執戈為吳王洗馬」。❻禽　同「擒」。❼柔之勝剛也四句　出自《老子》第七十八章。原文云：「弱之勝強，柔之勝剛，天下莫不知，莫能行。」莫之能行，莫能行之。

【語　譯】越王句踐和吳國打仗而沒有獲得勝利，結果國破身亡，被圍困在會稽山中。大家心怒膽張，氣概如泉水奔湧，那些精銳幹練的士兵，奔赴烈火之中就像火已熄滅一樣，毫不畏懼。但句踐卻向吳王夫差請求，讓自己當他的男僕，讓妻子當他的女僕，親手執持戈戟作吳王的馬前先導人員，後來終於在干遂活捉了夫差。所以老子說：「柔能勝過剛，弱能勝過強，天下沒有人不知道這個道理，卻沒有誰能夠實行。」越王親自這樣做了，所以能在中國成為霸主。

趙簡子死，未葬，中牟入齊❶。已葬五日，襄子起兵攻之，圍❷未合，而城自壞者十丈，襄子擊金❸而退之。軍吏諫曰：「君誅中牟之罪而城自壞，是天助我，何故去之？」襄子曰：「吾聞叔向❹曰：『君子不乘❺人於利，不迫人於險。』使之治❻城，城治而後❼攻之。」中牟聞其義，乃請降。故老子曰：「夫唯不爭，故天下莫能與之爭❽。」

【章　旨】這一章用趙襄子攻打中牟卻不乘人之危，致使對方自動請降的故事，印證老子說的「夫唯不爭，故天下莫能與之爭」的道理。本章所用事例見於《韓詩外傳》、《新序・雜事》等。

【注釋】❶中牟入齊　舊注謂「中牟自入臣於齊也」。中牟，地名。春秋晉地。在今河南省湯陰縣西。❷圍　與上句末「之」字，原文作「圍之」，依王念孫校改。❸金　指「鉦」。軍中所用樂器名。即鐃，似鈴，柄中上下通。舊注謂「軍法，鼓以進眾，鉦以退之」。❹叔向　晉大夫羊舌肸的字號。❺乘　利用；趁機會。❻治　修理。❼而後　然後。❽夫唯不爭二句　出自《老子》第二十二章。又《老子》第六十六章言「以其不爭，故天下莫能與之爭」。張舜徽釋《老子》第二十二章，謂「此言人君去健羨，絀聰明，清虛自守，卑弱自持，而自處於不爭之地，是以天下之人，皆莫能與之爭也」。(《老子疏證》卷下)

【語　譯】趙簡子死了，還沒有下葬，駐守中牟的守將便投向齊國。簡子埋葬後五天，趙襄子起兵攻打中牟，還未完全包圍，而中牟城的城牆自己壞了十丈，襄子敲鉦要大家退兵。軍中官吏勸說道：「你討伐中牟守將的罪過，而他們的城牆自己壞了，這是老天幫助我們，為什麼要退兵呢？」襄子回答說：「我聽叔向說過：『君子不趁機攫取別人的利益，不在別人處於險境時逼迫別人。』讓他們修理城牆，城修好後，我們再來攻打。」中牟守將聽到襄子這樣講義氣，就請求投降。所以老子說：「正因為他不和人爭，所以天下沒有誰能和他爭。」

秦穆公謂伯樂曰：「子之年長矣，子姓❶有可使求馬者乎？」對曰：「良馬者，可以形容筋骨相也。相天下之馬❷者，若滅若失❸，若亡其一❹。若此馬者，絕塵弭轍❺。臣之子皆下才也，可告以良馬，而不可告以天下之馬。臣有所與共儋纆❻采薪者九方堙❼，此其於馬，非臣之下也。請見之。」穆公見之，使之求馬，三月而反，報曰：「已得馬矣，在於沙丘❽。」穆公曰：「何馬也？」對曰：「牡❾而黃。」使人往取之，牝❿而驪⓫。穆公不說，召伯樂而問之曰：「敗⓬矣！

子之所使求馬⑬者，毛物⑭、牝牡弗能知，又何馬之能知？」伯樂喟然⑮大息⑯曰：「一至此乎！是乃其所以千萬臣而無數者也⑰。若堙之所觀者，天機⑱也。得其精而忘其粗，在其內而忘其外⑲，見其所見⑳而不見其所不見㉑，視其所視㉒而遺其所不視㉓。若彼之所相者，乃有貴乎馬者㉔。」馬至，而果千里之馬。故老子曰：「大直若屈，大巧若拙㉕。」

【章旨】這一章用九方堙相馬「得其精而忘其粗，在其內而忘其外，見其所見而不見其所不見，視其所視而遺其所不視」的故事，印證老子說的「大直若屈，大巧若拙」的道理。九方堙相馬貴得馬之「天機」，而不執著於馬之口齒、股腳、唇吻、目頰、髭尻、牝牡等表象特徵。他是精曉實質而疏於表象的。今問其表象，是「大直若屈，大巧若拙」，大智若愚；若問實質、問馬之「天機」若何，恐怕是大直必直，大巧必巧，大智必智。本章文字取自《列子・說符》。

【注釋】❶子姓　子孫。此處指兒子。❷天下之馬　指上等馬。《莊子・徐無鬼》言「是國馬（指諸侯國之上品馬）也，而未若天下馬也」。❸若滅若失　舊注謂「若滅，其相不可見也。若失，乍入乍出也」。❹亡其一　此以馬身與神為耦，若亡其一，謂精神不動，若亡其身。❺絕塵弭轍　絕塵，疾馳若飛，不起塵埃。舊注謂「不及也」。弭轍，猶言絕跡。言馬疾馳若飛，不見車輪痕跡。舊注謂「引跡疾也」。❻共儋纆　原文「共」作「供」，依王念孫校改。儋，同「擔」。肩挑。纆，繩索。繩索三股曰徽，兩股曰纆。原文作「纏」，依王念孫校改。❼九方堙　人名。《列子・說符》作九方皋。❽沙丘　地名。今河北省廣宗縣內有沙丘。❾牡　雄性鳥獸。❿牝　雌性鳥獸。⓫驪　黑色的馬。⓬敗　指事未成功。⓭馬　原文無此字，依王念孫校補。⓮毛物　毛指純色，物指雜色不純。物本為雜色牛，引申指雜色絲帛。此處指雜色。⓯喟然　歎息的樣子。⓰大息　太息。出聲長歎。⓱一至此乎二句　張湛注《列子・說符》中謂「言其相馬之妙乃如此也，是以勝臣千萬而不可量」。一，竟；乃。⑱天機　猶言天性。張湛謂「形骨之表，所以使蹄足者。得之於心，不顯其見」。⑲得其精而忘其粗二句　句中的「精」、「內」指天機，「粗」、「外」指牡牝、毛物。在其內，原文無「其」字，依王念孫校補。⑳所見　指天機。㉑所不見　指毛色。㉒視其所視　視所宜視者，不忘其所視。㉓遺其所不視　謂所不應視者，不以經意也。㉔有貴乎馬者　張湛謂「言皋之此術豈止於相馬而已，神明所得，必有貴於相馬者。言其妙也」。㉕大直若屈二句　出自《老子》第四十五章。

【語　譯】秦穆公對伯樂說：「你年紀很大了，你的兒子中間有人能尋找到好馬的嗎？」伯樂回答說：「如果是好馬，可以觀看牠的形貌、筋骨。至於觀看、辨識天下最好的馬，那牠的特點就若滅若失，就好像馬身不存在了，只有精神存在。像這樣的馬，跑起來像飛一樣，不起塵埃，不見車輪痕跡。我的幾個兒子都是些下等人才，可以告訴他們辨認好馬的方法，卻不可能告訴他們辨認天下最好的馬的方法。我有一個和我一道砍柴、擔柴的熟人，名叫九方堙，這個人對馬的了解，不會比我差。請你接見他。」穆公接見了九方堙，派他去找馬，他三個月就回來了，向穆公報告說：「已經找到馬了，馬在沙丘。」穆公問道：「是匹什麼樣的馬？」九方堙回答說：「是一匹黃色的公馬。」穆公派人去取馬，那人一看，卻是一匹黑色的母馬。穆公不高興，召來伯樂問道：「事情壞了！你所引薦派去找馬的那個人，連馬是純色還是雜色、是母的還是公的都分不清楚，又怎麼能夠知道好馬呢？」伯樂聽後長聲歎息說：「他的相馬水準竟然達到這樣的境地了嗎！這正是他超過我千萬倍而無法計量的地方。像九方堙所觀察的，是馬的天性。他把握住了馬的精神卻忘掉了牠的粗略表象，他關注馬的內在本質卻忘掉了牠的外部特徵，他是看他所要看的而不看他所不需要看的，仔細觀察他所要觀察的地方卻丟掉了那些不需要仔細觀察的地方。像九方堙所觀察的，是有比良馬更為可貴的東西在裡面的。」馬帶回來以後，果然是一匹千里馬。所以老子說：「最大的直看起來像彎曲的樣子，最大的巧妙看起來笨拙得很。」

吳起為楚令尹，適魏，問屈宜咎❶曰：「王不知起之不肖，而以為令尹。先生試觀起之為之❷也。」屈子曰：「將奈何？」吳起曰：「將衰❸楚國之爵而平其制祿❹，損其有餘而綏❺其不足，砥礪❻甲兵，以時❼爭利於天下。」屈子曰：「宜咎聞之：昔善治國家❽者，不變其故，不易其常。今子將衰楚國之爵而平其制祿，損其有餘而綏其不足，是變其故、易其常也。行之者不利！宜咎聞之曰：『怒者，逆德也❾；兵者，凶器也；爭者，人之所去❿也。』今子陰謀⓫逆德，好用凶器，治人⓬之所去⓭，逆之至也。且子用魯兵，不宜得志於齊而得志焉⓮。子用魏兵，不宜得志於秦而得志焉⓯。宜咎聞之，非禍人，不能成禍。吾固惑吾王之數逆天道、戾⓰人理，至今無禍。嗟！須夫子也⓱。」吳起惕然⓲曰：「尚可更乎？」屈子曰：「成形之徒⓳，不可更也。子不若敦愛而篤行⓴之。」故㉑老子曰：「挫其銳，解其紛，和其光，同其塵㉒。」

【章旨】這一章用屈宜咎對吳起改革楚國政治的方案橫加批評，印證老子說的「挫其銳，解其紛，和其光，同其塵」。其實，吳起所言，志在興楚，有利於民富兵強，屈宜咎以守常持故加以否定，全無道理。不過作者是借此故事講如何挫人之銳，未對故事本身作過多的評議。本章重要觀點見於《文子・下德》。

【注釋】❶屈宜咎　流亡在魏的楚國大夫。原文作「屈宜若」，依王念孫校改。下同。❷為之　原文作「為人」，依王念孫校改。❸衰　減；殺（減少）。❹制祿　即制定的秩祿（分公、侯、伯、子、男五等）。❺綏　安撫。❻砥礪　磨鍊。❼以時謂因時而動。原文無「以」字，依王念孫校補。馬宗霍解「時」為「伺時而動」，謂不必加「以」字，亦為一說。❽國家　古諸侯稱國，卿、大夫稱家。❾怒者二句　「夫喜怒者道之邪也，憂悲者德之失也，好憎者心之過也，嗜欲者性之累也。……心不憂樂，德之至也」（〈原道〉）。「大怒破陰，大喜墜陽」（同上），故「怒者，逆德也」。逆德，違反德。得之於天謂之德。德即天性，為陰陽二氣所生。❿所去　原文作「所本」，依俞樾校改。⓫陰謀　指兵謀。⓬治人　原文作「始人」，依俞樾校改。⓭所去　原文作「所本」，依俞樾校改。俞氏釋謂「吳起欲砥礪甲兵，故屈子以為治人所去，言取人之所去者而治之也」。⓮子用魯兵二句　舊注謂「(吳)起為魯將，伐齊，敗之」。⓯子用魏兵二句　舊注謂「起為魏河西守，秦兵不敢東下也」。⓰戾　違背。⓱嗟二句　即《說苑・指武》所謂「嘻！且待夫子也」。嗟，原文作「差」，依俞樾校改。⓲惕然　憂懼的樣子。⓳成形之徒　謂其禍已成形於眾。即對眾人構成的禍患已成形了。成形，生成之形。徒，眾。⓴敦愛而篤行　指愛心敦厚、專心實施。㉑故　原文無此字，依劉文典校補。㉒挫其銳四句　出自《老子》第四章。高延第釋謂「挫其銳，謂反於太樸，不為圭異；解其紛，謂清靜自處，不與物相攖；和其光，不自表暴，光而不耀也；同其塵，不修身以明汙，受天下之垢也」（見張舜徽《老子疏證》引文）。徐梵澄則謂此言「道」「在於人事，其能挫人之銳氣，解人之糾紛，和眾之光明，同眾之塵垢者，必有道者，蓋以沖虛處之也」（《老子臆解》）。

【語　譯】吳起做了楚國的令尹，前往魏國，問屈宜咎，說：「楚王不知道我是一個不賢的人，而讓我擔任令尹。先生請試著看我如何處理國政吧。」屈子問道：「你將打算怎麼治理國家呢？」吳起回答說：「我將減少楚國的爵位而把前所制定的各種爵位的俸祿標準拉平，要減少家有餘財者的收入而用來安撫財物不足的人，要磨鍊士兵，在合適的時候和天下諸侯爭利。」屈子說：「宜咎聽說過這樣的話：從前善於治理國、家的人，不改變舊有的規矩，不更換固定的法則。現在你要減少楚國的爵位和把前所制定的各種爵位的俸祿標準拉平，減少家有餘財者的收入而用來安撫財物不足的人，這就是改變國家舊有的規矩、更換固定的法則。這樣實行是不利的！宜咎聽說過這樣的話：『發怒，是違反人的德性的；武器，是凶殘的器械；兵爭，是人們要丟棄的行為。』現在你熱中於兵謀、違反人的德性，喜歡使用凶殘的兵器，專門做人們所要去掉的事情，真是違反常規到了極點。況且你當魯國將領時，用魯國的兵不應該打敗齊國，而你卻打敗了齊國。你在魏國為西河守時，用魏兵不應該打敗秦國，你卻打敗了秦國。宜咎還聽說過：如果不給別人製造禍害，那就不會成為自己的災禍。我本來就為我們君王多次違反天道、違背人理，而到今天還未遇到災禍感到迷惑。唉呀！這個災禍是需要你出來顯現呀。」吳起十分憂懼地問道：「還可以改變嗎？」屈子回答說：「降臨到民眾頭上的災禍已經成形，不能更改了。你不如本著敦厚的愛心而專心地實行。」所以老子說：「磨掉他的銳氣，解除他的糾紛，使他的光耀含蓄不露，使他與天下塵垢混同不分。」

晉伐楚，三舍❶不止，大夫請擊之。莊王曰：「先君之時，晉不伐楚。及孤之身而晉伐楚，是孤之過也，若何其辱群大夫？」大夫❷曰：「先臣之時，晉不伐楚。今臣之身而晉伐楚，此臣之罪也，請❸擊之。」王俛而泣涕沾襟，起而拜群大夫。晉人聞之曰：「君臣爭以過為在己，且輕下其臣，不可伐也。」夜還師而歸。故❹老子曰：「能受國之垢，是謂社稷主❺。」

【章　旨】這一章用楚國君臣爭相承擔過錯在己，而使晉退兵之事，印證老子說的「能受國之垢，是謂社稷主」。從引老子語可以看出，文中雖對君臣皆美譽之，重點仍是提倡國君的「能受國之垢」，即為國事、特別是國禍承擔責任。本章所用事可參看《新序・雜事》。

【注　釋】❶三舍　古時行軍三十里為一舍。❷大夫　原文無此二字，依楊樹達校補。❸請　原文下有「三」字，劉文典說「傳寫宋本『三』作『王』」，今依楊樹達校刪。❹故　原文無此字，依劉文典校補。❺能受國之垢二句　出自《老子》第七十八章。受國之垢，指國君受垢。即君主承擔全國的屈辱。高延第謂「受國之垢，即國君含垢也」。

【語　譯】晉國攻打楚國，已經行軍九十里了，仍然不停地前進，楚國大夫請楚王下令攻打晉軍。楚莊王對大夫們說：「先君王在位的時候，晉國不攻打楚國。到了我在位時就來攻打，這是我的罪過，怎麼要使眾位大夫蒙受恥辱呢？」大夫們說：「先臣在朝的時候，晉國不攻打楚國。現在我們作臣子就來攻打，這是我們臣子的罪過，請您下令攻擊晉軍吧。」莊王低頭流淚，淚水滴溼了衣襟，而後抬起頭又拜謝眾位大夫。晉人聽見這件事後說：「楚國君臣爭著把罪過歸於自己，而且楚王在臣子面前採取自輕自下的態度，我們不能攻打他們。」於是連夜撤軍回國。所以老子說：「能夠忍受國家的恥辱，這就可以稱做社稷之主。」

宋景公❶之時，熒惑在心❷。公懼，召子韋❸而問焉，曰：「熒惑在心，何也？」子韋曰：「熒惑，天罰也；心，宋分野❹，禍且❺當君。雖然，可移於宰相。」公曰：「宰相，所使治國家也，而移死焉，不祥。」子韋曰：「可移於民。」公曰：「民死，寡人誰為君乎？寧獨死耳！」子韋曰：「可移於歲❻。」公曰：「歲，民之命。歲饑，民必死矣。為人君而欲殺其民以自活也，其誰以我為君者乎？是寡人之命固已盡矣，子❼無復言矣！」子韋還走，北面再拜曰：「敢賀君！天之處高而聽卑。君有君人之言三，天必❽三賞君。今夕星必徙三舍❾，君延年二十一歲。」公曰：「子奚以知之？」對曰：「君有君人之言三，故有三賞。星必三徙舍，舍行七星❿，星當一年⓫，三七二十一，故君移⓬年二十一歲。臣請伏於陛下⑬以伺之。星不徙，臣請死之。」公曰：「可。」是夕也，星果三徙舍。故老子曰：「能受國之不祥，是謂天下王⑭。」

【章 旨】這一章以宋景公面臨絕命之禍，不願嫁禍於人，終得去禍增壽的故事，說明君王應承擔國之不祥，保護臣民利益。作者引用老子的話是對景公的稱譽，也是對當世及來世君王提出要求。本章文字取自《呂氏春秋‧制樂》。

【注 釋】❶宋景公 春秋宋國君主。名䜌，一說名兜䜌，一作頭曼，在位六十五年。❷熒惑在心 熒惑，星名。此非五星中之火星，因為火星公轉週期約為一年三百二十二日，其與心宿相遇有一定的週期，熒惑在心不足為奇。故其為妖星（運行軌道難以捉摸之怪異星宿）。心，星名，二十八宿之一，又名商星。屬蒼龍七宿之第五宿。❸子韋 宋國司星者。職於太史之次。❹分野 古以十二星宿與地上州國相配（戰國後又以二十八宿與地上州國相配），地上所配星宿所在天上之區域即為該地之分野。❺且 將。❻歲 年景；收成。❼子 原文作「子韋」，依王念孫校刪「韋」字。❽天必 原文下有「有」字，依王念孫校刪。❾必徙三舍 據下文「星必三徙舍」，蓋謂熒惑三次更換次宿，非一次運行僅連經三宿。三舍，古以二十八宿為日、月、星（五星）運行中停留之所，而將次（停留）宿稱為舍。❿舍行七星 謂換一次宿即歷經七星宿。原文「七星」作「七里」，依王念孫校改。⓫星當一年 原文無此四字，依王念孫校補。⓬移 通「施」。延。⓭陛下 皇宮的臺階。⓮能受國之不祥二句 出自《老子》第七十八章。高延第謂「受不祥，即萬方有罪，罪在朕躬也」。不祥，指災難、禍患。

【語 譯】宋景公的時候，熒惑星走進了心宿所在的位置。景公很憂懼，召來子韋，問他說：「熒惑星佔據了心宿的位置，這是為什麼？」子韋回答說：「熒惑星，是上天要懲罰人的象徵；心宿，是宋國的分野，災禍將要降臨到君王的頭上。雖然這樣，但是可以把災禍轉移到宰相身上去。」景公說：「宰相，是我委任他治理國家的，卻把死神轉移到他身上，這不吉利。」子韋說：「可以把災禍轉移到民眾身上。」景公說：「民眾死了，那我還為誰作君主呢？我寧願只有自己死去好了！」子韋說：「可以把災禍轉移到年成上去。」景公說：「收成，是老百姓的命根子。如果五穀不熟鬧荒年，老百姓必定會餓死。作人民的君主卻想要殺死人民以讓自己活下來，那誰還會讓我作他們的君主呢？這樣看來我的命本來就已經到盡頭了，你不要再說了！」子韋返身回頭走過來，面向北拜了兩拜，說：「我要冒昧地向君王祝賀！天處於高處而能聽見低處的人所說的話。您現在說出作為國君關心愛護人民的三番言語，上天一定會三次賞賜您。今天晚上熒惑一定會三次遷移停留的處所，您將會延長二十一歲的年壽。」景公問：「你是怎麼知道的？」子韋回答說：「您有合乎國君身分的三番言語，所以會得到上天的三次賞賜。熒惑一定會三次遷移停留的處所，每遷移一次會經過七個星宿，經歷一個星宿相當於一年，三七二十一，所以您會延長年壽二十一歲。我請您讓我伏在宮外臺階下等侯熒惑遷移。如果它不遷移，我請求治我死罪。」景公說：「可以。」這天晚上，熒惑星果然三次移動了停留的處所。所以老子說：「能夠承擔國家的災禍，就可作天下的帝王。」

昔者，公孫龍❶在趙之時，謂弟子曰：「人而無能者，龍不能與遊。」有客衣褐帶索而見曰：「臣能呼。」公孫龍顧謂弟子曰：「門下故❷有能呼者乎？」對曰：「無有。」公孫龍曰：「與之弟子之籍❸。」後數日，往說燕王，至於河上，而航❹在一汜❺，使善呼者呼之，一呼而航來。故聖人❻之處世，不逆❼有伎能❽之士。故老子曰：「人無棄人，物無棄物，是謂襲明❾。」

【章　旨】這一章用公孫龍收容善呼之人，而在需要之時發揮他的特長，解決了難題的故事，說明人、物皆有所長、皆有所用的道理。作者敘說故事、並引老子之言為證，是希望君王懂得此理並見諸行動。

【注釋】❶公孫龍　戰國趙國人。字子秉，名家代表人物。❷故　本來；原來。❸籍　名冊。❹航　船。兩船相連為航，此處指單船。❺一汜　猶言彼厓。一，彼。汜，水厓；水邊。❻聖人　原文上有「曰」字，依王念孫校刪。❼逆　拒。❽伎能　同「技能」。❾人無棄人三句　出自《老子》第二十七章。《老子》原文謂「是以聖人常善救人，而無棄人；常善救物，而無棄物，是謂襲明」。河上公注謂「聖人善救人物，謂襲明大道也」。襲明，徐梵澄釋謂「襲明，因人之明也。明亦智也。因襲乃道家之一術，所以用世者」（《老子臆解》）。

【語譯】從前，公孫龍在趙國的時候，對弟子們說道：「沒有能力的人，我公孫龍是不和他交往的。」有一位來客穿著粗布衣服，繫著繩子做的帶子，來見公孫龍，說：「我能呼叫。」公孫龍回頭看著弟子們問道：「弟子們中有能呼叫的人嗎？」弟子們回答說：「沒有。」公孫龍吩咐說：「把他列入子弟的名冊。」過了幾天，公孫龍前去遊說燕國的君王，到了黃河邊，可是渡船卻在對岸水邊，於是便讓善於呼叫的人呼叫，一呼叫，船就開過來了。所以聖人生活在世上，不拒絕接納有技能的人士。所以老子說：「在人之中沒有被遺棄的人、在物之中沒有被拋棄的物，這就叫做因襲人的才智。」

子發攻蔡❶，踰❷之。宣王郊迎❸，列田❹百頃而封之執圭❺。子發辭不受，曰：「治國立政，諸侯入賓❻，此君之德也。發號施令，師未合❼而敵遁，此將軍之威也。兵陳戰而勝敵者，此庶民之力也。夫乘民之功勞而取其爵祿者，非仁義之道也。」故辭而弗受。故老子曰：「功成而不居。夫唯不居，是以不去❽。」

【章旨】這一章用子發滅蔡而不受楚王重賞之事，說明老子講的「功成而不居。夫唯不居，是以不去」。子發克蔡，將功勞歸於君王、歸於將軍、歸於庶民，並說「乘民之功勞而取其爵祿者，非仁義之道也」。

其言遜，其心公，其理正，並非故作姿態。前人對子發此言此行譏之以「私廉」，本文作者藉子發言行印證老子所言，或謂以老子之言詮釋子發言行，自有高人之處。子發事見《荀子・彊國》。

【注釋】❶子發攻蔡　事見於《戰國策・楚策四》。子發，楚國令尹。名舍，字子發，不知其姓。❷踰　超越。此處有戰勝之意。《荀子・彊國》言「子發將西伐蔡，克蔡，獲蔡侯」。❸宣王郊迎　宣王，名良夫，姓熊，在位三十年。郊迎，指到郊外迎接。郊迎表示禮儀隆重。❹列田　猶言裂土、分割土地。❺執圭　春秋時諸侯國爵位名。君王以圭賜給功臣，使持圭朝見，故稱執圭。❻入賓　入為賓客。有歸順事主之意。❼合　軍隊交戰稱合。❽功成而不居三句　出自《老子》第二章。原文「不」字作「弗」字。

【語譯】子發攻打蔡國，戰勝了對方。楚宣王到郊外迎接，劃分百頃田地賞給他，又封給他執圭的爵位。子發推辭而不接受，對宣王說：「治理國家，制訂政令，使諸侯歸順，這是君王的德行。發號施令，軍隊還未交戰，敵軍就逃跑了，這是將軍的威力所致。軍士列陣而能戰勝敵人，這是平民的力量。利用人民的功勞而博取爵位、俸祿，這不是仁義的做法。」因此推辭不接受宣王的封賞。所以老子說：「大功告成卻不佔有功勞。正因為他不佔有，所以功勞不會離開他。」

晉文公伐原❶，與大夫期三日。三日而原不降，文公令去之。軍吏曰：「原不過一二日將降矣。」君曰：「吾不知原三日而不可得下❷也，以與大夫期。盡而不罷❸，失信得原，吾弗為也。」原人聞之曰：「有君若此，可弗降也？」遂降。溫❹人聞，亦請降。故老子曰：「窈兮冥兮，其中有精。其精甚真，其中有信❺。」故「美言可以市尊，美行可以加人❻」。

【章　旨】這一章用晉文公伐原之事說明君王守信之可貴，和君王美言、美行的力量宏大無比。此章文出《左傳・僖公二十五年》、《韓非子・外儲說左上》、《呂氏春秋・為欲》。

【注　釋】❶原　舊注謂「周邑。襄王以原賜文公，原叛，伐之」。❷下　攻克；攻下。❸罷　停止。此處指停兵不戰。❹溫　周邑名。屬晉文公。舊注謂「時周人亦以溫予文公，溫相連皆叛」。❺窈兮冥兮四句　出自《老子》第二十一章。窈兮冥兮，此係老子形容至道之狀。窈，深遠不可見之狀。冥，暗昧、深不可測之狀。精，極細微的物質性顆粒。或謂精氣，氣之精微、優良者。信，信驗。❻美言可以市尊二句　出自《老子》第六十二章。市尊，謂取得他人的尊敬。市，買取；換取。奚侗釋《老子》謂「市當訓取」。加人，見重於人。奚侗謂「加當訓重，《爾雅・釋詁》：『加，重也。』」

【語　譯】晉文公攻打原邑，和大夫們約定三天把原邑攻打下來。可是過了三天原邑還未投降，文公命令軍隊離開。軍中官吏說：「原邑不會超過一兩天就要投降了。」文公說：「我不知道原邑在三天內不能攻下，和大夫們約定三天拿下原邑。現在約定的時間到了卻不停止用兵，失去信用而得到原邑，我不做這樣的事。」原邑的人聽見文公這番話後說：「有這樣的君王，能不向他投降嗎？」於是原邑降順了文公。溫邑的人聽見了這件事，也請求降順。所以老子說：「深遠啊暗昧啊，其中有著精微的細粒。這精微的細粒是十分真實的存在，其中有可信的東西。」所以「美好的言語可以取得別人的尊敬，美好的行為可以博得別人的重視」。

公儀休❶相魯而嗜魚。一國獻魚，公儀子弗受。其弟子諫曰：「夫子嗜魚，弗受，何也？」答曰：「夫唯嗜魚，故弗受。夫受魚而免於相，雖嗜魚，不能自給魚。毋受魚而不免於相，則能長自給魚。」此明於為人為己者也。故老子曰：「後其身而身先，外其身而身存。非以其無私邪？故能成其私❷。」一曰：「知足不辱❸。」

【章　旨】這一章用公儀休相魯、嗜魚而拒受國人獻魚之事，印證老子「後其身而身先，外其身而身存」，無私「故能成其私」，以及「知足不辱」的道理。公儀休的話說明他拒受國人獻魚是為了相位的穩固，此所謂不以小欲而損大事。作者用老子的觀念來解說其言其行，顯然是作了適度的發揮。此章文字本於《韓非子・外儲說右下》，又見於《韓詩外傳》卷三、《史記・循吏列傳》、《新序・節士》。

【注　釋】❶公儀休　魯博士，為魯相。公儀為複姓。❷後其身而身先四句　出自《老子》第七章。外其身，意謂將自己置之度外。❸知足不辱　出自《老子》第四十四章。原文前有「甚愛必大費，多藏必厚亡」二句。范應元《老子道德經古本集注》謂「唯知足知止而不貪名貨者，則不致汙辱危殆，可以長且久也」。

【語　譯】公儀休在魯國為相，他很喜歡吃魚，全國的人都送魚給他，公儀子都不接受。他的弟子們勸他說：「老師喜歡吃魚，卻不接受大家送來的魚，這是為什麼？」公儀子回答說：「正因為我喜歡吃魚，所以不接受大家送來的魚。因為接受別人送來的魚而被免去相位，那時即使喜歡吃魚，也不能夠自給自足了。不接受魚而不會免去相位，就能夠長久地自己滿足吃魚的需要。」這表示他很明白替他人著想和替自己著想。所以老子說：「把自己置於眾人之後反而能居於眾人之先，把自身置之度外反而能夠得到生存。不正是因為他沒有顧及自身的利益，所以才能成就個人的利益嗎？」又說：「知道滿足就不會遭受屈辱。」

狐丘❶丈人❷謂孫叔敖❸曰：「人有三怨，子知之乎？」孫叔敖曰：「何謂也？」對曰：「爵高者士妒之，官大者主惡之，祿厚者怨處之❹。」孫叔敖曰：「吾爵益高，吾志益下；吾官益大，吾心益小❺；吾祿益厚，吾施益博。以是❻

免三怨，可乎？」故老子曰：「貴必以賤為本，高必以下為基❼。」

【章　旨】這一章用孫叔敖對待自己爵高、官大、祿厚的方法，說明老子講的「貴必以賤為本，高必以下為基」。孫叔敖以「志益下」對待自己的「爵益高」，以「心益小」對待自己的「官益大」，以「施益博」對待自己的「祿益厚」，全是克己以避「三怨」。作者用以印證老子的話，實對孫叔敖的言語作了新的闡發。文中所用孫叔敖語本於《列子・說符》、《荀子・堯問》，其事又見於《韓詩外傳》卷七、《說苑・敬慎》。

【注　釋】❶狐丘　張湛注《列子》謂狐丘為邑名。❷丈人　年長之人。《荀子・堯問》作「繒丘（繒國故地，屬楚）封人（管理疆界的人）」。❸孫叔敖　春秋楚國令尹。蒍賈之子，名敖，字孫叔，一字艾獵。相傳其三為令尹而不喜，三次去職而不悔。❹怨處之　謂民以怨對待祿厚者。《列子・說符》作「怨逮之」。《荀子・堯問》作「民怨之」。處，對待。❺心益小　指更加小心。《荀子・堯問》記孫叔敖的話，言「吾三相楚而心瘉卑，每益祿而施瘉博，位滋尊而禮瘉恭」。❻以是　原文作「是以」，依王念孫校改。❼貴必以賤為本二句　出自《老子》第三十九章。帛書甲本《老子》作「故必貴而以賤為本，必高而以下為基」。河上公注云：「必欲尊貴，當以薄賤為本；必欲尊高，當以下為本基。」

【語　譯】狐丘的一位老先生對孫叔敖說：「人會遇到三種怨恨，你知道嗎？」孫叔敖問道：「是哪三種怨恨呢？」回答說：「爵位高，士人會嫉妒他；官做得大，主上會厭惡他；俸祿豐厚，民眾會怨恨他。」孫叔敖說：「我的爵位越是高，我的心志就越發低下；我的官越大，我做事就越發小心；我的俸祿越是豐厚，我的施捨就越發廣泛，用這些做法來免除人們的三種怨恨，可以嗎？」所以老子說：「尊貴一定要以卑賤作為根本，崇高一定要以低下作為基礎。」

大司馬❶捶鉤❷者年八十矣，而不失鉤芒❸。大司馬曰：「子巧邪？有道邪？」

曰：「臣有守❹也。臣年二十好捶鉤，於物❺無視也，非鉤無察也。」是以用之者，必假於弗用❻也，而以長得其用❼。而況持無不用者❽乎，物孰不濟❾焉！故老子曰：「從事於道者，同於道❿。」

【章　旨】這一章用大司馬的一位捶鉤者的話，說明君王體道而行的重要，借以印證老子說的「從事於道者，同於道」。其實捶鉤者的道是技藝之道，老子講的道是虛靜無為之道。兩者是有區別的。本章文字大部分出自《莊子・知北遊》。

【注　釋】❶大司馬　官名。《周禮・夏官》言大司馬掌邦政。《莊子・知北遊》簡稱為「大馬」。❷捶鉤　舊注謂「捶，鍛擊也。鉤，釣鉤也」。❸鉤芒　指釣鉤尖端。芒，即鋒刃。《莊子・知北遊》作「豪芒」。❹守　王念孫校《莊子》謂「守」即「道」字。〈達生〉仲尼曰：「子巧乎！有道耶？」曰：「我有道也。」是其證。「道」字古讀若「守」，故與「守」通」。❺物　外物。指釣鉤以外的東西。❻假於弗用　成玄英疏謂「假賴於不用心視察他物故也」。❼長得其用　謂長得捶鉤之用。❽無不用者　指道。不用，有所不用。有所不用，還是心有所用。無不用，即是連心有所用也沒有，是徹底無為。無為者，道也。❾濟　成。❿從事於道者二句　出自《老子》第三十九章。高延第解《老子》謂「同，齊也，合也。言在上有道德之人，則所行莫不合於道德」。

【語　譯】大司馬有一位敲製釣鉤的人已經八十歲了，而他捶出的釣鉤仍有尖銳的鋒芒。大司馬問他說：「你是手藝巧妙呢？還是掌握了原理呢？」老人回答說：「我是掌握了規律。我二十歲的時候就喜歡捶製釣鉤，對於別的東西連看都不看，不是釣鉤就不留心觀察。」因此能發揮某種作用，一定要借助於不發揮某些作用，這樣才能長久地發揮作用。更何況堅守連有所不用也不要的道呢，那樣，哪一件事不能成功！所以老子說：「從事於道的人，他的言行就是道。」

文王砥德❶脩政，三年而天下二垂歸之❷。紂聞而患之，曰：「余夙興❸夜寐，與之競行，則苦心勞形；縱而置之，恐伐余一人。」崇侯虎❹曰：「周伯昌❺仁義而善謀，太子發❻勇敢而不疑，中子旦❼恭儉而知時。若與之從，則不堪其殃。縱而赦之，身必危亡。冠雖弊，必加於頭。及未成，請圖之！」屈商❽乃拘文王於羑里❾。於是散宜生❿乃以千金求天下之珍怪，得騶虞⓫、雞斯⓬之乘⓭，玄玉⓮百工⓯，大貝⓰百朋⓱，玄豹⓲、黃羆、青豻⓳、白虎文皮⓴千合㉑，以獻於紂，因費仲㉒而通。紂見而說之，乃免其身，殺牛而賜之。文王歸，乃為玉門，築靈臺㉓，相女童㉔，擊鐘鼓，以待紂之失也。紂聞之，曰：「周伯昌改道易行，吾無憂矣。」乃為炮烙，剖比干，剔孕婦，殺諫者。文王乃遂其謀㉕。故老子曰：「知其榮，守其辱，為天下谷㉖。」

【章　旨】這一章用周文王以卑辱之行奉事紂王，終能遂其謀而滅紂王的故事，印證老子說的為君之道當「知其榮，守其辱，為天下谷」。其實本章所述文王之舉，只是把卑辱事紂當做迷惑紂王、使之縱放無忌、加速自我敗亡的手段，與老子所言君王當卑弱自持、以行無為之道是有出入的。

【注　釋】❶砥德　砥礪德行。即磨鍊德行。❷三年而天下句　舊注釋謂「文王三分天下有其二也」。垂歸，下歸。❸夙興　意謂早起。夙，早晨。❹崇侯虎　殷人，見用於紂王。崇侯，即崇國侯爵，名虎。❺周伯昌　即姬昌。後來的周文王。姬昌嘗為西方諸侯之長，稱西伯。原文下有「行」字，依俞樾校刪。❻太子發　即姬發。後來的周武王。❼旦　即周公姬旦。❽屈

商　人名。紂王之臣。❾羑里　古地名。故地在今河南省湯陰縣北。❿散宜生　相傳受學於呂望，為周文王輔臣之一。⓫騶虞　獸名。不食生物，古稱義獸。舊注謂「白虎黑文而仁，食自死之獸，日行千里」。⓬雞斯　神馬名。⓭乘　馬車。⓮玄玉　黑色玉石。⓯百工　百珏。《左傳・莊公十八年》嘗言「賜玉五珏」。《說文・珏部》段玉裁注謂「按《淮南子》書曰：『玄玉百工。』注：『二玉為一工。』工與珏雙聲，百工即百珏也。」百珏即玉二百。⓰大貝　古代貝分大貝、壯貝、幺貝、小貝、不成貝五種。大貝被人視為寶器。⓱百朋　五貝中除不成貝者外，餘皆兩枚為一朋。百朋即二百枚貝。⓲玄豹　黑豹。其毛甚美。⓳青豻　古代生於北方的一種黑色野狗。⓴文皮　有花紋的毛皮。㉑千合　相偶為合。千合即千對、千雙，兩千張。㉒費仲　紂王佞臣之一。㉓靈臺　臺名。臺以靈命名，是為了頌揚文王化行似神之精明。㉔相女童　望著年輕女子。即欣賞歌兒舞女。舊注謂「相女童，相視之。一曰相匠也」。㉕遂其謀　指文王加速紂王自我敗亡，然後乘時攻之的謀略得以順利實現。遂，順利地完成。㉖知其榮三句　出自《老子》第二十八章。原文下謂「為天下谷，恆德乃足，復歸於樸」。河上公釋謂「榮以喻尊貴，辱以喻汙濁，知己之有榮貴，當守之以汙濁，如是則天下歸之，如水流入深谷也。足，止也。人能為天下谷，德乃止於己。復當歸身於質樸，不復為文飾」。

【語譯】文王磨鍊德行、整頓政治，過了三年，天下三分之二的地方都歸屬於他。紂王聽說以後十分憂慮，說：「我早起、夜睡，和他競爭，那就會使我的心受苦、形體勞累；如果由他去，置之不顧，又恐怕將來他要討伐我。」崇侯虎說：「周伯姬昌為人仁義而善於謀劃，太子姬發勇猛敢為而果斷不疑，中子姬旦為人謙恭儉樸而懂得時勢。如果他們跟著文王一起謀事，我們就無法承受他們帶來的災禍。如果放縱而赦免他們，我們必然會遭受危亡。帽子雖然破爛，也一定要戴在頭上。趁他們還未成功，請設法把他們拿下來！」屈商便把文王拘禁在羑里。散宜生便用千金尋購天下的珍奇怪異之物，得到了用義獸騶虞、神馬雞斯拉的車輛，黑色玉石一百珏、大貝一百朋以及黑豹、黃羆、青豻、白虎等野獸帶有花紋的毛皮兩千張，透過費仲打通關節，把它們獻給紂王。紂王一見這些寶物十分高興，就解除了對文王的拘禁，還殺牛設宴來款待他。文王歸周以後，便修造玉門，建築靈臺，欣賞歌兒舞女的姿容，敲鐘擊鼓奏樂娛樂，用這種方式來等待紂王的失敗。紂王聽說後，說：「周伯姬昌已經改變了行事原則和行動，我沒有憂慮了。」於是設炮烙之刑，挖比干之心，剖開孕婦的肚子，殺死規勸他的臣子。文王於是順利地實現了他的謀略。所以老子說：「知道自己有榮耀，應當堅守汙濁、屈辱的做法，而成為天下卑下的澗谷。」

成王問政於尹佚❶曰：「吾何德之行，而民親其上？」對曰：「使之以時而敬順之❷。」王曰：「其度安至❸？」曰：「如臨深淵，如履薄冰❹。」王曰：「懼哉，王人乎！」尹佚曰：「天地之間，四海之內，善之則吾畜也❺，不善則吾讎也❻。昔夏、商之臣反讎桀、紂而臣湯、武，宿沙❼之民皆自攻其君而歸神農，此世之所明知也。如何其無懼也。」故老子曰：「人之所畏，不可不畏也❽。」

【章　旨】這一章用尹佚告誡成王用什麼態度對待國事、對待民眾的話，印證老子說的「人之所畏，不可不畏也」。本章文字出自《文子．上仁》。

【注　釋】❶尹佚　史佚。周初史官。❷使之以時而敬順之　即《論語．學而》所謂「敬事而信，使民以時」。以時，指役使人民一定要在合適的時間，不妨礙農務。原文無「以」字，依王念孫校補。《文子．上仁》及《說苑．政理》皆作「使之以時」。敬順，即敬慎。順，同「慎」。誠；信。❸其度安至　王念孫謂「敬慎之度何所至，猶言當如何敬慎也。下文『如臨深淵，如履薄冰』，正言敬慎之度所至也」。安至，原文作「安在」，依王氏校改。❹如臨深淵二句　出自《詩經．小雅．小旻》。原詩前有「戰戰兢兢」一句。如履薄冰，好比在薄冰上行走。因為充滿危險，所以態度戒慎恐懼。❺善之則吾畜也　調政善則民從而好之。善之，指臣民以君為善。吾畜，猶言好我、喜愛我。即上言「民親其上」。畜，好。與「讎」相對。❻不善則吾讎也　調政不善則民從而讎之。不善，指臣民以君為不善。吾讎，猶言讎我。❼宿沙　舊注謂「伏羲、神農之間，有共工、宿沙，霸天下者也」。❽人之所畏二句　出自《老子》第二十章。帛書乙本《老子》作「人之所畏，亦不可以不畏人」。張舜徽說「此言人君為眾人之所畏，人君亦不可不畏眾人也」。

【語　譯】周成王向尹佚請教政事，問道：「我要推行什麼樣的德政，才能使人民親近他們的君主？」尹佚回答說：「使用老百姓要在適當的時候，並且對他們恭敬、誠信。」成王又問：「應當如何恭敬、誠信呢？」尹佚說：「就像站在深淵旁邊，又像踩在薄薄的冰層上。」成王說：「治理民眾，真叫人擔驚受怕呀！」尹佚說：「在天地之間、四海之內，臣民認為君王政策很好，就會喜愛我；臣民認為君王政策不好，就會仇恨我。從前夏桀、商紂的臣子反而仇恨夏桀、商紂而臣服於商湯、周武王，宿沙的老百姓都起來攻打他們的君王而歸順神農，這是世人都清楚知道的事。怎麼能不擔驚受怕呢。」所以老子說：「人們都感到恐懼的事，君王也不能不感到恐懼。」

跖❶之徒問跖曰：「盜亦有道乎？」跖曰：「奚適❷其有道❸也！夫意❹而中藏❺者，聖也；入先者，勇也；出後者，義也；分均者，仁也；知可否者，智也。五者不備，而能成大盜者，天下無之。」由此觀之，盜賊之心必託聖人之道而後可行。故老子曰：「絕聖棄智，民利百倍❻。」

【章　旨】這一章就盜跖言盜所守之道，發揮「盜賊之心必託聖人之道而後可行」的論點，用以印證老子說的「絕聖棄智，民利百倍」。此章取自《莊子・胠篋》，文字小有出入。

【注　釋】❶跖　即盜跖。名跖，相傳為春秋末期柳下屯（今山東省西部）人。❷適　同「啻」。但；只。❸有道　原文作「無道」，依王念孫校改。王氏謂此句「言豈特有道而已哉，乃聖、勇、義、仁、智五者皆備也」。句中「道」指「道德」之「道」。❹意　意料。❺中藏　指庫中或室中所藏之物。❻絕聖棄智二句　出自《老子》第十九章。張舜徽謂「此處所云絕、棄，皆就人主言。絕聖棄智，謂不自任其聰明才智也」。絕聖棄智，拋棄聰明才智。

【語　譯】盜跖的門徒問盜跖說：「強盜也有道德原則嗎？」盜跖回答說：「哪裡只是有道德原則而已！能猜出室中收藏的東西，就是聖明；先進入室中，就是勇；最後從室中出來，就是義；分配所得之物能平均，就是仁；知道可不可以動手去偷，就是智。這五方面的道德原則不具備，而能夠成為大強盜的，天下是沒有的。」從盜跖這些話可以看出，盜賊們心中總是要找到聖人的道德原則作為憑藉，然後才可以去偷盜。所以老子說：「拋棄聰明才智，人民可以獲得百倍的利益。」

楚將子發❶好求技道之士。楚有善為偷者，往見曰：「聞君求技道之士。臣，楚市❷偷也，願以技齎❸一卒❹。」子發聞之，衣不給帶，冠不暇正，出見而禮之。左右諫曰：「偷者，天下之盜也，何為禮之❺？」君曰：「此非左右之所得與❻。」後無幾何❼，齊興兵伐楚，子發將師以當❽之，兵三卻❾。楚賢良大夫❿皆盡其計而悉⓫其誠，齊師愈強。於是市偷進請曰：「臣有薄技，願為君行之。」子發曰：「諾。」不問其辭而遣之。偷則夜出⓬解齊將軍之幬帳⓭而獻之。子發因使人歸之，曰：「卒有出薪者⓮，得將軍之帷，使歸之於執事⓯。」明夕⓰復往取其枕，子發又使人歸之。明夕⓱復往取其簪，子發又使歸之。齊師聞之大駭，將軍與軍吏謀曰：「今日不去，楚軍⓲恐取吾頭。」乃還師而去。故技無細而能無薄⓳，在人君用之耳。故老子曰：「不善人，善人之資也⑳。」

【章　旨】這一章用子發收容一偷兒為技道之士，而後在楚齊之戰中發揮偷兒伎倆，使齊軍由攻勢強大轉為不攻自退的故事，印證老子說的「不善人，善人之資也」。子發收容偷兒、並用他退敵，一則說明他能不拘一格取用人才，二則說明各種才能（包括非正當行為所用的「歪才」）都有用途，問題在於用人者如何任用。老子的話是論「善人」和「不善人」之間的關係。作者將子發之事和老子之語聯繫在一起，似乎不太緊湊。

【注　釋】❶子發　楚將名。見頁六五四注❶。❷楚市　原文無此二字，依王念孫校補。❸齎　舊注訓為「備」。❹一卒　當解為一個士兵。卒，舊注訓為「足」。❺禮之　以禮待之。原文作「之禮」，依王念孫校改。❻與　參加。句中指參與其事。❼幾何　多少。此指時間而言。❽當　通「擋」。阻攔。❾三卻　多次退卻。❿賢良大夫　德行、才能很好的大夫們。此處不單指軍中謀士。⓫悉　盡。⓬出　原文無此字，依王念孫校補。⓭幬帳　即床帳。⓮出薪者　外出打柴的人。薪，柴。作動詞用，打柴之意。⓯歸之於執事　言不敢直截歸送對方而帶給執事轉呈其上。實指歸於對方。執事，供役使的人。古稱人執事，表示對其尊重。⓰明夕　第二天晚上。原文作「明又」，依王念孫校改。⓱明夕　原文作「明日又」，依王念孫校改。⓲楚軍　原文作「楚君」，依王念孫校改。⓳故技無細句　王念孫謂「言人君能用人，則細伎薄能皆得效其用也」。故技，原文為「故曰」，依王念孫校改。細，小。薄，微小；少。⓴不善人二句　出自《老子》第二十七章。原文前有「故善人者，不善人之師」二句。不善人，即不善之人。品行不好的人。資，資源。此處有借鑑之意。

【語　譯】楚國的將領子發喜歡尋求有技藝的人。楚國有一個很會偷東西的人，前去見他，說：「聽說您尋求有技藝的人。我是楚國街市中的一個小偷，希望用我的技藝成為您的一個小兵。」子發聽到他的話，衣服來不及繫上帶子，帽子來不及戴正，急忙出來接見，很有禮貌地對待他。子發身邊的人勸他說：「偷東西的人，是天下的強盜，為什麼對他要以禮相待呢？」子發說：「這不是各位所能參與議論的事情。」後來沒有多久，齊國起兵攻打楚國，子發率領軍隊前去阻擋，軍隊三戰三敗退。楚國那些有德行、有才能的大夫們都想盡計謀、竭盡誠心，而齊國軍隊卻越打越強。那位市集上的小偷便向子發請求說：「我有點小技藝，願意為您施展一下。」子發說：「好！」不問他要說些什麼就派他去。小偷便在夜裡前去解下了齊國將軍床上的帳子獻給子發。子發就派人將床帳歸還給齊國的將軍，並說：「我們有一個外出打柴的士兵，得到了將軍的帷帳，現在派人把它歸還給您。」第二天晚上又前去拿取齊國將軍的枕頭，子發又派人將枕頭送歸對方。第三天夜裡又前去拿取齊國將軍的簪子，子發又派人將簪子送歸對方。齊國的將士們知道這件事後十分吃驚，將軍和軍中官員們商議說：「現在不離開這裡，楚軍恐怕會將我的頭拿去。」於是帶領軍隊撤離而返歸齊國。所以技藝無所謂細小而才能無所謂微薄，只在於國君如何任用而已。所以老子說：「不好的人，是好人的借鑑。」

顏回謂仲尼曰：「回益❶矣。」仲尼曰：「何謂也？」曰：「回忘禮樂❷矣。」仲尼曰：「可矣，猶未也。」異日復見，曰：「回益矣。」仲尼曰：「何謂也？」曰：「回忘仁義❸矣。」仲尼曰：「可矣，猶未也。」異日復見曰：「回坐忘❹矣。」仲尼造然❺曰：「何謂坐忘？」顏回曰：「隳支體❻，黜聰明❼，離形去知，洞於化通❽，是謂坐忘。」仲尼曰：「洞則無善❾也，化則無常❿矣。而夫子薦賢⓫，丘請從之後⓬。」故老子曰：「載營魄抱一，能無離乎？專氣至柔，能如嬰兒乎⓭？」

【章　旨】這一章由顏回「離形去知，洞於化通」而致「坐忘（即去形、智，合於無為之道）」，說到老子講的人君須持無為之道而不失，像嬰兒柔弱已甚，無知無欲。顏回致於「坐忘」實則經歷了幾個階段，最後始達最高境地。本章文字大部分取自《莊子・大宗師》，少許語句有出入。老子語為作者所加。

【注　釋】❶益　成玄英《莊子疏》謂「覺已進益」。進益猶今所謂進步。❷回忘禮樂　舊注釋謂「絕聖棄智，入於無為也」。胡遠濬解《莊子》則謂「禮樂就吾體言。蓋一心行乎敬愛而不自知也」。❸回忘仁義　胡氏亦謂「仁義就及物言。蓋一心行乎仁義而不自知也」。道家以禮樂為仁義之次。禮樂為外，仁義為內；禮樂有形，仁義無形，故先忘禮樂，後忘仁義，由外及內，以至於坐忘。坐忘最上。❹坐忘　舊注謂「言坐自忘其身，以至道也」。坐，端坐；靜坐。❺造然　驚悚的樣子。原文作「遽然」，依楊樹達校改。❻隳支體　實指擺脫由生理而來的欲望。隳，廢棄。下句「離形」義同「隳支體」。❼黜聰明　實指去掉由知識而來的心智活動。下句「去知」義同「黜聰明」。❽洞於化通　郭象注《莊子》釋謂「然後曠然與變化為體而無不通也」。洞，洞同；會通。❾洞則無善　謂既與道洞同，則無善惡是非。❿化則無常　謂既與變化同體，則不執滯守常。⓫薦賢　先賢。舊注謂「薦，先也」。《莊子》此句作「而果其賢乎」。⓬請從之後　謂願繼顏回之後學之。⓭載營魄抱一四句　出自《老子》第十章。載，語助詞。營魄，河上公注《老子》謂「魂魄也」。抱一，猶言「執一」。指堅持道。一，謂道。能無離乎，張舜徽說：「老子之意，謂人君必抱此無為之道而不失，始可君臨天下，故設為問辭，明其不可偶離也。」專氣，即「摶氣」。摶，結聚。《管子・內業》：「摶氣如神，萬物備存。」

【語　譯】顏回對仲尼說：「我進步了。」仲尼問道：「在哪方面有進步呢？」顏回說：「我已經忘掉禮樂的存在了。」仲尼說：「不錯了，但是還不夠。」過了幾天，顏回又見到了仲尼，說道：「我又進步了。」仲尼又問他：「在哪方面有進步呢？」顏回回答說：「我已經忘掉仁義的存在了。」仲尼說：「不錯了，但是還是不夠。」過了幾天，顏回又見到了仲尼，說道：「我已經能坐忘了。」仲尼驚奇得悚然變色，問道：「什麼叫做坐忘？」顏回回答說：「遺忘了肢體的存在，去掉認知的聰明，離棄形骸，去掉內智，與變化同體而無所不通，這就叫做坐忘。」仲尼說：「和大道會通就沒有所謂善了，與變化同體就不會執滯守常了。你這位夫子真是先賢，我孔丘願意跟隨你學習。」所以老子說：「魂魄緊抱無為之道，能夠不分離嗎？結聚之氣柔和到極點，能夠像嬰兒那樣柔弱嗎？」

秦穆公興師將以襲鄭，蹇叔❶曰：「不可。臣聞襲國者，以車不過百里，以人不過三十里，為其謀未及發洩也，甲兵未及銳弊❷也，糧食未及乏絕也，人民未及罷病也。皆以其氣之高與其力之盛至，是以犯敵能威，去之能速❸。今行數千里，又數絕❹諸侯之地以襲國，臣不知其可也。君重圖之！」穆公不聽。蹇叔送師，衰絰❺而哭之。師遂行，過周而東。鄭賈人弦高矯❻鄭伯之命，以十二牛勞秦師而賓❼之。三帥乃懼而謀曰：「吾行數千里以襲人，未至而人已知之，其備必先成，不可襲也。」還師而去。當此之時，晉文公適薨❽，未葬，先軫❾言於襄公❿曰：「昔吾先君與穆公交⓫，天下莫不聞，諸侯莫不知。今吾君薨未葬，而不弔吾喪，而不假道⓬，是死吾君⓭而弱吾孤⓮也。請擊之！」襄公許諾。先軫舉兵而與秦師遇於殽⓯，大破之，擒其三帥⓰以歸。穆公聞之，素服廟臨⓱，以說於眾⓲。故老子曰：「知而不知，尚矣。不知而知，病也⓳。」

【章旨】這一章用秦穆公不聽蹇叔的勸告，出師遠征襲鄭，結果慘敗於晉人之手的故事，印證老子講的「知而不知，尚矣。不知而知，病也」。文章以「不知而知，病也」評議穆公襲鄭之誤，是很確切的。此章文字多取自《呂氏春秋・悔過》，而所言穆公事則見於《左傳・僖公三十二年》、《左傳・僖公三十三年》。

【注釋】❶蹇叔　宋隱士。後為秦穆公的大夫。❷銳弊　謂鋒芒遭受破壞。❸去之能速　原文無此四字，依俞樾校補。❹數絕　謂數次橫穿過。絕，橫越。❺衰絰　衰，同「縗」。不縫邊的喪服。絰，麻腰帶。❻矯　假託；詐稱。❼賓　此處作動詞用。依賓客之禮招待之。❽薨　諸侯王死去稱薨。❾先軫　晉大夫。因封邑在原（今河南省濟源縣西北），所以又稱原軫。❿襄公　晉襄公。文公之子，名驩。在位七年。⓫先君與穆公交　秦穆公嘗嫁女與重耳，生襄公。⓬假道　猶言借路。⓭死吾君　謂吾君已死。⓮弱吾孤　謂欺侮新君弱小。古代年幼父死稱孤，文中指襄公。⓯殽　同「崤」。山名。在今河南省洛寧縣北，有二山對峙，削巖絕澗，車輛不得並行，風雨所不及。⓰三帥　指秦將百里孟明視、西乞朮、白乙丙。⓱廟臨　即臨廟、到廟。廟，指王宮前殿。⓲以說於眾　《左傳・僖公三十三年》謂「秦伯（指穆公）素服郊次，鄉師而哭曰：『孤違蹇叔，以辱二三子，孤之罪也。不替孟明，孤之過也。大夫何罪！且吾不以一眚掩大德。』」說，解說。⓳知而不知四句　出自《老子》第七十一章。知而不知，知如不知。即知之而不自以為知。尚，同「上」。指上德。不知而知，不知如知。即不知而自以為知。

【語　譯】秦穆公起兵將要偷襲鄭國，蹇叔規勸穆公說：「這不行。我聽說偷襲別的國家，彼此間的距離，用車前去不能超過一百里，用人前去不能超過三十里，因為這樣才能使偷襲的謀略來不及泄露，士兵們的戰鬥銳氣才不會受到損傷，糧食才不會缺乏、斷絕，人民也不會疲倦勞累。大家都用很高的士氣和旺盛的精力去襲擊對方，因此就能顯出威力，就能很迅速地離開敵國。如今行程數千里，又橫越數個諸侯國而偷襲鄭國，我不明白可以這樣做的道理。請君王重新考慮一下！」穆公不聽。蹇叔為軍隊送行時，身穿喪服而悲哭不止。軍隊於是踏上征途，經過周國而向東進軍。途中遇見鄭國商人弦高，他假託鄭國君主的命令，用十二頭牛犒勞秦國的軍隊，把他們當做賓客對待。秦軍三位元帥見到這種情況，便很憂懼地謀劃，說：「我們行軍數千里而偷襲人家，還未走到，人家就已經知道了，他們的防備工作必定先做好了，不能襲擊呀。」於是帶領軍隊返歸秦國。在這個時候，恰逢晉文公死了，還沒有埋葬，晉國大夫先軫對晉襄公說：「從前我們死去的君主和秦穆公有姻親關係，天下沒有誰未聽說過，諸侯王沒有誰不知道的。現在我們君主死了還未埋葬，秦國既不來弔喪，而且經過我們國家卻不向我國借路，這明明是認為我們君主死了而欺侮我們新君弱小。請發兵攻擊秦軍！」襄公答應了。先軫率領軍隊和秦軍在殽山相遇，大敗秦軍，活捉了三位元帥回晉國。秦穆公聽到這個消息，穿著白色衣裳來到王宮前殿，在眾人面前說明了自己的錯誤。所以老子說：「明明知道而不認為自己知道，這是上等德行。明明不知道卻認為自己知道，這就是一種毛病。」

齊王后❶死，王欲置后而未定，使群臣議。薛公❷欲中王之意，因獻十珥❸而美其一。旦日，因問美珥之所在，因勸立以為王后。齊王大說，遂重❹薛公。故人主之意欲見於外，則為人臣之所制❺。故老子曰：「塞其兌，閉其門，終身不勤❻。」

【章　旨】這一章用薛公獻珥測得齊威王欲立何人為后的用意，而博得威王重視的故事，說明人主意欲外露即為人臣所制。並以此印證老子說的「塞其兌，閉其門，終身不勤」。此章所用事見於《韓非子・外儲說右上》及《戰國策・齊策三》。

【注　釋】❶齊王后　《韓非子》言為齊威王之夫人。《戰國策》作「齊王夫人」。姚宏注《戰國策》謂齊王為「齊威王子宣王也」。❷薛公　戰國時齊國人，孟嘗君之父。相齊十一年，封於薛，故稱薛公。號靖郭君。❸十珥　因齊王有十位孺子（王妾之有品位者），故製十珥以試。珥，玉珥。耳飾。❹重　尊重。❺故人主二句　本於《韓非子・主道》所言「君無見其欲，君見其所欲，臣將自雕琢；君無見其意，君見其意，臣將自表異」。意欲，意願和欲望。見，同「現」。❻塞其兌三句　出自《老子》第五十二章。張舜徽釋謂「此言人君誠能閉明塞聰，收視返聽，以成無為之治，則事成而身佚」。兌，口；穴。為「閱」之省文。古假「閱」為「穴」，凡有孔竅者皆可稱為閱，如耳、鼻、口、目等。門，指精神之門。勤，勞。

【語　譯】齊威王的王后死了，威王打算立后而未決定立誰，就讓群臣來討論這件事。薛公田嬰想要符合齊王的心意，就獻給齊王十枚耳飾，而其中一枚特別好。第二天就打聽那枚最好的耳飾在哪位女子手裡，便勸齊王立那位女子為王后。齊王大為高興，於是便很敬重薛公。所以人主的意願和欲望表現在外，就會被臣下控制。所以老子說：「塞住耳目，關閉精神之門，就會一輩子成功而不辛勞。」

盧敖❶游乎北海❷，經乎太陰❸，入乎玄闕❹，至於蒙穀❺之上。見一士焉，深目而玄鬢，渠頸❻而鳶肩❼，豐上❽而殺下❾，軒軒然❿方迎風而舞。顧見盧敖，慢然⓫下其臂，遯逃乎碑下⓬。盧敖就而視之，方倦⓭龜殼而食蛤梨⓮。盧敖與之語曰：「唯敖為背群離黨，窮觀於六合之外者，非敖而已乎？敖幼而好游，至長不渝解⓯，周行四極，唯北陰之未闚，今卒睹夫子於是，子殆可與敖為友乎？」若士者齤然⓰而笑曰：「嘻！子中州⓱之民，寧肯遠而⓲至此。此猶光乎日月而載列星⓳，陰陽之所行，四時之所生，其比夫不名之地，猶窔奧也⓴。若我南游乎罔㝗之野㉑，北息乎沉墨之鄉㉒，西窮窅冥之黨㉓，東關㉔鴻濛之光㉕，此其下無地而上無天，聽焉無聞，視焉無眴㉖，此其外猶有汰沃㉗之氾㉘。其餘一舉而千萬里㉙，吾猶未能之在㉚。今子游始至㉛於此，乃語窮觀，豈不亦遠哉！然子處矣㉜！吾與汗漫㉝期於九垓之上㉞，吾不可以久駐。」若士舉臂而竦身，遂入雲中。盧敖仰而視之，弗見，乃止駕㉟，心柸治㊱，悖若㊲有喪也。曰：「吾比夫子，猶黃鵠㊳與壤蟲㊴也。終日行不離咫尺㊵，而自以為遠，豈不悲哉！」故莊子曰：「小年不及大年，小知不及大知。朝秀不知晦朔，蟪蛄不知春秋㊶。」此言明之有所不見也。

【章旨】這一章說盧敖漫遊到蒙穀，遇一士人，盧敖自言為「窮觀於六合之外者」。士人則言其「南游乎岡㝗之野，北息乎沉墨之鄉，西窮窅冥之黨，東關鴻濛之光」，這些地方已是「下無地而上無天，聽焉無聞，視焉無眴」之處，而「其外猶有汰沃之汜」。其餘一舉而千萬里，吾猶未能之在」。故謂盧敖「乃語窮觀，豈不亦遠哉」。這番對話一則反映出宇宙無窮的觀念，二則說明人的認識是有局限的，因而所掌握的真理具有相對性。作者用這故事印證莊子「小年不及大年，小知不及大知。朝秀不知晦朔，蟪蛄不知春秋」的道理。

【注釋】❶盧敖　秦時燕人。秦始皇召為博士，使求神仙，後亡而未返。❷北海　泛指北方極邊遠之地。❸太陰　北方。❹玄闕　北方之山。❺蒙穀　北方山名。❻渠頸　猶言大頸。指頸項肥大。原文作「淚注」，依王念孫校改。❼鳶肩　雙肩上聳如鳶。鳶，俗稱鷂鷹、老鷹。❽豐上　謂上額飽滿。❾殺下　謂下頰瘦削。殺，減少；省。❿軒軒然　起舞之狀。⓫慢然　緩緩之狀。舊注謂「止舞也」。⓬遯逃乎碑下　舊注釋謂「匿於碑陰」。原文無「下」字，依王念孫校補。⓭倦　蹲坐。舊注謂「楚人謂倨為倦」。倨，同「踞」。蹲坐。⓮蛤梨　即蛤蜊。⓯不渝解　謂「好游」之心不去。渝、解同義。⓰齤然　笑而露齒的樣子。⓱中州　如說中原、中國。泛指黃河中下游地區。⓲寧肯遠而　「寧」與「乃」同。遠而，原文作「而遠」，依楊樹達校改。⓳此猶光句　舊注釋謂「言太陰之地，尚見日月也」。載列星，猶言列星羅布。載，盛；放置。列星，羅布星空、定時出現的恆星，如二十八宿。⓴其比夫二句　舊注釋謂「言我所游不可字名之地，以盧敖所行比之，則如窔奧。奧，室中也」。不名之地，不可名之之地。窔奧，屋室之角落。窔，室之東南隅。奧，室之西南隅。㉑岡㝗之野　即《莊子・應帝王》所云「游無何有之鄉，以處壙埌之野」之「壙埌之野」。空闊無邊的曠野。㉒沉墨之鄉　即沉默之鄉。無聲無息之處。墨，通「默」。㉓窅冥之黨　深遠幽隱之所。黨，所。處所。㉔關　貫。原文作「開」，依王念孫校改。㉕鴻濛之光　指日光。鴻濛，為東方之野，日出之處。㉖視焉無眴　焉，猶「乃」。乃，猶「而」。上句「焉」亦同「而」。目動為眴。無眴，猶言無足以動搖其目者。即無所見。㉗汰沃　四海與天之際水流聲。㉘氾　涯。㉙千萬里　指汰氾之外。㉚未能之在　舊注謂「吾尚未至此地」。一說「之」為語助詞。在，存。存，至。㉛至　原文無此字，依楊樹達校補。㉜然子處矣　猶言「且子止矣」，為詞而止之詞。處，止；休。㉝汗漫　仙人別名。舊注謂「不可知之也」。㉞九垓之上　九天之上。原文作「之外」，依王念孫校改。㉟止駕　舊注謂「止其所駕之車」。㊱心柸治　原文作「止柸治」，依王念孫、俞樾校改。柸治，舊注謂「楚人謂恨不得為柸治也」，俞樾說：「其實『柸治』即『不怡』。柸治為疊韻字。」㊲悖若　悖然。迷惑之狀。㊳黃鵠　鳥名。即天鵝。黃鵠一飛千里。㊴壤蟲　幼蟲。㊵咫尺　八寸為一咫，十寸為一尺。㊶小年不及大年四句　出自《莊子・逍遙遊》。大年，指壽命長者。小知，指智能小者。朝秀，朝生暮死之蟲。生水上，形似蠶蛾。一名茲母。原文作「朝菌」，依王念孫校改。晦，指農曆每月最後一天。朔，指每月初一。蟪蛄，一名寒蟬，舊注謂「貂蟟也」。傳言其春生夏死，夏生秋死。

【語　譯】盧敖漫遊到北海，經過太陰，進入玄闕，到了蒙穀山上。見到一位人士雙目深陷而長著黑色的鬢髮，頸子肥壯而兩肩高聳如鷹，上額飽滿而下頰瘦削，正迎著風軒軒而舞。他轉身看見了盧敖，便緩緩地放下手臂，逃到了石碑下面。盧敖走近去看他，他正蹲坐在龜殼上吃蛤蜊。盧敖和他說道：「只有我盧敖是一個背離群體，觀賞盡天地、四方以外景象的人，不就只有我盧敖一人而已嗎？我年幼時就愛好遊覽，年紀大了這種愛好還未改掉，我走遍了四方極遠之處，僅有北陰還未曾看過，今天終於在這裡看見了你，你大概可以和我做朋友吧？」那位人士露齒而笑說：「唉！你是中原地區的百姓，竟然肯遠遠地來到這裡。這個地方還是日月照耀，還是二十八宿羅列天空，還是陰氣、陽氣活動，還是出現春夏秋冬四季，它和那些不能叫喚名字的地方相比，不過是屋室中的一個角落。像我向南到過空曠無際的罔宦之野，向北在無聲無息的沉墨之鄉休息過，向西走到了深遠幽隱的窅冥之所的盡頭，向東貫穿過日光閃耀的鴻濛之光，這些地方都是下面沒有地而上面沒有天，聽也聽不見聲響，看也沒有什麼可以看見，在它們之外還有四海與天交界而發出流水聲的水岸。其餘的地方一動就是千萬里，我還未能到達。現在你出遊才到這裡，竟然就說自己已經看盡了一切景象，難道不是還相差很遠嗎！我看你還是算了吧！我和仙人汗漫約好在九天之上相會，我不能在這裡久久停留。」那位人士兩臂一舉，身子向上一聳，就進入雲中去了。盧敖仰頭看他，不見他的身影，便停下他的車子，心裡不大愉快，迷迷惑惑就像失落了什麼，說：「我和這個人相比，就像幼蟲和黃鵠。整天爬行總爬不出尺把長的距離，而自己卻以為爬得很遠了，這難道不可悲嗎！」所以莊子說：「年壽短的趕不上年壽長的，智能小的趕不上智能大的。朝生暮死的朝秀不明白一個月內月初月末的情況，春生夏死的蟪蛄不知道一年內春天、秋天的情況。」這是說善於明察的人也有見不到的地方。

孚子❶治亶父❷三年，而巫馬期❸絻衣❹短褐，易容貌❺，往觀化❻焉，見夜漁者❼得魚則❽釋之，巫馬期問焉，曰：「凡子所為魚者，欲得也。今得而釋之，何也？」漁者對曰：「孚子不欲人取小魚也❾，所得者小魚，是以釋之。」巫馬期歸，以報孔子曰：「孚子之德至矣！使人闇行，若有嚴刑在其側者。孚子何以至於此？」孔子曰：「丘嘗問之以治，言曰：『誠❿於此者刑於彼。』孚子必行此術也。」故老子曰：「去彼取此⓫。」

【章　旨】這一章敘說孚子治理亶父，不准漁民捕捉小魚，結果漁民都自動遵守他的命令。而用孔子的話說明孚子能「使人闇行，若有嚴刑在其側者」，是採用了「誠於此者刑於彼」的方法。並借以印證老子說的「去彼取此」。本章文字取自《呂氏春秋．具備》。

【注　釋】❶孚子　即宓子。字子賤，孔子弟子。原文作「季子」，依王念孫校改。下同。❷亶父　縣名。即單父，今山東省單縣。❸巫馬期　《呂氏春秋》作「巫馬旗」。孔子弟子。❹絻衣　古喪服。脫冠紮髮，用布纏頭。❺易容貌　指化妝改變容貌。❻觀化　觀察教化。❼夜漁者　原文無此三字，依王念孫校補。❽則　原文無此字，依王念孫校補。❾孚子不欲句舊注釋謂「古者，魚不盈尺，不上俎也」。❿誠　原文作「誡」，依王念孫校改。⓫去彼取此　出自《老子》第七十二章。原文謂「是以聖人自知而不自見也，自愛而不自貴也，故去彼而取此」。河上公注謂「自知己之得失，不自顯見德美於外，藏之於內。自愛其身以保精氣，不自貴高榮名於世。去彼自見自貴，取此自知自愛」。

【語譯】宓子治理亶父縣三年了，而巫馬期脫冠縏髮，用布纏頭，身著短粗布衣，改變容貌，前去觀察教化，見到夜裡打漁的人打到魚後又把魚放了，巫馬期就問他，說：「你打漁的目的是為了得到魚，如今打到了又把魚扔進水裡，這是為什麼呢？」打漁的人回答說：「因為宓子不希望人捕取小魚，我所打到的是小魚，因此把牠放了。」巫馬期回來以後，向孔子報告說：「宓子的德行已經達到極高的境界了！他能讓人在暗自做事時好像有嚴厲的刑罰擺在旁邊似的。宓子為什麼能達到這種地步呢？」孔子回答說：「我曾經向他問過管理民眾的事，他說是『在這裡很誠懇地對待你，而在那裡你違反法令就要處以刑罰』。宓子一定是應用了這種方法。」所以老子說：「去掉那些『自見、自貴』的態度，而保留『自知、自愛』。」

罔兩❶問於景❷曰：「昭昭❸者，神明❹也？」景曰：「非也。」罔兩曰：「子何以知之？」景曰：「扶桑受謝❺，日照宇宙，昭昭之光，輝燭❻四海。闔戶塞牖，則無由入矣。若神明，四通竝❼流，無所不及，上際❽於天，下蟠於地❾，化育萬物而不可為象，俛仰之間而撫❿四海之外。昭昭何足以明之！」故老子曰：「天下之至柔，馳騁天下之至堅⓫。」

【章旨】這一章敘說影子和罔兩討論「神明」的特點，用罔兩所說「神明」的「四通竝流，無所不及」，「化育萬物而不可為象，俛仰之間而撫四海之外」的特性，印證老子說的「天下之至柔，馳騁天下之至堅」。

【注　釋】❶罔兩　影子外層的淡影。郭象注《莊子・齊物論》謂「景外之微陰也」。本書舊注則謂「水之精物也」。❷景　古之「影」字。舊注謂「日、月、水、光晷也」。❸昭昭　明亮。❹神明　此處指日神。舊注謂「罔兩恍惚之物，見景光明，以為神也」。神明，有時專指日神。《史記・封禪書》「或曰東北神明之舍，西方神明之墓也」，《史記集解》即云「神明，日也」。❺扶桑受謝　吳承仕說「謂（扶桑）昏受日而旦出之，若代謝（更替變化）焉」。扶桑，神木。傳說日出其下。受謝，舊注謂「扶桑受日，旦澤出之也」。注中「澤」，同「繹」。尋繹。❻燭　照耀。作動詞用。❼竝　同「旁」。有磅礴之意（見奚侗《莊子補注》）。又可解為「迸」。今譯從後說。❽際　會合。❾下蟠於地　成玄英解《莊子》釋謂「蟠薄於厚地」。蟠薄，即磅礴。蟠，也可解作充滿。❿撫　撫巡；撫慰。⓫天下之至柔二句　出自《老子》第四十三章。張舜徽釋謂「水之為物至柔，及其積厚勢重，可以潰決隄防，漂沒城邑。泛濫所至，無隙不入，可以知其威力之大。老子有見及此，因悟柔弱可勝剛強」。

【語　譯】罔兩問影子說：「那明亮的東西就是精神吧？」影子回答說：「不是的。」罔兩又問：「你怎麼知道的？」影子說：「太陽晚上為扶桑所受納，早上又從扶桑出來，更替變化。日照宇宙，明亮的光輝照耀四海。如果關上大門、塞住窗口，那陽光就沒有辦法照進室內了。至於精神，能向四處迸流，沒有什麼地方不能到達，上和青天會合，下能磅礴於大地，化育萬物卻不能描畫出它的形象，在一俯一仰之間，而能夠撫巡到四海之外的區域。明亮的東西哪能說明白它的特點呢！」所以老子說：「天下最為柔弱的東西，能夠在天下最為堅強的東西中馳騁。」

光耀❶問於無有❷曰：「子果有乎？其果無有乎❸？」無有弗應也。光耀不得問而孰視❹其狀貌，冥然忽然，視之不見其形，聽之不聞其聲，搏之不可得❺，望之不可極也。光耀曰：「貴矣哉！孰能至於此乎？予能有無矣，未能無無也❻。

及其為無無，又何從至於此哉？」故老子曰：「無有入於無間，吾是以知無為之有益也❼。」

【章　旨】這一章「光耀」所揣摩「無有」的特點，所謂「冥然忽然，視之不見其形，聽之不聞其聲，搏之不可得，望之不可極」云云，實是說無有、無為之道的特徵。但還進一步說到道的「無無」，對「道」的特性作了更深一層的描述。故作者借「光耀」之言來印證老子說的「無有入於無間，吾是以知無為之有益也」。本章除老子語外，文字取自《莊子・知北遊》，用語略有不同。

【注　釋】❶光耀　寓託人名。成玄英疏解《莊子》謂「光耀者，是能視之智也。智能明察，故假名光耀」。❷無有　寓託人名。成玄英謂「無有者，所觀之境也。境體空寂，故假名無有也」。本書舊注則謂「光耀可見，而無有至虛者」。❸子果有乎二句　舊注釋謂「有形生於無形，何以能生物，故問果有乎，其無有也」。❹孰視　即熟視。仔細看。原文作「就視」，依王念孫校改。❺視之不見三句　出自《老子》第十四章。老子語係描述「道」之特性，原文謂「視之不見，名曰夷；聽之不聞，名曰希；搏（捉摸之義）之不得，名曰微。此三者不可致詰，故混為一」。❻予能有無矣二句　舊注釋謂「言我能使形不可得，未能殊無形也」。❼無有入於無間二句　出自《老子》第四十三章。無間，無間隙可入。

【語　譯】光耀問無有說：「你果真是有呢？還是果真無有呢？」無有不應答。光耀得不到回答就仔細看他的形態容貌，覺得他是那樣深遠、那樣恍惚，看吧見不到他的形狀，聽吧又聽不見他的聲音，摸他又摸不著，望他又不能望到盡頭。光耀說：「真可貴呀！誰能夠達到這種境地呢？我能達到有『無』的境界，卻未能達到無『無』的境界。即使能無『無』，又怎麼能達到你這樣的境界呢？」所以老子說：「無形的東西可以進入無間隙可入的物體中，我因此懂得『無為』是有益處的。」

白公勝慮亂❶，罷朝而立，倒杖策，錣上貫頤❷，血流至地而弗知也。鄭人聞之曰：「頤之忘，將何不忘哉！」此言精神之越於外、智慮之蕩於內，則不能漏理❸其形也。是故神之所用者遠，則所遺者近❹也。故老子曰：「不出戶以知天下，不窺牖以見天道。其出彌遠，其知彌少❺。」此之謂也。

【章　旨】白公謀亂因而舉止失常，以致馬鞭的刺針刺穿臉頰，「血流至地而弗知」。作者評議其事，得出結論是「神之所用者遠，則所遺者近」。並以此印證老子說的「不出戶以知天下，不窺牖以見天道。其出彌遠，其知彌少」。此章梗概見於《韓非子・喻老》。

【注　釋】❶慮亂　猶言謀亂。慮，謀；計。舊注謂「白公將為父復讎，起兵亂，因思慮之也」。❷倒杖策二句　舊注謂「策，馬捶。端有針以刺馬，謂之錣。倒杖策，故錣貫頤也」。錣，馬鞭端的針刺。頤，面頰；腮。❸漏理　補修缺漏。舊注謂「漏（下缺『理』字），補空也」。❹近　謂身也。❺不出戶四句　出自《老子》第四十七章。文字有省略。張舜徽謂老子此四句「非謂人君閉明塞聰，不越戶牖而能自知天下之情也。要在善用眾耳眾目為我聽為我視也」。

【語　譯】白公熊勝謀劃作亂，停止朝會站了起來，把馬鞭拿倒了，馬鞭頭上的刺針刺穿了他的臉頰，血流到地上卻還不知道。鄭國人聽見後說：「連自己的臉頰都忘了，還有什麼東西不會忘呢！」這是說人的精神散落在外面，而智謀使內心搖蕩，那就不能補修形體的缺漏了。因此精神的作用很遠，那他所遺忘的就會是切近的，以致連自身也會忘記。所以老子說：「不出門，就能知道天下的事，不望窗外，就能掌握自然的規律。向外走得越遠，所知道的就越少。」就是說這樣的事。

秦皇帝❶得天下，恐不能守，發邊戍，築長城，脩關梁，設障塞，具傳車❷，置邊吏。然劉氏❸奪之，若轉閉錘❹。昔武王伐紂，破之牧野❺，乃封❻比干之墓，表❼商容❽之閭❾。柴箕子之門❿，朝成湯⓫之廟。發鉅橋⓬之粟，散鹿臺⓭之錢。破鼓折枹⓮，弛弓絕絃⓯。去舍露宿，以示平易。解劍帶笏⓰，以示無仇。於此天下歌謠而樂之，諸侯執幣⓱相朝，三十四世不奪⓲。故老子曰：「善閉者，無關鍵而不可開也。善結者，無繩約而不可解也⓳。」

【章　旨】這一章說到兩件事情，一是秦始皇為了守住天下，苦心經營軍事，結果天下「劉氏奪之」。二是周武王滅紂以後，禮賢便民，偃武修文。結果其天下「三十四世不奪」。作者用這兩件事作比較，是為了印證老子說的「善閉者，無關鍵而不可開也。善結者，無繩約而不可解也」。

【注　釋】❶秦皇帝　指秦始皇嬴政。❷具傳車　具，備辦。傳車，驛車。傳，驛站。❸劉氏　指劉邦。❹閉錘　緊閉織席之錘。舊注謂「格也，上之錘，所以編薄席，反覆之易」。❺牧野　地名。在今河南省淇縣南。❻封　聚土築墳。❼表　作出標記，以示表彰。❽商容　殷人。為紂王所貶。❾閭　里門。❿柴箕子之門　舊注釋謂「紂死，箕子亡之朝鮮，舊居空，故柴護之也」。柴，塞。箕子，商紂王的叔父。封國在箕，故稱箕子。⓫成湯　商代開國之君。子姓，名履，又稱天乙。⓬鉅橋　商代糧倉所在地。在今河北省曲周縣東北，亦作糧倉名。⓭鹿臺　古臺名。故址在今河南省湯陰縣朝歌鎮南。劉向《新序・刺奢》言「紂為鹿臺七年而成，其大三里，高千尺，臨望雲雨」。⓮枹　同「桴」。鼓槌。⓯弛弓絕絃　猶言鬆弓斷弦。弛，放鬆。⓰笏　此處指朝會時天子所執手板。⓱幣　用作禮物的玉、馬、皮、帛等。此處解作禮物。⓲三十四世不奪　三十四世，係指從周武王到周赧王。赧王之後尚有共和執政。不奪，不為人所取。奪，取。⓳善閉者四句　出自《老子》第二十七章。吳澄解《老子》謂「閉門者必用關鍵，結繫者必用繩約，然皆常人所為爾。有道者觀之，則豈謂之善哉！善閉者以不閉為閉，故無關鍵，而其閉自不可開；善結者以不結為結，故無繩約，而其結自不可解」。繩約，指繩索。

【語譯】秦始皇帝得到了天下，恐怕不能守住，就發兵防守邊疆，修築長城，建造關門、橋梁，設置堡寨、險塞，備辦驛車，在邊地安置官吏。但是劉氏奪取他的天下，就像轉動閉錘一樣。從前周武王攻討紂王，在牧野打敗他，就為比干築墳，在商容的里門上豎立標記表彰他的德行。塞好箕子的屋門，朝拜成湯廟。發放鉅橋糧倉裡的糧食，散發鹿臺府庫中的錢財。砸破戰鼓、折斷鼓槌，鬆弓斷弦。離開客舍而露宿在外，表示他的平和簡易。解去利劍而手持笏板，表示他沒有仇敵。在這種情況下，天下人民唱著歌謠表示他們的歡樂，諸侯王都帶著禮品來朝拜，三十四代天下都沒有被人奪走。所以老子說：「善於閉門的人，不用門鎖，而門卻不能打開。善於結繫的人，不用繩索，卻使人無法解開。」

尹需❶學御，三年而無得焉，私自苦痛，常寢想❷之，中夜，夢受秋駕❸於師。明日，往朝。師望而謂❹之曰：「吾非愛道於子也，恐子不可予也。今日教子以秋駕。」尹需反走❺，北面再拜曰：「臣有天幸❻，今夕❼固夢受之。」故老子曰：「致虛極，守靜篤，萬物竝作，吾以觀其復也❽。」

【章旨】這一章用尹需學御，三年無得，私自苦痛，常常臥想其事，終於夢中學得「秋駕」之法的故事，印證老子說的「致虛極，守靜篤，萬物竝作，吾以觀其復也」。尹需篤志於御的故事見於《呂氏春秋．博志》。

【注釋】❶尹需　古代善御之人。一作尹儒。❷寢想　猶言臥思。舊注謂「寢堅（當為『臥』）思之」。❸秋駕　一種高明的駕馭車馬的技術。❹而謂　原文作「之謂」，依王念孫校改。❺反走　小步退行。反走而拜，表示恭敬。❻天幸　上天給的幸運。言非人力所能致。❼今夕　指昨夜。《呂氏春秋‧博志》作「今昔」，義同。❽致虛極四句　出自《老子》第十六章。致虛極二句，皆說人君修養以虛靜為主。致虛極，達到虛寂的極盡。守靜篤，篤定地固守澄靜。篤，堅定；堅固。萬物竝作，指各種物象的活動。作，動。復，反還。物生由靜而動，反還其初之靜為復。

【語　譯】尹需學習駕馭車馬，學了三年卻沒有什麼收穫，私下感到很痛苦，躺著休息時還常常想到駕車的事，有一天半夜裡，夢見自己學習老師教給的「秋駕」技術。第二天，他去拜見老師。老師望著他對他說：「我不是在你面前珍愛我的駕車技術，而是擔心不能把它傳授給你。今天我就教你『秋駕』之術。」尹需連忙小步後退，朝北拜了又拜，說：「我真有上天給的幸運，昨夜我已夢見接受了老師的秋駕之術。」所以老子說：「達到虛寂的極盡，篤定地固守澄靜，萬物蓬勃生長，我能看出靜動的反還往復。」

昔孫叔敖三得令尹，無喜志❶；三去令尹，無憂色。延陵季子❷，吳人願以為❸王而不肯。許由讓天下而弗受。晏子與崔杼盟，臨死地不變其儀❹。此皆有所遠通也。精神通於死生，則物孰能惑之？荊有佽非❺，得寶劍於干隊❻。還反度江，至於中流❼，陽侯之波❽，兩蛟❾挾繞其船。佽非謂枻❿船者曰：「嘗見⓫有如此而得活者乎？」對曰：「未嘗見也。」於是佽非勃然⓬瞋目⓭攘臂⓮拔劍曰：「武士可以仁義之禮說也，不可劫而奪也。此江中之腐肉朽骨，棄劍而已⓯，余有奚愛⓰焉？」赴江刺蛟，遂斷其頭，船中人盡活，風波畢除，荊爵為執圭。孔子聞之曰：「夫善載腐肉朽骨、棄劍者⓱，佽非之謂乎？」故老子曰：「夫唯無以生為者，是賢於貴生焉⑱。」

【章旨】這一章先論孫叔敖、延陵季子、晏子的非凡舉動，是「皆有所遠通」所致。再進一步發揮，謂「精神通於死生，則物孰能惑之」。繼而以佽非渡江遇蛟，捨身棄劍斬蛟，結果除掉了蛟，使「船中人盡活」，來印證其言以及老子說的「夫唯無以生為者，是賢於貴生焉」。本章除老子語外，皆取自《呂氏春秋・知分》。

【注釋】❶喜志　喜意。高興的心情。❷延陵季子　即季札。春秋吳人，因封邑在延陵（今江蘇省武進縣），故稱延陵季子。❸以為　原文上有「一」字，依楊樹達校刪。❹儀　儀容。晏子事已見於前注。❺佽非　人名。楚勇士。又作次非、茲非。❻干隊　古地名。一作干隧，與「干越」同，即吳越（從王念孫說）。本書舊注則謂「干國在今臨淮（漢郡名，治所在徐州），出寶劍。蓋為莫邪、洞鄂之形也」。❼中流　指江流中心位置。❽陽侯之波　巨波。陽侯，陵陽國侯，溺水而死，而為波神。❾蛟　舊注謂「龍屬也。魚滿二千五百斤，蛟來為之主也」。❿枻　楫；短槳。此處指搖槳。⓫見　原文無此字，依俞樾校補。⓬勃然　發怒變色。⓭瞋目　怒張其目。原文作「瞑目」，依王念孫校改。⓮攘臂　捲袖出臂。⓯此江中之腐肉朽骨句　蔣禮鴻釋謂「其日此江中之腐肉朽骨、棄劍而已者，乃承上文與枻人問答而言，言陽侯之波，兩蛟挾船，必不得活，則佽飛（即佽非）身且為江中之腐肉朽骨，劍且為棄劍，何惜此身此劍，不與蛟爭頃刻之命，猶有可冀乎」。⓰余有奚愛　言余又何愛於劍。亦可釋為何愛之有。有，同「又」。⓱善載腐肉朽骨句　蔣禮鴻釋謂「載乃因利乘便之意，猶今言利用也。言善用之則為生人而有其劍，不善用之則為腐肉朽骨、棄劍而已」。⓲夫唯無二句　出自《老子》第七十五章。高亨《老子正詁》釋謂「無以生為者，不以生為事也，即不貴生也。君貴生則厚養，厚養則苛斂，苛斂則民苦，民苦則輕死。故君不貴生，賢於貴生也」。賢，勝過。

【語譯】從前孫叔敖三次得任令尹，沒有露出高興的神色；三次失去令尹的職位也沒有露出憂愁的神色。吳國的人希望延陵季子出來為王他卻不肯。堯把天下讓給許由，許由不接受。晏子和崔杼有過盟約，直到面臨死境也不改變儀容。這些人都是在某些方面通達甚遠。精神如能與死生相通，那麼有什麼外物能迷惑他呢？

楚國有個佽非，在干隊得到一柄寶劍。在返家渡江、船到水流中心的時候，波神陽侯掀起滔天巨波，兩條蛟龍夾繞在船的兩旁。佽非對搖槳撐船的人說：「你們曾經見過在這種情況下還能活下來的嗎？」船工回答說：「不曾見過。」這時佽非便勃然變色、怒睜雙眼、捲袖出臂，拔出劍來說：「武士可以用依行仁義的禮儀、法則來說服，但不能用威脅來改變他的志向。如果不與蛟龍拚搏，我這身子不過成為江中的腐肉朽骨、我這劍不過成為被丟棄的劍罷了，我又有什麼值得愛惜的呢？」於是跳入江中刺殺蛟龍，終於砍掉了蛟龍的頭。船中的人全都活下來了，風波也完全停止了。楚王封佽非享有執圭的爵位。孔子聽到這件事後，說：「善於冒死拚搏而不使自己和所佩之劍成為腐肉朽骨和遺棄之劍的人，大概是指佽非吧？」所以老子說：「只有不看重自己生命的，才勝過看重自己生命的。」

齊人淳于髡❶以從說魏王❷，魏王辯之❸。約車❹十乘，將使荊。辭而行，又❺以為從未足也，復以衡說❻，其辭若然。魏王乃止其行而疏其身。失從之❼志，而有❽不能成衡之事，是其所以固❾也。夫言有宗，事有本❿。失其宗本，技能雖多，不若其寡也。故周鼎著倕⓫，而使齕⓬其指，先王以見大巧之不可為⓭也。故慎子⓮曰：「匠人知為門能以門⓯，所以不知門⓰也。」故必杜⓱然後能門⓲。

【章旨】這一章用魏王既採用合縱之說，又採用連横之術，結果縱不能縱、横不能横的故事，說明「言有宗，事有本」，失宗失本，「技能雖多，不若其寡」和「大巧之不可為」的道理。並以此印證慎子說的「匠人知為門能以門，所以不知門也」。此章前面文字大半取自《呂氏春秋・離謂》。後面多取自《文子・

精誠》。

【注釋】❶淳于髡　戰國齊國稷下人。以博學、滑稽、善辯著稱，齊威王曾任其為大夫。❷說魏王　遊說魏王。說，勸說；說服。魏王，指魏惠王，名瑩。❸魏王辯之　言魏王以淳于髡之說為巧言。辯，巧言。❹約車　整頓車輛。❺又　原文作「人」，依孫詒讓校改。❻衡說　即「橫說」。以連橫之術相說。舊注謂「從說，說諸侯之計當相從也。衡說，從之非是，當橫，更計也」。❼之　原文作「心」，依王念孫校改。❽有　同「又」。原文作「又」，依王念孫校改。❾固　同「故」。緣故；原因。❿言有宗二句　《老子》第七十章謂「言有宗，事有君」，為此處所用。宗，本源；主旨。⓫倕　為堯（一說黃帝）時巧工。⓬齕　咬。⓭為　原文無此字，依王念孫校補。⓮慎子　即慎到。戰國趙國人。齊宣、湣王時，與鄒衍、淳于髡等為齊稷下學士。兼有道、法思想之早期道家人物。今本《慎子》殘缺，本文所引其語不見於今本《慎子》。⓯匠人知句　是說匠人造門，只知門能守，而不知道門之所以能守，另有掌其啟閉之物存在（即杜門之具，如栓、鎖等）。上「門」為名詞，下「門」為動詞，義猶「守」。⓰不知門　舊注謂「不知門之要也。門之要在門外」。⓱必杜　謂一定要有掌門之啟閉者。杜，同「㪔」。閉塞。⓲門　義為「守」。

【語譯】齊國人淳于髡用合縱之術來勸說魏惠王，魏惠王認為他善於巧辯。於是為淳于髡準備了十乘車，要讓他出使楚國。當他辭別魏王要上路時，魏王又認為合縱之說還不夠圓滿，淳于髡又用連橫之術來勸說魏惠王，他所說的話還是像原先說的一樣。魏惠王於是不再讓他出使楚國，而疏遠了他。魏惠王既失去了參與合縱的志趣，而又不能夠完成連橫的事業，這便是他疏遠淳于髡的緣故。言論要有宗旨，做事要不離本源。如果喪失了宗旨、本源，技能即使很多，還不如少一些好。所以在周鼎上所鑄的巧匠倕的形象是咬著指頭的。先王這樣設計是要表明大巧是不能施用的。所以慎子說：「匠人只是知道做門能防守，所以他們不知道使門能防守的還有杜門的用具。」因此一定要懂得什麼是杜門用具然後才能明白門能防守的道理。

墨者❶有田鳩❷者，欲見秦惠王，約車申轅❸，留於秦，三年❹不得見。客有言之楚王者，往見楚王。楚王甚說之，予以節❺，使於秦。至，因見惠王而說之❻。出舍，喟然而歎，告從者曰：「吾留秦三年不得見，不識道之可以從楚也。」物故有近之而遠、遠之而近者。故大人之行，不掩以繩❼，至所極❽而已矣。此筦子❾所謂「鳥飛而準繩❿」者。

【章　旨】這一章用田鳩欲見秦惠王，留秦三年不得見而往楚，楚王派他使秦因見秦惠王之事，說明「大人」行事，原則要堅定、方向要明確，而途徑非一，手段不妨靈活些。所謂「大人之行，不掩以繩，至所極而已矣」。並以此守常應變之理詮釋管子所說的「鳥飛而準繩」。本章文字大半取自《呂氏春秋・首時》。

【注　釋】❶墨者　墨家信奉者。❷田鳩　即田俅子。墨翟的學生。❸中轅　猶言捆縛車轅。轅為車前駕馬的直木。❹三年　原文作「周年」，依劉文典校改。❺節　符節。此為使者憑證。舊注謂「將軍之節」。❻而說之　此句原文誤將上句舊注納入文中，作「因見予之將軍之節，惠王見而說之」，依陳觀樓校改正。❼故大人之行二句　吳承仕謂「言大人之行不得以常律相格，故注訓掩為彈，謂不當以繩墨抨彈之」。《管子・宙合》嘗言「千里之路不可扶以繩，萬家之都不可平以準。言大人之行不必以先帝常義立之謂賢」。大人，德行高尚的人。掩，輔正。或謂抨彈。❽極　指終極目的。❾筦子　即管子。❿鳥飛而準繩　語出《管子・宙合》。原文謂「鳥飛準繩，此言大人之義也」。房玄齡注謂「鳥飛準繩，曲以為直；大人之義，權而合道」。

【語　譯】墨家信徒中有個名叫田鳩的人，想見秦惠王。他收拾車輛，捆好車轅，留在秦國，結果等了三年也未見到惠王。有位客人對楚王說了他的情況，他便去見楚王。楚王十分高興，給他符節，讓他出使秦國。到秦國後，田鳩見到了秦惠王，並向他遊說。出來後住在旅店，喟然歎息，告訴隨從人員說：「我留在秦國三年不能見到秦惠王，不懂得見惠王的路可以從楚國走通。」所以有些事物看似靠得近而實際上離它很遠，看似遠離而實際上靠它很近。所以德行高尚的人做事情，並不用繩墨來矯正，只要到達終極的目的就好了。這就是管子所說的「鳥兒飛行，或高或下、或退或進、或曲或直而總會以達到目的為準繩」。

澧水❶之深千仞，而不受塵垢，投金鐵❷焉，則形見於外。非不深且清也，魚鼈龍蛇莫之肯歸也。是故石上不生五穀，禿山不游麋鹿，無所陰蔽❸也。昔趙文子❹問於叔向❺曰：「晉六將軍❻，其孰先亡乎？」對曰：「中行❼、知氏❽。」文子曰：「何乎？」對曰：「其為政也，以苛為察，以切❾為明，以刻下❿為忠，以計多⓫為功。譬之猶廓革⓬者也，廓之，大則大矣，裂之道也。」故老子曰：「其政悶悶，其民純純。其政察察，其民缺缺⓭。」

【章旨】這一章一以澧水雖深，卻不受塵垢，魚鱉龍蛇莫之肯歸為例，二以叔向所言中行與知氏為政苛切，「以刻下為忠，以計多為功」必然先亡為例，用來印證老子所說的政治好壞直接影響民風的道理。所謂「其政悶悶，其民純純。其政察察，其民缺缺」。本章取自《文子．上禮》。

【注釋】❶澧水　源於今陝西省長安縣西南秦嶺，北流至西安注入渭水。❷金鐵　原文下有「鍼」字，依王念孫校刪。❸陰蔽　隱蔽。原文下有「隱」字，依王念孫校刪。❹趙文子　即趙武。武為晉大夫趙朔之子。晉景公討伐趙氏，武隨其母入晉室宮中。後立為趙氏後嗣，嘗執晉政。❺叔向　名肸，羊舌氏。晉國大夫，平王時為太傅。❻六將軍　指晉國六卿。即范氏、中行氏、知氏、韓氏、趙氏、魏氏六家。❼中行　即中行寅，也稱中行文子。中行為複姓。❽知氏　即知伯瑤。姓荀。❾切峻切；嚴厲。❿刻下　對待下屬嚴酷。⓫計多　計謀多。⓬廓革　把皮革強力張開。⓭其政悶悶四句　出自《老子》第五十八章。悶悶，樸鄙；愚昧。有無所欲為之義。純純，淳厚；渾厚。謂民無所爭。察察，辨別分析。此處有苛細之義。缺缺，疏薄。王弼注《老子》謂「殊類分析，民懷爭競，故曰其民缺缺」。

【語譯】灃水有一千仞深，卻不容納塵土和汙垢，把金、鐵扔入水中，它們的形狀就會清晰顯露。灃水並不是不深不清，但是魚、鱉、龍、蛇卻不肯歸住那裡。因此石頭上不生五穀，沒有草木的禿山沒有麋鹿在上面活動，這是因為禿山上沒有隱蔽的地方。從前趙文子問叔向說：「晉國的六位將軍，哪一個會先滅亡呢？」叔向回答說：「中行氏、知氏。」趙文子又問：「為什麼呢？」叔向回答說：「這是因為他們施政，把苛刻當作明察，把峻切當作英明，把嚴格要求下屬當作忠誠，把計謀出得多當作功勞。這就好像用力擴張皮革，一擴張，皮革面積大是大了，但這也是使皮革裂開的做法。」所以老子說：「君王的政治樸鄙無為，他的人民就會淳厚不爭。君王的政治嚴苛瑣細，他的人民就會爭競不止、民風日益疏薄。」

景公❶謂太卜❷曰：「子之道何能？」對曰：「能動❸地。」晏子往見公，公曰：「寡人問太卜曰：『子之道何能？』對曰：『能動地。』地可動乎？」晏子默然不對。出，見太卜曰：「昔吾見句星❹在駟、心❺之間，地其動乎？」太卜曰：「然。」晏子出，太卜走往見公曰：「臣非能動地，地固將動也。」田子陽❻聞之曰：「晏子默然不對者，不欲太卜之死。往見太卜者，恐公之欺❼。晏子可謂忠於上而惠於下矣。」故老子曰：「方而不割，廉而不劌❽。」

【章 旨】這一章敘說晏子處事方法的巧妙，用它來說明老子「方而不割，廉而不劌」的正確。太卜向景公說自己能震動大地，一旦事情真相被戳穿，太卜便難免欺君之罪。晏子為了挽回景公受欺的面子，為了太卜自脫欺君之罪，他既不正面回答景公的疑問，又不直斥太卜的荒謬，僅用一語啟發對方，使君臣之間即將爆發的衝突得以避免。某些方法是為實現某些願望服務的。田子陽說晏子如此行事「可謂忠於上而惠於下」，是言其效果，也是道其用心。較之以其事印證老子所言深刻得多。本章取自《晏子春秋・外篇》。

【注 釋】❶景公 齊景公。名杵臼，齊莊公異母弟。崔杼弒君後，立其為君。在位五十八年。❷太卜 官名。周為卜筮官之長，也稱卜正。❸動 震動。❹句星 又作鉤星。《晉書・天文志上》：「其西河中九星如鉤狀，曰鉤星，直則地動。」❺駟心 二星名。駟，天駟。星名。即房星（二十八宿之一），為東方蒼龍七宿第四宿。心，星名。二十八宿之一，為東方蒼龍七宿第五宿。原文此句作「房、心」，依王念孫校改。舊注中謂「句星守房、心，則地動也」。❻田子陽 人名。齊臣，又作陳子陽。❼往見太卜二句 言晏子往見太卜，恐景公為太卜所欺。欺，見欺。❽方而不割二句 出自《老子》第五十八章。原文謂「是以聖人方而不割，廉而不劌，直而不肆，光而不燿」。張舜徽釋謂「此言人主貴能深自斂抑，毋露己才。雖有方、廉、直、光之美，不以此傷物炫世也」。方而不割，謂為人方正卻不損害人。割，切割。廉而不劌，謂為人正直卻不傷害人。劌，義如割、刺傷。

【語 譯】齊景公對太卜說：「你所掌握的道術有什麼功用？」太卜回答說：「能使大地震動。」晏子去見景公，景公對他說：「我問太卜說『你所掌握的道術有什麼作用？』他回答說：『能使大地震動。』大地可以震動嗎？」晏子沉默不回答。他出宮後見太卜，說：「往日我見到句星出現在房星、心星之間，是否出現了大地震動的情況？」太卜回答說：「是出現了大地震動的情況。」晏子出去後，太卜連忙跑去見景公，說：「我不能使大地震動，是大地本來自己會震動。」田子陽聽說這件事後，說：「晏子沉默而不回答是不想讓太卜死。去見太卜，是恐怕景公被太卜欺騙。晏子真可以說是對上忠誠而對下仁愛。」所以老子說：「為人方正卻不損害他人，為人廉潔卻不傷害他人。」

魏文侯觴❶諸大夫於曲陽❷。飲酒酣，文侯喟然歎曰：「吾獨無豫讓以為臣乎❸！」蹇重❹舉白❺而進之，曰：「請浮君❻！」君曰：「何也？」對曰：「臣聞之：有命之父母不知孝子，有道之君不知忠臣。夫豫讓之君亦何如❼哉？」文侯受觴而飲釂❽不獻❾，曰：「無管仲、鮑叔以為臣，故有豫讓之功。」故老子曰：「國家昏亂，有忠臣❿。」

【章旨】這一章用魏文侯感慨他沒有豫讓那樣的忠臣，而為臣子蹇重所駁的駁辭，以及文侯感悟後的議論，說明忠臣的出現是與君王有道與否、國家政治清明與否、眾臣賢良與否有關的道理。並以此印證老子說的「國家昏亂，有忠臣」。文中蹇重之辭實有頌君之意，文侯之語也不乏譽臣之意。君臣酒酣而不忘投桃報李，富有趣味。

【注釋】❶魏文侯觴　魏文侯，名斯，亦作都，戰國魏主，在位三十八年。文侯禮賢，四方賢士爭往歸之。文侯治國，上下和合，國人稱之為仁君。觴，進酒；勸飲。❷曲陽　地名。位於今河南省曲陽縣西沙河之東。因在太行山曲之南得名。❸吾獨無豫讓句　舊注釋謂「豫讓事知伯而死其難，故文侯思以為臣」。智伯為趙襄子所殺，豫讓毀容變音為智伯報讎，後為襄子所執，自殺。豫讓嘗言：范中行氏以眾人遇我，我故以眾人報之；智伯以國士遇我，我故以國士報之。❹蹇重　魏文侯之臣。❺舉白　舉杯勸酒。白，罰酒之杯。❻浮君　舊注謂「浮，罰也。以酒罰君」。❼何如　舊注謂「豫讓相其君，而君見殺，亦何如」。❽釂　飲酒盡之為釂。❾獻　進酒於客為獻。❿國家昏亂二句　出自《老子》第十八章。

【語譯】魏文侯在曲陽設酒宴招待諸位大夫。大家喝酒喝得暢快的時候，魏文侯長歎一聲說道：「我就偏偏沒有豫讓那樣的人作我的臣子嗎！」蹇重就舉起罰酒的杯子送上去說：「請罰君王一杯酒！」君王說：「為什麼？」蹇重回答說：「我聽說：好命的父母不知道哪一個是孝子，政治清明的君王不知道誰是忠臣。像豫讓的君主又怎麼樣呢？」文侯於是接受蹇重的罰酒而一口喝光，不再勸眾大夫喝了，說：「因為沒有管仲、鮑叔作為大臣，所以才會造就豫讓那樣的功勞。」所以老子說：「國家政治昏暗混亂，才能看出誰是忠臣。」

孔子觀桓公❶之廟，有器焉，謂之宥卮❷。孔子曰：「善哉！予得見此器。」顧曰：「弟子取水！」水至，灌之，其中❸則正，其盈則覆。孔子造然革容❹曰：「善哉，持盈❺者乎！」子貢在側曰：「請問持盈。」曰：「揖❻而損之。」曰：「何謂揖而損之？」曰：「夫物盛而衰，樂極則悲，日中❼而移，月盈而虧❽。是故聰明睿智❾，守之以愚；多聞博辯❿，守之以儉⓫；武力毅勇⓬，守之以畏；富貴廣大，守之以陋⓭；德施天下，守之以讓。此五者，先王所以守天下而弗失也。反此五者，未嘗不危也。」故老子曰：「服此道者不欲盈。夫唯不盈，故能弊而不新成⓮。」

【章　旨】這一章用孔子觀宥坐之卮和子貢的談話，敘說君王「持盈」之道。其道簡言之為「揖而損之」，細言之則是「聰明睿智，守之以愚；多聞博辯，守之以儉；武力毅勇，守之以畏；富貴廣大，守之以陋；德施天下，守之以讓」等五守。孔子所言實與道家戒盈求缺之旨相通，故作者借以印證老子說的「服此道者不欲盈。夫唯不盈，故能弊而不新成」。本章所用事本於《荀子・宥坐》，孔子所言又見於《文子・九守》，所用文字則與二書多有出入。

【注　釋】❶桓公　指魯桓公。名子允，春秋魯君，在位十八年。❷宥卮　古代的一種盛水器。也叫欹器、宥坐器。器注滿則倒，空則側，不多不少則正立。古人置之座右作為誡鑑。宥，同「右」。一說同「侑」，勸。《文子・九守》即言「三皇五帝有勸戒之器，名侑卮」。卮，酒器。容量四升。❸中　舊注謂「水半卮也」。《荀子・宥坐》言「宥坐之器者，虛則欹，中則正，滿則覆」。❹造然革容　造然，蹙然；驚恐的樣子。革容，即改變臉色。❺持盈　保守成業。《國語・越語》「夫國家之事有持盈，有定傾，有節事」。❻揖　同「挹」。義近於減損。原文作「益」，依王念孫校改。下句「揖」亦如是。❼日中　謂日當中天。❽虧　缺；減少。❾睿智　明達深曉。❿博辯　廣論事物。《孔子家語・觀周》謂「博辯宏遠而危其身者，好發人之惡者也」。⓫儉　約；少。原文作「陋」，依王念孫校改。⓬毅勇　果斷勇敢。毅，堅定；果敢。⓭陋　狹；小。原文作「儉」，依王念孫校改。⓮服此道者三句　出自《老子》第十五章。吳澄《道德經注》謂「成謂完備。凡物敝則缺，新則成。敝而缺者不盈也；新而成者盈也。保守此道之人，不欲其盈，故能敝缺，不為新成」。張舜徽亦謂「『能弊而不新成』，乃道家戒盈求缺之指」。服，保；保守。盈，滿。弊，敝缺；破缺。成，相對「弊（破缺）」而言，謂完備。

【語　譯】孔子在魯桓公的宗廟裡參觀，廟裡有一種器物，稱做宥卮。孔子說：「真好啊！我能夠看見這個器物。」回過頭說：「弟子拿水來！」水拿來以後，灌入器物中，灌到一半，宥卮就站正了，一灌滿就翻過來。孔子驚恐變色，說道：「好啊！這是在顯示如何保守成業的道理吧！」子貢在旁邊問道：「請問如何保守成業？」孔子回答說：「減少了又減少。」子貢又問：「怎麼是減少了又減少？」孔子說：「事物強盛就會走向衰亡，快樂到極點就會陷入悲傷，太陽到了天的正中處就會向西移動，月亮一圓就開始虧缺。因此人聰明、明達，就要用愚昧來守住；見聞豐富而能廣泛論事，就要用少聞少論來守住；勇武有力、果斷勇敢，就要用畏懼來守住；富貴廣大，就要用狹小來守住；恩德施與天下人民，就要用謙讓來守住。這五個原則正是先王用來守住天下而未使它失掉的辦法。和這五個原則相反，沒有不危險的。」所以老子說：「保守這種道的人不希望滿足。正因為不希望滿足，所以能做到破缺而不要求重新做得完備。」

武王問太公曰：「寡人伐紂天下，是❶臣殺其主而下伐其上也。吾恐後世之用兵不休、鬥爭不已，為之奈何？」太公曰：「甚善，王之問也！夫未得獸者，唯恐其創❷之小也；已得之，唯恐傷肉之多也。王若欲久持之，則塞民於兌❸，道令❹為無用之事、煩擾之教❺。彼皆樂其業，佚❻其情，昭昭而道冥冥❼。於是乃去其鍪❽而載之朮❾，解其劍而帶之笏；為三年之喪，令類不蕃❿；高辭卑讓⓫，使民不爭；酒肉以通⓬之，竽瑟以娛之，鬼神以畏之；繁文滋禮⓭以弇其質⓮，厚葬久喪以亶⓯其家；含珠、鱗施⓰、綸組⓱，以貧其財；深鑿高壟⓲，以盡其力。家貧族少，慮患者貧⓳。以此移風，可以持天下弗失。」故老子曰：「化而欲作，吾將鎮之以無名之樸也⓴。」

【章　旨】這一章記述了周武王和太公（即太公望，姜姓，呂氏，名尚）的一段對話。武王說他伐紂「是臣殺其主而下伐其上」，擔心後人效法他用兵爭鬥不休，問太公計將安出。太公出的主意，概而言之即是「塞民於兌（指耳目口舌等），道（導）令為無用之事、煩擾之教」。配合他所說的具體措施來看，他的要旨，一在於使民「樂其業，佚其情」，因而安於現狀，不思反抗。二在於用繁文滋禮困其心、縛其手，使之不敢反抗。三在於以謀生之艱難耗竭其體力，使之無力反抗。太公所言與老子所言「化而欲作，吾將鎮之以無名之樸」是不盡一致的。作者以彼證此，說明他的「無名之樸（指道）」並非絕對無為。

【注　釋】❶是　「是非」之「是」，正確。此處作動詞用。❷創　傷；傷口。❸塞民於兌　《老子》第五十二章言「塞其兌，閉其門，終身不勤」。兌，孔。指耳、目、口、鼻等。❹道令　道，同「導」。令，使。❺煩擾之教　指政教（刑賞與教化）冗雜繁亂。❻佚　同「逸」。安。原文作「供」，依王念孫校改。❼昭昭而道冥冥　言將其由明白引向昏昧。這種論點與道家思想符合，老子嘗言「俗人昭昭，我獨昏昏」（《老子》第二十章）。道，引導。冥冥，昏昧。❽鍪　兜鍪。武士的頭盔，戰時以禦兵刃。原文作「瞀」，依俞樾校改。❾載之朮　載，同「戴」。朮，術，通「鷸」。指術氏冠，亦即鷸鳥冠。鷸，翠鳥，知天將雨，故古之知天文者戴鷸鳥冠（以鷸鳥之羽所飾之冠）。原文「朮」作「木」，依王引之校改。❿令類不蕃　謂使其族人丁不旺。類，族。蕃，茂盛。⓫高辭卑讓　猶謂上下謙讓。高，上。辭，謙讓不受。卑，下。⓬通　交好。⓭繁文滋禮　如言繁文縟禮，煩瑣的儀式或禮節。滋，益；增多。⓮弇其質　謂覆蓋其淳樸的本性。弇，同「掩」。⓯亶　通「殫」。盡。亦可訓為盡。⓰含珠鱗施　含珠，使死者含珠口中。鱗施，施玉於死者之體，玉連結如魚鱗，實即罩以玉衣。⓱綸組　以綿絮裹屍，以絲帶相束。綸，絮。組，絲帶。⓲深鑿高壟　謂水溝鑿得深，田壟壘得高。⓳貧　乏；少。⓴化而欲作二句　出自《老子》第三十七章。化，化效於己。即謂民眾能各盡其才智以效力於己。作，指施用巧偽。吾將鎮之句，河上公說此句言「侯王當身鎮撫以道德」。張舜徽則謂「鎮之以無名之樸，謂人君清虛自守，不見可欲，使群下莫由窺測高深，不能欺蔽之也」。無名之樸，指道。

【語　譯】周武王問太公望說：「我攻打紂王的天下，這是一件正確的臣下殺君主和下屬討伐上級的行動。我害怕後世的人會加以仿效而不斷地用兵、鬥爭，該怎麼辦呢？」太公望回答說：「君王能問這樣的問題，非常好！打獵的人在未打到野獸時，只擔心牠的傷口太小；打到野獸以後，又深怕傷的肉太多。大王若想長久守住江山，就要塞住人民的眼、耳、鼻、口，要引導他們做一些無用的事，接受冗雜繁亂的政令、教化。讓他們都喜歡自己的職業，都性情安逸，將他們由明白引向昏昧。在這個時候，去掉他們作戰用的頭盔而戴上用鷸羽裝飾的帽子，解下他們的劍而讓他們帶著笏板；施行為父母守喪三年的制度，使同族的不要繁衍得多；有了好處要上下謙讓，使人民不爭奪；用酒肉向他們致好，用竽瑟讓他們娛樂，用鬼神使他們畏懼；用煩瑣的禮儀來掩蓋他們質樸的本性，用厚葬久喪耗盡他們的家產；要求使死者口含寶珠、罩上玉衣、用綿絮裹住屍體再用絲帶捆好，用以困乏他們的財物；要求深挖水溝、高壘田壟，用以耗盡他們的力氣。家中貧困而同族的人又少，圖謀給國家製造災禍的人就會很少。用這些辦法改變風俗，就可以守住天下而不會喪失。」所以老子說：「如果民眾各盡其能為自己謀利而想施用巧偽，我將要用『無名之樸』的道來加以鎮撫。」

卷一三

氾論

【題解】本書〈要略〉謂「知道德而不知世曲，則無以耦萬方」。本篇即以道為準，氾論「世曲」，而使人能見「得失之變、利病之反」，而「不妄沒於勢利、不誘惑於事態，有符曬晲（指天道），引語均見〈要略〉」。故高誘謂本篇「博說世間古今得失，以道為化，大歸於一，故曰『氾論』，因以題篇」。

〈氾論〉所論之事內容雖「氾」，但借論其事所說明的觀點是比較集中的。它們皆以道為指歸，實際上說的是黃老道學的君王之道。因此讀本篇，對於深入了解黃老道學「道」的內涵及其治政主張是很有幫助的。

古者❶有鍪❷而綣領❸以王天下者矣。其德生而不殺❹，予而不奪❺。天下不非❻其服，同懷❼其德。當此之時，陰陽和平，風雨時節❽，萬物蕃息❾。烏雀之巢可俯而探也，禽獸可羈而從❿也，豈必褒衣博帶⓫、句襟⓬、委⓭、章甫⓮哉！

【章旨】這一章敘述古代有君王服飾樸拙而有德，把天下治理得很好，不但人懷其德，而且天時和順，萬物蕃息，禽獸可馴。本章主要內容本於《荀子・哀公》。文字則取自《文子・上禮》，而略有出入。

【注　釋】❶古者　指三皇（伏羲、神農、黃帝）以前。❷鍪　形似兜鍪的帽子。句中係指帽子未出現以前的一種蒙頭的服飾，故舊注謂「鍪，頭著兜鍪帽，言未知制冠也」。❸綣領　曲領。用以繞頸。舊注謂「皮衣屈而紩之，如今胡家韋襲反褶以為領也。一說，鍪，放髮也；綣，繞頸而已，皆無飾」。❹生而不殺　舊注謂「刑措不用也」。原文「殺」作「辱」，依王念孫校改。❺予而不奪　舊注謂「予，予民財也。不奪，無所徵求於民也」。❻非　猶譏呵也。❼懷　歸。❽時節　意謂隨時而有節次。❾萬物蕃息　萬物繁殖增多。舊注謂「政不虐，生無夭折也」。❿從　猶牽也。⓫褒衣博帶　褒大之衣，廣博之帶。即寬衣大帶。禮服。⓬句襟　曲領衣。⓭委　委貌冠。周代的一種禮帽。⓮章甫　緇布冠。殷時冠名。

【語　譯】在三皇以前，有頭上蒙著包頭之物、用曲領圍住脖子而統治天下的人。他所推行的德政是使人生存而不置人於死地，是予民眾財物而不向他們徵求。因此天下的人不譏諷、指責他的服飾簡拙，而是一同歸順他的德政。在這個時候，陰氣、陽氣平和順暢，風雨應時而來，次序不亂，萬物繁殖增多。烏雀的窩可以俯身探望，野獸可以拴住牽著走。哪裡一定要身著寬大的衣裳、繫著廣博的帶子、外罩曲領衣，頭戴委貌冠、緇布冠一類的帽子呢！

古者民澤處❶而復穴❷，冬日則不勝霜雪霧露，夏日則不勝暑熱蚊虻❸，聖人乃作❹為之，築土構❺木，以為室屋❻，上棟❼下宇❽，以蔽風雨，以避寒暑，而百姓安❾之。伯余❿之初作衣也，緂麻⓫索縷⓬，手經指挂⓭，其成猶⓮網羅。後世為之機杼勝複⓯以便其用，而民得以揜形⓰御寒⓱。

古者剡耜⓲而耕，摩蜃⓳而耨⓴，木鉤㉑而樵㉒，抱甀㉓而汲，民勞而利薄。後世為之耒耜耰鉏㉔，斧柯而樵，桔皋㉕而汲，民逸而利多焉。古者大川名谷㉖，衝絕㉗道路，不通往來也。乃為窬木方版，以為舟航㉘，故地勢有無，得相委輸㉙。為靼蹻㉚而超千里。肩負儋㉛之勤㉜也，而作為之楺輪㉝建輿㉞，駕馬服㉟牛，民以致遠而不勞㊱。為鷙禽猛獸之害傷人而無以禁御也，而作為之鑄金鍛鐵，以為兵刃，猛獸不能為害㊲。故民迫其難則求其便，困其患則造其備。人各以其知㊳去其所害，就其所利。常故㊴不可循㊵，器械不可㊶因㊷也，則先王之法度有移易者矣。

【章　旨】這一章列舉住宅、紡織機械、各種農具、交通運輸工具由古至今的進化，以及武器的出現，給人民生產、生活所帶來的便利，說明「民迫其難則求其便，困其患則造其備。人各以其知去其所害，就其所利」。隨著時代的發展，人民生產、生活會出現新的問題，因而生產、生活用具要因時而變，所謂「常故不可循，器械不可因也」。作者說這些的目的，在於闡明政治因時而變、不斷改革是不可避免的，所謂「先王之法度有移易者」。這顯然是一種進步的觀點。本章少許言辭出自《文子・上禮》。

【注　釋】❶澤處　指住宅窪地。處，居。❷復穴　巖洞。舊注謂「重窟也」。一說：穴毀隄防崖岸之中，以為窟室」。復，同「寝」。窟。❸蟁蝱　即蚊虻。蟁，同「蟁」。即「蚊」。❹作　始；起。❺構　架。謂材木相乘架。❻室屋　住宅。原文作「宮室」，依王念孫校改。❼楝　屋中正梁。❽宇　屋簷。❾安　樂。❿伯余　黃帝之臣。一說伯余即為黃帝。⓫緂麻　績麻；搓麻。王念孫說「緂者續也，緝而續之也」。緂，搓麻。⓬索縷　搓麻線。索，搓撚使之緊密，即用手搓。⓭手經指挂　謂將麻線繫掛在手指上作為經線以編織成麻布。經，織物的縱線為經。⓮猶　如同。⓯機杼勝複　機，織布機用以轉軸的部分。杼，拉引緯線之梭。勝，同「縢」。《說文》謂其為「機持經者」，即拴繫經線的部件。複，同「椱」。《說文》謂為「機持繒者」。⑯揜形　猶言遮體。揜，蔽。⑰御寒　止寒。⑱剡耜　使耜銳利。剡，銳利。耜，耒之下端（入土部分）。⑲摩蜃　磨利大蛤殼。舊注謂「蜃，大蛤，摩令利，用之」。古以大蛤殼翻土。⑳耨　耨除苗穢。㉑木鉤　謂以帶杈之木當作鐮刀使用。鉤，鐮。㉒樵　薪（粗木）蒸（柴草）。即柴木。㉓甀　小口甖。舊注謂「甀，武。今兗州曰小武為甀，幽州曰瓦」。㉔耰鉏　平田、鬆土的農具。㉕桔皋　即桔槔。井上汲水的工具。㉖名谷　大谷。㉗衡絕　即橫絕、斷絕。原文作「衝絕」，依楊樹達校改。㉘窬木方版二句　窬木，挖空的木頭。窬，空。方版，使木板相並。方，並。版，同「板」。航，指舟相連。㉙委輸　運輸。以物置於舟車上為委，轉運到他處交卸為輸。舊注謂「運所有，輸所無」。㉚為靻蹻　原文上有「乃」字，此「為」為起下之詞，依王念孫校刪「乃」字。靻蹻，韋履。用皮革所製之鞋。靻，柔軟的皮革。原文作「鉏」，依王念孫校改。蹻，同「屩」。靸。《釋名》謂「靸，韋履深頭者之名也」。㉛儋　通「擔」。肩挑。原文上有「荷」字，依王念孫校刪。㉜勤　勞。㉝楺輪　猶言屈木為輪。楺，同「揉」。使木變形，此處指屈木使曲。㉞輿　車箱。亦可指車。㉟服　駕；拉車。㊱不勞　舊注謂「代負儋，故不勞也」。㊲不能為害　舊注謂「以兵刃備之，故不得為人害也」。㊳以其知　原文作「以其所知」，依王念孫校改。知，同「智」。㊴常故　即故常、舊則。或謂常法、舊日之常法。㊵循　隨；沿襲。㊶不可　舊注謂「當時之可改則改之，故曰不可也」。㊷因　因循；沿襲。

【語　譯】古代人們住在窪地和洞窟中，到了冬天就受不了霜雪霧露的侵襲，到了夏天就受不了炎熱暑氣和蚊虻的叮咬，聖人於是開始築土架木，營造屋室，上有正梁，下有屋簷，用來遮蔽風雨，防避寒冷、暑熱，而百姓安居其內。伯余最初做衣裳時，把麻搓成線，把線繫掛在手指上作為經線來編織，做出的衣裳就像網羅一樣。後世的人造出了織布機，上有機、杼、勝、複各種部件，以方便使用，而人民便能用衣裳遮身止寒了。

古代把耜磨銳利而用來耕田，把大蛤殼磨鋒利而用來除草，用有鉤杈的樹枝作鐮刀來砍柴，抱著瓦罐來汲水，人民勞累而獲利微薄。後世的人便造出了耒、耜、耰、鉏，用斧頭來砍柴禾，用桔皋汲取井水，因此人民安逸而獲利便增多了。

古代的一些大河、大山谷，阻絕道路，人民不能互通來往。於是有人挖空木頭、並攏木板，造出了船隻。

因此可以根據各地的需要，通過運輸而互通有無。還用柔軟的皮革製作鞋子而能走到千里之外。因為用肩挑東西勞累，便彎木做輪、建造車箱而造出了車子。用牛馬來拉車，使人民能到達遠方而不感到勞累。因為兇猛的禽鳥和野獸傷害人，無法加以禁止和抵禦，因而鑄銅鍛鐵，用來作刀劍一類的兵器，使得兇猛的野獸再不能傷害人民。因此人民在困難的逼迫下就要找出便利的辦法，受到禍患的困擾就會設法造出防備的器具。人們各自用他們的智慧去掉有害的，而得到有利的。往日的老規則是不能沿襲的，器械也不能守舊不變，因此，先王的法度也是可以變動的。

古之制，婚禮❶不稱主人❷，舜不告而娶❸，非禮也。立子以長，文王舍伯邑考而用武王❹，非制也。禮三十而娶，文王十五而生武王❺，非法也。夏后氏❻殯於阼階❼之上，殷人殯於兩楹之間❽，周人殯於西階之上❾，此禮之不同者也。有虞氏用瓦棺❿，夏后氏堲周⓫，殷人用槨⓬，周人牆置翣⓭，此葬之不同者也。夏后氏祭於闇⓮，殷人祭於陽⓯，周人祭於日出以朝⓰，此祭之不同者也。堯〈大章〉⓱，舜〈九韶〉⓲，禹〈大夏〉⓳，湯〈大濩〉⓴，周〈武象〉㉑，此樂之不同者也。故五帝異道而德覆天下，三王殊事而名施㉒後世。此皆因時變而制禮樂者，譬猶師曠之施瑟柱也，所推移上下者，無寸尺之度，而靡不中音。故通於禮樂之情㉓者能作言㉔，有本主於中而以知榘彠㉕之所周㉖者也。

【章　旨】這一章以三皇五帝之事為例，說明他們的「禮之不同」、「葬之不同」、「祭之不同」、「樂之不同」，「皆因時變而制禮樂者」。正因能因時而變，故「五帝異道而德覆天下，三王殊事而名施後世」。大抵本章所論的因時而變，要在不離根本。即原則、根本是不能變的，但作法可以靈活變通。故篇末說「通於禮樂之情者能作言，有本主於中而以知榘矱之所周者也」。

【注　釋】❶婚禮　亦稱婚儀。結婚的儀式、禮節。❷不稱主人　謂新郎不能說自己作主娶妻，而說由父兄師友為自己作主娶妻。❸不告而娶　舊注謂「堯知舜賢，以二女妻舜。不告父，父頑，常欲殺舜，舜知告則不得娶也。不幸莫大於無後，故孟子曰：『舜不告，猶告爾。』」❹文王舍句　舊注謂「伯邑考，武王之兄。廢長立聖，以庶代嫡，聖人之權爾」。相傳伯邑考為質於殷，為紂王所烹殺（《金樓子・興王》及《帝王世家》均有記載）。❺禮三十而娶二句　舊注釋謂「三十而娶者，陰陽未分時，俱生於子，男從子數，左行三十年立於巳，女從子數，右行二十年亦立於巳，合夫婦。故聖人因是制禮，使男子三十而娶，女二十而嫁。其男子自巳數，左行十得寅，故人十月而生於寅，故男子數從寅起。女自巳數，右行得申，亦十月而生於申，故女子數從申起。歲星十二歲而周天，天道十二而備，故國君十二歲而冠，冠而娶。十五生子，重國嗣也，不從故制也」。❻夏后氏　夏王朝。❼殯於阼階　指靈柩停於東階。阼階，東階。天子、諸侯、大夫、士皆以阼為主人之位，臨朝覲、揖賓客、承祭祀、升降皆由此。舊注謂「禮：飯於牖下，小斂於戶內，大斂於阼階。在牀曰屍，在棺曰柩。殯於賓位，祖於庭，葬於墓也。於阼階，猶在主位，未忍以賓道遠之」。❽兩楹之間　舊注謂「楹，柱也。《記》曰：殷殯之於堂上兩柱之間，賓主共」。❾殯於西階之上　指靈柩停放西階。舊注謂「蓋以賓道遠之」。❿有虞氏用瓦棺　有虞氏，舜世。瓦棺，以陶瓦為棺。⓫堲周　舊注謂「夏后氏，禹世。無棺槨，以瓦廣二尺，長四尺，側身累之，以蔽土，曰堲周」。⓬槨　棺材外面套的大棺材。舊注謂「用柏為槨，厚之宜，以棺為制也」。⓭牆置翣　舊注謂「周人兼用棺槨，故牆設翣，狀如今要扇，畫文，插置棺車箱以為飾。多少之差，各從其爵命之數也」。牆，裝飾靈柩的布帳。翣，棺飾。形似扇，在路以障車，入槨以障柩。⓮祭於闇　指郊祭在黃昏時。一說祭於夜半之時。⓯祭於陽　指郊祭在日中之時。⓰祭於日出以朝　指郊祭在日出時。⓱大章　堯樂名。⓲九韶　舜樂名。⓳大夏　禹樂名。⓴大濩　湯樂名。㉑武象　周武王樂名。㉒施　延續。㉓情　真實情況。此指精神。㉔言　原文作「音」，依王念孫校改。㉕榘矱　規矩；法度。榘，同「矩」。規則；法度。矱，尺度。用以度量長短。㉖周　合。

【語譯】古代的制度，結婚禮儀規定不能說自己為自己娶妻，舜不稟告父母便娶了堯的女兒，這是不合禮儀的。立後嗣要立長子，周文王捨棄伯邑考而用武王為嗣，這是不合規定的。禮法規定男子三十歲娶妻，周文王十五歲時就生下了武王，這是不合禮法的。夏后氏的時代死了君王，把靈柩停放在東階之上；殷人死了君王，把靈柩停放在堂中兩柱之間；周人死了君王，把靈柩停放在西階之上，這些都是不同的禮法。有虞氏的時代用陶瓦作棺材；夏后氏的時代用堲周葬人；殷人用槨葬人；周人則在靈柩上飾有布帳，插有翣，這是葬禮的不同。夏后氏的時代在黃昏時舉行郊祭，殷人在太陽當頂時郊祭，周人在早晨太陽出來時郊祭，這是郊祭方式的不同。堯有〈大章〉之樂，舜有〈九韶〉之樂，禹有〈大夏〉之樂，湯有〈大濩〉之樂，周有〈武象〉之樂，這是所用樂曲的不同。所以五帝的規章制度雖然不同，但他們的恩德都普及天下；三王做的事雖然不同，但他們的名聲都延續後世，這都是依據時代的變化來制訂禮樂。就好比師曠把手放在瑟柱上，手一上一下推移，沒有尺寸的限度，卻沒有哪一下不合音律。所以通曉禮樂精神的人能談論事理，心中有根本原則作主就能知道怎樣與法度相合。

魯昭公❶有慈母❷而愛之。死，為之練冠❸，故有慈母之服❹。陽侯殺蓼侯而竊其夫人，故大饗廢夫人之禮❺。先王之制，不宜則廢之；末世之事，善則著之；是故禮樂未始有常也。故聖人制禮樂，而不制於禮樂。治國有常，而利民為本❻。政教有經❼，而令行為上❽。苟利於民，不必法古。苟周於事，不必循舊❾。夫夏、商之衰也，不變法而亡❿。三代⓫之起也，不相襲⓬而王。故聖人法與時變，禮與俗化⓭，衣服器械各便其用，法度制令各因其宜。故變古未可非，而循咎⓮未足多⑮也。

【章　旨】這一章的主要內容是論君王應依據時代的需要大膽變法。不但提出了諸如「先王之制，不宜則廢之；末世之事，善則著之」、「治國有常，而利民為本。政教有經，而令行為上」、「苟利於民，不必法古」、「法與時變，禮與俗化」等原則。還進一步認定變法與否直接關係到國家的興亡。本章部分字句取自《文子・上義》。

【注　釋】❶魯昭公　春秋魯君。襄公庶子，名裯。❷慈母　乳母；奶媽。《禮記・內則》：「國君世子生，卜士之妻、大夫之妾，使食之。」❸練冠　古喪服。為小祥（父母死，自祔以後至十三月之祭禮）主人所用之冠。《釋名・釋喪制》：「期而小祥，亦祭名也。孝子除首服，服練冠也。祥，善也。加小善之飾也。」❹慈母之服　指為乳母服喪的規則。禮制，一般人為乳母可服喪三月，大夫以上，包括國君並不為乳母服喪。魯昭公獨為其乳母服喪，故興君王「慈母之服」。❺陽侯殺蓼侯二句　舊注釋謂「蓼侯，皋陶之後，偃姓之國侯也，今在廬江。古者大饗飲酒，君執爵，夫人執豆。陽侯見蓼侯夫人美豔，因殺蓼侯而娶夫人，由是廢夫人之禮」。陽侯，即陽國侯（用吳承仕說）。大饗，大型宴會。饗，用酒食招待人。❻本　舊注訓為「要」。要旨、主旨之意。❼經　常。指常行的原則。❽上　舊注訓為「最」。極。❾舊　舊注訓為「常」。❿亡　謂桀、紂。⓫三代　禹、湯、武。⓬襲　因；沿襲。⓭化　易；改變。⓮循咎　隨常。咎，通「舊」。常。原文作「俗」，依蔣禮鴻校改。⓯多　讚許；稱讚。

【語　譯】魯昭公有位奶媽，他很敬愛她。奶媽死了，他在週年祭禮上為她戴上了練冠，因此有了國君為奶媽服喪的規矩。陽侯殺死蓼侯而竊取了他的夫人，所以他便廢除了夫人在大型酒宴上端持豆器的禮儀。先王制訂的規章制度，不適宜的就要廢除，衰亡時代所做的事，好的就要提倡推行；因此禮樂不曾有不變的常規。所以聖人制訂禮樂，卻不會受禮樂限制。治理國家有常規，而以有利於民為根本。制訂國家的政令、教化有原則，但是政令、教化能推行是最重要的。如果對人民有利，就不一定要效法古代的規章制度。如果合於事情的實際情況，就不一定要遵循常規。夏朝、商朝衰落時，就因為君王不變更法制而滅亡。三代興起時，就因為君王不因襲前代規章制度而能統治天下。所以聖人制訂的法令隨著時代而變化，制訂的禮樂隨著風俗而改變，衣服、器械各要方便使用，法度、制度、號令各要適合實際需要。所以改變古制不可非議，而因襲舊的常規也不值得稱讚。

百川異源而皆歸於海❶；百家殊業而皆務於治❷。王道❸缺而《詩》作❹；周室廢❺，禮義壞而《春秋》作❻。《詩》、《春秋》，學之缺者也❼，皆衰世之造也，儒者循之以教導於世，豈若三代之盛哉！以《詩》、《春秋》為之道而貴之，又有未作《詩》、《春秋》之時❽。夫道❾其缺也，不若道其全也。誦先王之書❿，不若聞⓫其言。聞其言，不若得其所以言⓬。得其所以言者，言弗能言⓭也。故道可道者，非常道⓮也。

【章　旨】這一章的宗旨仍是講君王治國不必法古循舊。重點在於說明對文獻所記載的先王治政之道要加以分析，要了解文獻（比如《詩》、《春秋》）產生的時代、作者的用心。提出了「誦先王之書，不若聞其言。聞其言，不若得其所以言。得其所以言者，言弗能言」的看法。作者之意在說明後世君王要努力把握先王治政之道的根本精神，不必仿照文獻所言而為。其實這一看法對一般人如何讀書亦有啟迪作用。本章部分文字取自《文子·上義》。

【注　釋】❶歸於海　謂以海為宗。❷百家殊業句　舊注釋謂「以治為要。業，事也」。治，治理得好。❸王道　指先王所行之正道。❹詩作　舊注謂「《詩》所以刺（不由）王道」。❺周室廢　猶言周王室壞亂。廢，壞亂。❻春秋作　舊注謂「《春秋》所以貶絕不由禮義也」。❼學之缺者也　蓋謂《詩》、《春秋》乃學術著作中專言前代政治缺失的著作。缺，缺失。原文作「美」，依蔣禮鴻校改。❽以詩春秋二句　意謂在《詩》、《春秋》未出現之前，還有更可重視的治政之道存在。❾道　說。說出。❿之書　原文「之」、「書」之間有「詩」字，依王念孫校刪。⓫聞　原文下有「得」字，依王念孫校刪。⓬聞其言二句　舊注釋謂「聞聖人之言，不如得其未言時之本意」。⓭言弗能言　舊注謂「聖人所言微妙，凡人雖得之，口不耐（能）以言」。⓮常道　出自《老子》第一章。指久長不變之道。本書舊注謂「言深隱幽冥，不可道也。猶聖人之言，微妙不可言」。今譯依循前說。

【語譯】百川源頭不同，但都流歸大海；百家所從事的事業不同，但都要努力把事情做好。先王推行的正道有了缺失而《詩經》便創作出來；周王室政教壞亂，禮義毀壞，而《春秋》便寫成了。《詩經》、《春秋》，是學術著作中反映前代治政缺失的書，都是衰敗時代的作品，儒家學者按照書上的說法教導世人，哪裡能使今天比得上三代的興盛呢！把《詩經》、《春秋》的內容當做治政之道加以重視，但還有未寫《詩經》、《春秋》的時代存在，（又如何看待那時的治政之道呢？）說出前代治政之道的缺失，不如將前代治政之道完全說出來。誦讀先王的書，不如聽他們說的話。聽他們說的話，不如弄清他們這樣說的道理所在。弄清他們這樣說的道理，是指那些無法用言語說出來的，所以可以說得出來的「道」，不是久長不變的「道」。

周公事文王也，行無專制❶，事無由己❷，身若不勝衣，言若不出口，有奉侍於文王❸，洞洞屬屬❹，而將不能❺，恐失之❻，可謂能子❼矣。武王崩，成王幼少，周公繼文王之業，履天子之籍❽，聽❾天下之政❿，平夷狄之亂，誅管、蔡之罪⓫，負扆⓬而朝諸侯，誅賞制斷，無所顧問⓭，威動天地，聲懾⓮四海，可謂能武矣。成王既壯，周公屬籍⓯致政⓰，北面委質⓱而臣事之，請而後為，復而後行⑱。無擅恣之志，無伐矜之色⑲，可謂能臣矣。故一人之身而三變者，所以應時矣。何況乎君數易法⑳，國數易君，人以其位達其好憎㉑，以其威勢供其㉒嗜欲，而欲以一行之禮、一定之法，應時偶變，其不能中權㉓，亦明矣。故聖人所由曰道，所為曰事。道猶金石，一調不更；事猶琴瑟，每絃改調㉔。故法制禮義者，治之具也，而非所以為治也㉕。故仁以為經㉖，義以為紀，此萬世不更者也。若乃人考其才而時省其用，雖日變可也㉗。天下豈有常法㉘哉！當㉙於世事，得於人理㉚，順於天地，祥㉛於鬼神，則可以正治㉜矣。

【章　旨】這一章先評述周公的「可謂能子」、「可謂能武」和「可謂能臣」，說明他「一人之身而三變者，所以應時矣」。並以此為據，推論國君用固定的禮法治國是不能因時制宜和符合中道的。進而用比喻論道、事的特點，所謂「道猶金石，一調不更；事猶琴瑟，每絃改調」。並評論法制禮義不過是治國的工具，使它們具有治國之力的不是它們自身，而是君王之德。作為君王之德的準則「仁」和「義」是「萬世不更」的。但人根據自己才力的大小，時省其行，崇善而用，「雖日變可也」。本章是以人「才」之用可以靈活變通來論證天下並無「常法」。當然，他講變通也是有原則的，即要「當於世事，得於人理，順於天地，祥於鬼神」。

【注　釋】❶專制　獨斷。❷事無由己　舊注謂「請而後行」。❸有奉侍句　一本作「有所奉侍於前」。奉侍，供事侍候於尊長之側。❹洞洞屬屬　婉順之狀。❺而將不能　猶言若將不勝奉侍。舊注亦謂「而（如）將不能勝之」。而，同「如」。能，獸名。以其堅中而強力，故人之賢傑者謂之能，引申之則有「勝」義。❻恐失之　慎之至也。❼子　為人之子。❽履天子之

籍　即言周公踐天子之位。籍，猶「位」。❾聽　斷決；治理。❿政　政事。⓫誅管蔡之罪　舊注謂「二叔監殷，而導紂子祿父為流言，欲以亂周。周公誅之，為國故也。《傳》曰『大義滅親』也」。管叔，即姬鮮，周公之兄。蔡叔，即姬度，周公之弟。⓬負扆　《論衡・書虛》：「戶、牖之間曰扆，南面之座位也。負扆南面鄉坐，扆在後也。」舊注謂「負，背也。扆，戶、牖之間。言南面也」。戶、牖間畫有斧形的屏風。⓭無所顧問　舊注釋謂「決之於心」。顧問，顧視問訊。⓮懾　服。⓯屬籍　猶言歸位。⓰致政　猶言還政。舊注謂「致，猶歸也」。⓱北面委質　指面朝北以行人臣之禮。委質，人臣拜見人君，屈膝而委體於地。委，屈。質，體。一說通「贄」。古人相見，執贄（玉帛、羔、雁等禮品）為禮，稱為委質。舊注即謂「北面委玉帛之質，執臣之禮也」。今譯依從前說。⓲請而後為二句　舊注釋謂「每事必請」。復，白；報告。⓳無伐矜之色　舊注謂「不自伐（誇）其功勞也，不自矜（誇）大其善也」。⓴易法　原文作「易世」，依楊樹達校改。㉑人以其位句　舊注釋謂「人人以其寵位，行其所好，憎其所憎也」。㉒其　原文無此字，依王念孫校補。㉓一行之禮一定之法三句　舊注謂「一行之禮，非隨時禮也；一定之法，非隨時法也，故曰不能中權」。一行之禮，不變更之禮。一定之法，不變更之法。權，權變；變通。與「經（常）」相對。《公羊傳・桓公十一年》：「權者何？權者反於經，然後有善者也。」本書舊注亦謂「權則因時制宜，不失中道也」。㉔道猶金石四句　舊注釋謂「金石，鐘磬也，故曰調而不更。琴瑟，絃有數急，柱有前卻，故調事亦如之也」。㉕故法制三句　舊注釋謂「言法制禮義，可以為治之基耳，非所以為治，治在其人之德。猶弓矢，射之具也，非耐（能）必中也，中在其人之功」。治，原文下有「人」字，依王念孫校刪。㉖經　與下句之「紀」，皆有綱常、準則之義。㉗若乃人二句　舊注釋謂「言人能考度其才，時省其行，擇其善者而崇用之，不必循常，故曰『雖曰變可也』。唯仁義不可改耳，故萬世不更」。㉘豈有常法　舊注謂「隨其時於其宜」。㉙當　合。㉚人理　指人之常理。㉛祥　和善。《尚書・舜典》嘗言「神人以和」。舊注訓「祥」為「順」，與「順於天地」之「順」意重複，不可從。㉜正治　猶謂整治。

【語　譯】周公侍奉文王，行動從不獨斷，做事從不自己作主，身體像承受不住衣裳，說話像說不出口，在為文王做事的時候，溫婉和順，好像自己不能勝任，深怕把事情辦壞了，可以說是能盡人子之道。武王死了，成王年少，周公繼承文王的事業，登上天子之位，處理天下的政事，平定夷、狄的動亂，誅殺管叔、蔡叔以懲治其罪惡。背對帝位之後的屏風接受諸侯的朝拜，對懲罰、獎賞的裁斷，無所顧視問訊。他的威風震動天地，名聲畏服四海，可以說是能顯出武威的人。成王長大以後，周公還位歸政，見成王時總是面朝北而委體於地，以臣子的身分相待，做事總先請示、報告再行動。沒有專擅放縱的心志，沒有誇耀功勞的神色，可以說是能盡人臣之道。同樣是他這個人卻有三種為人之道的變化。他為了適應時勢的需要就有這麼多的變化，更何況君王數次變法，國家數次更換君主，人們憑著他們的地位來抒發好惡之情，憑著他們的威力、權勢來滿足他們的嗜欲，卻要用固定不變的禮法，來適應時勢、配合變化，這種做法不能符合變通的要求，是很明顯的。所以聖人所遵循的原則稱為道，所做的稱為事。道就像銅鐘、石磬一樣，音調一點也不改變；事就像琴、瑟，每根絃都可以改變音調。所以法令、制度、禮義，不過是治理國家的工具，而不是治理國家的原理。因此以仁為法度，以義為準則，這是萬世不可改變的。至於某個人考察、度量自己的才能而有時用得較少，這種多用少用的情況，即使每天都有變化也是可以的。天下哪有長久不變的法度呢！只要符合世事的實際需要，掌握人之常理，順應天地運行的自然規律，與鬼神和善相處，就可以用來整治天下了。

古者人醇❶工龐❷，商樸❸女童❹，是以政教易化、風俗易移也。今世德益衰，民俗益薄，欲以樸重❺之法，治既弊之民，是猶無鏑銜❻策錣❼而御馯馬❽也。昔者神農無制令而民從❾，唐、虞有制令而無刑罰❿，夏后氏不負言⓫，殷人誓⓬，周人盟⓭。逮至當今之世，忍詢⓮而輕辱，貪得而寡羞，欲以神農之道治之，則其亂必矣。伯成子高⓯辭為諸侯而耕，天下高之。今時之人，辭官而隱處，為鄉邑之下⓰，豈可同哉！古之兵，弓劍而已矣，槽柔無擊⓱，脩戟無刺⓲。晚世⓳之兵，隆衝⓴以攻，渠幨㉑以守，連弩㉒以射，銷車㉓以鬥。古之伐國不殺黃口㉔，不獲二毛㉕，於古為義，於今為笑。古之所以為榮者㉖，今之所以為辱㉗也。古之所以為治者，今之所以為亂也。

【章旨】這一章仍是主張治國之道當應時而變。側重於說古代和今世民性、民風、道德觀念，以至兵器、打仗殺人、俘獲人的規定都迥然有別，所以不能以古昔之道來治當今之世。所謂「欲以樸重之法，治既弊之民，是猶無鏑銜策錣而御馯馬也」，「欲以神農之道治之，則其亂必矣」。如何解決問題，當然只能針對當今之世，制訂出切於實用的法令制度。本章部分言詞取自《文子・上義》。

【注釋】❶人醇　指人性淳厚。❷工龐　指工匠為人厚道老實，作器堅固、細密。❸商樸　指商人樸實。❹女童　指女子天真無邪。原文「童」作「重」，依洪頤煊校改。❺樸重　質樸、厚重。❻鏑銜　馬口中所銜之鐵。❼策錣　馬鞭末端的針。舊注謂「錣，揣頭箴也」。馬不前進即以錣刺之。原文上有「橛」字，依王念孫校刪。❽馯馬　奔突之馬。馯，馬奔突。❾無制令而民從　舊注釋謂「無制令，結繩以治也」。制令，制度、號令。❿有制令而無刑罰　舊注釋謂「有制令，煥乎其有文章也。其政常（當為『尚』）仁義，民無犯法干誅，故曰無刑（『刑』下當有『罰』字）也」。⓫不負言　言而有信。負言，背言。不守信用。⓬殷人誓　舊注謂「以言語要誓，亦不違」。⓭周人盟　舊注謂「有事而會，不協而盟。盟者，殺牲歃血以為信也」。《禮記・檀弓》則言「殷人作誓而民始畔，周人作會而民始疑」。《鹽鐵論・詔聖》亦謂「夏后氏不倍言，殷誓周盟，德信彌衰」。⓮訽　同「詬」。辱罵。⓯伯成子高　伯成為複姓，伯成子高，不詳，或為莊子杜撰的人物，其事見於《莊子・天地》。⓰之下　所下。卑視之意。與上句「高之」（為天下所高）相對而言。之，猶「所」。⓱槽柔無擊　謂酋矛尖端無鐵刃。槽柔，即酋矛。為矛中之較短者。《考工記・廬人》言「酋矛常有四尺（即長二丈。常為一丈六尺）」。槽，通「酋」。柔，通「矛」。原文作「矛」，依王念孫校改。⓲刺　指鋒（尖銳犀利處）。⓳晚世　末世。朝代將要終結之時。⓴隆衝　高大的衝車。《說文》「衝」作「幢」，並謂「幢，陷陣車也」。㉑渠幨　渠，渠塹。此處當指鎧甲。幨，車前帷幔，用以禦矢。㉒連弩　裝有機栝，可以連發數矢的弓。㉓銷車　兵器名。攻擊型的戰車。舊注謂「以牛挽之，以刃著左右，為機關（一作『開』）發之，曰銷車」。㉔黃口　指幼兒。㉕二毛　頭髮斑白者。指老人。㉖為榮者　舊注謂「伯成子高」。㉗為辱　舊注謂「為鄉邑之下」。

【語　譯】古代的人為人淳厚，工匠厚道老實，商人樸質，女子天真無邪，因此政令、教化容易改變，風俗容易轉化。如今世人德行愈來愈衰敗，民間風俗愈來愈澆薄，想要用質樸、厚重的法令，來治理已經是道德風氣敗壞的民眾，這就好比沒有馬口銜鐵和帶有針刺的馬鞭，而要制服東奔西突的馬一樣。從前神農治理國家沒有制度、號令，可人民卻順從他，唐堯、虞舜有制度、號令而沒有刑罰，夏后氏說話算數，殷人發誓，周人歃血而訂盟約。到了如今這個時代，人們能忍受辱罵而不把恥辱當一回事，貪得財利而不知羞恥，想用神農用過的辦法來治理這個社會，那國家會出現動亂是必然的。伯成子高辭去諸侯不做而去種田，從前天下的人都高度稱讚他的德行，當今時代的人，辭官不做而去隱居，卻會被鄉邑之人看不起，兩種遭遇，哪能相同呢！古代的武器，不過是弓和劍罷了，所謂酋矛沒有安上鐵尖，長戟也沒有鋒刃。衰敗時代的兵器就不同了，隆衝用來攻城，鎧甲、車帷用來守身，連弩用來射擊，銷車用來彊攻。古代征討他國不殺害幼兒，不俘獲老人，這在古代是一種義舉，在今天卻成了可笑的事。在古代被認為是榮耀的事，到今天卻成了恥辱。在古代用以治理好國家的辦法，在今天卻成了引起社會動亂的原因。

夫神農、伏羲，不施賞罰而民不為非，然而立政者不能廢法而治民❶；舜執干戚而服有苗❷，然而征伐者不能釋甲兵而制彊暴❸。由此觀之，法度者，所以論❹民俗而節緩急也；器械者，因時變而制宜適也。

夫聖人作法而愚民制焉，賢者立禮而不肖者拘焉❺。制法之民，不可與遠舉；拘禮之人，不可使應變。耳不知清濁之分者，不可令調音；心不知治亂之源者，不可令制法。必有獨聞之聽❻、獨見之明，然後能擅道❼而行矣。

夫殷變夏，周變殷，春秋變周，三代之禮不同，何古之從！大人作而弟子循。知法治所由生，則應時而變；不知法治之源，雖循古，終亂。今世之法籍與時變，禮義與俗易，為學者循先襲業，據籍守舊❽，以為非此不治，是猶持方枘❾而周❿員鑿⓫也，欲得宜適致固焉，則難矣。今儒、墨者稱三代、文、武而弗行，是言其所不行也⓬；非今時之世而弗改，是行其所非也。稱其所是，行其所非，是以盡日極慮而無益於治，勞形竭智而無補於主也。今夫圖工好畫鬼魅而憎圖狗馬者，何也？鬼魅不世出⓭，而狗馬可日見也。夫存危治亂，非智不能，而道⓮先稱古，雖愚有餘。故不用之法，聖王弗行；不驗之言，聖王弗聽⓯。

【章　旨】這一章文分三段，意有二層。前二段說「法治所由生」或「法治之源」，也就是講古代法度的特點。主旨在於說明古代法度是切合當時的民風民俗及治亂的社會現實的。所謂「法度者，所以諭民俗而節緩急也」、「心不知治亂之源者，不可令制法。必有獨聞之聽、獨見之明，然後能擅道而行」。第三段主要是批評「今世」「為學者」的「循先襲業，據籍守舊」。譏諷他們認為非古法無以治今，「是猶持方枘而周員鑿」。其中特別批評儒、墨之徒，說他們稱美三代法治，但實際上所主張的是連他們也無法實行的東西；非議時政而不加以改變，實際上還是在推行他們所非議的東西。並說他們這樣考慮治政之策「無益於治」、「無補於主」。嘲笑他們好稱古制而不接觸現實，乃如「圖工好畫鬼魅而憎圖狗馬」。本章部分字句取自《文子・上義》。

【注釋】❶立政者句　舊注釋謂言立政者「不能及神農、伏羲」。❷舜執干戚句　舊注釋謂「舜時有苗叛，舜執干戚舞於兩階之間，有苗服從之。以德化懷來也」。❸征伐者句　舊注釋謂言征伐者「不耐（能）及舜」。❹諭　同「喻」。表明。此處有反映之意。原文作「論」，依楊樹達校改。❺夫聖人二句　本於《商君書・更法》所言「智者作法，而愚者制焉；賢者更禮，而不肖者拘焉」。愚民，原文作「萬物」，依楊樹達校改「萬」為「愚」，依劉文典、楊樹達校改「物」為「民」。制，猶從也。拘，猶檢也。即約束之意。❻聽　原文作「耳」，依王念孫校改。❼擅道　猶言掌握道。❽舊　原文下有「教」字，依楊樹達校刪。❾方枘　方的榫頭。❿周　合。⓫員鑿　猶言圓孔。⓬是言其所句　舊注釋謂「不耐行，但言之而已」。⓭不世出　謂不是世所常有。⓮而道　原文作「道而」，依王念孫校改。⓯聽　受。

【語譯】神農氏、伏羲氏不實行獎賞、懲罰，而人民也不做壞事，但是後來執政的人卻不能夠廢除法令而治理好人民；虞舜執干戚跳舞而能使有苗歸順，但是後世喜好征伐的君主卻不能放下鎧甲兵器而制服強暴之徒。從這些情況看來，法度，是用來反映民風民俗而調節寬嚴的；各種用具，是順著時代變化而製造出來的合於實際需要的物品。

聖人制訂法令而愚蠢的民眾服從，賢明的人制訂禮儀而不賢之人被束縛。服從法令的老百姓，不能參與意義遠大的舉動；為禮儀所束縛的人，不能讓他應付變化。耳朵分不清清音和濁音的人，不能叫他調音；心裡不明白治亂根源的人，不能要他制訂法令。一定要有獨特的聽覺能力、獨特的視覺能力，然後才能夠掌握大道而採取行動。

殷代改變夏代的禮法，周代改變殷代的禮法，春秋又改變周代的禮法，三代的禮法不相同，到底要依從哪個古法呢！德行高尚的人訂出法令而弟子遵循。知道以法治國所產生的原理，就能順應時代而變化；不懂得以法治國的根源，即使遵循古代的法令，終歸會發生混亂。當今的法律隨同時代變化而變化，禮儀隨著民俗改變而改變。做學問的人只知道遵循先輩的做法，承襲前人的事業，根據典籍墨守舊章，認為不這樣做就治理不好國家，這就好比要讓方形榫頭和圓孔吻合一樣，要使榫頭裝得合適牢固，那就很難了。現在儒家、墨家信徒稱美三代、周文王、周武王的治國方法而自己卻不照著實行，這是在講自己所不做的事；他們非議當今時代的弊端卻不加以改變，這是在造成自己所非議的弊端。稱美他們所肯定的事，而做他們所非議的事，因此盡日極力思慮卻對治政沒有一點益處，勞累身體、竭盡智能卻對君主沒有一點幫助。現在的畫工喜歡畫鬼魅而憎惡畫狗畫馬，為什麼呢？是因為鬼魅並非世上常有的東西，而狗和馬卻可以每天見得到。使危險的國家得以保存、把混亂的國家治理好，沒有才智是做不到的，而談論先王、稱美古制，即使是愚蠢的人也可以不費力做到。所以不能使用的法令，聖王不會推行；不能驗證的說法，聖王不會接受。

天地之氣，莫大於和❶。和者，陰陽調，日夜分，故萬物❷春分而生，秋分而成，生之與成，必得和之精❸。故聖人之道，寬而栗，嚴而溫，柔而直，猛而仁❹。太剛則折，太柔則卷，聖人正在剛柔之間，乃得道之本❺。積陰則沉，積陽則飛，陰陽相接，乃能成和。夫繩之為度也，可卷而懷❻也，引而伸之，可直而睎❼，故聖人以身體❽之。其脩而不橫、短而不窮、直而不剛、久而不忘者，其唯繩乎？故恩推❾則懦，懦則不威；嚴推則猛，猛則不和；愛推則縱，縱則不令；刑推則虐，虐則無親❿。昔者齊簡公⓫釋其國家之柄而專任大臣⓬，將相攝威擅勢，私門⓭成黨⓮，而公道不行，故使陳成常⓯、鴟夷子皮⓰得成其難⓱，使呂氏絕祀而陳氏有國者⓲，此柔懦所生也。鄭子陽⓳剛毅而好罰，其於罰也，執而無赦。舍人⓴有折弓者，畏罪而恐誅，則因猘狗之驚以殺子陽㉑，此剛猛之所致也。今不知道者，見柔懦者侵，則務㉒為剛毅；見剛毅者亡，則務為柔懦。此無本㉓主於中，而見聞舛馳㉔於外者也，故終身而無所定趨㉕。譬猶不知音者之歌也，濁之則鬱㉖而無轉㉗，清之則燋㉘而不調㉙。及至韓娥、秦青、薛談㉚之謳，侯同、曼聲㉛之歌，憤於志，積於內，盈而發音，則莫不比於律而和於人心。何則？中有本主以定清濁，不受於外而自為儀表也。今夫盲者行於道，人謂之左則左，謂之右則右，遇君子則易道，遇小人則陷溝壑。何則？目無以接㉜物也。故魏兩用樓翟、吳起而亡西河㉝，湣王專用淖齒而死於東廟㉞，無術以御之也。文王兩用呂望、召公奭而王㉟，楚莊王專用孫叔敖㊱而霸，有術以御之也。

【章　旨】這一章講君王為人、治政之道，要旨即為：「聖人正在剛柔之間，乃得道之本」。文章分幾層展開。先一層由「天地之氣，莫大於和」、「和」能生萬物的道理，說到「聖人之道，寬而栗，嚴而溫，柔而直，猛而仁」，不可太剛、太柔，處於剛柔之間，才算掌握了道之原本。次以不可「積陰」、「積陽」，「陰陽相接，乃能成和」，和「繩之為度」、「可卷而懷」、「可直而睎」的道理，說明君王施用「恩」、「嚴」、「愛」、「刑」，都要恰到好處。若一推移，就會分別產生「不威」、「不和」、「不令」、「無親」的後果。再次，則以齊簡公放棄君權而專任大臣，使得自己被殺、呂氏絕祀為例，說明君王「柔懦」不可為。又以剛毅而好罰的鄭子陽為其舍人所殺為例，說明君王「剛毅」不可為。因此，君王應是處於剛毅、柔懦之間。最後評論「今不知道者」，說他們「見柔懦者侵，則務為剛毅；見剛毅者亡，則務為柔懦」，是「無本主於中」。並以既無情志積於內、又不知音的歌者唱歌、和任人指點路徑的盲者走路為例，說明何謂「無本主於中」及其弊害。還就此生發議論，說魏王、湣王因用人而敗亡，乃「無術以御之」；文王、楚莊王因用人而成功，乃「有術以御之」。這裡講的「術」就是前面說的「正在剛柔之間」。本章前半文字多取自《文子・上仁》。

【注　釋】❶天地之氣二句　陰陽合和才能產生萬物，所以說「天地之氣，莫大於和」。和，和氣。指陰陽二氣交互作用而達到相互協調、相互依存的狀態。❷故萬物　原文作「而生物」，依俞樾校改。❸和之精　和氣之精。即和氣之細微、優良者。❹故聖人之道五句　舊注釋謂「言剛柔寬猛相濟也」。栗，嚴密；嚴肅。溫，溫和。此句言聖人之道。《書・舜典》即謂「命汝典樂，教胄子，直而溫，寬而栗」。❺得道之本　即掌握了真正的道。本，原本。❻卷而懷　原文作「卷而伸」，依王念孫校改。卷，曲捲。懷，懷藏。❼睎　望。❽體　實行；實踐。❾推　猶移也。此處有施與之意。❿虐則無親　舊注釋謂「虐，害也。喜害人，人無親之」。⓫齊簡公　舊注謂「簡公，悼公陽生之子任（一作『壬』）也。一往（當為『德』）不解曰簡」。⓬大臣　指陳成子。⓭私門　謂權豪之門。⓮黨　群；集團。⓯陳成常　陳乞之子。即陳恆（又稱田恆，古「陳」與「田」通用）。陳為其氏，成為其諡，常為其字，恆為其名。原文作「陳成田常」，依王引之校改。⓰鴟夷子皮　春秋越國范蠡隱退江湖所用的名字。鴟夷本為皮革之囊。錢大昕說：「《淮南》以鴟夷子皮為田常之黨，他書所未見。按：田常弒君之年，越未滅吳，范蠡何由入齊？此《淮南》之誤也。」⓱難　指陳恆殺簡公之難。初，簡公與其父俱在魯，闞止有寵。簡公即位，使闞止為政，而陳恆與闞止勢不兩立。有臣勸簡公採取對策，簡公不聽。結果在簡公四年夏五月，簡公為陳恆所弒。⓲使呂氏絕祀句　舊注釋謂「太公姓呂。簡公，其後也。絕祀，陳氏代之也」。田恆弒簡公，立其弟為平公。自為相，割齊安平以東為田氏封邑。之後，齊有宣公、康公。康公十九年，田恆曾孫田和為諸侯，遷康公於海濱。二十六年康公卒，呂氏遂絕其祀，田氏（即陳氏）卒有齊國，為齊威王。⓳鄭子陽　一名駟子陽。陳奇猷說以其封於駟則稱駟子陽，以其為鄭相則稱鄭子陽。本書〈繆稱〉謂「子陽以猛劫」。此處所述子陽事，本於《呂氏春秋・適威》。⓴舍人　家臣。㉑則因猘狗句　舊注釋謂「國人逐猘狗以亂擾，舍人因之以殺子陽，畏其嚴也」。猘狗，瘋狗。猘，通「狾」。瘋狗。㉒務　致力。原文作「矜」，依王念孫校改。下句「務」亦如此。㉓無本　原文作「本無」，依陳觀樓校改。㉔舛馳　背道而馳。舛，乖；違背。㉕定趨　安定的歸宿。㉖鬱　湮；壅塞；阻滯。㉗轉　傳送。㉘燋　指聲音乾枯。㉙調　協調。舊注訓為「和」。原文作「謳」，依陳觀樓校改。㉚韓娥秦青薛談　三人皆善謳者。韓娥為韓國善歌者，秦青、薛談俱為秦國善歌者。見《列子・湯問》。㉛侯同曼聲　二歌者名。舊注謂「二人善歌。一曰：曼，長」。㉜接　見。㉝故魏兩用樓翟句　舊注釋謂「魏文侯任樓翟、吳起，不用他賢。秦伐，喪其西河之地」。樓翟，一說為魏文侯之弟樓季，一說樓翟為樓鼻、翟強二人。《韓非子・難一》即謂「魏兩用樓、翟而亡西河」。西河，戰國魏地。今陝西省東部黃河西岸地區。㉞湣王專用句　舊注釋謂「湣王，田常之後，代呂氏為齊侯，春秋之後僭號稱王。淖齒，楚將，奔齊為臣。湣王無道，淖齒殺之，擢其筋，懸廟門之梁，三日而死。見《戰國策》」。湣王，齊湣王。宣王之子，名地，在位四十年。淖齒，戰國楚人。在楚為將，衛侵齊，湣王外逃鄒魯，鄒魯不納，遂逃於莒。楚王派淖齒將兵救齊，淖因湣王無道而殺之。淖為姓。㉟文王兩用呂望句　舊注釋謂「呂望，太公呂尚也，善用兵謀。奭，召康公，用（當為『善』）理民物，有〈甘棠〉之歌也」。召公奭，召公姓姬名奭，周的支族。一說其為文王之子。因封地在召，故稱召公或召伯。㊱孫叔敖　嘗三為楚令尹。舊注謂「孫叔敖，楚大夫，蔿賈伯盈子。或曰：童（當為『章』，指蔿章。《潛夫論・志姓氏》云：『令尹孫叔敖者，蔿章之子也。』）子也，任其賢，故致於伯也」。

【語　譯】天地之間的氣，沒有比和氣更偉大的了。和氣，能使陰氣、陽氣相互協調，能使日夜分開。所以萬物在春分萌生，到了秋分就成熟了，而萌生和成熟，一定要得到和氣的精華。所以聖人為人治政的原則，是寬緩而又嚴肅，嚴厲而又溫和，柔婉而又剛直，威猛而又仁愛。太剛強就會折斷，太柔婉就會曲捲，聖人正好處在剛強和柔婉之間，才算掌握了道的精神。陰氣累積就會下沉，陽氣累積就會飛揚，陰氣、陽氣相互接觸，才能生成和氣。用繩度量時，可以捲曲藏人懷中，拉開伸長，可以拉成看得見的一根直線，所以聖人親自效法繩的特性加以實踐。修長卻不橫逆、很短卻沒有窮盡、正直卻不剛強、永久而不能遺忘的，大概只有繩子吧？所以把恩惠施與他人，就會懦弱，懦弱就沒有威嚴；對人嚴肅就會威猛，威猛就不和諧；把愛心推擴就會縱容，縱容就不美好；對人用刑就會害人，害人就沒有親近的人。從前齊簡公放棄國家的權柄而專門任用大臣，將相們依仗權勢，專橫跋扈，權豪之門結成集團，而公正之道不能推行，所以使得陳成常、鴟夷子皮能夠製造禍難，使呂氏宗廟祭祀斷絕而使陳氏佔有齊國，這都是由於君王柔軟、懦弱所造成的。鄭子陽為人剛毅而喜歡懲罰人，他懲罰人，拘捕以後就不赦免。他的家臣中有一個把弓弄斷了的人，怕犯了罪而遭到懲罰，就利用國人受到瘋狗驚嚇而發生騷亂的機會殺了子陽，這是剛毅威猛所造成的。現在一些不懂得治國之道的人，見到君王柔軟懦弱受到侵害，就努力做到剛毅；見到君王剛毅而遭到滅亡，就努力做到柔軟懦弱。這就是心中沒有「道」之本作主，表現在外就會僅憑見聞行事，而使得行動和「道」背道而馳，所以終身都沒有安定的歸宿。這就好比不懂音樂的人唱歌，唱濁音便壅塞不暢而傳送不出樂音，唱清音便乾枯而不協調。至於韓娥、秦青、薛談和侯同、曼聲等人唱歌，她們的情感在心中激蕩、累積，等到積滿了以後再發出聲音，便沒有不合音律和與人的心情協調的。為什麼會這樣呢？因為她們心中有感情為根本來作主以確定清音、濁音的唱法，不受外在環境的影響而自己形成特徵。現在瞎子走在路上，人們告訴他朝左走，他就朝左走；告訴他朝右走，他就朝右走，遇到君子指路只是換換路線，遇到小人指路就會掉進溝壑中。這是為什麼呢？因為他的眼睛無法看見物體。所以魏文侯兩次任用樓翟、吳起，而丟失了西河。齊湣王專一任用淖齒而死在東廟，這都是君王沒有辦法控制臣下的結果。周文王兩次任用呂望和召公姬奭而稱王於天下，楚莊王專一任用孫叔敖而稱霸於諸侯，這都是君王有辦法控制臣下的結果。

夫弦歌❶、鼓舞❷以為樂，盤旋❸、揖讓❹以脩禮，厚葬久喪❺以送死，孔子之所立也，而墨子非之❻。兼愛、尚賢、右鬼、非命❼，墨子之所立也，而楊子❽非之。全性保真❾，不以物累形，楊子之所立也，而孟子非之❿。趨捨人異，各有曉心⓫。故是非有處⓬，得其處則無非，失其處則無是。丹穴、太蒙、反踵、空同、大夏、北戶、奇肱、脩股之民⓭，是非各異，習俗相反。君臣、上下、夫婦、父子，有以相使也。此之是，非彼之是也；此之非，非彼之非也⓮，譬若斤、斧、椎、鑿之各有所施也。

【章　旨】這一章先以墨子非議孔子、楊朱非議墨子、孟子非議楊朱為例，說明「趨捨人異，各有曉心」。各人評判是非的標準不同，而不同的是非標準都有產生的背景和適用的環境。同一件事在不同的環境（包括時間、地域等）可能會有不同的是非之論。所謂「是非有處，得其處則無非，失其處則無是」。然後又以丹穴等國「是非各異，習俗相反」，而各自都適於用為例，說明不能用此時此地之是非，去衡量彼時彼地之是非。因為「此之非，非彼之非也」。就社會意識而言，各種是非觀都有其合理性與局限性，作者主張分析具體情況，反對以此非彼，說明他有客觀求實精神。

【注　釋】❶弦歌　同「絃歌」。用琴瑟伴奏而歌。❷鼓舞　合樂而舞。❸盤旋　迴旋周轉。❹揖讓　賓主相見的禮儀。揖，拱手為禮。❺厚葬久喪　指葬禮隆重、喪期久長。❻孔子之所立二句　《墨子・非儒下》謂「孔某盛容修飾以蠱世，弦歌鼓舞以聚徒」。又〈節葬〉言「厚葬久喪，實不可以富貧、眾寡、定危、治亂乎，此非仁、非義、非孝子之事也」。❼兼愛尚賢右鬼非命　為《墨子》四篇名，亦為墨家四大主張。兼愛，兼相愛，交相利。主張愛無差等，不分厚薄親疏。舊注謂「兼（當為『養』）三老五更（古代所設群老之席位。鄭玄說「三老五更各一人也，皆年老更事致仕者也，天子以父兄養之，示天下之孝悌也」），是以兼愛」。尚賢，尊崇賢人。舊注謂「選士大夫射（古天子以射選諸侯、卿、大夫、士），是以上（尚）賢」。右鬼，尊奉鬼。舊注謂「宗祀嚴父，是以右鬼。右，猶尊也」。非命，主張富貴貧賤非命所定。舊注謂「順四時而行，是以非命」。❽楊子　即楊朱。戰國時魏人，字子居，又稱陽子或陽生。❾全性保真　指楊朱的為我貴己。舊注謂「全性保真，謂拔骭毛，以利天下弗為，不以物累己身形也」。❿楊子之所立也二句　《孟子・盡心上》謂「楊子取為我，拔一毛而利天下，不為也」。本書舊注謂「孟子受業於子思之門，成（當為『述』）唐、虞、三代之德，敘《詩》、《書》、孔子之意，塞楊、墨淫詞，故非之也」。⓫曉心　明曉之心。⓬處　位置。指環境。⓭丹穴太蒙句　舊注謂「丹穴」以下八國「皆九州之外、八寅（同『殥』。八殥在九州之外）之域者也」。並謂「丹穴，南方當日下之地。太蒙，西方日所入處也。反踵，國名。其人南行，武跡（指足跡）北向。空同，戴勝極下之地。大夏，在西方。北戶，在南方。肱，傳說中的國名。奇肱、脩股之民，在西南方」。⓮此之

是四句　舊注謂「此，近諭諸華也。彼，遠諭八寅也。於諸夏之所是，八寅之所非而廢也；於諸華所非，八寅所是而行也」。

【語譯】用琴瑟伴奏唱歌、配合音樂跳舞來取樂，用迴旋周轉、拱手謙讓的方式來修飾禮儀，用隆重的葬禮、長久服喪的方式來送死去的人，這是孔子所提倡的，可是墨子卻對此加以非議。兼相親愛、尊崇賢人、尊奉鬼神、否定天命，這是墨子所提倡的，可是楊子卻對此加以非議。保全自身的本然形態，不為了外物而給自己的身體帶來危害，這是楊子所提倡的，可是孟子卻對此加以非議。追求與拋棄，人各不同，各人有各人的明曉之心。所以是非的標準要看環境，得到合適的環境就沒有錯，失去了合適的環境就不正確。丹穴、太蒙、反踵、空同、大夏、北戶、奇肱、脩股等地的人民，他們的是非觀念各自不同，風俗習慣相反。但是君臣之間、上下之間、夫婦之間、父子之間，各種關係的處理，都有可供使用的禮節。這個地方的正確，不是那個地方的正確；這個地方的不正確，也不是那個地方的不正確。這就好比斤、斧、椎、鑿一樣，各有適宜的用場。

禹[1]之時，以五音[2]聽治[3]，懸鐘、鼓、磬、鐸，置鞀[4]，以待四方之士，為號曰：「教寡人以道者擊鼓[5]，諭寡人以義者擊鐘[6]，告寡人以事者振鐸[7]，語寡人以憂者擊磬[8]，有獄訟者搖鞀[9]。」當此之時，一饋[10]而十起，一沐而三捉髮[11]，以勞[12]天下之民。此而不能達善效忠者，則才不足也[13]。

秦之時，高為臺榭，大為苑囿，遠為馳道[14]，鑄金人[15]，發適戍[16]，入芻稾[17]，頭會[18]箕賦[19]，輸於少府[20]。丁壯丈夫，西至臨洮[21]、狄道[22]，東至會稽[23]、浮石[24]，北至飛狐[25]、陽原[26]，道路死人以溝量[27]。當此之時，忠諫者謂之不祥，而道仁義者謂之狂。

逮至高皇帝[28]，存亡繼絕，舉天下之大義，身自奮袂執銳[29]，以為百姓請命於皇天[30]。當此之時，天下雄儁豪英[31]暴露於野澤，前蒙矢石，而後墮[32]谿壑，出百死而紿一生[33]，以爭天下之權；奮武厲誠，以決一日之命。當此之時，豐衣博帶而道儒墨者，以為不肖[34]。逮至暴亂已勝[35]，海內大定，繼文之業[36]，立武之功[37]，履天子之籍[38]，造劉氏之貌冠[39]，總鄒、魯之儒、墨，通先聖之遺教，戴[40]天子之旗，乘大路[41]，建[42]九斿[43]，撞大鐘，擊鳴鼓[44]，奏〈咸池〉[45]，揚干戚[46]。當此之時，有立武者見疑[47]。

一世之間，而文武代為雌雄[48]，有時而用也。今世之為武者則非文也，為文者則非武也。文武更相非，而不知時世之用也。此見隅曲之一指[49]，而不知八極[50]之廣大也。故東面而望，不見西牆；南面而視，不睹北方[51]。唯無所不嚮者，則無所不通[52]。

【章旨】這一章用了兩個對比。一是「秦之時」和「禹之時」對比，由於君王政策不同，便帶來社會習俗的不同。「禹之時」是為官者「一饋而十起，一沐而三捉髮，以勞天下之民。此而不能達善效忠者，則才不足也」。「秦之時」則是「忠諫者謂之不祥，而道仁義者謂之狂」。用對比手法說明時代不同，人們的是非觀念會不同。二是漢興的太平時代和秦末動亂對比，秦末群雄爭天下之權，出入槍林彈雨，百死而給一生，「尚武」之極，被儒墨信徒「以為不肖」。漢興，文教施，禮樂用，「有立武者見疑」。這是用「一世」「文武代為雌雄」作對比。其意義與前一對比相同，且還說明同一朝代文武更代全在於時勢變化的需要。而作者言於此，是要批評「今世之為武者則非文也，為文者則非武也」的現象，認為是「不知時世之用」。是只見隅曲之一指，而不知八極之廣大，在認識上有很大的局限性。

【注釋】❶禹　顓頊後五世鯀之子。名文命。受禪成功曰「禹」。❷五音　指宮、商、角、徵、羽。❸聽治　處理政務。治，一作「政」，政務。❹鞀　有柄的小鼓。❺擊鼓　舊注謂「道和陰陽，鼓一聲以調五音，故擊之」。❻擊鐘　舊注謂「鐘，金也。義者斷割，故擊之」。❼振鐸　舊注謂「鐸，鈴，金口木舌，合為音聲。事者非一品，故振之」。❽擊磬　舊注謂「磬，石也，聲急。憂亦急務，故擊之」。❾搖鞀　舊注謂「獄亦訟。訟一辯於事，故取小鞀搖也」。❿饋　吃飯。⓫一沐而三捉髮　洗頭時因為處理急事而多次握住頭髮停頓下來。捉髮，握髮。⓬勞　憂愁。⓭此而不能二句　舊注釋謂「當此之時，不耐（能）達其善，效致其忠，是為無有其才也」。⓮馳道　正道。即御道，君王馳走車馬之處。⓯鑄金人　鑄造銅人。《史記・秦始皇本紀》：「收天下兵（指兵器），聚之咸陽，銷以為鐘鐻，金人十二，重各千石，置廷宮中。」⓰適戍　以罪被罰守邊。適，同「讁」。讁責；懲罰。舊注謂「戍，守長城也」。⓱入芻稾　收餵牲口的乾草。舊注謂「入芻稾之稅，以供國用也」。稾，同「藁」。⓲頭會　即漢代的「口錢」。人頭稅。⓳箕賦　苛斂民財。舊注謂「似箕然，斂民財多。取意也」。⓴少府　秦官九卿之一。掌管山海地澤的稅收，供皇帝享用。所掌之府為皇帝私府。舊注謂「如今司農」。㉑臨洮　秦縣名。地當今甘肅省岷縣。舊注謂「隴西之縣，洮水出（下當有『其』字）北」。㉒狄道　漢縣名。屬隴西郡，故城在今甘肅省臨洮縣。㉓會稽　當指今浙江省紹興縣東南之會稽山。舊注謂其「在遼西界」或謂其「在太山下」，似非。㉔浮石　當指東海浮石山。舊注言其「在遼西界」，亦非。㉕飛狐　漢縣名。其地今屬河北省淶源縣。舊注謂「蓋在代郡南飛狐山也」。㉖陽原　漢縣名。即今河北省陽原縣。舊注謂「蓋在太原。或曰：代郡廣昌東五阮關是也」。㉗以溝量　舊注釋謂「言滿溝也」。楊樹達釋謂「古人言物之多，往往云以某為量。《莊子・人間世》云：『死者以國量乎，澤若蕉。』《呂氏春秋・期賢》云：『無罪之民，其死者量於澤矣。』……桓公八年《公羊傳疏》引《春秋說》云：『龍門之戰，民死傷者滿溝。』與此文皆以溝為量者也」。㉘高皇帝指漢高祖劉邦。㉙奮袂執銳　揮動衣袖，手持利器。銳，鋒利。一作兵器名，屬於矛類。㉚以為百姓句　舊注釋謂高祖「執利兵伐無道，以求百姓之命，祈之於皇天也」。皇天，對天之尊稱。許慎《五經異義》引《尚書》說：「天有五號：尊而君之，則曰皇天；元氣廣大，則稱昊天；仁覆閔下，則稱旻天；自上監下，則稱上天；據遠視之蒼蒼然，則稱蒼天。」㉛雄儁豪英舊注謂「才過千人為儁，百人為豪，萬人為英」。㉜墮　落。㉝出百死而給一生　馬宗霍說「猶言出百死而易一生也」。給，意同「代」。更；易。舊注釋謂「至也」。㉞以為不肖　舊注釋謂「言尚武也」。㉟暴亂已勝　舊注釋謂「勝暴亂也」。勝，克。㊱繼文之業　謂繼文王受命之業。㊲立武之功　謂建立了武王那樣的誅無道之功。㊳籍　位。指帝位。原文上有「圖」字，依王念孫校刪。㊴劉氏之貌冠　舊注釋謂「高祖於新豐所作竹皮冠也。一曰委貌冠」。竹皮冠，即以筍殼製成之冠。㊵戴　同「載」。裝飾。㊶大路　大輅；大車。舊注訓為大道，謂「《周禮》，天子五路。大路，上路也」。㊷建　豎起；樹立。㊸九斿同「九旒」。旗名。《禮記・樂記》謂「龍旂九旒，天子之旌也」。㊹擊鳴鼓　舊注釋謂「王者功成作樂，故撞鐘擊鼓」。㊺咸池　黃帝樂。㊻干戚　舊注釋謂「干，楯。戚，斧也。春夏舞者所執」。㊼見疑　見怪；被責怪。㊽雌雄　高下。㊾隅曲之一指　屋室角落猶如一指頭大。舊注謂「隅曲，室中之區隅，言狹小」。㊿八極　八方之極。言廣大也。(51)故東面而望四句本於《呂氏春秋・去尤》「世之聽者，多有所尤（贅肬），多有所尤則聽必悖矣。所以尤者多故，其要必因人所喜，與因人所惡。東面望者不見西牆，南鄉視者不睹北方，意有所在也」。(52)唯無所嚮者二句　舊注釋謂「無所向，則可以見四方，故曰無所不通」。

【語　譯】在大禹執政的時候，憑著五音來處理政務，懸掛鐘、鼓、磬和鐸，預備好鞀鼓，來接待四方人士，發出文告說：「用道來教育我的，請擊鼓；來使我明白什麼是義的，請敲鐘；來告訴我事情的，請搖鈴；來告訴我憂患的，請敲磬；有訴訟事件的，請搖動鞀鼓。」在這個時候，大禹吃一頓飯要起身十次，洗一次頭要多次握著溼髮出來接見言事的人，為天下人民而辛勞憂愁。在這種情況下還不能表達善意、獻出忠心的，便是這個人的才智不夠。

　秦始皇當權的時候，臺榭修築得高高的，養禽獸、種花木的苑囿圈得大大的，專供帝王行車的馳道延伸得遠遠的，把全國的兵器集中起來鑄成銅人，把有罪的人發放到邊地去戍守，收進餵牲口用的乾草，徵收人頭稅和各種名目的賦稅，把稅收送進皇帝的私人府庫。使得壯年男子在西到臨洮、狄道，東到會稽山、浮石山，北到飛狐、陽原的範圍內，死在道路上的多得可以用溝來量。在這個時候，忠心規勸的人被認為是不善之人，而稱仁道義的人被認為是發了瘋。

到了高祖皇帝的時候，為了使滅亡之國能夠重新存在，使斷絕後嗣的王侯能有人繼承其位，在天下首倡大義，親自揮動衣袖、手持鋒利的兵器，替百姓向皇天請命。在這個時候，天下的英雄豪傑在湖澤原野風餐露宿，前進則會蒙受利箭、飛石的襲擊，而向後又會跌進深深的谿谷，往往出入百死而換回一條生命，來爭奪統治天下的權柄；奮揚武威、激勵忠誠之心，來決定一時的命運。在這個時候，那些穿著寬大的衣裳、繫著大帶子而口稱儒、墨的人，認為他們是不肖之輩。等到暴亂被平息以後，海內十分安定，他繼承周文王那樣受天命而創造的王業，建立了周武王誅討無道之君那樣的功勞。登上天子之位，造出了劉氏特有的竹皮帽。總括鄒、魯儒、墨學派的主張，通曉先代聖人的遺訓。用天子的旌旂來作裝飾，乘坐大車，豎起九斿旗，撞響大鐘，敲打響鼓，演奏〈咸池〉之樂，舞動楯斧。在這個時候，有人想成就武功之事的往往受到責怪。

在同一個時代裡，而文武交替互為高下，原因就是文武各有各適用的時候。而現在主張用武的人就反對用文，主張用文的人就反對用武。主張用文的和用武的相互指責，而不知道文武是要依時代情況加以運用的。這是只見到屋內角落裡一個指頭大的地方，不曉得八方之極所包容的範圍是如何廣大。所以朝東望去看不見西面的牆，朝南望去，見不到北方。只有不朝向任何方向，才會各方各面無所不知。

國之所以存者，道德也❶。家之所以亡者，理❷塞也。堯無百戶之郭，舜無置錐之地，以❸有天下。禹無十人之眾，湯無七里之分❹，以王諸侯。文王處岐周❺之間也，地方不過百里，而立為天子者，有王道❻也。夏桀、殷紂之盛也，人跡所至，舟車所通，莫不為郡縣，然而身死人手，而為天下笑者，有亡形❼也。故聖人見化以觀其徵❽。德有盛衰，風先萌焉❾。故得王道者❿，雖小必大；有亡形者⓫，雖成必敗。夫夏之將亡，太史令終古⓬先奔於商，三年而桀乃亡⓭。殷之將敗也，太史令向藝⓮先歸文王，朞年而紂乃亡。故聖人見存亡之跡、成敗之際也，非乃鳴條之野⓯、甲子之日⓰也。今謂彊者勝則度地計眾，富者利則量粟稱金，若此，則千乘之君無霸王⓱者，而萬乘之國無破亡者矣。存亡之跡，若此其易知也，愚夫惷⓲婦皆能論⓳之。趙襄子以晉陽之城霸，智伯以三晉之地擒⓴；湣王以大齊亡㉑，田單以即墨有功㉒。故國之亡也，雖大不足恃㉓；道之行也，雖小不可輕㉔。由此觀之，存在得道而不在於大㉕也，亡在失道而不在於小㉖也。

【章　旨】這一章有三個論點。第一個是說「國之所以存者，道德也。家（卿、大夫的采地食邑謂之家）之所以亡者，理塞也」。作者以堯、舜、禹、湯、文王為例，說明有「王道」者興而「雖小必大」。以夏桀、殷紂為例，說明「理塞」、「有亡形（滅亡形跡）者」亡而「雖成必敗」。第二個論點是國之將亡，必有跡象顯露，可為聖人察出。夏之將亡而先有終古奔商；殷之將敗而先有向藝歸向文王，即為其例。第三個論點是國家「存在得道而不在於大也，亡在失道而不在於小也」。作者用趙襄子得以霸、田單得以立功來論證前者；而用智伯有三晉而被擒、湣王以大齊而亡論證後者。本章基本觀點和部分文字取自《文子・上仁》。

【注　釋】❶國之所以存者二句　舊注釋謂「道德（當訓為『得』）施行，民悅其化，故國存也」。道德，即得道。掌握道；施行道。德，通「得」。❷理　道。❸以　猶「而」。下句「以王諸侯」之「以」義同。❹分　界；限。❺岐周　地名。岐山下周之舊邑。❻王道　先王所行之正道。舊注釋為儒家以仁義治天下之道。❼有亡形　舊注釋謂「孟子曰：『惡死亡，樂不仁』，不仁必死亡，故曰『有亡形』也」。亡形，滅亡的形跡。❽徵　成效；效驗。❾德有盛衰二句　舊注釋謂「風，氣也。萌，見也。有盛德者，謂文王也。伯夷、太公先見之。有衰德者，謂桀紂也。太史令終古及向藝先去之也」。❿得王道者　舊注謂「湯、武是也」。⓫有亡形者　舊注謂「桀、紂是也」。⓬終古　傳說為夏桀內史。桀鑿為夜宮，男女雜處，三旬不朝，終古手執圖法而泣諫，不聽，遂奔商。⓭桀乃亡　舊注謂「湯滅之也」。⓮向藝　即向摯。殷紂王的內史，見紂王「愈亂迷惑」，於是載其圖法，出亡至周。終古、向摯事均見《呂氏春秋・先識》。⓯乃鳴條之野　乃，始。原文作「待」，依楊樹達校改。湯伐桀，擒之於鳴條之野。鳴條，為古地名，今已難以確指其地。一說在今山西省安邑縣北。⓰甲子之日　周武王戰勝紂王那一天是甲子日。是日紂王敗於牧野，登鹿臺，衣其寶玉衣，赴火而死。武王斬其頭，懸之白旗。⓱霸王　原文上有「不」字，依王念孫校刪。下句「破亡」前亦依王氏校刪「不」字。⓲惷　舊注謂「惷亦愚，無知之貌也」。⓳論　辨；辨別。⓴趙襄子二句　舊注釋謂「襄子，無恤也。智伯，智瑤。三晉，智氏兼有范、中行氏。智伯帥韓、魏之君圍趙襄子於晉陽，趙襄子使張孟談與韓、魏通謀，韓、魏反而擊之，大破智伯之軍，獲其首，以為飲器，故曰『以三晉之地擒』也」。㉑以大齊亡　舊注謂「為淖齒所殺也」。㉒田單以即墨有功　田單，戰國齊人。燕攻齊，得七十餘城，唯莒、即墨二城未下。即墨守將戰死，眾推單為將軍。單用反間計，使燕撤換其名將樂毅，又用火牛突陣大破齊軍，收回七十餘城。以功封安平君。㉓雖大不足恃　舊注謂「大猶亡，智伯是」。㉔雖小不可輕　舊注謂「湯以七十里（本書原文作『七里』），文王以百里，皆有天下，故雖小不可輕」。㉕不在於大　謂不在地域或國家之大。舊注則謂「得道之君，雖小，為善而耐王天下，故曰不在於大也」。㉖不在於小　謂不在地域或國家之小。舊注則謂「無道之君，以為惡無傷而弗革，積必亡，故曰不在於小也」。

【語　譯】國家之所以能存在，是因為能以道治國；國家之所以會滅亡，是因為道不被推行。堯最初沒有一百戶居民的城郭，舜沒有一塊放得下錐尖的地方，而擁有天下。禹最初沒有十人的群眾，湯沒有七里長的地界，而在諸侯中稱王。文王處身於岐山下周邑之間，領域不超過百里，而被立為天子，是因為他推行正道。夏桀、殷紂興盛的時候，凡是人的足跡能到的地方，車船能通的地方，無不設立郡縣，然而他們卻死在他人手中而被天下人譏笑，這是因為他們早就有了滅亡的跡象。所以聖人見到變化便會觀察其跡象徵兆。君王之德有盛有衰，風氣會先顯現出來。所以能推行治國正道的君王，即使領域小也一定會強大起來；有滅亡跡象的人，即使獲得成功也一定會敗亡。夏桀將要滅亡時，太史令終古就先逃到商湯那裡，過了三年夏桀便亡國了。商紂將要敗亡時，太史令向藝就先歸順了文王，過了一週年紂王便亡國了。所以聖人能看見國家存亡的跡象、成功和失敗的分界，而不必等到鳴條之野這一戰、甲子日這一天。現在一些人認為強大的必然會勝利，於是就估量土地的大小、統計民眾的多少來評定強弱；認為富裕的人必然財物眾多，於是就估量糧食和金子的多少來評定貧富，那麼擁有千輛戰車的君主就沒有能成就霸王之業的，而擁有萬輛戰車的國家也就沒有會滅亡的了。如果國家存亡的跡象這麼容易知曉，那就連無知的男女都能辨別清楚了。趙襄子靠在晉陽城獲勝而成為諸侯的霸王，智伯佔有三晉的土地卻被人活捉了；湣王有土地廣大的齊國卻遭到滅亡，田單因為即墨一仗而建立了功業。所以國家要滅亡，即使國力強大也不足以憑藉而不滅亡；君主施行治國的正道，即使土地狹小也不能輕視。從這些情況看來，國家能夠存在全在於能以道治國而不在於大，國家遭到滅亡全在於不以道治國而不在於小。

《詩》云：「乃眷西顧，此唯與宅❶。」言去殷而遷於周❷也。故亂國之君，務廣其地而不務仁義，務高其位而不務道德，是釋其所以存，而造❸其所以亡也。故桀囚於焦門❹，而不能自非其所行❺，而悔不殺湯於夏臺❻；紂居於宣室❼，而不反❽其過，而悔不誅文王於羑里❾。二君處彊大之勢，脩仁義之道，湯、武救罪之不給，何謀之敢慮❿！若上亂三光⓫之明，下失萬民之心⓬，雖微湯、武，孰弗能奪也⓭？今不審其在己者，而反備之於人⓮！天下非一湯、武也，殺一人，則必有繼之者也。且湯、武之所以處小弱而能以王者，以其有道也；桀、紂之所以處彊大而見奪者，以其無道也。今不行人之所以王者，而反益己之所以奪，是趨亡之道也。

【章旨】這一章緊承上一章而來，仍說國之存亡全在於君王是否推行仁義之道，而以「亂國之君」為例而論之。文中說「亂國之君，務廣其地而不務仁義，務高其位而不務道德，是釋其所以存、而造其所以亡」。作者分析桀、紂失仁義之道而不以己為非，只一味後悔未殺湯、武，認為他們這樣「不審其在己者，而反備之於人」，即使不亡於商湯、周武之手，也會亡於其他湯、武之手。因為不行仁義之道，所以滅亡乃勢在必然。作者說湯、武有道而處小弱終能為王，說桀、紂無道而處強大終將見奪，是要強調「今不行人之所以王者，而反益己之所以奪，是趨亡之道」。本章重要觀點取自《文子・上仁》。

【注釋】❶乃眷西顧二句　出自《詩經・大雅・皇矣》。〈皇矣〉為周人敘說開國歷史的一首史詩。首章寫上帝巡察四方以尋求讓百姓安定生活的處所，最後選中岐周，並要佑助太王興周。乃眷西顧，即寫上帝巡察天下回頭向西看去。此唯與宅，寫上帝決定與太王同以岐周為宅，意即要福佑太王。眷，關心。亦可訓為「回頭望」。此，指岐周，一說指太王。與，同。宅，居住。❷去殷而遷於周　舊注釋謂「紂治朝歌，在東；文王國於岐周，在西。天乃眷然顧西土，此維居周，言我宅也，故曰『去殷而遷於周』也」。❸造　就；趨向；追求。❹焦門　監獄名。❺不能自非其所行　舊注釋謂「不自非行之惡」。❻夏臺　夏代監獄名。又名鈞臺，地在陽翟（今河南省禹縣）。❼宣室　本書〈本經〉謂「武王甲卒三千破紂牧野，殺之於宣室」。舊注釋謂「殷宮名。一曰：宣室，獄名」。❽反　反悔。❾羑里　舊注釋謂「今河內湯陰是也。羑，古『牖』字」。❿二君處四句　舊注釋言「二君，桀、紂也。當其君也，強大之勢，不能自知所行之非也。假令能修仁義之道，則湯、武不敢生誅之謀也」。之勢，原文作「勢位」，依王念孫校改。救罪，止罪。止誅討君王之罪。救，阻止。不給，不足。慮，原文作「當」，依王念孫、楊樹達校改。俞樾以為「當」乃「蓄」之誤，馬宗霍亦謂「『當』為『畜』誤無疑」。蔣禮鴻則謂作「『當』不誤，『當』乃通『嘗』，作『嘗試』解」。⓫三光　日、月、星辰。⓬失萬民之心　舊注釋謂「施民所惡也」。⓭雖微湯武二句　舊注釋謂「言遭人能奪之，不必湯、武也」。微，無。⓮今不審二句　馬宗霍釋謂「『不審其在己者』，猶言於己則不加省察。即上文所謂『不能自非其所行』，『不反其過』也。『而反備之於人』，猶言於人反戒備之。即上文所謂『悔不殺湯於夏臺』、『悔不誅文王於羑里』也」。備，戒備；防備。

【語譯】《詩經》上說：「於是上帝回頭望向西方，決定以岐周作為自己和太王同住的地方」。這是說上帝離開了殷商而遷移到西周。所以國政混亂的君主，總是致力於擴大國土，而不致力於推行仁義；致力於抬高自己的地位，而不致力於修養道德，這是拋棄了使國家存在的條件，而追求使國家滅亡的因素。所以夏桀被關在焦門獄中，卻不能省悟自己行為的錯誤，反而後悔沒有在夏臺把湯殺死；商紂王住在宣室，卻不反省自己的過錯，反倒後悔沒有在羑里將文王殺掉。這兩位君主，在握有強大權勢的時候，如果能推行仁義之道，那麼商湯、周武王挽救自己的罪過還來不及，哪裡還敢籌劃什麼計謀呢！像夏桀、商紂在上擾亂日、月、星辰的光明，在下失去萬民擁戴之心，即使沒有商湯、周武王出現，誰不能奪去他們的政權呢？現在不仔細審察自己的作為，卻反過來防備別人！天下不是只有一個商湯、周武王，殺了一個商湯或周武王，必然還會有人出來繼續和他們一樣幹。況且商湯、周武王之所以能處於弱小地位而成為天下的帝王，是因為他們推行王道；夏桀、商紂王之所以會處於強大的地位而被人奪走政權，是因為他們沒有德政。現在不實行能稱王於天下的道，反而更加採用會使自己政權被奪走的做法，這正是在走向滅亡的道路。

武王克殷，欲築宮於五行之山❶，周公曰：「不可。夫五行之山，固塞❷險阻之地也。使我德能覆之，則天下納其貢職❸者，迴❹也；使我有暴亂之行，則天下之伐我，難矣❺。」此所以三十六世❻而不奪也。周公可謂能持滿❼矣。

【章　旨】這一章主要記述周公有關選擇都城所在的議論。他不贊成選都於五行之山，理由有二，一是我有德，天下進貢過於遙遠，二是我行暴亂，天下伐我為難。其議論雖言選都，卻涉及治政之道，總以勿行暴亂為誡。故作者說「周公可謂能持滿矣」。當然，本章述周公之事還是在論證上章所說治國在得道而不在其他的觀點。

【注　釋】❶五行之山　舊注謂「今太行山也，在河內野王縣北上黨關（今山西省長治市）也」。❷固塞　堅固的要塞。❸貢職　指進貢。把物品進獻給皇帝。❹迴　遠。原文作「迴」，舊注謂「迴，迂難也。迴，或作固。固，必也」，今依楊樹達校改「迴」為「迴」。❺使我有三句　舊注釋謂「周公言我有暴亂之行，則天下當來伐我，無為於五行之山，使天下來伐我者難也。言其依德，不恃險也」。馬宗霍說「上文言五行山為固塞險阻之地，則雖易守而亦難出。此文蓋言若天下伐我，難以還徙避敵耳。其難在我而不在敵。『難矣』二字自為一句，猶『殆矣』之意」。今譯從馬說。❻三十六世　指周傳三十六代皇帝。❼持滿　持盈。使滿而不覆，即保守成業。

【語　譯】周武王消滅了商，想把王宮建築在太行山，周公說：「不能這樣。太行山是個有堅固屏障、險要阻障的地方。假使我們的恩德能夠遍施天下，那麼天下的人來進獻物品就要走很遠的路。假使我們有暴亂的行為，那麼天下的人攻討我們，我們就危險了。」這就是周朝能夠傳續三十六代沒有被奪走政權的原因。周公真可以稱得上是能保守成業的人。

昔者《周書》❶有言曰：「上言者，下用也；下言者，上用也。上言者，常❷也；下言者，權❸也。」此存亡之術也。唯聖人為能知權。言而必信，期❹而必當❺，天下之高行也。直躬❻其父攘❼羊而子證❽之，尾生❾與婦人期而死之。直而證父，信而死女，雖有直信，孰能貴之？夫三軍矯命❿，過之大者也。秦穆公興兵襲⓫鄭，過周⓬而東。鄭賈人弦高將西販牛，道遇秦師於周、鄭之間，乃矯鄭伯之命，犒以十二牛，賓秦師而卻之⓭，以存鄭國。故事有所至，信反為過⓮，誕反為功⓯。何謂失禮而有大功？昔楚恭王⓰戰於陰陵⓱，潘尪、養由基、黃衰微、公孫丙⓲相與篡⓳之。恭王懼而失體⓴，黃衰微舉足蹴㉑其體，恭王乃覺。怒其失禮㉒，奮體㉓而起，四大夫載而行。昔蒼吾繞娶妻而美以讓兄，此所謂忠愛而不可行者也㉔。是故聖人論事之曲直㉕，與之屈伸偃仰，無常儀表㉖，時屈時伸。弱柔㉗如蒲葦㉘，非攝奪㉙也。剛強猛毅，志厲㉚青雲，非夸㉛矜也，以乘時㉜應變也。

夫君臣之接，屈膝卑拜，以相尊禮也；至其迫於患也，則舉足蹴其體㉝，天下莫能非也。是故忠之所在，禮不足以難之也。孝子之事親，和顏卑體，奉帶運履㉞，至其溺也，則捽㉟其髮而拯㊱，非敢驕侮，以救其死也。故溺則捽父㊲，祝則名君㊳，勢不得不然也。此權之所設也。故孔子曰：「可以共學矣，而未可以適道㊴也。可以適道，未可以立㊵也。可以立，未可與權。」權者，聖人之所獨見也㊶。故忤㊷而後合者，謂之知權；合而後舛者，謂之不知權。不知權者，善反醜也。故禮者，實之華而偽之文也，方於卒迫43窮遽44之中也，則無所用45矣。是故聖人以文交於世，而以實從事於宜，不結46於一跡之塗47，凝滯而不化，是故敗事少而成事多，號令行於天下，而莫之能非矣。

【章　旨】這一章主要講君王治國要善於應用靈活、變通的手法。文中所引《周書》之言及所說「此存亡之術也。唯聖人為能知權」，乃本章之綱。為了論述權變的重要，作者舉了很多事例。如直躬證明其父偷羊、尾生為等女友而被水淹死，是死守直、信之禮而不知變。皆不可取。所謂「雖有直信，孰能貴之」。而弦高矯命智退秦兵、黃衰微踢君主以救之，是「失禮而有大功」，說明善於權變的重要。而蒼吾繞以妻美而讓與兄，來表達其忠愛之心，更是講拘守禮義者的笑話。作者不但舉例說明了拘守常禮、思想僵化的危害性，和靈活應用原則的重要性，還用「溺則捽父，祝則名君」說明權變的應用是由客觀形勢所決定的，所謂「勢不得不然也」。這便道出了權變存在的合理性。文中說聖人「知權」，均見於對上述事例的議論。如前言聖人論事「無常儀表，時屈時伸」，「以乘時應變」。後引孔子之言而謂「權者，聖人之所獨見也」，「聖人以文交於世，而以實從事於宜，不結於一跡之塗，凝滯而不化」皆是。作者說聖人知權，實是倡導君王「知權」。文中有些話（如說禮乃實之華而偽之文，卒迫窮遽之中往往無所用）說得很深刻，部分觀點、言詞取自《文子・道德》。

【注　釋】❶周書　指《尚書・周書》。舊注謂其為「周史之書」。下引數句為《周書》逸文。❷常　久常不變的原則。民之所共由，故上文言「上言者，下用也」。❸權　權變；機變。非聖不用，故上文言「下言者，上用也」，又言「唯聖人能知權」。❹期　約會之期限。❺當　適當。❻直躬　名躬。其人素以直稱故稱直躬，亦如大盜名跖而稱盜跖。❼攘　偷。舊注謂「凡六畜自來而取之，曰攘也」。❽證　訓為「告」。告發；檢舉。❾尾生　舊注謂「魯人，與婦人期於梁下，水至溺死也」。《戰國策・燕策》尾生作「尾生高」。⑩矯命　詐稱君王之命。⑪襲　舊注謂「以兵伐國，不擊鼓，密聲，曰襲」。⑫周　指周王都城洛邑。當時秦軍從洛邑北門經過。⑬乃矯鄭伯之命三句　舊注釋謂「非君命也，而稱君命，曰矯。酒肉曰享，牛羊曰犒，共其枯槁（共，同『供』。枯槁指秦師遠涉辛勞而有枯槁之容）也。秦師日行千里而襲人，遠主有備而師無繼，不如還，遂還師而去也。故曰卻（退卻）之」。鄭伯，指鄭穆公。穆公名蘭，文公庶出之子，在位二十二年。⑭信反為過　守信反而成為過錯。舊注謂「信為過者，尾生是」。⑮誕反為功　舊注謂「誕為功者，弦高是」。誕，詐；欺騙。⑯楚恭王　名審，在位三十一年。舊注謂「恭王與晉厲戰於陰陵，呂錡射恭王，中目，因而擒之。過而能改，故曰恭也」。⑰陰陵　故城在今安徽省定遠縣西北。⑱潘尪養由基黃衰微公孫丙　四人皆為楚恭王之大夫。⑲篡　《說文》云：「逆而奪取曰篡。」此謂恭王為晉所擒，四子欲奪取恭王而歸。⑳失體　失常。舊注謂「威儀不如常，坐不能起也」。㉑蹴　踢。㉒失禮　謂舉足蹴君。㉓奮體　猶言躍身。㉔昔蒼吾繞二句　舊注謂「蒼吾繞，孔子時人。以妻美好，推與其兄。兄則愛矣，而違親迎、曲顧（為古結婚之禮）之誼（同『義』），故曰不可行也」。㉕曲直　對錯。原文上有「局」字，依王念孫校刪。㉖儀表　法則；標準。㉗弱柔　原文上有「卑」字，依王念孫校刪。㉘蒲葦　原文作「蒲韋」，楊樹達謂「蒲為水草，韋為柔革，為文不類」，依其校改。㉙攝奪　畏服。因恐懼而改變。攝，通「懾」。奪，被迫改變。㉚厲　振；振奮。㉛夸　原文作「本」，依王念孫校改。㉜乘時　猶謂順時。上言「聖人」數句意本於《荀子・不苟》所言。㉝蹴其體　如黃衰微蹴恭王之體。㉞運履　指將鞋擺正。舊注謂「運，正迴也」。㉟捽　揪住。㊱拯　舊注謂「升也。出溺曰拯」。㊲溺則捽父　舊注謂「孟子曰：『嫂溺而不拯，是豺狼也。』而況父兄乎！故溺則拯之」。㊳祝則名君　舊注謂「周人以諱事神，敬之至也」。㊴適道　適，之。道，仁義之善道。㊵立　舊注謂指「立德、立功、立言」。楊伯峻謂「《論語》的『立』經常包含著『立於禮』的意思」（見其《論語譯注》）。今譯從楊說。孔子的話出自《論語・子罕》。㊶權者二句　舊注謂「權，因事制宜，權量輕重，無常形勢，能令醜反善，合於宜適，故聖人獨見之也」。㊷忤　違反；逆。㊸卒迫　急迫。卒，通「猝」。突然。㊹窮遽　困厄急迫。㊺無所用　舊注謂「無所用於禮也」。㊻結　聚。㊼一跡之塗　只有一個腳印的道路。即只能容納一隻腳的道路。

【語　譯】從前《周書》上說：「上言，是在下位的人用的；下言，是在上位的人用的。所謂上言，指的是久常不變的原則；所謂下言，指的是方法上的靈活變通。」這是關係國家存亡的方法。只有聖人才能知曉權變之術。說話一定守信用，約會一定按時到達，這是天下高尚的操行。直躬的父親偷了羊而他作為兒子卻向官府檢舉父親，尾生和女子相約在橋下見面，為了等她而不肯離去，終於抱著橋柱被淹死了。為人正直而告發父親為盜，為人守信而為一個女子被淹死，他們雖然正直、守信，但誰能看重他們這種行為呢？假傳君王之命而調動三軍，是最嚴重的過錯。秦穆公發兵襲擊鄭國，經過西周王城向東前進。鄭國商人弦高將到西邊賣牛，在周與鄭之間的大路上遇到了秦國的軍隊，於是假稱奉鄭穆公的命令，用十二頭牛犒勞秦軍，用賓客之禮對待秦軍而使他們退了兵，保住了鄭國。所以有些事情出現了，守信反而會鑄成過錯，欺騙反而使事情成功。什麼是不合禮儀卻建立了大功呢？從前楚恭王和晉國在陰陵打仗，恭王被晉軍捉住了，潘尪、養由基、黃衰微、公孫丙一起要把恭王奪回來。恭王因為害怕而失去了威儀，黃衰微便抬腳朝他身上踢了一腳，恭王才醒悟過來。恭王惱怒衰微不禮貌，躍身而起，四位大夫便用車載著他走了。從前蒼吾繞娶的妻子很漂亮，就把她讓給兄長，這就是人們所說的不能實行的「忠愛」。因此聖人評論事情的對錯，都隨著事情本身或屈或伸或偃或仰，沒有固定不變的標準，有時屈曲，有時伸展。如同蒲草、蘆葦一樣柔弱，並不是因為畏懼而降服。剛強、威猛、堅毅、志高青雲，並不是要自我誇大炫耀，而是用這些來順應時勢的變化。

君臣接觸，臣子總要彎曲膝蓋低頭下拜，而行尊重君王之禮；到了君王為禍患所逼迫時，臣子抬腳踢他的身體，而天下沒有人能責怪他。因此能顯出忠心的行動，是不能用禮節加以責備的。孝子侍奉父母親，和顏悅色，低頭屈身，送上衣帶，擺正鞋子，到了父母被水淹沒時，就揪住他們的頭髮而把他們救出來，這不是兒子敢用驕傲的行為侮辱父母，而是為了不讓他們被淹死。所以父親被水淹沒就揪住他的頭髮，祭神禱告時就要呼喚君王的名字，這是形勢上不能不這樣做。這就是權變產生的原因。所以孔子說：「可以一起學習的人，而未必可以一起掌握道。可以一同掌握道的人，未必可以一同依禮而行。可以一同依禮而行的人，未必可以一起通權達變。」權變，是聖人的獨特見解。所以做事先是兩相違背而後來相合，叫做懂得權變；先相合而後來相互違反，叫做不懂得權變。不懂得權變，好事反而會變成不好的事。所以禮，就像果實上的花朵和人為的文飾，正當情況急迫、困厄、緊急的時候，就沒有什麼用處了。因此聖人用禮樂制度和世人打交道，而依據實際情況用適宜的方法來處理，不是只想著要走僅能容納一隻腳的道路，思想凝固、滯塞而不知道變化，因此事情失敗的少而成功的多，命令在天下能實行，而沒有人能加以非議。

猩猩知往而不知來[1]，乾鵲知來而不知往[2]，此脩短之分也。昔者萇弘[3]，周室之執數[4]者也，天地之氣，日月之行，風雨之變，律曆之數[5]，無所不通，然而不能自知，鈹裂[6]而死。蘇秦，匹夫徒步[7]之人也，靼蹻[8]贏蓋[9]，經營[10]萬乘之主，服諾諸侯，然不自免於車裂之患[11]。徐偃王[12]被服慈惠[13]，身行仁義，陸地之朝者三十二國，然而身死國亡，子孫無類[14]。大夫種[15]輔翼越王句踐，而為之報怨雪恥，擒夫差之身，開地數千里，然而身伏屬鏤而死[16]。此皆達於治亂之機[17]、而未知全性之具者[18]。故萇弘知天道而不知人事，蘇秦知權謀而不知禍福，徐偃王知仁義而不知時，大夫種知忠而不知謀[19]。聖人則不然，論世而為之事，權事而為之謀，是以舒之天下而不窕[20]，內之尋常而不塞[21]。使天下荒亂、禮義絕、綱紀廢、彊弱相乘[22]、力征相攘[23]、臣主無差、貴賤無序、甲冑生蟣蝨、燕雀處帷幄[24]，而兵不休息，而乃始服屬臾之貌[25]、恭儉之禮，則必滅抑而不能興矣。天下安寧、政教和平、百姓肅睦[26]、上下相親，而乃始立氣矜[27]、奮勇力，則必不免於有司之法矣。是故聖人者，能陰能陽[28]，能弱能彊，隨時而動靜，因資而立功。物動而知其反，事萌而察其變，化則為之象㉙，運㉚則為之應，是以終身行而無所困。

【章　旨】這一章從兩方面論說聖人成功的原因，也是講聖人如何治政。作者之所以論及此，自然是為當時和後世君主而發。文中先以禽獸所知「脩短」有分，引出萇弘知天道而不知人事、蘇秦知權謀而不知禍福、徐偃王知仁義而不知時、大夫種知忠而不知謀，結果都慘遭殺害的故事。然後以聖人和他們對比，說「聖人則不然，論世而為之事，權事而為之謀，是以舒之天下而不窕，內之尋常而不塞」。其次是用兩假設（即在天下荒亂已極時始行恭儉之禮，必然會滅亡，和在天下大治時為人高傲、奮揚武力，必為有司所拘）作對比材料，引出聖人的「能陰能陽，能弱能彊，隨時而動靜，因資而立功。物動而知其反，事萌而察其變，……是以終身行而無所困」。

【注　釋】❶猩猩知往句　知來，楊樹達謂此句及下句中「來謂將來，往謂已往」。舊注釋謂「猩猩，北方獸名，人面獸身，黃色。《禮記》曰：『猩猩能言，不離走獸。見人狂走，則知人姓字。』此知往也。又嗜酒，人以酒搏之，飲而不耐息，不知當醉，以禽其身，故曰『不知來』也」。❷乾鵲知來句　舊注釋謂「乾鵲，鵲也，人將有來事憂喜之徵則鳴，此知來也。知歲多風，多巢於木（當為「下」）枝，人皆探其卵，故曰不知往也」。❸萇弘　舊注謂「周宣（應為「敬」）王之大夫」。萇弘事見於《左傳·昭公十一年》。弘事景、敬二王，死於哀公三年。❹數　曆術；曆法。推算天象以定歲時的方法。❺律曆之數　指樂律和天的運行規律。即天道。❻鈹裂　原文作「車裂」，依王念孫校改。舊注釋萇弘死事謂「晉范、中行氏之難，以叛其君也。周劉氏與晉范氏世為婚姻，萇弘事劉文公，故周人助范氏。至敬王二十八年，晉人讓周，周為殺萇弘以釋之，故曰『不能自知，車（應為「鈹」）裂而死』也」。鈹，形如刀而兩側有刃的兵器。❼徒步　步行。古代平民出外無車，故以徒步指代平民。❽鞀蹻　皮繩編的鞋。鞀，皮繩。蹻，屐；鞋。❾贏蓋　贏，簏囊。箱籠之類。蓋，步蓋。如今日傘蓋之類。此處形容蘇秦未發跡時行裝之簡陋。❿經營　周旋往來。此指遊說。⓫服諾諸侯二句　舊注釋謂「蘇秦相趙，趙封之為武安君。初帶贏囊，襜步蓋，歷說萬乘之君，合山東之從，利病之勢，無所不下，使諸侯服從，無有不服諾者，故曰『服諾諸侯，不自免於車裂之患』」。服諾，順服而應諾。即聽從。諾，應允。⓬徐偃王　相傳為周穆王時徐國國君。⓭被服慈惠　即有仁愛之心。被服，以被服不離身，比喻人常居其中。⓮子孫無類　指子孫被殺，無有遺類。⓯大夫種　越王句踐的大夫文種。種字少禽，也作子禽，楚國郢人，與范蠡同佐句踐，出計滅吳，功成，范蠡勸其引退，不聽，為句踐所殺。⓰身伏屬鏤而死　《韓非子》言「子胥忠直，夫差而誅於屬鏤」，見得賜屬鏤以死乃伍子胥，非大夫種。此言種「身伏屬鏤而死」，乃作者誤記。屬鏤，劍名。舊注謂「利劍也。一曰：長劍擲施鹿盧，鋒曳地，屬錄而行之也」。⓱機　指事物的樞要、關鍵。⓲具者　指有才能的人。具，謂才能。⓳不知謀　舊注謂「不知為身謀也」。⓴不窕　猶言無間。沒有間隙。舊注謂「在大能大也」。㉑尋常而不塞　舊注釋謂「八尺曰尋，倍尋曰常。在小能小，不塞急也」。不塞，不被堵塞。㉒彊弱相乘　謂強弱皆以武力加於對方。相乘，猶言相加。乘，加。㉓相攘　相互侵奪。㉔甲冑生蟣蝨句　出自《韓非子．喻老》。生蟣蝨，指戰爭不斷，甲不離身，故舊注謂「生蟣蝨，不離體也」。後來曹操寫〈蒿里行〉直用此語，謂「鎧甲生蟣蝨，萬姓以死亡」。處帷幄，指鳥築巢於軍中帳幕之上。舊注謂「幄，幕也。處，猶巢也」。㉕屬臾之貌　猶言恭謹的樣子。屬臾，謹慎。貌，恭敬之狀。㉖肅睦　莊敬和睦。㉗氣矜　神氣高傲自大。㉘能陰能陽　謂能隱能顯。㉙象　法度。此句承上句而言。㉚運　動。此句則承「物動而知其反」而言。

【語　譯】猩猩知道已往之事卻不知道將來會發生什麼，乾鵠知道將來會發生什麼卻不知道已往的事，這就是長處和短處各自不同。從前萇弘是周朝掌管曆法的人，天地之間氣的特性，日月的運行，風雨的變化，樂律和天的活動規律，無不精通，但是他卻不能知道自己的命運，結果被人用鈹砍死了。蘇秦本來是一個出門只能靠步行的平民，穿著皮繩編的鞋子，帶著箱籠，撐著傘蓋奔走在外，遊說擁有萬輛兵車的君主，使得諸侯國都聽從他的話，但卻不能避免被車裂的災禍。徐偃王胸懷仁愛之心，親自實行仁義，有三十二個諸侯國走陸路來朝拜他，但是他自身被殺、國家被滅亡，子孫被殺而沒有人存活下來。大夫文種輔佐越王句踐，而替他報復讎怨、洗刷恥辱，捉住了夫差，開闢國土數千里，但是最後句踐卻要他用屬鏤劍自殺。這都是一些通曉國家太平與否的關鍵，卻不懂得保全自身的有才之士。所以萇弘只知道大自然的規律卻不懂得人世間的事情，蘇秦懂得隨機應變的謀略卻不知道避禍得福，徐偃王是知道行仁義卻不知道他所處時代的特點，大夫文種只知道對君王忠心卻不知為自身謀劃。聖人就不是這樣，他們先研究時世的形勢來辦事，先權衡事情的利弊再加以謀劃，因此他們的作為展開來能布滿天下而沒有間隙，而收束起來能放進尋常之間也不會堵塞。假使到了天下荒敗紊亂、禮義絕滅、法度廢棄、強國和弱國互相欺凌、各國用武力相互征伐侵奪、臣子和君主之間沒有差別、尊貴和卑賤之間沒有次序、將士們的頭盔、鎧甲長了蟣子和蝨子、燕雀在軍中帳幕上築巢，而用兵還不停止，這時才開始採用謹慎敬重的態度、遵循恭敬而自我約束的禮儀，那就必然會滅沒而不能興盛。假使在天下安寧、政治教化平和、百姓莊敬和睦、上下相互親愛，而竟然開始神氣高傲自大、奮揚勇武和力量，那必然難以避免法律的制裁。因此聖人，能如陰氣一般隱藏，如陽氣一般顯明，能夠柔弱也能夠強大，隨著時勢而或動或靜，憑藉這些而建立功業。事物一運動就知道它會返歸何處，事物一萌發就能察知它會如何變化，一變化就能據以擬訂法度，一運動就能加以對應，因此聖人終身順利而沒有困難。

故事有可行而不可言者，有可言而不可行者，有易為而難成者，有難成而易敗者。所謂可行而不可言者，趨舍也；可言而不可行者，偽詐也；易為而難成者，事也；難成而易敗者，名也。此四策，聖人之所獨見而留意也。詘❶寸而伸尺，聖人為之；小枉而大直❷，君子行之。周公有殺弟之累❸，齊桓有爭國之名❹，然而周公以義補缺❺，桓公以功滅醜❻，而皆為賢。今以人之小過揜其大美，則天下無聖王賢相矣。故目中有疵❼，不害於視，不可灼❽也；喉中有病，無害於息❾，不可鑿❿也。河上之丘冢，不可勝數，猶之為易⓫也。水激興波，高下相臨，差以尋常，猶之為平⑫。昔者曹子⑬為魯將兵，三戰不勝，亡地千里。使曹子計不顧後，足不旋踵，刎頸於陣中，則終身為破軍擒將矣。然而曹子不羞其敗，恥死而無功。柯之盟⑭，揄⑮三尺之刃，造桓公之胸，三戰所亡，一朝而反之，勇聞於天下，功立於魯國⑯。管仲輔公子糾⑰而不能遂⑱，不可謂智；遁逃奔走，不死其難⑲，不可謂勇；束縛桎梏，不諱其恥，不可謂貞⑳。當此三行者，布衣弗友㉑，人君弗臣㉒。然而管仲免於累紲㉓之中，立齊國之政㉔，九合諸侯㉕，一匡天下㉖。使管仲出死㉗捐軀，不顧後圖，豈有此霸功哉？

【章旨】這一章有三層意思。一是承上章而來，講聖人「所獨見而留意」的「四策」，即所謂「可行而不可言者，趨舍也；可言而不可行者，偽詐也；易為而難成者，事也；難成而易敗者，名也」。二是以周公「殺弟」而「以義補缺」、齊桓公「爭國」而「以功滅醜」為例，說明「詘寸而伸尺，聖人為之；小枉而大直，君子行之」。三是由上層意思引發，主張評價一個人不能「以人之小過揜其大美」。論述中既以「目中有疵，不害於視，不可灼也；喉中有病，無害於息，不可鑿也」為例，說明小過失只要不妨大節就不要加以強調。又用河邊丘冢甚多卻不能影響它的平坦，水面波峰互有高低卻不能影響水面的平整，來說明人縱有小過是不能影響人的大美的。最後還以曹沫先為「三戰不勝，亡地千里」的敗將，而後在柯地盟會上為魯建立奇功為例，以管仲先是不可謂智、勇、貞，而後佐桓公稱霸諸侯為例，說明有小過者往往是能成就大業的人才，千萬不可輕視和棄而不用。

【注　釋】❶詘　同「屈」。屈折。❷小枉而大直　舊注釋謂「枉，曲也。直，直其道也」。❸殺弟之累　指周公誅殺其弟管叔鮮及蔡叔度一事。累，過失。❹爭國之名　無知弒齊襄公，自立為齊君，後為雍林人所殺。襄公之弟子糾自魯欲入齊為君，次弟小白亦自莒入齊欲為君，且用計先入，得為桓公。並假魯人之手殺子糾於笙瀆。故言桓公有爭國之名。❺以義補缺　舊注謂「謂翼成王以致太平，七年歸政，北面為臣，故曰『以義補缺』也」。❻以功滅醜　舊注謂桓公「立九合一匡之功，以滅爭國之惡也」。醜，惡行。此處指壞的名聲。❼疵　指贅疣。❽灼　此處指燒掉。❾息　呼吸。❿鑿　穿。⓫為易　為平易之地。舊注釋謂「言河上本非丘壟之處，有（當為『平』字）易之地猶多，以大言之也，以諭萬事多覆於少」。⓬為平　舊注釋謂「雖有激波，猶以為平，平者多也。猶橘柚冬生，人曰冬死，死者眾也；薺麥夏死，人曰夏生，生者多也」。⓭曹子　即曹沫。一說曹沫即曹劌。⓮柯之盟　柯會之盟。魯莊公十三年冬，莊公與齊桓公會盟於柯（今山東省陽谷縣東），欲獻遂邑之地予齊，以求齊停止伐魯之戰。⓯揄　引；抽出。⓰功立於魯國　舊注謂「復汶陽（地當今山東省寧陽縣北）之田也」。⓱公子糾　齊襄公之弟子糾。⓲遂　成。魯欲送公子糾返齊為君，使管仲領兵攔於莒國（今山東省莒縣）入齊之道，以阻小白。小白來，管仲射中其帶鉤。小白裝死，而管仲馳報魯謂小白已死，魯送子糾者益遲，遂有小白得為桓公、糾被殺之事。⓳不死其難　舊注謂管仲「不死子糾之難也」。此類指責，早見於《論語・憲問》：「子路曰：『桓公殺公子糾，召忽死之，管仲不死。曰未仁乎？』」⓴貞　正。指有操守。㉑布衣弗友　舊注謂「布衣之士不可以為益友也」。㉒人君弗臣　舊注謂「人君不可以為義臣也」。㉓累紲　內禁；牢獄。本為綑犯人的繩索。累，黑索。紲，牽繫。㉔立齊國之政　言管仲臨視齊國之政事。立，通「涖」。涖，同「蒞」。來臨；臨。㉕九合諸侯　桓公糾（意為督）合諸侯共十一次，此「九」為虛數，言其多。㉖一匡天下　《史記・齊太公世家》正義謂「匡，正也。一匡天下，謂定襄王為太子之位」。匡，正；端正。㉗出死　出身致死。

【語　譯】所以有些事情是可以做而不能說的，有些事情是可以說而不能做的，有些事情做起來容易卻很難成功，有些事情難以成功而成功後又很容易毀壞。這裡所說的可以做而不可以說的是人的進退取捨；可以說而不能做的是作假欺詐；容易做卻難得成功的是事業，難以成功卻很容易毀壞的是好的名聲。這四種策謀是聖人所獨自認識到而留心的事。屈折一寸而伸長一尺，聖人會這樣做；小處彎曲而大處正直，君子會這樣做。周公有殺死弟弟的過失，齊桓公有爭奪國家政權的名聲，然而周公能以輔佐成王、還政成王的義舉來彌補他的缺失，齊桓公能用多次糾合諸侯、匡正天下的功業來除去壞名聲，而都成為賢明的人。現在如果用小過錯來掩蓋一個人的大美德，那麼天下就沒有聖明的君王和賢明的輔臣了。所以眼中長了贅疣，不妨害視線，就不能用火燒它；喉嚨有了毛病，對呼吸沒有妨害，就不能穿破它。河邊的墳墓多得數不清楚，但河邊之地還是平整的。流水受到阻擋產生波浪，波峰高下相對，相差一兩丈，但水面還是平的。從前曹沫為魯國率領軍隊抵抗齊軍的侵略，打了三仗都未獲勝利，失去了千里國土。假使曹沫考慮問題時不顧及未來，不等兩腳轉過身來，就在戰場上割頸自殺，那麼他一生只是一個失敗軍隊中被人捉住的將軍罷了。但是曹沫不以失敗為羞辱，而恥於死而未能建立功業。在柯地盟會上，他抽出三尺長的刀，逼近齊桓公的胸口，使得他在三次戰爭中所丟失的國土，一下子回到了魯國，勇敢之名傳遍天下，為魯國立了大功。管仲輔佐公子糾而不成功，不能說是有智慧；公子糾失敗以後，他逃亡奔跑在外，沒有為公子糾之難而死，不能說是有勇氣；被桓公綑住、戴上腳鐐手銬，而不避諱這種恥辱，不能說是有操守。有這三種品性的人，平民老百姓不會和他交朋友，君王不會要他作臣子。但是他被解除囚禁以後，治理齊國的政事，使得齊桓公多次成為諸侯會盟的盟主，在國內匡正天下、封立太子。假使管仲捐出身軀而死去，不顧及以後的計畫，哪裡會有這樣的霸業呢？

今人君論其臣也，不計其大功，總其略行❶，而求其小善❷，則失賢之數❸也。故人有厚德，無間❹其小節；而有大譽，無疵❺其小故❻。夫牛蹄之涔不能生鱣鮪❼，而蜂房不容鵠卵❽，小形不足以包大體也。夫人之情莫不有所短，誠其大略❾是也，雖有小過，不足以為累。若其大略非也，雖有閭里之行❿，未足大舉⓫。夫顏喙聚⓬，梁父⓭之大盜也，而為齊忠臣。段干木⓮，晉國之大駔⓯也，而為文侯師。孟卯⓰妻其嫂，有五子焉，然而相魏，寧其危，解其患。景陽⓱淫酒⓲，被髮而御於婦人，威服諸侯。此四人者，皆有所短，然而功名不滅者，其略⑲得也。季哀⑳、陳仲子㉑立節抗行㉒，不入洿君㉓之朝，不食亂世之食，遂餓而死。不能存亡接絕者何？小節伸㉔而大略屈㉕。故小謹者無成功，訾行者㉖不容於眾，體大者節疏㉗，蹠距㉘者舉遠。

【章旨】這一章仍承上章而言君王如何任用人才。文章由人君論其臣，若「不計其大功、總其略行，而求其小善」，「則失賢之數」，引出正確的求賢用人之術，即「人有厚德，無問其小節；而有大譽，無疵其小故」。很明顯地，作者主張君王判斷一個人是否可用，關鍵在於其大節如何。因此下文便從每個人都有短處的事實出發，說到用人的取捨有兩種情況：一是「誠其大略是也，雖有小過，不足以為累」，二是「若其大略非也，雖有閭里之行，未足大舉」。這兩種情況實際上是用人須看大節這一原則的具體應用。為了說明這兩種取捨的正確，作者還用顏啄聚、段干木、孟卯、景陽這四個皆有所短而大節好，終於功名不滅的歷史人物為例來論證前者；又用季哀、陳仲子「小節伸而大略屈」，不能存亡繼絕的歷史人物來論證後者。本章主要觀點取自《文子・上義》。

【注釋】❶略行　大行；大的行為。或謂大德、大節。略，大。❷小善　忠也。❸數　術；方法。❹間　非。原文作「問」，依王念孫校改。❺疵　同「訾」。毀；非議。❻小故　小的過失。或謂「故」指惡德。❼夫牛蹄句　舊注釋謂「洿，雨水也，滿牛蹄跡中，言其小也，故不能生鱣鮪也。鱣，大魚，長丈餘，細鱗，黃首，白身，短頭，口在腹（當為『頷』）下。鮪，大魚，亦長丈餘，仲春二月從西河上，得過龍門，便為龍，先師說云也」。洿，路上的積水。❽鵠卵　天鵝蛋。❾誠其大略　舊注謂「誠其（『其』為衍字），實；略其（『其』為衍字），行」。❿閭里之行　為鄉里所稱揚之美行。⓫舉　用。⓬顏啄聚　原文作「顏喙聚」，依王念孫校改。啄聚，名庚。《史記・孔子世家》言其為孔子的學生。先為齊景公掌管禽鳥，後為齊之大夫。據《左傳》，顏啄聚死於哀公二十三年犂丘之役，故本書謂「而為齊忠臣」。⑬梁父　山名。泰山下的一座小山，今屬山東省新泰縣西。⑭段干木　魏之賢人。《呂氏春秋》言及段干木事者甚多，然均未言及干木為文侯師事。⑮駔　市場經紀人。舊注謂「駔，驕怛。一曰：駔，市儈也。言魏國之大儈也」。⑯孟卯　戰國時辯士。齊人，曾為魏相。秦趙相約伐魏，孟卯用計破壞秦趙聯盟，借趙阻秦入魏。又用計退秦兵，且說服秦王，得以自率秦、魏之兵，以東擊齊，啟地二十二縣。事見《戰國策．魏策三》。《戰國策》中稱之為「芒（芒、孟古音同）卯」。⑰景陽　楚將。齊、魏、韓共攻燕，燕求救於楚。楚王派景陽救燕。景陽不赴燕而攻魏，用計解燕之圍。事見《戰國策．燕策三》。⑱淫酒　耽溺於酒。⑲略　猶道也。⑳季哀　原文作「季襄」，依王念孫校改。舊注謂「季襄（應為『哀』），魯人，孔子弟子」。㉑陳仲子　齊人。孟子弟子，居於陵。㉒立節抗行　謂樹立名節、高尚其行。㉓洿君　即汙君。昏庸暗昧的君主。㉔伸　用。㉕屈　廢。㉖訾行者　此有三說：一說「訾行者」與上句「小謹者」相對，指行為放縱者。訓「訾」通「恣」。二說為好詆毀他人者。三說為行有毀缺者。舊注即謂「好揜人之善，揚人之短，訾毀人行，自獨卑藏，眾人所疾而不容之也。一曰：訾，毀也。行有毀缺者，不為眾人所容」。今譯從「恣行者」說。㉗節疏　指骨節長。疏，長。㉘蹠距　腳大。蹠，足。距，同「鉅」。大。

【語譯】現在君王評論他的臣子，不考量他的大功、不歸納他整體大的行為，而專門要求他有忠心，那是會失去賢人的做法。所以人有大的美德，就不要非議他的小節；而人有很好的聲譽，就不要攻擊他的小過失。牛腳印中的積水不能生出鱣、鮪這樣的大魚，而蜂巢中也容納不了天鵝蛋，這說明小形體不能包容大物體。人的實際情況是沒有誰不會有短處，如果大的行為確實是正確的，即使有小過錯，也不能成為他的負擔。如果他大的行為不好，即使具有鄉里所稱讚的行為，也不能夠大用。顏啄聚，是梁父山一帶的大盜，最後成了齊國的忠良之臣。段干木是晉國著名的市場經紀人，後來卻成了晉文侯的老師。孟卯娶他的嫂子作為妻子，生了五個孩子，但是他輔佐魏國君王，使國家由危險轉為平安，為國家解除了禍患。景陽耽溺於酒，曾經披散頭髮而與女子相戲，卻能以雄威折服諸侯。這四個人，都有他們的短處，但是他們所建立的功業、聲名不會消失，就是因為他們掌握了道。季哀、陳仲子樹立名節、使行為高尚，不在昏庸暗昧的君主的朝廷做官，不吃亂世中的食物，終於餓死了。這種人不能使滅亡的國家存在下去、使斷絕的後嗣延續下去，是什麼原因呢？是因為他們只注意伸張小節而放棄了對重大行為的重視。所以小心謹慎的人不能建立功業，而行為放縱的人又不被一般人所接納，身體高大的人骨節長，而腳大的人邁步走得遠。

自古及今，五帝三王未有能全其行者也。故《易》曰：「小過亨，利貞❶。」言人莫不有過，而不欲其大也。夫堯、舜、湯、武，世主之隆❷也，齊桓、晉文，五霸❸之豪英也。然堯有不慈之名❹，舜有卑父之謗❺，湯、武有放弒之事❻，五伯有暴亂之謀❼。是故君子不責備❽於一人，方正而不以割，廉直而不以切，博通而不以訾，文武而不以責❾。求於人❿則任以人力⓫，自脩則以道德。責人以人力，易償也；自脩以道德，難為也。難為則行高矣，易償則求澹⓬矣。夫夏后氏之璜⓭，不能無考⓮；明月之珠⓯，不能無纇⓰；然而天下寶之者，何也？其小惡不足妨大美也。今志⓱人之所短而忘人之所脩，而求得⓲賢乎天下，則難矣。

【章　旨】這一章由「五帝三王未有能全其行者」，齊桓、晉文皆有所短，說到君子應當如何待人、律己。言如何待人，則謂「君子不責備於一人，方正而不以割，廉直而不以切，博通而不以訾，文武而不以責」。「求於人則任以人力」，因為「責人以人力，易償也」。言如何律己，則謂「自脩以道德」，因為「自脩以道德，難為也。難為則行高矣」。論及律己是因論待人之道而連帶言之，重點在於講君子待人、用人之道，故篇末又舉例申言，謂「小惡不足妨大美」，「今志人之所短而忘人之所脩，而求得賢乎天下，則難矣」。本章觀點及諸多語句皆取自《文子・上義》。

【注　釋】❶小過亨二句　此為《周易・小過》卦辭之前二句，其後尚有「可小事，不可大事」。小過，小過失。亨，通。利貞，謂萬物成遂。❷隆　盛。❸五霸　其說有四，四說均有齊桓公、晉文公在內。最通行的說法除齊桓、晉文外，還包括秦穆公、宋襄公和楚莊王。❹不慈之名　堯因其子丹朱不肖，禪位於舜，故云。❺卑父之謗　舜父瞽瞍與舜之後母、異母弟象多次置舜於死地。舜即帝位，以瞽瞍為庶人，故云。❻放弒之事　舊注謂「殷湯放桀南巢，周武弒紂宣室」。❼暴亂之謀　當指五伯謀吞周室而併天下。❽責備　求其完備。責，求。❾文武而不以責　舊注釋謂「文武備具，而不責備於人也」。❿求於人　原文作「求於一人」，依王念孫校改。⓫任以人力　謂「任其力所能任也」。⓬澹　通「贍」。滿足；充足。⓭璜　佩玉。舊注謂「半璧(平圓形、中心有孔的玉器稱作璧)曰璜，夏后氏之珍玉也」。⓮考　玉上的斑點、裂紋。近人陶鴻慶謂「考」通「朽」。⓯明月之珠　即夜光珠。舊注謂「夜光之珠，有似月光，故曰明月」。⓰纇　瑕；毛病。舊注謂「纇，磐，若絲之結纇也」。⓱志　記住。⓲求得　原文下有「其」字，依王念孫校刪。

【語　譯】從古到今，五帝三王中沒有一個人的行為是十全十美的。所以《周易》上說：「小的過失仍然亨通暢達，能使事情成功。」這是說人都會有過錯，只不過不想犯大錯誤。唐堯、虞舜、商湯、周武，這是國君中功業盛大的幾位，齊桓公、晉文公，這是五霸中的豪傑、英雄。可是，唐堯有對兒子不慈愛的名聲，虞舜貶低父親而受人指責，商湯、周武王分別有流放君主、殺害君王的事實，五位霸主都有叛亂周室的謀劃。因此君子不要求一切美德都聚集在一個人身上，自己為人方正卻不傷害他人，自己為人廉潔正直卻不以此來損害他人，自己廣博通達卻不用這來詆毀別人，自己能文能武卻不要求別人文武俱備。要求別人要使他的能力能夠勝任，自我修養就要依循道德。依照別人的能力來要求他，人家就容易做到；用道德來自我修養就很難達到。難以達到所以行為就高尚，容易做到所以要求就能滿足。夏后氏的佩玉璜，不可能沒有斑點；亮如明月的夜光珠，不可能沒有瑕疵；但是天下的人都把它們當做寶貝，這是為什麼呢？因為它們的小毛病不足以妨礙它們的大美。現在記住人家的短處卻忘記人家的長處，而想要在天下得到賢良之才，那就太困難了。

夫百里奚❶之飯牛，伊尹之負鼎❷，太公❸之鼓刀❹，甯戚之商歌❺，其美有存焉者矣。眾人見其位之卑賤、事之洿辱❻，而不知其大略，以為不肖❼。及其為天子三公❽，而立為諸侯賢相，乃始信於❾異眾也。夫發於鼎俎之間❿，出於屠酤⓫之肆⓬，解於累紲⓭之中，興於牛頷之下⓮，洗之以湯沐⓯，祓⓰之以爟火⓱，立之於本朝⓲之上，倚⓳之於三公之位，內不慚於國家，外不愧於諸侯，符勢⓴有以內合㉑。故未有功而知其賢者，堯之知舜也㉒；功成事立而知其賢者，市人㉓之知舜也。為是釋度數而求之於朝肆草莽之中，其失人也必多矣㉔。何則？能效其求，而不知其所以取人也。

【章旨】這一章先舉例說明一般人在認識人時常有的現象。謂眾人見百里奚、伊尹、太公、甯戚未發跡時「其位之卑賤、事之洿辱」，「而不知其大略，以為不肖」。及至見到他們為天子三公、諸侯賢相，始信其才能異於眾。然後再以「知舜」為例，說明一般人和聖人（文中以堯為代表）知人之不同，聖人（堯）是「未有功而知其賢」，一般人是「功成事立而知其賢」。最後由聖人知人衍申而謂世主知人用人不可「釋度數而求之於朝肆草莽之中」，而強調度量之術的重要，反對僅憑耳目聰明取人。作者既承認聖人知人善用的遠見卓識，但又主張世主不可一味仿效聖人，而要以「度數」取人。顯出其思惟之周密、深刻。

【注釋】❶百里奚　春秋時虞國大夫。虞為晉獻公所滅，奚成為俘虜。晉讓他當秦穆公夫人陪嫁之臣，奚以為恥而逃。後轉行自賣，以五張羊皮賣給穆公，為秦穆公相而秦興。❷伊尹之負鼎　舊注謂「伊尹負鼎俎，調五味，以干湯，卒為賢相」。伊尹，名摯，為湯妻陪嫁之奴，後為阿衡（宰相）。負鼎，即背負鼎俎。❸太公　即呂尚。因周文王嘗言「吾太公望子久矣」，因稱太公望。❹鼓刀　屠宰時敲擊屠刀發出聲音。❺甯戚之商歌　舊注釋謂「甯戚，衛人也，商旅於齊，宿郭門外，疾世商歌，以干桓公。桓公夜出迎客，聞之，舉以為大田。事在〈道應〉也」。❻洿辱　恥辱。❼不肖　不才；不賢。❽三公　國君輔臣中地位最高的官員。周設太師、太傅、太保為三公。❾信於　舊注謂「信，知也」。馬宗霍謂「『於』猶『其』也」。❿發於鼎俎之間　指伊尹。⓫屠酤　屠戶和酒家。⓬肆　市集貿易之處。舊注謂「列也。謂太公呂尚也」。⓭累紲　捆人的繩索。舊注釋謂「所以束縛人。謂管仲」。⓮興於牛頷之下　舊注言「謂百里奚也」。興，起。頷，下巴頦。⓯湯沐　謂以熱水沐浴。一說指賜給湯沐邑之地以供其沐浴之用。⓰祓　除災祈福的儀式。⓱爝火　本指負責自太陽取火之官，此指祭祀或祓除災禍儀式燃點的火炬。⓲立之於本朝　舊注釋謂「立，置也。本朝，國朝也」。⓳倚　與「立」對文，意亦同「立」。⓴符勢　合於形勢。㉑內合　內合於君。㉒也　原文無此字，依《群書治要》引文補。㉓市人　城市居民。㉔為是釋二句　舊注釋謂「為上自任耳目聰明以得賢人之故，不復用度量之術取人，而亟求賢於朝肆之列、草莽之中，失賢人必多矣。何可求賢也」。度數，度量之術。朝肆，指朝廷與市肆。草莽，草野。指民間。

【語譯】當百里奚替人餵牛時，當伊尹背著鼎為商湯調和五味時，當太公宰殺牲口敲擊屠刀時，當甯戚在城郭門外低聲唱著悲傷的歌時，他們美好的素質已經存在於行動中了。普通的人看到他們地位那樣卑賤，做的事情是那樣令人羞恥，而不了解他們的大節，就認為他們是不賢之人。等到他們做了天子的三公，成了諸侯賢明的輔相，才開始明白他們和一般人是不同的。當伊尹從鼎俎之間發跡，當太公從屠戶、酒家的市井間出來，當管仲從捆綁中釋放出來，當甯戚從牛下巴頦下興起，君王賜給他們熱水沐浴，燃點火炬為他們除災祈福，讓他們進入本朝朝廷，把他們安置在三公位置上，而他們的作為內對國家、外對諸侯都無所愧疚，既符合形勢的特點，又在內與君王的想法一致。所以尚未建立功業就能知道那個人是賢明之人的，堯了解舜就是這樣；功業建成以後才知道那個人是賢明之人的，城市居民了解舜就是這樣。但是如果因為這樣就拋棄客觀的度量方法而到朝廷、市肆、草野中間去尋求人才，那麼遺漏的人才一定很多。這是為什麼呢？因為現在君王能仿效聖人求賢的方法，卻不懂得聖人會那樣求賢的道理。

夫物之相類者，世主之所亂惑也；嫌疑肖象❶者，眾人之所眩耀。故狠者類知而非知❷，愚者類仁而非仁❸，戇者❹類勇而非勇。使人之相去也，若玉之與石，葵之與莧❺，則論人易矣。夫亂人者，芎藭❻之與槀本❼也，蛇牀❽之與麋蕪❾也，此皆相似❿者。故劍工惑劍之似莫邪者，唯歐冶⓫能名其種⓬；玉工眩玉之似碧盧⓭者，唯猗頓⓮不失其情⓯；闇主亂於姦臣小人之疑君子者⓰，唯聖人能見微以知明。故蛇舉首尺⓱，而脩短可知也；象見其牙，而大小可論也。薛燭庸子⓲，見若爪甲於劍而利鈍識矣⓳；臾兒、易牙⓴，淄、澠之水合者，嘗一哈㉑水而甘苦知矣。故聖人之論賢也，見其一行而賢不肖分矣。孔子辭廩丘，終不盜刀鉤㉒；許由讓天子，終不利封侯㉓。故未嘗灼而不敢握火者，見其有所燒也；未嘗傷而不敢握刃者，見其有所害也。由此觀之，見者可以論未發也，而觀小節可以知大體矣。故論人之道，貴則觀其所舉，富則觀其所施，窮則觀其所不受，賤則觀其所不為，貧則觀其所不取㉔。視其更㉕難，以知其勇；動以喜樂，以觀其守㉖；委㉗以財貨，以論㉘其仁；振㉙以恐懼，以知其節；則人情㉚備矣。

【章　旨】這一章先說物之相類常常引起世主的「亂惑」，物之嫌疑、肖象使得「眾人（平常人）」「眩耀」。人的特性往往似此而非此，人與人之間的差別也不像玉石那樣明顯，因而論人不容易。繼而由歐冶能明辨劍的品種、猗頓能明辨玉石之實，說到姦臣小人假裝君子，闇主往往為其所迷惑，「唯聖人能見微以知明」。並引出「聖人之論賢也，見其一行而賢不肖分矣」的結論。最後又舉例子說明「見者可以論未發也，而觀小節可以知大體矣」。並細說其「論人之道」，言其人「貴」、「富」、「窮」、「賤」、「貧」時當觀其何行以知其賢。以及如何知其「勇」、「守」、「仁」、「節」等。

【注　釋】❶嫌疑肖象　嫌疑，疑惑難明。舊注謂「嫌疑，謂白骨之肖象牙也，碧盧似玉，蛇牀似蘪蕪也」。肖象，似。❷狠者類知句　舊注謂「狠者自用，像有知，非真知」。狠者，乖戾之人。❸愚者類仁句　舊注謂「愚者不能斷割，有似於仁，非真仁也」。❹戇者　剛直而愚之人。《荀子・大略》嘗言「偄弱易奪，似仁而非；悍戇好鬥，似勇而非」。❺葵之與莧　葵、莧，均為菜名。前者名冬葵子，嫩葉可食。後者葉為卵圓形，莖葉皆可食。兩者皆可入藥。二菜形態殊不相似，易辨。原文作「美之與惡」，依王念孫校改。❻芎藭　香草名。莖葉細嫩時曰蘼蕪，葉大時曰江蘺，生於川中者名川芎。根莖入藥。❼藁本　香草名。根可入藥。❽蛇牀　植物名。又名蛇粟、蛇米。可入藥。❾蘪蕪　即蘼蕪。❿相似　舊注謂「言其相類，但其芳臭不同。猶小人類君子，但其仁與不仁異也」。⓫歐冶　即歐冶子。春秋時冶工，嘗應越王聘，鑄湛盧、巨闕、勝邪、魚腸、純鈞（一作「純鉤」）五劍。後又與干將為楚王鑄龍淵、泰阿、工布（一作「工市」）三劍。⓬名其種　猶言說得出它的種類。⓭碧盧　似玉之美石。舊注謂「或云碔砆（即武夫，似玉之美石）」。俞樾謂碧盧必是美玉之名，並聯繫下句言莫邪、碧盧是喻君子，非喻小人。俞說是。⓮猗頓　春秋魯之富人。以經營畜牧及鹽業，十年而成豪富。舊注謂其「能知玉理，不失其情也」。⓯情　真實的情況。⓰闇主亂句　馬宗霍謂此句中「亂」猶上文之「惑」與「眩」。句中「疑」，義猶「儗」，僭也，或謂相疑：「姦臣小人巧於逢君，往往小廉小謹，貌為君子，使人信其真與君子相似，是之謂疑，實則僭也。而闇主不能辨，遂為所瞀亂矣。」⓱首尺　猶言頭抬高的高度。或謂頭之長度。⓲薛燭庸子　薛地之燭庸子。薛為齊國邑名。燭庸子即燭庸。舊注則謂「燭庸氏子，通利劍」。⓳見若爪甲句　俞樾謂「『若爪甲』者，言其小也。言燭庸子之於劍，止見若爪甲者，而已識其利鈍矣」。原文作「狐甲」，依俞樾校改。⓴臾兒易牙　臾兒，黃帝時人，一說齊人，知味者。易牙，一稱狄牙，齊桓公時識味之人。㉑一哈　一口。㉒孔子辭廩丘二句　舊注釋謂「齊景公養孔子，以言未見從，道未得行，不欲虛祿，辭而不受，故不復利人刀鉤也」。廩丘，春秋時齊邑。故城位於今河南省范縣。刀和鉤均為古兵器，鉤似劍而曲。以刀鉤殺人比喻為政者危害生民的手段。㉓許由讓天子二句　舊注釋謂「許由，隱者，陽城人。堯欲以天下與之，洗耳而不就，故曰不利於封侯也」。㉔貴則觀其所舉五句　蓋本於李克對魏文侯徵求魏相人選所言之意見：「居視其所親，富視其所與，達視其所舉，窮視其所不為，貧視其所不取，五者足以定之矣。」（見《史記・魏世家》，又見《韓詩外傳》卷三）㉕更　經歷。㉖守　持守。指堅持的原則。㉗委　委託；囑託。㉘論　辨別。㉙振　震懾。㉚人情　人之實情。

【語　譯】事物相像，是使國君混亂迷惑的原因；物品相似，使人疑惑難辨，是一般人感到迷惑的原因。所以乖戾的人好像有知識其實並沒有，愚蠢的人好像很仁慈其實不是仁慈，剛直愚鈍的人好像很勇敢其實不是勇敢。假使人和人之間的差別，就像玉和石頭、像葵和莧那樣明顯，評論人就容易了。使人迷惑難辨的，像芎藭和藁本，像蛇牀和蘪蕪，這些都是彼此相像的藥草。所以一般鑄劍的工匠懷疑可能是莫邪寶劍的劍，只有歐冶才能說出它是哪一種劍；玉匠懷疑為碧盧美玉的玉，只有猗頓才知道它實質上是什麼玉；昏闇的君主常常為姦臣小人的君子模樣所迷惑，只有聖人見到細微的表現就能明白他們的為人。所以從蛇頭抬高的尺度就可以知道蛇的長短；看看象的牙齒，就可以說出象的大小。薛地的燭庸子只要見到劍上指甲殼那麼一小片鋒刃就能了解劍的利鈍如何；與兒和易牙嘗一口淄水和澠水相合的水，就能知道哪是甜的、哪是苦的。所以聖人評論賢人，見到一個舉動就能分清那人是賢還是不賢。孔子辭別廩丘，終究未讓人盜用他的名義而使為政者的「刀鉤」更加鋒利；許由辭讓天子之位，最終不利於封侯。所以未曾被燒灼過卻不敢握住火苗的人，是因為他見過火燒別的東西；未曾被刀砍傷卻不敢握住刀刃的人，是因為他見過刀傷害別人。從這些看來，見到一些情況是可以議論未曾發生的情況的，而觀察人事的細節就能知道大體的狀況。所以評論人的原則是：地位尊貴的人就看他的舉動，富裕的人就看他施恩惠的情況，處境窘迫的人就看他不接受的情形，地位卑賤的人就看他哪些事不做，貧窮的人就看他不拿取的情形。看他經歷禍難的情形，以了解他是否勇敢；用令人喜樂的事情來打動他，以觀察他堅守的原則如何；委託他負責錢財，用來辨別他是否仁慈；用使人恐懼的事來震懾他，以了解他的節操如何，這樣對一個人真實的情況就了解得完備了。

古之善賞者，費少而勸眾❶；善罰者，刑省而姦禁❷；善予者，用約而為德❸；善取者，入多而無怨。趙襄子圍於晉陽，罷圍而賞有功者五人，高赫❹為賞首。左右曰：「晉陽之難，赫無大功，今為賞首，何也？」襄子曰：「晉陽之圍，寡人社稷危，國家殆，群臣無不有驕侮之心，唯赫不失君臣之禮。」故賞一人而天下❺之為❻臣者，莫不終忠於其君。此費少而勸眾者❼也。齊威王❽設大鼎於庭中，而數❾無鹽❿令曰：「子之譽，日聞吾耳。察子之事，田野蕪，倉廩虛，囹圄實。子以姦事我者也。」乃烹之。齊以此三十二歲道路不拾遺。此刑省而姦禁者也。秦穆公出游而車敗，右服失⓫，野人⓬得之。穆公追而及之岐山之陽，野人方屠而食之。穆公曰：「夫食駿馬之肉，而不還飲酒者，傷人。吾恐其傷汝等。」遍飲而去之。處一年⓭，與晉惠公為韓之戰⓮，晉師圍穆公之車，梁由靡⓯扣⓰穆公之驂⓱，將⓲獲之。食馬肉者三百餘人，皆出死⓳為穆公戰於車下，遂克晉虜惠公以歸。此用約而為德者也。齊桓公將欲征伐，甲兵不足，令有重罪者出犀甲、一戟⓴，有輕罪者贖以金分㉑，訟而不勝㉒者出一束箭㉓。百姓皆說，乃矯箭為矢㉔，鑄金而為刃㉕，以伐不義而征無道，遂霸天下。此入多而無怨者也。

故聖人因民之所喜而勸善，因民之所惡而禁姦，故賞一人而天下譽之，罰一人而天下畏之。故至賞不費㉖，至刑不濫㉗。孔子誅少正卯㉘而魯國之邪塞，子產誅鄧析而鄭國之姦禁㉙，以近諭遠、以小知大也。故聖人守約而治廣者，此之謂也。

【章旨】這一章講君王施政之道，具體說到如何「賞」、「罰」、「予」、「取」。用趙襄子賞高赫而使天下之臣「莫不終忠於其君」，說明何謂「善賞者，費少而勸眾」。用齊威王鼎烹無鹽令，而使齊國「三十二歲道路不拾遺」，說明何謂「善罰者，刑省而姦禁」。用秦穆公勸食其馬者飲酒，而食其馬者為穆公出生入死解除晉師之圍，說明何謂「善予者，用約而為德」。用齊桓公以出各種軍事裝備贖罪，而使「百姓皆說」，得以伐不義而征無道，「遂霸天下」，說明何謂「善取者，入多而無怨」。並總結說這樣做之所以會成功，是因為「因民之所喜而勸善，因民之所惡而禁姦」。據此還進一步提出了「至賞不費，至刑不濫」和「聖人守約而治廣」的道理。

【注釋】❶勸眾　勉勵眾人。❷姦禁　邪惡行為被制止。❸為德　成為恩惠。❹高赫　趙襄子之臣。襄子賞高赫事見《韓非子・難一》、《呂氏春秋・義賞》。《呂氏春秋》中「高赫」作「高赦（實為『赫』之誤）」，又本文「左右」，《呂氏春秋》作「張孟談」。❺天下　原文下有「為忠」二字，依王念孫校刪。❻為　原文無此字，依王念孫校補。❼眾者　原文作「善者眾」，依王念孫校改。❽齊威王　齊桓公之子。名因齊。❾數　數說；責備。❿無鹽　齊國邑名。故城在今山東省東平縣東。⓫右服失　古代一車駕四馬，居中二馬叫服。右服，即居中右側之馬。原文作「右服失馬」，依王念孫校刪「馬」字。⓬野人　鄉野之人；平民。⓭處一年　指食肉飲酒之明年。⓮晉惠公句　舊注釋謂「晉惠公夷吾倍秦納己之賂，秦興兵伐晉，戰於晉地韓原也」。⓯梁由靡　晉大夫。⓰扣　猶牽也。⓱驂　四馬拉車，外側之馬叫驂。⓲將　原文無此字，依王念孫校補。⓳出

死　出身（捐軀）致死。秦穆公事見於《呂氏春秋・愛士》。⑳犀甲一戟　舊注謂「犀甲，取其堅也。戟，車戟也，長丈六尺。犀或作三，直出三甲也」。犀甲，指堅甲。㉑有輕罪者句　舊注釋謂「輕，小也。以金分，出金隨罪輕重，有分兩也」。㉒訟而不勝　理不直而未能勝訴。舊注謂「不勝，猶不直也」。㉓一束箭　箭十二枚為一束。㉔矯箭為矢　指製箭時將箭桿加工得很直。㉕刃　舊注謂「五刃也。刀、劍、矛、戟、矢也」。㉖至賞不費　舊注謂「賞當賞，不虛費」。㉗至刑不濫　舊注謂「刑當刑，不傷善」。㉘孔子誅少正卯　王充說是孔子與少正卯同在魯講學，而使孔子之門「三盈三虛」所致。一說孔子為魯司寇（魯定公十四年）時，少正卯以「五惡（心達而險，行辟而堅，言偽而辨，記醜而博，順非而澤）」亂罪之名被殺。少正卯，舊注謂「少正，官；卯，其名也。魯之諂人。孔子相魯七日，誅之於東觀之下，刑不濫也」。㉙子產誅句　舊注釋謂「鄧析，詭辯姦人之雄也。子產誅之，故姦禁也。《傳》曰：『鄭駟歂殺鄧析而用其竹刑。』鄧析制刑，書之於竹，鄭國用之，不以人廢言也」。

【語　譯】古代善於行賞的人，花費少卻能勉勵眾人；善於使用刑罰的人，刑罰用得少而能制止邪惡的行為；善於給人好處的人，付出的儉省而能成為恩惠；善於取用的人，收得多卻不會招致怨言。趙襄子在晉陽被包圍，包圍解除以後獎賞五位有功的人，高赫被列為獎賞的第一位。襄公身邊的臣子說：「在晉陽這場危難中，高赫沒有建立大功，現在把他列為獲賞的第一人，這是為什麼呢？」趙襄子回答說：「在晉陽這場危難中，我的社稷危險、國家危險，眾臣沒有不對我胸懷輕慢之心的，只有高赫仍然按照君臣禮節對待我。」所以獎賞了一個人而使天下作臣子的，無不永久忠於他的君主。這就是獎賞少而能激勵很多的人。齊威王把一隻大鼎放在朝廷中，而指責無鹽守官說：「你的美名，每天都傳入我耳中。但考察你做的事情，卻是田野荒蕪，倉庫空虛，牢獄充滿了人。你是用狡詐的手段在對待我。」於是烹殺了他。齊國因此在三十二年中沒有人撿拾丟失在路上的東西。這就是刑罰用得少而能制止人們的邪惡行為。秦穆公出外遊玩而車壞了，右側服馬跑掉，被一群鄉野之人捉住了。秦穆公追尋那匹馬一直追到岐山南面，那些鄉野之人正殺了那馬在吃。穆公對那些人說：「吃駿馬的肉，而不再飲酒，會傷害身體。我擔心這馬肉會傷害你們。」於是讓所有吃馬肉的人都喝了酒以後他才離開。過了一年，秦穆公和晉惠公在韓原作戰，晉國的軍隊把穆公圍困在車上，晉將梁由靡牽住秦穆公的驂馬，將要俘獲穆公。這時，吃過馬肉的三百多人，都為救穆公在車下拚死戰鬥，於是打敗了晉軍，俘擄了晉惠公回秦國。這就是付出的儉省而能成為恩惠。齊桓公將要征伐他國，可是鎧甲和兵器不夠。於是命令犯有重罪的人出犀甲一副、車戟一枚，犯小罪的人根據罪的輕重拿出金屬來贖罪，打官司而不能勝訴的出一束箭。這樣老百姓都很高興，於是把箭做得好好的，把金屬熔鑄成各種刃器，用這些來討伐不義之國和無道之君，終於成了天下的霸主。這就是收入的東西很多而沒有招致怨言。所以聖人根據民眾的喜愛而勉勵他們做好事，能順應民眾的厭惡心理而制止邪惡的行為，因而獎賞一個人，天下的人就會以那個人所做的行為為榮耀；懲罰一個人，天下的人就會對那個人所做的行為感到畏懼。所以最高明的獎賞不費什麼財物，最高明的處罰不濫用刑罰。孔子殺了少正卯而魯國姦邪之人作惡的門路便被堵塞了；子產殺了鄧析而鄭國的邪惡行為便被制止了，可以從近處的事了解遠處的事、從小事知道大事。所以聖人堅持的原則簡要而治理的範圍廣泛，就是說的這種情況。

天下莫易於為善❶，而莫難於為不善❷也。所謂為善者，靜而無為也；所謂為不善者，躁而多欲也。適情辭餘，無所誘惑，循性保真，無變於己，故曰為善易。越城郭，踰險塞，姦符節❸，盜管璽❹，篡弒矯誣❺，非人之性也，故曰為不善難。今人所以犯囹圄之罪，而陷於刑戮之患者，由嗜慾無厭，不循度量之故也。何以知其然？天下縣官法曰：發墓者誅，竊盜者刑。此執政之所司也。夫法令❻罔❼其姦邪，勒率隨其蹤跡❽，無愚夫惷婦，皆知為姦之無脫也，犯禁之不得免也。然而不材子❾不勝其欲，蒙❿死亡之罪，而被刑戮之羞。立秋⓫之後，司寇⓬

之徒繼踵於門，而死市之人血流於路。何則？惑於財利之得，而蔽於死亡之患也。今夫⓭陳卒設兵，兩軍相當⓮，將施令曰：「斬首者⓯拜爵，而屈撓⓰者要斬⓱。」然而隊伯⓲之卒皆不能前遂⓳斬首之功，而後被要斬之罪，是去恐死而就必死也。故利害之反⓴，禍福之接，不可不審也。

【章　旨】這一章有三個要點。一是提出「天下莫易於為善，而莫難於為不善」，並以「靜而無為」釋「為善」，以「躁而多欲」釋「為不善」。且從「循性保真」、「非人之性」的角度論述何以「為善易」和「為不善難」。二是講「今人所以犯囹圄之罪，而陷於刑戮之患者」，乃「由嗜慾無厭，不循度量之故也」。言為姦犯禁必為法律所制，本為愚夫惷婦所知，但是人仍會犯法被殺，乃是「惑於財利之得，而蔽於死亡之患」。三是說戰爭前本有重賞、嚴懲之令，而士卒卻不能「前遂斬首之功」，卻「後被要斬之罪」，「是去恐死而就必死」。並因此提出人於「利害之反，禍福之接，不可不審也」。

【注　釋】❶易於為善　舊注謂「為善，靜身無欲，信仁而已，順其天性，故易」。❷難於為不善　舊注謂「為不善，貪欲無厭，毀人自成，戾其天性，故難也」。❸姦符節　盜取符節。❹盜管璽　盜取管鑰和印璽。璽，原文作「金」，依王念孫校改。❺篡弒矯誣　舊注謂「篡弒，下謀上也。矯，擅作君命。誣，以惡覆人也。皆非人本所受天之善性也」。❻法令　原文下有「者」字，依王念孫校刪。❼罔　同「網」。作動詞用，張網捕捉之意。❽勒率隨其句　猶言羈紲逮捕隨踵而至也。《說文・率部》云「率，捕鳥畢也」，引申之，捕亦謂之率。舊注謂「勒，主問吏。率，大任也」。馬宗霍釋謂「『勒率』與『法令』相對為文」，謂「勒」與「羈」同義。❾不材子　無才德之人。猶言惡人。❿蒙　冒；冒犯；觸犯。⓫立秋　原文上有「然而」二字，依王念孫校刪。⓬司寇　官名。春秋諸國有司寇之官，主管刑獄。⓭今夫　原文作「夫今」，依王念孫校改。⓮兩軍相當　謂兩軍力量相當。⓯者　原文無此字，依王念孫校補。⓰屈撓　為屈服、退縮之意。⓱要斬　即腰斬。古代酷刑之一，將人肢體斬為兩截。⓲隊伯　古代軍事建制名稱。《逸周書・武順》云：「五五二十五曰元卒，四卒成衛曰伯。」原文作「隊階」，依王念孫校改。⑲前遂　猶言前去完成。前，向前。⑳反　指向反面轉化。

【語譯】天下的事沒有比為善更容易的，而沒有什麼事比為不善更難的。這裡所說的為善，是指清靜無欲而不要人為造作；所說的為不善，是指躁動而有很多欲望。只要適合自己的天性所需而不要多餘的東西，沒有什麼能誘惑自己，順從天性而守住本真，自己沒有什麼變化，所以說為善是容易的。越出城郭，穿出險要關塞，盜取符節，偷取鑰匙、印璽，篡位弒君，假稱王命，誣枉他人，這些都不是人的天性，所以說為不善是很難的。現在一些人之所以會犯坐牢的罪而陷入受刑罰或處死的禍患中，就是由於嗜欲不能滿足、不按照法度做事的緣故。怎麼知道是這樣的呢？懸掛在天下各地的政府法令說：挖掘墳墓的人要殺頭，偷盜東西的人要處以刑罰。這是執法機構所管的事。法令就像張開的網，捕捉狡詐邪惡之人，只要一犯罪，羈紲逮捕就會接踵而來，無論是愚蠢的男子還是婦人，都知道做了壞事是無法逃脫法網的，都知道犯了國家的禁令是不能逃避懲罰的。但是沒有才德的人不能克制自己的欲望，觸犯會判死刑的大罪，而遭受殺頭的羞恥。在立秋以後，主管刑獄的人一個接一個走進門來，而在市肆上被處死的人血流路上。這是為什麼呢？是因為他們被能得到的錢財利益迷惑住了，因為受到蒙蔽而看不到死亡的災禍。現在陳列軍隊，布設武器，兩軍的力量相當，將領發出命令說：「砍掉敵人首級的拜他為爵，而退縮的人要處以腰斬。」但是成隊成伯的士兵卻不能向前去建立砍殺敵人首級的功勳，反而後退犯下被腰斬的罪行，這就是因怕死而逃跑，反而走向必然死亡。所以人們對於利害向反面的轉化和災禍與幸福的接續關係，是不能不仔細弄明白的。

事或欲之，適足以失之；或避之，適足以就❶之。楚人有乘船而遇大風者，波至而恐❷，自投於水。非不貪生而畏死也，惑於恐死而反忘生也。故人之嗜慾，亦猶此也。齊人有盜金者，當市繁之時，至掇❸而走❹。勒❺問其故❻曰：「而❼

盜金於市中，何也？」對曰：「吾不見人，徒見金耳！」志所欲，則忘其為矣。是故聖人審動靜之變，而適受與之度，理好憎之情，和喜怒之節。夫動靜得，則患弗遇❽也；受與適，則罪弗累❾也；好憎理，則憂弗近也；喜怒節，則怨弗犯也。故達道之人，不苟得❿，不攘⓫福。其有弗棄，非其有弗索。常滿而不溢，恆虛⓬而易足。

【章　旨】這一章前半承上章「故利害之反，禍福之接，不可不審」而言，說有些事若「欲之」，卻「適足以失之」；有些事欲避之，卻「適足以就之」。文中所述楚人乘船遇風因怕死而先行投水而死的故事正是證明這一道理的。此章後半則由齊人市中盜金，只見金而不見人的故事，引出聖人、達道之人為人行事的正確方法以及這樣做的好處。聖人的做法是「審動靜之變，而適受與之度，理好憎之情，和喜怒之節」。達道之人則是「不苟得，不攘福。其有弗棄，非其有弗索」。

【注　釋】❶就　接近；前趨。❷恐　原文無此字，依王念孫校補。❸掇　拾取。❹走　跑；逃跑。❺勒　羈紲；用繩子捆住。❻故　猶意也。❼而　汝。齊人盜金事見《呂氏春秋．去宥》。❽遇　原文作「過」，依王念孫校改。❾累　牽連；拖累。❿苟得　苟且求得；不當得而得。⓫攘　卻；不接受。原文作「讓」，依俞樾校改。⓬虛　空。指沒有嗜慾。

【語　譯】有的東西想得到它，恰好足以丟失它；有的事情想躲避它，恰好足以接近它。楚國有一位坐船而遇到大風的人，見到波浪湧起就恐懼，自己投入水中淹死了。他並非貪生怕死，他是被擔心死去的念頭迷惑住了，反而忘記了要活下去。所以人有嗜欲，也會像這個樣子。齊國有一個偷金子的人，在市場很熱鬧的時候，到店鋪上拿了金子就跑。拘捕他的人問他這樣做的原因說：「你在集市公然偷取金子，是什麼原因？」他回答說：「我沒有見到人，只看見了金子。」只記得想得到的東西，就會忘記自己在做什麼事。因此聖人仔細觀察動靜的變化，而使接受和給與的尺度得當，治理喜好和憎惡的情感，調和喜怒的節度。動靜合適，就不會遇到患難；接受和給與恰到好處，罪過就牽累不到他；喜好和憎惡的情感治理得好，憂愁就不會接近他；喜和怒適度，怨恨就不會危害他。所以通達於道的人，不苟且取得，不推讓福分。他擁有的不會放棄，不是他擁有的不索取。常常感到盈滿而不會漫溢，永久虛空而容易滿足。

今夫霤水❶足以溢壺榼❷，而江、河不能實❸漏卮❹，故人心猶是也：自當以道術度量，食充虛❺，衣禦寒，則足以養七尺之形矣；若無道術度量而以自儉約，則萬乘之勢不足以為尊，天下之富不足以為樂矣❻。孫叔敖三去令尹而無憂色，爵祿不能累❼也；荊佽非兩蛟夾繞其船而志不動，怪物不能驚❽也。聖人心平志易❾，精神內守，物莫足以惑之。

夫醉者，俛入城門，以為七尺之閨❿也；超江、淮，以為尋常之溝也，酒濁其神也。怯者，夜見立表⓫，以為鬼也；見寢石⓬，以為虎也，懼揜⓭其氣也。又況無天地之怪物乎？夫雌雄相接，陰陽相薄⓮，羽者為雛鷇⓯，毛者為駒犢，柔者為皮肉，堅者為齒角，人弗怪也。水生蠬蜄⓰，山生金玉，人弗怪也。老槐生火，久血為燐⓱，人弗怪也。山出梟陽⓲，水生罔象⓳，木生畢方⓴，井生墳羊㉑，人怪之，聞見鮮㉒而識物淺也。天下之怪物，聖人之所獨見；利害之反覆㉓，知㉔者之所獨明達㉕也。同異嫌疑者，世俗㉖之所眩惑㉗也。

【章　旨】這一章有兩層意思。一是以「霤水足以溢壺榼，而江、河不能實漏卮」比喻人心無欲則易足而人心多欲則永遠難以滿足。並就此提出人當有「道術度量而以自儉約」，而「聖人心平志易，精神內守，物莫足以惑之」。二是以醉者「酒濁其神」而以大為小，以怯者「懼揜其氣」而以常物為鬼、為虎，和以常人「聞見鮮而識物淺」為襯筆，而說「天下之怪物，聖人之所獨見；利害之反覆，知者之所獨明達」。

【注　釋】❶霤水　屋簷水。❷壺榼　壺和榼均為盛液體的器物。❸實　滿；充滿。❹漏卮　滲漏之酒器。❺充虛　猶言填飽肚子。虛，指空腹。❻若無道術三句　舊注釋謂「論若桀與紂，無道術度量，不得為匹夫，何尊樂之有乎」。楊樹達言舊注未得其義，謂「此言無道術以自節，則雖萬乘之勢，天下之富，猶不自以為足而他有所求，如秦皇漢武之求仙是也」。楊說是。❼爵祿不能累　不以爵祿累其身。❽不能驚　舊注謂「勇而不惑」。❾心平志易　心志平和。❿閨　上圓下方的小門。⓫立表　直立的標竿。⓬寢石　臥倒的石頭。⓭揜　奪去。⓮薄　迫近。⓯雛鷇　由蛋孵出的雛鳥。鷇，同「鷇」。卵已孵者。⓰蛖蜄　蛖，同「蚌」。原文作「蠬」，依劉台拱校改。蚌，蛤類。蜄，即「蜃」。⓱久血為燐　舊注謂「血精在地，暴露百日則為燐，遙望炯炯，若燃火也」。燐，燐火，俗稱鬼火，指墓地或沼澤等地的青色燐光。⓲梟陽　舊注謂「山精也。人形，長大，面黑色，身有毛，足反踵，見人而笑」。一說梟陽，獸名。即狒狒。⓳罔象　舊注謂「水之精也。《國語》曰：『龍，罔象也。』」⓴畢方　舊注謂「木之精也，狀如鳥，青色，赤腳，一足，不食五穀」。㉑墳羊　舊注謂「土之精也。魯季子穿井，獲土缶，其中有羊是也」。㉒鮮　少。㉓反覆　變動無常。㉔知　同「智」。㉕明達　通達事理。㉖世俗　世俗之人；當代一般人。㉗眩惑　迷亂。

【語　譯】現在屋簷水能把壺榼裝得漫溢出來，可是長江、黃河的水卻不能裝滿滲漏的酒器，所以人心就像這樣：應當用道術來自我度量，以食物填飽肚子，穿衣裳抵禦寒冷，就足夠養活這七尺長的身軀了；如果沒有道術來度量而自我節制，即使擁有天子的權勢也不能使他感到尊貴，就是擁有天下的財富也不能使他感到快樂。孫叔敖三次離開令尹的職位卻未露出憂愁的臉色，因為爵位俸祿不能牽絆他；楚國的佽非在兩條蛟龍夾繞他坐的渡船時心志不動，是因為怪物不能驚擾他。聖人的意志平和寧靜，精神固守於心中，外物不足以迷惑他。

喝醉酒的人，低頭進入城門，認為是六、七尺高的小閨門；渡過長江、淮河，認為不過是約一丈寬的水溝，這是因為酒精混濁了他們的神智。膽小的人，夜裡見到直立的標竿，認為是鬼；見到臥倒在地的石頭，認為是老虎，這是因為畏懼心理奪去了他們的氣魄。更何況天地間本來就沒有怪物！雌雄交配，陰陽相互迫近，羽類動物就會孵出幼鳥，毛類動物就會生出馬駒和牛犢，柔軟的長成皮肉，堅硬的長成牙齒和角，對這些，人們是不覺得奇怪的。水中產生蛤蚌，山中產生金玉，人們也是不覺得奇怪的。老槐樹會自燃生火，人血在地上久了就會化為燐火，這也是人們不覺得奇怪的。山裡出了精怪梟陽，水裡出了精怪罔象，樹上出了精怪畢方，井裡出了精怪墳羊，人們對這些現象感到奇怪，是見聞稀少而對事物的認識不深的緣故。天下的奇特事物，只有聖人才能明察；利害的不斷變動，只有聰明的人才能通達它變動的規律。事物的同異相似，是使一般人心志迷亂的原因。

夫見不可布於海內，聞不可明於百姓❶，是故因鬼神禨祥❷而為之立禁❸，總形❹推類❺而為之變象❻。何以知其然也？世俗言曰：「饗❼大高❽者而彘為上牲❾，葬死人者裘不可以藏，相戲以刃者太祖❿軵⓫其肘，枕戶橉⓬而臥者鬼神蹠⓭其首。」此皆不著於法令，而聖人之所不口傳也。夫饗大高而彘為上牲者，非彘能賢⑭於野獸麋鹿也，而神明⑮獨饗之，何也？以為彘者，家人所常畜⑯而易得之物也，故因其便以尊之。裘不可以藏⑰者，非能具綈錦、曼帛⑱溫暖於身也。世以為裘者，難得、貴賈⑲之物也，而可傳⑳於後世，無益於死者，而足以養生，故因其資㉑以讋㉒之。相戲以刃，太祖軵其肘者，夫以刃相戲，必為過失，過失相傷，其患必大，無涉血之仇爭忿鬥，而以小事自內㉓於刑戮，愚者所不知忌㉔也，故因太祖以累㉕其心。枕戶橉而臥，鬼神履㉖其首者，使鬼神能玄化㉗，則不待戶牖而行㉘。若循虛㉙而出入，則亦無能履也。夫戶牖者，風氣之所從往來，而風氣者，陰陽相搴㉚者也，離㉛者必病，故託鬼神以伸誡之也。凡此之屬，皆不可勝著於書策㉜、竹帛㉝而藏於官府者也，故以機祥明之。為愚者之不知其害，乃借鬼神之威以聲㉞其教，所由來者遠矣。而愚者以為機祥，而狠者以為非，唯有道者能通其志。

【章旨】這一章以「世俗言」所講的「饗大高者而彘為上牲，葬死人者裘不可以藏，相戲以刃者太祖軵其肘，枕戶橉而臥者鬼神蹠其首」等四件事為例，說明「凡此之屬，皆不可勝著於書策、竹帛而藏於官府者也，故以機祥明之」。用這來論證聖人「見不可布於海內，聞不可明於百姓，是故因鬼神機祥而為之立禁，總形推類而為之變象」。最後說到「愚者」是相信「機祥」所示的，「狠者」不相信，只有「有道者」才通曉聖人這樣做的用心。點明本章所言是在講聖人行政施教的權變機巧。

【注釋】❶百姓　百姓之人;眾人。❷禨祥　吉凶。❸禁　戒。❹總形　猶謂概括各種形狀。❺推類　推算出類似之物。❻變象　變異之狀。❼饗　供奉鬼神。❽大高　舊注謂「祖也。一曰:上帝」。一作「太高」,祖父以上之通稱。❾上牲　猶謂上等祭品。牲,供祭祀或宴饗用的牛、羊、豬。❿太祖　始祖。句中指死去的老祖宗。⓫軵　擠。舊注謂「急察言之」。⓬橉　楚人稱門限為橉。⓭蹠　踐;踩。⓮賢　勝過。⓯神明　神祇。⓰畜　畜養。⓱藏　假借為「葬」。⓲綈錦曼帛　綈,質地粗厚而有光澤的絲織品名。錦,有彩色花紋的絲織品。原文作「綿」,依楊樹達校改。曼帛,即縵帛。沒有花紋圖案的繒帛。⓳貴賈　即貴價。舊注謂「裘,狐之屬也,故曰貴賈之物」。⓴可傳　原文上有「不」字,依王念孫校刪。㉑資　用。㉒讋　忌;忌諱;禁忌。㉓自內　自我納人。㉔忌　畏懼。㉕累　恐。㉖履　踐踏;踩。㉗玄化　玄妙(幽微深奧)的變化。㉘而行　原文作「之行」,依王念孫校改。㉙虛　孔竅。㉚單　同「觸」。以角抵物。原文作「捔」,依楊樹達校改。㉛離　舊注謂「遭」。通「罹」。故有「遭遇」之義。㉜書策　書冊。策,書簡。㉝竹帛　書冊;史乘(記載歷史的書)。㉞聲　宣布;宣稱。

【語譯】所看見的不可能在天下一一公布出來,所聽見的不可能讓百姓都明白,因此借助鬼神吉凶來為天下百姓制訂禁令,概括眾多的形狀,推演類似之物而出現變異的形象。怎麼知道是這樣的呢?當今一般人都這麼說:「供奉高祖時,豬是上等祭品;埋葬死人時,皮衣不能葬下去;用刀遊戲時,老祖宗要推他的胳膊肘;枕在門坎上睡覺,鬼神會踩他的頭。」這些都沒有寫進法令中,而聖人也不用口去傳授。供奉高祖以豬作為上等祭品,並不是豬勝過野獸、麋鹿,但是神祇單單愛享用牠,為什麼呢?是他們認為豬,是家裡人經常畜養而容易得到的牲畜,所以就因為方便而尊奉牠為上等祭品。皮衣不能夠葬入墓中,不是它能像綈、錦和粗繒粗帛一樣使人身溫暖,而是因為世人認為皮衣是難以得到、價格昂貴的東西,可以傳給後世的人,而對死人沒有什麼益處,卻可以讓活人保養身體,所以就因為它的作用而忌諱將皮衣葬入墓中。拿刀遊戲而死去的老祖宗要在暗中推孩子的胳膊肘,是因為用刀遊戲,一定會有過失,出現過失而相互傷害,禍患一定會很大,本來並沒有因為流血而引起的仇爭忿鬥,卻因為小事把自己推進責罰或死刑之中,愚蠢的人不知道畏懼這些事，所以借死去的老祖宗推他們的胳膊附而使他們有恐懼之心。至於枕在門坎上睡覺，鬼神會踩人的頭，假使鬼神能幽微深奧地變化，便不需要門窗也能進出。如果順著孔竅出入，也不能踩著人的頭。門窗，是風氣往來的經過之處，而風氣，正是陰氣、陽氣相互角鬥的氣，遇到它必然會生病，所以就假託鬼神來告誡人們。凡是這一類的例子，都不能全寫在書冊、史籍上而收藏在官府中，所以就用吉凶來顯示。因為愚蠢的人不明白這些事的害處，於是借鬼神的威力來宣傳自己的教誨，這種做法的由來已經很久遠了。而愚蠢的人相信吉凶，但乖戾的人卻認為不是那樣，只有有道的人才通曉聖人的用心。

今世之祭井竈、門戶、箕箒❶、臼杵❷者，非以其神為能饗之也，恃賴其德，煩苦之無已也。是故以時見其德，所以不忘其功也。觸石而出，膚寸❸而合，不崇朝❹而雨天下者，唯太山；赤地三年而不絕流，澤❺及百里而潤草木者，唯江、河也。是以天子秩❻而祭之。故馬免人於難者，其死也葬之，以帷為衾❼；牛有德於人者❽，其死也葬之❾，以大車之箱❿為薦⓫。牛馬有功，猶不可忘，又況人乎！此聖人所以重仁襲恩⓬。故炎帝作火，死而為竈⓭；禹勞力天下⓮，死而為社⓯；后稷作稼穡⓰，死而為稷⓱；羿除天下之害，死而為宗布⓲。此鬼神之所以立。

【章　旨】這一章解說「鬼神之所以立」的原因，中心觀點是無論人、物、山、河、牛、馬，凡有功德於人類者，都可能受人祭祀而被加以神化。故文中言人祭井灶等物是「恃賴其德、煩苦之無已」；皇帝祭太山、江、河是因為它們能「雨天下」、「澤及百里而潤草木」；人們葬牛馬而以物相陪，是牠們曾「免人於難」；而以炎帝、禹等為神，亦是其生前以仁、恩遍施與人所致。

【注　釋】❶箕箒　掃地用的畚箕和掃帚。❷臼杵　舂米用的器具。古時掘地為臼，斷木為杵，後代則以木石為杵臼。❸膚寸　形容微小。指雲氣而言。古以一指寬為一寸，四指為一膚。❹崇朝　從天亮到早飯之間稱崇朝。形容時間短促。❺澤　恩澤；恩德。❻秩　次序。❼以帷為衾　用布幕當作大被。原文無此四字，依王念孫校補。❽有德於人者　原文無此五字，依王念孫校補。❾之　原文無此字，依王念孫校補。❿之箱　原文無此二字，依王念孫校補。⓫薦　草墊。此處指墊底之物。⓬重仁襲恩　猶謂多多積累仁愛、恩澤。重，增益。舊注謂「襲，亦重累」。⓭故炎帝作火二句　舊注謂「炎帝，神農，以火德王天下，死，託祀於竈神」。作火，原文為「於火」，依王念孫校改。⓮禹勞力天下　指治水之功。勞力，猶言勤勞。原文無「力」字，依王念孫校補。⓯死而為社　舊注謂禹死「託祀於后土之神」。社，社神；土地神。⓰稼穡　泛指農業勞動。種穀曰稼，收穫曰穡。⓱稷　穀神。后稷為舜農官，封於邰，死後託祀於穀神。⓲羿除天下二句　舊注謂「羿，古之諸侯。河伯溺殺人，羿射其左目；風伯壞人屋室，羿射中其膝。又誅九嬰、窫窳之屬，有功於天下，故死託祀於宗布」。又謂「此堯時羿，非有窮后羿」。宗布，舊注訓為「祭田（當為『星』字）」。孫詒讓以為「即《周禮．黨正》之祭禜，〈族師〉之祭酺。鄭注云：『禜謂雩禜，水旱之神。酺者，為人物烖（同災）害之神也。』禜、酺並禳除烖害之祭，羿能除害，故託食於彼，義亦正相應也」。今從孫說，訓宗布為禳除災害之神。

【語　譯】當今祭祀井神、灶神、門神、戶神、畚箕神、掃帚神、臼神、杵神，並不是因為這些神能夠享用祭品，而是因為人們依賴祂們的恩德、致使祂們長期不停地煩勞辛苦。因此就藉著按時祭祀來顯現祂們的恩德，以期不會忘記祂們的功勞。雲氣碰觸石頭升起，一小片一小片地聚合在一起，不到一個早上的工夫，雨便落遍天下所有的地方，只有太山能做到；大地乾旱三年不生五穀，而流水不斷，恩澤施及百里而能滋潤草木的，只有長江和黃河。因此天子要按照次序祭祀它們。所以使人避免災難的馬死了，人會埋葬牠，會用布幕作牠的大被子；對人有恩德的牛死後，會被葬入土中，主人會用大車的車箱墊在牠身子底下。牛馬有功勞，尚且不能忘記，又何況人呢！這就是聖人之所以要增多仁愛、累積恩惠的原因。所以炎帝以火德在天下為王，死後成了灶神；禹為天下人民辛勤勞動，死後成了土地神；后稷領導人民從事農業生產，死後成了穀神；羿為天下人民除害，死後成了禳除災害的神。這就是鬼神設立的原因。

北楚有任俠❶者，其子孫數諫而止之，不聽也。縣有賊，大搜其廬，事果發覺，夜驚而走。追，道及之。其所施德者皆為之戰，得免而遂反❷。語其子曰：「汝數止吾為俠。今有難，果賴❸而免身。而❹諫我，不可用也。」知所以免於難，而不知所以無難，論事如此，豈不惑哉！

宋人有嫁子❺者，告其子曰：「嫁未必成也，有如❻出，不可不私藏。私藏而富，其於以復嫁易。」其子聽父之計，竊而藏之。若公❼知其盜也，逐而去之。其父不自非也，而反得其計。知為出藏財，而不知藏財所以出也。為論如此，豈不勃❽哉！

今夫僦載❾者，救一車之任❿，極一牛之力，為軸之折也，有加⓫轅軸其上以為造⓬。不知軸轅之趨⓭軸折也。楚王之佩玦⓮而逐菟⓯，為走⓰而破其玦也，因佩兩玦而為之豫⓱。兩玦相觸，破乃逾⓲疾。亂國之治，有似於此。

【章　旨】這一章用四個小故事，說明三種處事方法的不正確。寫法頗似柳宗元之寓言，大量文字敘說故事，只在篇末略為點題，以斥其故事中人物行為之荒謬。一是斥北楚任俠者「知所以免於難，而不知所以無難」，說他「論事如此，豈不惑哉」。二是斥宋人嫁女者「知為出藏財，而不知藏財所以出也」，說他「為論如此，豈不勃哉」。三是以僦車者為防軸斷而加轅軸於車上，和楚王為預防玦破而佩兩玦以備用為例，指斥一些人思想上的片面性和不知「利害之反」。作者議論其事，謂「亂國之治，有似於此」，可見他上論數事，都是和君王之道有關聯的。

【注　釋】❶任俠　負氣仗義，以俠義自任。❷反　同「返」。指歸家。❸果賴　指賴其平日任俠而受其恩者。❹而　汝。❺子　指女兒。宋人嫁子事出自《韓非子・說林上》。❻有如　若或之辭。❼若公　丈夫之父。即公公。❽勃　通「悖」。荒謬。❾僦載　此指租賃車子裝載東西。僦，租賃。❿救一車之任　謂斂聚一車所能任載之物。救，通「逑」。聚。任，負擔。⓫有加　有，通「又」。加，原文作「如」，依楊樹達等人校改。⓬造　通「簉」。副。副貳；輔佐。⓭趨　通「促」。催促。⓮玦　有缺口的玉環。⓯菟　通「兔」。⓰走　奔跑。⓱豫　預先準備。⓲逾　通「愈」。更加。

【語　譯】楚國北方有一個負氣仗義、愛抱不平的人，他的子孫屢次勸他不要那樣，他卻不聽。有一次縣裡有強盜，縣裡派人大肆搜查他的屋子，他愛抱不平的事果然被發覺了，他驚駭得連夜便逃。官府的人就追，在路上追上了他。平日受他恩惠的人都為他而戰，所以他沒有被官府抓去而順利地回到家中。他對兒子們說：「你們多次不要我抱不平，現在我遇到災難，果然是依靠我任俠搭救的人而得以脫身。你們勸我的那些話，是不能聽的。」這個人只知道如何擺脫禍難，卻不知道怎樣才會沒有禍難，像這樣議論事情，難道不是很糊塗嗎！

宋國有一個嫁女兒的人，告訴女兒說：「你這次出嫁不一定能成功，可能被趕出門，到他家以後不能不暗自收藏一些財物。私藏的財物多，以後再嫁人就容易了。」他的女兒聽從父親的計謀，到大家就偷藏財物。當她的公公知道她偷東西，就把她驅逐出門。她的父親還不認為自己錯了，反而認為他的計謀成功了。他只知道女兒會被趕出門要收藏財物，卻不知道收藏財物正是女兒被趕出夫家的原因。像這樣處理事情，難道不是很荒謬嗎！

現在有一位租車裝載東西的人，他聚集了一車所能承載的東西，用盡一條牛的力氣來拉車，因為擔心車軸會折斷，就又加了一套轅軸放在上面作為備用品。卻不知道這加上去的轅軸會加速車軸折斷。楚王佩帶著玦追趕兔子，因為奔跑把玦弄破了，於是就佩帶兩塊玦預作準備。兩塊玦相碰，破裂就更加快。一些君主治理混亂的國家，就有和這些情形相似的地方。

夫鴟❶目大而眎❷不若鼠，蚈❸足眾而走不若蛇，物固有大不若小、眾不若少者。及至夫彊之弱、弱之彊、危之安、存之亡也，非聖人，孰能觀之！大小尊卑，未足以論也，唯道之在者為貴。何以明之？天子處於郊亭，則九卿❹趨❺、大夫走、坐者伏、倚者齊❻。當此之時，明堂❼太廟❽，懸冠解劍，緩帶而寢。非郊亭大而廟堂狹小也，至尊❾居之也。天道❿之貴也，非特⓫天子之為尊也，所在而眾仰之。夫蟄蟲、鵲巢，皆嚮太一⓬者，至和⓭在焉爾。帝者誠能稟道⓮，合至和，則禽獸草木莫不被其澤矣，而況兆民⓯乎！

【章　旨】這一章先由「鴟目大而眎不若鼠，蚈足眾而走不若蛇」，說明「物固有大不若小、眾不若少者」。還說到強之會弱、弱之會強、危之會安、存之會亡，只有聖人才能觀察出來。繼而筆鋒一轉，謂大小尊卑皆不足論，又用天子處於郊亭而百官都前往郊亭朝拜為例，說明「道之在者為貴」。而最後歸結到「帝者誠能稟道，合至和」則可澤及草木、惠施兆民。可見本章主旨仍是主張為帝者體道而行。

【注釋】❶鴟　鴟鵂。貓頭鷹一類的鳥。❷眡　古「視」字。看。此處可作視力解。❸蚈　蟲名。即馬蚿，又名百足。❹九卿　古時中央政府的九個高級官職。周時為少師、少傅、少保、冢宰、司徒、宗伯、司馬、司寇、司空等九卿。漢以太常、光祿勳、衛尉、太僕、廷尉、大鴻臚、宗正、大司農、少府為九卿。❺趨　奔向。❻齊　整齊。此處有端正之義。❼明堂　帝王宣明政教的地方。❽太廟　天子的祖廟。❾至尊　極為尊貴者。指帝王。❿天道　自然規律。本章前後皆言「道」，疑「天」為「夫」字之誤。今譯仍作「天道」。⓫特　只；僅僅。⓬太一　北極神。天神中最為尊貴的神。原文本作「天一」（亦為神名），依楊樹達校改。⓭至和　此指合和到極點的和氣。⓮稟道　承受道；接受道。原文上有「包」字，殊無義，故刪。⓯兆民　指民眾極多。古稱天子之民為兆民，諸侯之民為萬民。

【語譯】鴟鳥眼睛很大而視力不如老鼠，蚈蟲腳很多而跑起來沒有蛇快，這樣看來，事物本來就有大不如小、多不如少的現象。至於強的變弱、弱的變強、危險的轉向平安、存在的轉向滅亡，如果不是聖人，誰能夠觀察得出來！大、小、尊貴、低下，不值得一談，只有「道」存在的地方才是尊貴的。怎麼知道是這樣的呢？當天子坐在郊外亭子裡，九卿都會奔向那裡，大夫會跑過去朝拜，坐著的人會趴在地上、斜靠著的人會站得端端正正。在這時，明堂、太廟中有人脫帽掛在壁上、解下佩劍、鬆開衣帶正在睡覺呢。並不是郊亭大而明堂、太廟小，而是因為極為尊貴的天子在郊亭而不在太廟、明堂中。「天道」的尊貴，還不僅僅是天子那樣的受人尊重，所在之處眾人都敬仰他。蟄伏的昆蟲、鵲鳥所築的巢，都朝向北極神，是因為至為合和的和氣在那裡。因此帝王果真能稟承「道」，與至為合和的和氣相合，那麼禽獸草木沒有不得到他的恩澤的，更何況億萬民眾呢！

卷一四

詮言

【題解】許慎解釋本篇題名說：「詮，就也。就萬物之指以言其徵，事之所謂、道之所依也，故曰詮言。」本書〈要略〉論本篇內容特點和寫作目的則說「〈詮言〉者，所以譬類人事之指、解喻治亂之體也。差擇微言之眇、詮以至理之文，而補縫過失之闕者也」。又謂「知氾論而不知詮言，則無以從容」。大抵本篇以人事為例，論說君王治國之根本。文中開篇說萬物皆本於道，「非不物而物物者也，物物者，亡乎萬物之中」，和說「真人」、「聖人」本於道的特徵，實已對本篇所要涉及的主要內容作了提示。

此外，本篇解說無為、養性的一些言論，頗含有文藝理論的成分。如說「故文勝則質揜」、「飾其外者傷其內，扶其情者害其神，見其文者蔽其質」，「故羽翼美者傷骨骸，枝葉美者害根荄。能兩美者，天下無之也」。以至「鼓不藏於聲，故能有聲」、「金石有聲，弗叩弗鳴。管簫有音，弗吹弗聲」，皆是。

洞同❶天地，渾沌❷為樸，未造而成物，謂之太一❸。同出於一，所為各異，有鳥有魚有獸，謂之分物❹。方❺以類別，物以群分，性命❻不同，皆形於有。隔而不通，分而為萬❼，莫能反宗❽。故動而謂之生，死而謂之窮。皆為物矣，非不物❾而物物者❿也，物物者，亡乎萬物之中。

【章　旨】這一章論萬物之由來，謂萬物皆生於道，種類不同，性命不同，但都以有形的形式存在。一旦成形就不能返回本原之道，所以萬物之動稱為生，萬物之死稱為窮盡。還說使萬物得以為物的不是恍惚虛無的不物之物，而是造萬物（包括不物之物）的道。道散為萬物之後，就融入萬物之中了。

【注　釋】❶洞同　指天地未分時的無形之狀。本書〈天文〉謂「天墜（地）未形，馮馮翼翼，洞洞灟灟，故曰太始」。❷渾沌　此指天地未形成前宇宙間元氣（〈天文〉謂道始於虛霩，虛霩生宇宙，宇宙生元氣）的無分別狀態。❸太一　即下文之「一」。指道。《呂氏春秋・大樂》謂「太一出兩儀（指天地），兩儀出陰陽。陰陽變化，一上一下，合而成章。渾渾沌沌，離則復合，合則復離，是謂天常」。❹分物　散而為物。❺方　類。此指走蟲禽獸之同類者。❻性命　指受於天而為物所固有的特性。本書〈繆稱〉謂「性者，所受於天也；命者，所遭於時也」。❼為萬　原文下有「物」字，依馬宗霍校刪。❽反宗　返回性之本原——道。舊注言「謂及（當為『反』）己之性宗，同於洞同」。原文「反」作「及」，依王念孫校改。❾不物　未成物之物。❿物物者　指道。舊注謂「造萬物者也」。

【語　譯】天地無形無象尚未形成，渾渾沌沌的元氣處於未分化的樸質狀態，還沒有形成萬物，這就叫做太一。萬物同是由太一之道產生的，但所形成的物象各各不同，有鳥類，有魚類，有獸類，這叫做道分散為物。各種動物都按種類相互區別開來，其他物類則按聚合的群落加以分開，各自受於天而固有的特性不同，但都以有形的形式存在。彼此隔絕而不相通，分散開來形成萬物，而不能返回本原——道。所以萬物活動就叫做生，萬物死亡就叫做完結。它們都成為物，已不是那恍惚虛無不成為物而造就萬物的道，造就萬物的道，在物一形成時就融入在物中了。

稽古❶太初❷，人生於無❸，形於有。有形而制於物❹。能反其所生，若未有形，謂之真人❺。真人者，未始分於太一者也。

聖人不為名尸❻，不為謀府❼，不為事任❽，不為智主❾。藏無形，行無跡，遊無朕❿。不為福先，不為禍始。保於虛無，動於不得已。欲福者或為禍，欲利者或離⓫害。故無為而寧者，失其所以寧則危；無事而治者，失其所以治則亂。星列於天而明，故人指之；義列於德而見，故人視之。人之所指，動則有章⓬；人之所視，行則有跡。動有章則詞⓭，行有跡則議。故聖人揜明於不形，藏跡於無為。

【章旨】這一章以太古之初「人生於無，形於有」為基礎，論「真人」和「聖人」的特點。其中論「真人」略而論「聖人」詳。論真人特性，強調他能回歸人性之本——道，即其性合於道，故文中既言「能反其所生，若未有形，謂之真人」，又說「真人者，未始分於太一者也」。論「聖人」特性則細言其如何體道而行，作者把《莊子》中有關「至人」的特點搬過來說聖人（謂其「不為名尸，不為謀府，不為事任，不為智主。藏無形，行無跡，遊無朕」）而略有發揮。並對聖人為什麼要「保於虛無，動於不得已」、「揜明於不形，藏跡於無為」，作了說明。本章部分言詞出自《文子・符言》。

【注釋】❶稽古　稽考古道。或謂研習古事。❷太初　本指天地未分以前的元氣。聯繫下文，此處太初蓋指人類產生時的太古時期（或謂太古之初）。❸生於無　《太平御覽》注謂「當太初天地之始，人生於無形。無形生有形也」。❹制於物　指為物所制約。❺真人　道家所謂能存養本性之人。即性與道合之人。《莊子・刻意》謂「故素也者，謂其無所與雜也；純也者，謂其不虧其神也。能體純素，謂之真人」。❻不為名尸　成玄英釋謂「尸，主也。身尚忘遺，名將安寄，故無復為名譽之主也」。❼不為謀府　成玄英釋「無為謀府」謂「虛澹無心，忘懷任物，故無復運為謀慮於靈府耳」。謀府，釋德清謂「智謀所聚曰謀府」。林雲銘說「謀府，籌度之門」。❽不為事任　釋德清釋「不（《莊子・應帝王》作『無』）為事任」說：「不要強行任事。」林雲銘說：「事任，眾務之責。」任，承擔者。❾不為智主　王先謙說「成云：不運智以主物」。釋德清以為「不為智主」言不可主於智巧。主，主宰者。林雲銘說「知主，聰明之總」。❿遊無朕　成玄英釋謂「朕，跡也。晦跡韜光，故無朕」。釋德清言「謂遊於無物之初」。朕，兆。⓫離　通「罹」。遭遇。⓬章　顯明。就星而言。下句「聖人揜明」亦就此發揮。⓭訶　同「呵」。譏訶。有怒責、大聲喝斥等意。原文作「詞」，依王引之校改。

【語　譯】 稽考太古之初，人由無而產生，由有而成形。有了形體而被物所制約。能夠返歸使自己產生的無形之道，就好像無形一樣，這樣的人就叫做真人。所謂真人，就是與太一之道相合而不曾分開的人。

聖人不做名譽的主人，不讓心成為策劃謀略的靈府，不做事務的承擔者，不當智巧的主宰者。他隱藏起來無形無象，行動起來沒有痕跡，而遊心於無形無跡的太虛境域。不為得到幸福而預先努力，也不製造禍患的種子，守在虛無之中，在不得已的情況下才行動。想要獲得幸福，可能正是在製造禍患；想獲得利益，可能恰恰是在遭逢禍害。所以通過無為而獲得安寧的人，失去了安寧的因素就會危險；不經過人有意而為而治理得好的國家，失去了使國家治理得好的原因就會混亂。星星排列在天上而顯得明亮，所以人會用手指它；義氣通過德行而顯現出來，所以人會看見它。人們所指的星星，一運動就會發出光亮；人們所看見的有義行的人，一行動就會有痕跡。一運動就顯得明亮便會受到譏訶；一行動就會有痕跡便會被人議論。所以聖人把他的「明亮」掩藏在無形之中，把他的蹤跡隱藏在無為之中。

王子慶忌❶死於劍，羿❷死於桃棓❸，子路葅於衛❹，蘇秦死於口❺。人莫不貴其所有而賤其所短，然而皆溺其所貴而極其所賤❻：所貴者有形，所賤者無朕也。故虎豹之彊來❼射，猨狖之捷來措❽。人能貴其所賤，賤其所貴，可與言至論矣。

自信者不可以誹譽遷也，知足者不可以勢利誘也。故通性之情❾者，不務性之所無以為❿；通命之情者⓫，不憂命之所無奈何；通於道者，物莫⓬足滑⓭其和⓮。

【章　旨】這一章有兩層意思。一是以古人因其專長而死之例，說明「人莫不貴其所有而賤其所短，然而皆溺其所貴而極其所賤」的觀點。其說多採辯證法。二是分別敘說「自信者」、「知足者」、「通性之情者」、「通命之情者」以及「通於道者」的特點。而說「自信者」、「知足者」是為引出「通性之情者」、「通命之情者」的特點，而說後者又是為引出「通於道者」的特點。自然，「通於道者」比前四者修養都要高得多。

【注　釋】❶王子慶忌　舊注謂「吳王僚之弟子。闔閭弒僚，慶忌勇健，亡在鄭。闔閭畏之，使要離刺慶忌」。❷羿　夏時有窮國的君主。善射，篡夏相位而自立。恃其善射，不修民事，淫於田獸。棄其良臣，而信寒浞。後寒浞殺羿於桃梧而烹之，以餵食其子。❸桃棓　桃杖。或謂桃棓，即桃部。地名。舊注謂「棓，大杖，以桃木為之，以擊殺羿。由是以來，鬼畏桃也」。❹子路菹於衛　蕢聵使人以戈擊子路，斷其纓，子路結纓而死。菹，殺。❺蘇秦死於口　舊注謂「蘇秦好說，為齊所殺」。據馬王堆出土帛書《戰國縱橫家書》記載，蘇秦明為齊閔王的智囊人物，實是燕昭王的心腹之臣。西元前二八四年，燕昭王破齊，蘇秦作為燕國的間諜面目暴露無遺，被齊王車裂而死。❻然而皆溺句　馬宗霍釋謂「蓋人之所貴者必其所長也。人於其所長，往往自珍而喜衒，不知韜晦。珍衒已甚，則志為之溺，猶浸淫於水，人之深而不自覺，而卒以之賈禍」。溺，覆沒不能自出。極，盡。此處指盡力賤視。❼來　通「徠」。招來。❽措　通「笮」。迫逼。❾性之情　指清靜無欲。情，實際情況。本書〈俶真〉謂「人性安靜」，又謂「古之聖人，其和愉寧靜，性也」。❿不務性之句　舊注釋謂「人性之無以為者，不務也」。無以為，指嗜欲好憎之事。⓫通命之情者　如本書〈俶真〉所謂「古之聖人，其和愉寧靜，性也；其志得道行，命也。是故性遭命而後能行，命得性而後能明」。命，有命運之意。⓬莫　原文下有「不」字，依王念孫校刪。⓭滑　通「汩」。擾亂。⓮和　天和；天然和氣。或謂元氣。原文作「調」，依王念孫校改。

【語譯】吳國王子慶忌死在要離的劍下，善射的羿被寒浞用桃木棒打死，子路有勇力而在衛國被人殺死，蘇秦好遊說而被齊王車裂而死。人沒有不重視自己的長處而輕視自己的短處，但是都沉溺在自己所重視的長處中而極為輕視自己所輕視的短處：他們所重視的是有形的，所輕視的是沒有跡象的。所以虎豹的強力招來人的射擊，猿狖動作敏捷招來人的追逼。人能夠重視他所輕視的，輕視他所重視的，就可以和他談論最深刻、最完善的道理了。

自以為可以信恃的人不能用誹謗、讚美來改變他的意志，自己知道滿足的人不能用勢位、利益來誘惑他。所以通曉人性的真實情況的人，不做本性所不做的事情；通曉命運真實情況的人，不憂慮命運所無可奈何的事情；通曉道的人，外物不能夠擾亂他的天然和氣。

詹何❶曰：「未嘗聞身治而國亂者也。未嘗聞身亂而國治者也。」矩不正，不可以為方；規不正，不可以為員❷。身者，事之規矩也。未聞枉己而能正人者也❸。

原天命❹，治心術❺，理好憎，適情性❻，則治道通矣。原天命，則不惑禍福；治心術，則不妄喜怒；理好憎，則不貪無用；適情性，則欲不過節。不惑禍福，則動靜循理；不妄喜怒，則賞罰不阿❼；不貪無用，則不以欲❽害性；欲不過節，則養性知足。凡此四者，弗求於外，弗假❾於人，反己❿而得矣。

【章　旨】這一章以詹何所說「未嘗聞身治而國亂者也。未嘗聞身亂而國治者也」為綱，而以「原天命，治心術，理好憎，適情性」為「身治」之方。並細說做到四者「則治道通」以及不必借助於人，可以「反己而得」。本章文字出自《文子・符言》。

【注　釋】❶詹何　本書〈原道〉、〈覽冥〉謂詹何為古之善釣者。《韓非子・解老》謂其為善術數者，言其處室內聞牛鳴而識其為黑牛、白角者。《列子・湯問》張湛注謂「詹何，楚人」。詹何當為楚頃襄王時人。❷員　同「圓」。❸未聞枉己句　本於《孟子・滕文公下》所說「枉己者，未有能直人者也」。枉己，謂自己不正直。❹天命　自然的稟賦；天性。《禮記・中庸》：「天命之謂性。」❺心術　心之所能。或謂思想方法。《管子・七法》謂「實也，誠也，厚也，施也，度也，恕也，謂之心術」。❻情性　本性。❼不阿　公正不徇私。❽欲　原文下有「用」字，依王念孫校刪。❾假　借助。❿反己　即反諸性。返回自己的本性。

【語　譯】詹何說：「不曾聽過自身治理得好而把國家治理得一片混亂的。也不曾聽過自身為人亂七八糟而國家治理得很好的。」方矩本身不端正，不能畫出方形；圓規本身不正，不能畫出圓形。自身，就是處理事情的規和矩。未曾聽說自己不正直而能使別人正直的。

守住天性的本原，整治心術，調整喜好、憎惡，適應本性的需要，那麼治國之道就精通了。守住天性的本原，就不會為禍患、幸福所迷惑；整治心術，就不會胡亂欣喜和發怒；調整喜好、憎惡，就不會貪取無用之物；適應本性的需要，欲望就不會過度。不為禍患和幸福所迷惑，那麼動靜都會遵循道理；不隨意欣喜和發怒，賞賜、懲罰就不會徇私；不貪取無用之物，就不會因為欲望而妨害本性；欲望不超過節度，就能養生而自知滿足。這四點，不需要向外追求，也不用憑藉他人的力量，只要返回自己的本性就能得到。

天下不可以智為也，不可以慧識也，不可以事治也，不可以仁附也，不可以強勝也。五者皆人才❶也，德❷不盛不能成一焉。德立則五無殆❸，五見則德無位矣❹。故得道則愚者有餘，失道則智者不足。

渡水而無游數❺，雖強必沉；有游數，雖羸❻必遂❼，又況託於舟航❽之上乎！

為治之本，務在於安民。安民之本，在於足用。足用之本，在於勿奪時。勿奪時之本，在於省事。省事之本，在於節欲。節欲之本，在於反性❾。反性之本，在於去載❿。去載則虛，虛則平。平者，道之素⓫也；虛者，道之舍也。

【章　旨】這一章論君王治理天下之道。先論「五不可」以否定君王的人為努力，而強調立德的重要。這實是主張以德，即以道治天下。最後一段以頂針句式由「為治之本」說到「道之素也」、「道之舍也」。中心意旨是說安民為治國之本。而為了安民，君王就要省事、節欲，而要做到這些就要「反性」而與道合。本章中間「渡水」一節是用渡水作比，以說明君王掌握正確的治國之術是如何重要。

【注　釋】❶人才　人之才具；人的才能。❷德　道家認為德為道之一體，存在於人的生命中，成為每一生命固有的本質。德與道相通，兩者冥合。或謂德為道之殊稱，德即是道。❸殆　危險。❹五見則德句　舊注釋謂「五事皆見，而德無所立位」。見，同「現」。❺游數　游泳的技術。❻羸　瘦弱。❼遂　順利地完成。❽舟航　即船。舟相連為航。❾反性　返歸清靜無欲之本性。所謂即以道為準則，把因欲望而散放於外的性恢復到內在於生命之原初狀態。本書〈俶真〉即謂「是故聖人之學也，欲以返性於初，而游心於虛也」。❿去載　舊注謂「去浮華載於亡（當為『心』之誤）者也」。馬宗霍釋載為「為」，謂「反性之本在於去為也。為即作為。無所作為，任其自然，斯虛矣」。⓫素　樸素；純潔。素為道之特點，《老子》第十九章言持道應「見素抱樸」。《莊子・刻意》亦謂「純素之道，唯神是守。……能體純素，謂之真人」。

【語譯】天下不能用智謀來管理，不能憑聰明來認識，不能藉由做事來治好，不能靠仁慈使人民歸附，不能靠強力獲取勝利。這五樣都是人的才能，君王的德若不美好就不能成就其中任何一樣。德一建立，五者就沒有危險；而五者一出現，德就沒有立身之位了。所以掌握道的人便顯得比愚蠢的人還要愚蠢，未掌握道的人便顯得比聰明的人還要聰明。

橫渡水流而沒有游泳的技術，即使身體強壯也一定會沉下去；有游泳的技術，雖然瘦弱也一定會順利到達對岸，又何況是坐在船上渡水呢！

治國的根本，一定要使人民生活安定。使人民生活安定的根本，在於使他們有足夠的生活物資。使人民擁有足夠生活物資的根本，在於不要耽誤農時。不耽誤農時的根本，在於減少官事。減少官事的根本，在於節制自己的欲望。節制欲望的根本，在於返歸本性。返歸本性的根本，在於去掉心上承載之物。去掉承載之物就會虛空，虛空就會平靜。平靜，正是道的本色；虛空，正是道的住所。

能有天下者，必不失其國；能有其國者，必不喪其家；能治其家者，必不遺其身；能脩其身者，必不忘其心；能原其心者，必不虧其性；能全其性者，必不惑於道。故廣成子❶曰：「慎守而內，周閉而❷外。多知為敗，毋親毋聽❸。抱神以靜，形將自正。不得之己而能知彼者，未之有也。」故《易》曰：「括囊，無咎無譽❹。」

能成霸王者，必得勝者也。能勝敵者，必強者也。能強者，必用人力者也。

能用人力者，必得人心者❺也。能得人心者，必自得❻者也。能自得者，必柔弱也。強勝不若己者，至於與同則格❼。柔勝出於己❽者，其力不可度。故能以眾不勝成大勝者，唯聖人能之。

【章　旨】這一章有兩層意思。一是用逆推法說有天下者，能有其國，能治其家，能修其身，能原其心，能全其性而「必不惑於道」。實是講帝王應該具有的修養，而以不惑於道為歸宿。所以又借廣成子的話和《易‧坤卦》爻辭以詳論「慎守而內」、「抱神以靜」之理。二是用逆推法說能成霸王者，一定能勝敵、能強大、能用人力、能得人心、能自有所得、能柔弱。實是講能成霸王乃是因遵循了柔弱之道，故申言柔之勝物，力不可度，而其勝物的特點是「以眾不勝成大勝」。並強調以柔弱得大勝「唯聖人能之」。

【注　釋】❶廣成子　傳為黃帝時人。《莊子‧在宥》謂「黃帝立為天子十九年，令行天下，聞廣成子在於空同（即崆峒山）之上，故往見之」。❷而　你。與上句「而」均為指事代名詞，相當於「爾汝」之「爾」。❸聽　接受。❹括囊二句　為《易‧坤卦》六四爻辭。疏謂「括，結也。囊所以貯物，以譬心藏知也。閉其知而不用，故曰括囊」。括囊，閉束口袋。❺者　原文無此字，依楊樹達校補。❻自得　自有所得。❼格　遮禦之意。編木禦敵。❽出於己　超出自己。

【語　譯】能夠擁有天下的人，一定不會失去他的侯國；能夠擁有諸侯國的人，一定不會喪失他的家；能夠治理好家的人，一定不會拋棄他自身；能夠修養自身的人，一定不會忘掉他的本心；能探究心的本原的人，一定不會損害他的天性；能夠保全天性的人，一定不會對道產生疑惑。所以廣成子說：「謹慎地守住你的內心，把外物周密地堵在你的心外。多智巧就會失敗，不要接近、接受智巧。持有清靜的神志，形體將會自然端正。若不是自己修身有得而能了解別人，那是未曾有過的事。」所以《易》中說：「綁束袋子口，就沒有過失，也沒有榮譽。」

能夠成為霸王的，一定是獲得勝利的人。能夠戰勝敵人的，一定是勢力強大的人。能夠勢力強大，一定是應用眾人力量的人。能應用眾人力量，一定是得到人心擁護的人。能得到人心擁護的，一定是自有所得的人。能夠自有所得，一定是為人柔弱的人。「剛強」能勝過不如自己的對手，而遇到的對手勢力和自己相同時，就只能對它加以阻擱和防禦了。柔弱能戰勝力氣超過自己的對手，那力量不可估量。所以使柔弱能用眾多的「不可戰勝」而形成大的勝利，只有聖人能做得到。

善游者，不學刺舟❶而便用之；勁筋❷者，不學騎馬而便居之；輕天下者，身不累於物，故能處之。泰王亶父❸處邠❹，狄人攻之，事之以皮幣❺珠玉而不聽，乃謝耆老❻而徙岐周，百姓攜幼扶老而從之，遂成國焉。推此意，四世❼而有天下，不亦宜乎！

無以天下為者，必能治天下者。霜雪雨露，生殺萬物，天無為焉，猶之貴天也。厭文❽搔法❾、治官理民者，有司也，君無事焉，猶尊君也。辟地墾草者，后稷也；決❿河濬江⓫者，禹也；聽獄制中⓬者，皋陶也；有聖名者，堯也。故得道以御者，身雖無能，必使能者為己用；不得其道，伎藝雖多，未有益也。

【章旨】這一章論君王無為的作用。一謂「輕天下者，身不累於物，故能處之」，且以泰王亶父興業為例，說明無為「遂成國焉」。並申論其意，言周「四世而有天下」，亦乃無為所致。二謂「無以天下為者，必能治天下者」。又謂「天無為焉，猶之貴天也」，「君無事焉，猶尊君也」。並說眾臣任事而為君王所用，全在君王「得道以御」。君王能得道以御，即使自己無「能」，也能使能者為己所用；若「不得其道」，己雖伎藝甚多，亦無濟於事。作者所謂「道」，以無為為要義。

【注　釋】❶刺舟　猶言撐船。❷勁筋　指筋肉強勁有力。筋，「筋」之俗字。肌腱或骨上韌帶稱為筋。❸泰王亶父　即古公亶父。周族領袖。❹邠　同「豳」。古國名，為周先人公劉所建。故地在今陝西省彬縣。❺皮幣　毛皮和繒帛。❻耆老　老人。特指受人尊重的老人。六十歲稱耆，七十歲稱老。❼四世　太王、王季、文王、武王。❽厭文　猶言依據法律條文。厭，按。同「案」。據。有杖持之義，故舊注謂「厭，持也」。文，法律條文。馬宗霍謂「厭」當訓為「勞」，「文」指「文書，即官中案牘」。說「厭文者，猶言勞於案牘也」，此亦為一說。❾播法　持法。楊樹達謂「播」同「操」。言「播法即操法」，與持法、執法義同。馬宗霍訓「播」為「括」，而括義為挈，挈義為持，故言「播法者，猶言絜持法度也」，此亦為一解。❿決　指疏通水道。⓫濬江　疏通長江水道。濬，通「浚」。⓬制中　折中。調和二者，取其中正，無所偏頗。古「制」、「折」通用。

【語　譯】善於游水的人，不學撐船卻能很伶俐地使用船；筋肉強勁有力的人，不學騎馬卻能很伶俐地騎上馬背；把天下權位看得很輕的人，自身不受外物的拖累，所以能安然處於帝王之位。泰王古公亶父帶領族人居於邠地，狄人來攻打，亶父把毛皮、繒帛、珠玉送給狄人，對方仍不停止攻擊，於是他辭別那些受人尊重的老人，而遷移到岐周，老百姓扶老攜幼跟隨著他，於是形成了國家。推想這件事的意義，姬氏經過四代而據有天下，不是很應該的嗎！

不因為據有天下而求有所作為的人，一定能把天下治理好。霜、雪、雨、露，使萬物生長、衰亡，天是無所作為的，但人們還是尊重天。依據法律條文來管理官民的，是官吏們，君主是不做什麼事的，但人們還是尊重君主。開發荒地的，是后稷；疏通黃河、長江的，是大禹；用恰當的辦法來斷決案子的，是皋陶；而有聖人之稱的，是唐堯。所以能掌握道來駕馭臣子的君主，自己即使沒有什麼才能，也必定能使有才能的人為自己所利用；而不能用道來駕馭臣子，即使自己技藝很多，也沒有益處。

方船❶濟乎江，有虛船❷從一方來，觸而覆之，雖有忮心❸，必無怨色。有一人在其中，一謂張❹之，一謂歙❺之，再三呼而不應，必以醜聲❻隨其後。向❼不怒而今怒，向虛而今實也。人能虛己以游於世，孰能訾❽之！

釋道而任❾智者必危，棄數❿而用才者必困。有以欲多而亡者，未有以無欲而危者也。有以欲治而亂者，未有以守常而失者也。故智不足以⓫免患，愚不足以至於失寧。守其分，循其理，失之不憂，得之不喜，故成者非所為也，得者非所求也。入者有受而無取，出者有授而無予；因春而生，因秋而殺⓬；所生者弗德⓭，所殺者非怨；則幾⓮於道也。

【章　旨】這一章有兩層意思。一以空船和載人之船衝撞方船所引起的不同反應，說明「人能虛己以游於世，孰能訾之」。二論釋道任智、棄數用才之弊，說「以欲」治國將亂，卻從未有「守常」而失國者。由此得出「智不足以免患，愚不足以至於失寧」，和「成者非所為也，得者非所求也」的結論。然後再說「無為」而近於道的具體做法，即所謂「入者有受而無取，出者有授而無予；因春而生，因秋而殺；所生者弗德，所殺者非怨」。

【注　釋】❶方船　兩船相併稱方船。方，通「舫」。❷虛船　空船。實指無人之船。❸忮心　猜忌之心。忮，嫉恨。❹張　開。指撐開使船離岸。❺歙　縮；退。指把船靠近岸邊。❻醜聲　惡聲。指惡聲惡氣的叫罵聲。❼向　從前；起先。❽訾　非議；指責。《莊子》作「害」。❾任　用。❿數　與「道」義同。可解為規律。⓫以　原文無此字，依劉文典校補。⓬殺　殘敗；衰亡。⓭德　感激。⓮幾　近；接近。

【語譯】兩隻船並排渡江，有一隻空船從一邊過來，把並排而行的船撞翻了，即使有猜忌之心也一定不會露出惱怒的臉色。如果有一個人在那船上，那就會一時要他把船撐離岸，一時要他把船靠岸，再三叫喊都沒回應，那凶惡的叫罵聲必然隨後就出口了。先前不會發怒而現在發怒，原因就是先前那隻船是空的而現在這隻船上面有人。人如果能虛空其心而在世間浮遊，誰能指責他呢！

丟棄「道」而任用智巧必然很危險，拋棄規律而任用才智必然會陷於困窘的境地。有因為欲望很多而滅亡的，未曾有因為沒有欲望而危險的。有用自己的欲望治理國家而使國家混亂的，沒有因為堅持恆久之「道」而失去國家的。所以智巧不能用來免除禍患，愚昧不能使人心失去寧靜。持守自己的本分，按照天性生活，失去了什麼並不憂愁，得到了什麼也不高興，所以一個人的成功並不是他人為努力的結果，得到什麼也不是他有意追求的結果。收入只有從人手中接受過來而沒有自己去拿取的，拿出去也只有親手授給人而沒有隨便給與的；萬物藉著春天生長，因為秋天而衰敗；得到生長的不感激春天，遭受衰敗的也不怨恨秋天；能做到這樣，就差不多接近道了。

聖人不為可非之行，不憎人之非己也；脩足譽之德，不求人之譽己也。不能使禍不至，信己之不迎也；不能使福必來，信己之不攘❶也。禍之至也，非其求所生，故窮而不憂；福之至也，非其求所成，故通而弗矜❷。知禍福之制不在於己也，故閒居而樂，無為而治。聖人守其所以有，不求其所未得。求其所未得❸，則所有者亡矣；脩其所已❹有，則所欲者至。故用兵者先為不可勝，以待敵之可勝也；治國者先為不可奪，以待敵之可奪也。舜脩之歷山❺而海內從化，文王脩之岐周而天下移風。使舜趨天下之利，而忘脩己之道，身猶弗能保，何尺地之有！故治未固❻於不亂，而事為治者，必危；行未固於無非，而急求名者，必剉❼也。福莫大無禍，利莫美不喪。動❽之為物，不益則損❾，不成則毀，不利則病，皆險❿也，道之者危⓫。故秦勝乎戎⓬而敗乎殽⓭，楚勝乎諸夏⓮而敗乎柏莒⓯。故道不可以勸就利者⓰，而可以寧避害者，故常⓱無禍，不常有福；常無罪，不常有功。

【章　旨】這一章敘說聖人的「脩己」之道，涉及下述觀點。一是聖人修養非為求得名譽，所謂「聖人不為可非之行，不憎人之非己也；脩足譽之德，不求人之譽己也」。二是說聖人明白禍福之制不在於己，故能「不迎」禍，「不攘」福，能做到「窮而不憂」、「通而弗矜」、「閒居而樂，無為而治」。三是聖人能「守其所以有，不求其所未得」。說求其所未得，即使有亦會亡；修其所已有，則所欲可得。並由此推論「治國者先為不可奪，以待敵之可奪也」。四是說「治未固於不亂」、「行未固於無非」，而否定「事為治者」、「急求名者」的行為。五是說不可以「道」「勸就利者，而可以寧避害者」。提出人當「常（尚）無禍，不常有福；常無罪，不常有功」。本章內容、文字多取自《文子・符言》。

【注　釋】❶攘　推辭；不接受。❷矜　誇耀。❸未得　原文作「無」，依劉文典校改。❹已　原文無此字，依劉文典校補。❺歷山　傳說舜耕於歷山，歷山之人皆讓畔（互讓田界，即不爭田）。名為歷山者甚多，今山東省歷城縣南的舜耕山（一名千佛山）即為其一。❻未固　猶言莫固。沒有比其更堅固的。固，謂堅固（從楊樹達說）。❼剉　折傷。❽動　有為。❾不益則損　原文作「不損則益」，依楊樹達、馬宗霍校改。❿險　危險；危難。⓫道之者危　楊樹達釋謂「道者，由也，行也。之指險而言。謂行險者必危也」。馬宗霍謂「『道』猶『蹈』也。劉熙《釋名・釋道》『道，蹈也。言人所踐蹈也』。……本句承上文『皆險也』來。險則難行，故曰蹈之者危也」。楊、馬二說義近，今譯從楊說。⑫戎　我國古代西部少數民族。秦穆公用戎人由余之計滅戎。⑬敗乎殽　魯僖公三十二年冬，秦穆公興兵伐鄭，未成。軍隊回國途中，被晉軍敗於殽山。殽，同「崤」。山名。在今河南省洛寧縣北。⑭夏　華夏。古代漢族人自稱夏，指漢人為主的諸侯國。⑮敗乎柏莒　楚圍蔡，吳人救援，大敗楚師於柏舉。柏莒，楚地名。即柏舉。在今湖北省麻城縣境內。莊逵吉謂「柏莒即柏舉，古字通用也」。⑯勸就利者　謂勸說趨利之人。就，近；趨。有追求義。原文作「勸而就利」，依王念孫校刪「而」字。⑰常　俞樾謂「『常』與『尚』通」。

【語譯】聖人不做可以非議的事情，但也不憎惡人家責怪自己；他努力修養足以稱美的德行，但不要求別人稱美自己。聖人不能使禍患不出現，但確信自己的行為不會迎來禍患；他不能使幸福必然到來，但確信自己不會拒絕幸福。禍患的到來，並不是因為他的追求所產生的，所以困頓窮窘也不憂愁；幸福的來臨，也不是因為他的追求所造成的，所以得志了也不誇耀。他明白控制禍患、幸福的關鍵不在自己，所以他安居而樂，順應自然、無所作為地治理國家。聖人守住他所具有的「德」，而不追求他所沒有的名利。如果追求他所沒有的名利，那麼他所有的「德」就會喪失了；如果修養已有的「德」，那麼他所想要的就能得到。所以用兵的人先做好不會被人戰勝的準備，用來等待可以戰勝敵人的機會；治理國家的人先使自己的國家不會被人侵奪，以等待可以奪取敵國的時機。舜在歷山脩治其身，而海內百姓順從歸化；文王在岐周脩治其身而天下民風為之一變。假使舜追逐天下的利益，而忘記自我修養的正道，那麼他連自身都不能保住，哪會有一尺的國土呢！所以國家要治理得好沒有比政治不混亂更牢靠的，而致力於使國家太平的事務，一定會招來危險；人的行動沒有比不犯錯誤更牢固的，而急於追求名聲的人，一定會受到損傷。沒有什麼比無禍患更幸福的，沒有什麼比不喪失更為有利的。人為地去做事情，不獲得益處就會受到損害，不成功就會被毀滅，沒有利就會有害，都是危險的。照那樣做都會遇到危難。所以秦穆公戰勝了西戎卻在殽山被晉國打敗了，楚昭王戰勝幾個華夏的諸侯國卻在柏舉被吳國打敗了。所以無為之道不能用來勸說那些追求利益的人，卻可以用來使那些要求避開禍患的人得以安寧，所以要崇尚沒有禍患，不崇尚有幸福；要崇尚沒有罪過，而不崇尚有功業。

聖人無思慮，無設儲❶，來者弗迎，去者弗將❷，人雖東西南北，獨立中央❸。故處眾枉❹之中，不失其直；天下皆流，獨不離其壇域❺。故不為好，不避醜，遵天之道❻；不為始，不專己❼，循天之理。不豫謀，不棄時❽，與天為期❾。不求得，不辭福，從天之則❿。不求所無，不失所得；內無奇禍⓫，外無奇福⓬；禍福不生，安有⓭人賊⓮？

為善則觀⓯，為不善則議；觀則生責⓰，議則生患。故道術不可以進而求名，而可以退而脩身⓱；不可以得利，而可以離害。故聖人不以行求名，不以智見譽。法脩自然⓲，己無所與⓳。

【章　旨】這一章論聖人修身、治國之道。一謂「聖人無思慮，無設儲，來者弗迎，去者弗將（送）」，以及如何「遵天之道」、「循天之理」、「與天為期」、「從天之則」。總的精神是遵循「無為」之道、持守天然之性而「不求所無，不失所得」。並說能如此，即「禍福不生」而無人相害。二謂「為善則觀，為不善則議；觀則生責，議則生患」。以「為善」、「為不善」皆非「無為」作論，言道不可用於求名，只可用於修身。進而說到聖人不求名、不求譽，「法脩自然，己無所與」。本章內容、語句多出自《文子・符言》。

【注　釋】❶儲　儲存；儲藏。❷將　送。❸獨立中央　指空虛其心，堅守其道。❹枉　不正直。❺壇域　界限；範圍。❻故不為好三句　王念孫說：「猶〈洪範〉言『無有作好，遵王之道』也。」為好，原文作「為善」，依王念孫校改。醜，惡。❼專

己 主觀獨斷。即《荀子・正名》所謂「離道而內自擇」。❽不棄時 謂與時相合。棄時，猶謂失時。❾期 會合。❿則 法則。⓫奇禍 原文作「旁禍」，依王念孫校改。⓬奇福 原文作「旁福」，依王念孫校改。⓭安有 何有。⓮賊 害。⓯觀 看；觀察。⓰責 要求。原文作「貴」，依王引之校改。王氏謂「此言為善則觀之者多，觀之者多則責之者必備」。⓱脩身 修養身心。⓲法脩自然 法度之修一如自然。謂聖人治國治身之法應該隨順自然。《文子・符言》即言「治隨自然」。⓳與 參與其中。

【語譯】聖人不思考營慮，心中也不儲藏什麼，來的不迎接，去的不恭送，他人雖然東西南北各思一方，聖人卻獨處中央，虛而守道。所以他在眾多不正直的人中，不會失去他的正直；天下的人都隨俗浮沉滑失，只有他不離開德所在的範圍。所以他不做好事，也不避開惡行，完全遵循天的自然規律；不為萬事之始，不憑己意獨斷，遵循自然的規律行事。不預先謀劃，不耽誤時節，和天時相合。不求得到什麼，也不推辭幸福，順從天的法則。不追求所沒有的名利，不喪失所得的道；內沒有奇異的禍患，外沒有奇異的幸福；禍患、幸福都不會產生，怎會有人的危害呢？

做好事就會招來人們的觀察，做不好的事就會惹來人們的議論；一觀察就會提出要求，一議論就會產生禍患。所以道術不能用來進而求取聲名，卻可以用來退而修養身心；不可以用來得到利益，卻可以用來遠離禍害。所以聖人不藉助行動來追求聲名，不因為智巧而被人稱美。治身之法隨順自然，自己不參與主觀意見。

慮不勝數，行不勝德，事不勝道。為者有不成，求者有不得。人有窮，而道無不通，與道爭則凶。故《詩》曰：「弗識弗知，順帝之則❶。」有智而無為，與無智者同道；有能而無事，與無能者同德。其智也，告之者至，然後覺其動也；其能也❷，使之者至，然後覺其為也。有智若無智，有能若無能，道理為正也。

故功蓋天下，不施❸其美；澤及後世，不有其名，道理通而人偽❹滅也。

【章旨】這一章論通道、無為的道理。先說刻意而為不能勝過道，所謂「慮不勝數（指命運），行不勝德，事不勝道」。次言人在困境之中卻能與道通，而「與道爭則凶」。再說有智者、有能者如何通道、無為，即做到「有智若無智，有能若無能」。最後用「道理通而人偽滅」解釋聖賢之人的「功蓋天下，不施其美；澤及後世，不有其名」。實際上仍是在說如何通道、無為。本章主要內容亦出自《文子・符言》。

【注釋】❶弗識弗知二句　出自《詩經・大雅・皇矣》。本文「弗」，《詩經》均作「不」。順帝之則，遵循上帝的法則。❷其能也　原文無此三字，依俞樾校補。❸施　蔓延；延續。❹人偽　人之偽行。指智巧等。

【語譯】人的思慮不能勝過命運，行動不能勝過「德」，做事不能勝過「道」。做事情有不能成功的，追求外物有不能得到的。人有智窮的時候，可是道沒有不能通達的，和道競爭就會不幸。所以《詩經》中說：「好像不知不覺，遵循上帝的法則。」有智術卻順應自然而無所作為的人，和沒有智術的人所遵循的道相同；有才能而不用才能做事的人，和沒有才能的人所具備的德相同。他的智術，告訴他的人來了，然後他才感覺到智能在起作用；他的才能，任用他的人來了，然後他才感覺到才能在起作用。有智術卻像沒有智術一樣，有才能卻像沒有才能一樣，這樣道便端正了。所以功勞遍及天下，卻不擴大他美好德行的影響的；恩澤延續到後世，卻沒有名聲的，這就是通達事理而人的虛偽行為消失了。

名與道不兩明。人愛名，則道不用❶；道勝人，則名息矣。道與名❷競長。

章名❸者，息道者也；名章❹道息，則危不遠矣。故世有盛名，則衰之日至矣。

欲尸❺名者，必為善；欲為善者，必生事；事生則釋公而就私，背數而任己❻。

欲見譽於為善，而立名於為賢❼，則治不脩故❽，而事不須時❾。治不脩故則多責，事不須時則無功。責多功鮮，無以塞之，則妄發而邀當❿，妄為而要中⓫。功之成也，不足以更責⓬；事之敗也，足以⓭斃身⓮。故重為善⓯若重為非，而幾於道矣。

【章　旨】這一章討論「名」與「道」的關係，主要觀點是「名與道不兩明。人愛名，則道不用；道勝人，則名息矣」。作者如此立論，自是提倡守道而息名。文中著墨較多的是為什麼得名就會違背道。理由是欲得名就要為善，為善就會生事，一生事就會釋公而就私和背離自然規律而用己能。並且欲由為善、為賢而立名，還會「治不脩故（指已有的規定），而事不須時」，及至「妄發而邀當，妄為而要中」。這都是「有為」之舉，為此便不用道。作者認為為善、為非皆不合道，故言「重為善若重為非，而幾於道矣」。本章文字多出自《文子・符言》。

【注　釋】❶人愛名二句　王念孫謂「愛名則不愛道，故道不用也」。原文作「人受名」，依王氏校改。❷道與名　原文作「道與人」，依馬宗霍校改。❸章名　即彰名。顯明其名。舊注謂「章，明也。息，止也」。原文作「章人」，依馬宗霍校改。❹名章　原文作「人章」，依馬宗霍校改。❺尸　主。❻背數而任己　王引之言「謂背自然之數而任一己之私，與上句『釋公而就私』同義」。背，原文作「貨」，依王氏校改。❼為賢　原文作「為質」，依王念孫校改。❽脩故　《文子・符言》作「順理」。❾須時　待時。《文子・符言》作「順時」。❿邀當　希望得當。⓫要中　要，同「邀」。中，義亦同「當」。⓬更責　償責；塞責；抵償責任。舊注謂「更，償也」。⓭足以　原文上有「不」字，依王念孫校刪。⓮斃身　毀壞其身；滅身。⓯重為善　即不肯為善。重，楊樹達謂「重者，難也」。

【語　譯】名聲和道不能同時顯明。人如果愛名聲，就不能應用道；道若勝過人心，名聲就消失了。道和名聲競相生長。顯揚名聲的話，道就止息了；名聲顯揚而道止息，離危險就不遠了。所以在世上有極大的名聲，便到了衰落的時候。

想成為名聲的主人，一定要做好事；想做好事，一定會製造事端；出現事端就會放棄公道而用私意，違背自然規律而按個人的意志做事。想要藉助做好事而被稱美，和藉助賢明之舉而建立美好的名聲，處理問題就不會遵循常規，而做事情不等待時機。處理問題不遵循常規就要受到很多指責，做事不等待時機就不能成功。指責很多而功業很少，無法補救，就隨便做事以求得恰當，隨便行動以求達到目的。這樣一來，事情即使成功了，也不夠抵償責任；事情失敗了，就足以毀滅自身。所以能像不肯做錯事那樣地不肯做好事，就接近「道」了。

天下非無信士❶也，臨貨分財必探籌而定分❷，以為有心者之於平，不若無心者也。天下非無廉士也，然而守重寶❸者，必關戶而璽封❹，以為有欲者之於廉，不若無欲者也。

人舉其疵則怨人❺，鑑見其醜則善鑑❻。人能接物而不與己❼焉，則免於累❽矣。

公孫龍粲❾於辭而貿名❿，鄧析⓫巧辯而亂法，蘇秦善說而亡身⓬。由其道則善無章⓭，脩其理則巧無名。故以巧鬬力⓮者，始於陽常卒於陰⓯；以慧治國者，始於治常卒於亂。使水流下，孰弗能治；激⓰而上之，非巧不能。故文勝則質掩，邪巧則正塞⑰也。

【章　旨】這一章有三層意思。一說「有心者之於平，不若無心者也」、「有欲者之於廉，不若無欲者也」。提倡的是「無心（即空虛其心，全然無動於心）」、「無欲」。二說與物交能做到不以己意參與其中，就不會受到拖累。三以公孫龍、鄧析、蘇秦之事為例，說明「以巧鬬力者，始於陽常卒於陰；以慧治國者，始於治常卒於亂」。反對以「巧」、以「慧」治國，仍是倡導無為以治。在說到「巧」不可為時，還提出了「文勝則質揜，邪巧則正塞」的觀點。本章前二段本於《文子・符言》。

【注　釋】❶信士　誠實的人。❷探籌而定分　謂以摸取的籌碼多少確定所分的份額。探籌，摸取籌碼。籌，計數的用具。❸重寶　珍器。❹璽封　印封。謂蓋上官印以封。原文作「全封」，依俞樾校改。❺怨人　舊注謂「舉記己之疵，則怨之」。❻鑑見其醜則善鑑　舊注釋謂「鏡見人之好醜，以為美鏡也」。善鑑，好鏡子。鑑，鏡子。❼而不與己　謂不以己之好惡參與其中。舊注謂「若鏡（『鏡』下當有『見』字）人形而不有好憎也」。❽累　拖累。❾粲　美的樣子。古人形容人言辭華美稱「粲」，取美若粲（同「燦」。燦爛）花之意。❿留名　亂名。舊注謂「公孫龍以『白馬非馬』、『冰不寒』、『炭不熱』為論，故曰留也」。馬宗霍說「本文『留名』與下文『亂法』為對，『留』亦當訓『亂』，謂公孫龍詭辭而亂名也」。⓫鄧析　春秋鄭人。《荀子・宥坐》及《呂氏春秋・離謂》言其為子產所殺。《左傳・定公九年》則言「鄭駟歂殺鄧析而用其《竹刑》」。⓬亡身　舊注謂「蘇秦死於齊也」。原文作「亡國」，依王念孫校改。⓭章　同「彰」。⓮鬬力　以體力相爭鬥。⓯始於陽常句　謂始於明鬥而常終於陰謀。出自《莊子・人間世》。舊注謂「言智巧之所施，始之於陽善，終於陰惡也」。郭嵩燾注《莊子》謂「凡顯見謂之陽，隱伏謂之陰。鬬巧者必多陰謀，極其心思之用以求相勝也」。⓰激　阻遏水勢。⓱正塞　原文下有「之」字，依楊樹達校刪。

【語　譯】天下並非沒有誠實的人，但是面對財物加以分配時，一定要用摸取籌碼的方法來確定每人所得的數額，這是因為人們認為人雖有公平之心，總不如完全沒有心思的籌碼可靠。天下並非沒有廉潔之士，但是看守珍貴的寶物，一定要關門而貼上蓋有官印的封條，這是因為人們認為有欲望的人在廉潔方面，總不如沒有欲望的門和封條可靠。

別人指出自己的小毛病，就會怨恨那個人，但如果是鏡子照出了自己難看的地方，則認為這是一面好鏡子。人如果在和外物交接時而不加入自己的好惡情感，就不會受到外物的拖累了。

公孫龍言辭美妙卻擾亂了事物的稱號，鄧析巧於辯論卻擾亂了法律，蘇秦善於遊說卻被齊王殺死。照他們的道路走下去，好的東西也不能顯明；學習他們的做法，雖然巧妙也沒有好的名聲。所以用智巧來互鬥體力，總是以明鬥開始而常常以陰謀結束；用智慧來治理國家，總是以治理得好開始而以混亂不堪結束。讓水流到下游去，誰不能做到呢；但要阻遏水勢、使水往上湧，不用智巧就做不到。所以文飾太多，質樸就被掩蓋住了，邪曲巧妙，正直就被遏止了。

德可以自脩而不可以使人暴❶，道可以自治而不可以使人亂。雖有聖賢之寶❷，不遇暴亂之世，可以全身，而未可以霸王也。湯、武之王❸也，遇桀、紂之暴也。桀、紂非以湯、武之賢暴也，湯、武遭桀、紂之暴而王也。故雖賢王，必待遇❹。遇者，能❺遭於時而得之也，非智能所求而成也。

君子脩行❻而使善無名，布施❼而使仁無章❽，故士行善而不知善之所由來，民澹利❾而不知利之所由出，故無為而自治。善有章則士爭名，利有本❿則民爭功。二爭者生，雖有賢者弗能治。故聖人揜跡於為善，而息名於為仁也。

【章旨】這一章有兩層意思。一是由德能使人自修而不能使人為暴、道能使人自治而不能使人亂，說到湯、武遭桀、紂之暴始為王。並就此引出賢者能王「必待遇」、而非以智求得的結論。二是由君子修行而使善無名、布施而使仁不彰，即「無為而自治」，說到「聖人掩跡於為善，而息名於為仁」。本意仍是講君王行善、施仁應當自然而然，不可有意為之。故文中言及行善求名與否、施仁求彰與否之利弊，皆從士、民動向和國君能否治理著眼。

【注　釋】❶暴　凶惡；暴虐。❷寶　《廣雅・釋詁三》云：「寶，道也。」又《老子》第六十九章「輕敵幾喪吾寶」，河上公注謂「寶，身也」。本文「寶」，亦可訓為「身」。❸王　稱王；統治天下。❹待遇　等待機遇。❺能　通「耐」、「乃」。此處作「乃」用。❻脩行　修身實踐。❼布施　把財物施捨給人。❽章　同「彰」。❾澹利　所得之利富足。澹，通「贍」。富足；充足。❿本　即前句所謂「利之所由出」。

【語　譯】德可以用來自我修養而不能使人暴虐，道可以用來自治其身而不能使人行為敗壞。即使具有聖人、賢人的道德，未遇到暴虐、混亂的世代，只可用來保全自身，而不能用來成就霸業和王業。商湯、周武王能成就王業，是因為遇到了夏桀、商紂那樣暴虐的時代。夏桀、商紂也不是因為商湯、周武王賢明而暴虐無道的，而是商湯、周武王遇到夏桀、商紂的暴虐無道而得以稱王。所以即使是賢明的帝王，也一定要等待機遇。所謂機遇，就是遇到合適的時機而能把握住，並不是用智能去追求而能得到的。

君子修身實踐而能使善行沒有名聲，能施捨財物給人而使仁德不顯明，因此士人做好事卻不知道是誰讓他做出來的，民眾得利富足卻不知道財利是怎麼產生的，所以「無為」能自成其事。善行一表彰，士人就會爭名，財利有了來源，民眾就會爭功。這兩種爭奪一產生，即使有賢才的人也不能治理得好。所以聖人在做好事時掩蓋行跡，在施行仁愛時去掉名聲。

外交而為援，事大而為安，不若內治而待時。凡事人者，非以寶幣❶，必以卑辭❷。事以玉帛，則貨殫❸而欲不饜❹；卑體❺婉辭，則諭說而交不結；約束誓盟，則約定而反❻無日；雖割國之錙錘❼以事人，而無自恃之道，不足以為全。若誠釋外❽交之策而慎脩其境內之事，盡其地力以多其積，厲其民死以牢其城❾，上下一心，君臣同志，與之守社稷，斅死❿而民弗離，則為名者不伐無罪，而為利者不攻難勝。此必全之道也。

【章旨】這一章論君王治國的「必全之道」，中心意旨是要立足國內，做好「內治」。所謂「慎脩其境內之事，盡其地力以多其積，厲其民死以牢其城，上下一心，君臣同志」。而反對「外交而為援，事大而為安」的觀點。認為事人無論奉以寶幣，還是言以卑辭，皆「無自恃之道，不足以為全」。本章文字出自《文子・符言》。

【注釋】❶寶幣　指珍貴的珠玉、馬、皮、帛等。❷卑辭　謙恭的言辭。❸殫　盡；竭盡。❹饜　滿足。❺卑體　指行謙恭之禮。❻反　背叛。❼錙錘　六兩曰錙，倍錙曰錘。❽釋外　原文作「外釋」，依陳觀樓校改。❾厲其民死句　馬宗霍釋謂「獎免其民以死守，則其城自堅固也」。厲，獎；勉。牢，堅固。❿斅死　即效死。盡死效力。斅，通「效」。

【語譯】與他國結交以獲得援助，奉事大國以求得安定，還不如把國內治理好而等待時機。凡是奉事別人，不是用珍貴的珠玉、馬、皮、帛等，就一定要用謙恭的言辭。用珠玉、絲帛奉事別人，就會財貨用盡了而對方的欲望還不滿足；用謙恭的禮節、婉轉的言辭奉事別人，就只能說明自己的想法而不能和他結交；用誓言盟約來加以約束，那麼盟約簽定後過不了幾天對方就會違背它；即使割取國家一點小東西奉事他人，而沒有自己可以依賴的辦法，還是不能夠保全自己。如果真能放棄交結他國的策略而謹慎地把國內的事處理好，充分利用地力而多積蓄財物，勉勵他的民眾以死相守而使城池牢不可破，上下一條心，君臣意志相同，大家一起守衛天下，民眾盡死效力也不會叛離，那麼那些為名的國家就不會攻打這無罪的國家，而為利的國家也不會來攻打這難以戰勝的國家，這是一定能保全國家的辦法。

民有道所同道❶，有法所同守❷。為義之不能相固、威之不能相必❸也，故立君以一民❹。君執一則治，無常則亂。君道者，非所以為也，所以無為也。何謂無為？智者不以位為事，勇者不以位為暴，仁者不以位為惠❺，可謂無為矣。夫無為則得於一也。一也者，萬物之本也，無敵之道也。凡人之性，少則猖狂❻，壯則暴強，老則好利。一人❼之身既數變矣，又況君數易法，國數易君！人以其位通其好憎，下之徑衢❽不可勝理。故君失一則亂，甚於無君之時，故《詩》曰：「不愆不忘，率由舊章❾。」此之謂也。

【章旨】這一章講到兩個問題。一是君王以道治國的重要性，所謂「君執一則治，無常則亂」，「故君失一則亂，甚於無君之時」。二是解說何為「無為」之「君道」，即所謂「智者不以位為事，勇者不以位為暴，仁者不以位為惠」。並說能「無為」「則得於一」，而「一」乃「萬物之本」、「無敵之道」。

【注釋】❶民有道所同道　舊注謂「民凡所道行者同道」。道所同道，指走同一條路。前一個「道」字指走路，後一個「道」字指道路。❷法所同守　法度有所共守。❸相必　謂相互一定那樣做。❹一民　統一民眾的行為。一，統一。下句中「一」指「道」。❺不以位為惠　王念孫謂「不假位以行其惠也。為惠與為暴相對。〈主術〉曰：『重為惠，重為暴，則治道通矣。』義與此同」。為惠，原文作「為患」，依王氏校改。❻猖狂　肆意妄行。❼一人　原文作「一身」，依俞樾校改。❽徑衢　小路與大道。代指民間。衢，大路。❾不愆不忘二句　出自《詩經・大雅・假樂》。愆，過失。率由，遵循。舊章，舊時的典章制度。

【語譯】民眾有走同一條道路的，有守同一種法度的。因為用大義不能使大家堅持走同一條路、用威力不能使大家一定共同遵守一種法度，所以便設立君主來統一人民的行為準則。君主掌握了「道」就能把民眾管理好，沒有掌握恆常之「道」，天下就會混亂不堪。為君之道，並不是要大有作為，而是順應自然而「無為」。什麼叫做「無為」呢？聰明的人不利用自己的地位去人為造作，勇敢的人不利用自己的地位去為暴施虐，仁愛的人不利用自己的地位去施行恩惠，做到這些就可以說是「無為」了。能做到「無為」就掌握了「一」。所謂「一」，是萬物的本原，是無可匹敵的「道」。大凡人的特性是，年輕的時候便任意胡為，壯年便顯得凶暴強橫，到了老年便喜好財利。一個人一生的特性都會多次變化，更何況君王要多次變法，國家要多次更換君主！人如果憑藉他的地位來表達他的喜好、憎惡之情，這樣向下影響到民間，就不可能把民眾治理好。所以君主喪失了「道」，國家就會混亂，比沒有君主時還要嚴重，所以《詩經》上說：「不要犯有過失，不要忘記根本，一切都遵循舊有的規章制度。」說的就是這個道理。

君好智，則倍時❶而任己，棄數而用慮。天下之物博而智淺，以淺澹❷博，未有能者也。獨任其智，失必多矣。故好智，窮術也。好勇則輕敵而簡備，自負❸而辭助❹。一人之力以圉❺強敵，不杖❻眾多而專用身才❼，必不堪也。故好勇，危術也。好與，則無定分。上之分不定，則下之望無止。若多賦斂，實❽府庫，則與民為讎❾。少取多與，數未之有也。故好與，來❿怨之道也。仁、智、勇、力，人之美才也，而莫足以治天下。由此觀之，賢能之不足任也而道術之可循⓫，明矣。

【章　旨】這一章的要點是說：君王不能用仁、智、勇治理國家，只能循道而行。文中說君王好智，就會「倍時而任己，棄數而用慮」，因而「好智」乃「窮術也」。君王好勇，就會「輕敵而簡備，自偩而辭助」，因而「好勇」乃「危術也」。君王「好與（即行『仁』）」，就會「無定分」，因而「好與」乃「來怨之道也」。「好智」、「好勇」、「好與」，皆係「有為」。「有為」既然不可為，則「無為」之道可循。

【注　釋】❶倍時　違背時勢。倍，違背。❷澹　滿足。❸自偩　自恃。偩，同「負」。❹辭助　拒絕他人幫助。❺圉　同「禦」。抵抗。原文作「禦」，依王念孫校改。❻杖　同「仗」。依靠。❼身才　猶言「己才」。❽實　充滿。❾讎　仇敵。❿來　招來。⓫循　遵循。原文作「脩」，依孫詒讓校改。

【語　譯】君王喜好智術，就會違背時勢而依自己的意思辦事，不顧自然規律而絞盡腦汁思考。天下的事物是繁富多樣而個人的智術則淺薄狹隘，用淺薄的智術來滿足眾多事物的需要，沒有人能做得到。一意任用自己的智術來治國，失誤一定很多。所以喜好智術，是使人窮窘的辦法。喜好勇力就會輕視敵人而疏於防備，自以為了不起而拒絕他人的幫助。憑一個人的力量來抵抗強大的敵人，不依靠眾多人士的力量而專用自己的才能，必定受不了。所以喜好勇敢，是危險的方法。喜好給與，就會沒有固定的名分。君上的名分不確定，那麼在下位的期望就不會停止。如果多收賦稅，來充實府庫，就會和人民作對。少收一些多給人一些，又沒有那麼多的數量可供給。所以喜好給與，是招來怨恨的辦法。仁愛、智術、勇力，是人的美好才德，但是卻不能用來治理天下。從這看來，美好才能的不能使用而道術的可以遵循，就很明白了。

聖人勝心❶，眾人勝欲❷。君子行正氣，小人行邪氣。內便於性，外合於義，循理而動，不繫於物者，正氣也。重於滋味，淫於聲色，發於喜怒，不顧後患者，邪氣也。邪與正相傷，欲與性相害，不可兩立，一置一廢，故聖人損欲而從性❸。目好色，耳好聲，口好味，接❹而說之，不知利害，嗜欲也。食之不寧於體，聽之不合於道，視之不便於性，三關❺之爭，以義為制者，心也。割痤疽❻非不痛也，飲毒藥非不苦也，然而為之者，便於身也。渴而飲水❼非不快也，飲而大餐❽非不澹❾也，然而弗為者，害於性❿也。此四者⓫，耳目鼻口不知所取去，心為之制，各得其所。由是觀之，欲之不可勝，明矣。凡治身養性，節寢處，適飲食，和喜怒，便動靜，使在己者得，而邪氣自⓬不生，豈若憂瘕疵之與痤疽之發，而豫備之哉！夫函牛之鼎⓭沸而蠅蚋⓮弗敢入，昆山之玉瑱而塵垢弗能汙也⓯。聖人無去之心而心無醜，無取之美而美不失⓰。故祭祀思親不求福，饗賓修敬不思德⓱，唯弗求者能有之⓲。

【章旨】這一章首先提出「聖人勝心（指任心去欲），眾人勝欲（放縱私欲）。君子行正氣，小人行邪氣」的觀點，繼而解釋什麼是「正氣」，什麼是「邪氣」；說明「嗜欲」的表現和「心」的重要作用。其意主要在證實只可「勝心」而「欲之不可勝」；只可行「正氣」而不可行「邪氣」。最後以「治身養性」為比喻，說明能「使在己者得」便能得「正氣」而使「邪氣」不生。又以兩比喻說明得「正氣」去「邪氣」的關鍵在於自身心性的純潔無瑕，如同「昆山之玉瑱而塵垢弗能汙」。而得正去邪的最高境界，則如「聖人無去之心而心無醜，無取之美而美不失」。本章主要內容和文字出自《文子・符言》。

【注　釋】❶聖人勝心　王念孫釋謂「耳目之官不思而蔽於物，心之官則思。聖人先立乎其大者，則其小者不能奪，故曰聖人任心也」。勝心，任心。勝，任。❷眾人勝欲　王念孫釋謂「若眾人，則縱耳目之欲而不以心制之，故曰眾人任欲也」。眾人，一般的人。勝欲，任欲。放縱私欲。❸從性　循性。原文作「從事於性」，依王念孫校刪「事於」二字。❹接　接觸。❺三關　原文作「三官」，依王念孫校改。舊注釋謂「食、視、聽」。本書〈主術〉則以視、聽、言為「三關」。❻痤疽　癰瘡。❼水　指生水。❽餐　《說文・五下・食部》：「餐，吞也。」原文作「飱」，依楊樹達校改。❾澹　滿足。❿性　指生命。⓫四者　指割痤疽、飲毒藥、渴飲生水、飢而大吞。⓬自　原文作「因而」，依王念孫校改。⓭函牛之鼎　舊注謂「函牛（之鼎），受一牛之鼎也」。⓮蠅蚋　即蒼蠅、蚊子。⓯昆山之玉句　楊樹達謂「蓋昆山（即崑崙山）之玉文理緻密，略無罅隙，故塵垢弗能汙」。瑱，同「縝」。緻。⓰聖人無去二句　馬宗霍釋謂「言聖人無去於心而心無醜，無取於美而美不失也。醜不內萌，故曰無去於心。美非外致，故曰無取於美。質言之，即醜者聖人所本無，美者聖人所固有也」。上句和下句中的「之」相當於「於」。⓱德　恩惠。⓲唯弗求者句　舊注釋謂「言不求而所求至也」。

【語　譯】聖人以心為主宰，而一般人放縱私欲。君子依正氣行事，小人依邪氣行事。內有利於天性，外合於大義，依照規律而動，不攀附在外物上面，這就是正氣。重視滋味，沉溺聲色，情緒左右言行，不顧以後的禍患，這就是邪氣。邪氣和正氣相互損傷，嗜欲和天性相互危害，兩者不能同時存在，一個樹立另一個就得廢棄，所以聖人削減嗜欲而順從天性。眼睛喜好色彩，耳朵喜好樂音，嘴巴喜好美味，一接觸就喜歡，不知利害如何，這就是嗜欲。吃了不能使身體平安，聽了不合於大道，看了不能使天性安逸，吃、聽、看這三關相爭，用義來控制它們的，是心。割痤疽不是不痛，喝毒藥不是不苦，但還是要割、要喝，是因為這樣做對身體有利。口渴了喝生水並不是不痛快，肚子餓了大口吞食物並不是不能吃飽，但是人們不這樣做，是因為這樣做對生命有害。這四種情形，耳、目、鼻、口不知道取用哪一種，去掉哪一種，由心加以控制，使它們各得其所。從這些情況看來，嗜欲的不可放縱，已經很清楚了。大凡修身養性，坐臥有節制，飲食適當，情緒和諧，動靜得宜，使自己的每個部分都能正常發揮作用，邪氣自然不會產生，哪裡會像擔憂產生瘕疵和長出痤疽那樣而預先作好防備呢！裝得下一頭牛的鼎，在湯水沸騰時，蒼蠅、蚊子不敢飛進去，崑崙山出產的玉紋理緻密，塵土汙垢不能玷汙它。聖人並不是去掉了醜惡之心，他才沒有醜惡之心的；不是從外面獲得了美德，他才沒有失去美德的。所以祭祀時只是思念親人而不祈求福祉，設宴款待賓客只是表示敬重而不想得到人家的恩惠，只有不要求得到什麼的人方能獲得所要得到的東西。

處尊位❶者，以有公道而無私說❷，故稱尊焉，不稱賢也。有大地者，以有常術❸而無鈐謀❹，故稱平焉，不稱智也。內無暴事以離❺怨於百姓，外無賢行以見忌於諸侯，上下之體❻襲❼而不離，而為論者莫然❽不見所觀❾焉。此所謂藏無形者。非藏無形，孰能形❿？

三代之所道⓫者，因⓬也。故禹決江河，因水也；后稷播種樹穀⓭，因地也；湯、武平暴亂，因時也。故天下可得而不可取⓮也，霸王可受而不可求也。任智⓯則人與之訟⓰，任力⓱則人與之爭。未有使人無智⓲者，有使人不能用其智於己⓳者也；未有使人無力者，有使人不能施其力於己⓴者也。此兩者常在不見㉑。故君賢不見，諸侯不備；不肖不見，則百姓不怨。百姓不怨則民用可得；

諸侯弗備，則天下之時可承㉒。事所與眾同也，功所與時成也，聖人無焉。故老子曰：「虎無所措其爪，兕無所措其角㉓。」蓋謂此也。

【章　旨】這一章仍以無為為中心思想以說君王之道，共有三點。一是「處尊位」、「有大地」的君王，須「有公道而無私說」、「有常術而無鈐謀」，如此「稱尊」、「不稱賢」；「稱平」、「不稱智」，即能內無暴事而招百姓之怨、外無賢行而招諸侯之忌。作者稱這種「無為」之舉為「藏無形」，並說「非藏無形，孰能形」。二從禹決江河「因水」、后稷播種樹穀「因地」、湯、武平暴亂「因時」，說到「天下可得而不可取」、「霸王可受而不可求」。以「因」為無為之原則。三說「任智則人與之訟，任力則人與之爭」，以智、力「兩者常在不見」為無為之術。

【注　釋】❶尊位　尊貴崇高的地位。此處指帝位。❷私說　偏私之論。❸常術　固定的法則。❹鈐謀　權謀；隨機應變的謀略。鈐，通「權」。馬宗霍由「鈐」通「鍵」，為車轄，車轄有禁要義，引申為祕、密，謂「鈐謀，猶言祕謀、密謀矣」，亦為一說。❺離　通「罹」。遭遇。❻體　國體。指整個國家。原文作「禮」，依楊樹達校改。❼襲　合。❽莫然　漠然。寂無所見之貌。❾觀　本謂「諦視」，引申之義作「示」。凡有形象見於外者都可以稱為「示」。❿形　舊注謂「形而言之，筮見也」。⓫道　行；由。⓬因　因循。這裡講的因循指因自然之勢（包括時勢）、循萬物之理。⓭樹穀　種植莊稼。穀，莊稼和糧食的總稱。⓮不可取　不可強取。⓯任智　原文作「在智」，依王念孫校改。⓰訟　爭論；爭辯。⓱任力　原文作「在力」，亦依王念孫校改。⓲未有使人無智　舊注釋謂「言己不能使敵國遇而無智」。⓳不能用其智於己　舊注釋謂「言使人之智不能（下當有『用』字）於己」。⓴不能施其力於己　舊注釋謂「言己不能使人無智（當為衍字）力，但能使人不以智（當為衍字）力加於己」。㉑常在不見　常，通「尚」。注重；重點。不見，原文作「久見」，依蔣禮鴻校改。見，同「現」。㉒承　楊樹達說通「乘」。用；趁著。㉓虎無所措二句　出自《老子》第五十章。本文此處言虎兕則取無為意。

【語　譯】處於尊貴崇高地位的人，因為堅持公道而沒有偏私之論，所以人們稱美他的尊貴，而不稱美他賢能。

擁有廣大土地的人，因為堅持固定的法則而沒有隨機應變的謀略，所以人們稱美他的公平，而不稱美他的智術。沒有凶惡殘酷的事件招致國內百姓的怨憤，沒有賢良的德行被境外諸侯忌恨，全國上下團結而不離心，好發議論的人便會寂無所見，見不到顯示在外的形跡。這就是人們所說的藏在無形之中。如果不是藏在無形之中，誰能說出他的形跡來呢？

三代所遵行的原則，就是因順。所以禹疏通長江、黃河，是順隨水的流勢而疏通的；后稷播種、栽秧，是因順土地的特質而栽植的；商湯、周武王平定暴亂，是按照時勢而行動的。所以天下可以獲得卻不能強行奪取，霸主和帝王的地位可以接受卻不能刻意追求。

任用智術，人家就會和他爭辯；使用力氣，人家就會和他爭鬥。不可能使別人沒有智術，但可以使別人不把智術加在自己身上；不可能使別人沒有力氣，但可以使別人不把力氣用在自己身上。要有這兩種情況，要訣在於不顯現自己。所以君王的賢能不顯現出來，諸侯們就不會加以戒備；君王的不賢不顯現出來，老百姓就不會怨尤。老百姓不怨尤，就可以利用老百姓了；諸侯們不加以戒備，天下的時勢就可以利用了。事業是眾人共同完成的，功業是因順時勢造成的，聖人是沒有事功的。所以老子說：「虎沒有機會用牠的爪子，兕沒有機會用牠的角。」說的大概就是這個道理。

鼓不臧❶於聲，故能有聲。鏡不沒於形❷，故能有形。金石有聲，弗扣弗鳴。管簫有音，弗吹弗聲❸。聖人內藏❹，不為物倡❺。事來而制，物至而應。飾其外者傷其內，扶其情者害其神，見其文者蔽其質。無須臾忘其❻為賢❼者，必困於性；百步之中不忘其為❽容者，必累其形。故羽翼美者❾傷骨骸，枝葉美者害根荄⑩。能兩美者，天下無之也。

【章　旨】這一章的主旨全在「聖人內藏，不為物倡。事來而制，物至而應」十六字中。講的是君王無為之道。文中說及鼓、金石、管簫，以及「羽翼美者傷骨骸，枝葉美者害根荄」，雖為論述「聖人內藏」而發，但也可作為文學藝術理論加以應用。本章自「鼓不滅於聲」至「物至而應」，出自《文子・上德》。自「飾其外者」至「天下無之也」，出自《文子・符言》。

【注　釋】❶臧　古「藏」字。原文作「滅」，依王念孫校改。❷沒於形　即藏於形。❸弗吹弗聲　弗聲，原文作「無聲」，依王念孫校改。《白虎通義》謂「聲者，鳴也。言管簫有音，弗吹弗鳴也」。❹內藏　指虛靜內守。❺不為物倡　即〈原道〉中所言「所謂無為者，不先物為也」。本篇原文作「先倡」，依俞樾校刪「先」字。倡，倡導；帶頭。❻其　原文無此字，依王念孫校補。❼賢　原文作「質」，依王念孫校改。❽為　原文無此字，依王念孫校補。❾羽翼美者　指羽翮強勁有力。❿根荄　植物的根。荄，草根。

【語　譯】鼓不隱藏聲音，所以能發出聲響。鏡子不掩沒形象，所以能照出形象。鐘、磬能發出聲響，但是不敲擊它們就不發出響聲。管、簫能發出聲音，但是不吹它們就不發出聲音。聖人虛靜內守，不在萬物行動之前加以倡導。事物來了就加以制約，採取相應的行動。粉飾外在行為會傷害內在心靈，放任嗜欲的會傷害精神，顯現文飾的會掩蔽樸質的美。沒有片刻會忘記要做一個賢人的，必然會困擾本性；在百步之內不忘記修整自己容顏的人，必然會連累形體。因此羽翼硬朗有力的會傷害骨頭，枝葉茂盛的會傷害根。能做到兩全其美的，天下沒有。

天有明，不憂民之晦❶也，百姓穿❷戶鑿牖，自取照❸焉。地有財，不憂民之貧也，百姓伐木芟草，自取富焉。至德道者❹若丘山，嵬然❺不動，行者以為期❻。直己而足物，不為人贛❼，用之者亦不受其德，故寧而能久。天地無予也，故無奪也。日月無德也，故無怨也。喜德者必多怨，喜予者必善奪。唯滅跡於無為、而隨天地自然者，為能❽勝理而無愛名❾。名興則道不行❿，道行則人無位矣。故譽生則毀隨之，善見則惡⓫從之。

【章　旨】這一章仍是講君王無為之道。作者從天有明而不憂民之晦、地有財而不憂民之貧，推論「至德（得）道者」的「直己而足物，不為人贛（賜）」，「故寧而能久」。提出應「無予」、「無德」，「唯滅跡於無為、而隨天地自然者」，始能任理而不愛名。並說行道與立名位是相互對立之事，而譽生則毀來，善見則惡至。主張去名、去位、去譽、去善。本章主要內容和語句出自《文子・符言》。

【注　釋】❶晦　黑暗。❷穿　打通。❸照　照亮。❹至德道者　指得道達到最高境界的人。至，極。德，同「得」。❺嵬然　高大的樣子。嵬，山高之狀。❻期　期望。❼直己而足物二句　舊注謂「己，己山也。言山特自生萬物以足百姓，不為百姓故生之也」。直，但；僅僅。贛，通「貢」。賜給。❽為能　原文作「唯能」，依王念孫校改。❾勝理而無愛名　王念孫釋謂「勝亦任也，言任理而不愛名也。隨天地自然，即所謂任理也」。勝理，任理。無愛名，原文作「為受名」，依王念孫校改。❿道不行　原文作「道行」，依王念孫補「不」字。⓫惡　原文作「怨」，依劉家立、王念孫校改。

【語　譯】天空明亮，就不用擔心民眾生活黑暗，老百姓會開門洞、鑿窗子，自己想辦法取得外面的光線來照明。大地上有財寶，就不用擔心民眾貧窮，老百姓會砍伐樹木、芟割野草，自己獲取財寶而富裕起來。最好的得道者就像山丘一樣嵬然不動，依道實踐的人都希望自己能像他一樣。山僅僅是靠自己所有的東西來滿足人們的物質需要，而不賜給人財物，使用財物的人也不認為是接受它的恩惠，所以能寧靜久存。天地沒有給與，所以也沒有奪取。日月沒有恩德，所以沒有怨恨。喜好留下恩德的人一定會招致很多怨恨，喜好給與的人一定善於奪取。只有使形跡消失在無為之間、而隨順天地自然的人，能夠依順自然規律而不愛名。名聲一顯著，道就不能實行了；一實行道，人就沒有名位了。因此榮譽產生，毀謗就隨著來了；善一表現出來，惡就跟著來了。

利則為害始，福則為禍先。唯不求利者為無害，唯不求福者為無禍。侯❶而求霸❷者必失其侯，霸而求王❸者必喪其霸。故國以全為常❹，霸、王其寄❺也；身以生為常，富貴其寄也。能不以天下傷其國、而不以國害其身者，焉可以託天下也❻。

不知道者，釋其所已有❼而求其所未得❽也。苦心愁慮，以行曲故❾，福至則喜，禍至則怖，神勞於謀，智遽❿於事，禍福萌生，終身不悔。己之所生，乃反愁人⓫。不喜則憂，中⓬未嘗平。槖⓭無所監⓮，謂之狂生⓯。

人主好仁，則無功者賞，有罪者釋。好刑，則有功者廢，無罪者誅。及無好者，誅而不怨，施⓰而不德⓱。放準循繩⓲，身無與事，若天若地，何不覆載？故合而和之⓳者君也，制而誅之者法也，民已受誅，無所怨憾⓴，謂之道㉑。道勝㉒，則人無事矣。

【章　旨】這一章有三層意思。一是由「利則為害始，福則為禍先」，說到為侯者不可求霸、為霸者不可求王。提出「國以全為常（尚）」的觀點，指出能不因天下傷其國、不因國害其身的人始能託以天下。二是講「不知道者」的特點，概言之是「釋其所已有（指德）而求其所未得（指名利）」，細言之則謂其「苦心愁慮，以行曲故」，「不喜則憂，中未嘗平。臺無所監，謂之狂生」。三是說人主不可好仁，亦不可好刑。而對「道」作一新的解釋，即所謂「民已受誅，無所怨憾，謂之道」。並說「道勝，則人無事矣」。

【注　釋】❶侯　指諸侯國君主。❷霸　霸主；諸侯之長。❸王　帝王；天子。古稱有天下者為王。❹常　同「尚」。崇尚。下句「身以生為常」之「常」，義亦同此。❺寄　寄託。❻焉可以託句　舊注釋謂「言不貪天下之利，故可以天下托也」。焉，猶「則」也。❼已有　指人固有之「德」。❽所未得　指名利等嗜欲之物。❾曲故　曲巧（曲折而工巧）。❿遽　辛勞。⓫愁人　心懷憂愁之人。此處似指為旁人而愁。《太平御覽》卷七三九引作「怨人」。⓬中　心內。⓭臺　古「握」字。持。原文即作「持」，依王念孫校改。⓮監　通「鑑」。照視，有借鑑之意。⓯狂生　妄為無知的人。⓰施　施捨財物予人。⓱德　謂感激。⓲放準循繩　猶言依循準則。放，依據。⓳合而和之　謂德與天合、心與眾和。和之，原文作「舍之」，依楊樹達校改。⓴無所怨憾　原文作「怨無所滅」，依王念孫校改。怨憾，怨恨。㉑謂之道　《文子》作「謂之道德」。㉒勝　任。

【語　譯】利益是禍害的開端，幸福是災禍的先導。只有不追求利益的人才沒有禍害，只有不追求幸福的人才沒有禍患。做諸侯而追求霸主地位的一定會喪失諸侯的位置；做了霸主而追求帝王位置的一定會喪失霸主的地位。所以國家所崇尚的是得以保全，霸主、帝王只是國家的寄託；人身崇尚的是活著，富貴只是人身的寄託。能不因為天下而損害他的諸侯國、不因為諸侯國而傷害自身的人，就可以將天下託付給他。

不懂得「道」的人，拋棄他已有的「德」而追求未得到的名利。苦心愁思，而施用曲巧，幸福到來就喜悅，災禍臨頭就害怕，精神為謀劃而勞損，心智為處理事情而辛勞，禍福產生，終身都不後悔。都是自己造成的，卻反而憂愁旁人會帶來災禍。他的生活不是喜悅就是憂愁，內心未曾平靜過。不曾握有可以借鑑的東西而任意妄為的人，稱為狂生。

君主喜好仁愛，沒有功勞的人會得到賞賜，有罪的人也會被釋放。君主喜好刑罰，有功勞的人也會被廢棄，無罪的人也會被懲罰。及至君主沒有喜好，受到懲罰的人不會怨恨，接受財物的人不會感激。一切都依循準則，君主自身不參與其事，就像天與地一樣，有什麼不能覆蓋、不能承載？所以能夠德與天合、心與眾和的是君王，制約人們的行為而給與懲罰的是法律，民眾已經受到懲罰，卻沒有怨恨，就可以說君主掌握了「道」。「道」得到任用，那麼人就沒有什麼事要操心了。

聖人無屈奇之服❶，無瑰異之行❷，服不視❸，行不觀❹，言不議❺，通而不華❻，窮而不懾❼，榮而不顯，隱而不窮，異而不見怪，容而與眾同，無以名之，此之謂大通❽。

升降揖讓❾，趨翔周旋❿，不得已而為也，非性所有於身。情無符檢⓫，行所不得已之事⓬，而不解構⓭耳，豈加故為⓮哉！故不得已而歌者，不事為悲；不得已而舞者，不務⓯為麗；歌舞而事為悲、麗者，皆無有根心者⓰。

善博⓱者不欲牟⓲，不恐不勝，平心定意，投得其齊⓳，行由其理⓴，雖不必勝，得籌㉑必多。何則？勝在於數㉒，不在於欲㉓。馳㉔者不貪最先，不恐獨後，緩急調乎手，御心調乎馬，雖不能必先載㉕，馬力必盡矣。何則？先在於數，而不在於欲也。是故滅欲則數勝㉖，棄智則道立矣。

【章旨】這一章講聖人「大通（與道融通為一）」之理。一從聖人「服」、「行」、「言」、「通」、「窮」、「榮」、「隱」、「異」、「容」的特點，言其「大通」之表現，總的特點是平實而不求異，質樸而不矜華。二說能「大通」者，即使有所為也是「不得已而為」，「行所不得已之事」。非其性所致，更非故意而為。就像不得已而歌、舞者，不會有意追求悲、麗一樣。三以「博者」、「馳者」為例，說明凡事「先在於數，而不在於欲」。提出「滅欲則數勝，棄智則道立」。本章首段出自《文子・符言》。

【注釋】❶屈奇之服　奇服。或謂奇裝異服。屈奇，雙聲字，均有怪異之義。舊注則謂「屈，短。奇，長也。服之不衷，身之災也」。❷瑰異之行　奇異的行為。❸服不視　舊注謂「其所服，眾不觀視也」。❹行不觀　謂其行為平常，不引起旁人注意。❺言不議　謂其言論平實一如眾人所言，不引起他人議論。❻通而不華　謂通達而不炫耀。❼懾　恐懼。❽大通　融通無礙而無困窮之境。此指與道相通。❾升降揖讓　古代賓主相見的禮儀。升降，指在室外臺階上上升下降。揖讓，拱手禮讓。❿趨翔周旋　趨翔，前行張拱雙手如鳥之振翅，形容莊敬。周旋，應酬。原文作「周遊」，依劉家立、楊樹達校改。⓫情無符驗　舊注釋謂「情無符檢，非所樂也」。符檢，指符合禮儀法式。檢，法式。⓬不得已之事　舊注謂「揖讓者，不得已而為」。⓭解構　解遘。同「邂逅」。不期而遇。⓮故為　舊注謂「豈故哉，遭時宜而制禮，非故為也」。⓯務　義如「事」，從事。原文作「矜」，依蔣禮鴻校改。⓰歌舞而事二句　舊注釋謂「中無根心，強為悲、麗」。悲，指歌。麗，指舞。古以歌悲為美，悲有動聽之義。而事，原文作「而不事」，依楊樹達、蔣禮鴻校刪「不」字。根心，猶言本心、本意。⓱博　通「簙」。棋類。⓲牟　倍勝。⓳投得其齊　指投箸而言。投得，原文作「捉得」，依王念孫校改。齊，得當。⓴行由其理　指行棋而言。㉑籌　籌碼。計數所用之物。㉒數　技藝；技術。下句「先在於數」之「數」義同。㉓在於欲　舊注謂「欲勝也」。㉔馳　競走。指賽馬。㉕先載　先勝。《正字通》言「載，勝也」。㉖數勝　指技藝得以任用。

【語譯】聖人不穿奇裝異服，也沒有奇異的行為。他穿的服裝不會惹人注目，他的行為不會引起注意，他說的話不會招來議論，他事業通達而不炫耀，處於困境卻不恐懼，榮耀卻不顯露，隱居卻不困頓，特異而不遭受責怪，容貌和一般人相同，沒有辦法稱呼它，這就叫做和道融通而沒有阻礙。

在臺階上或升或降，拱手禮讓，趨行如鳥展翅，周旋應酬，這都是沒有辦法要做的事，並不是人自身的本性使然。他這樣做時，情感並不符合禮儀法式，他是在做沒有辦法不做的事，而不是偶然如此，哪會是故意的呢！所以不得不唱歌的人，不刻意追求歌聲的悲切；不得不跳舞的人，不刻意追求舞姿的漂亮；唱歌、跳舞而專一追求歌聲悲切、舞姿漂亮，都不是本意而是勉強做出來的。

善於博棋的人不想倍勝於人，也不害怕不會獲得勝利，他心意平靜，投箸投得適當，走棋走得合理，雖然未必會獲勝，但贏得的籌碼一定很多。為什麼呢？是因為勝負在於技藝，而不在於欲望。會賽馬的人不貪圖跑在最前面，也不怕單獨落在後面，用手來調節快慢，藉由協調馬的動作來駕控馬的精神，這樣雖然未必會先勝利，但是馬的能力一定會盡量發揮出來。這是什麼原因呢？是因為馬能否跑在前面決定於御馬者的技巧，而不是在於賽馬人的欲望。因此消滅人的欲望，技藝就能正常發揮；拋棄智巧，「道」就可以建立了。

賈❶多端❷則貧，工多技則窮，心不一也。故木之大者害其條❸，水之大者害其深。有智而無術，雖鑽之不達❹；有百技而無一道，雖得之弗能守。故《詩》曰：「淑人❺君子，其儀❻一也。其儀一也，心如結❼也。」君子其結於一乎？

舜彈五絃之琴❽，而歌〈南風〉❾之詩，以治天下。周公殽臑❿不收於前，鐘鼓不解於縣，以輔成王而海內平。匹夫百晦一守⓫，不遑⓬啟處⓭，無所移之也。以一人兼聽⓮天下，日有餘⓯而治不足，使人為之也。

處尊位者如尸⓰，守官者⓱如祝宰⓲。尸雖能剝狗燒彘，弗為也，弗能無虧⓳；

俎豆⑳之列次㉑，黍稷之先後㉒，雖知弗教也，弗能無害㉓。不能祝者，不可以為祝，無害於為尸㉔；不能御者，不可以為僕㉕，無害於為左㉖。故位愈尊而身愈佚，官㉗愈大而事愈少。譬如張琴㉘，小絃㉙雖急，大絃㉚必緩。

【章旨】這一章前二段用眾多例子說明君子行事須固結於一。說明用心專一的重要性。第三段說「處尊位者」不須事必躬親，謂其能為亦可弗為、雖知亦應弗教。甚至提出「位愈尊而身愈佚，官愈大而事愈少」，顯然是在闡揚無為而治的治政思想。

【注釋】❶賈　商人。❷多端　多術。指多種經營手段。❸木之大者句　樹木粗大便不一定長得長（高），故謂「木之大者害其修」。條，通「脩」。長。劉安避其父劉長之諱，《淮南子》凡言「長」皆云「脩」。❹達　原文作「通」，依王念孫校改。❺淑人　善良的人。❻儀　指言行、態度。❼結　固結。❽五絃之琴　琴五絃，至周有七律，增為七絃。❾南風　歌詩名。舊注謂「愷樂之風」。❿殽臑　殽為帶骨熟肉，臑為臂（自肩至肘稱臂）。此指周公進餐時所用食物。⓫百晦一守　舊注謂「百晦（同『畝』）之田，一夫一婦守也」。⓬不遑　無暇。⓭啟處　如言在家安息。啟，小跪。處，居；坐。⓮兼聽　聽取多方面意見或情況。⓯日有餘　時間有餘。⓰尸　古代祭祀時，代死者受祭、象徵死者神靈的人，以臣下或死者的晚輩充任。《公羊傳・宣公八年》何休注謂「祭必有尸者，節神也。禮，天子以卿為尸，諸侯以大夫為尸，卿大夫以下以孫為尸」。⓱守官者　守其官職者。指官吏。⓲祝宰　司祝之官。助主人饗神者。⓳無虧　沒有欠缺。⓴俎豆　祭祀時盛牛羊豬等祭品的兩種禮器。㉑列次　次第；次序。㉒黍稷之先後　指祭品黍、稷陳放的前後位置。稷，指穀子。黍，稷之黏者，一說即黏黃米。㉓弗能無害　王念孫言「謂雖弗能亦無害於事也」。無害，原文作「害也」，依王氏校改。㉔無害於為尸　無害者可以為尸。㉕僕　僕人。㉖左　指君位、主位。原文作「佐」，依俞樾校改。《禮記・曲禮》正義曰：「車行則有三人，君在左，僕人中央，勇士在右。」㉗官　原文作「身」，依蔣禮鴻校改。㉘張琴　設琴。㉙小絃　指最細的絃。㉚大絃　指最粗的絃。

【語譯】商人經營的手段很多就會陷入貧窮中；工匠的技藝很多就會陷於困窘之中，因為用心不專一。所以樹木長得很粗就會妨害它的高度，水面廣大就會妨害它的深度。有智慧而沒有技術，即使能鑽也鑽不通；有百種技術而沒有用心專一的原則，即使一時掌握了技術也守不住。所以《詩經》上說：「我們那些善良的君子，他們對待人的態度是一樣的。他們對待人的態度是一樣的，心就像固結在一起。」君子們的固結大概就固結在專一上面吧？

虞舜彈著五絃琴，唱著〈南風〉歌，而治理天下。周公常常連面前的食物都來不及收拾，掛著的鐘鼓也來不及解下來，就忙於處理政務，用這種精神來輔助成王而使得天下太平。普通百姓守著那一百畝田，忙得在家安息的空閒都沒有，始終不離開土地。用一個人的力量來聽取天下各方面的情況，即使時間有餘也不能治理得好，他只能讓別人來做這些事。

處於尊貴地位的人就像代替死者受祭的尸一樣，守其官職的人就像行祭的祝宰。為尸的人雖然有剝狗皮、燒豬肉的能力，卻不做那些事，但即使不會做這些事也沒有欠缺；俎和豆的排列次序、黍和稷陳列的位置，他即使知道也不會教人，但即使不知道也對事情沒有妨害。沒有能力祝告的人，不可擔任祝宰，但不會妨害他為尸；沒有能力駕馭車馬的人，不可作僕人，但不會妨害他處於主人之位。所以地位愈尊貴身體就愈安逸，官位愈大而事務就愈少。就好像設琴彈奏一樣，細絃雖然彈得急促，但最粗的絃必然撥得緩慢。

無為者，道之體也；執後者，道之容也❶。無為制有為，術也；執後之制先，數也。放❷於術則強，審❸於數則寧。今與人卞氏之璧❹，未受者，先也；求而致之，雖怨不逆❺者，後也。三人同舍，二人相爭，爭者各自以為直，不能相聽，一人雖愚，必從旁而決之，非以智也❻，以❼不爭也。兩人相鬬，一羸❽在側，助一人則勝，救一人則免，鬪者雖強，必制❾一羸，非以勇也，以不鬪也。由此觀之，後之制先，靜之勝躁，數也。倍❿道棄數，以求苟遇⓫，變常易故，以知要遮⓬，過則自非，中則以為候⓭，闇行繆改⓮，終身不寤，此之謂狂。有禍則詘⓯，有福則嬴⓰，有過則悔，有功則矜，遂不知反，此之謂狂⓱。

【章旨】這一章的主旨全在文章開頭六句。首二句「無為者，道之體也；執後者，道之容也」是從不同角度說明「道」的特點。次二句是說「無為」、「執後」的強大作用。所謂「無為制有為，術也；執後之制先，數也」。末二句是講依循這種特點而行事的重要性。所謂「放（依）於術則強，審於數則寧」。接著三個例子分別解說何謂先、後，以及「後之制先」、「靜之勝躁」。最後說及「狂」的表現，實是講「倍（背）道棄數」的危害，再度強調無為、執後的重要性。

【注釋】❶無為者四句　皆以人喻「道」。體，主體。執後，處於後。即本書〈原道〉所謂「不先物為也」。❷放　依；因。❸審　指審慎運用。❹卞氏之璧　即和氏璧。卞，卞和。此玉璧乃卞和所發現，故此又稱為卞氏之璧。❺不逆　指不違背「求而致之」的初衷。逆，違背。❻也　原文無此字，依莊逵吉所引「吳處士江聲」說校補。❼以　原文無此字，亦依江聲說校補。❽羸　指瘦弱之人。❾制　「制於」之義。❿倍　通「背」。違背。⓫苟遇　不當得的機遇。⓬以知要遮　謂用智術去攔截「苟遇」。要遮，攔截；阻留。⓭候　候望；伺望。⓮闇行繆改　意謂暗中行事，假裝改正。繆，詐偽。⓯詘　通「屈」。卷屈。⓰嬴　滿。有自滿、驕矜之義。⓱此之謂狂　原文作「此謂狂人」，依劉文典校改。

【語譯】無為，是道的主體；處於後，是道的容貌。用無為制約有為，這是一種方法；處於後能制服居先者，這是一個規律。依照無為制約有為的方法行事就會強大，審慎地運用處後能制服居先的規律就會安寧。現在給人一塊和氏璧，未曾得到的，就是居先；努力求索而得到它、即使被人埋怨而不違背求索的本意，就是處於後。三個人同住在一間客舍中，其中兩個人發生爭執，爭論的人各自認為自己理直，不能細聽對方的話，另一個人雖然愚蠢，一定會在旁作出決斷，並不是憑藉他的智慧，而是因為他沒有參與爭執。兩個人打架，一個瘦弱的人在旁邊，他幫助其中一個，這個人就會獲勝；他救其中一個，這個人就能免於挨打，打架的人雖然身體強壯，一定會受到一個瘦弱者的制約，這個瘦弱者並不是憑藉勇猛，而是因為他不參與打架。從這些看來，處後能制約居先，守靜能制服躁動，是一個規律。違背道、拋棄規律以求得不當得的機遇，改變常規和原有的法度，用智術來攔截機遇，機遇錯過了就自我譴責，得到了就認為是等候到的，暗自行動，假裝改正，終身都不醒悟，這就叫做顛狂。有災禍發生就屈服，有幸福降臨就自我滿足，有了過錯就後悔不迭，有了功業就誇耀不已，始終不知返歸本性，這就叫做顛狂。

員之中規，方之中矩，行成獸，止成文❶，可以將少，而不可以將眾。蓼菜❷成行，瓶甌有堤❸，量粟而舂，數米而炊，可以治家，而不可以治國。滌杯而食，洗爵而飲，浣而後饋❹，可以養家老，而不可以饗三軍。非易不可以治大，非簡不可以合眾。大樂必易，大禮必簡。易故能天❺，簡故能地❻。大樂無怨，大禮不責。四海之內，莫不繫統，故能帝也。

心有憂者，筐牀❼衽席❽弗能安也，菰飯❾犓牛❿弗能甘也，琴瑟鳴竽⓫弗能樂也。患解憂除，然後食甘寢寧，居安游樂。由是觀之，性有以樂也，有以哀也⓬。今務益性之所不能樂，而以害性之所以樂，故雖富有天下，貴為天子，而不免為哀之人。凡人之性，樂恬⑬而憎憫⑭，樂佚而憎勞。心常無欲，可謂恬矣；形⑮常無事，可謂佚矣。遊心⑯於恬，舍形⑰於佚，以俟天命，自樂於內，無急於外，雖天下之大，不足以易其一槩⑱。日月廋⑲而無溉⑳於志，故雖賤如貴，雖貧如富。

【章　旨】這一章分為兩段。第一段用三個例子說明一些具體的做法、特長只能解決小問題，提出「易」、「簡」、「繫統」的治事原則。這裡說的「易」、「簡」及「繫統」，實指無為之道。本段大意實言無為之重要及作用之大。第二段先以生活實例說明人「性有以樂也，有以哀也」，而不可「務益性之所不能樂，而以害性之所以樂」。指出人性是「樂恬而憎憫，樂佚而憎勞」，而能做到「遊心於恬，舍形於佚，以俟天命，自樂於內，無急於外」，就能得其自由而不為外物影響。這實際上是以無為為原則，講人如何做到心理平衡。

【注　釋】❶行成獸二句　馬宗霍說：「下文云『可以將少而不可以將眾』，是《淮南》此節本以將兵為喻，行止二句當指軍容而言。」案：馬氏之前，楊樹達嘗言「今按『行成獸』，乃謂勒眾時行陣之名，猶《左傳》云鸛鵝之陣之比，故下文云『可以將少不可以將眾也』」。本書〈泰族〉云「員中規、方中矩、動成獸、止成文，可以愉舞，而不可以陳軍」，與本章所言義同。舊注謂「文謂威儀文采」。❷蓼菜　辛菜。舊注謂「蓼菜小，皆有行列也」。❸瓶甌有堤　堤，通「提」。楊樹達說「『瓶甌有提』，提謂用手提挈之處」。舊注則謂「堤」乃「瓶甌下安下」（即瓶甌的底座）。譯從楊說。甌，盆盂類瓦器。❹饋　進食。❺易故能天　本書〈天文〉言「元氣有涯垠。清陽者薄靡而為天」，此處「易」當因元氣形成天而言。❻簡故能地　〈天文〉言「元氣有涯垠。……重濁者凝滯而為地」，此處「簡」當因元氣形成地而言。❼筐牀　方床。一名正床，方正安適之床。❽衽席　臥席。舊注謂「衽，柔弱也」，則此當指臥席之柔軟者。❾菰飯　菰實（即雕胡米、茭米、雕蓬）所作之飯。古人作為五飯之一。❿犓牛　圈養之牛。此指牛肉。犓，把草斬斷餵養圈牛。⓫鳴竽　樂器名。⓬性有以樂也二句　原文作「生有以樂也，死有以哀也」，依蔣禮鴻校改。⓭恬　安靜；心神安適。⓮憫　憂愁。⓯形　形體。指人的身體。⓰游心　留心；存心。

⑰舍形　馬宗霍釋謂「『舍形』與『游心』為對。『舍』猶息也，休也」。⑱一槩　一節；一端。楊樹達以「槩」之本義，即量粟麥時刮平斗斛的木板。解「一槩」為卑小，亦為一說。⑲廋　隱匿。⑳溉　同「概」。感。舊注訓為「灌」，並釋謂「不以他欲灌其志也」。

【語譯】擺出的圓形陣勢與圓規相符，擺出的方形陣勢與矩相合，作戰時能擺成禽陣、獸陣，駐紮下來則威儀不凡，這樣的指揮者可以率領少量的兵，卻不能帶領很多兵。讓蓼菜長成一行一行，為瓶、甌安上把手，量好穀子來舂搗，數好米粒來做飯，這可以治理好家庭，卻不能治理國家。洗淨杯子吃飯，洗好爵飲酒，洗臉、洗手以後再進餐，這種方法可以奉養家裡的老人，卻不能招待三軍。不簡易不能治理大的事物，不簡易不能夠聯合眾人。大的音樂一定簡易，大的法令也必然簡易。正因為簡易，所以能形成天；正因為簡易，所以能形成地。大的快樂沒有怨恨，大的禮節不責怪人。四海之內，沒有什麼不統屬於它，所以它能成為萬物的主宰。

心中懷有憂愁的人，就是躺在方床的柔軟席子上也不能睡得安寧，就是吃菰米飯、牛肉也不覺得味美，就是聽人彈琴、鼓瑟、吹竽也不感到快樂。禍患解除、憂愁去掉以後，才吃得香、睡得安寧，住行都感到安樂。從這些看來，人的性情快樂是有原因的，悲哀也是有原因的。現在致力增加使性情不快樂的因素，卻傷害了快樂的因素，所以即使富裕而擁有天下，成為尊貴的天子，卻免不了仍是悲哀的人。人的本性，都喜歡恬靜而憎惡憂愁，喜歡安逸而憎惡勞苦。心中常常沒有嗜欲，就可以說是恬靜了；身體常常不做事，就可以說是安逸了。讓心悠遊於恬靜中，使身體在安逸中休息，而等待天命，心中自我安樂，心外沒有焦急，這樣的人，即使天下之大也不能改變他的一端。即使日月藏匿也不能感動他的心志，所以即使低賤也猶如富貴一般，即使貧窮也如同富裕一樣。

大道無形，大仁無親，大辯❶無聲，大廉無嗛❷，大勇不矜，五者無棄，而幾鄉方❸矣。

軍多令則亂，酒多約❹則辯。亂則降北❺，辯則相賊❻。故始於都❼者，常卒❽於鄙❾；始於樂者，常卒於悲。其作始簡者，其終卒必調❿。今有美酒嘉肴以相饗，卑體婉辭以接之，欲以合歡，爭盈爵之間⓫反生鬬。鬬而相傷，三族⓬結怨，反其所憎，此酒之敗也。

詩之失，辟⓭；樂之失，刺⓮；禮之失，責⓯。

徵音非無羽聲也，羽音非無徵聲也。五音莫不有聲，而以徵羽定名者，以勝者也。故仁義智勇，聖人之所備有也，然而皆立一名⓰者，言其大者也。

【章　旨】這一章文分四段，各段內容相對獨立，唯一、二、三段略有聯屬關係。大抵第一段以無為觀點解說什麼是「大道」、「大仁」、「大辯」、「大廉」、「大勇」，並說能具備這些特點，便接近「道」了。第二段亦以無為為中心思想，講「軍多令則亂，酒多約則辯」，說明行事多不如「簡」。還對「爭」加以否定。第三段則指出詩、樂、禮失去本意所出現的弊病。第四段以徵音內含羽聲、羽音內含徵聲，而以徵、羽定名為例，說明聖人本是仁義智勇皆備的，而之所以只立一名，是就其大的特點而言。

【注　釋】❶大辯　大的巧辯。❷嗛　同「歉」。缺少；不足。❸鄉方　向道接近。舊注謂「方，道也。庶幾向於道也」。❹約　此指眾人飲酒時共同遵守的規矩。類似後來的酒令。❺降北　兵敗投降。❻賊　害。❼都　指首都或都會（諸侯的都城）。❽卒　原文作「大」，依王念孫校改。下句「卒於悲」之「卒」，原文亦作「大」，亦依王氏校改。❾鄙　邊遠之處。❿調　眾多。馬宗霍從段玉裁校正《說文》「調，和也」作「龢也」，謂「龢」從「龠」得義，而龠乃「樂之竹管三孔以和眾聲也」，眾聲相和謂之調，故調由本義引申之，有眾多之意。又本句中「卒」，原文作「本」，依王念孫校改。⓫爭盈爵之間 舊注謂「爵所以飲，爭滿不滿之間」。⓬三族 說法不一，一說指父族、母族、妻族。⓭詩之失二句 謂《詩》中之詩本正僻，失之則使人返僻。舊注釋謂「《詩》者，衰世之風也，故邪而以之正。小人失其正，則入於邪」。僻，邪。⓮樂之失二句 舊注釋謂「鄉飲酒之樂歌〈鹿鳴〉，〈鹿鳴〉之作，君有酒肴，不召其臣，臣怨而刺上者非也」。刺，諷刺。⓯禮之失二句 舊注釋謂「禮無往不復，有施於人則責之」。責，責怪之義。⓰立一名 立一聖人之名。

【語　譯】 大道沒有形體，大的仁愛沒有特別親愛的人，大的巧辯沒有聲音，大的廉潔沒有欠缺的感覺，大的勇敢不自我炫耀，如果能具備這五者，就差不多接近道了。

軍中命令一多就會混亂，飲酒規矩一多就會引起辯論。軍隊一混亂就兵敗投降，喝酒一辯論就會相互為害。所以最初從都城出發的將士，常常死在邊地；開始很快樂喝酒的人，最後常常會陷入悲哀之中。那些開始興起時簡易的東西，最終一定會以眾多的形式結束。現在有美酒嘉肴招待客人，態度謙恭、言語婉轉來接待他們，是想讓大家一起歡樂的，結果在爭論酒杯裡的酒滿不滿時，反而發生了打架的事。一打架就會相互傷害，三族的人都結下怨仇，反而使主人成了大家憎惡的人，這是喝酒壞了事。

失去詩的本意，人們就會放縱邪惡的行為；失去樂的本意，人們就會用樂諷刺君主；失去禮的本意，人們就會互相責怪。

在徵音中並不是沒有羽聲存在，在羽音中也不是沒有徵聲存在。在五音中沒有哪一種音不包含徵聲、羽聲，卻偏要用徵音、羽音來確定兩種音的名稱，是因為這兩種音中徵音、羽音超過其他的音。所以仁、義、智、勇，是聖人都具備了的，但是都給他們確立一個具體的名稱，是要突出他們大的特點。

陽氣起於東北，盡於西南；陰氣起於西南，盡於東北。陰陽之始，皆調適❶相似，日長其類，以侵❷相遠，或熱焦沙❸，或寒凝水❹，故聖人謹慎其所積。

水出於山，而入於海；稼生於野，而藏於廩❺。見所始，則知終矣。席之先萑蕈❻，樽❼之上玄酒❽，俎之先生魚❾，豆之先泰羹❿，此皆不快於耳目、不適於口腹，而先王貴之⓫，先本而後末。

【章旨】這一章的前兩段分別用當時人們所認知之自然現象，說明「聖人謹慎其所積」和「見所始，則知終」。第三段則以日常生活和祭祀規矩為例，說明先王做事「先本而後末」的道理。

【注釋】❶調適　調和暢適。❷侵　「浸」之本字。浸，漸進。❸焦沙　炙熱之沙。❹凝水　凝凍之寒水。❺廩　米倉。此處泛指倉庫。❻萑蕈　即蘆席。萑，即蒹葭。又名蘆葦。原文作「雚」，依楊樹達校改。❼樽　舊注謂「酒器，所尊者玄水」。❽上玄酒　崇尚玄酒。上，同「尚」。玄酒，即水。上古無酒，以水代酒之用，水本無色，古人習以為黑色，故稱玄酒。❾先生魚　以生魚為先。先，義同「上」。舊注謂「祭俎上肴以生魚也」。❿豆之先泰羹　舊注釋謂「木豆謂之豆，所盛泰羹，不調五味也」。泰羹，大羹。祭祀用的肉汁。⓫貴之　舊注謂「所祭宗廟也」。

【語譯】陽氣從東北興起，在西南結束；陰氣從西南興起，在東北結束。陰氣、陽氣興起的時候，都是相互調和暢適，情形相似，後來各自一天天生長，而漸漸相距很遠，有的比炙熱的沙子還要熱，有的比凝凍的水還要寒冷，所以聖人很謹慎地對待他的積累。

水從山中流出來，而注入海中；莊稼生長在田野裡，而被收藏在倉庫中。看見事物開始的情形，就知道它的結果。

鋪的席子崇尚蘆席，杯裡裝的酒崇尚玄水，俎中裝的祭品崇尚生魚，豆裡盛的祭品崇尚肉汁，這都是一些使耳目不痛快、口腹不舒適的東西，但先王卻尊崇它們，是因為先王以本為先而以末為後。

聖人之接物，千變萬軫❶，必有不化而應化者。夫寒之與暖相反，大寒地坼❷水凝，火弗為衰其熱❸；大暑❹鑠石流金❺，火弗為益其烈❻。寒暑之變，無損益於己，質有定也❼。

聖人常後而不先，常應而不唱❽；不進而求，不退而讓；隨時❾三年，時去我先；去時三年，時在我後，無去無就，中立其所❿。

天道無親，唯德是與⓫。有道者不失時與人⓬，無道者失於時而取人。直己⓭而待命，時之至不可迎而反⓮也；要遮⓯而求合，時之去不可追而援⓰也。故不曰我無以為而天下遠，不曰我不欲而天下不至。

【章　旨】這一章文分三段。第一段以火自身本質穩定而寒暑不能損益其熱為例，說明「聖人之接物，千變萬軫，必有不化而應化者」。第二段說「聖人常後而不先，常應而不唱；不進而求，不退而讓」。是具體闡明聖人如何無為。第三段以「天道無親，唯德是與」為前提，說「有道者不失時與人，無道者失於時而取人」。本章二、三段文字多出自《文子・符言》。

【注　釋】❶軫　轉。❷坼　裂開。❸熱　原文作「暑」，依王引之校改。❹暑　原文作「熱」，依王引之校改。❺流金　指金屬鎔化而成液體。❻烈　（火）猛。❼寒暑之變三句　王引之釋謂「言火有一定之質，故不為寒暑損益也」。質有定，原文作「質有之」，依王引之校改。❽唱　同「倡」。倡導。❾隨時　順應時勢。《國語・越語》：「夫聖人隨時以行，是謂守時。」注謂「隨時，時行則行，時止則止」。隨，順；從。❿無去無就二句　無去無就，與上句「不進」、「不退」義同，皆指從時。中立其所，亦謂不可先於時，不可後於時，獨立其中，隨時安處。⓫天道無親二句　是說天道無所親私，只給與那些有「德」

之人。《老子》第七十九章嘗言「天道無親，常與善人」。⓬有道者句　舊注釋謂「失時，失其時。非失其時以與人」。⓭直己謂自身守正不阿。⓮迎而反　謂背離時機而返。迎，逆；反，向。⓯要遮　邀遮；攔截。⓰援　拉；拽。

【語譯】聖人和外物接觸，雖然事物千變萬轉，但一定有本身不變而能適應各種變化的根本原則。寒冷和溫暖是相反的，大寒時節大地凍得裂開、水凝固成冰，但火卻不因此而降低熱度；大暑時節石頭熱得熔化，金屬也成為流動的液體，但是火卻不因此而升高它的熱度。寒暑的變化，對火的熱度沒有減低或增高，是因為火的本質是固定的。

聖人常常處在後面而不領先，常常適時回應而不加以倡導；不向前去求索，也不退後以辭讓；從時三年，時間過去我就變成在前面；過去的時間有三年，那時間落在我的後面，我既不應走在時間的前面，又不要落在時間的後面，而是要處於中間隨時而安。

天道是無所親私的，它只幫助有德的人。有道的人不會錯失時機地給與人，無道的人錯失了時機而向人索取。為人正直而等待命運變化的人，時機來臨不能背離而返回；攔截時機而求得遇合的人，時機過去就不能追回而將它拽住。所以不說我沒有辦法行動，因而天下離我遙遠；不說我不想得到天下，因而天下未到我的手中。

古之存己❶者，樂德而忘賤，故名不動志❷；樂道而忘貧，故利不動心。名利充天下，不足以概志❸，故廉而能樂，靜而能澹。故其身治者，可與言道矣。

自身以上❹至於荒芒❺，亦❻遠矣；自死而天下無窮❼，亦滔❽矣。以數雜❾之壽，憂天下之亂，猶憂河水之少，泣而益之也。龜三千歲❿，浮游⓫不過三日，以浮游而為龜憂養生之具，人必笑之矣。故不憂天下之亂而樂其身之治者，可與言道矣。

君子為善，不能使福必來；不為非，而不能使禍無至。福之至也，非其所求，故不伐⑫其功；禍之來也，非其所生，故不悔其行。內脩極⑬而橫禍⑭至者，皆天也，非人也。故中心常恬漠，不累其德⑮；狗吠而不驚，自信其情⑯。故知道者不惑，知命者不憂。

萬乘之主卒，葬其骸於廣野⑰之中，祀其鬼神⑱於明堂⑲之上，神貴於形⑳也。故神制則形從㉑，形勝則神窮㉒。聰明雖用，必反諸神㉓，謂之太沖㉔。

【章　旨】這一章文分三段，依次講治身、修德、存神。第一段既說「故其身治者，可與言道矣」，又說「故不憂天下之亂而樂其身之治者，可與言道矣」，可見作者講的治身是和道聯繫在一起的，或謂以道治身、治身合道。當然講以道治身的目的還是在宣揚以道治國。因為本篇前已說過「未嘗聞身治而國亂者也。未嘗聞身亂而國治者也」。第二段的要義就是「知道者不惑，知命者不憂」二句。作者認為禍福皆由天定，非人力所能為，故人只能「心常恬漠，不累其德」，而「有惑」、「有憂」則不知道、不知命。第三段講「神貴於形」，要注意養神，使之處於「太沖」境界。本章不少言辭出自《文子・符言》。

【注　釋】❶存己　存養己性。❷不動志　不以名移志。❸不足以概志　質言之，即無動於衷。概志，感動其志。❹自身以上　舊注謂「從己生以前至於荒芒」。❺荒芒　上古時代。❻亦　原文作「爾」，依王念孫校改。下句「亦」原文也作「爾」，同依王氏校改。❼自死而句　舊注釋謂「從己身死之後，至天地無窮」。❽滔　楊樹達說通「遙」。遠。❾數雜　指幾十歲。謂年歲有限。雜，通「帀（匝）」。周。舊注謂「從子至亥為一帀」。以干支紀年，地支（自子至亥）輪迴一周為十二年。❿龜三千歲　龜吐故納新，故壽三千歲。⓫浮游　蟲名。一曰蜉蝣，又曰渠略。⓬不伐　不誇耀。⓭極　中。指內心。⓮橫禍不測之禍。⓯不累其德　不累，原文作「累積」，依王引之校改。王氏謂「『累積其德』，當依《文子．符言》作『不累其德』。『累』，讀如負累之累。言中心恬漠，外物不能累其德也」。⓰情　指內心實情。《文子．符言》於此句下有「誠無非分」四字。⓱廣野　曠野。空闊的原野。⓲鬼神　楊樹達謂「鬼為人鬼，神為天神，『萬乘之主卒』，乃人鬼，非天神也。鬼神神字若非衍字，亦因鬼而連言及神，乃古書通例」。⓳明堂　廟之中。⓴神貴於形　舊注謂「以人神在堂，而形骸在野」。㉑神制則形從　意如本書〈原道〉所謂「故以神為主者，形從而利」。神制，以精神為宰制。㉒形勝則神窮　意如〈原道〉所謂「以形為制者，神從而害」。舊注則謂「形勝，謂人體躁動，勝其精神，神窮而去也」。形勝，以形體為宰制。㉓聰明雖用二句　舊注謂「聰明雖用，於內以守。明神安而身全」。㉔太沖　極其虛靜和諧的境界。舊注謂「沖，調也」。

【語譯】古代存養己性的人，以「德」為樂而忘記自己的卑賤，所以名譽不能移動他的志向；他以「道」為樂而忘記自己的貧窮，所以利益不能打動他的心。即使名利充滿天下，也不能夠感動他的心志，所以廉潔而能快樂，寧靜而能感到滿足。所以身心修養得好，就可以和他談論道了。從自身出生往上直到上古之時，也夠遠了；從自己死亡到天下無窮無盡之時，也夠遠了。人要憑著幾十歲的壽命，為天下的禍亂而憂愁，就像為河水少而擔憂，要流眼淚來增多河水一樣。龜能活三千歲，可是浮游活不過三天，用浮游的立場替龜所需的養生物資發愁，一定會被人們笑話。所以不為天下的禍亂而憂愁卻以自己身心修養得好為樂的人，就可以和他談論道了。

君子做好事，不一定使幸福到來；不做不對的事，卻不一定使禍患不來。幸福的降臨，並不是他追求到的，所以不向人誇耀自己的功業；禍患降臨，並不是自己造成的，所以他不會對自己的行為感到後悔。加強內心的修養而不測之禍降臨，都是上天決定的，不是人為造成的。所以心中要常常保持恬靜澹漠，不讓外物拖累自己的德；狗叫而不驚駭，自己相信內心的實情。所以了解道的人沒有疑惑，懂得命運的人沒有憂愁。

擁有萬乘兵車的帝王死了，就會把他的屍骸埋葬在空闊的原野中，而在明堂上祭祀他變成的鬼神，這是因為神比形體尊貴。所以精神為主宰，形體就隨順精神活動，如果形體強勝成為宰制者，那精神就會陷入困窮之中。人的聰、明即使要加以使用，也必定要返歸精神，這就叫做「太沖」。

卷一五

兵略

【題解】〈兵略〉專論軍事問題。本書〈要略〉說：「〈兵略〉者，所以明戰勝攻取之數、形機之勢、詐譎之變，體因循之道、操持後之論也。所以知戰陣分爭之非道不行也、知攻取堅守之非德不強也。誠明其意，進退左右無所失擊危，乘勢以為資，清靜以為常，避實就虛，若驅群羊。此所以言兵者也。」還說：「通書文而不知兵指，則無以應卒。」這兩段話基本上概括了本篇的主要內容、說明了作者寫作本篇的意圖。大抵本篇以道論為中心思想，闡明了戰爭和政治的關係，講到將領如何法道治軍、如何掌握作戰的必勝之數，還介紹了一些具體的戰術。

〈兵略〉的觀點有不少來自《孫子兵法》、《荀子・議兵》以及《呂氏春秋》、《文子》言兵的篇章。但它所說的一些重要觀點，是對秦末乃至漢代初期戰爭經驗的總結。雖然帶有黃老道學的理論色彩，仍不失為我國古代軍事學的傑出文獻。

古之用兵者，非利❶土壤之廣而貪金玉之略❷，將以存亡繼絕❸、平天下之亂，而除萬民之害也。凡有血氣之蟲❹，含牙戴角❺，前爪後距❻，有角者觸，有齒者噬❼，有毒者螫❽，有蹏❾者趹❿，喜而相戲，怒而相害，天之性也。人有衣食之情⓫，而物弗能足也，故群居雜處⓬，分不均，求不澹⓭，則爭。爭，則強脅⓮弱而勇侵怯。人無筋骨之強，爪牙之利，故割革而為甲，鑠鐵而為刃。貪昧⓯饕餮⓰之人，殘賊⓱天下，萬人搔動⓲，莫寧⓳其所⓴。有聖人勃然㉑而起，乃討強暴、平亂世、夷㉒險除穢，以濁為清㉓，以危為寧，故不得不中絕㉔。兵之所由來者遠矣。黃帝嘗與炎帝戰矣㉕，顓頊嘗與共工爭㉖矣。故黃帝戰於涿鹿之野㉗，堯戰於丹水之浦㉘，舜伐有苗㉙，啟攻有扈㉚。自㉛五帝而弗能偃㉜也，又況衰世㉝乎！

【章　旨】這一章所論的用兵，實際上指的是古代的正義之戰。義分三層。一是總提，講古代用兵者的目的是什麼，所謂「非利土壤之廣而貪金玉之略，將以存亡繼絕、平天下之亂，而除萬民之害也」。這是對古代正義之戰政治作用的概括。二是從動物的本能作用說起，講到人類戰爭的興起是由於衣食之物分配不均、所求不能滿足引起的。在爭奪衣食之物時，有「貪昧饕餮之人，殘賊天下」，於是就有聖人出來用正義戰爭消滅他，使亂世變為治世。三是以黃帝、顓頊、堯、舜等皆用兵為例，說明「兵之所由來者遠矣」，並講即使五帝也不能不發動正義戰爭，何況衰世呢！本章部分文字出自《文子・上義》。

【注　釋】❶利　圖利；貪利。❷略　獲得。❸存亡繼絕　使滅亡之國復存，斷絕之嗣得續。❹有血氣之蟲　此指各種動物。❺含牙戴角　猶言口中長牙、頭上生角。戴，頂；加於頭上。原文作「帶」，依楊樹達校改。❻距　雄雞足後突出如趾的尖骨，雞鬥時以距相刺。❼噬　咬。❽螫　毒蟲刺人。❾蹏　古「蹄」字。獸足。❿趹　騾馬用後蹄踢人。⓫人有衣食之情　謂人有穿衣吃飯的本性。情，本性。⓬雜處　義如「群居」。雜，有聚、會之意。⓭澹　通「贍」。充足；滿足。⓮脅　威脅；逼迫。⑮貪昧　楊樹達說「昧當讀為沒。《說文》：『沒，湛也。』『貪沒』猶今言貪溺矣」。⑯饕餮　貪婪凶殘。貪財為饕，貪食為餮。⑰殘賊　殺害。殘，殺害；傷害。賊，害；殺害。⑱搔動　動亂不安。指不安定。搔，同「騷」。擾；動。⑲寧安。⑳所　猶「處」。㉑勃然　興起的樣子。㉒夷　削平。㉓以濁為清　此以水喻世道，謂變濁世為清世。濁世指混亂之時世，清世指太平盛世。㉔不得不中絕　此指「貪昧饕餮之人」如殷紂王一般「不得不中絕」。中絕，謂若殷王中相絕滅。㉕黃帝嘗與句　舊注謂「炎帝，神農之末世也。與黃帝戰於阪泉，黃帝滅之」。㉖與共工爭　共工，傳說中天神名（一說為古遊徙不定之部落名）。本書〈天文〉謂「昔者共工與顓頊爭為帝，怒而觸不周之山，天柱折，地維絕。天傾西北，故日月星辰移焉；地不滿東南，故水潦塵埃歸焉」。㉗黃帝戰於句　舊注釋謂「黃帝與蚩尤戰於涿鹿。涿鹿，在上谷」。涿鹿，今屬河北省。㉘堯戰於丹水句　舊注釋謂「堯以楚伯受命，滅不義於丹水。丹水在南陽」。丹水，今屬河南省。㉙有苗　三苗。㉚啟攻有扈　啟，帝啟，禹之子。有扈，古國名，為啟所滅，王室子孫即以國為姓，扈氏即為其後。舊注謂「禹之子啟伐有扈於甘。甘在右扶風郡」。甘，地屬今陝西省鄠縣。㉛自　雖；即使。㉜偃　止；廢止。㉝衰世　未能行道之世。義同後世、季世，與盛世相反。

【語　譯】古代的人用兵，並不是貪圖土地的廣大和獲得珠寶玉石，而是要使滅亡之國能夠再存在、斷絕的後嗣能夠再延續，是要平息天下的動亂而為人民除掉禍害。凡是有血氣的動物，口中長有牙齒、頭上生有角，前有爪、後有距，有角的會頂撞，有牙齒的會咬，有毒的會刺，有蹄的會踢，高興起來便相互戲嬉，發起怒來便相互傷害，這是天生的本性。人有穿衣吃飯的本性，但是所有的物資還不能滿足這些需要，所以人們成群地居住在一起，分配不平均，要求不能滿足，就發生爭執。一發生爭執，強壯的就逼迫弱小的，而勇猛的就欺負膽怯的。人沒有動物那樣強健的筋骨、鋒利的爪牙，所以就割取皮革做成鎧甲，熔化鐵做出刀劍。當那些貪得財物的貪婪凶殘之輩，傷害天下的人民，使得萬人騷動、沒有住處以安居時，便有聖人奮勇出來，討伐強暴之徒、平定亂世、削平險阻之地、清除汙穢之物，把混亂變為太平世道，把危險變為安寧，所以那些貪婪凶殘之輩不能不中途滅絕。戰爭的起源已經很久了。黃帝曾經和炎帝打過仗，顓頊曾經和共工打過仗。因此黃帝在涿鹿之野和蚩尤作戰，堯在丹水岸邊作戰，舜征伐過三苗，啟攻打過有扈。即使在五帝的時代，戰爭也不能廢止，又何況是未能推行王道的衰落時代呢！

夫兵❶者，所以禁暴討亂也。炎帝為火災，故黃帝擒之；共工為水害，故顓頊誅之。教之以道、導之以德而不聽，則臨之以威武❷。臨❸之威武而不從，則制之以兵革❹。故聖人之用兵也，若櫛髮❺耨苗，所去者少，而所利者多。殺無罪之民，而養無義之君，害莫大焉；殫天下之財，而澹❻一人之欲，禍莫深❼焉。使夏桀、殷紂有害於民而立被其患❽，不至於為炮烙；晉厲❾、宋康❿行一不義而身死國亡，不至於侵奪為暴。此四君者，皆有小過而莫之討也，故至於攘⓫天下、害百姓，肆一人之邪而長海內之禍，此天倫⓬之所不取也。所為立君者，以禁暴討亂也。今乘⓭萬民之力，而反為殘賊，是為虎傅翼⓮，曷為弗除！

【章　旨】這一章仍講正義戰爭的作用。先概括說戰爭是用來「禁暴討亂」的，然後說到四層意思。一說戰爭是對為害者教導以道德而不聽時所採取的手段。二說用兵討惡禁暴如同「櫛髮耨苗」，是「所去者少，而所利者多」。三說夏桀、殷紂、晉厲、宋康四君有小過時未加以攻討，結果使得他們「攘天下、害百姓」。說明用兵禁暴的重要性。四說立君本為「禁暴討亂」，而他反用萬民之力傷害萬民，自然應該除掉。可見正義戰爭之必要。本章首尾數句出自《文子・上義》。

【注　釋】❶兵　指戰爭。❷威武　指權勢。❸臨　有治理之義。❹兵革　兵甲。指代戰爭。❺櫛髮　梳髮。櫛，梳子、篦子的通稱。❻澹　滿足。❼深　深重。❽立被其患　指夏桀、殷紂立即遭受被誅討的懲治。❾晉厲　晉厲公。春秋晉景公之子，名壽曼。嘗敗楚軍於鄢陵，因而威震諸侯，益驕侈，多外嬖，欲盡去眾大夫而立諸姬兄弟。以胥童為卿，殺三郤（郤犨、郤錡、郤至），欒書、中行偃遂以其黨襲而弒之。❿宋康　宋康王。戰國宋君，名偃，逐兄剔成自立為王。嘗東敗齊，取其五城；南敗楚，取其地三百里；西敗魏軍，而與齊、魏為敵國。盛血於皮囊，懸而射之，稱為射天。淫於酒、婦人，群臣諫輒射之。諸侯稱之為「桀宋」。偃立四十七年，齊湣王與魏、楚伐宋，殺偃滅宋，而三分其地。⓫攘　亂。⓬天倫　天理；自然之理。天，原文作「大」，依王念孫校改。倫，理；道。⓭乘　利用。⓮傅翼　猶言添翼。傅，通「附」。附著。翼，鳥、蟲的翅膀。

【語譯】戰爭，是用來禁止暴虐、討伐混亂的。炎帝製造火災，所以黃帝捕捉他；共工帶來水害，所以顓頊討伐他。用道來教誨他、用德來引導他，還不聽從，就只好用權勢來治理他。用權勢來治理他還不順從，就只好用戰爭來制服他。所以聖人用兵，就像梳理頭髮和耕耨幼苗一樣，所去掉的頭髮和禾苗很少而獲得的好處很多。殺害沒有罪過的民眾，而供養沒有義行的君主，禍害沒有比這更大的了；竭盡天下的財物，而滿足一個人的欲望，禍害沒有比這更深重的了。假使讓夏桀、殷紂在剛開始殘害民眾時就立即遭受被討伐的禍患，就不會有炮烙那樣的酷刑出現；假使晉厲公、宋康王做一件不義之事就身死國亡，也不至於有侵犯攘奪、施行暴虐的事出現。這四個君主都在有小的罪過時沒有人來討伐他們，所以使他們得以擾亂天下、殘害百姓，放縱一個人的邪惡而使國內禍患增大，這是天理不取的事。古人設立君主的原因，就是要他禁止暴力和征討作亂。現在君王利用萬民的力量，卻反過來做傷害人民的事，這是老虎添上了翅膀，怎麼能夠不把他除掉呢！

夫畜池魚者必去猵獺❶，養禽獸者必去豺狼，又況治人乎！故霸王之兵，以論❷慮之，以策圖之，以義扶之，非以亡存也，將以存亡也。故聞敵國之君有加虐於民者，則舉兵而臨其境，責之以不義，刺之以過行❸。兵至其郊，乃令軍帥❹

曰：「毋伐樹木！毋抉❺墳墓！毋爇❻五穀！毋焚積聚！毋捕民虜❼！毋收六畜❽！」乃發號施令曰：「其國❾之君，傲天侮鬼，決獄不辜❿，殺戮無罪，此天之所⓫誅也，民之所讎也。兵之來也，以廢不義而復有德也。有逆天之道、帥民之賊⓬者，身死族滅！以家聽者祿以家，以里聽者賞以里，以鄉聽者封以鄉，以縣聽者侯以縣⓭。」剋國⓮不及其民，廢其君而易其政⓯，尊其秀士⓰而顯其賢良，振⓱其孤寡，恤⓲其貧窮，出其囹圄，賞其有功。百姓開門而待之，淅米⓳而儲之，唯恐其不來也。此湯、武之所以致王，而齊桓之所以成霸也。故君為無道，民之思兵也，若旱而望雨、渴而求飲，夫有誰與交兵接刃乎！故義兵⓴之至也，至於不戰而止㉑。

【章旨】這一章除首三句說暴亂之君當以戰爭除掉，而講正義戰爭必不可少外，餘皆講霸主、帝王如何用兵，即言正義戰爭如何進行。一場正義戰爭的完成，經過以下幾個階段：先是霸主、帝王「以論（倫，理）慮之，以策圖之，以義扶之」，確定用兵目的乃「非以亡存也，將以存亡也」。然後，當敵國之君加虐於民，就舉兵而臨其境，接著便是揭露、指責對方的罪過。當軍隊開到敵國都城郊外，就要命令軍帥勿為擾民之事。要發號施令，宣傳用兵的目的。在戰爭結束後，要「尊其秀士而顯其賢良，振其孤寡，恤其貧窮，出其囹圄，賞其有功」。這樣用兵才會受到民眾的歡迎。這樣用兵才能使得無人敢「與交兵接刃」，以致「不戰而止」。本章語句出自《文子・上義》，而與《呂氏春秋・懷寵》文字略有異同。

【注 釋】❶猵獺 獸名。❷論 通「倫」。理。❸刺之以過行 句中「刺」，楊樹達說：「刺假為諫。《說文．言部》云：『諫，數諫也。』『諫之以過行』，謂數責其過行。」數責，責備。過行，猶言罪行。❹軍帥 一軍之主帥。原文作「軍師」，依馬宗霍校改。❺抉 通「掘」。❻爇 燒。❼民虜 俘獲的敵國之民。❽六畜 指牛、馬、羊、豬、雞、犬。❾其國 泛指敵國。其，意若「某」。❿決獄不辜 謂斷無罪之人有罪。《文子．上義》作「決獄不平」。決獄，決斷獄訟。即斷案。⓫所與下句中「所」下原文皆有「以」字，依俞樾校刪。⓬帥民之賊 猶言從民之賊。帥，率循。⓭侯以縣 以一縣作為侯爵的食邑。引文中所言家、里、鄉、縣當是襲用《呂氏春秋．懷寵》之文，而用秦始皇時所用之編制。故鄉小於縣。⓮剋國 攻破其國。⓯易其政 更換其公卿。《左傳．哀公十年》云：「莊公害故政，欲盡去之。」杜注云：「故政，輒之臣。」《史記．衛世家》直作「莊公欲盡誅大臣」，可證「政」謂公卿。⓰秀士 俊士。德才優異的人。⓱振 同「賑」。救濟。⓲恤 體恤；周濟。⓳淅米 淘米；洗米。舊注謂「淅，漬也」。⓴義兵 猶謂正義之師。此所謂「義（義者宜也）」，指禁暴討亂而賑苦民。㉑不戰而止 謂不經過打仗而使敵國暴君止惡。《太平御覽》引文作「至於不戰而心服」。

【語 譯】在水池中畜養魚一定要去掉猵獺，畜養禽獸一定要去除掉豺狼，又何況是治理民眾呢！所以霸主、帝王用兵，總是根據情理加以考慮，用策略來謀劃，用正義來扶助，不是用來使存在的國家消亡，而是使已經滅亡的國家存續下去，所以聽見敵國的君主施加暴虐在人民身上，就發動軍隊親臨敵國邊境，指責其君主的不義，責備他的罪行。當軍隊開到郊野時，便命令軍中主帥說：「不要砍伐樹木！不要挖掘墳墓！不要燒毀五穀！不要焚燒積聚之物！不要捕捉民眾作為俘虜！不要奪取老百姓的六畜！」於是將帥發布命令說：「某國的君王，傲視上天、侮辱鬼神，判定無罪之人有罪，殺戮無罪之人，這是上天要懲罰的對象，是民眾仇恨的人。我們軍隊到這裡來，是要廢除不義之君而恢復有德之君的地位。有違反天道、跟著危害民眾的壞人跑的，一定會身死族滅！帶領全家順從我軍的，全家享受俸祿；率領一里順從我軍的，把一里賞給他；率領一鄉順從我軍的，把一鄉封賞給他作食邑；率領一縣順從我軍的，以一縣作為侯爵的食邑賞給他。」攻破敵國而不連累他們的人民，廢置原有的君主而換掉他的公卿，尊重該國優秀的人才並顯揚賢良人士的德行，救濟孤兒寡婦，體恤貧窮的人，釋放獄中的人，獎賞有功人員。這樣老百姓就會打開大門等待軍隊的到來，淘好米放著，只恐怕軍隊不來。這就是商湯、周武王之所以會成為帝王而齊桓公能成為霸主的原因。所以一個國家的君主暴虐而不推行德政，人民就會思念正義軍隊到來，就像乾旱而盼望下雨、口渴而希求喝水一樣，還有誰會和正義之師交戰呢！所以當正義之師到來，可以不打仗而制止敵國君主施行暴政。

晚世[1]之兵，君雖無道，莫不設渠壍[2]傅堞[3]而守，攻者非以禁暴除害也，欲以侵地廣壤也。是故至於伏屍流血，相支以日[4]。而霸王之功不世出[5]者，自為之故也。夫為地戰者，不能成其王；為身戰者，不能立其功。舉事以為人者，眾助之；舉事以自為者，眾去也。眾之所助，雖弱必強；眾之所去，雖大必亡。兵失道而弱，得道而強；將失道而拙，得道而工；國得道而存，失道而亡。

所謂道者，體圓而法方[6]，背陰而抱陽，左柔而右剛，履幽而戴明[7]，變化無常。得一之原[8]，以應無方[9]，是謂神明。夫圓者，天也；方者，地也。天圓而無端[10]，故不可得而觀[11]；地方而無垠[12]，故莫能窺其門。天化育而無形象，地生長而無計量，渾渾沉沉[13]，孰知其藏！凡物有朕，唯道無朕[14]。所以無朕者，以其無常形勢[15]也。輪轉而無窮，象日月之運行，若春秋有代謝，若日月有晝夜，終而復始，明而復晦，莫能得其紀[16]。

【章　旨】這一章包含兩方面的內容。一是說「晚世之兵」，其君志在「侵地廣壤」，而「非以禁暴除害」，因此使民眾蒙受重大災難而不能建立霸王之功。作者分析這種現象，指出凡以戰爭「為地」、「為身」就會得不到眾人、眾國的支持。而戰爭的規律是「眾之所助，雖弱必強；眾之所去，雖大必亡」。並進一步提出「兵失道而弱，得道而強；將失道而拙，得道而工；國得道而存，失道而亡」。實際上是以「得道」、「失道」為戰爭正義與否的標準。二是論述「道」的特點，概言之則謂其「體（實行，體現）圓而法（效法）方，背陰而抱陽，左柔而右剛，履幽而戴明，變化無常」。細言之則說到道如何圓、方，如何變化無常。本章前半文字出自《文子・上義》，後半出自《文子・自然》。

【注　釋】❶晚世　末世。指一個朝代將結束之時。❷設渠壍　猶言開渠塹。設，開。壍，同「塹」。阬。渠塹可以引水。❸傳堞　猶言保護牆。傳，相。引申之義為輔，為護。堞，城上之齒狀矮牆。❹相支以日　支，猶「持」。相持以日，即曠日持久之意。❺不世出　謂非世所常有。❻體圓而法方　謂道效法天道、地道而能圓、能方。體圓，指體現圓的特點。體，依照。有實行、體現之意。法方，效法方。❼履幽而戴明　猶言腳踩地而頭頂天。《大戴禮記・曾子天圓》言「天道曰圓，地道曰方；方曰幽而圓曰明」。❽得一之原　即得道之本。❾無方　無窮；沒有極限。❿無端　沒有開頭處。⓫不可得而觀　謂天無端可觀。⓬無垠　沒有邊際。⓭渾渾沉沉　水勢廣大、深沉之狀。《廣雅》謂「渾渾，大也」。⓮唯道無朕　本書〈原道〉謂「夫道者，覆天載地，廓四方，柝八極；高不可際，深不可測；……植之而塞於天地，橫之而彌於四海，施之無窮而無所朝夕。舒之幎於六合，卷之不盈於一握」，即「唯道無朕」之說。朕，形。⓯形勢　此處猶言形態。⓰紀　頭緒。

【語　譯】沒落時代的戰爭，君王即使沒有德政，卻都開挖渠塹引水以保護城池而守住國都，而率兵攻打他國，也不是為了禁止敵國君主的暴虐以為其人民除去禍害，而是想侵佔別國的土地以擴充自己的疆土。因此打起仗來，到了伏屍流血，相持時日很長的地步。霸主、帝王的功業不能常在世上出現，就因為君主們只顧自己的利益。為擴充土地而發動戰爭的君主，是不能成為帝王的；為自己的利益而發動戰爭的君主，是不能建立帝王的功業的。為了他人的利益而辦一件事，眾人就會幫助他；若是為了自己的利益而辦一件事，眾人就會拋棄他。眾人所幫助的，即使本身弱小也會強大起來；眾人所拋棄的，即使本身強大也必然會滅亡。軍隊失去道就會變得弱小，掌握了道就會變得強大；將領失去道就會變得笨拙，掌握道就會變得能幹；國家掌握了道就能夠存在，失去了道就會滅亡。

所謂「道」，它體現「圓」和效法「方」，背負著陰而懷抱著陽，左側柔弱而右側剛強，踩著大地而頂著天穹，變化而沒有固定的形態。掌握了「道」的根本，就可應付無窮無盡的情況，這就叫做神明。圓，是天的特點；方，是地的特點。天是圓的而沒有開端之處，所以無法看到開端之處；地是方的而沒有邊際，所以不能窺見地的門戶。天化育萬物而沒有自己的形象，地所生長的東西沒有辦法計量，廣大深沉，誰知道它的蘊藏量有多大！凡物都有形，只有「道」沒有形體。「道」之所以沒有形體，是因為它沒有恆久不變的形態。「道」就像輪子旋轉沒有窮盡之時，又像日月運行，像春夏秋冬更相變化，像日月光陰有晝夜變化，結束了又重新開始，天亮了又會變得黑暗，無法找到它開始的時候。

制刑❶而無刑，故功可成；物物❷而不物❸，故勝而不屈。刑，兵之極也；至於無刑，可謂極之極❹矣。是故大兵無創❺，與鬼神通；五兵❻不厲❼，天下莫之敢當❽。建鼓❾不出庫❿，諸侯莫不慴慄⓫，沮膽⓬其處。故廟戰⓭者帝，神化者王。所謂廟戰者，法天道⓮也；神化者，法四時也。脩政於境內而遠方慕其德，制勝於未戰而諸侯服其威，內政治也。

古得道者，靜而法天地，動而順日月，喜怒而合四時，叫呼而比⓯雷霆，音氣不戾⓰八風⓱，詘伸⓲不獲五度⓳。下至介鱗，上及毛羽，條脩葉貫⓴，萬物百族，由本至末，莫不有序。是故入小而不偪㉑，處大而不窕㉒，浸乎金石，潤乎草木，宇中㉓六合㉔，振豪㉕之末，莫不順比㉖。道之浸洽㉗，滒淖㉘纖微，無所不在，是以勝權㉙多也。

【章旨】這一章包含兩層意思。一是依據道「制刑（形）而無刑（形），故功可成；物物而不物，故勝而不屈」的特點，提出「大兵無創」、「廟戰者帝，神化者王」的觀點。強調君王法天道、法四時，把內政治理好，做到「脩政於境內而遠方慕其德，制勝於未戰而諸侯服其威」。說明以道治政可以勝過用兵。二是敘說「得道者」的特點，證明得道大大勝過用「權（謀）」。說得道者的特點，總以依順自然為歸。所謂「靜而法天地，動而順日月，喜怒而合四時，……詘伸不獲五度」云云。而說得道的作用，直以道的功用言之。謂其使萬物「莫不有序」，謂其入小處大無所不宜，謂其浸潤外物「莫不順比（和合，不拂逆）」，謂其浸洽「無所不在」。總之是「勝權多也」。本章語句多出自《文子‧自然》。

【注釋】❶制刑　此承上章而言，謂道能制裁有形之物。刑，通「形」。下文所用三「刑」字皆通「形」。❷物物　猶言創造萬物。❸不物　非具體之物。此指道之恍惚虛無而言。❹極　原文無此字，依王念孫校補。❺創　傷。❻五兵　五種兵器。各代所指不同。《周禮‧夏官‧司兵》鄭注謂「五兵者，戈、殳、戟、酋矛、夷矛也」。《漢書‧吾丘壽王傳》注言五兵「謂矛、戟、弓、劍、戈」。❼厲　磨礪。❽當　擋住。❾建鼓　一名植鼓。用以發號施令。❿庫　指收藏兵車處。⓫慴悽　恐懼驚怖。慴，同「懾」。⓬沮膽　猶言喪膽。⓭廟戰　決戰於廟堂之上。指在朝廷擬定作戰方案。⓮天道　天道圓。《呂氏春秋‧圜道》謂「天道圜，地道方。聖王法之，所以立上下」。⓯比　合。⓰戾　違反。⓱八風　本書〈墬形〉謂「何謂八風？東北曰炎風，東方曰條風，東南曰景風，南方曰巨風，西南曰涼風，西方曰飂風，西北曰麗風，北方曰寒風」。⓲詘伸　即屈伸。⓳不獲五度　不亂五行次序。獲，本義為獵得，獵引申為淩獵（蹂躪狼藉），推而廣之，亂而失次亦得謂之獵（依馬宗霍說）。又，獵，通「躐」。踰越，亦有亂次之意。五度，舊注謂「五行也」。⓴條脩葉貫　謂枝條舒展（長得長）而葉片累累。葉貫，即葉累。本書〈原道〉即言「大渾而為一，葉累而無根」。㉑偪　迫。㉒不窕　沒有空隙。㉓宇中　舊注謂「或曰：宇中，四宇也」。㉔六合　指六合（天地四方）之內。㉕振豪　揮動毫毛。言小有動作。㉖順比　和合；不拂逆（違背）。㉗浸洽　浸潤。㉘滒淖　為漢時方語，謂多汁稀粥。高誘注言「滒亦淖也。夫饘粥多瀋者謂之滒」。《說文・水部》謂「滒，多汁也」，「瀋，汁也」。㉙權　計謀。

【語　譯】制裁有形之物而自己沒有形體，所以事功可以完成；創造萬物而自己不成為具體之物，所以能夠獲得勝利而不會被制服。顯出形象，是用兵的高度表現；用兵到了沒有形跡的地步，那可以說是到了極高的境地了。因此最高明的用兵不傷人，且能與鬼神相通；五種兵器不用磨礪，天下也沒有人敢抵擋他。建鼓不必拿出武器庫，諸侯也無不在他的住處感到驚恐喪膽的。所以在朝廷擬定作戰方案而獲勝的可以稱帝，用兵變化神妙的可以稱王。這裡所說的在朝廷擬定作戰方案，是效法天的自然規律；所說的用兵變化神妙，是效法四季的自然變化。在國境之內把政務整治好而使遠方的國家仰慕他的德政，不打仗而能制服對方取得勝利，使得諸侯敬佩他的威力，是因為國內的政治整治得好。

古代掌握了道的人，靜止的時候效法天地，活動的時候順應日月運行的規律，喜怒和四季的變化相合，叫呼和雷霆的發作一致，音氣不違背八風的特點，屈伸不擾亂五行的次序。下到介類、鱗類動物，上至毛類、羽類動物，猶如枝條舒展、葉片累累，萬物百類，從根到枝末，沒有一樣沒有次序。因此進入小處不會感到迫促，居於大處而沒有空隙存在；浸漬金石，滋潤草木，在四宇之中、六合之內，即使揮動毫毛尖端，也沒有不和它的特點協和一致的。道對萬物的浸潤，就像多汁的稀粥，非常細微，沒有什麼地方不存在，因此它的作用超過計謀很多很多。

夫射，儀度❶不得，則招的❷不中；驥，一節❸不用，而千里不至。夫戰而不勝者，非鼓之日❹，素行無刑❺久矣。故得道之兵，車不發軔❻，騎不被鞍，鼓不振塵，旗不解卷❼，甲不離❽矢，刃不嘗血❾，朝不易位，賈不去肆，農不離野，招義而責之❿，大國必朝，小城必下。因民之欲，乘民之力，而為之去殘⓫除賊也。故同利相死，同情相成，同欲相趨⓬，同惡相助。順道而動，天下為嚮⓭。因民而慮，天下為鬭⓮。獵者逐禽⓯，車馳人趍⓰，各盡其力，無刑罰之威，而相為斥⓱闉⓲要遮⓳者，同所利也。同舟而濟於江，卒遇風波，百族之子⓴，捷捽招杼船㉑，若左右手，不以相德㉒，其憂同也。故明王之用兵也，為天下除害，而與萬民共享其利，民之為用，猶子之為父、弟之為兄。威之所加，若崩山決塘，敵孰敢當！故善用兵者，用其自為用㉓也；不能用兵者，用其為己用㉔也。用其自為用，則天下莫不可用也；用其為己用，所得者鮮矣。

【章旨】這一章先以射箭、御馬為例，說明做事情要掌握方法。然後說「戰而不勝」不在於臨戰有誤，而是用兵的君主「素行無刑（法規）久矣」。接著大談「得道之兵」不戰而勝的情形，並分析這種情形的出現就因為得道者能「因民之欲，乘民之力，而為之去殘除賊也」。接著又用獵者齊心逐禽和同船之人猝遇風波而齊心克服困難為例，說明英明的君主用兵，要為天下除害、而與人民同享其利，人民才會如子之為父、弟之為兄一般主動地為戰爭效力，而這種軍隊自然所向無敵。顯然本章所論用兵的訣竅就在於調動民眾參戰的能動性，而調動民眾的能動性來自於用兵者和民眾同欲、同利。

【注釋】❶儀度　指對箭靶遠近的測度。儀，儀的；箭靶。❷招的　即準的、箭靶。儀、招、招的、招質、準的皆指箭靶。

本文原作「格的」，依蔣禮鴻校改。❸一節　猶言一道指令。節，節度；指令。❹鼓之日　舊注言「謂陳兵擊鼓，鬥之日也」。❺無刑　沒有處罰。❻軔　剎住車輪的木頭。舊注謂「車下支」。❼卷　束。❽離　同「罹」。遭遇。❾刃不嘗血　謂刀劍等未曾染血。❿招義而責之　謂舉示以義而責讓之。招，舉；舉示。⓫殘　凶惡的人。與句中「賊」義同。⓬相趨　彼此奔向同一目標。連同下文「同惡」二字，原文本無，依王念孫校補。⓭嚮　通「響」。響應。⓮鬭　鬥爭；戰鬥。⓯禽　為鳥獸之總稱。⓰趍　同「趨」。⓱斥　等候。⓲闉　塞。此處有堵之意。⓳要遮　攔截。⑳百族之子　猶言百姓之子。㉑捷捽招杼船　楊樹達言「謂疾持楫以引船耳」。捷，疾。捽，拔取。《說文・手部》謂「捽，持頭髮也」，引申之義為拔取。招，楊樹達謂「乃櫂之假字」。杼船，把船引開。杼，通「抒」。㉒相德　相互感激。㉓自為用　言民自為其所欲而用。㉔為己用　指用兵者使民為己所用。

【語　譯】射箭，不能掌握箭靶的遠近，就射不中箭靶；駕馭駿馬，連一道指令都不用，就不能走千里之遠。軍隊打仗而不能獲勝，並不是由擂響戰鼓、和敵人交戰的那一天所決定的，而是因為平常訓練不用處罰已經太久了。所以掌握了道的軍隊，戰車不拔除軔木，戰馬不套上馬鞍，戰鼓不擂得振起塵土，戰旗捲著不展開，鎧甲不遇到箭頭，刀劍不沾染血跡，朝廷不移動位置，商人不離開店鋪，農民不離開田野，舉出大義之理來責備對方，大的諸侯國必然會來朝拜，小的都城一定會攻克。這是因為用兵的人是按照人民的願望，利用人民的力量，而為人民除掉凶惡殘暴之君。所以有共同利益的人可以相互為對方而死，情感相同的人相互成全對方，願望相同的人彼此奔向一個方向，厭惡相同對象的人相互輔助。按照道的規律行動，天下的人就會響應。按照人民的願望來考慮事情，天下的人就會為他鬥爭。比如打獵的人追趕鳥獸，車在奔馳、人在奔跑，各自盡自己的力量。此時，沒有刑罰使人畏服，可大家相互等待阻塞的機會都要把鳥獸攔截住，這是因為眾人追求的利益相同。又比如眾人同坐一條船渡江，忽然遇到風浪，於是百家子弟便急忙拿過槳來把船引開，眾人的行動就像一個人的左手、右手那樣配合得十分協調，大家並不因此而相互感激，就因為他們所擔心的事相同。所以英明的君王用兵，是替天下人民除害，而和萬民共同享受除害所得的好處，因而人民為他所用時，就像兒子為父親所用、弟弟為哥哥所用一樣。威力施加的地方，就像山崖崩塌、水塘堤岸潰決，敵人誰敢抵擋！所以善於用兵的人，利用的是民眾為民眾自身利益而戰；不會用兵的人，是利用民眾為用兵者的利益而戰。利用民眾為民眾的利益而戰鬥，天下就沒有誰不可任用的；利用民眾為君主個人的利益打仗，能夠利用的民眾就很少了。

兵有三詘❶。治國家，理❷境內，行仁義，布德惠❸，立正法❹，塞邪隧❺，群臣親附，百姓和輯❻，上下一心，君臣同力，諸侯服其威而四方懷❼其德，脩政廟堂❽之上而折衝❾千里之外，拱揖指撝❿而天下響應，此用兵之上也。地廣民眾，主賢將忠，國富兵強，約束信，號令明，兩軍相當，鼓錞⓫相望，未至交兵⓬接刃，而敵人奔亡，此用兵之次也。知土地之宜⓭，習⓮險隘之利⓯，明奇正⓰之變，察行陣⓱解續⓲之數，維枹⓳而鼓之，白刃合，流矢接⓴，涉血屬腸㉑，輿死㉒扶傷，流血千里，暴骸盈場，乃以決勝，此用兵之下也。今夫天下皆知事治㉓其末，而莫知務脩㉔其本，釋其根而樹㉕其枝也。

【章旨】這一章講用兵的三種法式（或謂三種境界）。上等方法是治好內政，使得國內上下一心，四方服其威而懷其德，能「脩政廟堂之上而折衝千里之外，拱揖指撝而天下響應」。其次是國力強盛，主賢將忠，軍紀嚴明，兩軍相當，而不交戰，使得敵人逃亡。下等方法是知地形、通兵術，戰鬥中犧牲慘重，終於獲得勝利。作者認上等作法是「本」，下等作法是「末」，而感慨天下之人「皆知事治其末，而莫知務脩其本」。本章出自《文子・上義》。《文子》稱三者為「上義者」（一謂「此其上」）、「此其次」、「義之下」。

【注釋】❶詆　法；法式。或謂同「柢」。根底。舊注謂「詆，要事也」。❷理　治。❸布德惠　猶言布施恩惠。❹正法　公正的法制。❺邪隧　邪道。《纘義》言「隧，暗道」。❻和輯　和睦協調。輯，協和；親睦。❼懷　想念。❽廟堂　宗廟、明堂。指代朝廷。古代帝王遇大事，告於宗廟、議於明堂，故以廟堂指代朝廷。❾折衝　使敵人戰車後撤。指擊退敵軍。衝，戰車之一種。❿拱揖指撝　謂從容安舒，指揮若定。拱揖，拱手作揖。形容態度從容安舒。指撝，同「指麾」、「指揮」。本指手的動作，引申為發令調遣。⓫鼓錞　兩種軍樂器。鼓，戰鼓。錞，亦稱錞于。即金錞。形如碓頭，與鼓角相和。舊注謂「大鐘也」。⓬交兵　原文作「兵交」，依王念孫校改。⓭知土地之宜　《孫子兵法・地形篇》謂「知敵之可擊，知吾卒之可以擊，而不知地形之不可以戰，勝之半也」。⓮習　熟悉；通曉。⓯險隘之利　《孫子兵法・地形篇》謂「地形有通者，……有隘者，有險者」，「隘形者，我先居之，必盈之以待敵；若敵先居之，盈而無從，不盈而從之。險形者，我先居之，必居高陽以待敵；若敵先居之，引而去之，勿從之」。⓰奇正　古時作戰，以對陣交鋒為正，以設計邀截襲擊為奇。《孫子兵法・勢篇》謂「三軍之眾，可使必受敵而無敗者，奇正是也」。⓱行陣　指軍隊行列。⓲解續　原文作「解贖」，依俞樾校改。俞氏謂「解之言解散也，續之言連續也，解續猶言分合」。⓳綰枹　綁著擊鼓棒子。舊注謂「枹係於臂，以擊鼓也」。綰，貫聯；繫結。枹，擊鼓杖。原文作「維枹綰」，依王念孫校改。⓴流矢接　亂箭接續飛竄。㉑涉血屬腸　涉血，流血。屬腸，指肚子被刺破，腸子接連湧出。屬，相連屬。㉒輿死　用車載運死者。㉓事治　治理。駢列詞。事，猶「治」。㉔務脩　致力。駢列詞。務，猶「脩」。勉。此處務脩當如《廣雅・釋詁三》訓為「治」。㉕樹　種植。

【語譯】用兵的境界有三等。君主把國家治理就序，把境內的事務處理妥善，施行仁義，布施恩惠，建立公正的法制，堵塞邪門歪道，群臣親近歸附，百姓和睦協調，上下一條心，君臣共同努力，諸侯信服他的權威而四方民眾感懷他的德政，在朝廷把政事整治好而戰勝敵人於千里之外，很從容地指揮而天下人民都會響應，這是用兵的最高境界。國土寬廣，人民眾多，君主賢明，將領忠誠，國家富裕，軍隊強大，約束能信守，號令能嚴明，兩軍力量相當，雙方鼓錞相望，未等到交戰，而敵人便連忙逃亡，這是用兵的次一等境界。懂得各種地形所適宜的戰術，善於運用險、隘之地的利益，明白戰術的原則與變化，掌握行伍陣式分合的規律，把鼓槌繫在臂上以敲打戰鼓，刀劍相交，亂箭相接，有的流血，有的腸子被挖出，載運死人，扶持傷患，血流千里，暴露在外的屍體擺滿戰場，這才決定勝敗，是用兵的下等作法。現在天下的人都知道研治用兵的末節之事，而不懂得致力於根本之事，這就好比丟棄樹根而栽種樹枝一般。

夫兵之所以佐勝者❶眾，而所以必勝者寡。甲堅兵利，車固馬良，畜積給足❷，士卒殷軫❸，此軍之大資❹也，而勝亡❺焉。明於星辰日月之運、刑德奇賌❻之數、背鄉❼左右之便，此戰之助也，而全亡焉。良將之所以必勝者，恆有不原之智、不道之道，難以❽眾同也。

夫論除❾謹❿，動靜時⓫，吏卒辨，兵甲治，此司馬之官⓬也。正行伍⓭，連什佰⓮，明鼓旗⓯，此尉之官⓰也。前後知險易，見敵知難易，發斥不忘遺⓱，此候之官⓲也。隧路⓳亟⓴，行輜㉑治，賦丈均㉒，處軍輯㉓，井竈通，此司空之官㉔也。收藏於後，遷舍不離，無淫輿㉕，無遺輜，此輿之官㉖也。凡此五官之於將也，猶身之有股肱㉗手足也，必擇其人、技能其才，使官勝其任、人能其事。告之以政，申之以令，使之若虎豹之有爪牙、飛鳥之有六翮㉘，莫不為用。然皆佐勝之具也，非所以必勝也。

兵之勝敗，本在於政。政勝其民㉙，下附其上，則兵強矣。民勝其政，下畔㉚其上，則兵弱矣。故德義足以懷㉛天下之民，事業足以當天下之急，選舉㉜足以得賢士之心，謀慮足以知強弱之勢，此必勝之本也。

【章　旨】這一章又分三段。首段提出有助於戰爭勝利的因素很多，但使戰爭必然勝利的因素很少。文中說軍隊裝備精良、給養充足、士卒眾多，能有助於戰爭獲勝，但不能決定戰爭必勝。良將用以必勝的是難與一般人相同的「不原之智、不道之道」。第二段詳說司馬之官、尉之官、候之官、司空之官、輿之官的職務，說這些人如同將領的股肱手足，十分重要。但即使擇人得當，也還只是「佐勝之具」。這一段的內容實是解說首段首句。第三段揭示本章主旨，謂「兵之勝敗，本在於政」。說君王之「德義」、「事業」、「選舉」、「謀慮」為「必勝之本」。實際上是在解說首段次句所講的「所以必勝者」。

【注　釋】❶佐勝者　指有助於戰爭獲勝的原因。佐，輔助。❷給足　猶謂供應豐足。❸殷軫　同「殷賑」。繁盛富裕。此處謂眾多。舊注謂「殷，眾也」。《說文‧貝部》言「賑，富也」。❹資　助。資助。❺勝亡　言勝不在此。亡，不在。下句「全亡焉」之「亡」亦同此義。❻奇賌　奇祕非常。賌，同「侅」。奇侅，奇咳，義同。《說文‧人部》言「奇侅，非常也」。本書舊注謂「奇賌，陰陽奇祕之要」。❼鄉　同「向」。❽以　猶「與」。❾論除　謂擇賢授職。論，假為「掄」。選擇。除，任命。❿謹　慎。⓫動靜時　謂軍隊行（動）止（靜）合於時機。⓬司馬之官　《後漢書‧百官志》：「大將軍營五部，部校尉一人，軍司馬一人。部下有曲，曲有軍候一人。」本書原文無「此司馬之官也」一句，依王引之校補。⓭行伍　古代軍隊編制以五人為伍，二十五人為行。⓮什佰　古代軍隊編制以十人為什，百人為佰。「行伍」、「什佰」，可用以指代軍隊、隊伍。⓯明鼓旗　指軍隊號令分明。鼓聲、戰旗是統一全軍行動的信號和標誌。⓰尉之官　舊注謂「軍尉，所以尉鎮眾也」。⓱發斥不忘遺　謂偵察情況沒有遺漏。發，有所見。斥，斥度；候視。忘，通「亡」。遺失。⓲候之官　舊注謂「軍候，候望者也」。候望，偵察。⓳隧路　即道路。隧，道。⓴亟　馬宗霍謂「通『苟』」。苟，為「敕」，猶「整」，「此謂隧路整齊也」。本章舊注則謂「亟，言治軍隧道疾也」。㉑行輜　道路輜重。㉒賦丈均　舊注謂「賦治軍壘，尺丈均平也」。賦丈，指修築工事分給各部完成的丈數。賦，予。㉓處軍輯　謂把軍隊治理得很和睦。處，制治。輯，協和；親睦。㉔司空之官　舊注謂「軍司空，補空脩繕者」。㉕淫輿　過量運載。㉖輿之官　候領輿眾在軍之後者。輿，眾。㉗股肱　大腿和胳膊。㉘六翮　六根羽莖。指健羽，亦泛指鳥翅。㉙政勝其民　謂政治之美超出人民的願望。㉚畔　通「叛」。㉛懷　安撫。㉜選舉　指選擇舉用賢能之人。

【語譯】有助於戰爭獲勝的原因很多，而使戰爭必然勝利的因素卻很少。鎧甲堅固，兵器鋒利，戰車結實，戰馬優良，積聚的物資豐足，士兵眾多，這些是軍隊的重要憑藉，但決定戰爭勝利的不是這些。明白日月星辰的運行規律、熟悉施用刑罰、恩賞的奇祕非常之數、懂得戰陣前後左右的靈活變化，這些也是作戰的助力，但軍隊的保全也不是決定於這些條件。優秀的將領必然戰勝的原因，是他們具有不可探索根原的智慧和無法說明的道術，這很難和一般人相同。

謹慎選擇人才任以官職，使軍隊的行止合於時機，對官兵的情況瞭如指掌，武器裝備整治精良，這是司馬的職責。把士兵編成行伍，組合成什佰，使戰鼓、戰旗等信號分明，這是尉官的職責。知道部隊前進、後退的危險性與利益，見到敵人就知道戰勝的難易度，偵察敵情沒有遺漏，這是候官的職責。道路整治平順，輜重運輸通暢，分派工事的丈數平均，軍隊治理得很和睦，士兵的生活設備完善，這是司空的職責。在後面收藏器物，部隊轉移或住宿都不離開，沒有超量運載，也沒有遺失輜重，這是輿官的職責。這五種軍官對於將領來說，就像人的身體有大腿、胳臂、手和腳一樣，一定要選擇有技能之才的人來擔任，使得做官的能夠勝任工作，使每個人有能力做事情。要把政策告訴他們，向他們申明法令，使他們像虎豹有爪牙、飛鳥有翅膀，沒有誰不為將領所用。但是，這些都只是有助於戰爭勝利的條件，而不是決定戰爭必然勝利的因素。

戰爭的勝敗，根本原因在於政治的好壞。政治美好超過人民的願望，下面的民眾一定會歸附君上，軍隊就強大了。民眾的願望超過政治的績效，下面的民眾會背叛他們的君上，軍隊就弱小了。所以施行德義能夠安撫天下的人民，辦好事業能夠滿足人民的急切需要，選擇、舉用賢能之人能夠得到賢士們的忠心效力，謀劃、思慮能夠知道敵我強弱的形勢，這些是戰爭必然勝利的根本。

地廣人眾，不足以為強；堅甲利兵，不足以為勝；高城深池，不足以為固；嚴令繁刑，不足以為威。為存政❶者，雖小必存；為亡政❷者，雖大必亡。

昔者楚人地，南卷❸沅、湘❹，北繞潁、泗❺，西包巴、蜀❻，東裹郯、邳❼；潁、汝以為洫❽，江、漢以為池，垣❾之以鄧林❿，綿⓫之以方城⓬，山高尋⓭雲霓⓮，谿深⓯肆無景⓰；地利形便，卒民勇敢；蛟革⓱犀兕，以為甲冑，脩鎩⓲短鏦⓳，齊為前行；積弩⓴陪後，錯車㉑衛旁；疾如鏃㉒矢，合如雷電，解如風雨。然而兵殆㉓於垂沙㉔，眾破於柏舉㉕。楚國之強，支地計眾㉖，中分天下，然懷王北畏孟嘗君㉗，背社稷之守而委身強秦㉘，兵挫地削，身死不還。

二世皇帝㉙，勢為天子，富有天下，人跡所至，舟檝㉚所通，莫不為郡縣㉛。然縱耳目之欲、窮侈靡之變，不顧百姓之飢寒窮匱也，興萬乘之駕而作阿房之宮㉜，發閭左㉝之戍，收太半之賦㉞，百姓之隨逮肆刑㉟、挽輅首路㊱死者，一旦不知千萬之數。天下敖然㊲若焦熱、傾然㊳若苦烈㊴，上下不相寧，吏民不相憀㊵。戍卒陳勝興於大澤㊶，攘臂㊷袒右㊸，稱為大楚㊹，而天下響應。當此之時，非有牢甲利兵、勁弩強衝㊺也，伐棘棗而為矜㊻，周㊼錐鑿而為刃，剡㊽摲㊾筡㊿，奮儋钁(51)，以當脩戟強弩，攻城略地，莫不降下。天下為之糜沸螘動(52)，雲徹(53)席卷(54)，方(55)數千里。勢位至賤，而器械甚不利，然一人唱(56)而天下應者，積怨在於民也。

【章　旨】這一章的主旨在開篇一段文字，說「地廣人眾」、「堅甲利兵」、「高城深池」、「嚴令繁刑」皆非治國之道、必勝之要。政權得以長保的關鍵在於政治美好，所謂「為存政者，雖小必存；為亡政者，雖大必亡」。下面說楚王事、說二世皇帝事，都是證明這個道理。後二段文字極好，若與前段合起來看，直可稱為作者之〈過楚論〉、〈過秦論〉。文章不但說理明白，而且氣勢很盛。此當與本章所用鋪排、對比手法有關。

【注　釋】❶存政　指足以安邦定國的美好政治。❷亡政　失政。失為政之道。指政治敗壞。❸卷　屈取。❹沅湘　二水名。❺潁泗　二水名。❻巴蜀　巴郡、蜀郡。巴郡地當今四川省東部地區，蜀郡地當今四川省成都市、溫江地區等地域。❼郯邳　原文作「郯、淮」，依王念孫校改。王氏言「漢郯縣故城（今山東省郯城縣西南）在今邳州東北，下邳故城在今邳州東，二縣相連，故並言之」。❽洫　護城壕溝。❾垣　矮牆。泛指牆，此處作動詞用。❿鄧林　地名。即湖北省襄陽城南、漢水西岸之鳳林山。舊注謂「鄧林，沔水上險」。⓫綿　連續不斷。舊注則謂「落也」。⓬方城　春秋時楚國北部的長城，由今河南省方城縣延伸至鄧縣。舊注謂「楚北塞也，在南陽葉也」。⓭尋　接著。⓮雲霓　雲和虹。原文無「霓」字，依王念孫校補。⓯深　原文無此字，依王念孫校補。⓰肆無景　舊注謂「肆，極也。極谿之深，不見景（影）也」。⓱蛟革　鮫革；海鯊皮。⓲鎩　兵器名。長矛，即鈹。⓳鏦　短矛；小矛。⓴積弩　可以連發數矢的弓。㉑錯車　相互交錯之戰車。言車多。㉒鍭　箭名。《爾雅・釋器》：「金鏃翦羽謂之鍭。」疏謂「以金（指金屬）為鏃，齊羽者名鍭」。本書原文作「錐」，依王引之校改。㉓殆　危險。㉔垂沙　地名。不詳。《戰國策・楚三》蘇子謂楚王曰：「為主死易，垂沙之事，死者以千數。」楚國敗於垂沙事在楚懷王二十八年。㉕柏舉　地名。在今湖北省麻城縣境內。《左傳・定公四年》記載，楚圍蔡，吳人救之，大敗楚師於柏舉。㉖支

地計眾　猶〈氾論〉所言「度地計眾」。支，計量。原文作「大」，依王念孫校改。㉗然懷王北畏句　舊注釋謂「脅於齊也」。意即受制於齊的強大壓力。孟嘗君，即田文。禮賢下士，門下食客數千人，嘗為齊相。㉘背社稷之守句　舊注釋謂「懷王入秦，秦留之藍田也」。懷王後死於秦國。委身，以身事人。㉙二世皇帝　指秦二世。即秦始皇帝少子胡亥。㉚舟檝　即舟楫。船和槳。㉛郡縣　秦始皇統一六國，分全國為三十六郡，以郡監縣。周制郡小於縣，秦制縣小於郡。㉜阿房之宮　始皇三十五年，始皇在渭南上林苑中營作朝宮，先作前殿阿房，宮未全部建成，始皇就死了。二世接著修建，也未竣工。秦亡，宮被項羽燒毀。宮址在今陝西省西安市阿房村（俗稱郿鄔嶺）。㉝閭左　里門左側。此指閭左之民，秦代居閭里之左者為平民，而居閭里之右者為富強者。古以二十五家為閭，閭有里門。㉞太半之賦　舊注謂「貲（計算）民之三而稅二」。凡數三分有二為太半。㉟隨逮肆刑　隨逮，相從被捕。肆刑，馬宗霍言「蓋言被捕者多，次第入於刑網，如就行列者然，故謂之肆刑」。馬氏釋「肆」為「極陳」，又訓「陳」為「列」，「極陳」為「窮極而列之」。㊱挽輅首路　猶言拉車於路。挽，拉。輅，挽輦的橫木，縛於轅上。首路，同「道路」。㊲敖然　即熬然。受煎熬的樣子。㊳傾然　傷然。悲傷之狀。㊴苦烈　苦楚酷深。㊵憀　依賴。㊶大澤　大澤鄉。在今安徽省宿縣西南故蘄縣西。陳涉在秦二世元年於此起義。㊷攘臂　捋衣出臂，表示振奮。㊸袒右　脫右臂衣。㊹大楚　陳勝與吳廣率戍卒起義，詐稱公子扶蘇、楚將項燕，佔領陳縣後，陳勝自立為王，國號張楚。張楚有張大楚國之意。㊺衝　衝車；攻城用的戰車。㊻棘橪而為矜　棘，棗。橪，酸棗。原文作「棗」，依楊樹達校改。矜，矛柄。㊼周　納。舊注謂「撚矜以內鑽鑿也」。㊽剡　削。㊾撕　削尖。㊿箖　竹名。竹之中空者。(51)儋钁　猶謂肩扛之鋤。儋，通「擔」。肩荷。钁，大鋤。舊注則謂「钁，斫也」。(52)靡沸螘動　形容動亂紛擾，人心躁動不安。靡沸，如粥在鍋中沸騰。原文作「靡沸」，依楊樹達校改。螘動，群蟻出動。(53)雲徹　如言雲消。徹，通「撤」。除去；消散。(54)席卷　有如捲席。謂全部佔有。(55)方　見方；平方。(56)唱　同「倡」。倡導。

【語譯】土地廣闊，人口眾多，不足以成為強盛之國；鎧甲堅固，兵器鋒利，不足以藉此獲得勝利；高峻的城牆，很深的護城河，不足以鞏固城池；嚴酷的法令，繁瑣的刑罰，不足以威鎮人民。奉行足以安邦定國的政策，國家雖然很小也必然能存在；實行不能使國家存在的政策，國家即使很大也必然會滅亡。

從前楚國人的土地，南面擁有沅水、湘水，北面有潁水、泗水環繞，西面包含巴郡、蜀郡，東面包裹郯縣、下邳；潁水、汝水作為城下壕溝，長江、漢水作為護城河，用鄧林做成牆垣，又用方城綿綿不斷地繞在外面，山高得與雲霓相接，谿深得看不見影子；地形方便有利，軍民勇敢；將士們穿著海鯊、犀兕的皮革製做的甲冑，手持長的鎩、短的鏦，很整齊地走在前面；又有連弩陪在後面，許多戰車護衛在旁；行動起來快如鏃矢急飛，合攏如雷電般迅速，解散如風雨般敏捷，但是楚王的軍隊卻在垂沙打了敗仗，又在柏舉被人打得大敗。楚國的強大，度量它的國土、計算它的人口，佔了天下的一半，但是楚懷王卻畏懼北面的孟嘗君，背離他鎮守社稷的王位而去侍奉強大的秦國，軍隊遭到失敗，國土被分割，自己死在秦國而未能活著回到故國。

秦二世皇帝，握有天子的權勢，擁有天下的財富，凡人跡所到之地、舟船所通之處，沒有什麼地方不屬於秦的郡縣管轄。但是二世皇帝放縱耳目的欲望，窮盡奢侈、靡爛的花樣，不顧老百姓的飢餓、寒冷和窮困、匱乏，發動萬輛車子建造阿房宮，徵調閭里左側的平民去防守邊疆，收取人民收入的三分之二作為賦稅，老百姓一個接一個被捕而先後落入刑網以及拉車在路上死去的人，一個早晨就不知有幾千幾萬。天下人民受煎熬就如同被酷熱烤炙一樣，傷心的樣子就如苦楚酷深一般，上下不得安寧，官吏和民眾不能相互依賴。守邊的士兵陳勝在大澤鄉起事，他捋起衣袖露出右臂，自稱為大楚，而天下民眾響應。在這個時候，他並沒有牢固的鎧甲、鋒利的兵器，也沒有強勁的弩弓和威力強大的衝車，而是砍了酸棗樹作矛柄，在柄上安上錐子、鑿子來作鋒刃，把竹竿削得尖尖的，用勁揮動扁擔、大鋤，來抵擋長戟和強弩，攻打城池、奪取土地，沒有不降服和被攻克的。天下因此騷動不安，人們就好像煮開了的粥，好像成群的螞蟻在動，又如同雲消席捲，陳勝因而很快佔有了數千平方里的土地。他的權勢地位最為微賤，而且使用的兵器很不鋒利，但是能一人倡導而天下民眾都來響應，原因就是民眾心中積有對二世皇帝的怨恨。

武王伐紂，東面而迎歲❶，至汜❷而水❸，至共頭❹而墜❺，彗星❻出而授殷人其柄❼。當戰之時，十日亂於上，風雨擊於中；然而前無蹈難❽之賞，而後無遁北⑨之刑，白刃不畢拔⑩而天下得矣。是故善守者無與御⑪，而善戰者無與鬭。明於禁舍開塞⑫之道，乘時勢，因民欲而取天下。故善為政者積其德，善用兵者畜其怒。德積而民可用，怒畜而威可立也。故文之所加⑬者淺，則勢之所服⑭者小；德之所施者博，而威之所制者廣。威之所制者廣，則我強而敵弱矣。故善用兵者，先弱敵而後戰者也，故費不半而功自倍也。湯之地方七十里而王者，修德也；智伯⑮有千里之地而亡者，窮武也。故千乘之國行文德者王，萬乘之國好用兵者亡。故全兵先勝而後戰⑯，敗兵先戰而後求勝。德均⑰則眾者勝寡，力敵⑱則智者勝愚，智侔⑲則有數⑳者禽㉑無數。凡用兵者，必先自廟戰㉒：主孰賢？將孰能？民孰附？國孰治？蓄積孰多？士卒孰精？甲兵孰利？器備孰便？故運籌於廟堂之上，而決勝乎千里之外矣。

【章　旨】這一章先以武王伐紂「白刃不畢拔而天下得矣」為例，說明「善守者無與御」、「善戰者無與鬭」。要善於「乘時勢，因民欲而取天下」。接著說「善為政者積其德，善用兵者畜其怒」。還提出「善用兵者，先弱敵而後戰」，「全兵先勝而後戰，敗兵先戰而後求勝」。所謂「弱敵」、「先勝」都是指修德、施德，從政治上戰勝敵人。當然，作者論兵還重視戰略的應用，所以本章還說「凡用兵者，必先自廟戰」，而且羅列了「廟戰」所應考慮到的各種情況。本章用語有些出自《文子》中〈下德〉、〈上禮〉諸篇。

【注釋】❶歲　歲星。舊注謂「太歲在寅」。太歲在寅即寅年。❷氾　地名。地當今河南省氾水縣一帶。❸水　有大雨水。❹共頭　山名。即共山，又名九峰山，為蘇門山之支脈，在今河南省輝縣北。❺墜　落。❻彗星　即孛星。俗稱掃帚星，以曳長尾如彗（掃帚）得名。❼柄　彗星之柄。舊注謂「時有彗星，柄在東方，可以掃西人也」。❽蹈難　猶言身赴危難之中。❾遁北　敗逃。❿畢拔　全都抽出來。⓫無與御　即不用抵禦。御，抵擋。⓬禁舍開塞　禁舍，指禁止與赦宥。開塞，指開通與阻塞。語出《尉繚子・兵談》。⓭文之所加　原文作「文之所以加」，依王念孫校刪「以」字。文，指德。⓮所服　原文作「所勝」，依王念孫校改。⓯智伯　即前文所言為趙襄子所戮之智伯。⓰先勝而後戰　舊注謂「德先勝之，而後乃戰，湯、武是也」。⓱德均　指恩德布施均等。⓲力敵　指雙方眾寡力量相當。⓳智侔　智慧相等。原文作「勢侔」，依王念孫校改。舊注謂「侔，等也」。⓴數　指兵法。㉑禽　同「擒」。㉒廟戰　指在廟堂（朝廷）擬定作戰方案。下列數事當本於《孫子兵法・計篇》所言。

【語譯】周武王攻討商紂王，朝正迎著歲星，軍隊走到氾地便遇上大雨；走到共頭山時，山石又掉了下來，彗星出來時星柄指向殷人一方。在作戰的時候，十個太陽在天上雜亂運行，中間又有風雨在襲擊將士們；但是士卒前進並沒有身赴危難的獎賞，後退也沒有敗逃的刑罰，刀劍尚未全拔出鞘來而天下便到手了。因此善於防守的人是不必抵禦的，而善於作戰的人是不必進行戰鬥的。懂得禁止、赦宥、開通、阻塞的道理，利用時勢，依照人民的願望而取得天下。所以善於執政的人總是積聚恩德，善於用兵的人總是積蓄怒氣。恩德積聚得多就能任用民眾，怒氣積蓄得多，威嚴就能夠形成。所以給與人的恩德少，他的威勢所能征服的就小；給與人的恩德多，他的威勢所能制服的就大。威力所能制服的大，我就會強大而敵人弱小。所以善於用兵的人，總是先使敵人弱小，然後再和他作戰，因此所費不到一半卻能收到成倍的功效。商湯只有七十平方里的土地而能成為帝王，就是因為他脩治文德；智伯有千里的土地卻遭到滅亡，就因為好戰不止。所以擁有千輛戰車的國家奉行文德之政的就可成為帝王，擁有萬輛戰車的國家好用兵打仗的就會滅亡。所以保全軍隊總是先以文德戰勝對方，然後再和他作戰；失敗的軍隊總是先作戰，然後再求得勝利。恩德布施均等則人多的就會戰勝人少的，力量相當則主帥聰明的就會戰勝愚蠢的，主帥智力相同則精通兵法的活捉不懂兵法的。凡是用兵，一定先要在朝廷裡制定好作戰方案：要弄清楚哪個國家的君主賢明？哪一方的將領有才能？哪一方的民心歸附？哪一國治理得好？物資的積蓄哪方多？哪一方的士卒精良？鎧甲、兵器哪一方優良？器械、裝備哪一方有利？所以在朝廷裡謀劃戰事，就能夠決定軍隊在千里以外的勝負。

夫有形埒❶者，天下訟❷見之；有篇籍❸者，世人傳學之，此皆以形相勝者也。善者❹弗法也。所貴道者，貴其無形也。無形則不可劫迫❺也，不可量度❻也，不可巧詐也，不可規慮也。智見❼者，人為之謀；形見❽者，人為之功；眾見❾者，人為之伏；器見❿者，人為之備。動作周還⓫，倨句⓬詘伸，可巧詐者，皆非善者也。善者之動也，神出而鬼行，星燿而玄運⓭；進退詘伸，不見朕埜⓮；鸞舉麟振⓯，鳳飛龍騰；發如猋風⓰，疾如駭雷⓱；以生⓲擊死，以盛乘衰⓳，以疾掩⓴遲，以飽制飢。若以水滅火，若以湯沃㉑雪，何往而不遂？何之而不用㉒達？在中㉓虛神，在外漠㉔志，運於無形，出於不意，與飄飄㉕往，與忽忽㉖來，莫知其所之。與條㉗出，與間入㉘，莫知其所集㉙。卒㉚如雷霆，疾如風雨，若從地出，若從天下，獨出獨入，莫能應圉㉛，疾如鏃矢，何可勝偶㉜？一晦一明，孰知其端緒？未見其發，固已至矣。故善用兵者，見敵之虛，乘而勿假㉝也，追而勿舍也，迫而勿去也。擊其猶猶㉞，陵㉟其與與㊱，疾雷不及塞耳，疾霆不暇掩目。善用兵，若聲之與響，若鏜㊲之與鞈㊳，眯㊴不給撫，呼不給吸。當此之時，仰不見天，俯不見地，手不麾㊵戈，兵不盡拔㊶，擊之若雷，薄㊷之若風，炎㊸之若火，淩㊹之若波。敵之靜不知其所守，動不知其所為。故鼓鳴旗麾，當者莫不廢滯㊺崩阤㊻，天下孰敢厲威抗節㊼而當其前者！故淩人者勝，待人者敗，為人杓㊽者死。

【章　旨】這一章由道之無形和善用兵者體道而行即能無往不遂、出奇制勝，說到用兵的方法。意分四層。一是講「以形相勝」的情況，言善體道用兵者於此「弗法也」。二是說「道」之可貴處在於「無形」，並細說「無形」有四「不可」，以及「智見」、「形見」、「眾見」、「器見」的弊病。三是說善體道用兵者的特點，既講他如何動而「不見朕埶」，又說到他這樣做「何往而不遂？何之而不用達」。謂其「運於無形，出於不意」，人所難測難勝。四是依據道貴無形的特點說一種用兵的方法，即「見敵之虛，乘而勿假也，追而勿舍也，迫而勿去也」，主張進攻疾而猛，所謂「擊之若雷，薄之若風，炎之若火，淩之若波」。還由此提出了「淩人者勝，待人者敗，為人杓者死」的觀點。

【注　釋】❶形埒　兆朕；跡象。❷訟　同「公」。公然；明白。❸篇籍　書籍。❹善者　指善於體道用兵的人。原文作「善形者」，依王念孫校刪「形」字。❺劫迫　威脅；強迫。原文作「制迫」，依楊樹達校改。❻量度　原文作「度量」，依楊樹達校改。❼智見　智能顯露。❽形見　形跡顯現。❾眾見　顯露人多勢眾。❿器見　器械裝備顯現出來。⓫周還　即周旋。運轉。⓬倨句　直曲。⓭玄運　天運。原文作「玄逐」，依王念孫校改。⓮朕埶　即朕垠、兆朕、跡象。埶，古「垠」字。⓯振　奮起。⓰猋風　疾風；強勁之風。原文作「秋風」，依王念孫校改。⓱駭雷　令人驚駭之雷光。原文作「駭龍」，依王念孫校改。與上文「猋風」皆言用兵神速。⓲以生　原文上有「當」字，依王念孫校刪。⓳乘衰　戰勝衰弱者。乘，壓服。⓴掩　乘其不備而襲取之。㉑沃　澆；灌。㉒用　以。作介詞用。㉓中　指內心。㉔漠　淡漠；不關於心。㉕飄飄　飛的樣子。形容很快。㉖忽忽　意如倏忽。形容時間過得很快。㉗條　條梓；枝蘗。樹木被砍後重生的枝芽、枝條。㉘與間入　當與〈原道〉謂道「處小而不逼，處大而不窕」義近。間，間隙。㉙莫知其所集　言道無所不在。如〈原道〉所言「夫道者，覆天載地，廓四方，柝八極；高不可際，深不可測；包裹天地，稟授無形」。集，停留。㉚卒　通「猝」。突然。㉛應圉　抵擋；阻止。圉，通「禦」。阻止。㉜勝偶　意若以淩壓之勢相對。勝，陵，淩。以氣勢壓人。偶，對；相對。㉝假　寬容。㉞猶猶　同「猶與」、「猶豫」。遲疑不決。㉟陵　侵淩。此處有猛攻之意。㊱與與　猶豫。㊲鏜　鼓聲。㊳鞈　鼓鞞聲。「鏜」、「鞈」分言則謂大鼓聲、小鼓聲。㊴眯　眯目；物入目中。㊵麾　同「揮」。揮動。㊶拔　抽。此指兵器言。㊷薄　迫；逼迫。㊸炎熱；極熱。㊹淩　同「淩」。突擊掩襲。或謂突然襲擊。《史記・天官書・集解》謂「韋昭曰：突掩為淩」。㊺廢滯　停頓；中途廢止。㊻崩阤　猶言崩潰。阤，小崩；潰塌。㊼抗節　謂堅守節操。或謂高尚其節操。抗，通「亢」。高。㊽為人杓　即謂為人標杓。成為他人的攻擊對象。杓，通「的」。質的；標的。射擊的目標（靶子）。舊注謂「杓，所擊也」。

【語譯】凡是有形跡的東西，天下的人都能明明白白地看見它；凡是有書籍載寫的東西，世上的人都會轉相學習，這都是靠著形跡而取勝的。善於用兵的人不效法這個。人們崇尚「道」，是珍重它沒有形跡。沒有形跡就不能威脅逼迫，不能審察測量，不能用智巧欺詐，也不能對它加以揣度。智慧一顯露出來，人家就會利用它而加以謀劃；跡象一顯露出來，人家就會制伏你而建立功績；人多勢眾的實力一顯現出來，人家就會埋伏不動；器械、裝備一暴露出來，人家就會加以防備。採取周旋的舉動，伸直、屈曲，這類施用智巧、用來欺詐的做法，都不是善於用兵的人所採用的方法。善於用兵的人，行動時就像鬼神出行，又像星辰光亮閃耀和天的運行一樣；前進、後退、曲屈、直伸，都不露出一點跡象；像鸞鳥振翅高飛，像麒麟奮然躍起，像鳳凰飛翔，像龍升騰；興起時如同疾風奮發，快得像使人驚駭的閃電一般迅疾；就好像用活人擊殺死人，用強盛來壓服衰弱，用行動敏捷的人來襲擊行動遲緩的人，用吃得飽的人來制伏挨餓的人。又像用水滅火，像用熱水來澆灌冰雪，有什麼行不通的？有什麼不能達到目的的？在內心使精神虛空，在外使心志淡漠，在無形之中運行，在意想不到之時出現，飄飄而往，忽忽而來，不知道它會到哪裡去。隨同枝芽長出，沿著空隙進入，不知道它會停留在哪裡。如同雷霆發作般突然，如同風捲雨飛般急速，就像從地下冒出，又像從天上掉下，獨自出來，獨自進入，不能抵擋阻止。快得像飛箭，哪裡能用凌壓之勢和它相對？一時昏暗，一時光明，誰知道它的頭緒在哪裡？還未見到它出發，便已經來到了。所以善於用兵的人，發現敵人虛空，就要善加利用而不要寬容，要追擊而不要停止，要迫近對方而不要離開。在它遲疑不決時就要加以攻擊，在它猶豫不定時就要乘勢壓制，使得敵軍迅雷爆響而來不及塞住耳朵、急霆大作而來不及遮住眼睛。善於用兵，就像回音和聲響、像鏜鞈和鼓鞞的聲音那樣相互呼應，就像眼中掉進了東西來不及撫摩、吐出了氣來不及吸進氣一般地敏捷。在這個時候，仰頭看不見天，低頭看不見地，手沒有揮動戈矛，刀劍沒有全部拔出來，打擊敵人就像雷擊，迫近敵人就像狂風橫捲，就像烈火焚燒使得敵人熱不可當，就像波濤狂捲那樣地襲擊敵人。弄得敵人停下來不知道要守衛哪裡，行動起來不知道要做什麼。所以戰鼓一響、戰旗一揮，來阻擋的沒有不中途停止而崩潰的，天下還有誰敢激揚威力、堅守節操而在前面阻擋他們呢！所以突然襲擊敵人的人能夠勝利，等待敵人來進攻的人會失敗，而成為敵人攻擊目標的人會遭致死亡。

兵靜❶則固，專一則威，分決❷則勇，心疑則北❸，力分則弱。故能分人之兵，疑人之心，則錙銖❹有餘；不能分人之兵，疑人之心，則數倍不足。故紂之卒，百萬之心；武王之卒，三千人皆專而一❺。故千人同心則得千人力，萬人異心則無一人之用。將卒吏民，動靜如身，乃可以應敵合戰❻。故計定而發，分決而動，將無疑謀，卒無二心，動無墮容❼，口無虛言，事無嘗試❽，應敵必敏，發動必亟❾。故將以民為體，而民以將為心。心誠則支體親刃❿，心疑則支體撓北⓫。心不專一，則體不節動；將不誠必⓬，則卒不勇敢。故良將之卒，若虎之牙，若兕之角，若鳥之羽，若蚈⓭之足，可以行，可以舉，可以噬，可以觸，強而不相敗，眾而不相害，一心以使之也。故民誠從其令，雖少無畏；民不從令，雖眾為寡。故下不親上，其心不用；卒不畏將，其形⓮不戰。守有必固而攻有必勝，不待交兵接刃而存亡之機⓯固以⓰形⓱矣。

【章　旨】這一章由論述用兵者「能分人之兵，疑人之心」即能取勝的戰術原則，說到軍中將士團結、上下一心的重要。文中先指出軍隊作戰的一般特點，即「兵靜則固，專一則威，分決則勇，心疑則北，力分則弱」，並據此提出用兵者能分人之兵、疑人之心即能以少勝多。繼而說將卒吏民團結如同一人，那就會戰無不勝。而且細說「將以民為體，而民以將為心」，強調將的「心誠」、「誠必」、「專一」，言不如此「則卒不勇敢」。還進一步提出「下不親上，其心不用；卒不畏將，其形不戰」，以將士同心協力作為用兵取勝的重要因素。

【注　釋】❶靜　安定。❷分決　分軍決戰。❸北　敗北；敗逃。❹錙銖　本為重量單位。六銖為錙，此言小、少。與下句「數倍（於敵）」皆指軍隊眾寡而言。❺專而一　意謂同一、一致。❻合戰　兩軍交戰。《荀子・彊國》：「合戰用力而敵退，是眾威也。」❼墮容　怠惰的樣子。❽嘗試　試一試。❾亟　急。❿支體親剌　王念孫謂「親剌即親暱也。『支體親暱』謂從心也」。親剌，原文作「親刃」，依王氏校改。馬宗霍則言「刃，未必是誤字」，言「刃」指「刀堅」，引申為堅固之義，謂「支體親刃」，「猶言支體親固也」。亦為一說。支體，即肢體。⓫支體撓北　王念孫謂「不從心也」。撓北，潰散；敗北。⓬誠必　意謂忠誠不二。誠，忠誠。必，信守不二。⓭蚈　蟲名。馬蚿，即馬陸。又名百足蟲。⓮形　形體。指身體。⓯機　事物變化的跡象、徵兆。⓰以　同「已」。⓱形　顯露之義。

【語　譯】軍心安定軍隊就穩固，軍隊上下一致就有威力，分開決戰就會很勇敢，將士們心存疑忌就會戰敗，兵力被分散就會變得弱小。所以打仗時能分散敵人的兵力，使敵軍上下產生疑心，那麼用很少的兵力戰勝敵人都會綽綽有餘；不能分散敵人的兵力，不能使敵軍相互猜疑，就是用超過敵軍好幾倍的兵力也不能夠戰勝對方。所以紂王的士兵，有一百萬種心志；周武王的士卒，三千人都有同一種心志。因此千人懷著同一種心志就能得到千人的力量，一萬人各懷異心就沒有一個人可用。將領、兵士、官吏和百姓，行動、止息如同一個人，方可以用他們來應對敵人、和敵人作戰。所以計謀一確定就出發，一分開決戰就行動，將領沒有猶疑不定的謀略，士兵沒有二心，行動沒有怠惰的樣子，口中沒有空話，做事沒有試一試的心態，應對敵軍的行動必然機敏，奮起行動必然很快。所以將領以民眾為肢體，而民眾以將領為心。心地忠誠，肢體就會和它親暱；心有疑忌，肢體就會散而不從。心不專一，就不能節制肢體的行動；將領不忠誠不二，士兵就不會勇敢。所以優秀將領的士兵，就像老虎的牙齒，就像兕的角，就像鳥的羽毛，就像百足蟲的腳，可以行走，可以飛起，可以咬囓，可以頂撞，強大而不會相互壞事，眾多而不會相互傷害，這是因為是一個心在驅使它們。所以百姓能誠心服從將領的命令，雖然軍隊人少也沒有什麼好畏懼的；百姓不服從將領的命令，即使軍隊人數很多也會同人數很少一樣。所以臣下不親近君主，臣下之心就不能為君王所用；士兵不畏懼將領，他們自身就不會去作戰。防守有必然牢固的做法，而攻擊有一定會勝利的做法，用不著等到刀劍相接時，存亡的徵兆本來就已經顯露出來了。

兵有三勢，有二權。有氣勢，有地勢，有因勢。將充勇❶而輕敵，卒果敢❷而樂戰，三軍之眾，百萬之師，志厲❸青雲，氣如飄風❹，聲如雷霆，誠積踰❺而威加敵人，此謂氣勢。硤路❻津關❼，大山名塞，龍蛇蟠❽，簦笠居❾，羊腸道，魚笱門❿，一人守隘而千人弗敢過也，此謂地勢⓫。因其勞倦、怠亂⓬、飢渴、凍喝⑬，推其搖搖⑭，擠⑮其揭揭⑯，此謂因勢⑰。

善用間諜⑱，審錯⑲規慮⑳，設施蔚伏㉑，隱匿其形，出於不意，使㉒敵人之兵無所適備㉓，此謂知權㉔。陳卒正，前行選㉕，進退俱㉖，什伍搏㉗，前後不相撚㉘，左右不相干㉙，受刃者少，傷敵者眾，此謂事權㉚。

權勢必形㉛，吏卒專精㉜，選良用才，官得其人，計定謀決，明於死生，舉錯㉝得時㉞，莫不振驚㉟。故攻不待衝隆㊱、雲梯㊲而城拔㊳，戰不至交兵接刃而敵破，明於必勝之數㊴也。故兵不必勝㊵，不苟接刃㊶；攻不必取㊷，不為苟發。故勝定㊸而後戰，鈐縣而後動㊹。故眾聚而不虛散㊺，兵出而不徒歸㊻。唯無一動，動則凌天㊼振地，抗㊽泰山，蕩四海，鬼神移徙，鳥獸驚駭，如此，則野無校兵㊾、國無守城㊿矣。

【章　旨】這一章先論用兵的兩類「必勝之數」，即「三勢」、「二權」。所謂「三勢」指的是「氣勢」、「地勢」和「因勢」。氣勢主要講將士的精神狀態和由此所產生的威力。地勢主要講何種地勢有利。因勢主要講如何善乘敵軍之勢。所謂「二權」指的是「知權」、「事權」，主要講知道軍事謀略的標誌和應用謀略的方法。然後說到權、勢應用得好，再加上其他因素，就能不待交戰而破敵。並且還提出「兵不必勝，不苟接刃；攻不必取，不為苟發」、「勝定而後戰，鈐縣而後動」這種不打無把握之仗的原則。

【注釋】❶充勇　充滿勇氣。或謂大勇。❷果敢　不虞不懼，果決敢為。❸厲　高湧；衝入。❹飄風　迴風；旋風。❺積踰　謂積蓄志氣而能超越敵人。❻硤路　峽中之路。或謂狹窄之路。❼津關　設在水路要衝的關口。❽龍蛇蟠　謂「大山名（大）塞」形如龍蛇盤伏。蟠，盤伏；屈曲。舊注謂「蟠，寃屈也」。❾簦笠居　原文作「卻笠居」，依王念孫校改。王氏言「『簦笠』與『龍蛇』相對為文，謂山形偃覆如簦笠」。簦，有長柄的笠，形如今日之傘。笠，即笠帽。❿羊腸道二句　魚笱，捕魚器。置魚梁口，魚隨水流入其內而不得出。原文作「發笱」，依王念孫校改。王氏謂「『羊腸（一屈一伸以狀小徑之崎嶇曲折）』、『魚笱』相對為文」。⓫地勢　土地的形勢。兵家注重地勢，本文所講地勢實指對我軍有利的地勢。⓬怠亂　怠惰散亂。⓭凍暍　凍寒、中暑（傷於暴熱）。⓮推其擠擠　王念孫謂「因其欲仆而推之，故曰『推其搖搖』」。擠擠，即搖搖。動而欲仆。擠，為古「搖」字。原文作「擠擠」，依王氏校改。⓯擠　排。⓰揭揭　動搖不定的樣子。舊注謂「欲拔也」。⓱因勢　因敵之勢。⓲間諜　潛入敵地探視敵情的人。間謂往來，諜謂覘候。舊注則謂「言軍之反間也」。⓳審錯　審度；審量。錯，錯磨；琢磨。⓴規慮　揣度。㉑設施蔚伏　設施，措置；安排。蔚伏，伏兵於盛草之中。舊注謂「草木蕃盛曰蔚」。原文作「設蔚施伏」，依王念孫校改。㉒使　原文無此字，依王念孫校補。㉓適備　設備。適，通「設」。㉔權　一本作「鈐」，皆指軍事謀略。㉕選　齊整。與上句「正（即正正，齊也）」義同。㉖俱　在一起。㉗摶　結聚。原文作「搏」，依劉家立校改。㉘撚踐踏。㉙干　冒犯。㉚事權　意謂應用謀略。事，從事。㉛權勢必形　此指將「權、勢」之理應用到行動中。形，顯現。㉜專精　專心一志，集中精力。㉝舉錯　舉措。舉動；措施。㉞時　原文作「失」，依王念孫校改。㉟振驚　同「震驚」。㊱衝隆攻城的戰車。一稱衝降；一稱隆衝。㊲雲梯　舊注謂「可依雲而立，所以瞰敵之城中」。為攻城之具。㊳拔　攻克。㊴數術。原文作「攻」，依王念孫校改。㊵必勝　指有必勝的把握。㊶接刃　指交戰。㊷必取　指有必定攻取的把握。㊸勝定指有確定獲勝的把握。㊹鈐縣而後動　馬宗霍釋謂「權其輕重而後動，即《孟子》『量敵而後進』之意」。鈐縣，猶言權衡。鈐，義同「權」。縣，稱。㊺虛散　猶言白白解散。㊻徒歸　猶言空手而歸。指無所獲而收兵。㊼淩天　猶言衝天。㊽抗高出；相當。㊾校兵　此指前來交戰的敵兵。舊注謂「敵家之兵不來相交復也」。㊿無守城　指敵無可防守之城。

【語譯】用兵有三種「勢」，兩種「權」。三種「勢」是有氣勢，有地勢，有因勢。將領充滿勇氣而輕視敵人，士兵果決敢為而樂於打仗，三軍將士，百萬軍隊，鬥志直衝青雲，士氣奮發如同旋風，聲音響如雷霆，確實積有超過敵人的志氣而能把威力施加到敵人身上，這叫做有氣勢。能據有峽中要道、水路要衝的關口，佔有的大山、大塞，地形就像龍蛇盤伏、簦笠偃覆，內有彎彎曲曲的羊腸小道，有魚笱般只能進不能出的關門，一個人在險要處防守而成千的人都不敢過去，這就叫做佔據了有利的地勢。能利用敵人的勞累、疲困、怠惰、散亂、飢餓、乾渴、寒凍、酷熱，就像把一個快向前倒下去的人推下去、把一個搖晃不定的人擠下去那樣趁勢打垮敵人，這就叫做善於利用敵人的形勢。

善於利用間諜，善於審量、揣度敵我雙方的情勢，善於在茂密的草叢中埋下伏兵，隱藏我軍的形跡，行動出乎敵人的意料之外，使敵人無法加以防備，這就叫做懂得軍事謀略。士兵隊伍排列整齊，前進時步伐一致，進退都在一起，什伍不散，前後不會相互踐踏，左右不會相互觸犯，我軍受傷的少，而殺傷的敵人很多，這就叫做會應用軍事謀略。

因為「權」、「勢」的成效必定會在用兵時體現出來，官吏、士兵能專心致志、集中精力，選用優秀的人才，使各個職位都有合適的人員，計謀已經決定，將領明白生死的關鍵，舉動合於時機，使得敵人無不感到震驚。所以進攻不需要用衝隆、雲梯就能把城攻下，作戰不要等到交鋒就能打敗敵軍，這是明白必定獲勝的用兵之術。所以用兵的人如果沒有必定勝利的把握，就不要隨便和敵人交戰；攻打敵人如果沒有必定勝利的把握，就不要隨便發兵。因此用兵要確定能獲得勝利，然後才打仗；對各種情況權衡清楚以後再行動。所以眾多的將士集中在一起不會白白地解散，既然出兵就不會空手而歸。要嘛一動也不動，要不一行動就要能衝逼青天、震撼大地，能高出泰山，激蕩四海，使得鬼神遷移他方、鳥獸驚駭不已，像這樣，野外就沒有敢於前來較量的敵軍，敵國也沒有可以防守的城池了。

靜以合躁，治以待亂❶；無形而制有形，無為而應變，雖未能得勝於敵，敵不可得勝之道也。敵先我動，則是見其形❷也；彼躁我靜，則是罷❸其力也。形見則勝可制也，力罷則威可立也。視其所為，因與之化；觀其邪正，以制其命；餌之以所欲，以罷其足❹。彼若有間❺，急填其隙，極其變而束之，盡其節❻而仆之❼。敵若反❽靜，為之出奇❾，彼不吾應，獨盡其和❿。若動而應，有見所為：彼持後節⓫，與之推移；彼有所積，必有所虧⓬，精若轉左⓭，陷其右陂⓮；敵潰而走，後必可移⓯。敵迫而不動，名之曰奄遲⓰。擊之如雷霆，斬之若草木，燿之若火電，欲疾以遫⓱，人不及步銷⓲，車不及轉轂⓳，兵如植木⓴，弩如羊角，人雖眾多，勢莫敢格㉑。

諸有象㉒者，莫不可勝也；諸有形者，莫不可應㉓也。是以聖人藏形於無，而游心㉔於虛。風雨可障蔽㉕，而寒暑不可關閉㉖，以其無形故也。夫能滑淖㉗精微㉘，貫㉙金石，窮至遠，放㉚乎九天之上，蟠乎黃盧㉛之下，唯無形者也。

【章旨】這一章仍講用兵之術，強調用兵貴在「無形」。文中先提出「靜以合躁，治以待亂；無形而制有形，無為而應變，雖未能得勝於敵、敵不可得勝之道也」。繼而細說這一觀點，意謂敵軍行動顯現、敵躁我靜，我軍就可掌握主動權。可以「視其所為，因與之化」，乘其力罷而攻之。說到敵若靜而不動，就出奇兵而觀其反應；敵若動而有應，則選其薄弱之處而攻之。特別講到敵若迫近，一定要疾攻猛擊。然後總結說「諸有象者，莫不可勝也；諸有形者，莫不可應也」，否定用兵於「有形」；又說「聖人藏形於無而游心於虛」，肯定用兵的「虛」、「無」。

【注　釋】❶靜以合躁二句　《孫子兵法‧軍爭篇》謂「以治待亂，以靜待譁，此治心者也」。合，抵擋。躁，動。待亂，原文作「持亂」，依王念孫校改。❷形　形跡。泛指軍隊的行動、實力、所用戰術等。《孫子兵法》有〈形篇〉，曹操釋「形」謂其乃「軍之形也，我動彼應兩敵相察情也」。❸罷　通「疲」。疲困。❹餌之以所欲二句　是說以敵之所欲為餌，誘使其疲於奔命。餌，以利引誘。動詞。足，腳。❺間　空隙。❻盡其節　與上文「極其變」皆指我軍而言。節，節制。❼仆之　與上句「束之」對象皆指敵人。仆，使倒下。此處作使動詞用。❽反　同「返」。❾出奇　運用奇兵。奇兵，指乘敵不意而突襲的部隊。❿獨盡其和　舊注謂「言我之盡調（應為『和』）以待敵也」。原文「和」作「調」，依王念孫校改。⓫彼持後節　舊注謂「彼，謂敵。持後節，敵在後，使先己」。後節，謂敵節制軍隊於我之後。⓬虧　虧損；減少。⓭精若轉左　指敵軍精銳部分轉向左（東）。⓮右陂　西邊。陂，側面；旁邊。⓯後必可移　指敵軍後隊可戰而勝之。⓰奄遲　淹留遲緩。⓱遬　疾；速。⓲步鋗　馬宗霍謂「小步之意，猶步旋也。人不及小作周旋，與上句『欲疾以遬』正相應」。⓳轉轂　車輛轉動。比喻迅速。⓴植木　栽種的樹木。㉑格　抵擋；抵禦。㉒有象　意同「有形」。有形象。㉓應　對付。㉔游心　注意；留心。㉕障蔽　遮蔽。㉖寒暑不可關閉　王念孫謂「寒暑無所不入，故不可關閉」。關閉，原文作「開閉」，依王氏校改。㉗滑淖　滑潤柔和。㉘精微　精細隱微。㉙貫　貫通。㉚放　楊樹達訓為「至」，舊注則謂「寄也」。㉛黃盧　黃泉下之壚土。盧，通「壚」。黑剛土。

【語　譯】用沉靜來抵擋躁動，用政治清明、安定來防備亂事出現；用沒有形跡來制約形跡顯露，用無為來應付變化，即使不能取得與敵爭鬥的勝利，卻是使敵人不可能得到勝利的辦法。敵人在我之前行動，就會暴露他的形跡；敵軍躁動而我軍沉靜，就會使他們的將士疲憊不堪。敵軍形跡顯現，我軍就控制了獲勝的主動權；敵軍疲憊不堪，我軍就可以顯示威力。觀看敵人的行動，而隨著一起變化；觀察敵軍是走斜道還是正路，而控制他們的命脈；用敵人渴望得到的東西來引誘他們，使他們雙腳疲乏不堪。敵軍一旦露出空隙，我軍就迅速鑽進去填滿，充分變化而束縛住敵人，極盡節制的手段而把敵人打倒。敵人如果恢復到平靜狀態，我軍就要出其不意地攻擊他們，敵人如果沒有回應，我軍就充分協調一致等待他們的反擊。如果敵人以行動來回應，我方就會見到敵軍所採取的行動：如果是敵軍在我軍之後節制軍隊，打算跑到我軍前頭去，我軍就隨著敵軍遷徙轉易。如果敵人在一處積結兵力，必然有一處會兵力虧損，因此他的精銳部隊轉向東側，我就攻破他的西側。敵人如果潰散逃跑，他的後隊一定可以被我軍打得散亂不堪。敵人迫近而不採取行動，這就叫做淹留、遲緩，因此擊殺要猛如雷霆，砍殺敵人要如同砍樹、割草一般，如同火光、電花閃耀，要快速而又矯捷地打擊敵人，使得敵人來不及挪動一小步、車輛來不及轉動輪子，使得敵兵如同栽種的樹木，手中拿的弩弓就像羊角，人雖然有很多，卻沒有人敢抵擋我軍的威勢。

各種有跡象的事物，沒有不能戰勝的；各種顯露形跡的行動，沒有不能應付的。因此聖人把形跡藏於「無」中而悠遊於虛明之中。風和雨是可以遮蔽的，但是卻不能把寒冷、暑熱關閉起來，就是因為寒暑沒有形體的緣故。能夠顯得滑潤、柔和、精細、隱微，能貫通金石，窮盡極遠之處，一直到達九天之上，盤伏在黃泉的壚土之下，只有沒有形跡才能做得到。

善用兵者，當擊其亂，不攻其治。不襲❶堂堂❷之寇，不擊填填❸之旗。容未可見，以數相持。彼有死形，因而制之。敵人執數，動則就陰❹。以虛應實，必為之禽。虎豹不動，不入陷阱；麋鹿不動，不離❺罝罘❻；飛鳥不動，不絓❼網羅；魚鱉不動，不擐❽脣❾喙❿。物未有不以動而制者也。是故聖人貴靜，靜則能應躁，後則能應先，數⓫則能勝疏，摶⓬則能禽缺。

【章旨】這一章承上章而言用兵貴靜、貴後。文中提出「善用兵者，當擊其亂，不攻其治。不襲堂堂之寇，不擊填填之旗」，並說明敵容未現、敵形已現當如何應戰。且以數例論說「物未有不以動而制者也」，強調守靜居後的重要。所謂「靜則能應躁，後則能應先」。

【注　釋】❶不襲　原文上有「是」字，依楊樹達校刪。❷堂堂　陣容強大。❸填填　同「正正」。陣容嚴整。❹就陰　歸向隱蔽處。陰，隱。❺離　同「罹」。遭遇。❻罝罘　捕獸的網。❼絓　絆住。❽擐　貫；穿。❾唇　原文作「蜃」，依楊樹達校改。❿喙　口。⓫數　密。⓬摶　圜；圓。原文作「博」，依俞樾校改。

【語　譯】善於用兵的人，應當在敵人混亂時攻擊，而不在敵人治理就序時攻打。不要襲擊陣容強大的敵人，不要攻擊戰旗整齊的軍隊。敵軍的陣容還未看清，就應運用戰術和敵人對峙下去。如果對方出現將要敗亡的形跡，就要把握這種形勢制伏對方。敵人掌握了一定的戰術，我軍行動就要歸向隱蔽之處。用虛來應付實，一定會被敵人擒住。虎豹不行動，就不會掉入陷阱；麋鹿不行動，就不會落入獸網中；飛鳥不動，就不會被網羅絆住；魚鱉不游動，就不會被釣鉤穿透嘴唇。萬物沒有不因為動而被制伏的。因此聖人注重靜，靜就能應付躁動，居於後就能應付領先，周密就能勝過粗疏，圓滿就能勝過欠缺。

故良將之用卒也，同其心，一其力。勇者不得獨進，怯者不得獨退。止如丘山，發如風雨，所淩必破，靡不毀沮❶。動如一體，莫之應圉，是故傷敵者眾，而手戰❷者寡矣。夫五指之更彈❸，不若捲手❹之一挃❺；萬人之更進❻，不如百人之俱至也。今夫虎豹便捷❼，熊羆多力，然而人食其肉而席其革者，不能通其知❽而壹其力❾也。夫水勢勝火，章華之臺❿燒，以升勺沃而救之，雖涸井而竭池，無奈之何也；舉壺榼⓫盆盎⓬而以灌之，其滅可立而待也。今人之與人，非有水火之勝也，而欲以少耦⓭眾，不能成其功，亦明矣。兵家或言曰：「少可以耦眾。」

此言所將⑭，非言所戰也。或將眾而用寡者，勢不齊⑮也；將寡而用眾者，用力諧⑯也。若乃人盡其才，悉用其力，以少勝眾者，自古及今，未嘗聞也。

【章　旨】這一章講良將用兵要使全體士兵同心協力、步調一致，所謂「勇者不得獨進，怯者不得獨退」；「萬人之更進，不如百人之俱至」。集體行動才有強大力量。就中說到在「人盡其才，悉用其力」的情況下，打仗總是以眾勝少，沒有以少勝多的事。

【注　釋】❶毀沮　毀壞。毀，壞。沮，壞。❷手戰　用手作戰。❸更彈　交替彈擊。❹捲手　謂將手握成拳頭。捲，同「拳」。❺挃　撞；捶。❻更進　交替前進。❼便捷　行動迅速敏捷。❽通其知　指虎、豹、熊、羆各類動物相互溝通智慧。知，同「智」。❾壹其力　謂其統一用力。❿章華之臺　章華臺為春秋楚靈王所築，遺址在今湖北省潛江縣龍灣馬長村。⓫壺榼　貯水之器。⓬盆盎　盆、盎一類。皆為盛水之器。盎為大腹斂口之盆。⓭耦　合；抵擋。⓮所將　指所率領的全體部隊。⓯勢不齊　指不同心用力。⓰用力諧　指大家用力配合得好。

【語　譯】所以優秀的將領用兵，能使大家心志相同，力量一致。勇敢的人不能獨自前進，膽怯的人不能獨自後退。停下來時穩如丘山，出動時強如風雨，所打擊的對象必定會被攻破，沒有不遭到毀壞的。行動起來如同一個整體，無法加以抵擋、阻止，因此傷害的敵人很多，可是動手作戰的人卻很少。用五根手指交替彈擊，不如握成拳頭使勁一捶；萬人輪番前進，不如一百個人一起趕到。現在虎和豹行動迅速、敏捷，熊和羆力氣強大，然而人們卻吃牠們的肉、用牠們的皮作墊席，原因就是牠們不能相互溝通智慧而力量一致。水的威力能勝過火，但是章華臺燒起來了，用升、用勺澆水救火，即使把井舀乾了、把池水舀盡了，也對火無可奈何；如果拿壺榼、盆盎灌救，要火熄滅就可以立刻辦到。現在人和人之間，還沒有水能勝過火的關係，卻想以少數人來抵擋多數人，這樣做，不能成功，也是很明顯的。軍事家中有的這樣說：「用少數人可以抵擋眾多的人。」講的是將領所率領的人，而不是參加戰鬥的人。有的率領的兵很多而發揮的作用小，是因為大家不能統一用力；有的率領的兵很少而發揮的作用很大，是因為大家同時用力，配合得好。如果每個人都充分發揮他的才智，完全用出他的力量，而能用少數人勝過多數人，從古到今，未曾聽說過這樣的事情。

神莫貴於天，勢莫便於地，動莫急於時，用莫利於人。凡此四者，兵之幹植❶也，然必待道而後行，可一用❷也。夫地利勝天時，巧舉勝地利，勢勝人，故任❸天者可迷也，任地者可束也，任時者可迫❹也，任人者可惑也。夫仁、勇、信、廉，人之美才也，然勇者可誘也，仁者可奪❺也，信者易欺也，廉者易謀❻也。將眾者，有一見焉，則為人禽矣。由此觀之，則兵以道理❼制勝❽，而不以人才之賢❾，亦自明矣。是故為麋鹿者❿則可以罝罘設也，為魚鼈者⓫則可以網罟取也，為鴻鵠者⓬則可以矰繳⓭加也，唯無形者無可奈也。是故聖人藏於無原⓮，故其情⓯不可得而觀；運⓰於無形，故其陳⓱不可得而經⓲。無法無儀⓳，來而為之宜；無名無狀，變而為之象。深哉睭睭⓴，遠哉悠悠；且冬且夏，且春且秋㉑；上窮至高之末㉒，下測㉓至深之底，變化消息㉔，無所凝滯。建心㉕乎窈冥㉖之野，而藏志乎九旋之淵㉗，雖有明目，孰能窺其情？

【章　旨】這一章強調具體戰術的應用不能沒有道，既說「神莫貴於天，勢莫便於地，動莫急於時，用莫利於人」，而這四者「必待道而後行，可一用也」。又說「兵以道理制勝，而不以人才之賢」。文中講的「道」主要是指無形之道，突出的是「無形」的作用。因此最後歸結為聖人「藏於無原」、「運於無形」，「建心乎窈冥之野，而藏志乎九旋之淵」。為用兵者如何體道而用兵於無形指明途徑。

【注　釋】❶幹植　本體；主體。❷一用　皆用；全用。❸任　用。❹迫　逼迫。❺奪　改變；使喪失。❻謀　圖謀。❼道理　指道。因與下句「人才」對句，故而添加「理」字。❽制勝　制服敵人而取勝。❾賢　指人才言。或謂賢作勝解，「之賢」謂取勝。❿為麋鹿者　指率軍如率麋鹿者。舊注釋謂「麋鹿有兵而不能以鬬，無術之軍也」。⓫為魚鼈者　舊注謂「魚鼈之兵，散而不集」。⓬為鴻鵠者　舊注謂「鴻鵠之兵，高而無祓」。⓭矰繳　繫有絲繩用以射鳥的短箭。⓮無原　沒有起源。指道。⓯情　實情。⓰運　動。⓱陳　陳設。⓲經　經度；測度。⓳無法無儀　謂無法規可言、無儀容可見。⓴睭睭　幽深的樣子。㉑且冬且夏二句　句中四「且」字，皆同「乃」。為語首助詞，無義。㉒末　尖端。此指頂端。㉓測　盡。㉔消息　一消一長，互為更替。息，生長。㉕建心　立心；置心。㉖窈冥　深遠。㉗九旋之淵　舊注謂「九回之淵，至深者也」。

【語　譯】論神沒有比天神更尊貴的，論勢沒有比地勢更為便利的，論動沒有比時間更快的，論用沒有比用人更為有利的。這四點，是用兵的基本道理，但是必須具備了道再實行，那就可以全部應用自如。地勢的便利可以勝過自然氣候，巧妙的行動可以勝過地理形勢的便利，而客觀形勢又可以勝過人的努力，所以任用自然氣候的可以使他分辨不清，順著地理形勢的可以使他受到束縛，利用時機的可以使他受到逼迫，利用人的可以使他產生疑惑。仁愛、勇敢、誠信、廉潔，這是人的美好才德，但是勇敢的人可以加以誘惑，仁愛的人可以使他喪失警惕，講究信用的人容易受到欺騙，廉潔的人容易被人圖謀。率領眾人的人，有一點行動顯現出來，就會被人捉住。從這看來，用兵是靠道來征服敵人以取得勝利，而不是靠優秀的人才，這也是很明白的。因此用兵像麋鹿那樣有兵無術，就可以施設捕獸的網來加以對付；用兵像魚鼈那樣散漫，就可以用網罟來加以捕取；用兵像高飛的鴻鵠那樣沒有遮蔽，就可以用矰繳來加以射殺，只有用兵沒有形跡的，人們對他沒有辦法。因此聖人把自己隱藏在沒有起源的「道」中，所以他的真實情形不可能被觀察到；他行動在無形之中，所以他的陣勢不可能被人測度。他們沒有規則也沒有儀容，來了便合於需要；沒有名稱也沒有形狀，一變化就根據需要而成為形象。幽深啊睭睭，長遠啊悠悠；無論冬天、夏天，無論春天、秋天；向上一直到最高處的末端，向下一直到最深處的底端，不論消減或增加，沒有任何黏滯的現象。把心安置在深遠的野外，而把志意隱藏在水流九旋的深淵中，即使有明亮的眼睛，誰又能看得見他的真實情形呢？

兵之所隱議❶者，天道❷也；所圖畫者，地形也；所明言者，人事❸也；所以決勝者，鈐勢❹也。故上將❺之用兵也，上得天道，下得地利，中得人心，乃行之以機❻，發之以勢❼，是以無破軍❽敗兵。及至中將，上不知天道，下不知地利，專用人與勢❾，雖未必能萬全❿，勝鈐⓫必多矣。下將之用兵也，博聞而自亂，多知而自疑，居則恐懼，發則猶豫，是以動為人禽矣。

【章　旨】這一章以隱議天道、圖畫地形、明言人事、應用鈐勢作為用兵四要事，又就各人處理這四件事的情況把將領分為上將、中將、下將三等。認為上將「上得天道，下得地利，中得人心」，「行之以機，發之以勢」，最為理想。此章所論，實為用兵者樹一典型。

【注　釋】❶隱議　占度吉凶而後議。隱，占；度。❷天道　此指天時。即自然的氣象。❸人事　人力所能及的事。❹鈐勢　謀略和威力。❺上將　此與下言「中將」、「下將」皆指將領用兵的表現而言，非關其軍階。❻機　機變。指鈐（謀略）。❼勢　鈐勢之勢。指威力。❽破軍　被打敗的軍隊。❾人與勢　指「人事」與「鈐勢」。❿萬全　萬無一失。⓫勝鈐　獲勝的謀略。

【語　譯】軍中通過占度而加以討論的是作戰時的自然氣候，所繪製的是作戰雙方的地理形勢，所明白說出來的是人力能夠做到的事，用來決定勝敗的是謀略和軍隊的威力。所以上等將領帶兵作戰，上能得到好的自然氣候，下能得到有利的地理形勢，中能得到人心的擁護，於是掌握機動的戰術，發揮威力，因此沒有被攻破的軍隊、沒有打敗仗的士兵。到了中等將領，他上不知道自然氣候的情況，下不知道地理形勢是否有利，專門用人力、謀略和軍隊的威勢，雖然不一定能夠萬無一失，但獲勝的謀略必定很多。下等將領帶兵打仗，見聞廣博而自相混亂，知道得很多而自生疑惑，駐守不動便感到恐懼，出發卻又猶豫不決，因此一行動就被別人制服了。

今使兩人接刃，巧拙不異，而勇士必勝者，何也？其行之誠也。夫以巨斧擊桐薪❶，不待利時良日❷而後❸破之。加巨斧於桐薪之上，而無人力之奉❹，雖順招搖❺、挾刑德❻而弗能破者，以其無勢也。故水激則悍，矢激則遠❼。夫栝❽淇衛箘簵❾，載❿以銀錫，雖有薄縞⓫之幨⓬、腐荷⓭之櫓⓮，然猶不能獨穿⓯也。假之筋角⓰之力、弓弩之勢，則貫⓱兕甲⓲而徑⓳於革盾⓴矣。夫風之疾，至於飛屋㉑折木；虛輿㉒之下大逵㉓自上高丘，人之有所推也。是故善用兵者，勢如決積水於千仞之隄，若轉員㉔石於萬丈之谿，天下見吾兵之必用也，則孰敢與我戰者！故百人之必死也，賢㉕於萬人之必北㉖也，況以三軍之眾，赴水火而不還踵㉗乎！雖誂㉘合刃於天下，誰敢在於上者！

【章　旨】這一章講用兵打仗，貴在有「勢」。所謂「勢」指軍隊的威勢，指戰鬥力的發揮。文中以劈柴為例，說以巨斧劈小木頭，一下子就劈開了；而只置巨斧於木頭上，則木頭永遠不會破裂，原因就是前用「勢」而後「無勢」。又以射箭為例，說再好的箭若不用力射出，連薄縞也射不進去，而用大力氣則可貫穿兕甲、革盾。從文中所舉其他例子和對「勢」的形容可以看出，作者講的「勢」具有來勢威猛、不可阻擋的特點。

【注釋】❶桐薪　小塊柴火。桐，桐木；小木。❷利時良日　指吉日吉時。❸而後　然後。❹無人力之奉　即沒有人用力去揮動斧子。奉，供給。❺招搖　星名。北斗第七星。❻挾刑德　謂經過許多時日。挾，佔有。舊注謂「刑，十二辰也」。德，十日也」。❼故水激則悍二句　分別以「水激」、「矢激」之狀形容「勢」。悍，強勁。❽栝　箭末扣弦處。此處作動詞，指做箭。❾淇衛箘簵　淇地（今河南省淇縣）所產箭羽、箭竹。衛，《釋名》謂「箭羽，齊人曰衛，所以導衛矢也」。箘簵，二竹名。為箭桿良材。❿載　飾。⓫縞　細白的生絹。⓬幨　車帷幔。⓭腐荷　腐爛的荷葉。⓮櫓　兵器。即大盾。原文作「矰」，依王念孫校改。櫓與幨皆為作戰時禦矢之用。⓯穿　原文作「射」，依王念孫校改。⓰筋角　獸之筋與角。此指以筋角所作之硬弓（弓以堅韌之木為幹，內附以角，外附以筋，以絲為弦）。⓱貫　穿。⓲兕甲　用兕皮作的鎧甲，質地堅韌。⓳徑　過；穿過。⓴革盾　用獸皮做的盾。㉑飛屋　謂屋蓋掀起如飛。㉒虛輿　猶言空車。原文作「虛舉」，依孫詒讓校改。㉓逵　四通八達的大路。原文作「遲」，依孫詒讓校改。㉔員　通「圓」。㉕賢　超出；勝過。㉖北　敗逃。㉗還踵　旋轉腳跟的方向。意謂退縮。㉘誂　卒然；突然。

【語　譯】現在讓兩個人持刀交鬥，兩人技術的巧拙一樣，而英勇之士必定會獲得勝利，為什麼呢？因為這位勇士誠心爭鬥。用大斧頭砍小塊柴火，不必等到吉時吉日就能劈開。把大斧頭放在小柴火上，而沒有人出力揮動斧頭，即使順著招搖星運轉，過上十天十夜也不能把柴火劈開，因為斧頭沒有處於揮動的態勢。所以水勢急疾就強勁有力，箭行急疾就射得遠。用淇地出產的羽毛、竹子做箭，用銀和錫來裝飾它，但是即使是薄縞作的車帷幔、像爛荷葉一樣的大盾，也射不穿它們。如果借用筋角所有的力量、弓弩所有的威勢，就可以射穿兕皮做的鎧甲而穿過皮革作的盾牌了。風吹得急，以致屋蓋掀起如飛、折斷樹木；而空車能從下面的大路而走上高丘，那是有人在用力推動它。因此善於用兵的人，能使他的軍隊的威勢像積水衝開千仞高的隄岸那樣，就像石頭滾入萬丈深的谿谷那樣，天下的人見到我軍一定能發揮作用，那麼誰敢和我軍開戰呢！所以一百個人抱著必死的決心去作戰，勝過一萬個打了敗仗必定逃跑的人，何況是用三軍那樣眾多的人，而那些人是跳入水中、投入火中都不會退縮的。即使天下突然發生戰爭，誰敢凌駕在他上面呢！

所謂天數❶者，左青龍，右白虎，前朱雀，後玄武❷。所謂地利者，後生而前死❸，左牡而右牝❹。所謂人事者，慶賞❺信而刑罰必，動靜時❻，舉錯❼疾。此世傳之所以為儀表❽者，固❾也，然而非所以生。儀表者，因時而變化者也，是故處❿堂上之陰而知日月之次序，見瓶中之冰而知天下之寒暑。

【章　旨】這一章講用兵之術的靈活性，而靈活用兵的原則是因時應變。文中先說如何合天數、得地利、行人事，謂其乃「世傳之所以為儀表（法則）」，然後再說出用兵法則並非生於此。文勢一跌，再直說「儀表者，因時而變化者也」。文字很短卻很有章法。

【注　釋】❶天數　即天道。本文當指天象特點。❷左青龍四句　言以四獸為軍陣，像天上星宿排列。《禮記・曲禮上》謂「行，前朱鳥而後玄武，左青龍而右白虎」，孔穎達疏云：「此明軍行像天文而作陣法也。前南後北，左東右西。」青龍，星宿名。指角、亢等星，位於東方。白虎，星宿名。指參、井等星，位於西方。朱雀，星宿名。指星、張等星，位於南方。玄武，星宿名。指斗、牛等星，位於北方。❸後生而前死　此謂背靠高地能提供活路而前臨低地即面臨死路。❹左牡而右牝　牡，雄。舊注謂「丘陵為牡」。牝，雌。舊注謂「谿谷為牝」。❺慶賞　獎賞。❻時　指時機。❼舉錯　舉措；舉止。❽儀表　法則。❾固　本來。❿處　察；分辨。原文作「處於」，依俞樾校刪「於」字。

【語　譯】所謂符合天文特徵，是東邊擺成青龍陣，西邊擺成白虎陣，南邊擺成朱雀陣，北邊擺成玄武陣。所謂掌握地形的有利形勢，是後靠高處就有活路而前為低地便是死路，左邊是丘陵而右側為谿谷。所謂人力能做到的事，是獎賞要守信用而刑罰一定要實行，一動一靜要合於時機，而動作要快速。這些是世上流傳的軍事法則，本來就是這樣，但是它們並不是產生法則的本源。法則，是根據時勢而變化的，因此察看正屋前面的陰影就知道日月運行的順序，見到瓶子裡的冰就知道天下冷熱的情況。

夫物之所以相形❶者微，唯聖人達其至。故鼓不與於五音而為五音主❷，水不與於五味❸而為五味調，將軍不與於五官❹之事而為五官督❺。故能調五音者，不與五音者也；能調五味者，不與五味者也；能治五官之事者，不可揆度❻者也。是故將軍之心，滔滔❼如春，廣廣❽如夏，湫漻❾如秋，典凝❿如冬，因形而與之化，隨時而與之移。

【章　旨】這一章講將軍的特點，謂「將軍不與於五官之事而為五官督」。又說將軍之心如春之滔滔、夏之廣廣、秋之湫漻、冬之典凝，總之是能「因形而與之化，隨時而與之移」。

【注　釋】❶相形　相互比較。形，顯現；比較。❷鼓不與於句　鼓作為一種樂器不在「五音（宮、商、角、徵、羽）」內，但擊鼓可定音，故言鼓為五音之主。與，參與；在其中。❸五味　指酸、苦、甘、辛、鹹五種滋味。❹五官　五種官職。殷時指司徒、司馬、司空、司士、司寇。周時指司徒、宗伯、司馬、司寇、司空。❺督　督率；統領。❻揆度　揣度；估量。揆，測度。❼滔滔　和暖的樣子。❽廣廣　同「曠曠」。廣大。❾湫漻　清涼寂靜。❿典凝　堅凝；堅固凝結。

【語　譯】萬物之所以能夠相互比較，原因是很微妙的，只有聖人知道它的最微妙處。所以鼓不在五音之中，卻能成為五音的主宰；水不在五味之中，卻能成為調和五味的東西；將軍不參與五官所做的事情卻是五官的統領。所以能夠調出五音的，不在五音之中；能夠調和五味的，不在五味之中；能夠管理五官的事情的，是不可度量的。因此將軍的心，暖和得像春天，廣大得像夏天，清涼寂靜得像秋天，堅固凝結得像冬天，能根據形勢而變化，能隨著時機而推移。

夫景❶不為曲物直，響不為清音濁。觀彼之所以來，各以其勝❷應之。是故扶義而動，推理而行，掩節❸而斷割，因資❹而成功。使彼知吾所出而不知吾所入，知吾所舉而不知吾所集❺。始如狐狸❻，彼故輕來；合如兕虎，敵故奔走。夫飛鳥之摯❼也俛其首，猛獸之攫也匿其爪，虎豹不外其牙❽而噬犬❾不見其❿齒。故用兵之道，示⓫之以柔而迎⓬之以剛，示之以弱而乘⓭之以強，為之以歙⓮而應之以張，將欲西而示之以東。先忤⓯而後合，前冥而後明，若鬼之無跡，若水之無創⓰。故所鄉⓱非所之⓲也，所見⓳非所謀也，舉措動靜，莫能識也。若雷之擊，不可為備。所用不復⓴，故勝可百全。與玄明㉑通，莫知其門，是謂至神㉒。

【章　旨】這一章說到用兵因物而回應的道理，但主要文字是說如何示敵以弱而攻之以強，應用靈活的戰術迷惑敵人，使得對方無法防備。文中說到不少具體做法，總的原則是「示之以柔而迎之以剛，示之以弱而乘之以強」。再就是強調不要讓敵人了解我軍行動的真實意圖，所謂「舉措動靜，莫能識也」。至於為何要示之以弱而攻之以強，文中全借鳥獸事以明其理。所謂「飛鳥之摯也俛其首，猛獸之攫也匿其爪，虎豹不外其牙而噬犬不見其齒」。

【注釋】❶景　影子。❷勝　任；擔負。此處有承受義。❸掩節　意謂打亂敵將對部隊的節制而將其割斷。掩，覆。❹資　供給。此處指敵方所提供的條件。❺使彼知吾二句　以鳥飛為喻，言不要讓敵人了解我軍行動的真實意圖。集，鳥停在樹上稱為集。❻始如狐狸　蓋謂我軍始出如同狐狸一樣小心，顯出陰柔之態。狐狸，傳說狐狸多疑，過河必聽冰下無流水聲始行。又言其狡猾，善於迷人。❼摯　用爪抓取。與下句中「攫」義同。❽外其牙　猶言外露其牙。牙，原文作「爪」，依王念孫校改。❾噬犬　咬人的狗。原文無「犬」字，依王念孫校補。❿其　原文無此字，依王念孫校補。⓫示　給人看。⓬迎　迎擊。⓭乘　戰勝；壓服。⓮歙　收縮。與下句中「張（擴張）」相對。一說歙指弱，張指強。⓯忤　抵觸；不一致。⓰創　傷口；傷痕。⓱鄉　通「嚮」。面向。⓲之　前往。⓳見　看見。⓴復　再；重複。㉑玄明　幽明；暗明。㉒至神　極為神妙。

【語譯】彎曲的物體影子不會成為直的；清亮聲音的回聲不會成為濁音。觀察對方怎麼來法，各自依所接受的情況而加以反應。因此要倚仗正義行動，要按照道理做事，打亂敵將對部隊的節制而把它割斷開來，利用敵方的條件而成就功業。使對方只知道我軍從哪裡出發，卻不知道進入何處；只知道我軍出動了，卻不知道在哪裡停留。我軍開始時顯得小心翼翼，好像十分柔弱，所以對方就會輕易來戰；交戰時我軍勇猛得如兕如虎，所以敵人奔跑逃走。飛翔的鳥要抓取東西總是低著頭，凶猛的野獸要攫取東西總是把爪子藏起來，虎豹的牙齒不露在外面，而咬人的狗也不把牙齒顯現出來。所以用兵的方法應該是這樣的：向敵人顯示出柔弱的樣子而用剛強的隊伍迎擊敵人，向敵人顯示出弱小的樣子而用強大的力量來戰勝敵人，作出退縮的樣子而用擴大的部隊來應戰，將要打到西邊去卻顯現出想要往東。先是行動不一致而後十分協調，前面昏暗而後面光明，就像鬼的活動沒有形跡，又像水被砍而沒有傷痕。所以我面向的一方並不是我要去的地方，我所看的東西也不是我圖謀得到的，舉止或動或靜，沒有人能夠識別。就像雷霆轟擊，無法加以防備。所用的方法又不重複，所以獲勝是百無一失。能與幽明相通，無法知道它的門戶，這就叫做極為神妙。

兵之所以強者，民也；民之所以必死者，義也；義之所以能行者，威也。是故合之以文，齊之以武❶，是謂必取；威義❷竝行，是謂至強。夫人之所樂者，生也；而所憎者，死也。然而高城深池、矢石若雨，平原廣澤、白刃交接，而卒爭先合❸者，彼非輕死而樂傷也，為其賞信❹而罰明也。是故上視下如子，則下視上如父；上視下如弟，則下視上如兄。上視下如子，則必王❺四海；下視上如父，則必正❻天下。上視❼下如弟，則不難為之死；下視上如兄，則不難為之亡。是故父子兄弟之寇，不可與鬭者❽，積恩先施也。故四馬❾不調，造父不能以致遠；弓矢不調，羿不能以必中❿；君臣乖心⓫，則孫子⓬不能以應敵。是故內脩其政以積其德，外塞其醜⓭以服其威，察其勞佚以知其飽飢，故戰日有期⓮，視死若歸。故將必與卒同甘苦，俟飢寒⓯，故其死可得而盡也。故古之善將者，必以其身先之，暑不張蓋⓰，寒不被裘，所以程⓱寒暑也。險隘不乘⓲，丘陵⓳必下，所以齊勞佚也。軍食孰⓴然後敢食，軍井通然後敢飲，所以同飢渴也。合戰㉑必立矢石㉒之所及，所以㉓共安危也。故良將之用兵也，常以積德擊積怨、以積愛擊積憎，何故而不勝！

【章　旨】這一章從分析軍隊戰鬥力的決定性因素入手，敘說將領應當愛兵如子弟，並由此言及君臣上下之間當有何種關係方有利於戰。文中說「兵之所以強者，民也；民之所以必死者，義也；義之所以能行者，威也」，以「民（兼指兵民）」為軍隊強大的決定性力量，而將「義」、「威」作為激發這種力量的促因。見解是深刻的。在說到將領如何愛兵時，提出了「積恩先施」、「以積德擊積怨」的看法，認為要激發士兵的戰鬥力，將領就要「積恩」、「積德」。而所謂積恩、積德，主要是建立一種帶有親情、友情性質的等級關係。所謂「上視下如子，則下視上如父；上視下如弟，則下視上如兄」。所謂「將必與卒同甘苦，俟飢寒」、「程寒暑」、「齊勞佚」、「同飢渴」、「共安危」。此外，文中還講到君王為了使君臣同心、君民同心當如何治政的問題。

【注　釋】❶合之以文二句　出自《孫子兵法・行軍篇》。曹操注謂「文，仁也。武，法也」。李筌注謂「文，仁恩。武，威罰」。❷威義　威和義。原文作「威儀」，依劉文典校改。❸合　交戰。❹信　守信用。❺王　稱王；作帝王。❻正　治理。❼視　原文作「親」，依王念孫校改。❽父子兄弟二句　父有患，子必為之死難；兄有難，弟必不吝其生，故言。寇，入侵者。指敵人。❾四馬　古代一車套四馬。❿中　中的。⓫乖心　離心。心相抵觸。⓬孫子　孫武。字長卿，齊國人，後為吳王闔閭之將，敗楚昭王於柏舉。夫差繼位，孫武又輔佐夫差伐越攻齊。有《孫子兵法》十三篇。⓭醜　醜行；惡行。⓮戰日有期　謂戰爭能在規定的時間內完成，不會因士氣不振而延長。期，一定的時間期限。⓯俟飢寒　馬宗霍說「猶言俟其飢寒也」。俟，候；等待。⓰蓋　車蓋；傘狀遮陽物。⓱程　度量。此處有領略義。⓲乘　指坐車。⓳丘陵　原文作「上陵」，依楊樹達校改。⓴孰　同「熟」。㉑合戰　兩軍交戰。㉒矢石　箭與石。古人作戰射箭擲石以擊敵。原文作「矢射」，依王念孫校改。㉓所以　用來。原文無「所」字，依王念孫校補。

【語　譯】軍隊之所以強大，就在於有民眾支持；民眾之所以一定願意效死，就在於為義；義之所以能夠實行，就在於領兵的人威嚴。因此用仁愛之恩把民眾聚合在一起，而用令人畏懼的刑罰來統一大家的行動，這樣做必定會獲得勝利；既用威嚴，又實行道義，這是最強大的。人們所喜愛的事情是活著，而所憎惡的是死亡。但是面臨高大的城樓、深深的護城河，飛箭和擲石像雨點一樣，在平原、寬闊的窪地，白刀子相互交接，而士兵卻爭著先去和敵人交戰，他們並不是輕視死而喜歡受傷，而是因為軍中必然執行獎懲而且賞罰分明。因此在上者看待在下者像兒子一樣，在下者看待在上者就會像父親一樣；在上者看待在下者像弟弟一樣，在下者看待在上者就會像兄長一樣。在上者看待在下者像兒子一樣，那他一定能在天下成為帝王；在下者看待在上者像父親一樣，在上者就一定能治理好天下。在上者看待在下者如同弟弟一樣，那麼下面的人就容易為上面的人而死；在下者看待在上者像兄長一樣，那麼下面的人為上面去死就不困難。因此父子、兄弟的敵人，是不能和父子、兄弟打鬥的，因為父親對於兒子、兄長對於弟弟，早就給了他們積之甚深的恩情。所以四匹馬動作不協調，就是造父也不能把車駕到遠處去；弓和箭不協調，就是羿也不能用它們百發百中；君臣的心相互抵觸，就是孫武來帶兵也不能對付敵人。因此君王在內要整治好政治而積累他的德行，在外要杜絕惡行而使人服從他的威嚴，要考察民眾勤勞、安逸的情況藉以知道他們是吃得飽還是在挨餓，所以打仗的時間就會有一定的期限，大家都能把戰死看成如同歸家一樣。所以將領一定和士兵同甘共苦，大家一道等著挨餓、受凍，這樣士兵們就會全都願意為將領而死。所以古代善於作將領的人，一定會身先士卒，大熱天裡不張車蓋，寒冷時節不穿皮襖，藉此領略冷熱的程度。到了險阻、狹隘之地將領不坐車，到了丘陵必定下車步行，藉此使大家辛勞、安逸的情況相同。軍中飯煮熟了以後，將領才敢吃飯；軍用水井打通了以後，將領才敢喝水，藉此使自己和士兵飢渴相同。兩軍交戰時，將領一定站立在箭和石頭打得到的地方，藉此使自己和士兵安危與共。所以優秀的將領用兵，常常用積累恩德的方法來攻擊積累怨恨的敵人，用積累恩德的方法來攻打積累憎恨的敵人，有什麼原因不能獲得勝利呢！

主之所求於民者二：求民為之勞也，欲民為之死也。民之所望於主者三：飢者能食之，勞者能息之，有功者能德❶之。民以償其二責❷，而上失其三望❸，國雖大，人雖眾，兵猶且弱也。若苦者必得其樂，勞者必得其利，斬首之功必㞷❹，死事❺之後必賞，四者既信於民矣，主雖射雲中之鳥，而釣深淵之魚，彈琴瑟，聲鐘竽❻，敦❼六博❽，投高壺❾，兵猶且❿強，令猶且行也。是故上足仰⓫則下可用也，德足慕則威可立也。

【章　旨】這一章仍講主上如何激發民眾戰鬥力的問題。文中指出主上要求於民有兩點，即「為之勞」、「為之死」，而民對主上有三點希望，即「飢者能食之，勞者能息之，有功者能德之」。說民能滿足君主要求卻失其「三望」，則國家再大、人口再多，軍隊也不會強大。反之，民能盡其責而君王又能滿足民眾的願望，那君主優游佚樂，軍隊也會十分強大。所以結論是「上足仰則下可用也，德足慕則威可立也」。認為軍隊的強弱關鍵在於君主對待民眾的態度。

【注　釋】❶德　施與恩惠；給與封賞。❷二責　二求。指上言「為之勞」、「為之死」。原文作「二積」，依王念孫校改。❸三望　三個希望。指上言「飢者能食之，勞者能息之，有功者能德之」。❹㞷　古「封」字。原文作「全」，無義，依蔣禮鴻校改。❺死事　以軍事死。❻聲鐘竽　即謂敲鐘吹竽。聲，使發聲。❼敦　投。謂投箸。❽六博　古代一種博戲。王逸注《楚辭》言「博，著也，行六碁，故云六博」。❾投高壺　投壺為古宴會時的遊戲。設一特製之壺，賓主依次投矢其中，中多者勝，負者即飲。❿且　將。⓫足仰　足以仰賴。

【語　譯】君主對老百姓的要求有兩點：一是要求老百姓為他而辛勞，二是要求老百姓為他效死。老百姓對君主的希望有三點：一是使挨餓的人有飯吃，一是使勞累的人得到休息，一是使有功勞的人得到封賞。如果老百姓已經滿足了君主的兩點要求，可是君主卻使老百姓的三個希望落了空，那麼國家即使很大、人口即使眾多，軍隊仍將是弱小的。如果辛苦的人一定得到快樂，勤勞的人一定得到利益，有殺敵功勞的人一定得到封賞，死於戰爭者的後代一定得到賞賜，在這四方面取得了民眾的信任，那麼君主即使整天射雲中的鳥兒，釣深淵中的魚，鼓琴彈瑟，敲鐘吹竽，擲六博，投高壺，軍隊仍將強大、命令仍將實行。因此君主的行為值得人們仰賴，下面的人就可以任用了；君主的德行值得人們仰慕，他的威望就可以建立了。

將者必有三隧❶、四義❷、五行❸、十守❹。所謂三隧者，上知天道，下習地形，中察人情。所謂四義者，便國不負兵❺，為主不顧身，見難不畏死，決疑不辟❻罪。所謂五行者，柔而不可卷❼也，剛而不可折也，仁而不可犯也，信而不可欺也，勇而不可凌也。所謂十守者，神清而不可濁也，謀遠而不可慕❽也，操❾固而不可遷也，知明❿而不可蔽也，不貪於貨，不淫⓫於物，不嚂⓬於辯，不推於方⓭，不可喜也，不可怒也。是謂至精⓮，窈窈冥冥⓯，孰知其情⓰！發必中銓⓱，言必合數⓲，動必順時，解必中揍⓳；通動靜之機⓴，明開塞之節㉑；審舉措之利害，若合符節㉒；疾如彍弩㉓，勢如發矢，一龍一蛇㉔，動無常體；莫見其所中㉕，莫知其所窮；攻則不可守，守則不可攻。

【章　旨】這一章講將領的修養（或謂為人原則）以及具備此種修養對指揮作戰的好處。講修養則提出「將者必有三隧、四義、五行、十守」。其中「三隧」屬於軍事家的必備知識，「四義」強調的是將領為了對國家、對士兵和對君主負責而勇於犧牲的精神，「五行」、「十守」則偏於對將領的思想、性情、智識、人品方面的修養提出要求。而講具備上述修養的好處，主要是說有利於指揮作戰，能做到「攻則不可守，守則不可攻」。

【注　釋】❶隧　道路；途徑。❷義　此處指合宜的行為。❸行　品行。❹守　堅持。❺便國不負兵　楊樹達謂「此文義不可通，注亦難解，疑有誤字」。為體例計，此句譯從字面之義。❻辟　通「避」。❼卷　彎曲。❽不可慕　馬宗霍稱「慕」為「狎」，謂「『不可慕』猶『不可狎』也。……『不可狎』猶『不可近』也」。楊樹達則謂「『慕』字無義，《集證》本作『篡』，似近之」。譯從馬說。❾操　操守。❿知明　謂智識高明。知，同「智」。⓫淫　過甚。此處有貪多之義。⓬嚂　貪食。此處有貪、好之義。⓭推於方　猶言移於道。推，移。方，道；原則。⓮至精　至道之精。原文作「至於」，依王念孫校改。⓯窈窈冥冥　深遠、暗昧的樣子。窈，深微不可見。冥，暗昧不可見。⓰情　真實的情況。⓱鈐　權；謀略。原文作「銓」，依楊樹達校改。⓲數　指戰術。⓳揍　同「腠」。指皮下肌肉之間的空隙和皮膚的紋理。此處指理。⓴機　事物的樞要、關鍵。㉑節　節制。此處指起節制作用的關鍵。㉒符節　符和節為古代用作憑證的信物。以玉、角、銅、竹等物為料，作成龍、虎、人等形狀，一般剖分為二，各執其一，相合無差，以代印信。㉓彍弩　張弩；拉滿弓。㉔一龍一蛇　比喻時隱時顯，變化莫測。㉕中　擊中目標。此處指被擊中的目標。

【語　譯】做將領的人一定要經過三個途徑、能肩負起四種道義、具有五方面的品行並做到十個堅持。所說的三種途徑是：上要懂得自然氣候的變化規律，下要熟悉地理形勢的特點，中要能了解民眾的真實情況。所說的四種合宜的事情是：為了有利於國家而不辜負士兵的希望，為了君主而不顧自己的利益，見到危難而不畏懼死亡，對疑難問題作出決斷而不逃避由此引來的罪責。所說的五種品行是：柔軟卻不能彎曲，剛烈卻不能折斷，仁愛卻不能觸犯，守信用卻不能被人欺騙，勇敢卻不能被人侵凌。所說的十個堅持是：神志清朗而不能使它渾濁，謀慮深遠而使敵人不能接近，操守牢固而不能變更，智識高明而不受蒙蔽，不貪圖財貨，不過分追求外物，不喜好辯說，不變動原則，不能夠使他高興，不能夠使他發怒。這些就叫做至道之精，它是那樣深遠、暗昧，誰知道它的真實情形！發兵一定符合謀略，說話一定合於戰術，行動一定順應時勢，解散一定符合道理；通曉動靜的關鍵，明白節制開、塞的要害；對一舉一動產生的利和害了解得清清楚楚，就像符節相合不差分釐；快得如同拉滿的弩弓，勢猛如同射出的箭，一時顯現為龍，一時顯現為蛇，動起來沒有固定的形體；沒有人能見到他所要擊中的目標，也沒有人知道他在哪裡才會完結；他若攻打，敵方就不能夠防守得住；他若防守，敵人就不能夠把他的陣地攻下來。

蓋聞善用兵者，必先脩諸己而後求諸人，先為不可勝而後求勝。脩己於人，求勝於敵。己未能治也，而攻人之亂，是猶以火救火、以水應水也，何所能制❶！今使陶人❷化而為埴❸，則不能成盆盎；工女❹化而為絲，則不能織文錦❺，同莫足以相治也，故以異為奇。兩爵❻相與鬭，未有死者也，鸇鷹❼至則為之解，以其異類也。故靜為躁奇❽，治為亂奇，飽為飢奇，佚為勞奇。奇正之相應，若水、火、金、木❾之代❿為雌雄⓫也。善用兵者，持五殺⓬以應，故能全其勝；拙者處五死⓭以貪，故動而為人擒。

【章旨】這一章有兩層意思，一是講善用兵者「必先脩諸己而後求諸人，先為不可勝而後求勝」，講的是要打有準備之仗。而所謂有準備，主要是強調我方的「先脩諸己」、「先為不可勝」，這個觀點出自《孫子兵法》。二是提出「同莫足以相治也，故以異為奇」，並由此推論「靜為躁奇，治為亂奇，飽為飢奇，佚為勞奇」。這是對《孫子兵法》主張戰者「以奇勝」、「奇正之變」、「奇正相生」說的發揮。作者講用「奇」，很注意為將者在應用奇正相應的戰術時把握制勝的主動權，因而還講到「持五殺以應，故能全其勝」。

【注　釋】❶何所能制　馬宗霍說「言何以能制也，意謂不得制之之道」。所，猶「以」。❷陶人　製陶器的工匠。❸埴　細密的黃黏土。❹工女　指從事紡織的女工。❺文錦　織有花紋之錦。❻爵　通「雀」。❼鷙鷹　猛禽名。❽奇　舊注釋為「有出於人」。吳承仕謂「奇訓不偶，亦為有餘，不偶者勝人，有餘者過人，故以奇為有出於人」。即本篇前言「物未有不以動而制者」。❾水火金木　五行相剋的順序是水剋（克，戰勝）火、火剋金、金剋木、木剋土、土剋水。❿代　交替；輪流。⓫雌雄　雌喻負、下。雄喻勝、高。⓬五殺　五行。⓭五死　指五行相剋時五種被剋之位。

【語　譯】聽說善於用兵的人，一定先要自修其身，然後再要求他人；先要使自己不可被戰勝，然後去求得對敵的勝利。對他人我要自修其身，對敵人我要求得勝利。自己未能修治好，而去攻擊亂而不治的人，這就好像用火去救火、用水去應付水一樣，怎麼能夠制止呢！現在讓陶匠師傅變成黃黏土，那就不能製出盆、盎來；讓紡織女工變成絲，那就不能織出有花紋的錦來，相同的東西不能相互制服的，所以以不同作為奇。兩隻雀鳥一起打鬥，沒有一隻會死，鷙鷹一來，鬥成一團的兩隻雀鳥便自動鬆開了，就因為鷙鷹不是同類。所以靜對動來說是奇，治對亂來說是奇，飽對餓來說是奇，安逸對勞苦來說是奇。奇和正的相互對應，就像水、火、金、木輪流勝負一樣。善於用兵的人，堅持五行五殺的主動位勢來應變，所以能獲得全面勝利；拙於用兵的人，便處於五行五死的被動地位而且貪圖這種位勢，所以一行動就被人捉住。

兵貴謀之不測❶也、形之隱匿也，出於不意❷、不可以設備也。謀見則窮，形見則制❸。故善用兵者，上隱之天，下隱之地，中隱之人。隱之天者，無不制也。何謂隱之天？大寒甚暑，疾風暴雨，大霧冥晦❹，因此❺而為變者也。何謂隱之地？山陵丘阜❻，林叢險阻，可以伏匿而不見形者也。何謂隱之人？蔽之於前，望之於後，出奇行陣❼之間，發如雷霆，疾如風雨，搴❽巨旗❾，止鳴鼓❿，而出入無形，莫知其端緒⓫者也。

【章　旨】這一章接上一章用「奇」而言，講用兵謀當不測、形應隱匿，以出其不意之勢打擊敵人。文中所說形隱之術為「隱之天」、「隱之地」、「隱之人」。前二隱實際上是講如何利用自然氣候條件和自然地理形勢展開軍事活動，不過特別強調行動的隱而不露。「隱之人」則側重於講出奇制勝的具體戰術，而以「出入無形」為原則。

【注　釋】❶不測　不可測度。❷不意　意料之外。❸制　此處指被制服。❹冥晦　昏暗。❺因此　據此；憑藉這些。❻丘阜　土山。丘、阜均指土山。❼行陣　軍隊行列。❽㩮　同「搴」。拔取。❾巨旗　大旗。❿鳴鼓　擊鼓。⓫端緒　頭緒。

【語　譯】用兵貴在謀劃使人無法測度、形跡隱藏不露，行動出乎對方意料之外，使敵人不能防備。謀略一顯露出來就會陷入困境，形跡一暴露就會被敵人制服。所以善於用兵的人，上隱藏在天道之中，下隱藏在地勢之中，中間隱藏在人事之中。能隱藏在天道之中，就沒有不能制服的。什麼叫做隱藏在天道之中呢？就是大寒酷暑，疾風暴雨，大霧昏暗，依據這些條件而靈活變化軍事行動。什麼叫做隱藏在地勢之中呢？就是山陵土丘，叢林、險阻之地，可以埋伏其間、隱藏起來而不顯現形跡。什麼叫做隱藏在人事之中呢？就是在前面加以掩蔽，在後面遠望，在隊列中間衝出奇兵，出發如同雷霆乍然發作，快得如同風雨驟然到來，拔取大旗，停止擊鼓，而出入沒有形跡，沒有人能知道它的頭緒在哪裡。

故前後正齊❶，四方如繩，出入解續❷，不相越淩，翼輕邊利，或前或後，離合散聚，不失行伍❸，此善脩行陳者也。明於奇胲❹陰陽，刑德❺五行、望氣❻候星❼，龜策❽禨祥❾，此善為天道者也。設規慮，施蔚伏❿，見用水火，出珍怪，鼓譟⓫軍，所以營⓬其耳也。曳梢肆柴⓭，揚塵起堨⓮，所以營其目者⓯。此善為詐佯⓰者也。錞鉞⓱牢重，固植⓲而難恐，勢利不能誘，死亡不能動，此善為充榦⓳者也。剽疾⓴輕悍㉑，勇敢輕敵，疾若滅沒㉒，此善用輕㉓出奇者也。相地形，處次舍㉔，治壁壘㉕，審煙斥㉖，居高陵㉗，舍出處㉘，此善為地形者也。因其飢渴凍暍、勞倦怠亂、恐懼窘步㉙，乘㉚之以選卒㉛，擊之以宵夜，此善因時應變者也。易㉜則用車，險則用騎，涉水用弓㉝，隘則用弩㉞，晝則多旌㉟，夜則多火，晦冥多鼓，此善為設施㊱者也。凡此八者，不可一無也。然而非兵之貴者也。

【章　旨】這一章敘說用兵者的八種基本技能，即如何善脩行陣、善為天道、善為詐佯、善為充榦、善用輕出奇、善為地形、善因時應變和善為設施。對這八種技能，作者的評價是：「凡此八者，不可一無也。然而非兵之貴者也。」

【注　釋】❶正齊　整齊。❷解續　當指隊列解散、連接。孫詒讓謂「疑解續、解贖、解瀆義同，解贖亦往來通達之語，猶解瀆為直通之言也」。❸翼輕邊利四句　馬宗霍釋謂「本文翼與邊對，輕與利對。凡行陣之法，以輕軍為左右翼，故曰『翼輕』。翼在兩邊，故曰『邊利』。下文云『或前或後，離合散聚，不失行伍』，即承輕、利二字而申之也」。❹奇賅　陰陽奇祕之要。原文作「奇正賅」，依陳觀樓校刪「正」字。❺刑德　刑罰與德化。❻望氣　望雲氣以言人事吉凶。❼候星　占驗星象。❽龜策　卜筮用具。❾禨祥　吉凶。❿蔚伏　伏兵在茂盛的草木中。⓫鼓譟　擊鼓叫呼。⓬營　迷惑。⓭曳梢肆柴　謂以車拖拉柴木。曳，拉；牽引。梢，小柴。肆，陳設。⓮堨　塵埃。⓯所以營其目者　「營其目（惑亂其目）」，及上言「營其耳」，與《孫子兵法·軍爭篇》所言「故夜戰多火鼓，晝戰多軍旗，所以變人之耳目也」義近。者，猶「也」。⓰詐佯　假裝。⓱錞鉞錞，矛戟柄下的銅鐏。鉞，大斧。⑱固植　堅固的意志。⑲充幹　充強。⑳剽疾　勇猛敏捷。㉑輕悍　輕捷勇猛。㉒滅沒指無影無聲。㉓輕　輕兵；裝備輕便的士兵。㉔處次舍　處，察辨。次舍，行軍中的止息營地。㉕壁壘　用以進攻或防守的工事。㉖煙斥　煙，通「闉」。塞。斥，候；守望；放哨。㉗高陵　高的山丘。㉘舍出處　謂宿於可進可退之地。舍，住宿；止宿。㉙窘步　因惶急而不能前行。㉚乘　用。㉛選卒　經選拔之精兵。㉜易　平地。㉝涉水用弓　舊注釋謂「水中不可引弩，故以弓便」。用，原文作「多」，依楊樹達校改。㉞隘則用弩　舊注謂「隘可以手弩以為距（拒）」。㉟旝　旝旗。㊱設施措置；安排。

【語　譯】所以隊伍前後整齊，四邊像繩一樣直，無論出、入、解散或連接成隊，都不相互超越，兩翼之軍輕快矯捷、行動便利，無論前進、後退、聚合或離散，都能行伍不亂，這是善於整治軍隊行列的表現。明瞭奇祕之要、陰陽變化，懂得施用刑罰、恩賞和五行的特點，會觀望雲氣以測得人事發展，會占驗星象，會用龜策占卜吉凶，這是善於按天道行事的表現。預作規劃揣度，在茂盛的草木中設置埋伏，顯現出用水、用火的情況，亮出珍奇、怪異之物，在軍中擊鼓叫呼，用以迷惑敵人的耳朵。用車拖拉柴木，拖得塵土飛揚，用以迷惑敵人的眼睛。這些是善於偽裝的表現。像錞、鉞那樣牢固、沉重，意志堅強而難以使他恐懼，權勢、利益不能引誘他，死亡不能改變他，這是善於使自己鬥志飽滿、堅強的表現。行動勇猛、矯捷，勇敢輕敵，快得無影無聲，這是善於使用輕便的軍隊、出動奇兵的表現。觀察地形，察辨住宿的營地，整治防禦工事，明辨堵塞、放哨的地點，讓軍隊屯駐高丘，在可以前進、後退的地方宿營，這是善於利用地形的表現。利用敵人飢餓、乾渴、寒冷、中暑、勞累、疲倦、鬆懈、混亂、恐懼、不敢前行的機會，任用經過選拔的精兵，在夜裡攻擊他們，這是善於根據時勢變化而採取相應措施的表現。在平地用戰車作戰，在險要的地方用騎兵作戰，涉水的時候用弓射箭，在狹隘的地方用弩射箭，白天作戰多用旌旗，夜裡作戰多用火，天氣昏暗時則多擊鼓，這是善於動用軍事設備的表現。這八種技能缺一不可。但是，它們還不是用兵時最值得重視的。

夫將者，必獨見獨知。獨見者，見人所不見也；獨知者，知人所不知也。見人所不見謂之明，知人所不知謂之神。神明者，先勝❶者也。先勝者，守不可攻，戰不可勝，攻不可守，虛實是也。上下有隙❷，將吏不相得❸，所持不直，卒❹心積不服，所謂虛也。主明將良，上下同心，氣意俱起，所謂實也。若以水投火，所當❺者陷，所薄❻者移。牢柔❼不相通而勝敗❽相奇❾者，虛實之謂也。故善戰者不在少❿，善守者不在小⓫，勝在得威，敗在失氣⓬。

夫實則鬭，虛則走；盛則強，衰則北⓭。吳王夫差地方⓮二千里，帶甲七十萬，南與越戰，棲⓯之會稽⓰；北與齊戰，破之艾陵⓱；西遇晉公⓲，擒之黃池⓳，此用民氣之實也。其後驕溢縱欲，拒諫喜諛，憢悍⓴遂過㉑，不可正喻㉒，大臣怨懟㉓，百姓不附，越王選卒三千人，擒之干隧㉔。因制其虛也。

夫氣之有虛實也，若明之必晦也。故勝兵者㉕非常實也，敗兵者㉖非常虛也。善者㉗能實其民氣，以待人之虛也。不能者㉘虛其民氣，以待人之實也。故虛實之氣，兵之貴者也。

【章　旨】這一章緊承上一章言兵之所貴。文中先從將領「必獨見獨知」說起，說到能獨見獨知即為「先勝」，而「先勝」者能無往不勝又在於善於應用虛實二氣。然後細論何謂兵之虛氣、實氣，謂將吏不合、士卒懷怨、主上驕溢等都是氣虛的表現；反之則含實氣。在這之中，還說到善用民（兵）氣即可獲勝、可用兵之實氣制服兵之虛氣，以及兵之氣或虛或實並非常虛常實而能相互轉化的道理。最後的結論是「虛實之氣，兵之貴者也」。

【注釋】❶先勝　事先獲勝。指開戰前已穩操勝券。❷隙　裂縫。指感情上的裂痕、隔閡。❸相得　互相投合。❹卒　指士卒。❺當　面對著；面向。❻薄　靠近。❼牢柔　堅牢、柔弱。❽敗　原文無此字，依楊樹達校補。❾奇　指出人意料。❿少　指兵員少。⓫小　指兵力小。⓬失氣　指喪失實氣。⓭北　敗逃。打了敗仗往回跑。⓮地方　指地域面積。方，有方圓之義。⓯棲　停留。此處指駐兵言。⓰會稽　山名。位於浙江省紹興縣東南。吳軍曾圍困越軍於會稽山。⓱艾陵　古地名。地在今山東省萊蕪縣東北。吳王夫差十二年，吳軍敗齊師於此。⓲晉公　指晉定公。舊注謂「晉公，謂平侯（當為定侯，夫差擒晉侯時，晉平公已死五十年）也。禽之，服晉也」。⓳黃池　地名。位於河南省封丘縣西南。《左傳・哀公十三年》「公會單平公、晉定公、吳夫差於黃池」。⓴憢悍　同「驍悍」。勇猛。舊注謂「憢，勇急也」。㉑遂過　意謂造成過失。遂，有完成、造成之義。㉒正喻　正面勸諫。喻，通「諭」。㉓怨懟　怨恨。懟，怨恨。㉔干隧　即干隊。地名。在今江蘇省吳縣西北。吳王夫差為越王句踐所擒之處。㉕勝兵者　指打了勝仗的軍隊。㉖敗兵者　指打了敗仗的軍隊。㉗善者　善用兵者。㉘不能者　不能用兵者。

【語譯】做將領的，一定要有獨特的見解和獨特的知識。所謂獨特的見解，是指能見到別人見不到的地方，所謂獨特的知識，是指能知道別人不知道的東西。能見到別人見不到的叫做「明」，能知道別人不知道的叫做「神」。神明，就是未戰之先便已勝利。未戰便已勝利在握，那麼防守時就不可能被攻下來，打仗時就不可能被戰勝，攻擊時對方就不可能守得住，這就是善於應用虛實的道理。上下之間有了隔閡，將領和官吏之間互不相合。所秉持的原則不正直，士兵們心中累積不服的情緒，這就是所說的「虛」。君主英明、將領優良，上下同一條心，大家的氣概、意志同時奮起，這就是所說的「實」。如果把水倒入火中，碰觸水的火苗就會被淋熄，靠近水的火苗也會後移。堅牢和柔弱不相通而勝敗卻相互意外地出現，這就是所謂的虛、實之間的關係在起作用。所以善於作戰的人不在意兵員少，善於防守的人不在意兵力小，勝利的關鍵在於軍隊具備威力，而失敗則在於軍隊喪失了「實」氣。

軍隊氣實就能戰鬥，氣虛就會逃跑；氣盛就會強大，氣衰就會敗逃。吳王夫差的國土方圓二千里，穿甲的士兵有七十萬，向南和越國交戰，吳軍圍住了會稽山；向北和齊國交戰，在艾陵打敗了齊軍；向西遇到晉定公，結果在黃池捉住了他，這是利用民氣的實氣。以後，吳王夫差驕傲自滿、放縱欲望，拒絕臣子的規勸、喜好奉承，驍勇強悍、造成種種過失，不能正面加以勸諫，使得大臣們心懷怨恨，老百姓不願依附於他，於是越王句踐選拔精兵三千人，在干隧捉住了他。這是越王掌握情勢制服了吳王軍隊的虛氣。

氣的有虛有實，就像光亮一定會變成昏暗一樣。所以打勝仗的軍隊並不是永久充滿實氣，打敗仗的軍隊也不是永遠氣虛。善於用兵的人能夠充實士兵之氣，以等待敵方兵氣的空虛。不能用兵的人使自己軍隊的兵氣虛空，以等待敵人兵氣的充實。所以軍隊的虛氣、實氣，是用兵的人所重視的。

凡國有難，君自宮召將，詔之曰：「社稷之命❶在將軍身❷，今國有難，願❸子將❹而應之。」將軍受命，乃令祝史、太卜❺齋❻宿三日，之❼太廟❽，鑽靈龜❾，卜吉日，以受鼓旗。君入廟門，西面而立；將入廟門，趨❿至堂下，北面而立。主親操鉞，持頭⓫，授將軍其柄，曰：「從此上至天者，將軍制之。」復操斧，持頭，授將軍其柄，曰：「從此下至淵者，將軍制之。」將已受斧鉞，答曰：「國不可從外治也，軍不可從中御⓬也。二心不可以事君，疑志不可以應敵。臣既以受制⓭於前矣，鼓旗斧鉞之威，臣無還請⓮，願君亦無垂⓯一言之命於臣也。君若不許，臣不敢將。君若許之，臣辭而行。」乃爪鬋⑯，設明衣⑰也，鑿凶門⑱而出。乘將軍車，載旌旗斧鉞，累⑲若不勝。其臨敵決戰，不顧必死，無有二心。是故無天於上，無地於下，無敵於前，無主於後；進不求名，退不避罪，唯民是保，利合於主：國之寶⑳也。上將之道也。如此，則智者為之慮，勇者為之鬭，氣厲青雲，疾如馳騖㉑，是故兵未交接而敵人恐懼。若戰勝敵奔，畢受功賞，吏遷官㉒，益爵祿㉓。割地而為調㉔，決於封外㉕，卒論斷㉖於軍中。顧㉗反㉘於國㉙，放旗以㉚入斧鉞，報畢於君曰：「軍無後㉛治。」乃縞素辟舍㉜，請罪於君。君曰：「赦之！」退，齋服㉝。大勝，三年反舍㉞；中勝，二年；下勝，期年㉟。兵之所加者，必無道國也，故能戰勝而不報㊱，取地而不反㊲。民不疾疫，將不夭死，五穀豐昌，風雨時節㊳，戰勝於外，福生於內，是故名必成而後無餘害矣！

【章　旨】這一章詳細敘說將領受君命率師出征前和凱旋歸來後所進行的禮儀，及將領應遵守的規定。從禮儀、規定所涉及的內容可以看出作者幾個觀點：一是君主請將出征，意在為國除難，君主應當將治軍大權交給將領。二是為將者也應要求得到這種權力，而且要求君主完全信任自己、不要干預軍中事務，所謂「願君亦無垂一言之命於臣也」。三是將領用兵應當「進不求名，退不避罪，唯民是保，利合於主」。作者稱此為「上將之道」，見得他對這些責任、義務、原則十分重視。

【注釋】❶命　命運。❷身　原文作「即」，依王念孫校改。❸願　希望。❹將　帶兵。動詞。❺祝史太卜　祝史，司祝之官。祝，謂其作辭以事神。史，謂其執書以事神。太卜，官名。亦稱卜正，為卜筮官之長。❻齋　祭祀前整潔身心，以示虔敬。❼之　前往。❽太廟　天子的祖廟。❾鑽靈龜　鑽龜以卜。鑽龜的裡甲使之變薄，然後燃莿焞以灼所鑽處，使兆坼現於表面，觀之以定吉凶。靈龜，占卜用的龜。❿趍　同「趨」。奔向。⓫持頭　指握住斧鉞的帶刃部分。⓬從中御　指越過將領直接指揮軍隊。御，控制；指揮。⓭以受制　謂已接受君命。以，同「已」。制，帝王之命曰制、令曰詔。⓮還請　請求歸還。此指「鼓旗斧鉞」而言。⓯無垂　無，原文作「以」，依王念孫校改。垂，向下。作敬詞用。⓰爪鬋　剪去手、腳指甲。舊注謂「鬋爪，送終之禮，去手足爪」。鬋，同「翦」。除去。⓱明衣　舊注謂「喪衣也。在於闇冥，故言明」。⓲鑿凶門　開通北門。舊注謂「凶門，北出門也。將軍之出，以喪禮處之，示其必死也」。⓳累　憂累；憂慮。⓴寶　原文作「實」，依王念孫校改。㉑馳騖　車馬奔馳。㉒遷官　本謂調動官職。此處指升官。㉓益爵祿　指晉升爵位、增加俸祿。㉔割地而為調　此言劃分土地而徵稅。調，一種民賦。即戶稅。㉕決於封外　指將領之事。封外，疆界之外。㉖卒論斷　謂將領作出論斷，不必請示君主。卒，終。㉗顧　用法相當於「而」。㉘反　返回。㉙國　指國都。㉚以　連詞。用法同「而」。㉛後　後事；他事。指戰爭結束以後軍中之事。㉜縞素辟舍　穿著白色的喪服而避開正房，寢於他處。表示不敢寧居。㉝齋服　穿上齋戒之服。作動詞用。㉞反舍　指返回正房安寢。㉟期年　一年。㊱不報　不遭到報復。㊲不反　不返回。㊳時節　此處指合於時序節令。

【語譯】每當國家有危難的時候，君主就在宮中召來將領，向他發出詔令說：「國家的命運就寄託在將軍的身上，現在國家有危難，希望你帶領軍隊去對付敵人。」將軍接受了命令，於是下令祝史、太卜齋戒三天，前往太廟，在廟中鑽灼靈龜，選擇吉利的日期，來接受戰鼓、戰旗。君主進入太廟大門，面朝西站著；將軍進入太廟大門，快步走到堂下，面朝北站著。君主親手拿起鉞，握住鉞頭，把鉞柄交給將軍，說：「從這往上直到天，都受你將軍控制。」又拿起斧，握住斧的頭，把斧柄交給將軍，說：「從這往下直到深淵，都受你將軍控制。」將領已接受斧鉞，回答說：「國家不能從外部加以治理，軍隊不能從中間加以指揮。心懷二心不能為君主服務，心懷疑慮不能對付敵人。我已經接受了陛下的命令，戰鼓、戰旗、斧鉞這些威儀之物，在我沒有請求歸還給陛下之前，希望君王也不要再向我發出一個字的命令。君王如果不答應這個要求，我就不敢率兵出征。君王如果答應這個要求，我就告別陛下出征。」於是剪去手指甲和腳趾甲，準備了明衣，打開凶門——北門，率軍走出都城。將領坐在將軍車上，車上飾有旌旗、斧鉞，將軍顯出憂慮得不能再憂慮的樣子。當他面對敵人決戰的時候，卻置必死於不顧，沒有二心。因此他能做到上沒有天存在，下沒有地存在，前面沒有敵人存在，後面沒有君主存在；前進不是為了求得名譽，後退不是為了逃避罪責，只是保護人民，追求的利益合乎君主的要求。他的精神是國家最可寶貴的精神。他的做法是上等將領的做法。像這樣做，有智謀的人就會幫他謀劃，勇敢的人就會為他戰鬥，豪氣上振青雲，快如車馬急馳，因此軍隊還未交戰而敵人便恐懼不已。如果戰爭勝利、敵軍逃亡，全軍都會因功受賞，作吏的升官，晉升爵位、增加俸祿。將領劃分土地而徵收民賦，在疆界之外作出決定，在軍中作出治罪的決斷。而帶兵返回國都，放下戰旗而送回斧鉞，報告完畢後，將領對君主說：「軍中再沒有其他事要我處理了。」於是穿起白色的喪服而避開正房歇宿，並向君主請罪。君主說：「赦免他！」將領退朝後，便穿起齋戒的衣裳。如果是在戰爭中獲得大的勝利，三年後返回正房歇宿；獲得中等勝利，過兩年返回正房歇宿；獲得下等勝利，過一年返回正房歇宿。用兵征討的對象，一定是沒有德政的國家，所以戰勝了對方也不會遭到報復，奪取的土地，也不會被對方要回去。打仗以後，老百姓不產生瘟疫、疾病，將軍們也沒有死去，五穀昌盛，風雨合於時序、節令，在外戰勝敵國，對內為民眾造福，因此功名必定建立，此後也沒有任何危害了。

卷一六

說山

【題解】高誘解釋本篇篇名說：「山為道本，仁者所處。說道之旨，委積若山，故曰說山，因以題篇。」本書〈要略〉既言「〈說山〉、〈說林〉者，所以竅窕穿鑿百事之壅遏，而通行貫扃萬物之窒塞者也。假譬取象，異類殊形，以領理人之意；解墮結紐，說擇摶困，而以明事埒者也」。又說「已知大略而不知譬喻，則無以推明事」，故作是篇。從這些說明可以看出，〈說山〉主要是以黃老之學的道為指導思想，來解說眾多的自然現象、社會現象，以及人們在生產勞動和日常生活中所遇到的事物。作者是用道詮釋這些現象，也可以說是揭示諸多事物所遵循的道，用它們作譬喻來說明「道之旨」。其目的在於使人正確認識各種事物，善於推明事理，循道而動。由於用「假譬取象」的方法說理，因而異類殊形並陳；又因為事殊道異，不必相貫，所以本篇行文往往三言兩語、甚或一句即成一節，一節即為一意。全篇共有一百五十五節之多，不少節言簡意深，讀之使人警醒，因此有人視本篇為箴言集錦。

魄❶問於魂❷曰：「道何以為體❸？」曰：「以無有為體❹。」魄曰：「無有有形乎？」魂曰：「無有。」魄曰：「無有❺，何得而聞❻也？」魂曰：「吾直❼

有所遇❽之耳！視之無形，聽之無聲，謂之幽冥❾。幽冥者，所以喻道，而非道❿也。」魄曰：「吾得⓫之矣！乃內視⓬而自反⓭也。」魂曰：「凡得道者，形不可得而見，名不可得而揚⓮。今汝已有形名矣，何道之所⓯能乎！」魄曰：「言者，獨何為⓰者？」魂曰⓱：「吾將反吾宗⓲矣。」魄反顧魂，忽然不見⓳，反而自存⓴，亦以淪㉑於無形矣。

【章　旨】這一章假借魄與魂的對話，論道的特點。謂道以無有為體，視之無形，聽之無聲，被比喻為幽冥（暗昧）。而得道者「形不可得而見，名不可得而揚」，即有形、名者不可得道。另外，從對話還可看出，魄、魂之本亦為無形之道。本章前半有些語句出自《文子・上德》。

【注　釋】❶魄　人陰神也。❷魂　人陽神也。❸體　形體。❹以無有為體　舊注謂「道無形，以無有為體也」。❺魄曰二句　原文無此四字，依王念孫校補。❻何得而聞　舊注謂「言無有形狀，何以可得而知也」。❼直　用法同「適」。❽遇　舊注謂「言遇（當為『吾適』）遭遇知之也」。❾幽冥　暗昧。❿非道　舊注謂「似道而非道也」。⓫得　舊注謂「猶知也」。原文上有「聞」字，依王念孫校刪。⓬內視　內自省察。一說指憑主觀想像觀察事物。⓭自反　自我返素。即回歸於道，故下文魂問魄「何道之所能」。⓮揚　舊注謂「猶稱也。揚或作象」。⓯所　其義同「可」。⓰獨何為　舊注釋謂「魄詰魂曰：子尚無形，何故有言？」⓱魂曰　原文無此二字，依俞樾校補。⓲吾將反吾宗　謂魂將反於無形。宗，本。⓳不見　不見魂。⓴自存　自我察看。存，省；察。㉑淪　沉沒；陷沒。

【語　譯】魄問魂說：「道用什麼作它的形體？」魂回答說：「道以無有作它的形體。」魄又問：「無有有形體嗎？」魂說：「沒有。」魄說：「沒有形體，怎麼能知道它是道呢？」魂回答說：「我只是恰好遇到它而知道它是道罷了！看它是沒有形體的，聽它是沒有聲音的，把它稱為暗昧。暗昧，是用來比喻道的，而它本身並不是道。」魄說：「我知道什麼是道了！只是憑著內自省察而自我返歸素樸境界就能掌握道。」魂說：「凡是得到道的，形體不可能被見到，名字不可能被叫出。現在你已經有了形體和名稱，怎麼可能得到道呢！」魄回答說：「你說這麼多話，這又是什麼緣故呢？」魂說：「我即將返歸我的本源。」魄回過頭來看魂，魂忽然不見了，再回過來察看自我，自我也已經沉沒到無形之中了。

人不小覺❶，不大迷；不小慧，不大愚。

人莫鑑於沫雨，而鑑於澄水者，以其休止不蕩也❷。

詹公之釣，得千歲之鯉❸；曾子攀柩車，引輴者為之止❹；老母行歌而動申喜，精之至也❺。瓠巴❻鼓瑟而淫魚出聽❼；伯牙鼓琴，駟馬仰沫❽；介子歌龍蛇而文君垂泣❾。故玉在山而草木潤❿，淵生珠而岸不枯⓫。蚓無筋骨之強、爪牙之利，上食晞堁⓬，下飲黃泉，用心一⓭也。

清之為明，杯水見眸子；濁之為闇，河水不見太山。

視日者眩，聽雷者聾⓮。

【章旨】這一章有兩個重點。一是以無為主靜論說人的修養，謂人當「不小覺」、「不小慧」以避免「大迷」、「大愚」。謂人當靜若澄水，不可動若沫雨。二是以「精之至也」、「用心一也」分別解釋幾種事例。此外還說到兩種生活常識。本章字句大多出自《文子．上德》。

【注　釋】❶覺　明。原文作「學」，依王念孫校改。王氏謂「高注本作『小覺不能通道，故大迷也』」。❷人莫鑑於三句　舊注謂「沫雨，雨潦上覆瓮也。澄，止水也。蕩，動也。沫雨或作流潦」。鑑，指鏡子。這裡作動詞用。沫雨，上泛泡沫的積雨。❸詹公之釣二句　詹公，舊注謂「詹何也。古得道善釣者。有精術，故能得千歲之鯉也」。得千歲之鯉，原文作「千歲之鯉不能避」，依王念孫校改。❹曾子攀柩車二句　舊注謂「曾子至孝，送親喪悲哀，攀援柩車，而挽者感之，為之止」。柩車，載運柩（已裝屍體的棺材）出殯之車。引輴者，拉柩車的人。輴，載柩之車。舊注謂「輴，棺下輪也」。止，原文下有「也」字，依王念孫校刪。❺老母行歌二句　申喜，楚人也。少亡其母。聞乞人行歌聲，感而出視之，則其母也。故曰「精之至」。❻瓠巴　楚國音樂家。善鼓瑟。❼淫魚出聽　舊注謂「淫魚喜音，出頭於水而聽之。淫魚長，頭身相半，長丈餘，鼻正白，身正黑，口在頷下，似鬲獄魚，而身無鱗，出江中」。淫魚，典籍言魚出聽樂音事，有作鱏魚者、作流魚者、作沉魚者。❽伯牙鼓琴二句　本於《荀子．勸學》所謂「伯牙鼓琴而六馬仰秣」。伯牙，春秋時音樂家。精於琴。仰沫，舊注謂「仰秣（當為沫），仰頭吹吐。謂馬笑也」。案：原文「沫」作「秣」。❾介子歌句　舊注釋謂「介子，介（子）推也。從晉文公重耳出奔翟，遭難絕糧，介子推割肌啗之。公子復國，賞從亡者，子推獨不及，故歌曰：『有龍矯矯，而失其所。有蛇從之，而啖其口。龍既升雲，蛇獨泥處。』龍以喻文公，蛇以自喻也。於是文公覺悟，求介子推，不得而號泣之」。文君，即指晉文公。❿故玉在山句　舊注謂「玉，陽中之陰也，故能潤澤草木」。⓫淵生珠句　舊注謂「珠，陰中之陽也，有光明，故岸不枯」。枯，指乾枯。⓬晞堁　乾土粒。舊注謂「晞，乾也。堁，土塵也，楚人謂之堁」。⓭一　精專。指專精守道。⓮聵　耳中鳴聲。原文作「聾」，依王念孫校改。

【語　譯】人不在小處精明，就不會有大的迷亂；不在小處聰慧，就不會在大處愚蠢。

人不會以浮泛泡沫的積雨作鏡子，而用澄清的水來映照，這是因為澄清的水是停止不動的。

詹公垂釣，能釣到千歲的鯉魚；曾子悲傷得攀援著出殯的車，拉柩車的人感動得停下來；年老的母親一邊乞討一邊歌唱感動了申喜，是因為精誠達到了極點。瓠巴彈奏瑟而使得淫魚把頭伸出水面來聽；伯牙彈琴而使得拉車的四匹馬仰起頭來張口流沫；介子推唱龍蛇之歌而使晉文公感動得直掉眼淚。所以玉在山中而草木為之潤澤，淵中生有珍珠而岸邊不會乾枯。蚯蚓沒有強健的筋骨、銳利的爪牙，卻能上吃乾土粒，下喝黃泉水，這便是用心精專的結果。

清水透明，一杯水就能映現出人的眼珠；濁水昏闇，即使整條黃河水也照不出太山的容貌。直接看著太陽就會眼花，聽雷響就會耳鳴。

人無為則治，有為則傷❶。無為而治者，載無❷也，為者不能無為❸也。不能無為者，不能有為也❹。人無言而神❺，有言則傷❻。無言而神者，載無也❼，有言則傷其神❽。之神❾者，鼻之所以息❿、耳之所以聽，終以其無用者⓫為用矣。物莫不因其所有而用其所無⓬，以為不信⓭，視籟與竽⓮。

念慮者不得臥⓯，止念慮，則「有」為其所止矣⓰。兩者俱忘，則至德純矣⓱。聖人終身言治，所用者非其言也，用所以言也⓲。歌者有詩⓳，然使人善之者，非其詩也⓴。鸚鵡能言，而不可使長言㉑。是何則？得其所言㉒，而不得其所以言㉓。故循跡㉔者，非能生跡者也。

【章旨】這一章的要點是「人無為則治，有為則傷」、「人無言而神，有言則傷」。《管子・心術上》謂「必知不言無為之事，然後知道之紀」，《老子》第二章亦謂「聖人處無為之事，行不言之教」，本書〈原道〉亦言「無為為之而合於道，無為言之而通乎德」，可見本章是以道德為本以論人事。文中解說無為、無言之利和有為、有言之弊，提出了諸如「不能無為者，不能有為也」、「以其無用者為用」以及「物莫不因其所有而用其所無」的觀點。至於文中說念慮者「兩者俱忘，則至德純矣」，說聖人、歌者、鸚鵡之言事，而謂「循跡者，非能生跡者也」，則是對人貴無為和人尚無言的印證。

【注　釋】❶人無為則治二句　舊注釋謂「道貴無為，故治也。有為則傷，道不貴有為也。傷，猶病也」。❷載無　舊注謂「言無為而能致治者，常載行其無為」。❸不能無為　原文作「不能有」，依王念孫校改。舊注釋謂「為者，有為也。有謂好憎情欲，不能恬澹靜漠，故曰不能無為也」。❹不能無為者二句　舊注釋謂「不能行清靜無為者，不能大有所致、致其治、立其功也，故曰不能有為也」。❺無言而神　舊注謂「無言者，道不言也。道能化，故神」。神，神妙。變化之極，不可測知。❻有言則傷　舊注釋謂「道貴不言，故言有傷」。原文「言」下有「者」字，依王念孫校刪。❼無言而神者二句　舊注釋謂「道貴無言，能致於神。載，行也，常行其無言也」。原文無「也」字，依王念孫校補。❽傷其神　舊注釋謂「道賤有言，而多反有言，故曰傷其神」。本章開篇至此出自《文子‧精誠》。❾之神　猶言此神。❿息　呼吸。⓫無用者　舊注言「謂鼻、耳中空處也」。⓬用其所無　舊注釋謂「以其所無用為用也」。⓭信　真實；實在。⓮籟與竽　二管樂器名。舊注謂「籟，三孔籥也。以其管孔空處以成音也，故曰視籟與竽也」。一說籟為樂管中虛部分，中虛故能發聲。⓯不得臥　舊注謂「展轉伏枕，寤寐永歎」。⓰止念慮二句　舊注釋謂「止，猶去也。強自抑去念慮，非真無念慮，則與物所止矣」。句中「其」字指「止念慮」一事而言。⓱兩者俱忘二句　舊注釋謂「兩者，念慮與（強）不念慮也。忘二者，則神內守，故至德純一也」。⓲所用者二句　舊注釋謂「非其言，非其所常言也。用所以言者，用當所治之言」。⓳詩　此處指歌詞。⓴然使人善之者二句　舊注謂「善之者，善其音之清和也。不善其詩，故曰非其詩也」。㉑使長言　使代人為主而言。長，主；為主。原文下無「言」字，依王念孫校補。㉒得其所言　舊注謂「得其言者，知效人言也」。㉓不得其所以言　舊注謂「不知所以長言，教令之言也，故曰不得其所以言」。所以言，謂人言之本意。㉔循跡　舊注釋謂「循，隨也。隨人故跡，不能創基造制，自為新跡，如鸚知效人言，不能自為長主之言也」。

【語　譯】人「無為」就會治理得好，「有為」就要出毛病。「無為」而能治理得好，是因為順應大道、按無為的原則行事，而照人意、憑人力就不能依無為的原則行事。不能按無為的原則行事，便不能有所作為。人「無言」就能達到神妙的境地，「有言」就會出毛病。無言能達到神妙的境地，是因為順應道德而按「無言」的原則行事，「有言」就會損害人的精神。這種精神，就像鼻之所以會呼吸、耳之所以會聽聲音，全是靠著「無用」

的部分在起作用。萬物無不是依靠它所有的部分而使用無用的部分，如果認為這話不真實，就請看看籟和竽吧。

心中有所思念、憂慮的人是不可能睡著覺的，去掉思念、憂慮，那麼種種「有」便被他去掉了。如果將思念、憂慮和強自去掉思念、憂慮一同去掉，至高之德便純一了。

聖人終身都在講治理，但發揮作用的不是他們所說的話，而是那些話的本意在起作用。歌中有歌詞，但使人感到美好的，並不是它的歌詞。鸚鵡能說話，卻不能讓牠代替主人說話。為什麼呢？因為鸚鵡能模仿主人說話，卻不能了解主人為什麼要說那樣的話。所以踩著舊腳印走路的人，是不能走出新的腳跡來的。

神蛇❶能斷而復續，而不能使人勿斷也。神龜能見夢元王，而不能自出漁者之籠❷。

四方皆道之門戶牖嚮❸也，在所從闚❹之。故釣可以教騎，騎可以教御，御可以教刺舟❺。

越人學遠射，參❻天而發，適❼在五步之內，不易儀❽也。世已變矣，而守其故，譬猶越人之射也。

月望❾，日奪其光，陰不可以乘❿陽。日出，星不見，不能與之爭光⓫也。故末不可以強於本，指不可以大於臂。下輕上重，其覆必易。一淵不兩鮫⓬，一棲⓭不兩雄。一則定，兩則爭⓮。

水定則清正，動則失平。故唯不動，則所以無不動也。江、河所以能長百谷者，能下之也。夫唯能下之，是以能上⑮之。天下莫相憎於膠漆⑯，而莫相愛於冰炭⑰。膠漆相賊⑱，冰炭相息⑲也。牆之壞，愈其立⑳也；冰之泮㉑，愈其凝也，以其反宗㉒。

【章旨】這一章內容很雜。一以神蛇、神龜為例，說物有所能而有所不能。二說四方皆道之門戶牖嚮，就看從哪個角度窺見它。故釣、騎、御、刺舟皆可相通。三以越人學射為例，說世已變而不可守舊。四以日、月、星為例，說「末不可以強於本，指不可以大於臂」，還說「下輕上重，其覆必易」，說「一淵不兩鮫，一棲不兩雄」。五以水為例，說「唯不動，則所以無不動」。六以江、河為百谷長作例，說「唯能下之，是以能上之」。七是以膠漆、冰炭的兩種關係以及牆壞愈其立、冰泮愈其凝說明萬物還其本原的重要。

【注釋】❶神蛇　神奇之蛇。❷神龜能見二句　舊注謂「宋元王夜夢見得神龜而未獲也，漁者豫且捕魚得龜，以獻元王，元王剝以卜，故曰能見夢元王而不能自出漁者之籠」。神龜，指靈龜。龜之最神明者。元王，春秋宋君，名佐。❸牖嚮　牖和嚮均指窗戶。❹闚　同「窺」。從小孔或縫隙中看，引申為觀察。❺刺舟　撐船。❻參　猶望也。❼適　通「鏑」。箭頭。指箭。❽不易儀　言不曉射。儀，射法。❾月望　農曆每月十五日日月相望謂之月望。❿乘　壓服；戰勝。⓫不能與之爭光　不能奪日之光也。⓬鮫　舊注謂「魚之長，其皮有珠，今世以為刀劍之口是也。一說魚二千斤為鮫」。⓭棲　指鳥類棲息處。⓮兩則爭　原文無「一棲不兩雄」至「兩則爭」數字，依王念孫校補。王氏謂上數語「明物不兩大之意」。《太平御覽・鱗介部》引上文，且引高誘注謂「以日月不得並明，一國不可兩君也」。此節文字出自《文子・上德》。⓯上　大。⓰相憎於膠漆　舊注釋謂「膠、漆相持不解，故曰相憎。一說膠入漆中則敗，漆入膠亦敗，以多少推之，故曰相憎」。又，《意林》引許慎釋「相憎」謂「膠漆相抱，不得還其本也」。⓱相愛於冰炭　舊注釋謂「冰得炭則解歸水，復其性，炭得冰則保其炭，故曰相愛」。

又，《意林》引許慎釋「相愛」謂「冰得炭則解，故得還其本也」。⑱賊　害。⑲息　保息；使之安定蕃息。這裡指得以復其性、保其本。⑳愈其立　指勝過牆豎立。舊注謂「壞反本，還為土，故曰愈其立也」。㉑泮　舊注謂「釋，反水也」。冰化開為泮。㉒宗　本。

【語　譯】神蛇的身體斷了能夠重新接上，但牠卻無法使人不打斷牠的身子。神龜能夠被元王夢見而不被捉住，卻不能逃出打魚人的魚簍。

四方都是道的各式門窗，就看你從哪裡觀察它。所以釣魚的技術可以用來教人騎馬，騎馬的技術可以用來教人駕車，駕車的技術可以用來教人撐船。

越地的人學習遠射，望著天把箭射出去，箭卻落在五步之內，原因是沒有改變射箭的方法。時代已經變了，卻守住舊的一套，這就像越人學習遠射一樣。

在日月相望那一天，太陽奪走了月亮的光，說明陰是不可能戰勝陽的。太陽一出來，星星就顯現不出來，它是不能和太陽爭光的。所以末梢不能比根本強大，手指不能比胳臂粗大。下面輕，上面重，翻倒它一定很容易。一口深淵中不能有兩條鮫，一個鳥窩中不能有兩隻雄鳥。有一個就會安定，有了兩個就會相互爭鬥。

水安定就顯得清淨、平正，一動蕩就失去了平正。所以只有不動，才能使沒有什麼「動」不能出現。長江、黃河能夠成為許多河谷之首，是因為能夠處於低下的地勢。正因為能夠處於低下的地勢，因此能比許多河谷都大。

天下萬物中沒有什麼東西相互憎恨超過膠和漆的，又沒有什麼東西相互喜愛超過冰和炭的。是因為膠和漆相互為害，冰和炭相互保本復性。

牆的毀壞要勝過豎立，冰的化解要勝過凝固，原因就是牆的毀壞和冰的化解會使它們返歸本原。

泰山之容，巍巍然高，去之千里，不見埵堁❶，遠之故也。

秋豪❷之末，淪於不測。是故小不可以為內者，大不可以為外矣❸。蘭❹生幽谷❺，不為莫服❻而不芳❼；舟❽在江海，不為莫乘而不浮；君子行義，不為莫知而止休。

夫玉潤澤而有光，其聲舒揚❾，渙乎❿其有似⓫也。無內無外⓬，不匿⓭瑕穢。近之而濡⓮，望之而隧⓯。

夫照鏡見眸子，微察秋豪，明照晦冥。故和氏之璧、隋侯之珠⓰，出於山淵之精，君子服之，順祥以安寧⓱，侯王寶之，為天下正⓲。

【章　旨】這一章一說泰山雖高，但由於距離遠就見不到山上的土塊。二說「小不可以為內」、「大不可以為外」，小、大是相對而言的，小而有小，至於無有；大而有大，至於無形無有。三以蘭自生香、舟自浮於水為例，說明君子行仁義乃其本性，「不為莫知而止休」。四以玉作比，言君子之德，謂當「無內無外，不匿瑕穢。近之而濡，望之而隧」。五說君子佩玉，乃欲己有玉德，故「順祥以安寧」。侯王看重民貴珠玉而作為天下之正，亦取意於民重如玉之德。

【注　釋】❶埵堁　堅硬的土塊。舊注謂「猶席（當為『坲』，或作『塵』）翳也。埵，作江、淮間人言能得之也」。❷秋豪　即秋毫。鳥獸秋天新生的毛，細而末銳。❸小不可以二句　舊注釋謂「小不可為內，復小於秋豪之末，謂無有也。無有無有者至大，不可為外也」。❹蘭　舊注謂「性香（古『香』字）」。❺幽谷　深谷。❻服　佩帶。❼芳　花草發出的香味。❽舟　舊注謂「性浮」。❾舒揚　舊注謂「舒，緩也；揚，和也」。❿渙乎　渙爛之狀；光華燦爛的樣子。⓫有似　舊注謂「似君子也」。⓬無內無外　舊注釋謂「表裡通也」。⓭匿　藏。⓮濡　浸潤。引申為柔順。⓯隧　通「邃」。深遠。引申為精深。⓰隋

侯之珠　隋侯見大蛇傷斷，以藥敷之，後大蛇從江中銜大珠以報其恩。世以隋（一做「隨」）侯之珠為寶珠。⑰君子服之二句　舊注釋謂「服，佩也。君子佩而象之，無有情欲，能順善以安其身」。⑱侯王寶之二句　舊注釋謂「寶，重也。侯王重其天性，若凡民之重珠玉，故以為天下正，無所阿私也」。

【語譯】泰山的形貌，巍巍高大，但是在離開千里遠的地方，卻看不見山上的土塊，這是距離太遠的緣故。

秋毫的尖端能夠沉沒於無法測度的小空隙內，因此小不可以它作為內，大不可以它作為外。

蘭草生長在深谷中，不會因為沒有人佩帶而不發出芳香；船在江中、海上，不會因為沒有人坐就不浮在水面；君子奉行大義，不因為沒有人理解而停止行動。

玉潤澤而有光彩，發出的聲響舒緩和諧，光華燦爛正像君子的德行。沒有內，沒有外，不隱藏斑點和汙穢，靠近時會覺得它柔順，望著又覺得它很深沉。

用鏡子照面能夠看見眼珠，能把秋毫那樣細微的東西看得清清楚楚，明亮得可以照亮黑夜。所以和氏璧、隋侯珠，是由高山、深淵的精華形成的。君子佩帶它們，就能和順、吉祥和安寧，侯王珍視他們這種做法，把君子所嚮往的美德如玉作為天下人德行純正的標準。

陳成子恆之劫子淵捷也❶，子罕之辭其所不欲而得其所欲❷，孔子之見黏蟬❸者，白公勝之倒仗策❹也，衛姬之請罪於桓公❺，曾子見子夏曰「何肥也」❻，魏文侯之見❼反被裘而負芻也，兒說之為宋王解閉結也❽：此皆微眇❾可以觀論❿者。

人有嫁其子⓫而教之曰：「爾行矣，慎無為善！」曰：「不為善，將為不善邪？」應之曰：「善且由弗為，況不善乎！」此全其天器⑫者。

拘囹圄者以日為脩，當死市⑬者以日為短。日之脩短有度也，有所在而短，有所在而脩也，則中⑭不平也。故以不平為平者，其平不平也。

嫁女於病消渴⑮者，夫死則言女妨⑯，後難復處⑰也。故沮舍⑱之下不可以坐，倚牆⑲之傍不可以立。

執獄牢⑳者無病，罪當死者肥澤㉑，刑者多壽㉒，心無累也。良醫者，常治無病之病，故無病㉓。聖人者，常治無患之患，故無患也。

【章　旨】這一章一以陳成子劫子淵捷等八事說出八種合道之理，而統謂「此皆微眇可以觀論者」。二以人嫁女時的教誨之言為例，說能弗為善、弗為不善乃「全其天器者」。三說拘囹圄者和當死市者有日脩、日短的感覺，是因為心中有不平。並據此引申，謂「以不平為平者，其平不平也」。四以嫁患消渴病者之女夫死難以改嫁為例，說「沮舍之下不可以坐，倚牆之傍不可以立」。五以坐牢者、判死刑者為例，說「心無累」可使人「無病」、「多壽」。並謂良醫使人無病在於「常治無病之病」，聖人無患在於他「常治無患之患」。

【注　釋】❶陳成子句　舊注謂「陳成子將弒齊簡公，使勇士十六人脅其大夫子淵捷，欲與分國，捷不從，故曰劫之也」。陳成子，名常（文中作「恒」）。❷子罕之辭句　子罕，司城子罕。春秋宋大夫。有人得玉，獻於子罕，子罕弗受。且謂「我以不貪為寶，爾以玉為寶，若以與我，皆喪寶也，不若人有其寶」（《左傳・襄公十五年》）。《韓非子・喻老》則謂「子罕曰：『爾以玉為寶，我以不受子玉為寶。』」不欲，不欲玉之寶也。所欲，所欲不貪為寶。❸黏蟬　以竿黏蟬。❹倒仗策　舊注謂

「傷其頤，血流及履而不覺，言精有所在也」。❺衛姬之請罪句　舊注釋謂「衛姬，衛女，齊桓公夫人也。桓公有伐衛之志，衛姬望見桓公色而知之，故請公殺，贖衛之罪也」。❻曾子見子夏句　舊注謂「道勝，無情欲，故肥也」。〈精神〉言「子夏見曾子，一臞一肥。曾子問其故，曰：『出見富貴之樂而欲之，入見先王之道又說之，兩者心戰，故臞。先王之道勝，故肥。』」原文無「曾」字，依王念孫校補。❼之見　原文作「見之」，依王念孫校改。魏文侯事見《新序・雜事》。❽兒說之為句　舊注釋謂「結不可解者而能解之，解之以不解」。兒說，宋大夫。《韓非子・外儲說左上》謂「善辯者也，持白馬非馬也，服稷下之辯者，乘白馬而過關，則顧白馬之賦」。閉結，不能解開之結。❾微眇　精微深奧。舊注謂「為見始知終也」。❿觀論　透過觀察來探討。⓫子　指女兒。⓬全其天器　舊注謂「器，猶性也。孟子曰人性善，故曰全其天性」。天器，天性；自然本性。⓭當死市　當，判罪。死市，義如棄市。古代在鬧市行死刑，陳屍街頭示眾，謂之棄市。⓮中　心。⓯消渴　病名。即今所謂糖尿病。原文無「渴」字，依劉文典校補。⓰言女妨　原文無此三字，依劉文典校補。妨，損害。⓱難復處　舊注謂「以女為妨夫，後人不敢娶，故難復嫁處也。一說：女以天下人皆消（渴），不肯復嫁之也」。復處，指處置再嫁之事。⓲沮舍　壞房舍。⓳倚牆　偏斜之牆。⓴執獄牢　謂「拘執於獄牢」。執，通「縶」。束縛；拘執。㉑罪當死者句　舊注謂「計決，心之無外思。一說：治當死者，罪已定，無憂，故肥澤也」。肥澤，肌肉豐潤。㉒刑者多壽　舊注謂「刑者，宮人也。心無情欲之累，精神不耗，故多壽也」。刑者，受宮刑者。㉓良醫者三句　舊注釋謂「治正性，神內守，故無病也」。無病之病，指人天性受到的損害。

【語　譯】陳成子（名恆）威脅子淵捷去殺害齊簡公，子罕拒絕他所不想得到的寶玉而得到他想要的名聲，孔子見到那位黏蟬人的黏蟬技巧，白公熊勝倒拄馬鞭被鞭頭尖刺刺穿面頰，衛姬為保護衛國而向齊桓公請罪，曾子見到子夏問他為什麼肥胖，魏文侯見到那位反穿皮衣而背柴草的人，兒說為宋元王解不可解開的死結：這些都是道理精微、深奧而可以經過觀察、加以探討的事情。

有一個人，嫁女兒時教導女兒說：「你走吧，到夫家後千萬不要做好事！」女兒說：「不做好事，那是要做不好的事嗎？」父親回答說：「好事尚且不做，何況是不好的事呢！」這是要保全他女兒的天性。

被拘禁在監牢中的人覺得時間很長，被判決在鬧市處死的人覺得時間很短。一天時間的長短是有限度的，有的人在某種情況下感到時間短，有的人在某種情況下感到時間長，那是因為心中不能平靜。所以把不平靜當作平靜，那種平靜是不平靜的。

把女兒嫁給了患消渴病的人，丈夫死了，有人便說是女子妨害了他，那女子以後很難再嫁人了。所以在壞房子下面不能坐，在偏斜的牆旁邊不能站。

被拘執在牢獄中的人沒有病，罪當處以死刑的人長得肌肉豐潤，受過宮刑的人大多長壽，這是因為他們心中沒有牽累。優秀的醫生，常常治療沒有生病的地方的毛病，所以能把人治得沒有病。聖人，常常整治沒有禍患之處的禍患，所以他沒有禍患。

夫至巧不用鉤繩❶，善閉者不用關楗❷。淳于髡之告失火者❸，此其類。以清入濁必困辱，以濁入清必覆傾。君子之於善也，猶采薪者見一芥❹掇之，見青蔥❺則拔之。

天二氣❻則成虹，地二氣則泄藏❼，人二氣則成病❽。陰陽不能且冬且夏❾。月不知晝，日不知夜❿。

善射者發不失的⓫，善於射矣，而不善所射⓬。善釣者無所失，善於釣矣，而不善所釣⓭。故有所善，則不善矣。

鍾之與磬也，近之則鐘音充⓮，遠之則磬音章⓯。物固有近不若遠、遠不若近者。

今日稻生於水，而不能生於湍瀨⑯之流；紫芝⑰生於山，而不能生於盤石之上⑱；慈石⑲能引鐵，及其於銅，則不行⑳也。

水廣者魚大，山高者木脩。廣其地而薄其德，譬猶陶人為器也，揲挻㉑其土而不益厚，破乃愈疾㉒。

【章旨】這一章一說「至巧不用鉤繩，善閉者不用關楗」。二說「清」、「濁」不相容，清入濁必困辱，濁入清必覆傾。又言君子行善如采薪，善無所捨。三說陰陽相干於天、於地、於人皆現異象、出毛病、謂陰陽不能且冬且夏。四以善射者不善所射、善釣者不善所釣為例，言人「有所善，則不善矣」。五以鐘近之則音充、磬遠之則音章為例，說「物固有近不若遠、遠不若近者」。六以稻生於水、紫芝生於山、慈石能引鐵，說物各有其特性。七說君人者廣其地而應厚其德。

【注釋】❶鉤繩　鉤，畫圓的工具。繩，取直的工具。原文作「劍」，依王引之校改。❷不用關楗　舊注謂「善閉其心，故不（當有『用』字）關楗也」。關楗，門閂。❸淳于髡之句　舊注釋謂「淳于髡，齊人也。告其鄰突將失火，使曲突徙薪。鄰人不從，後竟失火，言者不為功，救火者焦頭爛額為上客。刺不備豫。喻凡人不知豫閉其情欲，而思得人救其禍」。注中所言故事見桓譚《新論》。❹芥　小草。❺青葱　指青葱的草木。❻二氣　指陰陽二氣相犯。❼泄藏　謂泄地之所藏。❽人二氣句　舊注釋謂「邪氣干正氣，故成病」。❾陰陽不能句　馬宗霍釋謂「陰盛於冬，陽極於夏」。「『且』者『兼』詞，『兼』有兩務之意，與『又』同義。然則『陰陽不能且冬且夏』者，蓋謂陰陽二氣各有專主，陰不能主冬又主夏，陽不能主夏又主冬也」。❿月不知晝二句　舊注釋謂「言不能相兼也」。⓫的　箭靶中心。指箭靶。⓬不善所射　舊注謂「所射者死，故曰不善」。⓭不善所釣　舊注謂「所釣者魚也，於魚不善也」。⓮充　舊注謂「大也」。⓯磬音章　舊注謂「磬，石也，音清明，遠聞而章著也」。⓰湍瀨　湍急之水。水激石間為瀨。舊注謂「湍，急水也」。⓱紫芝　木耳之一種。⓲不能生於句　舊注釋謂「根無所植也」。盤石，巨石。⓳慈石　磁石；磁鐵。俗稱吸鐵石。⓴不行　舊注謂「行猶使也。不能使隨也」。㉑揲挻　揲，椎之使薄。挺，引之使長、使寬。㉒愈疾　舊注謂「愈，益也。疾，速也」。

【語　譯】最靈巧的技術不用鉤繩這類工具，善於關閉的人不用門閂。淳于髡告訴鄰居將要失火，就屬於這一類。

把清流注入濁流，清流必定受到困辱；把濁流注入清流，濁流必定遭到傾覆。君子做好事，就像採集柴火的人見到一根小草都會把它拾起來、見到青蔥的草也把它拔起來一樣。

天上陰陽二氣相互冒犯就會出現虹，地中陰陽二氣相犯就會泄散地中所藏之物，人身上邪氣犯正氣就會生病。陰陽二氣不能同時主冬又主夏。月亮不知道白晝如何，太陽不知道夜裡如何。

善於射箭的人所發的每一箭都不會偏離目標，他很精通射箭，但對所射的東西卻不友善。善於釣魚的人沒有釣不到魚的時候，他很精通釣魚，但是對於所釣的魚卻不友善。所以有所擅長，那就不好了。

鐘和磬作比較：離得近，鐘的響聲就大；離得遠，磬的聲響就顯著。事物中本來就有近的不如遠的、遠的不如近的的情況。

現在稻子生長在水田裡，卻不能生長在湍急的流水中；紫芝長在山中，卻不能生長在巨大的石頭上；磁鐵能吸引鐵，但吸銅時，就無法使銅隨它移動。

水充沛的地方魚大，山高峻樹木就高大。人若擴大他的國土而減少他的德行，就會像陶器工匠做陶器，把陶土拉得又長又寬而不增加厚度，它就會破得更快。

聖人不先風吹，不先雷毀，不得已而動，故無累❶。

月盛衰於上，則蠃蛖應於下❷，同氣相動，不可以為遠❸。

執彈而招❹鳥，揮棁❺而呼狗，欲致之，顧❻反走。故魚不可以無餌釣也，獸不可以虛氣❼召❽也。

剝牛皮，鞟❾以為鼓，正三軍之眾，不若服於軛❿也。狐白之裘，天子被之而坐廟堂⓫，然為狐計者，不若走於澤⓬。

亡羊而得牛，則莫不利失也；斷指而免頭⓭，則莫不利為也。故人之情，於利之中則爭取大焉，於害之中則爭取小焉。

將軍不敢騎白馬⓮，亡者⓯不敢夜揭炬⓰，保者不敢畜噬狗⓱。

雞知將旦⓲，鶴知夜半，而不免於鼎俎⓳。

山有猛獸，林木為之不斬；園有螫蟲，藜藿為之不採⓴。故國有賢臣，折衝千里㉑。

【章　旨】這一章一說聖人「不得已而動，故無累」。二說「同氣相動，不可以為遠」。三說釣魚不可無餌，召獸不可無虛器。四說牛、狐之死，其皮雖為人所貴，不若不死為人服於軛或走於澤，因為那樣能全其天性、得其自由。五說人之常情乃「於利之中則爭取大焉，於害之中則爭取小焉」。六說將軍、亡者、保者所不敢為之事。七說雞知將旦、鶴知夜半卻不免於鼎俎，謂人有智亦不免於死。八說林木因山有猛獸而不斬，藜藿因園有螫蟲而不採，由此引出「國有賢臣，折衝千里」的結論，強調賢臣於國之重要性。本章有些語句出自《文子・上德》。

【注　釋】❶累　憂患；禍害。❷月盛衰於上二句　舊注釋謂「月盛（當為『衰』）則蠃蛖內減，故曰蠃蛖應於下」。蠃蛖，即螺蚌。❸同氣相動二句　舊注釋謂「月，陰精也，蠃蛖亦陰也，故曰同氣也。精能相感，故曰不可為遠」。動，感。❹招　招手以呼。或謂招引。❺梲　木棒。❻顧　反而；卻。❼虛氣　即虛器。古氣、器可通用。《文子・上德》即明言「空器」。❽召　舊注謂「猶致也」。❾鞼　革；去毛的皮。❿軛　駕車時套在馬頸子上的物件。⓫廟堂　宗廟、明堂。指朝廷。⓬然為狐計者二句　舊注釋謂「言物貴於生也」。⓭免頭　謂免斷其頭。⓮將軍不敢句　舊注釋謂「為見識者。一說：白，凶服，故不敢騎也。《傳》曰：『晉襄公與（當為興）姜戎，子墨衰，敗秦師於殽。』言其變凶服也，故不敢騎白馬也」。⓯亡者　指逃亡的人。⓰不敢夜揭炬　舊注釋謂「為人見之」。揭炬，高舉火把。⓱保者不敢句　保者，有三解。舊注謂「保，城郭居也。保饒人也，不敢畜噬人狗也」。此以居城郭者為保者。洪頤煊謂「保，酒家傭也。《鶡冠子・世兵》：『伊尹酒保。』《韓非子・外儲說右上》：『宋人有酤酒者，升概甚平，遇客甚謹，懸幟甚高，為酒甚美，然而不售，酒酸。怪其故，問其所知者楊倩，倩曰：「汝狗猛邪？」曰：「狗猛，則酒何故而不售？」曰：「人畏焉。或令孺子懷錢挈壺甕而往酤，而狗迓而齕之，此酒所以酸而不售也。」』是說其事」。此以酒保為保者。俞樾謂「此保字乃阿保之保。《禮記・內則》『其次為保母』是也。保者不敢畜噬狗，恐其驚孺子也。上句云『亡者不敢夜揭炬』，亡者、保者皆以事言，非以地言」。此以保母為保者。今從俞說。⓲雞知將旦　天明前三刻雞鳴，俗謂雄雞報曉，故言。旦，天明。⓳鶴知夜半二句　舊注釋謂「鶴夜半而鳴也。以無智謀，不能免於鼎俎。以諭將軍當兼五材，不可以無權譎」。鼎俎，烹調用的鍋和切肉用的砧板。⓴山有猛獸四句　舊注釋謂「言人畏也」。斬，砍。藜藿，藜與藿。野菜。藜，似藿而外赤。藿，豆葉。㉑故國有賢臣二句　本在下文之內，王念孫謂乃錯簡所致。今依王說移補於此。原文作「賢君」，亦依王氏校改。折衝千里，原文作「折衝萬里」，依王念孫校改。舊注謂「衝，兵車也，所以衝突敵城也。言賢君德不可伐，故能折遠敵之衝車於千里之外，使敵不敢至也。魏文侯禮下段干木而秦兵不敢至，此之謂也」。本節見於《文子・上德》。

【語　譯】聖人不在風吹之前走開，不在雷霆毀擊之前避開，沒有辦法了才行動，所以沒有憂患。

月亮在天上圓缺盛衰，蠃蛖就在下面相應變化，同氣相互感應，不能認為它們相距很遠。

拿著彈弓招呼鳥來，揮動木棒呼喚狗來，想把牠們引來，牠們卻跑回去了。所以釣魚不能沒有餌，捕獸不能用空的器物來引誘。

剝下牛皮，拉開來做一面戰鼓，能用來統一三軍的行動，但對牛而言，卻不如把軛頭套在頸子上駕車。

用狐狸腋下白毛皮縫成的皮衣，天子穿上它坐在朝廷上，但是替狐狸著想，還不如讓牠在窪地跑來跑去。

丟失一隻羊卻得到一頭牛，沒有誰不認為丟失羊是有利的；斷掉指頭而能免去斷頭，沒有誰不認為斷掉指頭是有利的。所以人之常情，在利益中便爭著取大的，在禍害中便爭著取小的。

領兵的人不敢騎容易被人識別的白馬，逃亡的人不敢在夜裡高舉火把，保母不敢畜養咬人的狗。

雄雞知道天將亮，鶴知道半夜時分的來臨，但牠們卻不能避免成為鍋裡、砧板上的食物。

山上有猛獸，森林中的樹木因此而不被砍伐；園子裡有螫人的蟲子，藜藿因此而不被人採摘。國家有了賢明的臣子，就能把敵軍擊退於千里之外。

為儒而踞里閭❶，為墨而朝吹竽❷，欲滅跡而走雪中❸，拯溺者而欲無濡，是非所行而行所非。

今夫闇飲者，非嘗不遺飲也，使之自以平，則雖愚無失矣❹。是故不同於和❺而可以成事者，天下無之矣。

求美則不得美，不求美則美矣❻；求醜則不得醜，求不醜則有醜矣。不求美又不求醜，則無美無醜矣，是謂玄同❼。

申徒狄負石自沉於淵❽，而溺者不可以為抗❾；弦高誕而存鄭，誕不可以為常❿。事有一應，而不可循行。

人有多言者，猶百舌⓫之聲；人有少言者，猶不脂之戶⓬也。

六畜生多耳目者不詳⓭，讖書⓮著之。百人抗浮，不若一人挈而趨⓯。物固有眾不若少者。引車者二，而六⓰後之。事固有相待⓱而成者。兩人俱溺，不能相拯，一人處陸則可矣。故同不可相治⓲，必待異而後成⓳。

【章旨】這一章一說「為儒而踞里閭」等四種人所做四種事乃「非所行而行所非」。二以闇飲為例，說「使之自以平，則雖愚無失矣」，強調自我持平的重要，並謂「不同於和而可以成事者，天下無之矣」。三從求美不得美，不求美則得美；求醜不得醜，不求醜則有醜之辯證關係，說到不求美又不求醜、無美無醜的玄同境界。四說「事有一應，而不可循行」。五以人言多「猶百舌之聲」，以「六畜生多耳目者不詳」，說人「言多」無用、「言多」不善。六舉三例分別說「物固有眾不若少者」、「事固有相待而成者」和「同不可相治，必待異而後成」。

【注釋】❶為儒而踞里閭　舊注釋謂「儒尚禮義，踞里閭非也」。踞，蹲坐；不拘禮節的坐法。里閭，里巷。❷為墨而朝吹竽　舊注謂「墨道尚儉，不好樂，縣名朝歌（今河南省淇縣），墨子不入，吹竽非也」。朝吹竽，言早晨吹竽。❸走雪中　走雪中必有明顯腳跡，與「滅跡」相反。❹今夫闇飲者四句　馬宗霍釋謂「此蓋謂飲酒於暗室者，酒未嘗不散溢也。若舉酒者能自持其平，即在暗室中亦可無失。此人能為之事，不待於智者，故曰雖愚無失矣。文意重在『平』字」。闇飲，在暗室飲酒。非嘗，未曾。遺，散溢。使，舉。❺和　舊注謂「猶適也」。❻求美則不得美二句　舊注釋謂「心自求美名，則不得美名也，而自損，則有美名矣。故老子曰『致數輿無輿』也」。❼玄同　與天混同。舊注謂「玄，天也。天無所求，故以（義同『與』）之（指天）同也」。《老子》第五十六章謂「塞其兌，閉其門；挫其銳，解其紛；和其光，同其塵，是謂玄同」。今依本書舊注作譯。❽申徒狄句　舊注釋謂「申徒狄，殷末人也。不忍見紂亂，故自沉於淵」。❾抗　高尚。❿弦高誕而存鄭二句　舊注釋謂「弦高矯鄭伯之命，以十二牛犒秦師而卻之，故曰誕而存鄭。誕非正也，故曰不可以為常也」。原文「誕」下有「者」字，依王念孫校刪。⓫百舌　舊注謂「鳥名，能易其舌，效百鳥之聲，故曰百舌。以喻人雖事多言，無益於事」。⓬不脂之戶　指沒有用油脂塗抹戶樞（轉軸）的門。舊注謂「言其不鳴，故不脂之，諭無聲也。一說：不脂之戶難開閉，亦諭人少言語也」。⓭不詳　舊注謂「詳，善也。多耳目，人以為妖災也。諭人有多言而少誠實，比之於不詳也」。詳，通「祥」。⓮讖書　預決吉凶之書。⓯百人抗浮二句　舊注釋謂「抗，舉也。浮，瓠也。百人共舉，不如一人持之走便也」。挈，提著；提起。⓰而六原文作「六而」，依楊樹達校改。⓱相待　相互等待。此處當有相互配合之意。⓲故同不可相治　舊注謂「同，謂君所謂可，臣亦曰可，君所謂否，臣亦曰否，猶以水濟水，誰能食之？是謂同，故不可以相治」。⓳必待異而後成　舊注謂「異，謂濟君之可，替君之否，引之當道，是謂異也，故可以成事也」。

【語譯】信奉儒學卻蹲坐在里巷中，信奉墨學卻在早晨吹竽，想滅掉腳印卻在雪地上跑步，拯救淹水的人卻想不沾溼身子，這些都是認為一些行為不對而又去做那些自認為不對的事。

現在一些在暗室中喝酒的人，未嘗不讓酒散溢出來，如果自己舉酒杯時端得平正，即使是愚笨的人也不會使酒潑出來。因此動作不協調恰當而可以把事情做好，這種事天下是沒有的。

有意追求美名便得不到美名，不刻意追求美名便能得到美名；有意追求醜名便得不到醜名，追求不醜之名便有了醜名。不追求美名，又不追求醜名，自然就無美名，也無醜名了，這就叫做與天混同為一。

申徒狄背縛石頭自己沉沒在深淵之中，被淹死的人不能因此就認為他們都很高尚；弦高詐稱鄭伯之命使秦兵退卻而保住了鄭國，不能因此就把欺詐作為常用的待人方法。事情有一件應驗，不能就都照著辦。

人有話很多的，就像百舌鳥發聲一樣；人有很少講話的，就像未塗抹油的門軸不大轉動一樣。

六畜凡有多長耳朵、眼睛的不吉祥，讖書上有記載。

一百個人舉著瓠子前進，還不如讓一個人提著走。事情本來就有多一些人做不如少一些人做的。拉車的人分為兩組，而六個人依次排於後。事情本就有需要相互配合才能成功的。兩個人一起被水淹沒，就不能相互救援，如果其中一個人在陸地，就可以拯救落水的人了。所以事物、看法相同就不能相互治理，一定要等到不同以後，事情才能做得成功。

下有茯苓❶，上有兔絲❷，上有叢蓍，下有伏龜❸。聖人從外知內、以見知隱也。

喜武非俠也。喜文非儒也。好方❹非醫也。好馬非騶❺也。知音非瞽也。知味非庖也。此有一槩❻而未得主名❼也。

被甲者，非為十步之內也，百步之外則爭深淺，深則達五藏❽，淺則至膚而止矣。死生相去，不可為道里❾。

楚王亡其猨於林，木為之殘❿。宋君亡其珠於⓫池，魚⓬為之殫。故澤失火而林憂⓭。

上求材，臣殘⓮木；上求魚，臣乾谷⓯。上求楫，而下致船；上言若絲，下言若綸⓰。上有一善，下有二譽；上有三衰⓱，下有九殺⓲。

大夫種知所以強越，而不知所以存身⓳；萇弘知周之所以⓴存，而不知身之所以亡㉑。知遠而不知近㉒。

畏馬之辟㉓也不敢騎，懼車之覆也不敢乘，是以虛禍㉔距公利㉕也。

【章旨】這一章一從自然界中的某些現象立論，說「聖人從外知內、以見知隱」。二以六事為例，說通事之一端，不可「主名」。三以被甲之用為例，說死生相距不遠，所謂「不可為道里」。四說「澤失火而林憂」，講事物的相互聯繫和相互影響。五以眾多事例說君主欲望、言行對臣下行為的巨大影響。六以大夫種、萇弘知治國而不知保身為例，說明人往往「知遠而不知近」。七說「畏馬之辟也不敢騎」一類事，「是以虛禍距公利」。

【注　釋】❶茯苓　為多孔菌科的一種菌核。呈團塊狀，質堅硬，多生於赤松或馬尾松根上，深入土中約五寸至一尺處。茯苓可供食用，並可入藥。傳說松脂入地千年化為茯苓。故舊注謂「茯苓，千歲松脂也」。原文「下有茯苓」之上有「千年之松」四字，依王念孫校刪。❷兔絲　即菟絲子。蔓生植物，莖細長，常纏繞於他植物上。古籍中多以女蘿為菟絲，實非。女蘿為地衣類植物，即松蘿。《呂氏春秋．精通》謂「人或謂兔絲無根。兔絲非無根也，其根不屬也（為『地』之誤），茯苓是（當作『通』而下脫『之也』二字）」。本章舊注謂「兔絲生其（指茯苓）上而無根，一名女蘿也」。❸叢蓍伏龜　叢蓍，叢生蓍草。蓍為多年生草本植物，一本多莖。古代常以蓍草卜筮。龜之甲亦為占卜用具。❹方　藥方；單方。❺騶　主駕車馬之吏。《左傳．成公十八年》言「使訓群騶知禮」，疏謂「騶為主駕之官，駕車與共御（指喜武非俠等）者」。❻有一槩　謂通其大槩。大槩，即大略之意。一槩，一端。❼主名　為名之主。即得有其名。舊注釋上六句謂「此六術者，皆善之而未純，無所適名，故曰一槩而未得主名」。❽五藏　即五臟。❾不可為道里　舊注謂「言相遠也」。道里，路程；旅程。或謂道路之里程。❿楚王亡其猨二句　舊注謂「楚王，莊王旅也。猿捷躁，依木而處，故殘林以求之」。於林，原文作「而林」，依劉文典校改。殘，敗殘。指林木被破壞。⓫於　原文無此字，依劉文典校補。⓬魚　原文上有「中」字，依劉文典校刪。⓭林憂　舊注謂「憂見及也」。⓮殘　此處指砍伐。⓯谷　兩山之間的水道。此處指有水之谷。⓰繳　射鳥時縛在箭上的生絲繩。舊注謂「大繳也」。⓱三衰　意謂三次減少。⓲九殺　舊注謂「衰、殺，皆喻踰（當為『儉』）也。《傳》曰：『上之所好，下尤甚焉。』故有九殺也」。殺，降等；減少。⓳大夫種二句　舊注釋謂文種「自為越所殺也」。大夫種，越王句踐的大夫文種。⓴以　原文無此字，依王念孫校補。㉑亡　舊注謂「為周所殺也」。㉒知遠而不知近　舊注釋謂「遠，謂強越存周也。近，謂其身也」。㉓辟　舊注謂「旁也」。旁辟，即旁僻。偏邪枉回之意。指馬行不由正道，難以控馭。馬宗霍則謂辟乃「辟易」之辟，辟易乃狂疾之意，則辟謂之馳驟狂奔，不受控勒。今譯從馬說。㉔虛禍　虛無之禍。㉕公利　公見之利或共見之利。

【語　譯】下面長有茯苓，上面生有菟絲；上面長有叢生的蓍草，下面藏有烏龜。聖人從外部情況可以知道內部情況，憑著顯露的事物知道隱微的事物。

愛好武藝並不就是俠客。喜好禮樂並不就是信奉儒學的人。愛好搜集藥方並不就是醫生。喜歡玩馬並不就是主駕車馬的官吏。懂得音樂並不就是樂官。懂得如何調味並不就是廚師。這些都只是具有一方面的條件而不能得到某種專業的名稱。

作戰時穿鎧甲，不是為了防備敵人在十步之內的射擊，而是防備百步之外的射擊。百步之外的攻擊又有深淺之分，深的射進五臟中，淺的射到皮膚就停止了。死和生之間的距離不能用道路里程來計算。

楚王的猿猴逃進樹林中，為了找到牠，樹木受到了傷害。宋國君主的珠寶掉在水池中，為了找到它，水中的魚都被捕盡了。所以澤中失火而附近的樹林就會擔憂。

君主要得到木材，臣下就會砍伐樹木；君主要得到魚，臣下就會使河谷中的水乾涸。君主要得到槳，臣下就會送來船；君上說的話像一根絲，臣下說的話就會像一根粗絲繩。君主有一分好處，臣下就會有二分稱美；君主要求減少三次，臣下就會減少九次。

大夫文種知道使越國強大的方法，卻不懂得如何保存自身；萇弘知道保存周國的方法，卻不曉得自己會被周君殺死。他倆是知道遠謀國事而不知道近保自身。

因為害怕馬會馳驟狂奔就不敢騎馬，因為擔心車會傾覆就不敢坐車，這是用虛無的災禍來拒絕大家共見的利益。

不孝弟❶者或詈❷父母，生子者所不能任❸其必孝也，然猶養而長之。

范氏之敗，有竊其鐘負而走者，鎗然有聲，懼人聞之，遽掩其耳❹。憎人聞之，可也；自掩其耳，悖❺矣。

升之不能大於石也，升在石之中❻；夜之不能修於❼歲也，夜在歲之中；仁義之不能大於道德也，仁義在道德之包❽。

先針而後縷，可以成帷❾；先縷而後針，不可以成衣。針成幕，蔂成城。事之成敗，必由小生❿，言有漸⓫也。

染者先青而後黑則可，先黑而後青則不可。工人下漆而上丹則可，下丹而上漆則不可。萬事由此，所先後上下，不可不審⓬。

水濁而魚噞⓭，形勞則神亂⓮。

因媒而嫁，而不因媒而成⓯。因人而交，不因人而親⓰。

行合趨同，千里相從⓱；行不合趨不同，對門不通⓲。

【章　旨】這一章一說生子者不能保其子必孝，但還是「養而長之」。二說掩耳盜鐘事，謂其「自掩其耳，悖矣」。三以升在石之中、夜在歲之中為比，謂仁義不能大於道德，而是在道德包裹之中。四以「針成幕，蔂成城」為例，說明「事之成敗，必由小生」。五以染色、塗飾為例，說做任何事，必須掌握先後上下的順序。六以水濁則魚噞為例，說明人「形勞則神亂」。七說「因人而交，不因人而親」。八說行動、趨向一致則千里同至，否則「對門不通」。

【注　釋】❶孝弟　即孝悌。孝指盡心奉養和服從父母，弟指恭敬、順從兄長。❷詈　罵；責備。❸任　舊注謂「保也」。❹范氏之敗五句　舊注謂「范氏，范吉射，范會之玄孫，范鞅獻子之子昭子也。敗者，趙簡子伐之，故人竊其鐘也。一曰：

知伯滅范氏也」。《呂氏春秋・自知》謂「范氏之亡也，百姓有得鐘者，欲負而走，則鐘大不可負，以椎毀之，鐘況然有音，恐人聞之而奪己也，遽揜其耳。惡人聞之可也，惡己自聞之悖矣」。此即成語掩耳盜鐘（宋以後多作掩耳盜鈴）所本。鎗，鐘聲。❺悖　惑。❻升在石之中　謂一升之容積被包容在一石之中。即石大於升。❼修於　原文作「修其」，依王念孫校改。王紹蘭謂「其，猶於也」，雖是，但本書宋本「其」作「於」，故依王念孫之說。❽仁義在句　舊注謂「仁義小，道德大也。在道德包裹，猶升在斛之中、夜在歲之內也」。❾帷　舊注謂「幕，帷也。上曰幕，旁曰帷。縷非針無以通，故宜先也」。❿針成幕四句　舊注釋謂「蔂，土籠也。始一匱，以上於城，故曰事之成敗必由小生」。蔂，盛土籠。⓫漸　漸進；逐步發展。⓬審　舊注謂「知也」。⓭噞　魚在水面張口呼吸。舊注謂「魚短氣黃噞，出口於水上」。⓮神亂　原文下有「故國有賢君，折衝萬里」九字，已依王念孫校「君」為「臣」，移至上章。⓯因媒而成　舊注謂「媒人以禮成為室家也」。⓰不因人而親　舊注謂「以德親也」。⓱從　跟隨。⓲對門不通　謂門對門往彼此不來往。

【語　譯】不孝悌的人有的會辱罵父母。生孩子的人不能保證那孩子一定孝順，但是還是撫養他長大。

當范吉射被趙簡子打敗的時候，有人偷了他的鐘背著跑，不料鐘發出鎗鎗響的聲音，他擔心別人聽見了，便急忙捂住他的耳朵。他厭惡別人聽見鐘聲是可以的，但因而捂住自己的耳朵，就太糊塗了。

升是不能比石大的，一升的容量包容在一石之中，一夜是不可能比一年長的，一夜包含在一年之內；仁義是不可能比道德大的，仁義在道德的包含之中。

先穿進針然後帶出線縷，可以縫成帷；如果先進線縷然後進針，連一件上衣也縫不成。一針一針可以縫出布幕，一蔂一蔂運土可以築成一座城。事情的成功和失敗，一定是從小的地方開始的，是逐步發展的。

染東西先上青色然後上黑色是可以的，先上黑色然後再上青色就不行了。工匠塗飾時把漆塗在下面而把朱紅色塗在上面是可以的，若把朱紅色塗在下面再把漆塗在上面就不行。萬事都像這樣，先後上下的順序，不能不知道。

水渾濁魚就會把嘴巴伸出水面來呼吸，人的形體勞累精神就不能平靜。

女子借助媒人出嫁，卻不靠媒人完成婚禮而成家。人借助旁人和他人交往，卻不因為介紹之人而親近他。

行動一致、趨向相同，走千里路都會跟隨到底；行動不一致、趨向不相同，就是門對門也不相往來。

海水雖大，不受胔芥❶。日月不應非其氣❷，君子不容非其類也。

人不愛倕之手，而愛己之指❸；不愛江、漢之珠❹，而愛己之鉤❺。

以束薪為鬼，以火煙為氛❻。以束薪為鬼，朅而走❼；以火煙為氛，殺豚烹狗❽。先事如此，不如其後❾。

巧者善度，知者善豫❿。

羿死桃部，不給射⓫。慶忌死劍鋒，不給搏⓬。

滅非者戶告之曰⓭：「我實不與。」我諛亂⓮謗乃愈起。止言以言，止事以事，譬猶揚堁而弭塵，抱薪而救火⓯。流言⓰雪⓱汙，譬猶以涅⓲拭素⓳也。

矢之於十步貫兕甲⓴，於三百步不能入魯縞㉑。騏驥一日千里，其出致釋㉒駕而僵㉓。

大家攻小家則為暴，大國并小國則為賢㉔。

【章旨】這一章一說「君子不容非其類」。二說人不愛不能為己所得之物，而愛其己有可用之物。三說人做事須辨明事物真相，不可盲目行動，如同以束薪為鬼便「朅而走」、以火煙為凶氣便殺豚烹狗以禳一樣。四說「巧者善度，知者善豫」。五說羿死「不給射」、慶忌死「不給搏」。六說止非議之言不可「止言以言，止事以事」，那樣只會揚堁弭塵、抱薪救火。正確的方法應是止言勿辯。七說利箭遠射不能穿魯縞、良馬遠行之後「釋駕而僵」。八說大家攻小家為暴、大國并小國為賢。

【注　釋】❶胔芥　小塊腐肉。一說為水生之物。❷不應非其氣　舊注謂「陽燧取火，方諸取水（〈覽冥〉謂『燧取火於日，方諸取露於月』），氣相應也。非此不得，故曰『不應非其氣也』」。❸人不愛倕之手二句　舊注釋謂「倕，堯之巧工也。雖倕巧人，不能以倕巧故愛其手也。謂倕手無益於己，故自愛其指也」。❹江漢之珠　傳說江、漢有夜光珠，為珠之美者。❺鉤　帶之鉤，多以玉為之。古衣有帶，帶有帶鉤。《呂氏春秋・重己》言「人不愛崑山之玉、江、漢之珠，而愛己一蒼璧小璣，有之利故也」。❻氛　惡氣。《左傳・昭公二十五年》言「喪氛也」，杜注謂「氛，惡氣也」。原文作「氣」（下句同），依蔣禮鴻校改。❼以束薪為鬼二句　舊注釋謂「夜行見束薪，以為鬼，故去而走」。朅，離去。❽以火煙為氛二句　舊注釋謂「以火煙為吉凶之氣，殺牲以禳之，惑也」。禳，以祭禱除災。❾先事如此二句　舊注釋謂「此先事之人也，如此，不如徐徐出其後者也」。不如其後，謂不如辨明之後再來行事。❿豫　備；預備；事先有準備。⓫羿死桃部二句　舊注釋謂「桃部，地名。羿，夏之諸侯，有窮君也。為弟子逢蒙所殺，不及攝己（『己』下當有『弓』字）而射也」。本書〈詮言〉言「羿死於桃棓」。舊注謂「棓，大杖，以桃木為之，以擊殺羿。由是以來，鬼畏桃也」。棓，即「部」字。舊注一詞兩說，今譯從〈詮言〉注。不給，不及；來不及。⓬慶忌死劍鋒二句　舊注釋謂「搏，捷也。慶忌，吳王僚之子也，要離為闔閭刺之，故死劍，不及設其捷疾之力」。⓭滅非者句　滅非者，指欲消除非議者。戶告，挨家挨戶告訴。⓮諛亂　諛，通「俞」。益。亂，有紛煩之意。是諛亂為俞亂，意謂益煩言，即愈發多言。⓯止言以言四句　舊注釋謂「止言當以默，止事當以卜。今以言止言，以事止事，猶揚堁止塵塵愈起，抱薪救火火愈熾也」。⓰流言　帶有誹謗性的話。舊注謂「流，放也」。⓱雪　拭。舊注謂「除也」。⓲涅　黑。⓳素　白。⓴兕甲　兕甲堅厚。㉑魯縞　魯地所產之縞。其輕細至薄。㉒釋　解脫。舊注謂「稅（牛馬解脫車駕為稅）」。㉓僵　舊注釋謂「仆也。猶矢於三百步不能穿魯縞，言力竭勢盡也」。㉔大國并小國句　舊注釋謂「憂世不能上（尚）德，苟任勞（當作勢）力，而以辟土斥境，并兼人國為賢也」。

【語　譯】海水雖然很大，卻連一小塊腐肉也不接納。日月不和與它們不相同的氣相互感應，君子不容納和自己不同類的人。

人們不愛巧匠倕的手，而珍愛自己的手指；不愛長江、漢水出的夜光珠，而珍愛自己的帶鉤。

把捆著的柴火當作鬼，把火的煙當作凶氣。把捆著的柴火當作鬼，便急忙跑開；把火的煙當作凶氣，便殺豬、烹狗來禳除災禍。像這樣先行動還不如慢慢辨別清楚後再說。

手巧的人善於度量，有智慧的人善於預備。

羿被人用桃杖打死，來不及挽弓射擊對方。慶忌被人用劍鋒刺死，來不及使出力氣和對方搏鬥。

想消除他人非議的人挨家挨戶地對人說：「我實在是沒有參與其事。」我愈是解釋，誹謗的言論便愈多。用言論來制止言論，用事端來制止事端，就好像揚起塵土而要消除塵埃一樣，就好像抱著柴火來救火一樣。用流言來除去汙點，就好像用黑色擦拭白絲一樣。

箭在十步之內可以射穿兕甲，在三百步以內就連魯地所產的縞也射不穿了。騏驥一天跑完千里，當牠出去到達目的地後，一從車駕解脫出來，就倒下去了。

大的大夫之家攻打小的大夫之家便是欺凌；大國兼併小國，便是賢德之行。

小馬，大馬之類也。小知，非大知之類也❶。

被羊裘而賃❷，固其事也；貂裘而負籠❸，甚可怪也。

以潔白為汙辱，譬猶沐浴而抒溷❹，薰燧❺而負彘❻。

治疽❼不擇善惡❽肉而并割之，農夫不察苗莠❾而并耘之，豈不虛哉？

壞塘以取龜，發❿屋而求狸⓫，掘室而求鼠，割唇而治齲⓬，桀、跖之徒，君子不與⓭。殺戎馬⓮而求狐狸，援兩鼈而失靈龜，斷右臂而爭一毛，折鏌邪⓯而爭錐刀⓰。用智如此，豈足高⓱乎？

寧百刺以針，無一刺以刀；寧一引重，無久持輕；寧一月饑⓲，無一旬餓⓳。萬人之蹪⓴，愈㉑於一人之隧㉒。

【章　旨】這一章一說「小知，非大知之類」。二說人所為之事應與身分相稱，所謂「被羊裘而賃，固其事也；貂裘而負籠，甚可怪也」。三說不可「以潔白為汙辱」。四說治疽不擇好肉，壞肉而并割之，農夫耘苗不察苗莠而去之，皆為不妥。五說壞塘以取龜，發屋而求狸的做法，乃桀、跖之徒所為，君子不為。又說殺戎馬而求狐狸、折鏌邪而爭錐刀的做法，雖亦用智，但不值得重視。六從人寧願小受損傷而不願大受傷害說起，言「萬人之蹪，愈於一人之隧」。

【注　釋】❶小馬四句　俞樾謂「言馬則小大同類，知則大小迥殊，正以馬之類明知之不類也」。上二句本於《呂氏春秋・別類》。大馬，原文上有「非」字，依俞樾校刪。❷賃　賃雇。被人雇為傭工。❸籠　土籠。❹抒溷　清掃廁所。抒，通「紓」。清除。溷，通「圂」。廁所。❺薰燧　焚薰草取其香以自潔。舊注謂「燒薰自香也，楚人謂之薰燧」。❻彘　豬。❼疽　一種毒瘡。❽善惡　猶言好壞。原文下有「醜」字，依楊樹達校刪。❾莠　草名。似稷而無實，俗名狗尾草。❿發　開掘。⓫狸　貓貍。圓頭大尾，善竊雞鴨。⓬齲　齒病。即蛀牙。⓭桀跖之徒二句　舊注釋謂「舉事所施如是（指壞塘以取龜等）者，則桀、跖之徒也，君子不與也」。桀跖，夏桀、盜跖。與，參加。⓮戎馬　軍馬。⓯鏌邪　即莫邪。寶劍名。⓰錐刀　小刀。⓱高　貴；重視。⓲饑　食不足。⓳餓　困乏。⓴蹪　顛仆。舊注謂「楚人謂躓為蹪」。㉑愈　勝過。㉒隧　通「隊」、「墜」。舊注則謂「陷也」。

【語　譯】小馬，是和大馬同一類的。小聰明卻和大智慧不同類。

穿著羊皮衣服被人雇為傭工，本來是應有的事，穿著貂皮衣服而背負籠子，就太令人奇怪了。用潔白的雙手做恥辱的事情，就好比洗澡後去打掃廁所，又好比焚燒香草把自身薰得香香的再去背豬。治療毒瘡時不分好肉、壞肉一併割掉，農夫不分清是禾苗還是莠草而把它們一起除掉，這豈不是白費力氣嗎？

毀掉水塘以捉烏龜，拆開屋宇去找貓狸，挖掘房室之地去尋找老鼠，割掉嘴唇去治齲齒，這是夏桀、盜跖一類人所做的事，君子是不做的。殺死軍馬去尋求狐狸，為拿兩隻鱉而失去了靈龜，為爭得一根毛而弄斷了右胳膊，為爭得一把小刀而折斷了鏌邪劍。像這樣運用智巧，哪裡值得崇尚呢？

寧願用針扎一百下，也不要用刀砍一下；寧願拖一次重東西，也不願意久久地拿著輕的東西；寧可一個月吃得不飽，也不願十天沒有東西吃。萬人顛仆，勝過一人墜落。

有譽人之力儉❶者，春至旦，不中員呈❷，猶謫❸之。察之，乃其母也。故小人之譽，人反為損❹。

東家母死，其子哭之不哀。西家子見之，歸謂其母曰：「社❺何憂❻？速死，吾必悲哭社。」夫欲其母之死者，雖死亦不能悲哭矣。謂學不暇者，雖暇亦不能學❼矣。

見窾木❽浮而知為舟，見飛蓬轉而知為車，見鳥跡而知著書❾，以類取之。

以非義為義，以非禮為禮，譬猶倮走而追狂人、盜財而予乞者、竊簡而寫法律、蹲踞而誦《詩》、《書》。

割而舍之，鏌邪不斷肉。執而不釋，馬氂⑩截玉。聖人無止，無以歲賢昔，日愈昨也⑪。

馬之似鹿者千金，天下無千金之鹿⑫；玉待礛諸而成器⑬，有千金之璧，而無錙錘⑭之礛諸。

受光於隙照一隅，受光於牖照北壁，受光於戶照室中無遺物，況受光於宇宙乎？天下莫藉明於前矣⑮。由此觀之，所受者小則所見者淺，所受者大則所照者博。

【章　旨】這一章一以人謫母之事說明「小人之譽，人反為損」。二以西家子勸母速死而言母死己哭必悲的笑話，說「欲其母之死者，雖死亦不能悲哭矣」。並謂「學不暇者，雖暇亦不能學」。三說見窾木浮而知作船等三事為「以類取之」。四以四個相互矛盾的事例，解說「以非義為義，以非禮為禮」的荒謬。五以二事例引證聖人自修無止方能今歲勝於昔歲、今日勝過昨日。六說馬之似鹿者千金而無千金之鹿，又說玉待礛諸成璧可值千金而無價錙錘之金的礛諸。七說受光小所見小，受光大所見大。所謂「所受者小則所見者淺，所受者大則所照者博」。

【注　釋】❶力儉　勤勞儉約。❷員呈　即員程。謂數量之程限或規定之數量。《鹽鐵論・水旱》即云「有司多為大器，務應員程」。員，數。程，程限。❸謫　譴責；責怒。❹損　舊注謂「毀也」。毀，毀謗。❺社　指母親。舊注謂「江、淮謂母為社。社讀『雖（當作「雒」）家謂公為阿社』之『社』也」。❻何憂　原文作「何愛」，依劉文典校改。❼謂學不暇者二句　舊注釋謂「言有事務，不暇學，如此曹之人，雖閒暇無務，亦不能學也」。❽窾木　空的樹木。❾見鳥跡句　言人類目睹鳥的足跡而發明文字用以著書。❿氂　本為犛牛尾。泛指獸尾，文中指馬尾。⓫無以歲賢昔二句　舊注釋謂「賢、愈，猶勝也。言今歲勝於昔歲，今日勝於昨日。喻聖人自修進也」。無以，「無」作發聲助詞，「無以」即「以」。或謂「無以」作「是以」，又有釋「以」為「已」者。⓬馬之似鹿二句　本於《韓非子‧外儲說右上》：「夫馬似鹿者而題之千金，然而有千金之馬，而無千金之鹿者，何也？馬為人用，鹿不為人用也。」⓭玉待礛諸句　舊注釋謂「礛諸，攻玉之石。言物有待賤而貴者也」。⓮錙錘　形容極其輕微。舊注謂「六銖（二十四銖為一兩）曰錙，八銖曰錘，言其賤也」。⓯況受光於一句　舊注釋謂「四方上下曰宇，往古來今曰宙，謂四極之內、天地之間。故天下莫不借明於日月之前」。

【語　譯】有個稱讚別人勤勞、節儉的人，被稱讚的人舂米舂到早晨，還沒有舂完規定的數量，仍然遭受稱讚者的斥責。詳加觀察，舂米的人竟是他的母親。所以小人稱讚人，反而會使人受到毀謗。

東家的母親死了，他的兒子哭得不悲哀。西家的兒子看見後，回家對他的母親說：「母親有什麼好憂愁的呢？你快快死去，你死以後，我一定很悲傷地痛哭一場。」想讓母親死去的人，母親即使死了也不會哭得很傷心。那些認為沒有空閒時間學習的人，即使有了空閒時間也不可能學習。

人類見到空的樹木能浮在水面就懂得製造船，見到飛蓬轉動就懂得製造車，見到鳥的足跡就懂得創造文字以著書，這都是從同類事物中得到啟發。

把不是義當作義，把不是禮當作禮，就好像光著身子跑著追趕瘋子一樣，就像偷盜財物給乞丐一樣，就像竊取竹簡以書寫法律條文一樣，就像蹲坐著誦讀《詩經》、《書經》一樣。

如果割著割著又把它放棄不割了，即使是鏌邪劍也割不掉一塊肉。如果堅持不放開，馬尾也能把玉石截斷。聖人自修從不停止，而能做到今年勝過往年、今日勝過昨日。

長得像鹿的馬價值千金，而天下沒有價值千金的鹿；玉石要靠礛諸加工才能成為器物，但有價值千金的玉璧，卻沒有價值錙錘之金的礛諸。

從縫隙中接受光可以照亮一個角落，從窗戶中接受光可以照亮北邊的牆壁，從門中接受光可以使內室中沒有照不到的東西，何況是從天地宇宙中接受光呢？天下沒有什麼東西不是借日月之前的光照亮自己的。從這些看來，所接受的小，所見到的就少；所接受的多，所照的範圍就廣大。

江出岷山，河出昆侖，濟出王屋，潁出少室，漢出嶓冢，分流舛馳❶，注於東海，所行則異，所歸則一❷。

通於學者若車軸，轉轂之中，不運於己，與之致千里，終而復始，轉無窮之源。不通於學者若迷惑，告之以東西南北，所居聆聆❸，背而不得，不知凡要❹。

寒不能生寒，熱不能生熱，不寒、不熱，能生寒、熱。故有形出於無形，未有天地能生天地者也❺，至深微廣大矣！

雨之集無能霑❻，待其止而能有濡❼；矢之發無能貫，待其止而能有穿；唯止能止眾止❽。因高而為臺，就下而為池，各就其勢，不敢更為。

聖人用物，若用朱絲約❾芻狗，若為土龍以求雨。芻狗，待之而求福❿；土龍，待之而得食⓫。

魯人身⓬善制冠，妻善織履，往徙於越而大困窮。以其所修⓭而游不用之鄉，譬若樹荷⓮山上，而畜火井中。操釣上山、揭斧入淵⓯，欲得所求，難也。方車⓰

而蹠⓱越，乘桴而入胡⓲，欲無窮⓳，不可得也。

【章旨】這一章一說江、河、濟、潁、漢五水各有源頭、分流舛馳而同注於東海，乃是「所行則異，所歸則一」。二說「通於學者」和「不通於學者」的不同特點。前者是如同車軸轉轂之中，「不運於己，與之致千里，終而復始，轉無窮之源」。後者則是如同迷惑之人，告訴他方向則似乎迷惑已解，但「背而不得，不知凡要」。三以寒不能生寒、熱不能生熱，而不寒、不熱能生寒、生熱為例，引出「有形出於無形，未有天地能生天地」的結論，並稱美此理「至深微廣大」。四以下雨雨點停於物方能使物濡、射箭箭頭止於物始能穿物為例，說「唯止能止眾止」。又舉例說人們做事當「各就其勢，不敢更為」。五說聖人用物「若用朱絲約芻狗，若為土龍以求雨」。六說魯人善制冠、履而入越大困窮，乃「以其所修而遊不用之鄉」。又舉數事說有所長而用非其地，目的是不可能達到的。

【注釋】❶舛馳　猶言背道而馳。上述五水流動的路向不一，舛馳就此而言，並非指眾水絕對東西背道而馳。❷一　相同。❸所居聆聆　本節首句至此句已見於〈齊俗〉。聆聆，明瞭。舊注謂「猶了了，言迷解也」。❹背而不得二句　舊注釋謂「背而不得，更復惑，故曰不知凡要也」。凡要，綱要；要領。此節前半出自《文子・上德》。❺故有形二句　舊注釋謂「未有天地生天地，故無形生有形也」。❻雨之集無能霑　舊注釋謂「集，下也。此其至，未能有所霑」。霑，浸溼。❼待其止句　舊注釋謂「止者所止，故能有濡也」。❽唯止能止眾止　意謂只有己身行動止息方能使眾物之止息不可繼續下去。舊注則謂「止，諭矢止乃能穿物。一曰：止己情欲，乃能止歸眾物，令不得已乎」。❾約　捆縛。❿芻狗二句　舊注釋謂「求，猶得也。待芻狗之靈而得福也」。求福，得福。⓫土龍二句　舊注釋謂「土龍致雨，雨而成穀，故得待土龍之神而得穀食。一說：土龍待請雨之祈得食酒肉者也」。舊注前說是。⓬身　此指男人自己。⓭修　長。指專長。⓮樹荷　猶言種荷。舊注謂「荷，水菜，夫渠也。其莖曰茄，其本曰密，其根曰藕，其花曰夫容，其秀曰菡萏，其實曰蓮。蓮之茂者花，花之中心曰薏，幽州總謂之光」。⓯操釣上山二句　舊注釋謂「無求之處也」。原書此注誤置於「不可得也」下。揭，持；拿著。⓰方車　併車。並行謂之方。⓱蹠　至。⓲乘桴而入胡　舊注釋謂「桴，筏，一曰瓠。言非其所宜也」。桴，竹木筏子。⓳無窮　指沒有阻塞不通處。

【語譯】長江從岷山流出，黃河從崑崙山流出，濟水從王屋山流出，潁水從少室山流出，漢水從嶓冢山流出，眾水分開奔流，背道而馳，流入東海，它們奔流的路線不同，但最後的歸宿卻相同。

精通學問的人就像車軸一樣，在車轂之中轉動，不是自己在路上運轉，卻和車子一起到達千里之外的目的地，結束以後又重新開始，在無窮無盡的原野上運轉。學問不精通的人就像迷路的人一樣，告訴他東西南北的方向，他明白了自己所在的位置，可是一轉身又弄不清方向了，他是不知道事情的要領。

寒冷不能產生寒冷，炎熱不能產生炎熱，沒有寒冷、沒有炎熱，能產生寒冷、炎熱。所以有形體的東西產生自沒有形體的東西，沒有天地能產生天地，這個道理真是深奧、精微而又廣大呀！

雨在落下的過程中不能霑溼東西，等到它停止時則能把東西浸溼；箭在發射過程中是不能穿透靶子的，等到它停止時才能射穿靶子；只有止息才能使眾物的止息狀態結束。依照高的地勢建造臺，利用低的地勢挖出水池，各利用各的地勢，不敢另有人為的造作。

聖人利用外物，就像用紅絲繩捆縛用草紮成的狗，就像做成土龍來求雨。草紮的狗，等著靠它得到幸福；土龍，等著靠它得到糧食。

魯地的男人自己善於製做帽子，妻子善於編織鞋子，他們前往越地，結果在越地生活十分艱難。他們帶著自己的專長而來到不能使專長發揮作用的地方，這就好像把荷種在山上，把火蓄藏在水井中。握著釣竿上山、拿著斧頭進入深淵，想得到所要的東西，那是很困難的。兩車併行而到越地，坐著木筏進入胡地，而想要不會阻塞不通，那是不可能的。

楚王有白蝯❶，王自射之，則搏矢❷而熙❸；使養由基❹射之，始調弓矯矢❺，未發而蝯擁柱❻號矣。有先中中者❼也。

咼氏之璧❽，夏后之璜❾，揖讓而進之，以合歡❿；夜以投人，則為怨，時與不時⓫。

畫西施⓬之面，美而不可說⓭；規⓮孟賁⓯之目，大而不可畏，君形者⓰亡焉。

人有昆弟⓱相分者，無量⓲，而眾稱義焉。夫唯無量，故不可得而量也。

登高使人欲望，臨深使人欲闚，處使然也。射者使人端，釣者使人恭，事使然也⓳。

曰殺罷牛可以贖良馬之死，莫之為也。殺牛，必亡之數⓴，以必亡贖不必死，未能行之者矣。

季孫氏劫公家㉑，孔子說之，先順其所為，而後與之入政㉒，曰：「舉枉與直，如何而不得？舉直與枉，勿與遂往㉓。」此所謂同汙而異途者。

【章旨】這一章一說楚王射猿而猿自戲，養由基射猿則矢未發而猿抱柱呼號，謂後者是因「有先中中者」。二說同為璧、璜，揖讓而進之則令人樂，夜以擊人則招怨，是因為「時與不時」。三說畫西施面，美而不能使人悅和畫孟賁之目，大而不能使人畏，是因為未能畫出人物的生氣。所謂「君形者亡焉」。四以昆弟所分物無量而為眾人所稱為例，說「唯無量，故不可得而量」。五說「登高使人欲望」等事乃「處使然也」，說「射者使人端」等事乃「事使然也」。六說沒有人以殺罷牛而贖良馬之死，是因為殺牛必死亡，人不會「以必亡贖不必死」。七說孔子先順從季孫氏劫魯定公事，而後與之參政時說「舉枉與直，如何而不得？舉直與枉，勿與遂往」，為「同汙而異途者」。

【注釋】❶蝯　同「猿」。❷搏矢　用手指抓取箭。❸熙　玩樂。楊樹達說「熙」假為「娭」，娭為戲。❹養由基　楚國善射者。蹲甲而射能貫七札，又於百步外射柳葉，百發百中。❺調弓矯矢　舊注謂「調，張。矯，直」。❻擁柱　抱柱。一說擁柱當作「擁樹」。❼有先中中者　舊注謂「有先未中必中之徵，精相動也」。❽咼氏之璧　即和氏璧。咼，與「和」音近，故得以假用。❾夏后之璜　夏后，指夏后氏，即禹。璜，為半璧。〈精神〉謂「夫有夏后氏之璜者，匣匱而藏之，寶之至也」。❿合歡　聯歡。⓫不時　舊注謂「夜也」。非是，當指其用途而言。揖讓以進，自然得以合歡，以其投人，則易生怨。⓬西施　春秋越國美女。⓭說　通「悅」。喜歡。⓮規　畫。⓯孟賁　齊國勇士。能生拔牛角，後投效秦武王。⓰君形者　主形者，即控制形色者。指神氣。舊注謂「生氣者，人形之君。規畫人形，無有生氣，故曰君形亡」。⓱昆弟　兄弟。⓲無量　指所分財物多得不可計量。舊注謂「多不可計」。⓳射者使人端三句　舊注釋謂「端然後中，恭然後得，故曰事使然也」。⓴必亡之數　舊注釋謂「牛者，所以植穀者，民之命，是以王法禁殺牛。民犯禁殺之者誅，故曰必亡之數」。楊樹達則謂「此言殺牛則牛必死，而馬之死尚未可必。『必亡之數』謂牛，不謂人也，犯禁殺牛，何至誅乎」。數，指術、方法。㉑季孫氏劫公家　舊注釋謂「魯大夫季桓子斯，一曰康子肥，脅定公而專其政」。公家，公室；諸侯家族；諸侯王國。此處指魯定公。㉒孔子說之三句　《論語・為政》嘗言「季康子（季孫肥）問：使民敬忠以勸，如何？子曰：臨之以莊，則敬；孝慈，則忠；舉善而教不能，則勸」。入政，猶言參與政事。㉓舉枉與直四句　舊注釋謂「直順其謀而從，勿遂大，與同小」。孔子的話可參見《論語・為政》所說：「哀公問曰：『何為則民服？』孔子對曰：『舉直錯諸枉，則民服；舉枉錯諸直，則民不服。』」舉，選拔；舉用。枉，邪曲。指邪曲之人。本節見於《文子・符言》。

【語譯】楚王有一隻白色的猿猴，楚王自己用箭射牠，猿猴便抓取箭來玩樂；讓養由基來射牠，剛剛張弓拉箭，箭還未射出去，白猿就抱住柱子呼號起來了。這是因為養由基尚未射箭以前就已有了必然會射中的徵兆。

把和氏之璧，夏后氏之璜，很禮貌地送給人，大家必然都很高興；如果在夜裡拿它們投擲人，就會招來怨恨，這是因為前面的做法合時宜，後面的做法不合時宜。

畫西施的面容，畫得很漂亮卻不能引起人的喜愛；畫孟賁的眼睛，畫得很大卻不能使人感到畏懼，是因為形體的主宰者——神氣沒有畫出來。

人們之中有兄弟分財物，分的財物多得不能計算，可是眾人都稱讚他們分得合適。正因為無法計算，所以不能夠加以計算。

登上高處使人想眺望遠方，面對深潭使人想闚探深處，這是所在的位置使人這樣的。射擊使人姿勢端正，釣魚使人態度恭敬，這是所做的事情使人這樣的。

說殺死疲弱的牛可以換回良馬的死，但沒有人會這樣做。殺牛，是使牛必死的方法，用必死去換回不一定會死，這是不能做的事情。

季孫氏威脅魯定公，孔子還很高興，先順從他的計謀，然後和他一起參與政事時，便說：「把不正直的人推薦給正直的人，那不正直的人怎會不願意呢？把正直的人推薦給不正直的人，那正直的人就不會去。」這就是人們所講的同踩汙泥而走的道路不同。

眾曲不容直，眾枉不容正，故人眾則食狼，狼眾則食人。

欲為邪者必相明正，欲為曲者必相達直。公道❶不立，私欲得容者，自古及今，未嘗聞也。此以善託其醜❷。

眾議成林，無翼而飛❸，三人成市虎❹，一里能撓椎❺。

夫游沒者不求沐浴，已自足其中矣。故草食❻之獸，不疾❼易藪❽；水居之蟲❾，不疾易水。行小變而不失常❿。

信有非⓫而禮有失⓬：尾生⓭死其梁柱之下，此信之非也；孔氏不喪出母⓮，此禮之失者。

曾子立孝，不過勝母之閭；墨子非樂，不入朝歌之邑；孔子⑮立廉，不飲盜泉⑯。所謂養志者也。

紂為象箸而箕子唏⑰，魯以偶人而孔子歎⑱，故聖人見霜而知冰⑲。

有鳥將來，張羅而待之，得鳥者，羅之一目⑳也。今為一目之羅，則無時得鳥矣。今被甲者，以備矢之至，若使人必知所集㉑，則懸一札㉒而已矣。事或不可前規，物或不可豫慮㉓，卒然不戒而至，故聖人畜道以待時㉔。

【章旨】這一章以人眾食狼、狼眾食人為例，說明「眾曲不容直，眾枉不容正」。二說為邪為曲的人總是打著為人正直的旗號，假公道之名以滿足私欲，作者稱之為「以善託其醜」。三說眾人傳謠能把假的說成真的，可怕至極。四說「草食之獸，不疾易藪；水居之蟲，不疾易水」，是因其「已自足其中」，「行小變而不失常」。五說「信有非而禮有失」。六說曾子、墨子、孔子各一事，皆為「養志」之行。七以「紂為象箸而箕子唏，魯以偶人而孔子歎」為例，謂「聖人見霜而知冰」。八以不可以一孔之網捕鳥，不可以一札之甲備矢之至為例，說「事或不可前規，物或不可豫慮」，「故聖人畜道以待時」。

【注釋】❶公道　至公至正之道。❷此以善託其醜　舊注釋謂「託，寄也。若麗姬欲殺太子申生，先稱之於獻公，然後得行其害，此其類也」。❸眾議成林二句　舊注謂「眾人皆議，平地生林，無翼之禽能飛，凡人信之，以為實然」。❹三人成市虎　舊注謂「三人從市中來，皆言市中有虎，市非虎處，而人信以為有虎，故曰三人成市虎」。❺一里能撓椎　舊注釋謂「撓，弱。一里之人皆言能屈椎者，人則信之也」。❻草食　原文作「食草」，依王念孫校改。❼疾　擔憂。❽藪　水淺草茂的澤地。

❾蟲　動物的通稱。❿行小變句　舊注釋謂「小變，易水易草也。草食故食草，水居故水中，故曰不疾失其常也」。案：自「故草食之獸」至此句出自《莊子・田子方》。⓫信有非　謂守信有非是之事。⓬而禮有失　原文作「禮而失禮」，依王念孫校改。⓭尾生　舊注謂「岕（據《說文》，為古文『旅』，古文以為魯衛之魯）人，與婦人私期橋梁之下，故尊其誓，水至不去，沒休而死，故曰信之非也」。⓮孔氏不喪出母　孔氏，孔白。即子上。孔子的曾孫，孔汲（子思）之子。其生母為父所休，卒於外，孔白不為其服喪。孔氏不為出母服喪成為定制，即從此始。出母，為父所休棄的生母。⓯孔子　原文作「曾子」，依劉文典校改。⓰不飲盜泉　《水經注》二五引《尸子》：「孔子至於暮矣，而不宿，過於盜泉，渴矣而不飲，惡其名也」。盜泉，位於卞城（今山東省泗水縣）附近。⓱紂為象箸句　舊注釋謂「見象箸，知當復作玉杯。有玉杯，必有熊蹯豹胎，以極廣侈，故箕子為之驚號唏也」。唏，通「欷」。哀歎。⓲魯以偶人句　舊注釋謂「惡其象人而用之。知後世必用殉，故孔子為之長歎也」。偶人，土木等製成的人像。偶，對；對象於人形。一說偶人即寓人，象人。殷帝武乙（紂前第三主）作偶人，謂之天神，與之博，使人代神行，如不勝，即行戮辱。此指魯人用偶人陪葬。⓳故聖人見句　舊注釋謂「見微霜降，大寒至，必堅冰」。⓴一目　猶言一孔。即一個網眼。㉑所集　指箭射到處。集，停留。句中指射到。㉒札　鎧甲上用皮革或金屬製成的葉片。㉓豫慮　預作考慮。原文無「豫」字，依王念孫校補。㉔故聖人畜道句　舊注釋謂「道能均化，無不稟受，故聖人畜養而待時，時至而應，若武王伐紂也」。

【語譯】眾物彎曲就容不得直，眾物不正就容不得正，所以人多就會吃掉狼，而狼多就會吃掉人。

想做邪曲勾當的人一定會表明自己正派，想做不正直事情的人一定會顯出自己正直。不標榜公道而能滿足個人欲望的，從古到今，沒有聽說過這樣的事。這叫做用善來寄託醜惡的行為。

眾人的議論能使平地冒出樹林，能使沒有翅膀的飛起來，三個人都說市上有虎，就會使人相信市上真的有虎，里中的人都說鐵椎能彎屈，人們就會認為真有其事。

游泳、潛水的人不會再要洗澡，因為他已在水中洗夠了。所以吃草的獸類動物，不為改換草澤而擔憂；生活在水中的動物，不為換了水域而擔憂。因為只是生活的地點小有變動而並未改變生活習慣。

守信有不對的時候，而奉行禮儀也有錯的情況：像尾生為等女友而被淹死在橋柱旁，這就是守信而不對；

孔氏不為被休棄的生母服喪，這就是在奉行禮儀方面有錯誤。

曾子主張孝道，不從名叫「勝母」的里巷經過；墨子反對音樂，不進入名叫「朝歌」的城鎮；孔子提倡廉潔，不喝「盜泉」之水。這就是人們所說的培養心志。

紂王用象牙做筷子而箕子為之哀歎，魯人用偶人陪葬而使得孔子歎息，所以聖人見到霜降便知道要結冰了。

有鳥將要飛來，就張開羅網來等待牠，能網住鳥的，是網的一個孔眼；現在如果織一張只有一個孔眼的網，就沒有捕到鳥的時候了。現在穿上鎧甲，為的是防備箭射到身上，如果讓人一定知道箭會射到哪裡，那就掛一張甲片在那裡就可以了。事物有的不能提前規劃，有的不能預先考慮，而突然在未加戒備的情況下就出現了，所以聖人蓄養道德來等待時機。

髡屯❶犁牛❷，既科❸以橢❹，決鼻而羈❺，生子而犧，尸祝齊戒❻以沉諸河❼。河伯豈羞其所從出，辭而不享哉？

得萬人之兵，不如聞一言之當❽。得隋侯之珠，不若得事之所由❾。得咼氏之璧，不若得事之所適❿。

撰⓫良馬者，非以逐狐狸，將以射麋鹿。砥⓬利劍者，非以斬縞衣，將以斷兕犀⓭。故「高山仰止，景行行止」，鄉者其人⓮。見彈而求鴞炙⓯，見卵而求辰夜⓰，見麢而求成布，雖其理哉，亦不病暮⓱。

象解其牙，不憎人之利⑱之也；死而棄其招簣⑲，不怨人取之。人能以所不利利人，則可⑳。

狂者東走，逐者亦東走，東走則同，所以東走則異。溺者入水，拯之者亦入水，入水則同，所以入水者則異㉑。故聖人同死生㉒，愚人亦同死生，聖人之同死生通於分理㉓，愚人之同死生不知利害所在。

徐偃王以仁義亡國，國亡者非必仁義㉔；比干以忠靡其體㉕，被誅者非必忠㉖也。故寒者顫，懼者亦顫，此同名而異實㉗。

【章　旨】這一章一說河伯不會因為祭祀他的犧牲生自「既科以橢」的犁牛，而「辭而不享」。二說得眾兵不如聞一言之當，得寶珠、珍璧不如「得事之所由」、「得事之所適」。三以擇良馬、磨利劍將有大用為例，說「『高山仰止，景行行止』，鄉者其人」。又說「見彈而求鴞炙」諸事，「雖其理哉，亦不病暮」。四以象解其牙而不憎人之取之等二事，說明人以自己不以為利之物而為他人之利，「則可」。五以狂人、逐者皆「東走」，而「所以東走則異」，和溺者、拯之者皆入水，而「所以入水者則異」為例，說聖人、愚人皆「同死生」，而「聖人之同死生通於分理，愚人之同死生不知利害所在」。六說徐偃王以仁義亡國，但國亡並非一定是仁義所致；比干盡忠被殺，但被殺者並非一定是盡忠所致。並說寒而顫、懼而顫，乃「同名而異實」。

【注　釋】❶髡屯　醜牛的樣子。❷犂牛　雜色牛。❸科　空。指牛空頭無角。原文作「掚」，依王念孫校改。❹橢　通「鬌」。髮墮為鬌，髮墮即禿。又《方言》十二謂「鬌，尾梢盡也」。故「橢」指牛無尾。原文「橢」作「犞」，依王念孫校改。❺決

鼻而羈　舊注釋謂「決鼻羈頭而牽」。決鼻，穿鼻。❻齊戒　即齋戒。潔淨心身。❼沉諸河　猶言祭祀河。舊注謂「祀河曰沉」。❽當　舊注謂「謂明天時、地利、知人（當作『人和』）之言，可以不戰屈人之兵也」。❾由　用。❿適　宜適。⓫撰　假借為「選」。擇取。⓬砥　磨。⓭兕犀　指兕、犀之皮所製之鎧甲。⓮故高山仰止三句　舊注釋謂「言有高山，我仰而止之；人有大行，我則而行之，故曰鄉者其人也」。所引詩句出自《詩經・小雅・車舝》。鄭玄釋謂「古人有高德者則慕仰之，有明行者則而行之」。孔穎達釋「高山仰止」謂「於古人有高顯之德如山者，則慕而仰之」。高山，喻德。仰，為敬慕之意。止，語助詞。景行，崇高的德行。景，高；大。鄉，同「嚮」。嚮往。⓯見彈而求鴞炙　舊注釋謂「彈可以彈鴞鳥，而我因其求炙也」。彈，彈弓。鴞炙，烤鴞鳥為食。鴞，俗稱貓頭鷹。⓰見卵而求辰夜　舊注謂「雞知將旦，鶴知夜半。見其卵，因望其夜鳴，故曰求晨（辰）夜」。辰夜，時夜。即司夜。指雄雞。原文作「晨夜」，依俞樾校改。⓱見黂而求成布三句　舊注釋謂「黂，麻之有實者。可以為布，因求其成，故曰『雖其理哉，亦不病暮』，言其早也」。黂，麻子。或謂指粗麻，粗麻可以織布。不病暮，言沒有晚的毛病。即謂其操之過早。⓲利　猶取也。⓳招簀　床上墊塞架柱的方形小木。舊注謂「稱死者浴牀上之楄也」。⓴人能以所不利二句　舊注謂「所不利，若子罕不利玉人之寶，利於玉人自得玉以為寶，故曰可也」。㉑異　舊注謂「異以不休（『溺』之古字）」。㉒同死生　視死生相同。㉓分理　分其肌理。謂分析事理入微。㉔徐偃王以仁義二句　舊注釋謂「徐國，今下邳、徐、僮是。偃，諡。居衰亂之世，修行仁義，為楚文王所滅。滅者多以不義，故曰亡國不必仁義」。徐偃王，〈氾論〉嘗言「徐偃王被服慈惠，身行仁義，陸地之朝者三十二國，然而身死國亡，子孫無類」。「徐偃王知仁義而不知時」。㉕靡其體　可釋為分解其體。比干被紂王剖心而死。靡，破碎；分散。㉖被誅者非必忠　舊注謂「比干以忠諫紂而誅。世之見誅者多以不忠，故曰被誅者非必忠」。㉗故寒者顫三句　舊注釋謂「同名於顫。異者，寒與懼」。寒者，原文無「者」字，依王念孫校補。

【語　譯】長得很醜、毛色不純，既無角又無尾，繩子穿過鼻孔被人牽著，這樣一頭牛，生的牛仔卻做了祭品，尸祝齋戒沐浴，整潔身心，用這祭品來祭祀河神。河伯哪裡會因為牠的生母醜陋而感到恥辱，加以推辭而不享用呢？

得到有一萬人的軍隊，還不如聽到一句得宜的話。得到隋侯的寶珠，還不如明白事物的用途。得到和氏璧，還不如了解事情怎麼做才適宜。

選擇良馬，不是用來追趕狐狸，而是將要用牠來射殺麋鹿。磨利寶劍，不是用來割縞做的衣服，而是將要用它來砍破兕甲、犀甲。所以「仰慕如同高山一樣崇高的美德，按照崇高的德行做事」，這樣所嚮往的正是該嚮往的人。看見彈弓就想要吃烤好的鴞鳥，看見雞蛋就想得到報曉的雄雞，見到粗麻子就想織成布，雖然那樣想是有道理的，但也不能操之過急。

象脫掉牠的牙齒，不會怨恨人把它們取走；人死後拋棄他的床鋪，也不會怨恨別人把它取走。人能夠用自己沒有利的東西而使別人得到利，是可以的。

瘋癲的人朝東跑，追趕他的人也朝東跑，他們朝東跑是相同的，但朝東跑的原因卻不一樣。被水淹沒的人掉入水中，救他的人也進入水中，他們進入水中是相同的，但入水的原因卻不一樣。所以聖人認為死和生是相同的，愚蠢的人也認為死和生一樣，但聖人認為生和死相同是精通於事理的分析，愚蠢的人認為生和死相同卻不知道死、生的利害在哪裡。

徐偃王因為推行仁義而使國家滅亡，但國家滅亡的不一定都是推行仁義引起的；比干因為盡忠而被紂王剖開了胸膛，但被君主殺死的不一定都是盡忠引起的。所以寒冷的人會顫抖，恐懼的人也會顫抖，這是名稱相同而實質不同。

明月之珠，出於蛖蜄。周之簡圭，生於垢石❶。大蔡❷神龜，出於溝壑。萬乘之主，冠錙錘之冠，履百金之車❸。牛皮之賤，正三軍之眾❹。欲學歌謳者，必先徵羽樂風❺；欲美和❻者，始於❼〈陽阿〉、〈采菱〉❽。此皆學其所不學，而欲至其所欲學者。

燿蟬者務在明其火，釣魚者務在芳其餌❾。明其火者，所以燿而致之也；芳其餌者，所以誘而利❿之也。

欲致魚者先通水，欲致鳥者先樹木。水積而魚聚，木茂而鳥集。好弋者先具繳與矰⓫，好魚者先具罟與罛⓬，未有無其具而得其利⓭。

遺⓮人馬而解其羈，遺人車而稅⓯其轙⓰。所愛者少，而所亡者多。故里人諺曰：「烹牛而不鹽，敗所為也⓱。」

桀有得事⓲，堯有遺道⓳，嫫母有所美⓴，西施有所醜㉑。故亡國之法有可隨者，治國之俗有可非者㉒。

琬琰㉓之玉，在洿泥㉔之中，雖廉者弗釋㉕；弊箄甑瓾㉖，在裀茵㉗之上，雖貪者不搏㉘。美之所在，雖汙辱㉙，世不能賤㉚；惡之所在，雖高隆㉛，世不能貴㉜。

【章　旨】這一章一說「明月之珠，出於蛖蜄」等三事，蓋謂精美之物往往出自平凡。二以君主冠錙錘之冠，履百金之車以及牛皮作鼓而能正三軍之眾為例，說明貴重者往往居下，而賤者往往能發揮大的功用。三說學唱歌者必先學習音樂及其作用等基本知識，欲和歌動聽必先習〈陽阿〉、〈采菱〉之曲，「皆學其所不學，而欲至其所欲學者」。四說燿蟬明其火，「所以燿而致之也」；釣魚芳其餌，「所以誘而利之也」，蓋謂君主治國，明其德、美其政而使天下之人如蟬、魚之歸明火、香餌。五以「致魚」、「致鳥」、「好弋」必先備工具為例，說明「未有無其具而得其利」。六說送人馬而解馬籠頭、送人車而解轙，是

「所愛者少，而所亡者多」，這種愛小失大就如烹牛而不放鹽，「敗所為也」。七說「桀有得事，堯有遺道，嫫母有所美，西施有所醜」，且據此而謂「亡國之法有可隨者，治國之俗有可非者」。八以美玉在洿泥中必為人所取，破甑在裀茵上無人取之為例，說明「美之所在，雖汙辱，世不能賤；惡之所在，雖高隆，世不能貴」。

【注釋】❶明月之珠四句　舊注釋謂「珠有夜光明月，生於蚌中。簡圭，大圭；美玉。出於石中，故曰生垢石」。明月之珠，夜光之珠有似明月，稱明月之珠。蚌蜄，即蚌蜃。蛤蜊。簡圭，大玉圭。垢石，惡石。❷大蔡　舊注謂「元龜之所出地名，因名其龜為大蔡。臧文仲所居蔡是也」。❸萬乘之主三句　舊注謂「六銖曰錙，八銖曰錘，言賈（價）值小。物有賤而在上，有貴而在下」。履，踐踏；踩。舊注謂句中「車，或作履也」。❹牛皮之賤二句　指牛皮為鼓用以節制軍隊行動。舊注釋謂「鼓聲氣，故可以齊三軍之眾也」。❺徵羽樂風　徵羽，蓋指宮商角徵羽五音。樂風，蓋指音樂的功用。舊注謂「徵，南方火。羽，北方水。五音正，樂正。夫理情性，動天地，感鬼神，莫近於詩樂。風者，上以風化下，下以風刺上，故曰風也」。❻美和　使和聲美好。❼始於　原文上有「必先」二字，依王念孫校刪。❽陽阿采菱　舊注謂「〈陽阿〉、〈采菱〉，樂曲之和聲。有陽阿，古之名俳，善和也」。❾燿蟬者二句　舊注謂「芳，香也。明火、香餌，則蟬、魚至。以言治國，明其德，美其政，天下之人如蟬、魚之歸明火、香餌也」。燿蟬，照蟬。舊注謂「燿，明」，下言「明其火」已有「明」，故燿不當訓「明」。❿利　取。⓫好弋者句　舊注釋謂「繳，大綸。矰，短矢。繳所以繫者，繳射之注飛鳥。《詩》云：『弋鳧與雁。』」弋，以繩繫箭而射。⓬罟與罛　舊注謂「罟，細網。《傳》曰：『數罟不入汙池。』罛，大網。《詩》云：『施罛濊濊，鱣鮪潑潑』是也」。⓭未有無其具句　舊注釋謂「言未見君無道而能得民心也」。⓮遺　給與；贈送。⓯稅　解脫。⓰轙　車衡（車轅頭上的橫木）上穿過韁繩的大環。舊注謂「所以縛衡也」。同「轙」。《說文》云：「轙，車衡載轡者。」⓱烹牛而不鹽二句　舊注釋謂「烹羹不與鹽，不成羹，故曰敗所為。《禮記》曰：『客絮羹，主人辭不能烹。』知烹為羹也」。⓲桀有得事　舊注言「謂若作瓦以蓋屋，遺後世也」。洪亮吉云：「有虞氏已有瓦棺，則瓦非自夏始。《周書》云神農作瓦器，……故孟子云『舜陶於河濱』，明舜時已有瓦矣。《古史考》云夏昆吾作瓦，《世本》夏臣昆吾更增加瓦器。昆吾係夏桀時人，故又以為桀作瓦也。」得事，做得好的事情。⓳堯有遺道　舊注謂「遺，失。謂不能放四凶、用十六相是也。一說：不傳丹朱而傳舜天下，有不慈之名，故曰有遺道也」。遺道，猶言失道、無道。違反道義。⓴嫫母有所美　舊注謂「嫫母，古之醜女，而行貞正，故曰有所美」。嫫母，傳說中的古代醜女。傳為黃帝之妃。㉑西施有所醜　舊注謂「西施，古之好女。雖容儀光豔，未必貞正，故曰有所醜也」。㉒故亡國之法二句　舊注釋謂「有可隨，猶嫫母有所美。有可非，猶西施有所醜」。㉓琬琰　美玉。㉔洿泥　即汙泥。㉕釋　捨。㉖箄甑瓾　箄，為覆蓋甑底的竹席。甑，為瓦製煮器。瓾，為甑孔。原文作「瓾（甑帶）」，依王念孫校改。㉗裀茵　鑲邊之茵褥。㉘搏　舊注謂「取也」。㉙汙辱　恥辱。指地位卑賤。㉚世不能賤　舊注謂「喻賢者在下位卑汙之處」。㉛高隆　高顯。㉜世不能貴　喻小人在上位高顯之處。

【語　譯】明月之珠，出自蚌蛤殼內。周的大玉圭，生自粗惡石頭之中。大蔡的神龜，出自溝壑之內。

擁有萬乘兵車的天子，戴的是僅值錙錘之金的帽子，但腳下踐踏的卻是價值百金的車子。牛皮是很低賤的東西，但用它作的戰鼓卻可以使三軍之眾行動整齊。

想要學唱歌的人，一定先要懂得徵、羽等五音的原理和樂歌的諷刺、教化作用；想使和聲很美，總是從學唱〈陽阿〉、〈采菱〉二曲開始。這都是在學習他本不想學的東西，而透過這些來學到他所要學的東西。

用火光照耀而捕捉蟬的人務必使他的火光明亮，釣魚的人務必使他的釣餌味道芳香。使火把明亮，是用來照耀而捉到蟬的；使釣餌芳香，是用來引誘而釣到魚的。

想引來魚就要先疏通水流，想引鳥來就要先種樹。水積得多魚就會聚集得多，樹木茂盛鳥兒就會聚集過來。喜歡弋射鳥的人一定要先準備好絲繩和短箭，喜歡打魚的人一定要先準備好小網和大網，沒有不準備好用具而能獲得某種利益的。

送人一匹馬卻把馬的籠頭解下來，送人一輛車卻把衡木上穿轡繩的小環脫下來。所吝惜的東西很少，而所失去的卻很多。所以鄉里的諺語說：「煮牛肉羹而不放鹽，這會煮不成功。」

夏桀有做得對的事，堯有違反道義的行為，嫫母有她美好的地方，西施有她醜惡的一面。所以被滅亡的國家的法令中有可以遵循的條文，治理得好的國家的習俗中也有可以非議的東西。

琬琰之玉在汙泥中，即使清廉的人也不會捨棄它；破箄、破甑、破瓾，在鑲邊的茵褥上，即使貪婪的人也不會拿走它們。美好品德的人所處的位置，即使是使人感到恥辱的卑下之位，世人也不會鄙視他；品行邪惡的人所在的位置，即使是高顯之位，世人也不會看重他。

春貸秋賦，民皆欣❶；春賦秋貸，眾皆怨。得失同，喜怒為別❷，其時異也。

為魚德❸者，非挈而入淵；為蝯賜者，非負而緣木，縱之其所而已❹。

貂裘而雜❺，不若狐裘而粹❻，故人莫惡於無常行❼。

有相馬而失❽馬者，然良馬猶在相之中❾。

今人於❿燒，或操火往益之，或唼⓫水往救之，兩者皆未有功，而怨德相去亦遠矣。

郢人有買屋棟者⓬，求大三圍之木，而人予車轂，跪而度之，巨⓭雖可，而脩不足⓮。

蘧伯玉以德化⓯，公孫鞅以刑罪⓰，所極一也⓱。病者寢席⓲，醫之用針石，巫之用糈藉，所救鈞也⓳。

貍頭愈鼠⓴，雞頭㉑已㉒瘻㉓，蝱㉔散積血，斲木㉕愈齲㉖，此類之推㉗者也。膏㉘之殺鼈，鵲矢㉙中㉚蝟，爛㉛灰生蠅，漆見蟹而不乾㉜，此類之不推者也。推與不推，若非而是，若是而非，孰能通其微！

【章　旨】這一章一說「春貸秋賦」和「春賦秋貸」得失一樣而民眾喜怒不同，是因為施行時間不同。二說施德予魚和賜恩予猿，皆「縱之其所而已」。三以「貂裘而雜，不若狐裘而粹」為例，說明「人莫惡於無常行」。四說有相馬而不知馬的，而良馬就在他所觀察的馬中間。五說火起，一以火加火，一以少許水滅火，兩者均於滅火無補，但引起的怨、德相距甚遠。六說郢人欲買做屋的正梁，而人給一車轂，粗細合適而長度不夠。七說蘧伯玉治政以德化民，公孫鞅以刑治民，做法有異，而「所極一也」。又說醫以針石治病、巫以糈藉享神求福，方法不同，而「所救鈞也」。八先說四種醫術為「類之推者」，再說四種物理現象為「類之不推者」。並謂「推與不推，若非而是，若是而非，孰能通其微」。

【注　釋】❶春貸秋賦二句　舊注釋謂「春飢而予，秋豐而收，故民欣也」。春貸秋賦，指春天借貸給農民，秋天徵收賦稅。賦，收田地稅。此處有收取之意。❷別　區別。❸為魚德　指為德予魚。❹為蝯賜者三句　楊樹達釋謂「淵、木雖為魚、蝯之所樂，然由人挈而入之，負而緣之，皆失其所以為樂矣。淵為魚之所，木為蝯之所，『縱之其所』者，謂縱之於其所，即縱魚使之入淵，縱蝯使之緣木也」。緣木，爬上樹。緣，攀援。所，猶「處」。居處。這一節出自《文子‧上德》。❺雜　舊注謂「猶駁（毛色不純）」。❻粹　純。❼無常行　舊注謂「猶《論語》『人而無恆，不可作為巫醫』（言人無恆心連巫醫也作不了。見〈子路〉），故曰惡也」。常行，當指做人的原則。即堅持的原則。❽失　舊注謂「猶不知也」。❾在相之中　舊注謂「良馬有夭壽，骨法非能相。不知，故曰在相之中」。❿於　原文作「放」，依劉文典校改。⓫唼　小歠。或謂以口微吸之。原文作「接」，依楊樹達校改。⓬郢人有買句　舊注釋謂「郢，楚都，在今江陵北，(故) 郢是也。棟，隱木材也」。屋棟，屋中正梁。⓭巨　大。此處指粗細而言。⓮脩不足　舊注謂「言其短」。⓯蘧伯玉以德化　舊注釋謂「伯玉，衛大夫蘧瑗。趙簡子將伐衛，使史默往視之。曰：『蘧伯玉為政，未可以加兵。』故曰以德化」。⓰公孫鞅以刑罪　舊注釋謂「公孫鞅，衛公子叔痤之子，自魏奔秦，相孝公，制相坐法，故曰以刑罪。秦封為商君，因曰商鞅。商在京兆東南」。⓱所極一也　舊注釋謂「瑗以德化，鞅以刑罪，故曰所極一也」。極，至；到達最高限度。⓲寢席　舊注謂「寢，臥。席，蓐」。⓳醫之用針石三句　舊注謂「醫，師。在男曰覡，在女曰巫。石針所抵，殫人雍痤，出其惡血。糈，米，所以享神。藉，菅茅。皆所以療病求福祚，故曰救鈞」。鈞，通「均」。同。⓴鼠　即癙。病名。一說為畏之病，一說為心憂憊之病，一說為寒熱病。㉑雞頭　指水中植物芡。舊注謂「水中芡，幽州謂之雁頭」。㉒已　止。㉓瘻　頸腫疾。㉔宝　蟲名。齧牛尾蟲，食血。㉕斲木　即啄木。鳥名。
㉖齲　蛀牙。㉗推　行。㉘膏　呈液態的油脂。㉙鵲矢　鵲糞。㉚中　舊注謂「亦殺也」。㉛爛　腐。㉜乾　燥。

【語　譯】春天借糧給農民而在秋天徵收賦稅，老百姓都會很高興；在春天徵收賦稅而在秋天借出糧食，老百姓就會怨恨。兩種做法雖然得到的和償還的數量相同，但老百姓是喜是怒卻有差別，原因是借出和收回的時間不一樣。

給魚帶來恩德的人不是拿著魚進入水中；賜給猿恩惠的人不是馱著猿去攀援樹木，不過是將牠們放到牠們所習慣的居處中罷了。

貂皮縫製的皮衣毛色很雜，就比不上毛色很純的狐皮衣，所以人沒有比無做人的原則更糟糕的。

有相馬而不知哪一匹是良馬的，但是良馬就在相馬人所觀察的馬中間。

如今人們見到火在燃燒，有的拿了火去使火燒得更大，有的吸了一點點水去救火，兩個人都沒有立下功勞，但所招引的怨恨和感激就相距太遠了。

楚國都城有一個要買屋梁的人，他要找一根三人合抱那樣粗的木頭，而有人送他一根車轂，楚人跪著量那木頭，粗細雖然合適，但長度卻不夠。

蘧伯玉用德教化百姓，公孫鞅用刑法治罪管理百姓，他們在達到極限上是一樣的。患病的人臥在蓐子上，醫師用針和藥治病，女巫用糈米、菅茅祭神來求福免災，他們在拯救病人方面是相同的。

狸貓的頭能治癒寒熱病，雞頭米能治好頸腫病，虻蟲能發散積血，啄木鳥能治好蛀牙，這都是按類推理的事例。液態油脂能殺死鱉，鵲糞能殺死刺蝟，腐爛的灰中能長出蠅蟲，漆遇見螃蟹就不能乾燥，這都是不能按類推理的事例。能推理和不能推理，像是錯的又是對的，像是對的又是錯的，誰能通曉它們之間的微妙關係呢！

天下無粹白狐，而有粹白之裘，掇之眾白也。善學者，若齊王之食雞，必食其蹠數千而後足❶。

刀❷便剃毛，至伐大木，非斧不剋❸。物固有以剋適成不逮者。

視方寸❹於牛，不知其大於羊；總視❺其體，乃知其❻相去之遠❼。

孕婦見兔而子缺脣，見麋而子四目。

小馬大目，不可謂大馬；大馬之目眇❽，可謂之眇馬。物固有似然而似不然者。故決❾指而身死，或斷臂而顧❿活，類不可必推。

厲⓫利劍者必以柔砥⓬，擊鐘磬者必以濡木⓭，轂強必以弱輻，兩堅不能相和，兩強不能相服，故梧桐斷角，馬氂截玉⓮。

媒但⓯者非學謾他⓰，但成而生不信；立慬⓱者非學鬬爭⓲，慬立而生不讓。故君子不入獄，為其傷恩也；不入市，為其侳⓳廉也。積不可不慎者也⓴。

走不以手，縛手，走不能疾；飛不以尾，屈尾飛不能遠。物之用者，必待不用者。故使之見者，乃不見者也；使鼓鳴者，乃不鳴㉑者也。

嘗一臠肉，知一鑊之味㉒；懸羽與炭，而知燥溼之氣㉓：以小明大。見一葉落，而知歲之將暮；睹瓶中之冰，而知天下之寒㉔：以近論㉕遠。

三人比肩㉖，不能外出戶㉗；二人相隨，可以通天下㉘。

【章　旨】這一章一以掇眾白而成粹白之裘說善學者應像齊王食雞「必食其蹠數千而後足」。二以剃刀、斧的功用為例，說「物固有以剋適成不逮者」。三說只見到牛的方寸部位就不知牛大於羊；看到牠全部的形體才知牛和羊的大小相差那麼遠。四說孕婦見兔子而所生子缺唇，見麋鹿而所生子有四隻眼睛。五舉例說「物固有似然而似不然者」，並由此推言「類不可必推」。六舉「厲利劍者必以柔砥」諸例，說「兩堅不能相和，兩強不能相服」，並以此解釋何以「梧桐（質地柔軟）斷角（質地堅硬），馬氂截玉」。有倡言以柔制剛、以弱制強之意。七以媒人好誇誕並不是要學會欺詐，但是誇誕成了習慣便使得她說話不實等二事為例，說君子不入獄、不入市是因為那樣作會「傷恩」、「侳廉」。並提出「積不可不慎」。八舉例說「物之用者，必待不用者」。並以此解說「使之見者，乃不見者也；使鼓鳴者，乃不鳴者也」。九說「嘗一臠肉，知一鑊之味」等二事為「以小明大」。說「見一葉落，而知歲之將暮」等事為「以近論遠」。十說三人並肩不能出門，而二人相隨能通行天下。

【注　釋】❶天下無粹白狐六句　舊注釋謂「喻學取道眾多，然後優」。粹白，純白。掇，摘取；選取。蹠，腳後跟。舊注謂「雞足踵也」。原文「數千」作「數十」，依楊樹達校改。此節文字出自《呂氏春秋・用眾》。❷刀　指剃刀。❸剋　截。❹方寸　一寸見方。言其小。❺總視　合起來看。❻知其　原文下有「大」字，依王念孫校刪。❼遠　舊注謂「猶多也」。❽眇　瞎了一隻眼睛。❾決　傷。❿顧　反。⓫厲　同「礪」。磨。⓬柔砥　柔石。舊注謂「柔，濡」。濡，為古「軟」字。⓭濡木　軟木；柔木。⓮故梧桐斷角二句　舊注釋謂「言柔勝剛也」。馬氂，馬尾之毛。⓯但　同「誕」。舊注謂「猶詐也」。⓰謾他　或謂謾訑。詐欺；巧黠不實。原文作「謾也」，依王念孫校改。⓱懂　勇。⓲鬬爭　原文下有「也」字，依王念孫校刪。⓳侳　通「剉」。羞辱。⓴積不可不慎句　出自《文子・上德》。積，指品行的積累、修養。㉑不鳴　無聲。㉒嘗一臠肉二句　《呂氏春秋・察今》言「嘗一脟肉，而知一鑊之味、一鼎之調」。臠，切成小塊的肉。鑊，大鍋子。舊注謂「有足曰鼎，無足曰鑊」。㉓懸羽與炭二句　舊注釋謂「燥故炭輕，溼故炭重」。㉔睹瓶中之冰二句　《呂氏春秋・察今》作「見瓶水之冰，而知天下之寒、魚鼈之藏也」。㉕論　舊注謂「知也」。㉖比肩　並肩。㉗不能外出戶　舊注釋謂「戶不容故也」。㉘二人相隨二句　舊注釋謂「言不竝也」。二人，原文作「一人」，依王念孫校改。

【語　譯】天下沒有毛色純白的狐狸，卻有毛色純白的狐皮衣，是從眾多的狐皮中選取白毛皮縫製出來的。善於學習的人，就像齊王吃雞那樣，一定要吃完數千個雞的腳後跟然後才感到滿足。

剃刀適宜剃毛，至於砍伐大樹，不用斧頭就砍不斷。事物中本來就存在著可以攻破某種東西而把它用到別的地方時卻不能達到目的的現象。

只看見牛身上一寸見方的地方，就不會知道牛比羊大；完整地看牛的形體，才知道牛和羊大小相差很大。

懷孕的婦女見到兔子，孩子就會嘴唇缺口；見到麋鹿，孩子就會長有四隻眼睛。

小馬長著一雙大眼睛，不能稱為大馬；大馬的眼睛瞎了一個，可以稱為瞎馬。事物中本來就存在著似這樣卻又不似這樣的現象。所以有的指頭受傷而因此身亡，有的胳臂斷了反而還活著，由一種事物不一定就能推度同類事物的情形。

磨出鋒利的劍一定要用質地柔軟的磨刀石，敲打鐘、磬一定要用軟木，車轂強硬一定要安上柔弱的輻條，兩方堅硬就不能相互協調，兩者強硬就不能有一方服從，所以梧桐樹木能打斷角，馬尾之毛能截斷玉石。

媒人好誇誕並不是學會了欺詐，可是誇誕成了習慣就會出現說話不合事實的情形；具有勇武精神的人並不是要學會爭鬥，可是一具有勇武精神就會出現不退讓的行為。所以君子不進入牢獄中，因為那會損傷他的情義；君子不進入市場，因為那會使他的廉潔受到侮辱。因此人們平日品行的積累不能不慎重。

人跑的時候並不用手，但把手捆住，跑起來就不能很快；鳥飛的時候並不用尾巴，但把鳥尾彎曲，就不能飛得很遠。一些事物發揮作用，一定要依靠不發揮作用的東西。所以使人能看見外物的，卻是不能看見外物的東西；使鼓發出聲響的，卻是沒有聲響的東西。

嘗一小塊肉，就能知道一大鍋食物的味道；把羽毛和炭平衡地懸掛在一物的兩端，就能知道空氣的乾燥、潮溼程度：這是通過小的物象而明白大的情況。見到一片樹葉落下來，就知道一年快到盡頭了；看看瓶中的冰，就知道天下如何寒冷：這是從近處的物象知道遠處的情況。

三個人肩並肩，不可能出門到外面去；兩個人一個跟隨一個走，可以在天下通行無阻。

足蹷❶地而為跡，暴行❷而為影，此易而難❸。

莊王❹誅里史❺，孫叔敖刷冠浣衣❻。文公棄荏席、後❼黴黑❽，咎犯辭歸❾。故木葉落而長年悲也❿。

鍇鼎日用而不足貴⓫，周鼎不爨而不可賤⓬。物固有以不用而為用⓭者。地平則水不流⓮，重鈞⓯則衡不傾⓰，物之尤必有所感⓱。物固有以不用為大用者⓲。

先倮而浴則可，以⓳浴而倮則不可。先祭而後饗則可⓴，先饗而後祭則不可㉑。物之先後，各有所宜也。

祭之日而言狗生㉒，取婦夕而言衰麻㉓，置酒之日而言上冢㉔，渡江河而言陽侯之波㉕。

或曰：知其且赦也而多殺人㉖；或曰：知其且赦也而多活人㉗。其望赦同，所利害異。故或吹火而然㉘，或吹火而滅，所以吹者異也。

烹牛以饗其里㉙，而罵其東家母，德不報而身見殆㉚。

文王㉛汙膺㉜，鮑申㉝傴背㉞，以成楚國之治；裨諶出郭而知，以成子產之事㉟。

【章 旨】這一章一說人踩地有腳印，在太陽下走路有影子，這是容易的，而要跡正影直卻是困難的。二以孫叔敖見莊王誅佞臣而知己將為王所用等二事為例，解說「木葉落而長年悲」。三以「周鼎不爨而不可賤」為例，說明「物固有以不用而為用者」。又以地平則水不流等二事為例，說明「物固有以不用為大用者」。四以先倮而浴則可，已浴而倮則不可等二事為例，說明「物之先後，各有所宜」。五說四種不宜在有關活動中說的話。六就有人說知道將被赦免就多殺些人，有人說知道將被赦免就多讓一些人活下來兩種說法加以評論，謂「其望赦同，所利害異」。並由此引出一吹火使火燃、一吹火使火滅，乃「所以吹者異也」的結論。七說一個人烹牛肉招待鄉親卻罵東鄰的母親，那他不但見不到鄉親來報恩，而且自身會遇到危害。八說楚文王胸陷、鮑申駝背而使楚國治理得好，裨諶在野外方能謀事而使子產應對四國之事得以成功。

【注 釋】❶屣 同「躧」。踩；踏。❷暴行 行於日下。暴，暴露。❸易而難 舊注謂「履地跡自成，行日中影自生，是其易。使跡正影直，是其難也」。❹莊王 指楚莊王。❺里史 莊王身邊佞臣。❻刷冠浣衣 清刷帽子、洗滌衣裳。原文「刷」作「制」，依俞樾校改。舊注謂「惡人死，叔敖自知當見用，故制（當為刷）冠浣衣」。❼後 置於後。即不重視。❽黴黑 指臉垢黑者。❾咎犯辭歸 咎犯為晉文公之舅，曾隨他流亡十九年。《韓非子．外儲說左》云：「文公反國，至河，令籩豆損之，席蓐捐之，手足胼胝、面目黧黑者後之。咎犯聞之，再拜而辭。」本書舊注則以「棄荏席後黴黑」為一句，謂「晉文棄其臥席之下黴黑者，咎犯感其捐舊物，因曰：『臣從君周旋，臣之罪多矣。臣猶自知之，況君乎？請從此亡。』故曰辭歸」。❿故木葉落句 舊注釋謂「桑（當為木）葉時將茹落（即敗落），長年懼命盡，故感而悲也」。木葉，樹葉。原文作「桑葉」，依王念孫校改。長年，指老年人。⓫鑴鼎日用句 舊注釋謂「錯（當作鑴），小鼎。雖日見用，不能和五味，故不足貴」。鏄鼎，小鼎。鏄，小鼎。原文作「鼎錯」，依王引之校改。⑫周鼎不爨句　舊注釋謂「周家大鼎，不日炊火以供味，而能和味，故曰不可賤」。《太平御覽》卷七六五引此文，下有「掃帚日用而不足貴」八字。爨，炊；燒火做飯。⑬不用而為用　舊注謂「不用，謂鼎不爨也。為用，謂調五味也」。⑭流　行。⑮重鈞　重量均等。⑯傾　斜。⑰物之尤句　舊注釋謂「尤，過也。輕重則衡低卬，故曰必有所感。感，動也」。⑱物固有以句　舊注釋謂「衡行（當作稱）物，物所不用，乃（當作然）用之乃知物之輕重，故曰以不用為大用也」。⑲以　同「已」。或謂當為「先」。⑳先祭而後饗句　舊注釋謂「禮，食必祭，示有所先。饗，猶食也」。㉑先饗而後祭句　舊注謂「先饗而後祭」「為不敬，故曰不可」。㉒狗生　楊樹達說狗生乃詈人之辭，言江翁詈王式曰「何狗曲也」《漢書・儒林傳》、劉寬罵客之蒼頭曰「畜產」，「此皆漢人以狗畜詈人之證。產、生同義，狗生猶言畜產也。祭貴嚴肅，以惡語詈人，乃為不宜耳。今街巷間時聞此語，觀此知漢初已然矣」。㉓衰麻　衰麻之服。即喪服。喪服以粗麻布製成。衰，通「榱」。㉔上冢　即上墳祭奠死者。㉕渡江河而言句　舊注謂「陽陵國侯溺死，其神能為大波，為人作害，因號陽侯之波，舟人所不欲言」。㉖知其且句　舊注謂知將赦而多殺人者為「不仁」。且，將要。㉗知其且句　舊注謂知將赦而多活人者「乃仁人也」。㉘然　同「燃」。㉙里　鄉里；同鄉。㉚殆　危害。㉛文王　指楚文王。武王之子。㉜汙膺　胸部低陷。汙，虛陷。㉝鮑申　楚相。㉞傴背　背脊彎曲。即駝背。㉟裨諶出郭而知二句　舊注釋謂「裨諶，鄭大夫，謀於野則獲，謀於國則否。鄭國有難，子產載如野，與議四國之事，故曰成子產之事。《論語》曰：『裨諶草創之，世叔討論之，東里、子產潤色之。』（〈憲問〉）」裨諶，其人謀於野外則有獲，謀於國都則為否。《左傳・襄公三十一年》云：「鄭國將有諸侯之事，子產乃問四國之為於子羽，且使多為辭令，與裨諶乘以適野，使謀可否，而告馮簡子使斷之。事成，乃授子太叔使行之，以應對賓客，是以鮮有敗事。」

【語　譯】腳踩在地上就能留下腳跡，在太陽下行走就會出現影子，而要跡正影直，這便是一件看似容易而做起來很困難的事情。

楚莊王殺了佞臣里史，孫叔敖便清刷他的帽子、洗滌他的衣裳，準備為莊王所起用。晉文公扔掉往日睡覺的草席，讓面容垢黑的人站到後面，咎犯便辭別了他。所以樹葉敗落，老年人就會悲傷。

小鼎每天都在使用，因而不值得重視，周室大鼎未曾用來做飯卻不能加以輕視。事物中本來就有以不發揮作用而起作用的。地勢平整水就不能流動，重量均等秤杆就不能傾斜，物在過分的狀態必定會動。事物中本來就有以不發揮作用而起大作用的。

先裸露身子再洗澡是可以的，已經洗完澡卻還裸露身子就不行了。先祭祀祖宗再吃飯是可以的，先吃飯然後再祭祀就不行。做事情是先是後，各有適當的時機。

在祭祀時說「狗生的」，在娶媳婦的晚上說「衰麻之服」，在安排酒宴款待客人時說「上墳」，在乘船渡江河時說「陽侯之波」。（這都是不適宜的。）

有的說：知道自己將被赦免因而多殺一些人；有的說：知道自己將被赦免因而多讓一些人活下去。兩種人希望自己被赦免是相同的，但他們給人們帶來的好處和害處卻不同。所以有的人吹火把火吹燃了，有的人吹火把火吹熄了，是他們吹火的方法不一樣。

烹煮牛肉來款待同鄉們，卻罵他東邊鄰居的母親，不但沒有人來報恩，而且他自身會受到危害。

楚文王胸部低陷，他的丞相鮑申是個駝背，他們卻把楚國治理得太平；裨諶出了城郭才有智謀，他卻幫助子產完成了大事。

朱儒❶問天高❷於脩人，脩人曰：「不知。」曰：「子雖不知，猶近之於我❸。」故凡問事必於近者。

寇難❹至，躄❺者告盲者，盲者負而走，兩人皆活，得其所能也。故使盲者語，使躄者走，失其所也。

郢人有鬻其母，為請於買者曰：「此母老矣，幸❻善食❼之而勿苦。」此行大不義而欲為小義者。

介蟲之動⑧以固⑨，貞蟲⑩之動以毒螫，熊羆之動攫搏⑪，兕牛⑫之動以觝觸⑬，物莫措⑭其所修而用其短也。

治國者若鎒⑮田，去害苗者而已。今沐者墮髮，而猶為之不止，以所去者少，所利者多。

砥石不利而可以利金⑯，擏⑰不正而可以正弓，物固有不正而可以正，不利而可以利⑱。

力貴齊，知貴捷⑲。得之同，遬⑳為上；勝之同，遲為下。所以貴鏌邪者，以其應物㉑而斷割也。劑靡㉒無釋㉓，牛車絕轔㉔。

為孔子之窮於陳、蔡㉕而廢六藝㉖，則惑；為醫之不能自治其病，病而不就藥㉗，則勃㉘矣。

【章旨】這一章一以侏儒問天高於長子為例，說「凡問事必於近者」。二說為避寇難，瞎子背著跛子逃跑，兩人皆活，是二人「得其所能」。若兩人互換一下則「失其所」。三說賣母親而求買者善待其母，是「行大不義而欲為小義者」。四以介蟲、貞蟲、熊羆、兕牛之動為例，說「物莫措其所修而用其短」。五以除草作比，言治國就是去掉壞人壞事。又以人洗頭掉髮而不停止洗頭為例，說治國要去掉壞人壞事是

「以所去者少，所利者多」。六以砥石不利而能磨利刀劍、撇不正而可以正弓為例，說明「物固有不正而可以正，不利而可以利」。七說用力貴在動作快，用智貴在敏捷。八說「得之同，遬為上；勝之同，遲為下」，並以「遬為上」釋人「所以貴鏌邪者」，以「遲為下」說「牛車絕轔」事。九說看到孔子曾困於陳、蔡就不習六藝是糊塗的，因為醫師未能治好自己的病就不請醫師療治是荒謬的。

【注釋】❶朱儒 即侏儒。身材特別矮小的人。❷天高 原文上有「徑」字，依王念孫校刪。❸近之於我 謂你（指長人）離天比我近。❹寇難 兵難。或謂盜匪之難。❺躄 同「躃」。跛。❻幸 希望。❼食 養。❽介蟲之動 舊注謂「介蟲，魚鼈屬。動，行也」。❾固 指介蟲堅固的鱗甲、外殼等而言。❿貞蟲 舊注謂「細要蜂，蜾蠃之屬。無牝牡之合，曰貞。而有毒，故能螫」。⓫熊羆之動攫搏 舊注謂「攫，搏也。熊羆多力，故能攫搏，有所搏也」。攫搏，抓取、搏擊。⓬兕牛 舊注謂「兕，獸名，有角。牛，犛牛（雜色牛）也」。⓭觝觸 以角相撞擊。觝，通「抵」、「牴」。⓮措 放棄。舊注謂「置也」。置有安放意。⓯鎒 同「耨」。除草。⓰金 指刀劍之屬。⓱撇 通「檠」。矯正弓弩之器。舊注謂「弓之掩牀」。⓲物固有不正二句 舊注謂「不正者撇，正者弓也。不利者砥，利者金也」。⓳力貴齊二句 舊注謂「齊、捷皆疾」。齊，通「齌」。引申為疾。⓴遬 古「速」字。疾。㉑應物 受物。㉒劙靡 猶言摩切。劙，摩；切。靡，通「摩」。劙靡同義。楊樹達說「『所以貴鏌邪者』二句，承上文『得之同，遬為上』言之；『劙靡無釋』二句，承上文『勝之同，遲為下』言之」。㉓釋 捨去；鬆開。㉔牛車絕轔 舊注謂「楚人謂門切（切即門限）為轔，車行其上則斷之。孟子曰：『城門之軌，非兩馬之力。』」轔，門檻。㉕陳蔡 二國名。陳國，國君姓嬀，都於宛丘（今河南省淮陽縣）。蔡國，周武王弟叔度為其開國之君，其國約當今河南省上蔡、新蔡等縣地。孔子為陳、蔡大夫相與發徒役圍於野、絕糧於陳、蔡之間事見《史記・孔子世家》。㉖六藝 舊注謂「禮、樂、射、御、書、數」。馬宗霍則謂六藝當指《詩》、《書》、《樂》、《易》、《禮》、《春秋》六經。馬說近是。㉗藥 通「藥」。治；療。㉘勃 通「悖」。反戾；荒謬。舊注謂「不擇於事，曰勃也」。

【語譯】矮人向身材高大的人請教天有多高，高大的人說：「不知道。」矮人說：「你雖然不知道，但是你比我離天近些。」所以一定要向那些比自己更接近事情的人請教。

兵難臨頭，跛腳的人把這個消息告訴瞎子，於是瞎子背著跛腳的人逃跑，結果兩個人都能活命，這是因為他們發揮了各自的能力。因此假如讓瞎子來講發生了什麼事，讓跛腳的人跑路，那就不能發揮他們的長處。

楚國都城有個賣母親的人，他向那位買主請求說：「我這位母親老了，希望你好好供養她而不要讓她受苦。」這是做了大不義而想行點小義。

甲類、鱗類動物行動是用牠們堅固的鱗或甲發揮作用，細腰蜂行動是用毒刺螫人，熊和羆行動是用牠們的爪和對方搏擊，兕和牛行動是用角撞擊對方，萬物在活動時沒有放棄它們的長處而用它們的短處的。

治理國家就像在田裡除草，不過是除掉那些危害禾苗的莠草罷了。現在人們洗頭時有頭髮掉下來，卻還是不停地洗，是因為洗掉的頭髮少，而得到的好處多。

磨刀石本身不鋒利卻可以把刀、劍等金屬磨鋒利，矯正弓弩的「擏」本身不正卻可以把弓弩矯正，事物中本來就有自身不正而能矯正他物的東西，有本身不鋒利而能使他物鋒利的東西。

用力貴在動作快，用智慧貴在敏捷。

同樣能得到成功，但成功得快的屬於上等；同樣能獲勝，但獲勝得遲的屬於下等。人們之所以珍視寶劍鏌邪，是因為外物一觸到它的鋒口就被它砍斷了。摩切而不放鬆，牛車的車輪才可以把門檻輾斷。

因為孔子曾在陳國、蔡國一帶受困就廢棄六藝，便是糊塗；因為有的醫師不能治好他自己的病，病了就不去找醫師治療，那便是荒謬的。

卷一七

說林

【題解】〈說林〉和〈說山〉一樣，重在揭示萬事萬物之理，而以道論為歸。寫法仍是「假譬取象，異類殊形，以領理人之意；解墮結紐，說擇摶困，而以明事埒者也」。高誘解釋篇名，則謂「木叢生曰林。說萬物承皐，若林之聚矣，故曰說林」。本篇有三百八十餘節，一節至少說一事一理，內容豐富，涉及的生活知識很多，許多說法很有道理，如說「鼈無耳，而目不可以瞥，精於明也。瞽無目，而耳不可以察，精於聽也」即為一例。而議論語多精警，諸如「意有所在，則忘其所守」、「得之不以道，用之必橫」、「塞其源者竭，背其本者枯」、「跬步不休，跛鼈千里」等，直可視為格言。

以一世之度❶制治❷天下，譬猶客之乘舟，中流遺其劍，遽契其舟舧❸，暮薄而求之，其不知物類亦甚矣❹！夫隨一隅之跡❺，而不知因天地以游❻，惑莫大焉。雖時有所合，然而不足貴也。譬若旱歲之土龍、疾疫之芻狗，是時為帝者也❼。

褿❽之裂布❾，蛷者❿貴之，然非夏后氏之璜⓫。

無古無今，無始無終，未有天地而生天地，至深微廣大⑫矣。足所屨者淺矣，然待所不屨而後行⑬。智所知者褊矣，然待所不知而後明⑭。游者以足蹷⑮，以手抪⑯，不得其數⑰，愈蹷愈敗⑱。及其能游者，非手足者矣⑲。

【章旨】這一章一說不可用一個時代的法制來把天下治理好，因為時代是發展而變化的。作者用刻舟求劍和只知隨一隅之跡而不知行於天下的人來形容拘守故法者的荒謬。並分析故法即使偶合於時，也只是一時所需。二以「禮之裂布，蛷者貴之」為例，說明一些物品為人所貴就在於有實用價值。三說「道」之「無古無今，無始無終，未有天地而生天地，至深微廣大」。四說人走路時腳踩之地雖小，但要有未被腳踩的地方才能前進；人的智慧所知範圍小，但要有未知的知識方能使人明其理。此節似有以不用為用之意。五說游者始以腳蹬、用手推，及至能游，則不專意於用腳、用手而輕鬆自如。似說學習技能拘於法度和出於法度的前後兩種境界。

【注釋】❶度　法制。❷制治　安治。此處有治理之義。❸譬猶客之乘舟三句　舊注釋謂「墮劍於中流，刻於船弦（舷），言識其於此下失劍也」。契，刻。舩，舷；船之兩邊。原文作「桅」，依王念孫校改。❹暮薄而求之二句　舊注謂「日暮薄岸，而求劍於其所刻桅（當為舩）下，故曰不知物類也」。暮薄，言傍晚近岸。薄，迫近。物類，指萬物。或謂事物。《荀子・勸學》言「物類之起，必有所始」。案：此節所引刻舟求劍事出自《呂氏春秋・察今》。〈察今〉於敘事後嘗云「舟已行矣，而劍不行，求劍若此，不亦惑乎？以此故法為其國與此同。時已徙矣，而法不徙，以此為治，豈不難哉」。❺隨一隅之跡　舊注謂「刻桅（當為舩）之類，惑無有大於此也」。一隅之跡，指狹小地區內的腳跡。一隅，本指一個角落。❻因天地以游　謂依順天下地形特點而前行。游，行。天地，指天下。❼譬若旱歲二句　舊注釋謂「土龍以求雨，芻狗以求福，時見貴也」。《莊子・

天運》謂「夫芻狗之未陳也，盛以篋衍，巾以文繡，尸祝齋戒以將之；及其已陳也，行者踐其首脊，蘇者取而爨之而已」。帝，通「䘚」。祭祀。❽褿　猶今尿布。原文作「曹氏」，依俞樾校改。俞氏謂，曹疑當讀為褿。褿者，疑是小兒承藉菌（屎）屎（尿）之布，故亦謂之褿。褿，猶席也。❾裂布　即餘布。言承藉小兒，其四邊所有之餘布也。是其為物至賤，然而蛖者貴之，正上文『時有所合』之意」。❿蛖者　指患蠼螋瘡者。舊注謂「曹布」「燒以傅蛣蛖瘡則愈，故蛖者貴之」。⓫然非夏后氏句　舊注謂「璜以發眾，國家之寶，故曰『然非夏后氏之璜』也」。璜，半璧為璜。⓬至深微廣大　指「道」。舊注謂「言其深微廣大，故能生天地也」。⓭足所屨者二句　舊注釋謂「屨，履也。待所履而行者則不得行，故曰待所不履而後行」。所，原文作「以」，依王念孫校改。⓮智所知者二句　舊注釋謂「褊，狹。知所知，（待）所不知以成明矣」。褊，狹小；狹窄。⓯蹷同「蹶」。用腳蹬。馬宗霍訓為「蹶張」，指游水屈伸其足如踏弓。⓰拂　推；擊。馬宗霍訓為「拔」，意為拔刺，指以手分水如張弓。⓱數　術；方法。⓲愈敗　舊注謂「愈，益也。敗，猶沒也」。⓳非手足者矣　舊注釋謂「不用手足而自游也」。當指用手、用足不拘於法度而自游。

【語譯】用某個時代用過的法制來治理天下，就好像一位客人坐船，在河中劍掉到水裡去了，於是急忙在船舷上刻了個記號，傍晚船靠近岸邊，他便沿著記號下水去找劍。這個人不通事理也太厲害了！只知道在一個狹小區域隨人腳跡走路，而不知道依順天地的特點前行，沒有什麼比這更糊塗的了。即使有時舊法能行得通，但是也不值得重視。就像天旱時求雨用的土龍、像疾病時求福用的草狗，只是一時作為祭祀的用品。

尿布四邊多餘的布，燒成灰可治蠼螋瘡，因而患有蠼螋瘡的人很看重它，但它卻不是夏后氏的璜。

沒有古也沒有今，沒有開始也沒有終結，沒有天地卻產生了天地，真是深微廣大到了極點。

腳所踩的地方是很小的，但是要依靠那些沒有踩到的地方然後才能行走。一個人憑智力所知道的東西是很少的，但是要依靠那些不懂的知識然後才能明白事理。

游泳的人剛學游水時用腳蹬，用手划，未掌握方法，越蹬越游得不好。等到會游的時候，就不是讓腳和手機械地蹬和划了。

鳥飛反❶鄉，兔走歸窟❷，狐死首丘❸，寒將❹翔水，各哀❺其所生。

毋貽盲者鏡，毋予躄者履，毋資越人章甫❻：非其用也。

椎固有柄，不能自椓；目見百步之外，不能自見其眦❼。

狗彘不擇甂甌❽而食，偷❾肥其體而顧❿近死⓫。鳳皇高翔千仞之上，莫之能致⓬。

月照天下，蝕於詹諸⓭；騰蛇⓮游霧，而殆⓯於蝍蛆⓰；烏力勝日⓱，而服於鵻禮：能有脩短也⓲。

莫壽於殤子，而彭祖為夭矣⓳。

短綆⓴不可以汲深，器小不可以盛大，非其任㉑也。

【章　旨】這一章一以鳥飛返鄉等四例說明物「各哀（依）其所生」。二說「毋貽盲者鏡」等三事是因貽之、予之、資之「非其用也」。三說「椎固有柄，不能自椓」二事，似言物有他用而往往不能用於己。四以狗彘、鳳凰對言，說豬狗貪食得肥，其體反而接近死亡，鳳凰高翔卻很難獲得。五以「月照天下，蝕於詹諸」等三事為例，說明萬物「能有脩短也」。六以生為寄、死為歸作標準，說「莫壽於殤子，而彭祖為夭矣」。七說「短綆不可以汲深」等二事，是因為「汲深」、「盛大」非「短綆」、「器小」所能勝任。

【注　釋】❶反　通「返」。❷兔走歸窟　《戰國策・齊策》謂「狡兔有三窟」。窟，洞穴。❸狐死首丘　傳說狐死之時頭必枕著牠的出生地（土丘）。或謂頭必向著出生地。屈原《九章・哀郢》言「鳥飛反故鄉兮，狐死必首丘」。丘是狐窟穴根本之處，雖狼狽而死，意猶嚮此丘。❹寒將　舊注訓為「水鳥」。《文子・上德》此句作「寒蜚得木」，或以為「寒將」即「寒蜚」，屬蟬類，似蟬而小，青色。今譯從舊注。❺哀　依。哀、依古聲同，此處哀為依之假借字。《文子・上德》即明言「各依其所生也」。❻毋資越人章甫　本於《莊子・逍遙遊》。資，通「齎」。持贈；送給。原文作「貰」，依蔣禮鴻校改。章甫，殷時冠名，即緇布冠。古代行冠禮，始加緇布冠。舊注謂「章甫，冠。越人斷髮，無用冠為」。❼椎固有柄四句　舊注釋謂「喻人能有所為，而不能自為也」。椎，捶擊的工具。《墨子・備城門》：「長椎，柄長六尺，頭長尺。」椓，敲擊；捶築。眦，眼眶。或謂眼角。❽甗甌　甗，闊口瓦盆；陋器。甌，盆盂類瓦器。❾偷　取。馬宗霍訓為「苟且」，為「貪」。謂「苟且取肥，故謂之偷。引申之，「偷」猶「貪」也。「偷」、「貪」雙聲字。貪肥其體，故不擇而食矣」。今譯從馬說。❿顧　還視；返視。引申為反。⓫近死　舊注謂「肥則烹之，故近其死也」。⓬鳳皇高翔二句　舊注釋謂「七尺曰仞。非聖德君不致，故曰莫之能致也」。致，招引。⓭蝕於詹諸　舊注謂「詹諸，月中蝦蟇，食月，故曰食於詹諸」。食、蝕相通。⓮騰蛇　傳說中能飛的蛇。⓯殆　猶畏也。⓰蝍蛆　蜈蚣。《爾雅》注謂其「似蝗而大腹，長角，能食蛇腦」。舊注則謂「蝍蛆，蟋蟀，《爾雅》謂之蜻蛚之大腹也，上蛇，蛇不動，故曰殆於蝍蛆也」。⓱烏力勝日　烏，傳說日中有三足烏。故舊注謂「烏在日中而見，故曰勝日」。⓲服於鵻禮二句　舊注謂「鵻禮，《爾雅》謂裨笠（裨笠），秦人謂之祀祝。間竊時晨鳴人舍者，鴻鳥皆畏之。故曰能有脩短也」。服，猶畏也。鵻，鳥名。即鶺鴒。王引之謂「鵻禮」當作「鵻札」。能，指能力。⓳莫壽於殤子二句　出自《莊子・齊物論》。舊注釋謂「生寄，死歸。殤子去所寄，歸所安，故曰以為壽。彭祖蓋楚先，壽八百歲，不早歸，故以為夭。《論語》曰『竊比於我老彭。』蓋謂是也。一說：彭祖蓋黃帝時學仙者。言不如殤子早歸神明矣」。殤子，未成年而死者謂之殤子。⓴綆　汲水器上的繩索。㉑任　勝任。

【語　譯】鳥飛得再高總要回到牠築巢的樹林，兔子跑得再遠總要回到牠藏身的洞穴，狐狸死時頭總要向著牠窟穴所在的土丘，水鳥寒將總愛貼近水面飛翔，各自都依戀自己生長的地方。

不要送鏡子給瞎子，不要送鞋子給瘸腿的人，不要送帽子給越地的人，因為這些都不是他們所使用的東西。

椎子本來有柄，但是它不能自己捶擊自己；眼睛可以看見百步以外的東西，卻不能看見它的眼眶。

狗和豬不選擇是甂還是甌裝的食物，見到食物就吃，因貪吃而肥了軀體反而使自己離死更近了。鳳凰飛翔在千仞高的天空，沒有誰能把牠招引來。

月亮的光能普照天下，卻被蟾蜍所食；飛蛇能行於霧中，卻畏懼蝍蛆；三足烏的力量能勝過太陽，卻畏服於鵻禮，牠們的能力各有長短。

沒有比未成年而死的人更長壽的，而彭祖是短命的人。

短的繩索不能汲取深井中的水，容器小不能裝大的東西，因為在深井汲水、裝大的東西，不是短的繩索、小的容器所能勝任的。

怒出於不怒，為出於不為❶。視於無形，則得其所見矣。聽於無聲，則得其所聞矣❷。至味不慊❸，至言不文，至樂不笑，至音不叫，大匠不斲，大庖不豆❹，大勇不鬥❺，得道而德❻從之矣。譬若黃鐘❼之比宮，太簇❽之比商，無更❾調焉。以瓦鉒者全❿，以金鉒者跋⓫，以玉鉒者發⓬，是故所重者⓭在外，則內為之掘⓮。逐獸者目不見太山⓯，嗜欲在外，則明所蔽⓰矣。聽有音之音者聾，聽無音之音者聰。不聾不聰，與神明通。卜者操龜，筮者端策⓱，以問於數⓲，安所問之哉！

舞者舉節⑲，坐者不期而拚⑳皆如一，所極㉑同也。
日出暘谷㉒，入於虞淵㉓，莫知其動，須臾之間，俛㉔人之頸。

【章旨】這一章一說「怒出於不怒，為出於不為」。二說視於無形則得其所見，聽於無聲則得其所聞。三論「至味」、「至言」、「至樂」、「至音」、「大匠」、「大庖」、「大勇」的境界（或謂最高境界），謂能達到此種境界是因為「得道而德從之矣」，即掌握了客觀世界的普遍規律，則具體事物的特殊規律也就隨著知道了。因為具體事物的規律和客觀世界的普遍規律是一致的。四以博戲投壺為例，言「以瓦鉒（投意）者全，以金鉒者跋，以玉鉒者發」，說明「所重者在外，則內為之掘（氣不得安祥）」。五以「逐獸者目不見太山」，說明人嗜欲顯露在外，那他的眼睛之明就要受到蒙蔽。六以無為通道之說以論聽與聾。謂聽有音之音者為聾，聽無音之音者為聽，而不聾（不聽有音之音者）、不聽（不聽無音之音者），方與神明相通。七說卜者操龜、筮者端策以問數是問不到什麼的，其理似與上言「不聾不聽，與神明通」為近。八說舞者舞而應節而坐著看的人不期拍手而合節，是因為舞者、坐者情感流動所達到的境界相同。九說太陽從暘谷升起而入於虞淵，人感覺不到它在動，一會兒就下去了。似說時光流逝極快，又似說人心有所思而難覺時光之流逝。

【注釋】❶怒出於不怒二句　舊注釋謂「不怒乃是怒，不為乃是為也」。❷聽於無聲二句　舊注釋謂「言皆易恤（謂改立）無聲，故得有聞」。❸慊　快；快意。❹大庖不豆　庖人主宰割、調和五味事。《呂氏春秋．貴公》謂「大庖不豆」，高誘注謂「但調和五味，使神人享之而已，不復自列簠簋籩豆也」。列籩豆非庖人之職，又為小事，故言。本文原作「大豆不具」，依俞樾校改。❺大勇不鬥　舊注謂「人聞自畏之，不復鬥也」。❻德　德與道相通，論者或以二者並稱，所謂「虛無無形謂之道，化育萬物謂之德」（《管子．心術上》），「無為為之而合於道，無為言之而通乎德」（本書〈原道〉），或以德為道之殊稱，即把道在具體事物中的體現稱為德。❼黃鐘　十二律中第一律，聲調最洪大響亮。❽太簇　十二律中第三律。❾更　改。❿以瓦

鉒者全　鉒，同「注」。投，擊。指投放賭注。馬宗霍謂「凡博，以物投入局中者曰注」。舊注謂「鉒者提馬（指籌碼），雒家謂之投」。全，舊注訓為「步徐」，安舒不迫之貌。全者，完也。句中指博技完善，得以充分發揮。⓫跋　舊注謂「跋者剌跋走」。跋，躡足之意。躡者不敢放膽而行。⓬發　舊注謂「發者疾迅」。依《詩經・邶風・谷風》釋文引《韓詩》云當訓為「亂」。句中指心緒紊亂。⓭所重者　舊注謂「謂金與玉」。⓮掘　通「拙」。舊注謂「律氣不安祥也」。此節句意、句法與《莊子》、《呂氏春秋》、《列子》所言相近而略有異。⓯目不見太山　舊注謂「見獸而已」。⓰所蔽　馬宗霍謂「『所』猶『或』也」。舊注謂「蔽者，見利之物，不見其害」。⓱策　卜筮用的蓍草。舊注謂「策，四十九策。可以占遠，可以問於數」。⓲數　命運。舊注謂「數，可卜筮者也」。⓳舉節　指動作有一定節奏。⓴抃　兩手相拍。㉑極　至。指情緒流向所至之境。㉒暘谷　即湯谷。傳為日出之處，位於東方，谷中水熱。㉓虞淵　神話中的日入之處。㉔俛　舊注謂「猶戾也」。戾，至。

【語　譯】憤怒是由沒有憤怒產生的，有所為是由沒有作為產生的。

在沒有形象的地方觀察，就能看見他所看的東西；在沒有聲響的地方聆聽，就能聽見他所聽的聲音。最好的味道不讓人有快意之感，最好的言辭沒有文彩，最深的快樂不會令人發笑，最好的聲音並不譟呼，高明的工匠不加以砍削，高明的廚師不擺放盛食物的器皿，最大的勇敢不用和人爭鬥，掌握了道而德就隨著被掌握了。就好像用黃鐘律來定宮音，太簇律就會確定商音，而不會改變音調。

賭博時用瓦片作賭注往往從容不迫能充分地發揮賭技，用黃金作賭注的便不能大膽地賭，用玉作賭注的便心緒紊亂，因此把外物看得很重，那麼心智就會顯得笨拙。

追趕獸類的人眼睛看不見太山，這說明一個人的嗜欲顯露在外，那麼他眼光的明亮就會受到蒙蔽。聽有聲響的聲音的人耳聾，聽得見沒有聲響的聲音的人耳聰，不聾不聽，才會與神明相通。

占卜的人手拿著龜甲，卜筮的人捧著蓍草，用它們來問命運，怎麼能問得到呢！

跳舞的人跳得很有節奏，坐著觀看的人不約而同地都用一樣的節拍拍手，是因為大家情緒所達到的境界相同。

太陽從暘谷中出來，落入虞淵之中，沒有人感覺到它在動，但一會兒工夫就落到人身以下去了。

人莫欲學御龍，而皆欲學御馬；莫欲學治鬼，而皆欲學治人，急所用也❶。

解門❷以為薪，塞井以為臼❸，人之從事，或❹時相似❺。

水火相憎，鏏在其間❻，五味以和。骨肉相愛，讒賊❼間之，而父子相危❽。

夫所以養❾而害所養❿，譬猶削足而適履，殺頭而便冠⓫。

昌羊⓬去蚤蝱⓭而來蛉窮⓮：除小害而致大賊，欲小快而害大利。

牆之壞也，不若無也，然逾⓯屋之覆。

璧瑗⓰成器，礛諸⓱之功；鏌邪斷割，砥礪之力⓲。

狡兔得而獵犬烹，高鳥盡而強弩藏⓳。

蝱與驥，致千里而不飛，無糗糧⓴之資而不飢。

失火則不幸，遇雨則幸也，故禍中有福也。

鬻棺者欲民之疾疫也，畜粟者欲歲之荒饑也㉑。

【章旨】這一章一以「人莫欲學御龍，而皆欲學御馬」等二事為例，說明人之為學「急所用也」。二說拆下大門作柴燒、塞井作臼用來舂米，雖屬荒唐之舉，但人們做事有與此相類的。三以生活中事和人事相比，說骨肉之親由於讒賊離間，往往「父子相危」。四說用以養身之物卻危害所養之身，那就如同削足而適履、砍頭而便冠。五以昌羊能除蚤虻而引來蛉窮，說明除小害而致大賊，結果是欲小快而害大利。

六以萬物歸本為上，說牆壞不如牆無而歸為土，但又較被屋所覆為優。七說璧瑗成器賴礛諸之功，鏌邪能斷割他物乃磨刀石之力。八說「狡兔得而獵犬烹，高鳥盡而強弩藏」，慨歎事成而有功之人被棄。九說虻寄生於驥，既致千里而不飛，又無糗糧而不飢。十說失火遇雨乃「禍中有福」。十一說鬻棺者欲民患疾疫，畜糧者欲年成荒饑，似言人心各為自所用。

【注　釋】❶人莫欲學御龍五句　舊注謂「御龍、治鬼，不益世用，故以御馬、治人為急務矣」。❷解門　指把門拆下來。❸臼　舂米用的凹形石器。❹或　有。❺相似　指與上言「解門」、「塞井」事相似。舊注謂「似其愚」。❻水火相憎二句　舊注謂「鏄，小鼎。又曰：鼎無耳為鏄。鏄受水而火炊之，故曰在其間」。❼讒賊　說別人的壞話、傷害好人的人。《荀子・修身》謂「傷良曰讒，害良曰賊」。❽父子相危　舊注謂「楚平王、晉獻公是也」。❾所以養　指用以養身之物。舊注則謂「諭讒賊」。❿害所養　當指害所養之身。舊注則謂「諭骨肉」。⓫殺頭而便冠　舊注釋謂「殺，亦削也。頭大冠小，不相宜，削殺其頭以便冠也」。⓬昌羊　草名。即昌蒲。⓭蚤虻　跳蚤和牛虻。皆為蟲名。⓮蛉窮　《太平御覽》卷九五一引高誘注謂「幽冀謂之蛹蚳，入耳之蟲」。⓯逾　超過。⓰瑗　孔大邊小之璧。⓱礛諸　舊注謂「治玉之石。《詩》云：『他山之石，可以為錯』」。⓲力　舊注謂「力亦功」。與上句「功」為互文。⓳狡兔得而獵犬烹二句　《韓非子・內儲說下》嘗言「狡兔盡則良犬烹，敵國滅則謀臣亡」。又《史記・越王句踐世家》言范蠡自齊遺大夫種書謂「蜚(飛)鳥盡，良弓藏；狡兔死，走狗烹」。⓴糗糧　乾糧。㉑鬻棺者二句　《太平御覽》卷三五引本文舊注言「謂將取厚利」。疾疫，瘟疫；流行性急性傳染病。原文作「疾病」，依劉文典校改。漢有民諺謂「鬻棺者欲歲之疫」。荒，舊注謂「大饑，粟不熟」。楊樹達謂「荒」通「巟」。《說文》：「巟，虛無食也。」

【語　譯】沒有人願意學習駕馭龍來拉車，卻都願意學習駕馬拉車；沒有人願意學習治理鬼，卻都想學習管理人的方法，是因為人們想掌握的是馬上要用的本事。

把門拆下來作柴火，把井填起來作舂米用的臼，人們做事，有時就和這些情形相似。

水和火是相互憎恨的，小鼎位於水火之間，卻可以調和五味。骨肉相愛，但由於讒賊之人離間他們的關係，而使得父子相互危害。

用以養身之物反而害了所養之身，就好像砍削腳來適合鞋子的大小，又好像砍削腦袋以便於戴上做好了的帽子。

昌蒲草能夠去掉跳蚤和牛虻，卻會引來入耳之蟲蛉窮，這是除掉了小害而引來了大害，想得到小的痛快卻損害了大的利益。

牆倒塌了，還不如不存在的好，但這仍然比房屋傾倒了要好。

璧、瑗得以成為玉器，是礛諸的功勞；鏌邪能斷割外物，是磨刀石的功勞。

狡猾的兔子被逮住了，獵狗便要被殺；高飛的鳥被射盡了，強硬的好弓便要被毀壞了。

虻蟲依附在馬身上，到達千里之外卻不用飛，沒有乾糧作食物卻不會挨餓。

失火是不幸的事，但失火遇到下雨便是幸運的，所以災禍中也存有幸福的因素。

賣棺材的人總希望老百姓中出現瘟疫，儲藏糧食的人總希望出現饑荒的年成。

水靜則平，平則清，清則見物之形，弗能匿❶也，故可以為正❷。

川竭而谷虛❸，丘夷❹而淵塞❺，唇竭而齒寒❻。

河水之深，其壤在山❼。

鈞之縞也，一端以為冠，一端以為絑❽，冠則戴攱❾之，絑則𡲬履❿之。

知己者不可誘以物⓫，明於死生者不可劫以危⓬。故善游者不可懼以涉⓭。

親莫親於骨肉，節族之屬連也⓮，心失其制，乃反自害⓯，況疏遠⓰乎！

聖人之於道，猶葵之與日⓱也，雖不能與終始哉，其鄉⓲之誠者⓳也。

宮池涔⑳則溢，旱則涸；江水之原㉑，淵泉不能竭㉒。

蓋非橑㉓不能蔽日，輪非輻不能追疾，然而橑、輻未足恃也。

金勝木者，非以一刃殘㉔林也；土勝水者，非以一墣㉕塞江也。

【章　旨】這一章一說水靜「可以為正」在於水靜即平即清即能見物之形。二說「川竭而谷虛」等三事中兩類事物間的關係。三說河水深是它以山為水岸，蓋謂積水甚久所致。四說同一幅縞裁為兩段，一作帽，一作襪。帽則戴在頭上，襪則踩在腳下。五以「知己者不可誘以物」等二事起論，言「善游者不可懼以涉」。六說骨和肉是最親近的，但「心失其制，乃反自害」，何況疏遠之物呢！此節似言劉安憂憤之感。七以葵之與日形容聖人和道的關係，特別強調嚮往道的誠摯之心。八說壅水所為池有雨則溢，旱則乾，而江水的源頭「淵泉不能竭」。九說車蓋沒有傘骨不能遮日，輪無輻條不能加速快走，但又不能完全依靠車蓋、輻條。似說物之為用，乃物之整體效應所致。十說金勝木非以刀砍樹、土勝水非以土塞江，大概意在強調五行相勝的微妙作用。本章多節文字出自《文子・上德》。

【注　釋】❶匿　猶逃也。❷正　正形；本來之形。《文子・上德》謂「水靜則清，清則平，平則易，易則見物之形，形不可並，故可以為正」，「正」就形而言。❸谷虛　指谷中無水。❹夷　平。❺塞　滿。❻脣竭而齒寒　《左傳・僖公五年》嘗言「諺所謂『輔車相依，脣亡齒寒』」。脣竭，指脣反捲向上。❼河水之深二句　舊注釋謂「言非一朝一夕」。壤，疆域。此處似指水岸。❽絉　通「韤」。足衣；襪子。❾跂　戴。原文作「致」，依王念孫校改。❿屨履　上句戴、跂義同。此處屨、履義亦同。皆為踏之意。⓫知己者不可句　舊注釋謂「物不能惑」。⓬明於死生者句　舊注釋謂「危無能懼之」。不可劫，原文作「不可卻」，依王念孫校改。⓭故善游者句　舊注釋謂「涉不能溺」。⓮親莫親於骨肉二句　舊注謂「骨肉，謂一人之身，故曰節族之連也」。節族，節為骨節，族為骨肉交錯聚結的部位。⓯心失其制二句　舊注釋謂「言心失制度，則自害身也」。⓰疏遠　喻他人。⓱葵之與日　指葵向日之性。⓲鄉　同「嚮」。仰。⓳誠者　舊注謂「誠，實」。原文無「者」字，依劉文典校補。⑳宮池洿　宮池，辟雍之池。宮謂頖宮（諸侯之宮曰泮宮）。《藝文類聚》引《新論》言「王者始作圓池似璧形，實水其中，以環壅之，名曰辟雍」。壅水即無原之水。洿，高誘注〈俶真〉謂「潦水也」，注〈氾論〉謂「雨水也」。本篇舊注謂「多水也」。今譯從前說。㉑原　同「源」。㉒竭　盡。㉓橑　車上的蓋弓。㉔殘　殺害。此處為砍傷之義。㉕墣　塊；土塊。

【語譯】水靜止時，水面就會平；水面平，水就會清；水清就能映現萬物的形狀，任何形狀都不能逃離，所以可以用它反映出萬物的本來面目。

河水枯竭那山間水道就沒有水了，山丘削平那深淵就會填滿，嘴唇翻捲那牙齒就會受寒。

河水很深，它的岸壁是山。

把白絹分為兩段，用一段做帽子，一段做襪子，帽子便戴在頭上，襪子便穿在腳上。

了解自己的人，不能用外物來誘惑他；明白死生道理的人，不能用危險來脅迫他。所以善於游泳的人，不能用涉水來恐嚇他。

論親近沒有比骨肉更為親近的，骨節和肉緊緊連在一起，而當心失去了正常的控制時，竟反過來自己傷害自己，何況是關係疏遠的人呢！

聖人對於道，就像葵和太陽一樣，雖然不可能和它同始同終，但嚮往的心是真誠的。

學宮前的半圓形水池一落雨就會有水溢出來，一出現旱情，水就乾了；在江流的源頭，深泉中的水卻不可能枯竭。

車蓋沒有蓋弓是不能遮蔽太陽的，車輪沒有輻條也不能加速快跑，但是蓋弓、輻條卻不是車蓋、車輪的關鍵部件。

所謂金勝木，並不是用一把刀來砍傷林木；而土勝水，也不是用一塊土來堵塞大江。

躄者見虎而不走，非勇，勢❶不便也。

傾者易覆也，倚者易軵❷也，幾❸易助也，溼易雨。

設鼠❹者機動❺，釣魚者泛抏❻，任❼動者車鳴也。

芻狗能立而不能行，蛇牀❽似麋蕪❾而不能芳。

謂許由❿無德，烏獲⓫無力，莫不醜⓬於色，人莫不奮⓭於其所不足。

以兔之走，使大⓮如馬，則逮日⓯歸風⓰。及其為馬，則又不能走矣。

冬有雷電，夏有霜雪，然而寒暑之勢不易，小變不足以妨大節。

黃帝⓱生陰陽，上駢⓲生耳目，桑林生臂手，此女媧所以七十化也⓳。

終日之言必有聖⓴之事，百發之中必有羿、逢蒙㉑之巧，然而世不與㉒也，其守節非㉓也。

牛蹏、彘顱亦骨也，而世弗灼，必問吉凶於龜者，以其歷歲久矣。

近敖倉㉔者不為之多飯，臨江、河者不為之多飲，期㉕滿腹而已。

【章旨】這一章一說瘸腿的人見虎不跑不是因為勇敢，而是其「勢不便」。二說「傾者」、「倚者」、「幾」、「溼」的特點。三說「設鼠者」、「釣魚者」、「任動者」的特徵。四說芻狗能立而不能行，蛇牀似麋蕪而不能發出香氣。五以人說許由無德、烏獲無力莫不面有愧色為例，說「人莫不奮於其所不足」。六說兔子善跑，假使牠體大如馬就能趕上日行之速，但牠真成了馬又跑不動了。七以冬有雷電、夏有霜雪而不能改變冬寒、夏暑之勢為例，說「小變不足以妨大節」。八言女媧依靠黃帝生陰陽、上駢生耳目、桑林生臂手，而能一日「七十化」。九說言之終日必有通達事理的言論，箭射百次必有顯出高超射技之時，而人們不讚許這種行為，是因為這樣未能堅守一定的節操。十說人們不灼牛蹏、兔顱而灼龜甲問吉凶，是因龜「歷歲久」。十一說人即使靠近大糧倉、靠近江、河，也不會多吃、多喝，只不過「期滿腹而已」。

【注　釋】❶勢　形勢。指瘸腿之勢。❷軵　推。❸幾　近。❹設鼠　捕鼠。設機關以捕鼠。❺動　舊注謂「發也。發則得鼠」。❻泛扤　原文作「泛杭」，依王念孫校改。舊注謂「泛，釣浮。杭（當為扤），動，動則得魚」。扤，動；搖。❼任　任木；車輿下之支木。《考工記・輈人》謂「凡任木，任正者，十分其輈之長，以其一為之圍；衡任者，五分其長，以其一為之圍」。金榜謂「凡任木，縱者皆名任正，橫者皆名衡任。任正者，輈也，伏兔也。衡任者，軸也，衡也」。❽蛇牀　植物名。又名蛇粟、蛇米，可入藥。❾蘼蕪　植物名。舊注謂「蛇牀臭，蘼蕪香」。❿許由　上古高士。堯讓以天下，不受，遁耕於箕山之下。⓫烏獲　戰國時力士。以勇力仕於秦武王而至大官。⓬醜　舊注謂「猶怒也。一曰：愧也」。⓭奮　嚴厲。⓮大　原文作「犬」，依孫詒讓校改。⓯逮日　謂趕上日行。⓰歸風　即追風。追上風，謂其行迅。歸為「追」之假借字。⓱黃帝　舊注謂「古天神也。始造人之時，化生陰陽」。注中陰陽當指化生萬物之陰陽，或謂陰陽指男女之生殖器。⓲上駢　與下文「桑林」，舊注謂「皆神名」。⓳女媧所以句　舊注謂「女媧，王天下者也。七十變造化」，並謂本節「此言造化治世，非一人之功也」。傳說女媧為伏羲之妹，又為其妻，伏羲氏歿，女媧代其治理天下。《太平御覽》卷七八引《風俗通義》言：「俗說天地開闢，未有人民。女媧摶黃土作人，劇務，力不暇供，乃引繩絙於泥中，舉以為人。故富貴者，黃土人也；貧賤凡庸者，絙人也。」⓴聖　通達事理。㉑羿逢蒙　古代二善射者。逢蒙學射於羿，盡羿之道，後忌羿之勝己而殺羿。㉒與　讚許。㉓非　舊注謂「非其真也」。㉔敖倉　秦代所建倉名。在河南省滎陽縣東北敖山上。泛指糧倉。舊注謂「古常滿倉，在滎陽北」。㉕期　期望；要求。

【語　譯】瘸腿的人見到老虎卻不跑開，不是他很勇敢，而是因為瘸腿不便於逃跑。

傾斜的東西容易翻轉過來，偏斜的東西容易推倒，靠得近容易加以幫助，空氣溼潤容易下雨。

捕到老鼠，機關就會動；釣到魚，浮子會搖動；車下任木一動，車就會發出吱吱的響聲。

用草紮成的狗能讓它站起來卻不能讓它行走，蛇牀外形和蘼蕪相似卻不能發出香氣。

對人說許由沒有德行、烏獲沒有力氣的人，沒有不在臉上露出慚愧之色的，人沒有不對自己的不足採取嚴厲態度的。

像兔子這樣會跑，假使讓牠如同馬一樣大，那牠跑起來就可以趕得上太陽、追得上風。當牠真成了馬，那又跑不了那樣快了。

冬天即使出現雷電，夏天即使降下霜雪，但是冬天寒冷、夏天炎熱的總體趨勢卻不會改變，小的變動是不能損害重要的規律、法則的。

黃帝生出陰陽，上駢生出耳朵和眼睛，桑林生出胳臂和手，這就是女媧一天七十次改變造出人的做法。

整天說話必定有些話是通達事理的，射箭百次總有幾次會顯現出羿和逢蒙那樣的射擊技巧，但是世上的人並不讚許這些，因為這樣做所堅持的原則是不正確的。

牛的蹄、豬的頭顱也是骨頭，可是世人不燒灼它們，而一定要燒灼龜甲來問吉凶，是因為龜經歷的年歲久遠。

靠近敖倉的人並不因此就多吃飯，臨近長江、黃河的人並不因此就多喝一些水，大家不過是期望裝滿肚子罷了。

蘭芷以芳，未嘗見霜❶。鼓造辟兵，壽盡五月之望❷。

舌之與齒，孰先礲❸也？錞❹之與刃，孰先弊❺也？繩之與矢，孰先直也❻？

今鱓❼之與蛇，蠶之與蠋❽，狀相類而愛憎異❾。

晉以垂棘之璧得虞、虢❿，驪戎以美女亡晉國⓫。

聾者不詞⑫，無以自樂；盲者不觀，無以接⑬物。觀射者遺其埶⑭，觀書者忘其愛，意有所在，則忘其所守。古之所為不可更，則推車⑮至今無蟬匷⑯。使倡⑰吹竽，使工⑱厭竅⑲，雖中節而不可聽，無其君形者也⑳。與死者同病，難為良醫；與亡國同道，難與為謀㉑。為客治飯㉒而自食藜藿㉓，名尊於實也㉔。乳狗㉕之噬虎也，伏雞㉖之搏狸，恩之所加，不量其力。

【章旨】這一章一說蘭芷能發出香氣卻見不到霜，鼓造（貓頭鷹）能避開兵器卻只能活到五月五日。二以舌與齒、錞與刃、繩與矢作比較，言其先礲、先弊、先直為何物，說明有為者先行銷耗而無為者安然。三說蠶與蠋、鱓與蛇狀相似而人們對牠們的愛憎卻不同。四說晉以垂棘之璧得虞、虢，而驪戎以美女亡晉國，似說晉因稀罕之物而有所得亦因稀罕之物而亡國。五說聾者不能歌而無法自樂，盲者不能觀而無法見物。六以觀射而忘其事、看書而忘其愛為例，說明人「意有所在，則忘其所守」。七說古人所為之事，今人可以改變，言「古之所為不可更，則推車至今無蟬匷（車之一種）」。八說倡、工雖皆善吹竽，但若使倡吹而工按孔則雖合節拍而不中聽，原因在於二形非一心所主。九以「與死者同病，難為良醫」作比，說「與亡國同道，難與為謀」。十說人為客人備辦飯食而自食藜藿，是因為得仁義之名重於治飯之實。十一說餵奶之狗敢咬老虎、孵卵之雞敢同狸相鬥，是因為「恩之所加（指母狗護崽、雞護卵），不量其力」。本章有數節見於《文子．上德》。

【注釋】❶蘭芷以芳二句　《荀子・宥坐》言「芷蘭生於深林，非以無人而不芳」。又《太平御覽》卷一四引本文之注謂蘭芷「先霜刈之」，故言「未嘗見霜」。蘭芷，蘭草、白芷，二香草名。原文作「蘭芝」，依王念孫校改。❷鼓造辟兵二句　舊注謂「鼓造，蓋謂梟。一曰：蝦蟇。今世人五月望作梟羹，亦作蝦蟇羹。言物不當為用」。辟兵，避過兵器的傷害。五月之望，指五月五日。此望非月圓之時。❸礲　磨盡。❹錞　矛戟下端所覆之金屬套，平底者為錞。❺獘　通「弊」。壞。舊注謂「錞，矜下銅鐏也。鐏不休（當為朽）而刃先獘」。❻繩之與矢二句　此就矰（帶有絲繩的短箭）而言。謂絲繩與箭哪個先遇到目標。直，遇到；面對。❼鱓　同「鱔」。指鱔魚。❽蠋　「蜀」之俗字。《說文》謂「蜀，葵中蠶也」。❾愛憎異　舊注謂「人愛鱓與蠶，畏蛇與蠋，故曰異也」。❿晉以垂棘句　晉獻公以垂棘之璧滅虞、虢。事見《左傳・僖公二年》、《呂氏春秋・權勳》。本書〈精神〉亦謂「虞君利垂棘之璧而擒其身」。⓫驪戎以美女句　舊注謂「美女，驪姬也。亡，猶亂」。舊注謂「晉獻公伐驪戎，得驪姬及其姊。好色曰美，好體曰豔。豔其色而嬖之，生奚齊，其子生卓子，遂為殺太子申生而立奚齊。殺嫡立庶，故曰亂」。⓬謌　同「歌」。歌唱。⓭接　猶見也。⓮埶　「埶」之本字。事。⓯推車　當指原始車子之「椎車」。⓰蟬匷　車之一種。一說為構造完整的大輅，一說即為繅車（即紡絲之車）。⓱倡　倡子；演奏音樂的藝人。原文作「但」，依俞樾校改。⓲工　指樂工。原文作「氐」，依俞樾校改。⓳厭竅　猶言按孔。厭，同「壓」。壓按。此節本於《韓非子・外儲說右下》所謂「田連、成竅，天下善鼓瑟者也。然而田連鼓上，成竅擫下，而不能成曲，共故也」。⓴無其君形者也　此句言無一心而主二形。君，主。官之主為心。㉑謀　舊注謂「或作豫也」。㉒治飯　置辦飯食。㉓自食藜藿　原文無「食」字，依王念孫校補。藜藿，藜與藿，兩種野菜。藜，似藿而表面紅色。藿，即豆葉。㉔名尊於實也　舊注釋謂「尊，重。享仁義之名，重於治飯之實也」。㉕乳狗　育子之母狗。㉖伏雞　孵卵的母雞。

【語　譯】蘭草、白芷因為芳香而被割掉，未曾見到過霜。貓頭鷹能躲避兵器的傷害，卻活不過五月初五。舌頭和牙齒，哪個先被磨盡呢？矛戟頂端的銅套和鋒刃哪個先破缺呢？弋射中，絲繩和箭哪個先遇到目標呢？

現在鱔魚和蛇、桑中蠶和葵中蠶，形狀相似而人們對牠們的喜愛和憎恨卻不一樣。

晉獻公用垂棘出產的大璧得到了虞國、虢國，驪戎用美女使晉國政綱混亂。

耳聾的人不能唱歌，無法用唱歌來自我娛樂；瞎眼的人不能觀察事物，無法見到外物。

看人射擊的人會忘掉他的事情，看書的人會忘記他喜愛的東西，一個人的心意停留在某種事物上，就會忘掉他平日所堅持的東西。

如果古代所做的事情不能改變，那原始的椎車到今天就不會成為蟬匷。

讓倡子吹竽，讓樂工按孔，這樣吹出來的樂曲即使符合節拍卻不好聽，原因是沒有同一顆心來當兩人形體的主宰。

和死亡的人患同樣病的醫師，很難成為優秀的醫師；和亡國之君主張相同的人，很難與他一道謀劃政事。

為客人置辦飯食而自己吃藜藿一類的野菜，是因為他把仁義之名看得比置辦飯食這件實事要重。

為幼狗餵奶的母狗敢咬老虎，孵卵的母雞敢與狸搏鬥，說明要把恩愛施於一方，往往會不衡量自己力量的大小。

使景曲者，形也❶；使響濁者，聲也❷。情泄者，中易測❸；華不時者，不可食也❹。

蹠越者，或以舟，或以車，雖異路，所極一也❺。

佳人❻不同體，美人不同面，而皆說❼於目。梨、橘、棗、栗不同味，而皆調❽於口。

人有盜而富者，富者未必盜；有廉而貧者，貧者未必廉。

蔐苗❾類絮而不可為絮，黂❿不類布而可以為布。

出林者不得直道，行險者不得履繩⑪。

羿之所以射遠中微者，非弓矢也；造父之所以追速致遠者，非轡銜⑫也。

海內其所出⑬，故能大。輪復其所過⑭，故能遠。

羊肉不慕螘⑮，螘慕於羊肉，羊肉羶也；醯⑯不慕蚋⑰，蚋慕於醯，醯酸也⑱。

嘗一臠肉而知一鑊之味，懸羽與炭而知燥溼之氣，以小見大，以近喻遠⑲。

【章旨】這一章一說使影曲者為形體，使響音濁重的是聲音。又說情欲外露的人其心易知，而不合時令成熟的果實不能吃。二說前往越地用舟、用車雖走的路不同，但到達的目的地相同。三說美人體形、面容不一樣，但都使人悅目。說梨、橘、棗、栗味不同，都合人的口味。四說有盜而富者而富者未必盜，有廉而貧者而貧者未必廉。似言不可以個別現象概括為普遍規律。五說藺苗類絮而不能為絮，黂不類布而可以為布，似言看事情不可只注意表面現象。六說穿越樹林是沒有直路可走的，在不平坦的地上行走也是沒有筆直之路可走的。七說羿之能射不在於弓矢，造父之善御不在轡銜。八說海能大是因為它能納其所出，輪能行遠是因為它能轉動不止。九說螘喜好羊肉是因為羊肉有羶味，蚋喜好醯是因為醯有酸味。十說嘗一臠肉而知一鑊之味，懸羽與炭而知燥溼之氣，是「以小見大，以近喻遠」。

【注釋】❶使景曲者二句　舊注釋謂「形曲則景曲也」。景，同「影」。❷使響濁者二句　舊注釋謂「聲濁則響濁也」。❸情泄者二句　舊注釋謂「不閉其情欲，發泄於外，放其中心易測度知也」。泄，發泄；顯露。測，測度。❹華不時者二句　舊注釋謂「華，實。若今八九月食晚瓜，令人病瘧，此之類，故不可食。喻人多言，不時適，不可聽用也」。華，果實。❺蹠越者五句　舊注謂「蹠，至也，極，亦至，互文耳」。一，同。❻佳人　美人。❼說　通「悅」。❽調　適。❾藺苗　即蘺苗。荻之穗，即蘆花絮。楚人稱為蘺苗。❿黂　粗麻。舊注謂「麻之有實者」。⓫繩　直。⓬轡銜　轡繩和馬嚼子。⓭海內其所出舊注謂「雷雨出於海，復隨溝還入，故曰內其所出」。內，通「納」。⓮復其所過　舊注謂「轉不止也」。⓯螘　同「蟻」。⓰醯原文下有「酸」字，依王念孫校刪。醯，醋。⓱蚋　蚊子。⓲醯酸也　原文無「醯」、「也」二字，依王念孫校補。⓳嘗一臠肉四句　此節已見於〈說山〉。喻，同「諭」。明白。

【語　譯】使影子彎曲的是形體，使響聲濁重的是聲音。情欲顯露在外面的人，他心中想些什麼就容易測度；不是應合時令成熟的果實不能吃。

到越地去的人，有的坐船，有的乘車，雖然走的路線不同，但到達的目的地卻相同。佳人的體形不相同，美人的面容不相同，但是她們都能使人看起來感到怡悅。梨子、橘子、棗子和栗子有不同的味道，但都使人吃得有味。

有人因為盜竊而成為富人，但富人不一定都盜竊過；有人因為廉潔而貧窮，但貧窮的人不一定都是廉潔的。

蘆花絮和絲綿相似卻不能作為絲綿，粗麻和布不相似卻可以用它織成布。

走出樹林沒有直路可走，在不平坦的地方走路也沒有像繩子那樣直的路可走。

羿之所以能把箭射得很遠而能射中很小的目標，原因不在弓和箭上；造父之所以能駕車追上快速之車而到達很遠的地方，原因不在轠繩和馬嚼子上。

海能夠接納從它產生的雨水，所以能夠大。車輪能夠不停地轉動，所以能夠跑得遠。

羊肉不喜歡螞蟻，螞蟻對羊肉卻很喜歡，是因為羊肉有羶味；醋不喜好蚊子，蚊子卻喜好醋，是因為醋有酸味。

嘗一塊肉就能知道全鍋肉的味道，把羽毛和炭平衡地懸掛在一物兩端就能知道空氣乾燥、潮溼的情況，這是從小事物看出大事物的特點，是從近處知道遠處的情況。

十頃之陂可以灌四十頃，而一頃之陂不可以灌四頃，大小之衰然❶。

明月之光可以遠望，而不可以細書❷；甚霧❸之朝可以細書，而不可以望❹尋常之外。

畫者謹毛而失貌❺，射者儀小而遺大❻。

治鼠穴而壞里閭，潰❼小皰❽而發痤疽❾，若珠之有纇❿、玉之有瑕，置⓫之而全，去之而虧。

榛巢⓬者處林茂⓭，安也。窟穴者託埵防⓮，便⓯也。

王子慶忌⓰足躡麋鹿，手搏兕虎，置之冥室⓱之中，不能搏龜鼈，勢不便也。

湯放其主⓲而有榮名，崔杼⓳弒其君而被⓴大謗，所為之則同，其所以為之則異㉑。

呂望使老者奮㉒，項託使嬰兒矜㉓：以類相慕。

【章　旨】這一章一說十頃之陂能灌四十頃地，而一陂之水不能灌四頃地，是前者大後者小，而大者所灌地多、小者所灌地少。二說明月之光和大霧之晨的能見度問題，言前者可以遠望而不能寫小字，後者可以寫得好小字而尋常之外即不可見。三說作畫和射箭的不同特點，謂前者是謹察人毛髮之纖微而不察全貌就能把人畫好，後者望見目標小處不看大處即能射中。四說為治鼠穴而壞里閭，潰小皰而發痤疽之不妥，謂如此若珠有纇、玉有瑕，「置之而全，去之而虧」。五說禽巢築在茂林之中安寧，獸穴位於高處隄防安適。六說王子慶忌本來可以足躡麋鹿、手搏兕虎，若使其處於暗室，則不能與龜鱉鬥，原因是「勢不便也」。七說湯流放其主而有榮名、崔杼弒其君而受到人們嚴厲指責，是他們所為相同而那樣作的動機卻不同。八說呂望使老者受到激勵、項託使少年驕傲自大，是「以類相慕」。

【注　釋】❶十頃之陂三句　王念孫釋謂「此言以十頃之陂可以灌四十頃例之，則一頃之陂亦可以灌四頃。然而不可以灌四頃者，十頃大而一頃小，大則所灌者多，小則所灌者少，故曰『大小之衰然』也」。陂，池塘。舊注謂「畜水曰陂」。不，原文無此字，依王念孫校補。衰，舊注謂「差也」。❷細書　猶言寫小字。❸甚霧　大霧；霧很大。❹望　原文上有「遠」字，依莊逵吉校刪。❺畫者謹毛句　謂畫像嚴格地全部把毛髮畫出來，反而畫不出人的真實容貌。❻射者儀小句　謂擊看見的瞄準點小反而會射中大的目標。儀，望；看見。遺，失。❼潰　剖；挑開。❽皰　人表皮所起的水泡或膿泡。❾發痤疽　長出痤疽。痤疽，癰瘡。❿纇　疵。本指絲節。本書〈氾論〉「明月之珠，不能無纇」，舊注謂「纇，若瘢絲之結纇也」。⓫置　安放。舊注謂「置其纇、瑕也」。⓬榛巢　馬宗霍謂榛巢猶「層巢」、「累巢」。榛，通「橧」。增聚。⓭林茂　猶言茂林（依馬宗霍說）。⓮埵防　高處隄防。⓯便　安適；安逸。⓰王子慶忌　春秋吳王僚之子，以勇武著名。⓱冥室　暗室。⓲湯放其主　舊注謂「湯，偰後十三世主癸之子履。放其主，謂伐桀。為民除害，故有榮名也」。⓳崔杼　齊大夫崔野之子，弒君齊莊公。⓴被　遭受。㉑其所以為之句　舊注釋謂「所以為則異，湯殺君以利與民，杼以利與身，故曰異」。㉒呂望使老者奮　舊注釋謂「呂望鼓刀釣魚，年七十始學讀書，九十為文王作師，佐武王伐紂，成王封之於齊，故老者慕之而自奮勵」。㉓項託使嬰兒矜　舊注釋謂「項託年七歲，窮難孔子而為之作師，故使小兒之疇自矜大也」。嬰兒，幼兒。指少年而言。矜，矜大；驕傲自大。

【語　譯】十頃大的池塘可以用來灌溉四十頃地，可是一頃大的池塘卻不能灌溉四頃地，這是大小差別造成的。

明亮的月光可以使人遠望，卻不能在月光下寫小字；在大霧天的早晨可以寫小字，卻不能望到一丈多遠的地方。

繪人像的人嚴格地把毛髮全部畫出來，反而畫不出人的真實容貌；射箭的人看見的瞄準點小，反而會射中大的目標。

因為挖掘老鼠洞而破壞了里巷，因為要挑破皮膚上的水泡而長出了癰瘡，這就好像珠上有瑕疵、玉上有瑕疵，讓它們存在卻能保全珠、玉，要把它們去掉反而會使珠、玉受損。

層層累積的鳥巢築在茂密的樹林中，是很安寧的。洞穴打在高處隄防上，是很安逸的。

吳國王子慶忌能腳踩麋鹿，手抓兕、虎，但讓他置身於暗室之中，他卻抓不住龜鱉，這是因為形勢對他不利。

商湯流放他的君主而有榮耀的名聲，崔杼殺害他的君主卻遭到人們的嚴厲指責，他們所做的事相同，而那樣做的原因卻不一樣。

呂望使老年人受到激勵，項託使少年們感到驕傲，這是因為人容易仰慕同一類型的人。

使葉落者風搖之，使水濁者魚撓之。

虎豹之文來射❶，蝯狖之捷來乍❷。

行一棊不足以見智，彈一弦不足以見悲。

三寸之管而無當❸，天下弗能滿；十石而有塞，百斗❹而足矣。

以筩❺測❻江，筩終而以水為測，惑矣。

漁者走淵，採❼者走山，所急者❽存也。朝之❾市則走，夕過市則步❿，所求者亡也。

豹裘而雜，不若狐裘之粹⑪。白璧有考⑫，不得為寶，言至純之難也。

兵死之鬼憎神巫⑬，盜賊之輩醜吠狗⑭。

無鄉之社易為黍肉，無國之稷易為求福⑮。

鼈無耳，而目不可以瞥，精於明也⑯。瞽無目，而耳不可以察，精於聽也⑰。

遺腹子⑱不思其父，無貌於心⑲也；不夢見像，無形於目⑳也。

【章旨】這一章一說由於風吹而使葉落，由於魚動而使水濁。二說老虎由於皮毛文彩之美而招來人的射擊，猿狖由於動作敏捷而引來人的刺殺。三以「行一棊不足見其智，彈一弦不足以見悲」為例，似說不能單憑某一現象而判斷事物屬性。四以三寸之管無底而天下之物都裝不滿，十石之器有底而百斗就能裝滿它為例，說無限、有限之理。五說不可因測水深之篙全沒於水即認定篙長為水之深，似言人對事物的認識不能受主觀條件的限制。六說打漁的人在水邊跑，採木的人在山上跑，是因為他們所要得到的東西在那裡；而「朝之市則走，夕過市則步」是因「所求者亡」。七說豹裘色雜而不如狐裘之粹、白璧有考不得有寶，是「言至純之難」。八說「兵死（被兵器殺死者）之鬼」害怕「神巫」，「盜賊」憎恨「吠狗」。九說「社」之無鄉，「易為黍肉」；「稷」之無國，「易為求福」。十說鼈無耳而視覺特別敏銳，而瞽子則聽覺特別敏銳。十一說遺腹子不想念他的父親是他心中沒有父親的印象，不夢見父親，是因為他未見過父親的形貌。

【注釋】❶虎豹之文來射　舊注釋謂「虎豹以有文章，來使人射取之」。文，指虎皮毛上的花紋。❷蝯狖之捷來乍　此句已見〈繆稱〉。舊注釋謂「以其操捷，來使疾擊而取之」。蝯狖，猿和狖。狖，猿屬，仰鼻而長尾。乍，通「措」。刺。❸當猶底也。❹百斗　即十石。❺篙　為刺船竹。長二丈，以鐵為鏃。❻測　本句「測」作動詞用，測度。下句「測」作名詞用，言水之深度所至如篙之長，故舊注訓此「測」為「盡」。❼採　指採伐木材。原文作「木」，依俞樾校改。❽所急者　所急需者。指魚、木。❾之　往。❿步　行走。⓫粹　純。本書〈說山〉嘗言「貂裘而雜，不若狐裘而粹」。⓬考　玉上的斑點、裂紋。舊注謂「考，釁汙也」。⓭兵死之鬼句　舊注釋謂「兵死之鬼，善行病人，巫能祝劾殺之。憎，畏也」。兵死，死於兵（兵器）。原文上有「戰」字，依王念孫校刪。神巫，指巫女。⓮醜　厭惡。⓯無鄉之社二句　舊注釋謂「無祀，不禋於神，而卒祀之，故易為黍肉，易為求福也」。社，土地神。無鄉之社，指不隸屬於任何一鄉的土地神。稷，五穀之神。求福，祈求福祉的降臨。⓰聾無耳三句　舊注釋謂「不可以瞥，瞥之則見也」。馬宗霍謂「聾因無耳，視覺特銳，過目則見也，故曰精於明」。瞥，過目曰瞥。⓱瞽無目三句　出自《文子．上德》。舊注謂「不可以察，察之則聞」。馬宗霍謂「瞽因無目，聽覺特敏，微言則聞也，故曰精於聰」。瞽無目，舊注謂「目無所見」。⓲遺腹子　父死之後才出生者。⓳無貌於心　舊注謂「不知父貌」。⓴無形於目　舊注謂「目初不見父像，故曰無形於目也」。

【語　譯】使樹葉飄落，是風在搖動；使水變得渾濁，是魚在撓動。

虎豹皮毛上的花紋招來人的射殺，猿狖動作的敏捷招來人的猛擊。

走一步棋子不足以看出智慧，彈一根絃不足以表現出悲哀。

三寸長的管子沒有底，天下的東西不能裝滿它；能裝十石的管子塞住底部，一百斗就把它裝滿了。

用篙子測量江的深度，篙子完全入水就把篙子的長度當做江水的深度，那就太糊塗了。

打漁的人在水邊跑來跑去，採伐樹木的人在山上跑來跑去，因為他們所急於得到的東西在那些地方。早上到市場跑著去，晚上經過市場就慢慢步行，因為所要買的東西已經沒有了。

毛色混雜的豹皮衣，不如毛色很純的狐皮衣。白色玉璧上有瑕疵，不能當作珍寶，這是說極度純粹是很困難的。

死於兵器而變成的鬼畏懼巫女，盜賊之類的人厭惡愛叫的狗。

無鄉可隸屬的土地神，容易備辦黍和肉來祭祀祂；無國可隸屬的五穀之神，容易向祂祈求幸福。

鱉沒有耳朵，而牠的眼睛不可掠過物象，一掠過物象就看清楚了，牠是精於眼明的。瞽子沒有視力，而他的耳朵不可略微聞聲，略微聞聲就聽見了，他是精於耳聰的。

父親死後才出生的孩子不思念父親，因為他心中沒有留下父親的形貌；他不夢見父親的相貌，因為他雙眼沒有見過父親的相貌。

蝮蛇不可為足❶，虎豹不可使緣木❷。

馬不食脂❸，桑扈❹不啄粟，非廉也。

秦通崤塞，而魏築城也❺。

飢馬之廄，寂然無聲；投芻其旁，爭心乃生。

引弓❻而射，非弦不能發❼矢，弦之為射，百分之一❽也。

道德可常❾，權不可常，故遁關不可復，亡犴不可再❿。

環可以喻員⓫，不必以輪；絛⓬可以為繶⓭，不必以紃⓮。

日月不竝出，狐不二雄，神龍不匹⓯，猛獸不群，鷙鳥不雙。

循繩而斲則不過，懸衡⓰而量⓱則不差，植表⓲而望則不惑。

損年⓳則嫌於弟，益年⓴則疑於兄，不如循其理、若㉑其當㉒。

人不見龍之飛舉而能高者，風雨奉㉓之。

蠹眾則木折，隙大則牆壞。懸垂之類，有時而隧㉔；枝格㉕之屬，有時而弛㉖。

【章　旨】這一章一說不可使蝮蛇有足、不可使虎豹緣木，因為那樣，牠們就會為害更大。二說馬不食脂、桑扈不食粟，非其性廉。三說魏築城是見秦通崤塞、欲來攻魏而為之。四說飢馬在廄本自寂然無聲，而一旦芻至即生爭奪之心，蓋言物起爭鬥之因。五說弦在射箭中發揮的作用只有百分之一，但無弦卻不能射。五舉例說「道德可常，權不可常」。六說用環可以喻圓，不一定要用輪作喻；用條可以為繶，不一定要以紃為之。七舉「日月不竝出」等五例說明強者不可同時並存。八說「循繩而斵則不過」三事，似言認識事物須有一定的標準。九以不可「損年（有意將年齡說小）」、「益年」為例，說行事「不如循其理、若其當」。十說龍之飛舉能高乃因風雨助之，似言君主有為須待臣民助之。十一說蠹蟲多就會使樹木斷折，縫隙大就會使牆倒塌，似言惡人不宜多。十二說懸垂、枝格之物皆有墜落之時。

【注　釋】❶蝮蛇不可為足　舊注釋謂「蝮蛇有毒，螫人，不為足，為足益甚」。❷虎豹不可使緣木　舊注釋謂「虎，猛獸，不可使能緣木」。❸脂　油脂。❹桑扈　鳥名。又名竊脂、青雀。❺秦通崤塞二句　舊注謂「魏徙都於大梁，聞秦通治崤關（指崤山之函谷關），知欲來東兼之，故築城設守備也」。崤塞，崤山之險要處。崤山位於今河南省洛寧縣西北。❻引弓　張弓。❼發　遣。❽百分之一　指弦在射箭中所發揮的作用不大。❾常　恆久。❿權不可常三句　楊樹達謂「言權變之事不可以為常，猶逃關、亡獄為偶然徼幸之事，不可再有也」。權，權變。句中指權變之事。遁關，逃出關外以避稽察。亡犴，亡獄；自獄逃亡。犴，古代鄉亭的拘留所。⓫員　同「圓」。⓬條　一名扁緒。絲帶；絲繩。⓭繶　飾履之圓絲帶。⓮紃　圓形如繩之細帶。舊注謂「紃亦繶，婉轉數也」。⓯匹　配偶。引申為雙。⓰衡　秤。⓱量　指稱量。⓲植表　豎立標幟。⓳損年　少報年歲。⓴益年　多報年歲。㉑若　與上句中「循」為對文，猶「順」。㉒當　舊注謂「猶實也」。㉓奉　助。㉔隧　墮。楊樹達說「隧」假為「隊」，今通作「墜」。㉕枝格　突出的枝條。㉖弛　落。

【語譯】蝮蛇不能使牠有腳，虎豹不能使牠們會攀援樹木。

馬不吃油脂，桑扈不啄粟粒，並不是牠們廉潔。

秦國打通崤山險要之處，而魏國便構築城池來加以防備。

飢餓的馬在馬廄裡，安靜無聲；而把草料投放在牠們旁邊，爭食之心便產生了。

張開弓射箭，沒有弦就不能把箭射出去，弦對於射箭來說，起著百分之一的作用。

道德可以成為永久不變的原則，權變之事不可成為永久不變的做法，所以一次逃出關外不可能再一次成功逃出關外，從牢獄中逃亡一次不可能再逃亡一次。

環可以用來比喻圓形，不一定非用車輪不可；絲帶可以做裝飾鞋的圓絲帶，不一定要用圓形如繩的絲帶。

太陽和月亮不一起出來，一群狐狸不會有兩隻狐狸領頭，神龍不會成雙，猛獸不會成群結伴，兇猛的鳥不會成對地在一起。

按照繩墨畫出的直線砍削就不會偏斜不直，懸掛秤來稱量就不會有差錯，豎起標幟來遠望就不會產生疑惑。

少報年歲便會引起弟弟的疑忌，多報年歲則會引起哥哥的疑忌，不如循其道而順其實。

人們沒有看過龍飛舉能到達很高的位置，是風雨在幫助牠。

蠹蟲眾多，樹木就會斷折；空隙大了，牆就會倒塌。

懸空垂掛的東西，有時會墜落下來；那些突出的枝條，有時也會掉下來。

當凍而不死者，不失其適；當暑而不暍者，不亡其適；未嘗不適，亡其適❶。

湯沐❷具而蟣蝨❸相弔❹，大廈❺成而燕雀相賀，憂樂別也。

柳下惠❻見飴，曰可以養老；盜跖見飴，曰可以黏牡❼，見物同，而用之異。蠶食而不飲，三十二❽日而化。蟬飲而不食，三十日而脫❾。蜉蝣❿不食不飲，三日而死。

人食礜石⓫而死，蠶食之而不飢；魚食巴菽⓬而死，鼠食之而肥。類不可必推⓭。

瓦以火成，不可以得火⓮；竹以水生，不可以得水⓯。

揚堁⓰而欲弭塵，被裘而以翣⓱翼，豈若適衣而已哉！

槁竹有火，弗鑽不爇；土中有水，弗掘不出⓲。

【章　旨】這一章一說人心有所謂適，就有所謂不適。當凍而不死、當暑而不暍者能不失適卻未忘懷於適。如能隨所往而從未不適，那才是忘乎其為適。二說湯沐具而蟣蝨相弔、大廈成而燕雀相賀，是蟣蝨、燕雀的憂樂不同。三說柳下惠見飴而謂可以養老、盜跖見飴而謂可以黏牡，是「見物同，而用之異」。四談及蠶、蟬、蜉蝣的生活特性和生命期。五以人、蠶食礜石的不同結果，和魚、鼠食巴菽的不同結果為例，說明事物「類不可必推」。六說瓦雖成於火，卻不可經火燒；竹雖因水而生，但既生便不能再以水浸。七說揚土粒而欲止塵、穿上皮裘而搖扇為荒唐之舉。八說枯竹有引火之因，但不鑽不會燃出火來；土中有水，但不掘不會湧出水來。似言有成事之內因者，總須具備外緣，方能成事。

【注　釋】❶當凍而不死者六句　王引之說「言人心有所謂適，則有所謂不適。當凍而不死，當暑而不暍者，能不失其適矣，而猶未忘乎其為適也。若隨所往而未嘗不適者，則忘乎其為適矣。《莊子・達生》曰：『忘足，屨之適也。忘要，帶之適也。知忘是非，心之適也。不內變，不外從，事會之適也。始乎適而未嘗不適者，忘適之適也。』此即《淮南》所本」。不失其適，舊注謂「死乃為失適，不死，故曰不失其適也」。適，謂安適。暍，中暑；傷於暴熱。亡，舊注謂「亦失之」。不適，原文無「不」字，依王引之校補。亡其適，此「亡」乃遺忘之忘。❷湯沐　即沐浴。❸蟣蝨　蝨子和蝨卵。❹弔　傷痛。❺廈　屋。❻柳下惠　舊注謂「魯大夫展無駭之子，名獲，字禽。家有大柳樹，因號柳下惠。一曰：柳下，邑」。❼牡　鎖簧。❽三十二　原文作「二十二」，依王念孫校改。❾脫　同「蛻」。蛻化。指脫殼。❿蜉蝣　蟲名。壽命短者數小時，長者六、七日。⓫礜石　礦物名。有毒，蒼、白二色者入藥。其生於山則草木不生。舊注謂「礜石出陰山。一曰能殺鼠」。⓬巴菽　即巴豆。產於巴、蜀而形如豆，果實有毒，入藥。⓭推　舊注謂「猶知也」。⓮瓦以火成二句　舊注釋謂「瓦得火則破」。⓯竹以水生二句　舊注釋謂「竹得水浸則死」。⓰堁　土塵。楚人謂之堁。⓱翣　扇。⓲槁竹有火四句　出自《文子・上德》。爇，古「然」字。燃。不出，原文作「無泉」，依王念孫校改。

【語　譯】在受凍時沒有死去的人，在受凍時是沒有失去安適之心的；在天氣炎熱時沒有中暑的人，在炎熱中也是沒有失去安適之心的；而不曾感到不安適的人，他就會忘卻安適的存在。

洗頭洗澡的水準備好了，蟣蝨就會相互傷痛；大屋落成而燕雀就會相互慶賀，這是各自的憂樂不同。

柳下惠見到糖膏，說可以用它來奉養老人；盜跖見到糖膏，說可以用它來黏往鎖簧，他們見到的東西相同，而用法卻不同。

蠶吃桑葉而不喝水，活三十二天就蛻化。蟬飲露水而不吃食，活三十天就蛻化。蜉蝣不吃食、不飲水，活三天就死了。

人吃了礜石就會死去，蠶吃了礜石卻會不感到飢餓；魚吃了巴豆會死去，老鼠吃了巴豆卻會長肥。事物不一定能按類推知。

瓦是用火燒製成的，卻不能再被火燒；竹子是因竹根有水滋潤而生出來的，但是長出來後不能再有水來浸泡它。

簸揚塵土而想消除塵土，穿著皮衣而搧動扇子，哪裡比得上穿合適的衣服呢！枯槁的竹中有火，但不鑽不會燃出火苗；土中有水，但不挖掘就不會流出來。

蛖、象之病，人之寶也❶。人之病，將有誰寶之者乎❷？

為酒人之利而不酤，則渴；為車人之利而不僦，則不達。握火提人，反先之熱❸。

鄰之母死，往哭之，妻死而不泣，有所劫❹以然❺也。

西方之倮國❻，鳥獸弗辟❼，與為一❽也。

一膊炭熯❾，掇之則爛指；萬石❿俱熯，去之十步而不死：同氣異積也。大勇小勇，有似於此⓫。

今有六尺之席，臥而越之，下才⓬弗難；植而踰之，上才弗易：勢施異也。

百梅足以為百人酸，一梅不足以為一人和⓭。

有以噎死者，而禁天下之食⓮；有以車敗者，而禁天下之乘：則悖⓯矣。

釣者靜之，罧者扣舟⓰，罩者抑之，罾者舉之⓱：為之異，得魚一也。

【章旨】這一章一說蛖、象之病為人所寶，而人為利欲所病則無人寶之。二說因念及酒家得利而不酤，己反渴不能止；因念及車主得利而不儆，己便不能到達目的地，似言行事不可因予人以利而不為。那樣就如以火投人，自己先自受損。三說人見鄰之母死而往哭之，妻死卻不哭，是情面上有所顧忌而不為。四說倮國人不避鳥獸，是因為兩者倮之習性相同。五說一塊烤肉掇拾在手就會燒爛指頭，而很大的火，離開十步，人就不會被它燒死，原因是兩者火氣所積的情形不同。並說大勇、小勇作用的發揮，也和這有相似處。六說六尺之席，平放在地，下等才力者也能跳得過去。若把它豎起來，上等才力的人也不容易跳過。是因為席子放的形式不一樣。這一節可視為漢初人跳遠、跳高的參考材料。七說百梅足夠為百人提供酸味，而一梅不能滿足一人所需酸味之料，似言少不能成事而眾能成。八說因噎而禁止天下人進食，因出現車禍而禁止天下人乘車，是荒謬的舉動。九說釣者、罧者、罩者、罾者等捕魚的方法不同，而捕到魚是相同的。

【注　釋】❶蚍象之病二句　舊注謂「蚍，大蛤，中有珠。象牙還以自疾，故人得以為寶」。❷人之病二句　舊注謂「人之利欲為病，無人寶之，故曰將有誰寶也」。❸為酒人之利六句　舊注釋謂「皆一介之人物，思自守者，不欲使酒人、車人得利，不酤、儆而先自竭（渴）、先自達，猶以火投人，先自熱爛也」。酒人，賣酒之人。酤，指買酒。渴，原文作「竭」，依楊樹達校改。楊氏謂「竭字無義，字假為㵣」，「今字作渴」。並釋言「此謂恐賣酒人獲利而不酤酒，則渴而欲飲也」。車人，指出租車輛之人。儆，租賃。指雇車。提人，投人。提，同「擿」。投。❹劫　劫迫。舊注謂「嫌（獨哀）於情色，故曰有所劫迫之」。❺然　舊注謂「如是也」。❻倮國　傳說中的國名。❼辟　同「避」。❽一　同。❾一膊炭熯　一膊，一塊切得厚的肉。舊注謂「一挺（脡，脯之直者）也」。熯，用火烘乾。❿萬石　指炭而言。舊注謂「百廿觔為石」。⓫有似於此　指大勇、小勇作用的發揮有似於此。⓬下才　此指跳遠之下等人才。⓭百梅足以為二句　舊注釋謂「喻眾能濟少，少不能有所成也」。梅，果木名。果實亦稱梅（生謂青梅，熟謂黃梅），其味酸，古人用作調味品。和，調和羹湯。⓮有以噎死者二句　出自《呂氏春秋·蕩兵》。噎，原文作「飯」，依王念孫校改。⓯悖　悖理；荒謬。⓰罧者扣舟　罧者，原文作「罛者」，依王念孫校改。罧，積柴於水中以取魚。魚聞擊舟聲，藏柴下，因壅而取之。扣舟，即擊船。⓱罩者抑之二句　王念孫謂「罩者下罩而得魚，故言『抑』；罾者舉罾而得魚，故言『舉』」。罩者，用網罩罩魚者。今俗尚有稱用麻罩者。罾者，原文作「罣者」，依王念孫校改。

罶，捕魚網。以罶捕魚，俗稱扳罶。

【語譯】大蛤有病而育珠，象有病而失其牙，它們這種病被人們視為珍寶。人有貪欲之病，將會有誰把它當作寶貝呢？

因為賣酒人會得到好處便不買酒，就會口渴；因為出租車的人會得到好處便不租車用，就不能達到目的地。這就好像用手拿火投向人，反而會燙傷自己的手。

鄰家的母親死了，前去哭弔她，自己的妻子死了卻不哭泣，是因為心理上有所劫迫而造成的。

西方的倮國，人們不避開鳥獸，是因為人們裸身和鳥獸相同。

一塊切得厚的肉在炭火上烤，用手去拿就會把手指燙爛；用一萬石炭一起烘烤，離開火十步遠就不會被烤死：兩者同是火氣而所積聚的情況不一樣。大勇、小勇作用的發揮和這相似。

現在有一張六尺長的席子，平放在地上要跨過去，有下等跳遠能力的人也不感到困難；把它豎起來而要跨越它，有上等跳遠能力的人也會覺得不容易：這是安放的形式不同造成的。

一百顆梅子的酸分足夠調和一百人喝的羹湯，一顆梅卻不能調和一人所喝的羹湯。

有人因為食物堵塞咽喉而死，就禁止天下的人吃飯；有人因為坐車而遇禍，就禁止天下的人乘車，那就太荒謬了。

釣魚的人靜靜地釣，把柴積聚在水中捕魚的人敲擊船板，用漁罩罩魚的人把罩往下按，用罶捕魚的人把罶往上提：他們的舉動不同，而能捕到魚卻是相同的。

見象牙乃知其大於牛，見虎尾乃知其大於狸，一節見而百節知❶也。

小國不鬥於大國之間❷，兩鹿不鬥於伏兕之旁❸。

佐祭者得嘗，救鬥者得傷。蔭❹不祥之木，為雷電所撲❺。或謂冢，或謂隴❻；或謂笠，或謂簦❼，名異實同也❽。頭蝨與空木之瑟，名同實異也❾。

日月欲明，而浮雲蓋❿之；蘭芝欲脩⓫，而秋風敗之。

虎有子，不能搏攫⓬者，輒殺之，為墮武⓭也。

龜紐之璽⓮，賢者以為佩⓯；土壤布在田，能者以為富⓰。予拯溺者金玉，不若尋常之纆索⓱。

視書，上有酒者，下必有肉，上有年者，下必有月：以類⓲而取之。

【章旨】這一章一說見象牙而知象大於牛，見虎尾而知虎大於狸，是「一節見而百節知」。二說兩小國不在大國之間鬥爭，兩鹿不在伏兕旁相鬥。三說佐祭者、救鬥者、蔭不祥之木者的不同結果。四舉例說明何謂「名異實同」和「名同實異」。五說日月欲明而浮雲蔽之、蘭芝欲長而秋風毀之，似言美好事物的成長總受到險惡勢力的阻撓。六說虎有子不能搏攫輒殺之，是因其子不能立威。七說賢者能以龜紐之印為佩、能者能以土為富，言物當給與合適之人始能發揮作用。故謂予拯溺者金玉，不若尋常之繩索。八以看書揣測上下文意為例，謂讀者以為「上有酒者，下必有肉」，乃「以類（事）而取之」。

【注釋】❶一節見而百節知　舊注謂「吳伐越，至（當作隳）會稽，獨獲骨節專車。見一節大，餘節不得小，故曰百節知」。❷小國不鬥於大國之間　舊注釋謂「畏見嫌（當作兼）也」。❸兩鹿不鬥於伏兕之旁　舊注釋謂「畏見食也」。❹蔭　樹陰。

這裡作動詞用，指在樹下遮蔭。❺撲　擊。❻隴　通「壟」。墳墓。❼簦　有長柄的笠。相當於今日的傘具。❽名異實同也　原文無此句，依王念孫校補。王氏謂此五字「言家與隴，笠與簦，名異而實同」。❾頭蝨與空木之瑟二句　舊注謂「頭中蝨、空木瑟，其音同，其實則異也」。❿蓋　遮蔽。⓫脩　長。⓬搏攫　抓撲。⓭墮武　即廢威。墮，廢。⓮龜紐之璽　印紐刻為龜形的印。舊注謂「衣印也」。⓯佩　服。⓰以為富　舊注謂「能勤者播植嘉穀，以為饒富也」。⓱予拯溺者金玉二句　舊注釋謂「金玉雖寶，非拯溺之具，故曰不如尋常之纏索」。纏索，繩索。⓲類　舊注謂「猶事也」。

【語　譯】見到象的牙齒才知道象比牛大，見到老虎的尾巴才知道虎比狸貓大；一個骨節被發現，百個骨節的大小便知道了。

小國不在大國之間相互鬥爭，兩頭鹿不在趴伏地上的兕旁邊相互爭鬥。

輔助主祭者的人能嘗到祭品，挽救爭鬥的人會受傷。在不吉祥的樹下歇蔭的人，會被雷電擊中。

有的稱做冢，有的稱做隴；有的叫做笠，有的叫做簦，名稱不同而實質相同。頭上的蝨和挖空樹木做成的瑟，名稱音同而實質不同。

日月想放出光明，而浮雲卻遮蔽它們的光亮，蘭草、白芷要長長，而秋風卻毀壞它們。

虎有子不能抓撲的，就殺死牠，是因為牠失去了虎威。

印紐刻為龜形的印，賢明的人把它佩戴在身上；土壤分布在田裡，能幹的人靠著它富裕起來。把金玉給拯救溺水者的人，還不如給他一根丈把長的繩索。

看書，上面寫到酒，下面一定寫到肉，上面寫到年，下面一定寫到月：這是按事情的類別特徵而得出來的結論。

蒙塵而眯，固其理也，為❶其不出戶而堁❷之，非其道❸也。

屠者藿羹❹，車者❺步行，陶人❻用缺盆，匠人❼處狹廬❽：為者不必用，用者弗肯為⑨。

轂立三十輻，各盡其力，不得相害。使一輻獨入，眾輻皆棄，豈能致千里哉⑩？

夜行者掩目而前其手⑪，涉水者解其馬載之舟，事有所宜，而有所不施。

雚葦有叢，橘柚有鄉。獸同足者相從游，鳥同翼者相從翔⑫。

田中之潦⑬，流入於海；附耳之言，聞於千里也⑭。

蘇秦步，曰：「何步⑮？」趍⑯，曰：「何趍？」馳，曰：「何馳？」有為則議，多事固苛⑰。

皮將弗睹，毛將何顧！畏首畏尾，身凡有幾⑱！

欲觀九州之土，足無千里之行；心無政教之原⑲，而欲為萬民之上，則難⑳。

旳旳者獲㉑，提提㉒者射㉓，故大白若辱㉔，大德若不足㉕。

未嘗稼穡，粟滿倉；未嘗桑蠶，絲滿囊；得之不以道，用之必橫㉖。

【章旨】這一章一說人出戶蒙塵而眯，固有其事，若謂不出戶而蒙塵則無此理。二以「屠者藿羹」、「陶人用缺盆」等四事為例，說明「為者不必用，用者弗肯為」。三說車轂之能用，是三十輻同時發揮作用，若留其一而棄其眾則不能行。似言認識事物應當注意事物的整體作用。四以夜行者置手於前等二事為例，說明「事有所宜，而有所不施」。五說「橘柚有鄉」、「獸同足者相從游」等四事，似言同類者相聚之理。六以田中潦可流入海為比，說附耳之言可以聞於千里之外。七以蘇秦行，或步、或趍、或馳而人問其故為例，說「有為則議，多事固苛」。八以「皮將弗睹，毛將何顧」為喻，說人畏首畏尾，終將常畏。九以「欲觀九州之土，足無千里之行」為喻，言「心無政教之原，而欲為萬民之上」則難。十說「的的者」、「提提者」為人所射獲，所以「大白」如汙、「大德」如無德一般。十一說「未嘗稼穡粟滿倉，未嘗桑蠶絲滿囊」，為「得之不以道」，且謂「得之不以道，用之必橫」。

【注釋】❶為　謂；認為。❷堁　土塵。此處作動詞用，指蒙上塵土。❸非其道　出戶而後蒙塵，蒙塵而後眯，若謂不出戶而蒙塵，則無此理，故云。道，理。原文無「非其道」三字，依王引之校補。❹藿蘘　原文作「蘘藿」，依王念孫校改。❺車者　造車者。原文作「為車者」，依王念孫校刪「為」字。❻陶人　做陶器者。原文作「陶者」，依王念孫校改。❼匠人　技工。此處指木工。❽盧　通「廬」。廬室；簡陋的房屋。❾為者不必用二句　舊注釋謂「為者不得用，以利動也。用者不肯為，以富寵也」。❿轂立三十輻六句　出自《文子‧上德》。楊樹達釋謂「唯三十輻各盡力，故以一輻獨入、眾輻皆棄對勘言之，言不能止有一輻也」。⓫前其手　置手於前以防觸物。⓬萑葦有叢四句　舊注釋謂「以類聚也」。萑，薍，即荻。似葦而小，實中。原文作「雈」，依劉家立校改。葦，大葭；蘆葦。又原文此句在「橘柚有鄉」之後，依楊樹達校正。橘柚有鄉，《晏子春秋‧雜下》謂「橘生淮南則為橘，生於淮北則為枳；葉徒相似，其實味不同。所以然者何？水土異也」。鄉，地方。從翔，跟隨著飛翔。⓭潦　積水。⓮附耳之言二句　舊注謂「近耳之言，謂竊語。聞於千里，千里知之。語曰：『欲人不知，莫如不為。』」⓯何步　舊注謂「步，徐行也。人問何故」。原文作「何故」，依俞樾校改。⓰趍　即「趨」。疾行。下句中「曰何馳」三字依俞樾校補。⓱固苛　故苛。舊注謂「蘇秦為多事之人，故見議見苛也」。⓲畏首畏尾二句　舊注謂「畏始畏終，中身不畏，凡有幾何。言常畏也」。《左傳‧文公十七年》：「古人有言曰：畏首畏尾，身其餘幾。」⓳政教之原　指施行刑賞、教化的根本原則、方法。⓴難　舊注謂「無其術，故曰難」。㉑的的者獲　舊注釋謂「的的，明也。為眾所見，故獲」。的為「的」之古字，明顯的樣子。古以射中為獲。㉒提提　同「題題」。顯；明。㉓射　指為人所射。上二句中「的的者」、「提提者」若《莊子‧山木》所謂「飾智以驚愚，修身以明汙，昭昭乎若揭日月而行」。㉔大白若辱　《老子》第四十一章言「大白若辱」，河上公注謂「大潔白之人，若汙辱，不自彰顯」。大白，至為高潔。本書舊注謂「若辱，自同於眾人」。辱，汙辱。鄭玄注《儀禮》謂「以白造緇（黑色）曰辱」。通「黷」。引申為黑。㉕大德若不足　舊注謂「若不足者，實若虛之貌」。《老子》

第四十一章作「廣德若不足」。㉖橫 放縱。楊樹達謂「此即《禮記‧大學》『貨悖而入者，亦悖而出』之意」。

【語譯】眼睛因為飛進塵土而微微閤上，是合乎常理的，認為人不出門而塵土飛進眼中，那就不合常理了。屠夫喝的是豆葉湯，造車的人步行，做陶器的人用的是有缺口的盆子，木工住在狹小簡陋的房屋中：做器物的人不一定使用那些器物，而使用器物的人卻不肯去做。

車轂上插入三十根輻條，每根輻條都盡量使出力量，不能相互妨害。假使只把一根輻條插入轂中，把眾多的輻條都扔掉，車子怎麼能到達千里之外呢？

在黑夜中走路的人閉上眼睛而把手放在前面，涉水的人解下馬匹放在船上，事物有它適宜發揮作用的時候，也有不用它的時候。

蘆葦有它叢聚而生的地方，橘柚生長總是有一定的區域。野獸腳相同的總是一起走動，鳥兒翅膀相同的總是一起飛翔。

田中積水，能流入海洋；悄悄的耳語，能使千里外的人知道。

蘇秦緩緩前行，有人就問：「為什麼要慢慢前進？」當他快步前行時，又有人問：「為什麼走得這麼快？」而使勁趕馬前進時，又有人問：「為什麼要這樣奔馳？」有所作為就會招來人們的議論，好管事便引來人們的苛求。

皮都將看不到了，毛還將怎麼看得見呢！首也畏懼，尾也畏懼，不畏懼的身體還有多少呢！

想觀看九州的土地，腳卻不走千里之路；心中沒有施行教化的根本原則，卻想位居萬民之上，那是困難的。

鳥獸形體明顯的容易被人射中，獵物目標清楚的容易被射擊，所以極為高潔的人就像汙辱之輩，有很高德行的人就像德行很不夠似的。

未曾種莊稼而糧食裝滿倉，未曾種桑養蠶而絲裝滿口袋，不是通過正道得到的東西，用起來必然很放縱。

海不受流胔❶，太山不上小人❷，旁光不升俎❸，騶駁不入牲❹。中夏用箑❺，快之，至冬而不知去；褰❻衣涉水，至陸❼而不知下：未可以應變。

有山無林❽，有谷無風❾，有石無金❿。

滿堂之坐，視鉤⓫各異，於環帶⓬一也。

獻公之賢，欺於驪姬⓭；叔孫之智，欺於豎牛⓮。故鄭詹入魯，《春秋》曰：「佞人來，佞人來。」⓯

君子有酒，鄙人鼓缶，雖不見好，亦不見醜⓰。

人性便⓱衣⓲絲帛，或射之則被鎧甲，為其所不便以得所便。

輻之入轂，各值⓳其鑿⓴，不得相通，猶人臣各守其職，不得相干㉑。

嘗被甲而免射者，被而入水；嘗抱壺㉒而度水者，抱而蒙火㉓，可謂不知類矣。

君子之居民上，若以腐索御奔馬㉔；若履薄冰蛟在其下；若入林而遇乳虎㉕。

善用人者，若蚈㉖之足，眾而不相害；若脣之與齒，堅柔相摩㉗而不相敗㉘。

【章　旨】這一章一以海不受流胔、太山不上小人為喻，說祭祀時「旁光不升俎，騶駁不入牲」之理。二說夏天用扇用得痛快而冬天也不放下扇子、涉水提起衣的下襬而上岸仍不放下，這是不能應變的。三說山未必都有林、谷未必都有風、石中未必都含有金屬。四說滿堂坐客帶鉤形狀各異，而眾鉤綴合繫腰之帶的功用相同。似言物形或有異而作用相同。五以獻公為驪姬所欺、叔孫為豎牛所欺，解說何以鄭詹入魯而《春秋》說「佞人來」，似言佞人之不可用。六說君子有酒，鄙人擊缶，雖不見好，亦不見醜。七說人本以衣絲帛為便，而為防射而被鎧甲，是「為其所不便以得所便」。八以輻之入轂各值其鑿而不得相通作比，說「人臣各守其職，不得相干」。九說曾被甲而免射就穿甲入水、曾抱壺渡水便抱壺冒著火前進，是「不知類」。十以「若以腐索御奔馬」三事形容「君子之居民上」的處境。十一以蚈足「眾而不相害」、脣齒相近而不相毀形容「善用人者」手段的高明。

【注　釋】❶海不受流胔　舊注謂「骨有肉曰胔。有不義之骸流入海，海神蕩而出之，故曰不受」。❷太山不上小人　舊注釋謂「太山，東岳也，王者所封禪處，不令凶亂小人得上其上也」。❸旁光不升俎　舊注釋謂「旁光，胞也。俎豆之實唯肩髀而（兩）脇，肋（胞）不得升也」。旁光，膀胱。❹騶駁不入牲　舊注釋謂「犧牲（供祭祀用的純色全體牲畜）以純色也」。騶，今作「騮」，赤體黑鬣尾的馬。駁，馬色不純曰駁。❺箑　扇。❻褰　撩起；用手提起。❼陸　原文作「陵」，依王念孫校改。❽有山無林　舊注謂「林生於山，山未必皆有林」。❾有谷無風　舊注謂「風出於谷，谷未必皆有風」。❿有石無金　舊注謂「金生於石，石未必皆有金。喻聖人出眾人，眾人未必皆聖賢也」。⓫鉤　古人以帶繫腰，鉤綴於帶，兩鉤相扣合使帶相結。⓬環帶　猶言合帶。⓭獻公之賢二句　獻公，晉獻公。獻公滅驪戎，納驪戎國君之女為夫人。驪姬生奚齊，譖殺太子申生。⓮叔孫之智二句　叔孫相魯，貴而主斷，其愛者豎牛亦擅用叔孫之令。豎牛用計假叔孫之手殺死叔孫二子。後叔孫有病，豎牛又用計餓殺叔孫。死而不發喪，「徙其府庫重寶空之而奔齊」（《韓非子・內儲說上》）。⓯鄭詹入魯四句　《春秋公羊傳・莊公十七年》言：「春，齊人執鄭瞻（詹）。鄭瞻者何？鄭之微者。」「秋，鄭瞻自齊逃來，何以書，書甚佞也。曰：佞人來矣，佞人來矣。」《春秋穀梁傳・莊公十七年》亦言「鄭詹，鄭之卑者」、「鄭之佞人也」。佞人，善於奉迎討好之人。⓰君子有酒四句　出自《文子・上德》。鄙人，鄙陋之人。鼓缶，敲擊瓦製樂器。醜，惡；不好。⓱便　利。⓲衣　穿。原文在「絲」

後，依陳觀樓校改。⑲值　通「植」。立。⑳鑿　指榫眼。㉑干　亂。㉒壺　瓠。㉓蒙火　指冒著火焰前進。㉔君子之居民上二句　舊注釋謂「雍容恐失民之意」。㉕若屨薄冰二句　舊注釋謂「言常驚懼，恐也（也為衍字）化不洽於民，民不附」。乳虎，育子的母虎。㉖蚈　百足蟲。舊注謂「馬蚈，幽州謂之秦渠」。㉗摩　近。㉘敗　毀。

【語　譯】大海不接納漂流來的屍骸，太山不讓小人登上去，膀胱不能放進俎內作祭品，騮馬毛色不純不能作為祭祀用的犧牲。

五月時使用扇子，是很痛快的，到了冬天還不把扇子放下；提起衣襬涉水，到了岸上而不知道把它放下：這些都是不能適應客觀環境的變化。

有的山上沒有樹林，有的山谷中沒有風，有的石頭不含金屬。

在座的滿堂客人，各人的帶鉤都不相同，但這些帶鉤把腰帶扣合的作用卻是相同的。

像晉獻公那樣賢明，卻受到驪姬的欺騙；像叔孫有那樣好的智慧，卻受到豎牛的欺騙。所以鄭詹到了魯國，《春秋》上說：「奉迎討好的小人來了，奉迎討好的小人來了。」

君子有酒，鄙陋之人敲擊瓦器，雖然不見得好，也不見得不好。

人的習性是穿絲帛縫的衣裳最為便利，有時射箭就要穿上鎧甲，這是用不方便的舉動來為自己提供便利。輻條插入車轂，各自直立在榫眼中，不能相互交通，這就像臣子各自做好本職工作，不能相互干預一樣。曾經穿著鎧甲而免於被箭射中的人，又穿著鎧甲下水；曾經抱著瓠子而渡河的人，又抱著瓠子穿過火焰：這些人可以說是不懂得事物的「類」別特性。

君王位於萬民之上，就像用一根腐爛的繩子駕馭奔跑的馬；又像腳踩薄冰而蛟就在冰下；又像進入樹林而遇到了正在養兒的母虎。

善於任用人才的人，就像百足蟲使用牠的腳一樣，腳很多而彼此不相妨害；又像嘴唇和牙齒那樣：堅硬的和軟弱的相互靠近而不相互毀壞。

清醠❶之美，始於耒耜；黼黻❷之美，在❸於杼軸。

布之新不如紵❹，紵之弊不如布，或善為新❺，或善為故❻。

黶酺❼在頰則好❽，在顙則醜❾。繡，以為裳則宜，以為冠則譏❿。

馬齒非牛蹏，檀根非椅枝⓫，故見其一本⓬而萬物知⓭。

石生而堅，蘭生而芳，少有其質，長而愈明⓮。

扶之與提、謝之與讓、得之與失、諾之與已也，相去千里⓯。

汙準⓰而粉⓱其顙，腐鼠在壇⓲，燒薰於宮，入水而憎濡，懷臭而求芳，雖善⓳者弗能為工⓴。

再生者不穫㉑，華大旱㉒者不胥時落㉓。

毋曰不幸，甑終不墮井。抽簪招燐，有何為驚㉔！

使人無度河，可；中河㉕使無度，不可㉖。

【章旨】這一章一說清酒之美是從耒耜翻地開始產生的，黼黻之美是從操作杼軸開始產生的。二說布新不如紵，紵弊不如布，而「或善為新，或善為故」。三說黶酺在頰則美而在顙則醜，繡以為裳則宜而以為冠則人譏。四以判斷馬齒非牛蹏、檀根非椅枝為例，說明識物往往「見其一本而萬物知」。五說石生而堅、蘭生而香，少有其性，及長愈盛。六說「扶之與提」、「謝之與讓」、「得之與失」、「諾之與已」，其間相距萬里。七說「汙準而粉其顙」、「懷臭而求芳」等五事，雖善（巧）者亦無能為工。八說植物再生者不穫，花開得太早就會提前凋謝。九似為當時俗語，謂「毋曰不幸，甑終不墮井」。抽簪招燐（俗謂鬼火），有何為驚」。十說可以不讓人渡河，但不能將人渡至河中後而不再讓人渡河。

【注釋】❶清醢　清酒。❷黼黻　古代禮服上繪繡的花紋。舊注謂「白與黑為黼，青與赤為黻，皆文衣也」。❸在　始。❹布之新不如紵　言紵麻織成的布新的不如紵麻。❺或善為新　指紵麻而言。善，猶宜也。❻或善為故　指布而言。或善，原文作「或惡」，依王念孫校改。❼靨酺　同「靨輔」。頰邊微渦，俗稱酒渦。❽好　指美麗。❾在顙則醜　舊注謂「靨酺，著頰上窐也。窐者在顙，似槊，故醜」。顙，額頭。❿譏　譏議。原文作「讒」，依王念孫校改。舊注謂「人譏非之也」。⓫椅枝　椅木之枝。椅木又稱山桐子、水冬瓜。其質地疏鬆，不如檀樹結實。⓬一本　此指一個具根本特徵之物。或謂一株。⓭知　猶別也。⓮石生而堅四句　出自《文子・上德》。少有其質，原文作「少自其質」，依王念孫校改。舊注謂「質，性也」。明，猶盛也。⓯扶之與提二句　見於《文子・上德》。提，楊樹達謂「疑與上文『握火提人』之提同，謂投擲也」。讓，即誚讓（譴責）。得之與失，原文作「故之與先」，依俞樾校改。諾，許諾。已，不許。謂拒人之請。相去千里，指上述事兩者區別甚大。⓰準　鼻子。⓱粉　飾；妝飾。⓲壇　庭院。楚人謂中庭為壇。⓳善　或作巧。⓴工　精巧；美好。㉑再生者不穫　再生者不穫是因不能及時生長。㉒大早　太早。原文作「大旱」，依陳觀樓校改。㉓不胥時落　舊注釋謂「不待秋時而零落也」。不胥時，不待時；先於時節。㉔抽簪招燐二句　舊注釋謂「燐，血精，似野火，招之應聲而至。血灑汙人，以簪招則不至，故曰何驚也」。㉕中河　謂行至河中心。㉖不可　言不能也。

【語譯】清酒的美味，是從用耒耜翻耕土地時開始產生的；禮服上繪繡得十分精美的花紋，是從操作織布機織布時開始產生的。

紵麻布新的不如紵麻，紵麻壞了又不如紵麻布，這是有的適宜做新的，有的適宜做舊的。

酒渦出現在臉頰就很美，出現在額頭上就很醜。用刺繡品做衣裳是適宜的，做成帽子就要引起人們的議議。

馬的牙齒不是牛的蹄子，檀樹的根不是椅樹的枝條，所以見到一個具有根本特徵的東西，許多事物就能區別開來了。

石頭生來就堅硬，蘭草生來就有香味，它們是自小就有各自的天性，長大後便更加明顯。

用手攙扶人和用手拿東西投向人、辭謝和譴責人、得到和失去、承諾和拒絕對方的要求，這都是相差千里的事。

弄髒鼻子而妝飾額頭，把腐爛的老鼠放在庭院中，在宮中燒火薰煙，進入水中而憎惡浸溼身子，抱著臭東西而去尋找香味，即使是些技巧很高的人也不能把事情做好。

重新長出來的莊稼沒有收成，花開得太早就不會等待適宜的時節才凋謝。

不要說不幸，做飯的甑子終歸不會掉入井中。抽下髮簪招不來燐火，有什麼值得吃驚呢！

讓人不渡河是可以的，但船到了河中心再不讓人過河，就不可以了。

見虎一文❶，不知其武❷；見驥一毛，不知善走。

水蠆❸為蟌❹，孑孓為䖵❺，兔齧為螚❻。物之所為，出於不意，弗知者驚，知者不怪❼。

銅英青，金英黃，玉英白❽，黂燭捔，膏燭澤也❾，以微知明，以外知內。

象肉之味不知於口，鬼神之貌不著於目，捕景之說不形於心❿。

冬冰可折，夏木可結，時難得而易失。

木方茂盛，終日採而不知；秋風下霜，一夕而殫⓫。

病熱而強之餐，救暍而飲之寒，救經⑫而引其索，拯溺而授之石：欲救之，反為惡⑬。

雖欲謹，亡馬不發戶轔⑭；雖欲豫⑮，就酒⑯不懷蓐⑰。

孟賁探鼠穴，鼠無時死，必噬其指，失其勢也⑱。

山雲蒸，柱礎⑲潤；伏苓掘，兔絲死⑳。一家失熛㉑，百家皆燒；讒夫陰謀，百姓暴骸㉒。

【章　旨】這一章一說見虎身一片花紋，不能知其威武；見良馬一毛不能知其善於奔跑。似言認識事物不能只看個別現象。二以「水蠆為蟌」三事為例，說物之所為，出於不意，不了解的人會感到驚奇，了解的人便不以為怪。三以「銅英」等五物之特徵，言人認識事物可以「以微知明，以外知內」。四以「象肉之味不知於口」等二事為喻，說捕影之說是沒有根據的，因而「不形於心」。五以冬冰可以折斷、夏木可以盤結為例，說「時難得而易失」。六說樹木正當茂盛時，終日採葉而不覺少，而秋風挾霜一夕便使樹葉落盡。七說「病熱而強之餐」等四事是「欲救之，反為惡」。八說雖欲謹慎，失馬也不可發門檻以求；雖欲快樂，以菜下酒也不用懷揣蓐草。九說力士孟賁探鼠穴而被鼠咬其指，是因為他失去了發揮能力的客觀形勢。十以「山雲蒸，柱礎潤」等三組具有因果關係的事物為例，說「讒夫陰謀，百姓暴骸」，力斥讒夫之惡。

【注　釋】❶一文　指虎的皮毛上的一片花紋。❷武　威；勇猛。❸水蠆　蜻蜓的幼蟲。❹蟌　蜻蜓。舊注謂「水蠆化為蟌，蟌，蜻蜓也」。❺孑孓為蟁　蚊子的幼蟲。蟁，同「蚊」。❻兔齧為螚　舊注謂「兔所齧草，靈在其心中，化為螚」。螚，蟲名。

小虹。一說為兔缺。許慎注本文謂「兔所齧，沫著者為蠪，如蝨而斑色，能齧人」。❼怪 惑。❽銅英青三句 銅英，銅花；銅之碎屑。金英，當指金之碎屑。玉英，當指玉之碎屑。❾䕻燭捔二句 舊注謂「燭光捔澤，諭光明有明昧也」。捔，暗昧。澤，光潤。指明亮。❿鬼神之貌二句 舊注釋謂「皆所不嘗見之」。捕景，捕捉影子。不形，不顯現。⓫殫 盡。⓬經 上吊；自縊。⓭惡 猶害也。⓮亡馬不發戶轔 舊注釋謂「言馬亡不可發戶限而求」。轔，門檻。⓯豫 快樂。⓰就酒 下酒。⓱蓐 枯草復生為蓐草。引申為臥止之草。⓲孟賁探鼠穴四句 舊注謂「孟賁，勇士，探鼠於穴，故曰失其勢」。⓳礎 柱下石墩。舊注謂「礎，柱下石，礩也」。又許慎謂「楚人謂柱碣曰礎」。⓴兔絲死 舊注謂「所生者亡，故死」。㉑燫 火焰。㉒讒夫陰謀二句 舊注釋謂「《論語》曰：『惡利口之覆邦家。』（〈陽貨〉），故曰百姓暴骸」。暴骸，屍骸暴露。

【語譯】見到老虎身上的一片花紋，不能知道牠的威猛；見到駿馬身上的一根毛，不能知道牠善於奔跑。水蠆化為蜻蜓，孑孓化為蚊子，兔子咬過的草化為蠪。事物的變化，往往出人意料之外，不知道的感到驚訝，知道的不會感到奇怪。

銅的碎屑是青色的，金的碎屑是黃色的，玉的碎屑是白色的，麻杆做的火炬火焰昏暗，油脂火炬則火焰明亮，人們可以由隱微之物而知道明顯的東西，可以從外面的情況知道內部的情形。

口不知道象肉的味道，眼睛沒有留下鬼神的形貌，心中沒有虛幻不實的猜測。

冬天的冰可以折斷，夏天的樹枝可以盤結，時機難以得到卻容易失去。

樹木正當茂盛的時候，整天砍伐都不感覺少了什麼；可是秋風一吹、霜一降臨，一個晚上樹葉都掉光了。

發了高燒而強迫他吃飯，救治中暑而要他喝涼水，拯救上吊的人而拉他上吊的繩索，拯救落水的人而給他一塊石頭：這是想救他們，反而害了他們。

雖說要謹慎行事，但丟了馬也不能為了找馬而挖掉門檻；雖說要快樂一番，但下酒點菜也不用懷藏著蓐草準備隨時睡臥。

孟賁把手伸進鼠洞去抓老鼠，老鼠沒有很快死去，必然要咬他的手指頭，這是孟賁失去了用力的客觀形勢。

山上雲氣上升，梁柱下的石墩就會變得溼潤；伏苓被挖出來後，兔絲就會死去。一家失火，百家都會被燒毀；進讒言的壞人暗中謀劃，老百姓就會暴屍野外。

粟得水❶而熱，甑得火而液❷，水中有火，火中有水。

疾雷破石，陰陽相薄❸。自然之勢❹。

湯沐之於河，有益不多；流潦注海，雖不能益，猶愈❺於已❻。

一目之羅，不可以得鳥；無餌之鉤❼，不可以得魚；遇士無禮，不可以得賢。

兔絲無根而生，蛇無足而行，魚無耳而聽，蟬無口而鳴，有然❽之者也。

鶴壽千歲，以極其游，蜉蝣朝生而暮死，而盡其樂❾。

紂醢梅伯❿，文王與諸侯構⓫之；桀辜⓬諫者，湯使人哭⓭之。狂馬不觸木，猘狗⓮不自投於河，雖聾蟲⓯而不自陷，又況人乎！

愛熊而食之鹽，愛獺而飲之酒，雖欲養之，非其道⓰。

心所說⓱，毀舟為杕⓲；心所欲，毀鐘為鐸⓳。

管子以小辱成大榮⓴，蘇秦以百誕成一誠㉑。

質的㉒張㉓而弓矢集，林木茂而斧斤入，非或召之，形勢所致者也。

【章 旨】這一章一用水中有火、火中有水解釋「粟得水而熱」和「甑得火而液」的物理現象。二說疾雷破石、陰陽相薄為「自然之勢」。三說海不因地面積雨注入而增大，但積雨注入總勝過不注入。四以「一目之羅，不可以得鳥」等二事作比，說「遇士無禮，不可以得賢」。五說「兔絲無根而生」等四事，是自然而然的事情。六說千歲之鶴和朝生暮死之蜉蝣，皆能「極其游」、「盡其樂」。七以「紂醢梅伯，文王與諸侯構之」二人事，和「狂馬不觸木」二畜牲事為例，說明人不應作「自陷」之事。八說愛熊而食之鹽、愛獺而飲之酒，用心雖好，卻未得其道。九說有人一高興便毀舟為杕，心有所欲便毀鐘為鐸，似言人不可隨心所欲，任意而為。十說管子是以小辱成大榮，蘇秦是以百誕成一誠，意在揭示「小辱」和「大榮」、「百誕」和「一誠」之間的內在聯繫。十一說「質的（箭靶）張而弓矢集」等二事，是「形勢所致」。

【注 釋】❶得水 原文下有「溼」字，依劉文典校刪。❷液 指甑上蒸發熱氣凝結成水。❸薄 迫近。❹自然之勢 原文此四字為注文，依王念孫校改為原文。王氏謂此句「言疾雷破石，此陰陽相薄，自然之勢也」。❺愈 勝過。❻已 止。❼鈎 原文作「釣」，依馬宗霍校改。❽然 舊注謂「(自然)如是也」。馬宗霍謂可訓為「成」。❾鶴壽千歲四句 舊注謂「修短各得其志」。❿梅伯 傳說梅伯為紂王之臣，因數諫而為紂王所殺。屈原〈天問〉：「梅伯受醢，箕子佯狂。」醢，古代酷刑之一。把人殺死後剁成肉醬。⓫構 圖謀。⓬辜 古代酷刑之一。分裂肢體。⓭哭 猶弔也。弔，悼念死者。⓮猘狗 瘋狗。⓯聾蟲 無知的動物。聾，無知。蟲，動物的通稱。⓰愛熊而食之鹽四句 舊注謂「熊食鹽而死，獺飲酒而敗，故曰非其道也」。⓱說 悅；喜歡。⓲杕 即「柁」。舟尾。⓳鐸 大鈴。金口木舌為木鐸，金舌為金鐸。⓴管子以小辱句 舊注釋謂「管子相子糾，不能死，為魯所囚，是其辱。卒相桓公，以至霸，是其大榮也」。㉑誠 信。㉒質的 箭靶。㉓張 設。

【語 譯】糧食有了水就可以煮熱，甑底下有火就會產生蒸汽而凝結成水，這樣看來，水中有火，火中有水。

急雷劈開石頭，這是陰陽相互迫近，自然而然的事。

洗頭、洗澡的水倒入河中，河水增加得不多；流動的雨水注入海中，雖然不能使海水增加很多，但總是勝過不注入。

只有一個孔的羅網，不能用來捕住鳥；沒有上餌的鉤，不能用來釣到魚；對待士人沒有禮貌，不能得到賢才。

兔絲沒有根而能生長，蛇沒有腳而能前行，魚沒有耳朵而能聽聲音，蟬沒有口而能鳴叫，這些都是有原因的。

鶴有一千歲的壽命而能極盡遊樂之事，蜉蝣早上出生晚上就死了，也能極盡遊樂之事。

紂王把梅伯殺死後剁成肉醬，周文王和諸侯們便商議討伐他；夏桀撕裂進諫者的肢體，商湯便派人去哭悼那些死者。發狂的馬不會去頂撞樹木，瘋狗不會自己投入河中，即使是無知的動物也不會自我陷害，又何況是人呢！

愛熊而餵牠吃鹽，愛獺而讓牠喝酒，雖然想餵養牠們，但是用的方法卻不正確。

心中喜歡，便毀了船來做柁；心中有了願望，便毀了鐘來做大鈴。

管子因忍受小的恥辱而獲得了大的榮耀，蘇秦用百次的欺詐而成就了一次誠信之事。

箭靶一張設，箭便會聚集到上面；林中樹木長得茂盛，斧頭就會進入樹林。並不是什麼東西把它們招來的，而是形勢所造成的。

待利而後拯溺，人亦必利溺人❶矣。

舟能沉能浮，愚者不加足❷。

騏驥驅之不進，引之不止，人君不以取道里❸。

刺❹我行者，欲與我交；訾❺我貨者，欲與我市。

以水和水不可食，一弦之瑟不可聽❻。

駿馬以抑死，直士以正窮；賢者擯❼於朝，美女擯於宮。

行者思於道，而居者夢於牀；慈母吟於燕，適子懷於荊。精相往來也❽。

赤肉懸則烏鵲集，鷹隼鷙則眾鳥散，物之散聚，交感❾以然。

食其食者不毀其器，食其實者不折其枝。塞其源者竭，背其本者枯。

交畫不暢❿，連環不解，其解之以不⓫解⓬。

臨河而羨魚⓭，不如歸家織網。

明月之珠，蚌之病而我之利。虎爪、象牙，禽獸之利而我⓮之害。

【章旨】這一章一說不可「待利而後拯溺」。二說船體不堅，就是愚蠢的人也不乘船。三說不聽指揮的騏驥，人君不會用牠駕車出行，似言人君用人之道。四說指出我毛病的人往往是欲與我相交之人，而說我貨物不好的人常是想同我做買賣的人。五說用水和水不好吃，一絃之瑟不中聽。六以「駿馬以抑死」為喻，說「直士以正窮」，又以「美女擯於宮」為喻，說「賢者擯於朝」。七說在外奔波的人思念親人，親人就會夢見他；而老母在燕地想兒子，兒子在楚地就會思念慈母，這是親人之間精氣相通的緣故。八以「赤肉懸則烏雀集」等二事為例，說「物之散聚，交感以然」。九借「食其食者不毀其器」等二事，說「塞其源者竭，背其本者枯」。十說連環不可解，用「不解」解之。十一說臨河想得到魚，不如歸家織網。似言做事空有願望不如動手實踐。十二說明月之珠為蚌之病而為人之利，虎爪、象牙為禽獸之利而為人之害，似言同一事物對不同的對象往往有不同的作用。

【注釋】❶利溺人 舊注謂「利人之溺，得其利也」。原文上有「以」字，依俞樾校刪。❷舟能沉能浮二句 楊樹達言「謂舟不堅者雖愚者亦不敢乘之也」。能沉能浮，指船體不堅固。❸取道里 猶言趕路程。❹刺 猶非。❺訾 毀。❻一弦之瑟不可聽 舊注釋謂「以其失和，故不可聽。刺專用也」。❼擯 棄。❽行者思於道五句 本於《呂氏春秋・精通》。燕，原文作「巷」，依王念孫校改。適子，即嫡子。此處指親生子。荊，指楚地。原文「精相往來也」為舊注文，依王念孫校復為正文。❾交感 互相吸引感應。❿交畫不暢 交錯而畫，不能暢達。舊注謂「暢，達，不得達至也。交，止（楊樹達疑為『互』字之誤）也」。⓫以不 原文作「不以」，依楊樹達校改。以，猶用也。⓬解 舊注謂「解連環，言不可解，則得解也」。或謂以不解解之。⓭羨魚 希望得到魚。羨，願。⓮我 猶人也。

【語譯】等到有好處才去拯救落水的人，那這種人一定會把他人落水當成一件有利的事。

船能沉能浮，就是愚蠢的人也不會走上船去。

一匹良馬，驅趕牠時卻不前進，拉繩制止時又不停下，君王不會用牠來趕路程。

指責我行為不好的人，是想和我交往；批評我的貨物不好的人，是想和我做生意。

用水調和水不好吃，一根絃的瑟彈出的音不好聽。

駿馬因為受壓抑而死，正直之士因為正直而困頓落拓；賢明的人被朝廷拋棄，美女在後宮被拋棄。

外出的人在路上思念親人，而在家中的人就會在床上夢見他；慈母在燕地低聲呼喚兒子，親生兒子在楚地就會思念母親。這些都是精氣相互往來的結果。

紅色的肉懸掛著，烏鴉和喜鵲就會聚集過來；鷹、隼凶猛，眾鳥就會散去。萬物的分散、聚合，是彼此吸引感應造成的。

吃器物所盛的食物的不毀壞那器物，吃樹枝上的果實的不折斷樹枝。堵塞水源水就會乾涸，背離根本樹木就會枯槁。

交錯而畫就不能暢達，連環不能解開，要解開它只能用不解這個辦法。

面對河水希望得到魚，不如回家去織魚網。明月那樣的寶珠，是大蛤生病的結果，而它卻是人的寶貝。老虎的爪、大象的牙，對虎、象是有利的，而對人卻是禍害。

易道❶良馬，使人欲馳；飲酒而樂，使人欲謌。

是而行之，故謂之斷❷；非而行之，必謂之亂。

矢疾，不過二里也；步之遲❸，百舍不休❹，千里可致。

聖人處於陰❺，眾人❻處於陽❼；聖人行於水，眾人行於霜❽。

異音者不可聽以一律，異形者不可合❾以一體。

農夫勞而君子養焉，愚者言而智者擇焉❿。

捨茂林而集於枯，不弋鵠而弋烏，難與有圖⓫。

寅丘無壑，泉原不溥⓬；尋常之壑，灌千頃之澤⓭。

見之明白，處之如玉石⓮；見之闇晦⓯，必留⓰其謀。

以天下之大，託於一人之才，譬若懸千鈞之重於木之一枝⓱。

負⓲子而登牆，謂之不祥，為其一人隕⓳而兩人傷。

善舉事者，若乘舟而悲謌，一人唱而千人和⓴。

【章　旨】這一章一說路平馬好則使人欲馳，飲酒而樂則使人欲歌。二說「是而行之」為治，「非而行之」為亂。三說箭飛得快，但不會飛出二里之外，而人步行雖慢，只要不斷前進，就能到達千里之外。四說聖人主陰柔，行事如行於水而無跡，普通人主陽剛，行事如行於霜而有跡。五說不同的樂音不可用一種樂律去聽，不同的形體不可合為一體。六說農民勞動而養活君子，愚者說話而智者擇而用之。七說射鳥捨茂林而集於枯、不弋鵠而弋烏為愚蠢之舉。八說大丘無壑，泉水不能遍流，而尋常之壑卻能灌千頃之澤。九說看得明白如同明辨玉石，看不明白就要思謀一番。十說以天下之大不可託於一人之才，謂如此便「若懸千鈞之重於木之一枝」。十一說抱著孩子登牆為不祥之事，原因是「一人隕而兩人傷」。十二說善舉事者善得人心，如「乘舟而悲謌，一人唱而千人和」。

【注　釋】❶易道　猶言平路。❷斷　猶治也。❸遲　緩慢。❹百舍不休　言多次休息而不停止前進。舍，休息。❺處於陰　就其無為、無跡而言。❻眾人　指普通人。❼處於陽　就其有為、有跡而言。❽聖人行於水二句　舊注釋謂「水有形而不可毀，故聖人行之無跡。霜雪履有跡，故眾人行之也」。《文選‧洛神賦》注引此二句謂「聖足行於水，無跡也；眾生行於霜，有跡也」。❾合　同。❿農夫勞而君子養焉二句　本於《戰國策‧趙策》趙文諫武靈王胡服語。農夫勞而君子養焉，謂農夫勞而君子見養於是也。即《孟子》所言：「君子勞心，小人勞力，勞力者食人，勞心者食於人。」「勞心者食於人，無野人莫養君子。」《漢書‧嚴助傳》載淮南王〈諫救南越書〉亦有此二語。顏注謂「言農夫勤力於耕稼，所得五穀，以養君子也」。擇，舊注謂「擇可用者而用之也」。⓫圖　謀。言其愚。⓬寅丘無壑二句　俞樾釋謂「言丘雖大而無壑，則泉原（源）不溥也」。寅丘，大丘。寅，「夤（大）」之假借字。泉原，山泉的源頭。原，通「源」。指水源。溥，廣大。⓭尋常之壑二句　舊注釋謂「言有原（源）也」。澤，洼地。⓮處之如玉石　處，察；分辨。玉石，舊注謂「玉之與石，言可別也」。⓯闇晦　不明。⓰留猶思謀也。⓱以天下之大三句　舊注謂「言不能任」。⓲負　抱。⓳隕　墜。⓴善舉事者三句　舊注釋謂「言能得眾人之心也」。

【語　譯】平坦的道路加上好馬，使人想駕車奔馳一番；喝酒喝得高興，使人想唱一曲。正確的而能加以實行，所以稱為治理得好；錯誤的而照著去做，一定會被弄得混亂不堪。

箭飛得快，仍飛不出二里之外；人走得緩慢，休息百次而不停止前進，千里之外的目的地也可以到達。

聖人處於陰的一面，一般的人處在陽的一面；聖人做事如同在水中行走，一般人做事如同在霜上行走。

不同的音調不能用一種音律作標準來欣賞，不同的形體不能和一種形體相同。

農民勞動而養活君子，愚蠢的人說話而聰明的人從中選擇有用的看法。

打鳥的人捨棄茂密的樹林而跑到枯樹面前，不射天鵝而射烏鴉，和這種人很難謀劃成什麼事情。

大丘上沒有溝壑，那山泉的水源便不大；而有一些小的山溝，那泉水就可灌滿千頃洼地。

看得明白，就能像區別玉和石那樣分辨得清楚；看得不明白，必然要對對方的情況思謀一番。

天下這樣大，把它託付在一個人的才能上，就好像把千鈞的重量懸掛在樹木的一根枝條上。

抱著孩子爬牆，叫做不吉祥，因為一個人掉下來就會使兩個人受傷。

善於辦事的人，就像坐在船上唱起悲哀的歌，一人唱會有千人來應和。

不能耕而欲黍粱，不能織而喜采裳❶：無事而求其功，難矣。

有榮華者必有憔悴，有羅紈者必有麻蒯❷。

鳥有沸波者，河伯為之不潮，畏其誠也❸。故一夫出死，千乘不輕❹。

蝮蛇螫人，傅❺以和堇❻則愈：物固有重而害反為利者。

聖人之處亂世，若夏暴❼而待暮❽，桑榆之間❾，逾易忍❿也。

水雖平，必有波；衡雖正，必有差；尺寸雖齊，必有詭⓫。

非規矩不能定方圓，非準繩不能正曲直；用規矩、準繩者，亦有規矩、準繩焉⑫。

舟覆乃見善游⑬，馬奔乃見良御⑭。

嚼而無味者弗能內於喉，視而無形者不能思於心⑮。

兕虎在於後，隨侯之珠⑯在於前，弗及掇者，先避患而後就利。

逐鹿者不顧兔，決千金之貨者不爭銖兩之價⑰。

弓先調而後求勁，馬先馴而後求良，人先信而後求能⑱。

【章旨】這一章一說「不能耕而欲黍粱」等二事為「無事而求其功」，那是很困難的。二說有盛必有衰，謂「有榮華者必有憔悴，有羅紈者必有麻蒯」。三以河伯畏大鵬、沸波之精誠而不興潮為比，說一人出死必戰，大國兵車千乘也不敢輕視。四以螫和堇可療蛇毒為例，說物中本來就有兩者都有毒而用在一起反而對人有利的。五說聖人居亂世用忍的態度等待明世到來，而亂世將盡，也容易忍耐過去。六說水之「平」、衡之「正」、尺寸之「齊」的相對性。七說固然定方圓、正曲直非規矩、準繩不可，但用規矩、準繩之人也有個規矩、準繩。八說船翻了才看得出誰很會游水，馬奔跑起來才看得出誰是優秀的馭手。九說嚼而無味的東西不能入喉，視而無形的東西不能思之於心。十說兕、虎在後而寶珠在前卻不拾取，是「先避患而後就利」。十一說「逐鹿者不顧兔」等二事，似言做事在大而不顧小。十二以「弓先調而後求勁」等二事作比，說「人先信而後求能」。

【注釋】❶采裳　彩色之裳。古稱裙為裳，男女皆服。❷有榮華者二句　舊注釋謂「言有盛必有衰」。榮華，草木的花。麻蒯，指用麻或蒯草織成的布所做的衣服。蒯，草名，其莖供編織用。❸鳥有沸波者三句　舊注謂「鳥，大鵬（當為『鵰』

字，鸇類好在江渚山邊食魚）也，翺翔水上，扇魚令出，沸波攫而食之，故河伯深藏於淵，畏其精誠，為不見」。沸波，魚鷹的別名。❹故一夫出死二句　舊注謂「言匹夫志意出死必戰，雖大國兵車千乘，不輕之也」。出死，謂出身致死。❺傅　通「敷」。塗。❻和堇　野葛。毒藥。❼夏暴　指夏日酷熱。夏，日中甚熱。❽待暮　舊注謂「暮，涼時。言聖人居亂世，忍以待涼」。❾桑榆之間　傳說日出於東隅，入於桑榆。❿易忍　舊注謂「言亂世將盡，如日在西方桑榆間，將夕，故曰易忍」。⓫詭不同。⓬用規矩準繩者二句　舊注謂「準平繩直之人，能平直爾，故曰亦有規矩準繩」。⓭善游　舊注謂「故覆舟不溺」。⓮馬奔乃見良御　舊注謂「馬奔車不敗，故見之」。⓯視而無形者句　舊注釋謂「形，象。無形於目，不能思之於心」。⓰隨侯之珠　舊注謂「隨國在漢東，姬姓之侯，出遊於野，見大蛇斷在地，隨侯令醫以續傅，斷蛇得愈，去，後銜大珠報之，蓋明月之珠，因號隨侯之珠，世以為寶也」。⓱逐鹿者不顧兔二句　舊注釋謂「言在大不顧小」。決，決斷；處理。⓲弓先調而後求勁三句　本於《荀子・哀公》。勁，強。馴，擾訓；訓服。人先信句，舊注釋謂「人非信不立也」。

【語譯】不能耕種而想得到黍粟，不能紡織而喜歡穿彩色的裙子：不做事情而想取得成績是很困難的。

有榮華的草木一定會有憔悴的時候，有羅紈之衣穿的人一定會有穿麻布衣、蒯草衣的時候。

鸇類中有一種魚鷹，牠在抓取魚時，連河伯也不興浪作潮，是因為他畏懼魚鷹的精誠之心。所以一個人出身致死敢於戰鬥，有千乘兵車的大國也不敢輕視他。

蝮蛇螫人，用和堇敷上就會痊癒：物中本來就有為害嚴重反而會給人帶來好處的東西。

聖人生活在亂世之中，就像夏日暴熱而等待夜晚來臨一樣，太陽已到了桑榆之間，一過去就容易忍耐了。

水表面雖然平，一定會有波浪；秤雖然平正，一定會有誤差；尺寸雖然整齊，一定會有長短不同的情況。

不用規矩不能確定方形和圓形，不用準繩不能夠矯正曲直；使用規矩、準繩的人，也有規矩、準繩在心中。

船翻了才能看出誰善於游泳，馬奔跑起來才能看出誰是優良的馭手。

嚼而無味的東西不能吞入喉中，看而沒有形象的東西不能引起心的思念。

兕和虎在後面，隨侯之珠在面前，沒有撿起寶珠，是要先避開禍害然後再去取利。

追逐麋鹿的人不顧及兔子，處理價值千金的貨物的人不會為一銖一兩的價錢而爭執。

弓先調好，然後再要求它強勁有力；馬先加以馴服，然後再要求精良；人要先守信用，然後再要求賢能。

陶人棄索，車人掇之；屠者棄銷❶，而鍛者拾之；所緩急異也。

百星之明，不如一月之光；十牖之開，不如一戶之明。

矢之於十步貫兕甲，及其極❷，不能入魯縞❸。

太山之高，背而弗見；秋豪之末，視之可察❹。

山生金，反自刻；木生蠹，反自食；人生事，反自賊❺。

巧冶不能鑄木，巧匠不能斲金者❻，形性然也。

白玉不琢，美珠不文，質有餘也❼。故跬步❽不休，跛鼈千里；累積不輟❾，可成丘阜。城成於上，木直於下，非有事焉，所緣使然。

凡用人之道，若以燧取火，疏❿之則弗得，數⓫之則弗中，正在疏數之間⓬。

從朝視夕者移，從枉⓭準⓮直者虧。聖人之偶⓯物也，若以鏡視形，曲得其情⓰。

楊子見逵路而哭之，為其可以南可以北；墨子見練絲而泣之，為其可以黃可以黑⓱。

趨舍之相合，猶金石之一調，相去千歲，合一音也⑱。鳥⑲不干防⑳者，雖近弗射；其當道，雖遠弗釋㉑。

【章旨】這一章一說陶人棄索而車人拾之、屠者扔掉生鐵而鍛者拾之，是他們緩急所需不同。二說百星之明不如一月之光，十牖之開不如打開一門。三說箭在十步之內威力甚大，而威力發揮到極盡後，就不能穿魯縞。四說太山高而背之不見，秋毫尖端視之可察，似言認識事物有一定之條件。五以「山生金，反自刻」二事作比，說「人生事，反自賊」。六說巧冶不能鑄木、巧匠不能斲金，是各自的特性所決定的。七說白玉不琢、美珠不加文飾而美，是天性使然。又以「跬步不休，跛鼈千里」為例，說舉事「累積不輟，可成丘阜」。還說「城成於上，木直於下」，是各自依循的規律造成的。八以「以燧取火」作比說用人之道，言不可疏（遲）、不可數（疾），正在疏數之間。九說認識事物不能錯誤地用某一標準來作評斷，而要全面了解，「若以鏡視形，曲得其情」。十說楊子見逵路（可四通八達者）而哭，是為其可南可北；說墨子見練絲（白色絹絲）而泣，是為其可黃可黑。十一說趨捨相同，如同金石一調，縱相距千里，合於一音。十二說鳥不干防（觸犯、妨害）人者，雖近不射；若擋道妨害，即使遠也不要放過。

【注釋】❶銷　生鐵。❷極　盡。❸不能入魯縞　舊注謂「言勢有盡」。❹察　辨別。舊注謂「別。言用明矣」。❺山生金六句　舊注釋上三事為「物自然也」。刻，病；傷害。賊，舊注謂「敗也，害也」。❻巧冶不能鑄木句　本於《公孫尼子》所言「良匠不能斲冰，良冶不能鑄木」（《北堂書鈔》九九引）。巧匠，原文作「工巧」，依孫詒讓校改。❼白玉不琢三句　舊注釋謂「性自然，不復飾」。質，性。❽跬步　半步。❾輟　止。❿疏　猶遲也。⓫數　通「速」。疾。⓬在疏數之間　舊注謂「得其節，火乃生」。⓭枉　邪。⓮準　望；窺測。⓯偶　猶周也。⓰曲得其情　委曲詳盡地了解實情。⓱楊子見逵路四句　見於《呂氏春秋・疑似》。高誘注謂「為其可以南可以北，言乖別（言黃黑二色相乖戾，南北二向相背別）也」。逵路，四通八達之岔路口。練絲，白色絹絲。舊注謂「練，白也。閔其化也」。⓲猶金石之一調三句　舊注謂「金曰鐘，石曰磬。雖久不變，故曰相去千歲，合一音也」。⑲烏　舊注謂「燕之屬是也」。⑳干防　觸犯；妨害。㉑其當道二句　舊注謂「當道，為作防害者，故曰不釋也」。當道，擋路。釋，放棄。

【語　譯】做陶器的人把繩索扔掉，趕車的人把它拾起來；屠夫把生鐵扔掉，而打鐵的人把它拾起來；因為他們對那些東西需要的緩急程度不一樣。

一百顆星星所帶來的光明，還不如一輪明月；把十扇窗子打開，還不如打開一扇門明亮。

箭在十步以內可以穿過兕革製的鎧甲，當它力量用盡的時候，就連魯地產的白絹也穿不進去了。

太山那樣高，背對它就看不見；鳥獸秋天長出的毫毛尖端，只要看它就能分辨出來。

山上藏有金屬，反而使自己受到傷害；木頭長出蠹蟲，反而使自己被吃掉；人製造出一些事來，反而使自己受害。

高明的冶煉工人不能鑄造木器、高明的木工師傅不能砍削金屬，這是各自的特性所造成的。

白玉不要琢磨，美好的珠玉不用加以修飾，因為它們的自然稟性就十分美。每次邁半步遠，只要不停地前進，就是跛腳的鱉也能爬一千里遠；不停地累積土壤，可以堆成一座土山。城牆要在地面上修成，樹木的根要栽入地下，不是人有意要這樣做，而是依循規律才這樣的。

大致用人的方法，就像用燧鑽木取火一樣，動作慢了就不能得到火，動作快了就不能鑽中，恰當的速度正在慢和快之間。

以早晨太陽的位置為標準來看晚上的太陽，那太陽便移動了位置；以斜為標準來望直線，那直線就有不足。聖人周全地了解事物，就像用鏡子來照人的形貌，能委曲詳盡地看出形貌的實際情形。

楊子見到可以四通八達的岔路口便哭，因為從岔路口可以走到南方，也可以走到北方；墨子見到白色絹絲便流眼淚，因為它可以染成黃色，也可以染成黑色。

趨捨相同，就像銅鐘、石磬的音調相同，相隔千年，它們的聲音還會相合。

鳥不觸犯、妨害人，即使離得很近，人也不會射牠；當牠阻擋道路時，即使離得遠，人們也不放過牠。

酤酒而酸，買肉而臭，然酤酒、買肉不離屠沽之家，故求物必於近之者。

以詐應詐，以譎❶應譎，若披蓑而救火、毀瀆❷而止水，乃愈益❸多。

西施、毛嬙，狀貌不可同，世稱❹其好❺，美鈞❻也。堯、舜、禹、湯，法籍❼殊類，得民心一也❽。

聖人者，隨時❾而舉事，因資❿而立功，涔⓫則具擢汭⓬，旱則修土龍⓭。

臨淄⓮之女，織紈而思行者，為之悖戾⓯。室有美貌，繒為之纂繹⓰。

徵羽之操，不入鄙人之耳⓱，抮和適切，舉坐而善⓲。

過府⓳而負手⓴者，希不有盜心，故侮人㉑之鬼者，過社而搖其枝。

晉陽處父伐楚以救江㉒，故解捽不在於捌格，在於批伉㉓。

木大者根擢㉔，山高者基扶㉕；蹠巨㉖者走遠㉗，體大者節疏。

狂者傷人，莫之怨也；嬰兒詈老，莫之疾㉘也，賊㉙心亡㉚也。

尾生之信，不如隨牛之誕㉛，而又況一㉜不信者乎！

憂父之疾者子㉝，治之者醫；進獻者祝㉞，治祭者庖㉟。

【章 旨】這一章一以買的酒雖有酸味、買的肉雖有臭味，但買酒、買肉仍到屠沽之家去買，說明「求物必於近之者」。二說以詐應詐、以譎應譎，只會使譎詐更多。三以西施、毛嬙之美均等，故世稱其好作比，說堯、舜、禹、湯法典不同，而得民心是相同的。四舉例說聖人「隨時而舉事，因資而立功」。五說臨淄之女織紈，若思念在外奔走的人，就會將紈織得粗糙；而見室中有美貌之女，繒便織得不密緻。六說鄙人不能欣賞徵、羽之操（琴曲），而愛聽急切之調。七說經過府庫而反手於背的人極少沒有盜物之心，就像使人生病的鬼經過社廟而故意搖晃樹枝一樣。八以晉陽處父攻伐楚國而救江國為例，說解決衝突的辦法不在於用手分開兩人，而是要擊中雙方的要害處。九說「木大」、「山高」、「蹠巨」、「體大」四者的特徵。十說狂者傷人沒有人會怨恨，嬰兒罵老人也無人憎恨，原因是狂者、嬰兒沒有害人之心。十一用尾生那樣的守信法不如隨牛那樣使用欺詐手段作陪，以斥常不守信者。十二說憂念父病的是兒子，但治病的是醫師；進獻祭品的是主持祝告的人，而準備祭品的是廚師。

【注 釋】❶譎 欺詐。❷瀆 河流。❸愈益 更加增加。❹稱 讚美。❺好 指容貌美。❻鈞 同「均」。均同。❼法籍 法典。❽得民心一也 舊注釋謂「俱一於人」。一，同。❾隨時 隨順時勢。❿因資 意謂按照提供的條件。⓫涔 連續下雨。⓬擢泭 猶言舟楫。擢，同「櫂」。划船撥水的工具。《釋名．釋船》：「在旁撥水曰櫂。」泭，竹筏；木筏。《說文》：「泭，編木以渡也。」宋孔平仲《談苑》卷二述江南民諺曰：「夏雨甲子，乘船入市。」解者謂「乘船入市者，雨多也」。其意正與本書此句同。本書原文作「擢對」（舊注釋為「貯水器」），依蔣禮鴻校改。⓭土龍 致雨物。⓮臨淄 戰國時齊之都城。位於今山東省淄博市。⓯悖戾 猶言粗劣。舊注謂「悖，麤惡也」。⓰纂繹 舊注謂「不密緻，志有感故」。纂繹，指不密緻而端緒抽引無盡。⓱徵羽之操二句 舊注釋謂「徵羽正音，小人不知，不入其耳」。徵羽之操，徵調式和羽調式（以羽為音階起點）的琴曲。⓲摻和適切二句 舊注釋謂「摻，轉其和，更作急調，激楚之音，非正樂，故舉坐而善之」。適切，原文作「切適」，依俞樾校改。俞氏謂「切者，急切也。適，猶之也，往也。言轉和平之音，而適於急切之調也」。⓳府 藏財貨之處。⓴負手 反手於背。㉑侮人 使人患病。舊注謂「侮，猶病也」。㉒晉陽處父句 楚穆王三年（西元前六二三年），江國親晉，楚攻江，晉伐楚以救。秋，江為楚所滅。陽處父，晉大夫。又稱陽子。江，為春秋國名。㉓故解捽不在二句 蔣禮鴻釋謂「言欲解鬥者，不在於格處解之，當批其伉，則自解耳」。《史記・孫子列傳》「夫解雜亂糾紛者不控捲，救鬥者不搏撠，批亢擣虛，形格勢禁，則自為解耳」，語意略與此同。捽，交對；衝突。捌格，捌其格。捌，同「扒」。擘；以手分解。格，人相鬥。批伉，謂擊其喉。批，擊。伉，喉嚨。人身要害部位之一。㉔根擢　楊樹達謂擢、衢（四達謂之衢）義同，並言「謂其根四布也」。擢，爪持。㉕基扶　為基（指山腳）所扶持。舊注謂「其（基），下跐（當為趾）也」。㉖蹠巨　腳大。㉗走遠　原文作「志遠」，依王念孫校改。本書〈氾論〉嘗言「體大者節疏，蹠距者舉遠」。㉘疾　憎惡；怨恨。㉙賊　害。㉚亡　原文作「⿱亡山」，依陳觀樓校改。陳氏謂「亡，無也。言狂者與嬰兒皆無賊害之心，故人莫之怨也」。㉛尾生之信二句　舊注謂「尾生效信於婦人，信之失。隨牛、弦高矯君命以存國，故不如隨牛之誕也」。㉜一　舊注謂「猶常也。況常不為信，不為誕乎」。㉝憂父之疾者子　舊注釋謂「《論語》曰：『父母唯其疾之憂。』（見〈為政〉），故曰憂之者子」。子憂父疾如《禮記・曲禮》所言「父母有疾，冠者不櫛，行不翔，言不惰，琴瑟不御，食肉不至變味，飲酒不至變味，笑不至矧，怒不至詈。疾止復故」。㉞祝　祭祀時主持祝告的人。即男巫。㉟庖　廚師。

【語譯】買的酒有酸味，買的肉有臭味，但是買酒、買肉還是離不開賣肉、賣酒的店家，所以要求得某種東西，一定要到容易找到的地方去找。

用詐術對付詐術，用欺騙對付欺騙，就像披著蓑衣去救火，挖開河道以止住水流，只會使火更旺、使水更為增多。

西施、毛嬙的姿態、容貌不可能相同，但世人都讚美她們容貌美麗，是因為她們都同樣美豔。堯、舜、禹、湯的法典不同，但他們得到民心的擁護是一樣的。

聖人，依順時勢辦事，按照客觀條件建立功業。連續下雨便準備船槳，天旱就要修建土龍。

臨淄的姑娘，織細絹時卻想起在外奔波的男子，結果把絹織得十分粗糙。見到人家室中有美貌的女子，結果把繒織得稀疏，一拉，絲線便不斷地被抽出來。

徵調式、羽調式的琴曲，鄙陋的人聽不入耳，而轉變平和之音以適合急切的音調，那麼滿坐的人都會說好。

從府庫前經過而把雙手反背於後的人，很少沒有盜竊之心的，所以想使人患病的鬼，在經過土地神廟時，總搖動著樹枝。

晉國的陽處父通過攻打楚國來救江國，所以要把衝突的兩個人解開，不在於把扭打在一起的兩雙手分開，而在於擊打兩人的喉嚨。

樹木巨大的有許多根鬚緊緊抓住土地，山高的有山腳扶持著它；腳大的跑得遠，身體高大的骨節長。

發狂的人傷害了人，沒有誰會怨恨他；嬰兒罵了老人，沒有誰會憎惡他，因為發狂的人和嬰兒沒有害人的心思。

尾生那樣守信用，還不如隨牛那樣使用欺詐手段，更何況常常不守信用的人呢！

為父親生病而憂愁的是兒子，但為他治病的是醫師；向神靈進獻祭品的是主持祝告的人，而準備祭品的人是廚師。

卷一八

人間

【題解】本書〈要略〉謂「〈人間〉者，所以觀禍福之變、察利害之反、鑽脈得失之跡、標舉終始之壇也。分別百事之微、敷陳存亡之機。使人知禍之為福、亡之為得、成之為敗、利之為害也。誠喻至意，則有以傾側偃仰世俗之間、而無傷乎讒賊螫毒者也」。又謂「知公道而不知人間，則無以應禍福」。許慎解釋篇名則謂「人間之事，吉凶之中，徵得失之端、反存亡之幾也，故曰〈人間〉」。概言之，本篇主要是透過分析眾多的人間之事，用辯證的觀點闡說禍福、利害、得失、成敗、損益之間相互轉化的道理。既從認識論的角度為人「觀禍福之變，察利害之反」指點門徑，又從實踐的角度為人避禍得福或安居於世提供方法。本篇的寫法，或先言其理再證以事，或敘其事再說其理。而說理之辭多簡明概括。由此而言，本篇亦可視為箴言集錦。所敘之事自是人間之事，但十之九為君臣之事。可見，本篇之作，主要是為君臣、名士在人偽相欺的社會中如何避禍遠辱，而陳說事理和提供借鑑。

清淨❶恬愉❷，人之性也；儀表❸規矩，事之制❹也。知人之性，其自養不勃❺；知事之制，其舉錯❻不惑。

發一端，散無竟❼，總一筦❽，周八極，謂之心❾。見本而知末，觀指❿而睹歸，執一而應萬，握要而治詳⓫，謂之術。

居智⓬所為，行智所之，事智所秉⓭，動智所由⓮，謂之道。道者置之前而不輊⓯，錯⓰之後而不軒⓱，內⓲之尋常⓳而不塞⓴，布之天下而不窕㉑。是故使人高賢㉒稱譽己者，心之力也。使人卑下誹謗己者，心之罪也。

矢言㉓出於口者，不可止於人；行發於邇者，不可禁於遠。

事者難成而易敗也，名者難立而易廢也。千里之隄，以螻螘之穴漏；百尋㉔之屋，以突㉕隙之熛㉖焚。堯戒曰：「戰戰慄慄㉗，日慎一日。人莫蹪㉘於山，而蹪於垤㉙。」是故人皆輕小害、易微事㉚以多悔。患至而後憂之，是猶病者已惓㉛而索良醫也，雖有扁鵲、俞跗㉜之巧，猶不能生也。

【章　旨】這一章有兩個重點。一是論「人之性」、「事之制」，何謂「心」、「術」，何謂「道」。講「人之性」、「事之制」，強調「知人之性」能使人「自養不勃」；「知事之制」能使人「舉錯不惑」。講「心」則強調它對人所有行為的指導作用，說人們對自己的稱譽、誹謗皆己心所致。講「道」實際上是講得「道」者的特點和作為萬物本源的「道」的一些特徵。二是講「事者難成而易敗也，名者難立而易廢也」。在闡述這一觀點時，特別講到不可「輕小害、易微事」。謂小患不除，大事必為其所敗。主張日慎一日，防微杜漸。此章出自《文子・微明》。

【注　釋】❶清淨　心地潔淨，不受外物干擾。《文子・微明》作「清靜」。❷恬愉　心境安逸快樂。《文子・微明》作「恬和」。❸儀表　本為標示用而立之木。這裡指標準、法則。❹制　裁斷之準則。❺勃　通「悖」。逆亂；違亂忤逆。或謂惑。❻舉錯　舉動；措施。❼竟　完畢；終了。❽總一筦　筦，同「管」。總一管，謂聚合於一管之內。❾心　古以心為思維器官。《孟子・告子》謂「心之官則思」。又以心為人體器官之主。《管子・心術》謂「心之在體，君之位也」。❿指　指向；趨向。⓫詳　悉；周遍。⓬智　通「知」。下數「智」同。⓭秉　通「恃」。持。⓮由　經由。指經由的途徑。⓯輊　同「輕」。車輿前低後高（前重後輕）稱輊，引申為低。⓰錯　同「措」。放置；安放。⓱軒　車輿前高後低（前輕後重）為軒，引申為高。一說，軒，掀；舉高。⓲內　同「納」。⓳尋常　指很小的範圍。八尺為尋，十六尺為常。⓴塞　充滿。㉑窕　有空隙；不充實。㉒高賢　高超（卓越）；賢明。㉓矢言　正直之言。㉔百尋　言其高大。㉕突　煙囪。㉖熛　火。原文作「煙」，依王引之校改。㉗戰戰慄慄　戰戰，恐懼顫抖。慄慄，畏懼的樣子。㉘蹪　顛仆。㉙垤　蟻洞口的小土堆。原文作「蛭」，依莊逵吉校改。㉚易微事　意謂輕視小的事。㉛惓　舊注謂「劇也」。《說文》作「倦」。罷（疲）。㉜扁鵲俞跗　扁鵲，為戰國時名醫，原名秦越人，勃海郡鄭人。家於盧國，又名盧醫。俞跗，或稱俞夫、楡柎、踰跗、臾跗。舊注謂「黃帝時醫」。

【語　譯】心地清淨、安逸，這是人的天性，儀表、規矩，這是裁斷事物的標準。懂得什麼是人的天性，人的自我修養就不會逆亂；知道什麼是裁斷事物的標準，人的舉動、措施就不會惑亂。

從一端發出，可以散布到無窮無盡的地方，聚合在一管之內，可以流布八方極遠之地，這是心的作用。見到根本就知道末端怎麼樣，觀察指向就能看出歸至何處，秉持一理而能應對萬種情況，掌握要領而能把事情處理得周遍詳盡，這就叫做術。

住下來知道所做的事，走路知道要到哪裡去，做事知道所據有的條件，行動知道要經由何種途徑，這就叫做道。道這個東西，把它放在前面不會顯得低，把它放在後面不會顯得高，把它收進很小的範圍內而不會塞不下，把它散布在天下而不會裝不滿。因此使得人們把自己當作高超、賢明之人來稱美的，是心的力量。使得人們把自己當作卑賤之人來加以誹謗的，是心的罪過。

正直的話一從口中說出來，就不能在人們之間制止了；萬物運行一從近處出發，就不能在遠處禁止了。

事業很難成功卻容易失敗，好的名聲很難建立卻容易毀掉。千里長的隄防，就因為有了螻蛄和蚍蜉的洞而漏水；高達百尋的房子，就因為煙囪裂縫處冒出的火星而被燒毀。堯告誡說：「要經常懷著畏懼之心，一天比一天謹慎。人不會因為遇到山上跌倒，卻會在螞蟻洞外的小土堆前摔倒。」因此人們都會因為輕視小的禍害和對小的事故不在意而有許多後悔的事。禍患臨頭再為它憂愁，這就像一個病人已經病得很厲害了再去找好的醫生，這樣，即使有扁鵲、俞跗那樣醫術高明的醫生，還是不能治好他的病。

夫禍之來也，人自生之；福之來也，人自成之。禍與福同門❶，利與害為鄰，非神聖人，莫之能分。

凡人之舉事，莫不先以其知❷規慮❸揣❹度，而後敢以定謀。其或利或害，此愚智之所以異也。曉然❺自以為智❻存亡之樞機❼、禍福之門戶，舉而用之，陷溺於難者，不可勝計也。使知所為是者，事必可行，則天下無不達之塗❽矣。是故知慮❾者，禍福之門戶也；動靜者，利害之樞機也。百事之變化，國家之治亂，待而後成❿，是故不可不慎也。

【章旨】這一章講禍福同門、利害為鄰，皆出自於人。又說智慮為禍福之門戶、動靜為利害之樞機。而一般的人很難把禍與福、利與害的聯繫分開。往往自以為是，舉而用之，而陷溺於難。提出「國家之治亂，待而後成，是故不可不慎也」。

【注釋】❶同門　禍福皆由人而成，故言同門。門，即下句所言之「智慮」。❷知　同「智」。❸規慮　謀劃；思慮。❹揣商量高下。❺曉然　明白的樣子。原文「然」在「自」下，依王念孫校改。❻智　同「知」。原文下有「知」字，依王念孫校刪。❼樞機　比喻事物的關鍵部分。樞為戶樞，機為門闑；樞主開，機主閉。❽塗　同「途」。道路。❾知慮　智慮。才智、謀慮。❿待而後成　原文此句之後有「是故不溺於難者成」八字，依楊樹達校刪。

【語譯】禍患到來，是人自己使它產生的；幸福到來，是人自己使它形成的。禍患和幸福出於同一個門戶，利益和害處相互為鄰，不是神人聖人，沒有誰能分得開。

凡是人做事情，沒有誰不是先用他的智慧謀劃、思慮、揣度一番，然後才敢確定他的計畫。計畫有的有利，有的有害，這便是愚蠢和聰明的人之所以不同的地方。一副明白無誤的樣子，自己認為知道存續、滅亡的關鍵、知道禍患和幸福所出的門戶，加以運用到行動中，而最後陷沒於困難處境中的人，無法數得清。假使讓他知道所做的事是正確的，事情就必然可以做，那天下就沒有不能到達目的地的道路了。因此人的智慧、思慮，是禍患和幸福的門戶；動靜，是帶來利益或損害的關鍵。各種事情的變化，國家的亂而為治，都要有所等待然後才能成功，因此不能不謹慎。

天下有三危。少德而多寵，一危也；才下而位高，二危也；身無大功而受厚祿，三危也。故物或損之而益，或益之而損。

何以知其然也？

昔者楚莊王既勝晉於河、雍之間❶，歸而封孫叔敖，辭而不受。病且死❷，謂其子曰：「吾則❸死❹，王必封女❺，女必讓肥饒❻之地，而受沙石之地，楚越之間有寢丘者，其地确而名醜❼，荊人鬼，越人禨，人莫之利也❽。」孫叔敖死，王果封其子以肥饒之地，其子辭而不受，請有寢之丘。楚國之法，功臣二世而爵祿，唯孫叔敖獨存❾。此所謂損之而益也。

何謂益之而損？昔晉厲公南伐楚，東伐齊，西伐秦，北伐燕，兵橫行天下而無所綣❿，威服四方而無所詘⓫，遂合⓬諸侯於嘉陵⓭。氣充志驕，淫侈無度，暴虐⓮萬民。內無輔拂⓯之臣，外無諸侯之助。戮殺大臣，親近導諛⓰。明年⓱，出游匠驪氏⓲，欒書⓳、中行偃⓴劫而幽㉑之，諸侯莫之救，百姓莫之哀，三月而死。夫戰勝攻取，地廣而名尊，此天下之所願也，然而終於身死國亡。此所謂益之而損者也。

夫孫叔敖之請有寢之丘，沙石之地，所以累世不奪也。晉厲公之合諸侯於嘉陵，所以身死於匠驪氏也。

【章　旨】這一章先提出天下有三種危險的情況，並由此得出結論：「物或損之而益，或益之而損」。然後用孫叔敖之子後請求封於有寢之丘、沙石之地而累世不奪其祿，論說「物或損之而益」。用晉厲公先是「兵橫行天下而無所綣，威服四方而無所詘，遂合諸侯於嘉陵」，繼而倒行逆施，暴虐無道，終於身死國亡，論說物「或益之而損」。

【注　釋】❶河雍之間　黃河和雍州之間。指邲（春秋鄭邑，地在今河南省滎陽縣東北）地。楚莊王十七年晉楚大戰於邲，晉敗。舊注謂「莊王敗晉荀林父之師於邲。邲，河、雍地也」。❷病且死　原文作「病疽將死」，依王念孫校改。《呂氏春秋・

異寶》謂「孫叔敖疾，將死」。❸則　猶「若」。❹死　原文下有「矣」字，依王念孫校刪。❺女　同「汝」。❻肥饒　猶言肥沃、肥腴。❼有寢丘者二句　舊注謂「寢丘，今汝南固始地。前有垢谷，後有莊（當作戾）丘，名醜」。楊樹達謂如舊注「則寢丘前後地名之醜，非寢丘之醜也」。言「寢」通「侵」、「祲」。「寢」字自有惡義，故曰「名醜」。楊說是。寢丘，地名。在今河南省固始縣內。原文上無「之地，楚、越」四字，依王引之校補。確，指地瘠薄。原文下有「石」字，依王引之校刪。醜，惡。❽荊人鬼三句　謂荊、越人事鬼神，信吉凶機祥，畏惡名，故不欲得惡名之地。荊，一說當作「吳」。鬼，舊注謂「好事鬼也」。機，祥。此謂信吉凶之機祥。❾楚國之法三句　《韓非子・喻老》謂「楚邦之法，祿臣再世而收地，唯孫叔敖獨在」。法，原文作「俗」，依王引之校改。爵祿，謂盡其祿。楊樹達謂「爵者，盡也。『功臣二世而爵祿』，謂功臣二世而盡其祿也」。❿綣　屈。⓫詘　通「屈」。卷屈。⓬合　聚會。⓭嘉陵　西元前五七四年，晉、宋、曹、衛、邾等會盟於嘉陵。嘉陵，《左傳・成公十七年》作「柯陵（春秋鄭地）」。⓮暴虐　凶惡殘酷。⓯輔拂　同「輔弼」。輔助。⓰導諛　諂諛；曲意奉承；討好。⓱明年　第二年。即晉厲公八年（西元前五七三年）。⓲匠驪氏　晉厲公之嬖臣，居於絳城外二十里。⓳欒書　即欒武子。晉大夫，中軍元帥。後拘厲公，擁立悼公。⓴中行偃　指晉軍中行統帥荀偃。《左傳・僖公二十八年》謂「晉侯作三行以禦狄。荀林父將中行」。三行即上、中、下三軍。㉑幽　囚拘；監禁。

【語譯】天下存在著三種危險的狀況。德行少卻多受寵愛，這是第一種危險的情況；才能低下卻官位很高，這是第二種危險的情況；自己沒有大的功勞卻得到豐厚的俸祿，這是第三種危險的情況。所以事情有的受到損抑而會帶來益處，有的增加益處反而會受到損害。

怎麼知道是這樣的呢？

從前楚莊王在黃河、雍州之間打敗晉國以後，回到國都要賞給孫叔敖土地，孫叔敖推辭而不接受。當孫叔敖生病臨死時，對兒子說：「我如果死了，楚王一定會賞給你土地，你一定要辭讓肥沃的土地，而接受沙石之地。在楚國、越國之間有一塊地叫寢丘，那塊地很貧瘠而且名字不好聽。楚人好相信鬼，越人相信吉凶徵兆，沒有人認為寢丘對自己有利。」孫叔敖死後，楚莊王果然賞給他的兒子一片肥沃的土地，他的兒子辭讓而不接受，請求把寢丘賞給他。楚國的法律規定，功臣經過兩代，爵位、官俸就終止了，只有孫叔敖的封地獨未取消。這就是所說的受到一些損失反而帶來益處。

什麼叫做得到益處反而會受到損害呢？從前晉厲公向南討伐楚國，向東討伐齊國，向西討伐秦國，向北討伐燕國，軍隊橫行天下而沒有挫敗過，威力使四方畏服而沒有向別人屈服過，於是在嘉陵聚合諸侯舉行盟會。繼而傲氣十足，心志驕矜，放縱無度，凶惡殘酷地對待人民。國內沒有輔助他的臣子，國外沒有諸侯的援助。殺害大臣，親近曲意奉迎的人。第二年，晉厲公外出到匠驪氏家遊玩，欒書和中軍統領荀偃便使用武力把他監禁起來，諸侯不來救他，老百姓不憐憫他，三個月後就被殺死了。作戰而能獲勝，攻打城池而能攻下，地域廣闊而名聲尊貴，這是天下諸侯王所希望得到的，但是最終身死而國家滅亡。這就是所說的得到些益處反而會受到損害。

孫叔敖請求得到寢丘那樣的沙石之地，便是累積幾代封地都沒有被收走的原因。晉厲公在嘉陵聚合諸侯舉行盟會，便是他死在匠驪氏家中的原因。

眾人❶皆知利利❷而病病❸也，唯聖人知病之為利、知利之為病也。夫再實❹之木根必傷，掘藏❺之家必有殃，以❻言大利而反為害也。張武❼教智伯奪韓、魏之地而擒於晉陽，申叔時❽教莊王封陳氏之後而霸天下。孔子讀《易》至〈損〉❾、〈益〉❿，未嘗不憤然⓫而歎，曰：「益損者，其王者之事與！」事或欲⓬利之，適足以害之；或欲害之，乃反以利之。利害之反，禍福之門⓭，不可不察也。

陽虎⓮為亂於魯，魯君令人閉城門而捕之，得者有重賞，失者有重罪。圍三匝，而陽虎將舉劍而伯頤⓯。門者止之曰：「天下探之不窮⓰，我將出子。」陽虎因赴圍而逐，揚劍提戈而走。門者出之，顧反取其出之者，以戈推⑰之，攘袪⑱薄腋⑲。出之者怨之曰：「我非故與子反⑳也，為之蒙死被罪㉑，而乃反傷我。宜矣其有此難也！」魯君聞陽虎失，問所出之門，使有司拘之，以為傷者㉒，戰鬬者也；不傷者，為縱之者。傷者受大賞，而不傷者被重罪。此所謂害之而反利之㉓者也。

何謂欲利之而反害之？楚恭王與晉人戰於鄢陵㉔，戰酣㉕，恭王傷㉖而休，司馬子反㉗渴而求飲，豎陽穀㉘奉酒而進之。子反之為人也，嗜酒而甘㉙之，不能絕於口，遂醉而臥。恭王欲復戰，使人召司馬子反，辭以心疾㉚。王駕而往視之，入幄中而聞酒臭。恭王大怒曰：「今日之戰，不穀㉛親傷，所恃者，司馬也，而司馬又若此，是亡㉜楚國之社稷，而不率㉝吾眾也。不穀無與復戰矣！」於是罷師而去之，斬司馬子反以㉞為僇㉟。故豎陽穀之進酒也，非欲禍子反也，誠愛而快之也，而適足以殺之。此所謂欲利而反害之者也。

【章　旨】這一章講利與害、禍與福之間的辯證關係。文分三段。首段總言利可以為病、病可以為利。先以「再實之木根必傷」等二例，說「大利而反為害」，再以「張武教智伯奪韓、魏之地而擒於晉陽」為例，說欲利之而反受其害。用「申叔時教莊王封陳氏之後而霸天下」為例，說小有損而大得益。又用孔子讀〈損〉、〈益〉二卦卦辭之後喟然而歎，說益損之辯證關係。並就孔子之言發揮說：「事或欲利之，適足以害之；或欲害之，乃反以利之。」第二段以陽虎為門者所救而故意傷門者而逃，終使門者受大賞而避禍為例，解說何謂「害之而反利之」。第三段則以小使陽穀飲司馬子反以酒，使得他醉臥幄中不能復戰，而為楚恭王所斬為例，解說何謂「欲利之而反害之」。二、三段所言，都涉及做事的動機、效果問題。陽虎本欲救門者，以「害之」為手段而達到「利之」之目的。小使陽穀則本懷「欲利」之心，結果適得其反。可見情況不同，效果和動機未必一致。

【注釋】❶眾人　普通的人。❷利利　以利益為有利。❸病病　以弊病為有害。此病指弊病、害處。❹再實　指兩次結果。❺掘藏　指掘發墳墓。舊注謂「謂發冢得伏藏，無功受財」。楊樹達謂「葬、藏音近，本文即假藏為葬。許（慎）云發冢，得其義矣，又云得伏藏，非」。楊說是。❻以　同「已」。❼張武　舊注謂「智伯臣也。擒於晉陽，為趙襄子所殺」。❽中叔時　舊注謂「楚大夫。莊王滅陳，已乃復之」。陳，約當今湖北省竹山縣、房縣一帶。❾損　卦名。其卦辭謂「有孚。元吉。無咎。可貞。利有攸往。曷之用二簋，可用享」。卦雖為損（減損）卦，但卦辭卻提到三件益事（有孚——獲得俘虜；利有攸往——對行旅有益；曷之用二簋，可用享——有人送兩個簋來，可以用來宴享），表明損中有益。❿益　卦名。卦辭謂「利有攸往。利涉大川」。而其爻辭著重於周室興衰（由益到損）的變遷。（兩卦之解釋採用李鏡池說）⓫嘖然　即喟然。出聲長歎之貌。原文作「憒然」，依王念孫校改。⓬欲　原文下有「以」字，依王念孫校刪。⓭門　原文下有「戶」字，依王念孫校刪。⓮陽虎　即陽貨。魯人，為季氏家臣，季平子卒而專魯國之政。欲去「三桓」（魯桓公之後：魯大夫孟孫、叔孫、季孫。三桓分領三軍，控制魯國政權），兵敗，出奔齊，後又至晉。此為魯定公時事。⓯伯頤　迫近腮部。伯，通「迫」。⓰天下探之不窮　楊樹達謂「謂天下甚大，可以逃死，無為自殺也」。舊注謂「不窮，言深遠」。⓱推　椎；打擊。⓲攘袪　謂刺破袖口。袪，袖口。⓳薄腋　迫近腋下。⓴我非故與子反　馬宗霍言為亂即為反。「門者違君令而出之，從其跡言，是黨於陽虎，與之同反也。然門者初未與謀，其出之也，臨時起意，故曰『我非故與子反』。『故』猶『本』也，言我之本意非欲參與子之反也」。㉑蒙死被罪　即蒙受死罪。㉒傷者　以下「戰鬭者也；不傷者，為縱之者。傷者」十三字為原文所無，依王念孫校補。㉓之　原文無此字，依王念孫校補。㉔楚恭王句　事見《左傳．成公十六年》。晉人，晉厲公。鄢陵，在今河南省鄢陵縣西北。㉕酣劇烈。㉖恭王傷　晉將呂錡射中恭王之目。「傷」謂此事。㉗司馬子反　楚公子側字子反。司馬，軍中統帥，時子反為楚中軍元帥。㉘豎陽穀　豎，小使。陽穀為小使之名。㉙甘　美味。作動詞用。㉚心疾　原文作「心病」，依王念孫校改。㉛不穀　不善。古代王侯自稱的謙詞。《老子》第三十九章云：「貴以賤為本，高以下為基，是以侯王自稱孤、寡、不穀。」㉜亡　通「忘」。㉝率　通「恤」。體恤；憐憫。㉞以　原文無此字，依王念孫校補。㉟僇　同「戮」。《呂氏春秋・權勳》即作「斬司馬子反以為戮」。陳屍示眾為戮。子反死事，《春秋公羊傳》、《春秋穀梁傳》均言「楚殺其大夫公子側」，《史記・楚世家》言「王怒，射殺子反，遂罷兵歸」。唯《左傳》言楚軍還及瑕，子反自殺，「王使止之，弗及而卒」。

【語　譯】一般人都知道利益對人是有利的，害處對人是不利的，只有聖人知道害處能成為有利的、知道利益會成為有害的。兩次結果的樹，根一定會受到傷害，挖掘墳墓的人家一定會有禍殃，這說的是大的利益反而會成為有害的東西。張武教智伯奪取韓國、魏國的土地，而自己在晉陽被人捉住了，申叔時教楚莊王恢復陳國君主後代的地位，而楚莊王得以成為天下的霸主。孔子讀到《周易》中〈損〉、〈益〉二卦的卦辭時，不禁長聲歎息，說：「增多、減損，這大概是王侯們的事情吧！」事情中有的打算使之有利，卻恰好是害了它；有的打算損害它，卻反而對它有利。利害之間的反覆變化，禍福的門徑在哪兒，不能不分辨清楚。

陽虎在魯國作亂，魯國的君主命令：關閉城門捕捉他，能抓住陽虎的人有重賞，把他放走的要以重罪懲處。捕捉的人團團圍了三圈，而陽虎舉劍自殺，劍鋒將要迫近腮部。守門的人制止他說：「天下是無法測量窮盡的，我將把你放出去。」於是陽虎突圍，奮力趕走包圍他的人，一手揚劍、一手持戈向前奔跑。守門人放他出去，他回轉頭來反而攻打那守門人，用戈來攻擊他，把守門人的衣袖都刺破了，戈尖一直刺到那人腋下。守門人埋怨他說：「我不是原本就打算和你一起作亂，我將因為放出你而蒙受死罪，而你卻反過來傷害我。你真是活該有這場災難！」魯國國君聽說陽虎跑掉了，就問他是從哪道門跑出去的，派官員去拘捕守門的人。官員認為受傷的人是和陽虎戰鬥過的人；沒有受傷的，是放陽虎逃出的人。受傷的受到大的賞賜，而沒有受傷的以重罪處置。這就是所說的害他卻反而對他有利。

什麼叫做打算給他利益卻反而害了他呢？楚恭王和晉厲公在鄢陵作戰，戰鬥激烈時，恭王眼被射傷而暫時停止戰鬥，中軍司馬子反口乾而要喝水，小使陽穀捧著酒進獻給子反。子反為人，喜歡飲酒而覺得酒味美好，口不停地喝酒，竟然喝醉了而躺臥下來。楚恭王打算重新再戰，派人去召喚司馬子反，子反以心有疾病加以推辭。恭王坐車前去看他，進入帳幕中卻聞到了酒的氣味。恭王大怒，說：「今天作戰，我身體受了傷，現在我所依靠的就是司馬，而司馬又像這個樣子，這是上天忘記了我們楚國的天下，而不憐憫我們大眾了。我不和晉軍再重新戰鬥了！」在這種情況下，楚恭王便停止作戰，帶領軍隊離開了鄢陵，斬司馬子反而將他的屍體示眾。本來小使陽穀進獻酒，並不是打算給子反帶來災禍，實在是愛他，想使他喝得痛快，卻恰好使他被殺。這就是所說的想要給他帶來好處卻害了他。

夫病溫❶而強之餐❷，病暍❸而飲之寒，此眾人之所以為養也，而良醫之所以為病也。悅於目，悅於心，愚者之所利也，而有論❹者之所辟❺也。故聖人先忤❻而後合，眾人先合而後忤。

有功者，人臣之所務❼也；有罪者，人臣之所辟也。或有功而見疑，或有罪而益信❽，何也？則有功者離恩義，有罪者不敢失仁心也。

魏將樂羊❾攻中山❿，其子執在城中，城中縣⓫其子以示樂羊。樂羊曰：「君臣之義，不得以子為私。」攻之愈急。中山因亨其子，而遺⓬之鼎羹與其首，樂羊循⓭而泣之，曰：「是吾子已⓮。」為⓯使者跪而啜一杯⓰。使者歸報，中山曰：「是伏約⓱死節⓲者也，不可忍也。」遂降之。為魏文侯大開地，有功。自此之後，日以不信。此所謂有功而見疑者也。何謂有罪而益信？孟孫⑲獵而得麑⑳，使秦西巴㉑持歸烹之，麑母隨之而嗁。秦西巴弗忍，縱而予之。孟孫歸，求麑安在，秦西巴對曰：「其母隨而嗁，臣誠不忍，竊縱而予之。」孟孫怒，逐秦西巴。居一年，取以為子傅㉒。左右曰：「秦西巴有罪於君，今以為子傅，何也？」孟孫曰：「夫一麑而不忍，又何況於人乎？」此所㉓謂有罪而益信者也。

故趨舍不可不審㉔也。此公孫鞅㉕之所以抵罪㉖於秦，而不得入魏也。功非不大也，然而累足無所踐者㉗，不義之故也。

【章旨】這一章可以分為兩段。第一段說「眾人」以「病溫而強之餐，病暍而飲之寒」為養，而「良醫」以之「為病」。說「愚者」以「悅於目，悅於心」為利，而「有論（知）者」則「辟（避）」。就此得出結論：「聖人先忤而後合，眾人先合而後忤」。第二段先總說人臣「或有功而見疑，或有罪而益信」，是因為「有功者離恩義，有罪者不敢失仁心」。然後再舉例細說其理。先說魏將樂羊攻中山國，中山國君「烹其子，而遺之鼎羹與其首」，而樂羊「循而泣之」、「為（令）使者跪而啜一杯」。使得中山國降。後又為魏大開國土，甚有功績。而「自此之後，日以不信」。以此解說何謂「有功而見疑」。再說孟孫獵麑，命秦西巴將所得麑持歸烹之。秦西巴見麑母隨之而嗁，便放了那麑。孟孫歸而逐秦西巴。而當其為子覓師時，又把秦西巴請了回來。以此解說何謂「有罪而益信」。既然「或有功而見疑」，「或有罪而益信」，故作者提出「趨舍不可不審也」。此章第一段出自《文子・微明》。第二段樂羊事見《戰國策・魏策一》、《韓非子・說林上》。秦西巴事見《韓非子・說林上》。

【注　釋】❶病溫　即患溫病（多種熱病的總稱。《素問・熱論》：「今夫熱病者，皆傷寒之類也。」）。原文「溫」作「淫」，依王念孫校改。❷餐　原文作「食」，依王念孫校改。❸暍　中暑；傷於暴熱。❹有論　有知。原文作「有道」，依王念孫校改。❺辟　同「避」。❻忤　違反；抵觸。❼務　要求得到；追求。❽益信　更加受到信任。❾樂羊　一作樂陽。魏文侯之將，嘗率軍滅中山國。《戰國策・魏策一》言：「樂羊為魏將而攻中山。其子在中山，中山之君烹其子而遺之羹，樂羊坐於幕下而啜之，盡一盃。文侯謂睹師贊曰：『樂羊以我之故，食其子之肉。』贊對曰：『其子之肉尚食之，其誰不食！』樂羊既罷中山，文侯賞其功而疑其心。」然〈秦策二〉言樂羊三年而拔中山，「反而語功，文侯示之謗書一篋，……王曰：『寡人不聽也，請與子盟。』於是與之盟於息壤」。本文用前說。❿中山　諸侯國名。其地中心當今河北省定縣一帶。⓫縣　通「懸」。懸掛。⓬遺　送。⓭循　揗；摩順。文中指撫摩「其首」。⓮已　語氣詞。用於句末，表示確定。⓯為　使；令。⓰啜一杯　即喝一杯。啜，小口小口地喝。一，原文作「三」，依楊樹達校改。⓱伏約　為誓約而死。⓲死節　為節義而死。⓳孟孫　魯桓公之子慶父之後。⓴麑　鹿子；幼鹿。㉑秦西巴　為孟孫家臣。㉒傅　師傅。此指教導孟孫之子者。㉓所　原文無此字，依劉文典校補。㉔審　慎重。㉕公孫鞅　商君也。為秦伐魏，欺魏公子卬而殺之。後有罪走魏，魏人不內。㉖抵罪　抵償其應負的罪責。㉗累足無所踐者　馬宗霍謂「蓋言雖小步側行，亦無可踐之處。質言之，即無地可以容足」。累足，猶重足。指兩足相疊，不敢正立。一說，累足猶側足。

【語　譯】得了熱病卻強迫他吃飯，中了暑卻要他喝冷的飲料，這是一般人用來養病的方法，而優秀的醫師認為這是造成疾病的做法。對那些眼睛看到感到舒服、心裡感到愉悅的事物，愚蠢的人把它當做有利的東西，而有知識的人卻要避開它。所以聖人做事是先有抵觸然後相合，一般的人卻是先相合而後相互抵觸。

有功勞的事情，是作臣子的所努力追求的；有罪責的事情，是作臣子的所要避開的。有的事情做了有功勞卻受到懷疑，有的事情做了有罪卻更加得到信任，這是什麼原因呢？那便是做有功勞的事情時背離了親情、大義，而在做有罪責的事情時不敢失去仁愛之心。

魏國的將軍樂羊領兵攻打中山國，他的兒子被拘押在中山國都城內，中山國的人把他的兒子懸掛在城頭給樂羊看。樂羊說：「我要遵循君臣的大義做事，不能因為兒子而做自私的事。」因而更加急迫攻城。中山國的國君就煮殺了他的兒子，而且派人把鼎內的湯和兒子的頭送給樂羊，樂羊用手撫摩著兒子的頭直流眼淚，說：「這是我的兒子呀！」他命令中山國的使者跪下，自己喝了一杯湯。使者回去向中山國的君主報告了情況，中山國的君主說：「樂羊是一個能為誓約、為節義而死的人，我們再不能忍耐下去了。」於是便向樂羊投降。樂羊為魏文侯大力開闢國土，有功勞。但從這以後，魏文侯一天天地不信任他。這就是所說的有功勞卻受到懷疑。

什麼是有罪責卻更加得到信任呢？孟孫打獵時捕得一頭幼鹿，他叫秦西巴拿回去燒煮。母鹿跟在秦西巴後面啼叫。秦西巴不忍心，就把幼鹿放掉，給了母鹿。孟孫回到府中，就問燒好的鹿肉在哪裡，秦西巴回答說：「幼鹿的媽媽跟隨在我後面啼叫，我實在不忍心，就私自放牠回母鹿身邊了。」孟孫大怒，就把秦西巴趕走了。過了一年，孟孫又把秦西巴請回來做兒子的師傅。孟孫身邊的人說：「秦西巴對您是有罪的，現在又讓他做您兒子的師傅，這是為什麼呢？」孟孫說：「他對一頭幼鹿被殺都那樣不忍心，又何況對於人呢？」這就是所說的有罪責卻更加得到信任。

所以進退、取捨不能不慎重。這就是公孫鞅在秦國要抵償罪責而想逃入魏國、卻不能逃入魏國的原因。公孫鞅的功勞不是不大，但是他雙腳相疊卻沒有落腳站立的地方，就是因為他多行不義的緣故。

事或奪之而反與之，或與之而反取之。

智伯求地於魏宣子❶，宣子欲弗❷與之。任登❸曰：「智伯之強，威行於天下，求地而弗與，是為諸侯先受禍也。不若與之。」宣子曰：「求地不已，為之奈何？」

任登曰：「與之，使喜，必將復求地於諸侯，諸侯必植耳❹。與天下同心而圖之，所得者❺，非直❻吾所亡也。」魏宣子裂地而授之。又求地於韓康子❼，韓康子不敢不予。諸侯皆恐。又求地於趙襄子，襄子弗與。於是智伯乃從韓、魏❽圍襄子於晉陽。三國通謀❾，禽智伯而三分其國。此所謂奪人而反為人所奪者也。

何謂與之而反取之？晉獻公欲假道於虞以伐虢，遺虞垂棘之璧與屈產之乘❿。虞公惑於璧與馬，而欲與之道。宮之奇⓫諫曰：「不可！夫虞之與虢，若車之有輔⓬，輔依於車，車亦依輔。虞之與虢⓭，相恃而⓮勢也。若假之道，虢朝亡而虞夕從之矣。」虞公弗聽，遂假之道。荀息⓯伐虢，遂克之。還反⓰伐虞，又拔⓱之。此所謂與之而反取者也。

【章旨】這一章一說智伯求魏宣子之地、求韓康子之地皆如願以償，而求趙襄子地時卻遭到拒絕。智伯於是攻伐襄子，而襄子聯合魏、韓，結果「禽智伯而三分其國」。以此說明何謂「事或奪之而反與之」。二說晉獻公用垂棘之璧和屈產之乘假道於虞而伐虢，虞公不聽宮之奇之諫而中其計，結果獻公得虢之後又滅虞。以此說明何謂事「或與之而反取之」。

【注釋】❶智伯求地於魏宣子　《韓非子》言智伯率趙、韓、魏滅范、中行，休兵數年後，先向韓求地，再向魏、趙求地。魏宣子，《戰國策・魏策一》作魏桓子。桓子為魏侈之孫。《韓非子・十過》作魏宣子。❷欲弗　原文作「弗欲」，依俞樾校改。❸任登　魏臣。《戰國策》作「任章」，《韓非子》說勸魏宣子與智伯地者為「趙葭」。❹植耳　舊注謂「竦耳而聽也」。❺所

得者　原文上有「一心」二字，當為「同心」之注文，依楊樹達校刪。❻直　僅；只是。❼韓康子　韓莊子之子。❽從韓魏　指韓、魏從之。《戰國策・趙策一》「知伯從韓、魏兵」，鮑彪本即作「二國兵從之」。從，從之。❾通謀　共同謀劃。❿晉獻公欲二句　晉獻公以垂棘之璧與屈產之乘賂虞公而得虢、虞之事，見《左傳・僖公二年》、《左傳・僖公五年》。假道，借路。屈產之乘，屈產所出之良馬。屈產為春秋晉地，產良馬。⓫宮之奇　舊注謂「虞臣也」。荀息謂「宮之奇之為人也，懦而不能強諫」（《左傳・僖公二年》）。虞公不聽其諫，宮之奇便「以其族行」（《左傳・僖公五年》）。⓬車之有輔　車，指牙床。輔，指頰輔。即腮。古諺謂「輔車相依，唇亡齒寒」。原文「輔」作「輪」，依王念孫校改。⓭虞之與虢　指虞與虢兩國的關係。虞國地在今山西省平陸縣東北。虢分東、西虢，東虢為鄭所滅，此指西虢。虞在晉之南，虢又在虞之南。⓮而　楊樹達謂當作「之」，馬宗霍謂通「為」。馬說是。⓯荀息　晉國大夫。勸獻公以璧、馬賂虞公者即為荀息。⓰反　同「返」。⓱拔　攻取。

【語譯】 事情中有些是加以奪取卻反而給與了對方，有的是給與對方卻反而有所獲取。

智伯向魏宣子要土地，魏宣子打算不給。任登說：「智伯這樣強大，他的威力遍行於天下，要地而不給他，這是要替諸侯先承受災禍呀。不如給他土地。」魏宣子說：「他如果不停地要地，那怎麼辦呢？」任登說：「把土地給他，使他高興，他一定將會再向諸侯要地，諸侯一定會竦耳而聽。我們和天下各國同心協力來設法，所得到的，就不只是我們所丟失的那一些。」魏宣子便割出土地給智伯。智伯又向韓康子索取土地，韓康子不敢不給。諸侯都感到恐懼。智伯又向趙襄子索取土地，趙襄子不給。因此智伯就要韓國、魏國跟隨自己，在晉陽把趙襄子包圍住。韓國、魏國、趙國三國共同謀劃，捉住了智伯，三家把他的國土給分了。這就是所說的奪走人家的東西卻反而被人家奪走了自己的東西。

什麼是給與別人卻反而從別人那裡取得利益呢？晉獻公打算向虞國借道去攻打虢國，送給虞國垂棘出產的玉璧和屈產生產的好馬，虞國國君被玉璧和好馬迷惑住了，就打算把道路借給他用。宮之奇勸阻說：「不能借！虞國和虢國在一起，就像人的牙床有腮幫子一樣，腮幫子依附在牙床上，牙床也依託著腮幫子。虞國和虢國之間有著相互依賴的形勢。如果把道路借給晉國使用，那虢國早晨滅亡而虞國晚上就會跟著滅亡了。」

虞國國君不聽宮之奇的規勸，終究把道路借給晉國。荀息率領晉軍攻打虢國，很順利地攻破了虢國，在回程路上攻打虞國，又攻破了虞國。這就是所說的給人一些東西卻反而從對方取得一些東西。

聖王布德❶施惠，非求其報於百姓也；郊望禘嘗❷，非求福於鬼神也。山致其高而雲雨起焉，水致其深而蛟龍生焉❸，君子致其道而福祿歸焉。

夫有陰德❹者必有陽報❺，有隱行❻者必有昭名❼。古者，溝防不修，水為民害，禹鑿龍門、辟伊闕❽，平治水土，使民得陸處。百姓不親，五品❾不慎❿，契⓫教以君臣之義、父子之親、夫妻之辨⓬、長幼之序。田野不脩⓭，民食不足，后稷乃教之辟地墾草、糞土⓮種穀，令百姓家給人足。故三后⓯之後，無不王者，有陰德也。周室衰，禮義廢，孔子以三代之道教導於世，其後繼嗣至今不絕者，有隱行也。秦王趙政⓰兼吞天下而亡，智伯侵地而滅，商鞅支解⓱，李斯⓲車裂；三代種德⓳而王，齊桓繼絕⓴而霸。故樹㉑黍㉒者不獲稷㉓，樹怨㉔者無報德。

昔者，宋人有㉕好善者，三世不解㉖。家無故而黑牛生白犢，以問先生㉗，先生曰：「此吉祥也㉘，以饗鬼神。」居一年，其父無故而盲，牛又復生白犢。其父又復使其子以問先生。其子曰：「前聽先生言而失明，今又復問之，奈何？」

其父曰：「聖人之言，先忤而後合。其事未究㉙，固㉚試往復問之。」其子又復問先生。先生曰：「此吉祥也，復以饗鬼神。」歸致命其父，其父曰：「行先生之言也。」居一年，其子又無故而盲。其後楚攻宋㉛，當此之時，易子而食，析骸而炊㉜，丁壯㉝者死，老病童兒㉞皆上城，牢守而不下㉟。楚王大怒，城已破，諸城守者㊱皆屠之。此獨以父子盲之故，得無乘㊲城。軍罷圍解，則父子俱視㊳。

夫禍福之轉而相生，其變難見也。近㊴塞上之人有善術㊵者，馬無故亡而入胡，人皆弔㊶之。其父曰：「此何遽㊷不能㊸為福乎？」居數月，其馬將㊹胡駿馬而歸，人皆賀之。其父曰：「此何遽不能為禍乎？」家富良馬㊺，其子好騎，墮而折其髀㊻，人皆弔之。其父曰：「此何遽不為福乎？」居一年，胡人大入塞，丁壯者控弦㊼而戰，塞上㊽之人，死者十九，此獨以跛之故，父子相保。故福之為禍，禍之為福，化不可極、深不可測也。

【章　旨】這一章可分為四段。一是說「聖王」、「君子」布德施惠，不求百姓之報，然「致其道而福祿歸焉」。二是敘說禹、契、后稷對人類文明的貢獻，講「三后之後，無不王者，有陰德也」。敘說孔子以三代之道教導於世，「其後繼嗣至今不絕者，有隱行也」。並以此證明「有陰德者必有陽報，有隱行者必有昭名」。三是敘說「宋人有好善者」，其三世好善，家有黑牛而兩生白犢，父子俱盲。楚攻宋，破其城而盡屠守城者，父子均以盲而未守城、未被殺。且戰爭結束而二人眼皆復明如初。作者用此事既說明「有陰德者必有陽報」，同時也說明「禍福之轉而相生，其變難見也」。而集中說明後者的是第四段。此段敘說塞翁失馬的故事。作者說這個故事的用意，不在於說明禍福可以相互轉變，而在於強調這種轉變的「化不可極、深不可測」。

【注釋】❶布德　散布恩德。❷郊望禘嘗　四種祭祀的名稱。舊注謂「郊，祭天。望，祭日、月、星辰、山、川也。禘、嘗，祭宗廟也」。天子、諸侯祭宗廟，夏曰禘，秋曰嘗。❸山致其高二句　出於《文子・上德》而本於《荀子・勸學》所謂「積土成山，風雨興焉；積水成淵，蛟龍生焉」。原文無「雨」字，依王念孫校補。❹陰德　指暗中以德與人。❺陽報　顯著的報應。❻隱行　不明顯的德行。原文作「陰行」，依王念孫校改。❼昭名　昭著之名。❽伊闕　位於今河南省洛陽市南。《水經注・伊水》：「伊水又北入伊闕。昔大禹疏以通水，兩山相對，望之若闕，伊水歷其間北流，故謂之伊闕矣。」闕口即稱龍門。❾五品　即五倫。君臣、父子、兄弟、夫婦、朋友之間的五種關係。❿慎　通「順」。⓫契　傳說為商族始祖帝嚳之子，虞舜之臣。舜時佐禹治水有功，封於商。⓬辨　別；區別。⓭脩　治；整治；管理。⓮糞土　施肥於土。⓯三后　指三代之君。即禹、湯、文王。⓰趙政　指秦始皇嬴政。舊注謂「始皇。生於趙，故名趙政」。然《史記・秦本紀》言秦之先本姓趙氏，故名趙政。⓱支解　肢解；分解四肢。商鞅實死於車裂之刑。⓲李斯　舊注謂「上蔡人也。為秦相趙高譖之，二世車裂之於雲陽」。《史記》謂李斯「腰斬咸陽市」。⓳種德　布行德惠。⓴繼絕　繼絕世。使斷絕之世得以延續。㉑樹　植；種。㉒黍　黍子。即黏黃米。㉓稷　指穀子。㉔樹怨　結怨。㉕有　原文無此字，依王念孫校補。㉖解　通「懈」。鬆弛。㉗先生　對年長者的尊稱。舊注謂「凡先人生者也」。㉘吉祥也　白犢純色可以為犧牲以饗鬼神，故云「吉祥」。原文無「也」字，依俞樾校補。㉙究　終極。㉚固　同「姑」。姑且。㉛楚攻宋　楚莊王圍宋九個月。事見《左傳・宣公十四年》。㉜易子而食二句　出於《左傳・宣公十五年》。易子，彼此交換孩子。析骸，析骨。㉝丁壯　少壯男子。㉞老病童兒　指年邁的病人和男童。㉟下　不下城。或謂不被攻下。㊱城守者　即守城者。或謂城之守衛者。㊲乘　登。㊳視　復明。㊴近　俞樾謂「近時也。此蓋《淮南》舉近事言之，故曰『近』，非連塞字為義也」。楊樹達言「近自謂附近」。今譯從俞說。㊵善術　擅長術數。術數，係用陰陽五行生剋制化之數理，推斷人事之吉凶。㊶弔　慰問；安慰。㊷何遽　何渠；何詎。豈，難道之意，反問詞。㊸不能　原文無此字，依王念孫校補。王氏謂「能與乃同」。㊹將　帶領。㊺家富良馬　楊樹達謂「家富於良馬」。富，多。㊻髀　大腿骨。㊼控弦 張弦。原文「控」作「引」，依王念孫校改。㊽塞上 原文作「近塞」，依王念孫、俞樾校改。

【語 譯】聖明之王散布恩惠，不是為了求得老百姓的報答；帝王祭天、祭日月、星辰、山川，夏日、秋日祭祀宗廟，也不是為了向鬼神求得幸福。山到達一定的高度就會產生雲雨；水到達一定的深度就會產生蛟龍；君子實踐了道，福祿就會歸向他。

暗中施恩德的人一定會得到顯著的報應，有不顯露的德行的人一定會有顯著的名聲。在古時候，溝、隄沒有修好，水成為民眾的災害，大禹鑿開龍門、開闢伊闕，平整治理水土，使得民眾能在陸地上居住。在百姓互不親近、五倫不順時，契又教導人們君臣之間的大義、父子之間的親愛關係、夫妻之間的區別和長幼之間的秩序。在田野沒有得到整治，民眾食物不足時，后稷便教人們開發荒地、施肥和種植莊稼，使廣大人民每家每人糧食豐足。所以三代君主的後人，沒有不稱王的，原因就是三代君主能暗中給人民施予恩德。周代衰落，禮義被廢棄，孔子用三代奉行的原則、做法教導當時的人，他的後人傳宗接代至今沒有斷絕，原因就是孔子有未顯露的德行。秦始皇趙政并吞天下而遭到滅亡，智伯侵奪他國的土地而被消滅，商鞅四肢被分解，李斯被車撕裂；三代君主因為施行恩惠而稱王，齊桓公因為使斷絕香火的諸侯得以延續而成為霸主。所以種黍子的不會收穫穀子，結怨的人沒有人會用恩德來回報他。

從前，宋國有一戶喜歡做好事的人家，三代人都努力不懈地行善。一天，家中無緣無故地一頭黑牛生下了一頭白色的小牛，於是就請教年長的人，那位年紀大的人說：「這是吉祥之物，用牠作為犧牲來祭祀鬼神吧。」過了一年，這家的父親無緣無故地眼睛瞎了，那頭黑牛又生下了一頭白色的小牛。父親又叫兒子再去請教那位年長的人。兒子說：「前次聽那位先生的話而您卻雙目失明，現在又再去問他，那又會怎麼樣呢？」父親說：「聖人說的話，是先有不合而後來才相合。那件事還未到最後，你姑且試著再前去問一問他。」兒子回子又再向那位年長的人請教，年長的人說：「這也是吉祥之物，你再用牠作為犧牲來祭祀鬼神吧。」兒子回來把先生的話告訴父親，父親說：「就照先生說的話做吧。」過了一年，兒子又無緣無故地眼睛瞎了。後來，楚國攻打宋國，在這個時候，老百姓交換孩子來吃，拆開屍骨來燒飯，少壯男子都死了，年邁的病人和年幼的男童都上了城，牢牢地守衛在城上而不能下來。楚王大怒，城被攻破以後，所有守城的人都被殺掉。這父子倆獨獨因為眼睛失明的緣故，可以不登城防守。戰爭結束、包圍解除以後，而這父子倆的眼睛又復明了。

災禍和幸福相互轉化而出現，它們的變化是很難看見的。近來邊塞附近有一位擅長術數的人，他家的馬無緣無故地跑到匈奴那邊去了，人們都來安慰他。他的父親說：「這件事難道就不能帶來好處嗎？」過了幾個月，他的馬帶著匈奴的駿馬跑回來了，人們都去祝賀他。他的父親說：「這件事難道就不會帶來災禍嗎？」家裡有了許多好馬，這人喜歡騎馬，有一次從馬背上掉下來摔斷了大腿骨，人們都來安慰他。他父親又說：「這件事就不會成為一件好事嗎？」過了一年，匈奴大規模侵入邊塞，少壯男子都張開弓弦投入戰鬥，住在邊塞附近的人有十分之九死去了，這一家獨獨因為兒子跛腳的緣故，父子得以保全。所以幸福變為災禍，災禍變為幸福，變化是不能窮盡的，道理的深奧是不可測度的。

或直於辭而不周於事者❶，或虧於耳❷、忤❸於心而合於實者。高陽魋❹將為室，問匠人。匠人對曰：「未可也。木尚生，加塗其上，必將撓❺。以生材❻任重塗，今雖成，後必敗❼。」高陽魋曰：「不然。夫木枯則益勁❽，塗乾則益輕。以勁材任❾輕塗，今雖惡，後必善。」匠人窮於辭，無以對，受令而為室。其始成竘然❿善也，而後果敗。此所謂直於辭而不周於事⓫者也。

何謂虧於耳、忤於心而合於實？靖郭君⓬城薛⓭，賓客多止之，弗聽。靖郭君謂謁者曰：「無為賓通言。」齊人有請見者曰：「臣請道三言而已。過三言，請烹。」靖郭君聞而見之，賓趨⑭而進，再拜而興⑮，因稱曰：「海、大、魚。」則反走。靖郭君止之曰：「願聞其說。」賓曰：「臣不敢以死為熙⑯。」靖郭君曰：「先生不遠道而至此，為寡人稱⑰之。」賓曰：「海大魚，網弗能止也，鈎弗能牽也。蕩而失水，則螻蟻⑱皆得志焉。今夫齊，君之海⑲也。君失齊，則薛能自存乎？」靖郭君曰：「善。」乃止不城薛。此所謂虧於耳、忤於心而得事實者也。

【章　旨】這一章用兩件事說明兩個觀點。一是講高陽魋要匠人為室，匠人言溼材料不可為。縱使「今雖成」而「後必敗」。高陽魋卻說樹枯會更加強硬，塗料一乾會更輕，以更強硬之材受更輕之塗，「今雖惡」而「後必善」。匠人受令為室，始則善而後果壞。作者說高陽魋之言即「所謂直於辭而不周於事者也」。二是講齊人諫靖郭君不要築城於薛地，齊人用一比諭勸諫。言海有大魚，網不能捕、鈎不能得，而當牠蕩而失水則為螻蟻所欺。然後點明「今夫齊，君之海也。君失齊，則薛能自存乎」。作者說齊人之言即「所謂虧於耳、忤於心而得事實者也」。

【注　釋】❶或直於辭句　王念孫謂「下文高陽魋命匠人為室之言，所謂『直於辭』也，室成而終敗，所謂『不周於事』也」。直，直率。高陽魋所言係就單個事物的單項性質而獨立言之，得出似是而非的結論。所以不能視之為「正直」之辭，不過他說的也並非曲折之辭，故以直率訓「直」。周，合。原文作「害」，依王念孫校改。❷虧於耳　猶言刺耳、逆耳。虧，毀壞；減損。❸忤　違背。原文上有「以」字，依王念孫校刪。❹高陽魋　舊注謂「或曰：高陽魋，宋大夫」。案：文中所述事見於《韓非子・外儲說左上》，「高陽魋」作「虞慶」。事又見於《呂氏春秋・別類》，「高陽魋」作「高陽應」。陳奇猷謂高陽應（當作庢）即高陽魋。並言「高陽其姓，魋其名，而號虞卿。據《史記》本傳，虞卿在趙孝成王時」。❺撓　通「橈」。曲木。作動詞用。❻生材　指剛砍伐的樹木加工而成的材料。此類材料水分重，所製物品易變形。❼敗　毀壞。❽勁　強；堅實有力。❾任　負擔；承受。❿竘然　高壯貌。⓫周於事　原文三字作「可用」二字，依王念孫校改。《韓非子》謂虞卿（高陽魋）之言「文辯辭勝而反事之情」，《呂氏春秋》謂「高陽應（庢）好小察而不通乎大理也」。⓬靖郭君　即田嬰。戰國時齊人，孟嘗君之父。為齊相十一年，封於薛，號靖郭君。⓭薛　本為春秋時國名，戰國時為齊所滅，故地位於今山東省滕縣南。⓮趨　小步快走，表示恭敬。⓯興　起；起來。⓰熙　通「嬉」。嬉戲。⓱稱　聲言；說。⓲螻螘　螻蟻。螻蛄和蚍蜉。皆為蟲之微小者。⓳海　原文作「淵」，依楊樹達校改。文中所述事見於《戰國策・齊策一》，又見於《韓非子・說林下》。

【語　譯】有的話言辭直率卻不符合事實，有的話聽起來刺耳、不合心意卻符合事實。高陽魋打算蓋房屋，就向工匠打聽情況。工匠說：「還不能動手做。木料還未乾，把泥塗在上面，木頭一定會彎曲。在溼木材上塗上重重的泥，現在雖然能做成，以後必定會壞掉。」高陽魋說：「不會這樣。樹木枯了就會更加堅實，塗的泥一乾就會更加輕。用很堅實的木料來承受很輕的泥，現在雖然不好，以後一定會很好。」工匠沒有話說了，無法回答他，就接受高陽魋的命令蓋房子。開始做成時，房屋顯得高大壯麗，可是後來果然毀壞了。這就是所說的有些話是言辭直率而不符合事實。

哪些話是聽起來刺耳、不合心意卻又符合事實呢？靖郭君田嬰要在封地薛地築一座城，門客多數都勸他不要築，他不聽。靖郭君對身邊的人說：「不要給進言的人通報了！」齊國有一位請求拜見的人說：「我只說三個字就好了，超過三個字，就請您把我烹殺掉。」靖郭君聽了就接見了他，這位賓客邁著小步很快走了進去，拜了兩拜起來，便說道：「海、大、魚。」說完，回頭就走。靖郭君阻止他走，說：「我希望聽聽『海、大、魚』所包含的意思。」賓客說：「我不敢拿死來開玩笑。」靖郭君說：「先生不顧路遠而來到我這裡，請為我說一說。」賓客說：「海中有大魚，用網捕捕不到牠，用鉤釣釣不到牠。但牠自己搖蕩脫離了水，螻蛄、蚍蜉一類小蟲就都會很得意了。如今齊國，就是您的海。您失去了齊國，那薛地自己還能保存得住嗎？」靖郭君說：「很好。」於是放棄了主張，不在薛地築城。這就是所說的聽起來刺耳、不合心意卻很合事實的話。

夫以「無城薛」止城薛，其於以行說，乃不若「海、大、魚」。故物或遠之而近，或近之而遠；或說聽、計當而身疏，或言不用、計不行而益親。何以明之？

三國❶伐齊，圍平陸❷。括子❸以報於牛子曰：「三國之地不接於我，踰❹鄰國而圍平陸，利不足貪也。然則求名於我也。請以齊侯往❺。」牛子以為善。括子出，無害子❻入，牛子以括子言告無害子。無害子曰：「異乎臣之所聞。」牛子曰：「國危而不安，患結而不解，何謂貴智❼！」無害子曰：「臣聞裂壤土❽以安社稷者，聞殺身破家以存其國者，不聞出其君以為封疆❾者。」牛子不聽無害子之言，而用括子之計，三國之兵罷，而平陸之地存。自此之後，括子日以疏❿，無害子日以進⓫。故謀患而患解，圖國而國存，括子之智得矣。無害子之慮無中於策，謀無益於國，然而心調⓬於君，有義行⓭也。

【章　旨】這一章一就上章齊人諫靖郭君止城薛事，提出「物或遠之而近，或近之而遠」的看法。二說括子建議齊侯出而罷三國之兵、解平陸之圍，而無害子謂「不聞出其君以為封疆者」。結果牛子用括子言而成事。可是「自此之後，括子日以疏，無害子日以進」。作者說這便是「或說聽、計當而身疏，或言不用、計不行而益親」。並解釋無害子慮不中於策、謀無益於國，是其「心調於君，有義行也」。

【注　釋】❶三國　韓、魏、趙。❷平陸　戰國時齊邑。古為厥國，地當今山東省汶上縣北。❸括子　與下文「牛子」皆為齊臣。❹踰　越過。❺以齊侯往　謂讓齊國國君前往平陸。侯，此處指諸侯國君主。❻無害子　舊注謂「齊臣」。❼國危而

不安三句　王念孫說上二句當作「國危不而安，患結不而解」，並謂「不而者，不能也。能、而，古聲相近」。或是。譯從原文。調，同「為」。❽裂壤土　猶言分割土地。❾封疆　保住疆界。即保住國土。疆，疆界。❿疏　指被齊君所疏遠。⓫進　進用；提拔任用。⓬調　通「周」。合。⓭義行　忠義之行。

【語譯】用「不要在薛地築城」的話來勸阻靖郭君在薛地築城的想法，用這樣的話去勸說，卻不如說「海、大、魚」三個字管用。所以有些事物本來相距很遠卻會很接近，本來離得很近卻會相距很遠；有的人的主張被接受、計謀很得當而他自己卻被疏遠，有的人說的意見不被採用，所出的計謀也不能實行，而他自己卻被更加親近。怎麼知道是這樣的呢？韓、趙、魏三國攻打齊國，把平陸圍住了。括子向牛子報告情況，說：「這三個國家的土地和我國並不相連，他們越過鄰國來圍住平陸，這點利益是不值得貪取的。那麼他們是想從我們這裡求得名聲。請讓我們齊國國君到邊地去一趟。」牛子認為建議很好。括子出去以後，無害子進來了，牛子便把括子的建議告訴無害子。無害子說：「括子說的和我聽到的說法不同。」牛子說：「國家處於危險之中而不能保證它的安全，禍患形成而不能加以解除，怎麼會是可貴的智慧呢！」無害子說：「我聽說有割出土地來保住國家安全的，聽說有用身死家破來保存國家的，未聽說過有讓君主走出國都而來保住國家疆界的。」牛子沒有聽從無害子的話，而用了括子的計謀，結果使三國的軍隊停止了戰爭行動，使得平陸得以保存。從此以後，括子卻一天一天為君主所疏遠，而無害子卻一天一天得到君主的重用。所以說謀劃解除禍患而使禍患解除，謀劃使國家存在而使國家能夠存在，括子的智謀是用得很好的。無害子的考慮算不上計策，他的謀劃對國家沒有什麼益處，但是他的想法和君主的心意相合，是一種忠義的行為。

今人待❶冠而飾首，待履而行地。冠履之於人也，寒不能暖❷，風不能障❸，暴❹不能蔽也，然而冠冠履履者，其所自託者然也。

夫咎犯❺戰勝城濮❻，而雍季❼無尺寸之功，然而雍季先賞而咎犯後存❽者，其言有貴者也。故義者，天下之所貴❾也。百言百當，不如擇趨❿而審行也。或無功而先舉，或有功而後賞。何以明之？昔晉文公將與楚戰城濮，問於咎犯曰：「為之⓫奈何？」咎犯曰：「仁義之事，不厭忠信⓬；戰陣之事，不厭詐偽。君其詐之而已矣。」辭咎犯，問雍季，雍季對曰：「焚林而獵，愉⓭多得獸，後必無獸。以詐偽遇⓮人，雖愉利，後無復。君其正之而已矣。」於是不聽雍季之計，而用咎犯之謀，與楚人戰，大破之。還歸賞有功者，先雍季而後咎犯。左右曰：「城濮之戰，咎犯之謀也⓯。君行賞先雍季，何也？」文公曰：「咎犯之言，一時之權⓰也。雍季之言，萬世之利也。吾豈可以先一時之權，而後萬世之利也哉！」

【章　旨】這一章說義為天下之所貴，即使有些意見可以解決實際問題，然而「不義」亦不為君主所重。故言「百言百當，不如擇趨而審行也」。文中用來說明這一點的是晉文公的一段故事。晉文公在「城濮之戰」前曾徵詢咎犯、雍季的作戰方針，而在實戰中採納了咎犯的主意，致使戰爭獲得勝利。但在戰後論功行賞時卻先雍季而後咎犯。文公解釋說咎犯之言不過是一時權宜之計，而雍季之言為「萬世之利」。文公的言行正合本章開篇所言，他是借雍季合「義」之言以「自託」。本章事見於《韓非子・難一》。文字多出自《呂氏春秋・義賞》。

【注　釋】❶待　須；恃。❷暖　溫。❸障　阻隔；遮蔽。❹暴　「暴」之本字。晞；曬。❺咎犯　即狐偃。字子犯，晉文公之舅，因稱咎犯。古舅、咎相通。❻城濮　地名。屬衛。今山東省濮陽縣南七十里有臨濮故城，即其地。晉楚「城濮之戰」見《左傳・僖公二十八年》。❼雍季　或謂即晉之公子雍。❽存　勞問；慰問。❾貴　原文作「賞」，依王念孫校改。❿趨趨向。⓫之　原文無此字，依劉文典校補。⓬不厭忠信　原文上有「君子」二字，依劉文典校刪。⓭愉　古「偷」字。猶「貪」。原文作「愈」，依俞樾校改。本文下句中「愉」原亦作「愈」，亦依俞氏校改。⓮愚　原文作「遇」，依馬宗霍校改。馬氏謂「遇作愚，愚人謂使人受其愚也」。⓯城濮之戰二句　城濮之戰，實際上是晉文公用狐偃計，退避三舍而蓄勢。楚軍首領令尹成得以為晉軍怯退，窮追不捨，結果遭到晉軍伏擊，因而晉勝楚敗。權，權宜；隨事勢採取的適宜辦法。

【語譯】現在人們靠戴著帽子來裝飾頭，靠穿上鞋子來走路。帽子和鞋子對於人來說，寒冷的時候不能帶來溫暖，刮風的時候擋不住風，日曬的時候不能用來遮蔽太陽，但是人們還是戴上帽子、穿上鞋子，因為頭和腳本身需要寄託之處。

咎犯在城濮戰勝楚國，而雍季一尺一寸的功勞也沒有，但是雍季卻先受到賞賜而咎犯後受到慰勞，是因為雍季說的話有值得重視的地方。所以「義」是天下人們所重視的。百次說話百次得當，還不如選擇事情的趨向而慎重地去做。有的人沒有功勞卻先受到舉薦，有的人有功勞卻後受到賞賜。怎麼能說明這一點呢？從前晉文公將要和楚國在城濮打仗，問咎犯說：「這場戰爭怎麼打？」咎犯說：「行仁、行義的事情，不嫌棄盡忠、守信；作戰、布陣之事，不嫌棄欺詐、虛偽的做法。您就使用欺詐的手段好了。」文公辭別咎犯後，又去問雍季，雍季回答說：「焚燒樹林來打獵，貪圖多獵得一些野獸，以後必定就沒有野獸了。用欺詐、虛假的手段來愚弄人，即使能一時貪得利益，以後就不再能得到好處了。您還是照正大之道辦事好了。」在這種情況下，晉文公沒有聽從雍季的計謀，而採用了咎犯的計謀，和楚軍作戰，結果把楚軍打得大敗。回國後賞賜有功人員，先賞雍季而後賞咎犯。文公身邊的人說：「城濮這場戰爭，用的是咎犯的計謀。君王先賞雍季，這是為什麼呢？」晉文公回答說：「咎犯說的話，是可以一時採用的計謀。雍季說的話，是可以使萬代獲利的計謀。我怎麼可以先賞提供一時採用的權宜之計的人，而後賞提供萬代獲利之計的人呢！」

智伯率韓、魏二國伐趙，圍晉陽，決晉水❶而灌之。城中❷緣木而處❸，縣釜❹而炊。襄子謂張孟談❺曰：「城中力已盡，糧食匱❻，武❼大夫病，為之奈何？」張孟談曰：「亡不能存，危不能安，無為貴智❽。臣請試潛行❾，見韓、魏之君而約之。」乃見韓、魏之君，說之曰：「臣聞之，脣亡而齒寒。今智伯率二君而伐趙，趙將亡矣。趙亡，則二❿君為之次矣。及今而不圖之，禍將及二君。」二君曰：「智伯之為人也，粗⓫中而少親。我謀而泄，事必敗。為之奈何？」張孟談曰：「言出二君之口，入臣之耳，人孰知之者乎？且同情相成，同利相死，二君其圖之！」二君乃與張孟談謀，陰與之期⓬。張孟談乃報襄子。至期日⓭之夜，趙氏殺其守隄之吏，決水灌智伯軍⓮。智伯軍救水而亂，韓、魏翼而擊之，襄子將卒犯其前大敗智伯軍，殺其身而三分其國。襄子乃賞有功者，而高赫為賞首⓯。群臣請曰：「晉陽之存，張孟談之功也，而赫為賞首，何也？」襄子曰：「晉陽之圍也，寡人國家危，社稷殆⓰，群臣無不有驕侮之心者，唯赫不失君臣之禮，吾是以先之。」由此觀之，義者，人之大本也。雖有戰勝存亡之功，不如行義之隆⓱。故老子⓲曰：「美言可以市尊，美行可以加人⓳。」

【章　旨】這一章敘說智伯率韓、魏圍趙，決晉水而灌，致使趙幾乎軍破國亡。趙靠張孟談聯絡韓、魏二君，反滅智伯而三分其國。而趙襄子事後行賞，卻以高赫為賞首，理由是趙在危急之中而高赫能謹於君臣之禮。作者以此說明義為人之大本，「雖有戰勝存亡之功，不如行義之隆」。且以此說明老子所言「美言可以市尊，美行可以加人」。此章所言事見於《戰國策・趙策一》、《韓非子・十過》，以及《史記・趙世家》。

【注　釋】❶晉水　源出山西省太原市西南懸甕山，分北、中、南三渠，東流入汾河。智伯所決「晉水」實為晉水之北渠。其事在晉哀公四年（西元前四五三年）。❷城中　原文作「城下」，依王念孫校改。❸緣木而處　《戰國策》謂「城中巢居而處」。處，居住。❹釜　一種鍋。即無腳之鍋。❺張孟談　趙人。趙襄子的家臣，嘗勸襄子定居晉陽。《史記》作張孟同。❻城中力已盡二句　力已盡，謂財力已盡。鮑彪本《戰國策》即明言「財力盡」。匱，乏。原文下有「乏」字，依王念孫校刪。❼武　原文無此字，依王念孫校補。❽貴智　原文下有「士」字，依王念孫校刪。❾潛行　舊注謂「伏行也」。楊樹達說潛行當解作潛行水中、涉行。「時智伯決水灌趙，故張孟談請潛水而行」。楊說是。❿二　原文無此字，依王念孫校補。下句「言出二君之口」中「二」字，亦依王氏校補。⓫粗　同「怚」。驕傲自滿。⓬陰與之期　王念孫謂「陰約舉事之期也」。陰，原文作「陰謀」，依王氏校作「謀，陰」。⓭期日　原文作「其日」，依俞樾校改。俞氏謂「其當作期，謂所期之日之夜也」。⓮軍　原文無此字，依王念孫校補。⓯高赫為賞首　此處所言高赫受賞事，文字幾與〈氾論〉全同。高赫為趙襄子臣，《史記・趙世家》作「高共」。謂「三國攻晉陽歲餘，引汾水灌其城，……群臣皆有外心，禮益慢，唯高共不敢失禮」。⓰殆　危險。⓱隆　盛；多。⓲老子　原文作「君子」，依王念孫校改。⓳美言可以市尊二句　出自《老子》第六十二章。市尊，意謂買得尊重。加人，意謂勝於人。或謂為人所重。

【語　譯】智伯帶領韓國、魏國的軍隊攻打趙國，圍住了晉陽，挖開晉水灌入城中。城中的人只好住在樹上，只好把鍋吊起來燒火做飯。趙襄子對張孟談說：「城中財力已經耗盡，糧食匱乏，武大夫們已經精疲力盡，這怎麼辦呢？」張孟談說：「國家將滅亡卻不能使它存在，國家危險卻不能使它安全，那就不要重視智慧了。我請求涉水出去，去拜見韓國、魏國的君主而和他們訂好盟約。」於是張孟談去見韓國、魏國的君主，勸他們說：「我聽說，嘴唇沒有了，那牙齒就要受冷。現在智伯帶領二位君主來攻打趙國，趙國將要滅亡了。趙國一滅亡，那二位君主接下來就會成為智伯消滅的對象。到現在還不謀劃對付他的辦法，災禍將要降臨到二位君主頭上了。」兩位君主說：「智伯的為人，驕傲自滿而缺少仁愛之心。我們的謀劃泄露出去，事情一定會失敗。那將怎麼辦呢？」張孟談說：「話從兩位君主口中說出，傳入我的耳朵中，別人怎麼會知道呢？況且情感相同就能一起努力把事情辦成，利益相同就能彼此為它去死，兩位君主請謀劃吧！」兩位君主便和張孟談一起謀劃，暗中和他議定了起事的時間。張孟談便向趙襄子作了匯報。到了約好的那天夜裡，趙襄子派人殺死了智伯守隄的官吏，挖開隄把水灌入智伯軍營。智伯的軍隊為救水而大亂，韓國、魏國的軍隊從兩側攻擊智伯的軍隊，趙襄子帶領士卒攻擊智伯軍隊的前面，把智伯軍隊打得大敗，殺死了智伯，三國把他的國土分掉了。趙襄子於是獎賞有功人員，而把高赫作為功勞最高而受賞的人。群臣詢問襄子說：「晉陽能夠保存下來，是張孟談的功勞，卻以高赫為受賞的第一人，這是為什麼呢？」趙襄子回答說：「晉陽被包圍的時候，寡人國家危險，社稷危險，眾臣中沒有不對我懷有輕慢之心的，只有高赫沒有失去臣子對君主應有的禮節，我因此而以他為先受賞的對象。」從這看來，義，是做人的大根本。即使有戰勝而使將亡之國得以保存的功勞，也不如慎重地按「義」行事。所以老子說：「美好的言論可以換得人們的尊重，美好的行為可以博得人們的重視。」

或有罪而可賞也，或有功而可罪❶也。西門豹❷治鄴❸，廩❹無積粟，府❺無儲錢，庫❻無甲兵，官❼無計會❽，人數言其過於文侯。文侯身❾行其縣，果若人言。文侯曰：「翟璜❿任子治鄴，而大亂。子能變道⓫則可，不能，將加誅⓬於子。」西門豹曰：「臣聞：王主⓭富民，霸主⓮富武⓯，亡國⓰富庫⓱。今君⓲欲為霸王者也，臣故蓄積於民。君以為不然，臣請升城⑲鼓之，甲兵粟米可立具也。」於是乃升城而鼓之。一鼓，民挾甲笴⑳、操兵弩而出。再鼓，服摙載粟而至㉑。文侯曰：「罷之！」西門豹曰：「與民約信，非一日之積也。一舉而欺之，後不可復用也。燕常㉒侵魏八城，臣請北擊之，以復侵地。」遂舉兵擊燕，復地而後反㉓。此有罪而可賞者也。

解扁㉔為東封㉕，上計㉖而入三倍，有司㉗請賞之。文侯曰：「吾土地非益廣㉘也，人民非益眾也，入何以三倍？」對曰：「以冬伐木而積之，於春浮之河而鬻之。」文侯曰：「民春以力耕㉙，夏㉚以強耘㉛，秋以收斂，冬間㉜無事，又㉝伐林而積之，負軛㉞而浮之河，是用㉟民不得休息也，民以㊱敝㊲矣。雖有三倍之入，將焉用之？」此有功而可罪者也。

【章旨】這一章一以西門豹治鄴之事說明「或有罪而可賞也」。西門豹治理鄴縣，「廩無積粟，府無儲錢，庫無甲兵，官無計會」。魏文侯欲責其罪，而西門豹陳言，謂君主欲成王業當藏富於民，並立即召民以戰，收復被燕所侵之地。所以西門豹治鄴，實是功勞極大，文侯欲治其罪，出於不知就裡。作者以此事解說「或有罪而可賞」，見得他所謂「有罪」實乃貌似有罪而實有功。本章又以解扁治東封（東部疆域）之事說明「或有功而可罪也」。解扁治理東封，年終匯報，所收錢、糧三倍於往年。文侯問其故，原來他勞民伐木而有此利。文侯責解扁使民不得休息，言「雖有三倍之入，將焉用之」。作者以此事解說「或有功而可罪」。見得他所謂「有功」實乃貌似有功而實有罪。

【注　釋】❶罪　此處作動詞用。懲處。❷西門豹　魏文侯之臣。其人性急，常佩韋以自警，而為人端正。《韓非子・外儲說左下》言「西門豹為鄴令，清剋潔愨，秋毫之端無私利也，而甚簡左右（不事君之左右）」。❸鄴　戰國魏都。故城在今河北省臨漳縣北。❹廩　米倉。❺府　收藏財物的地方。❻庫　武庫。收藏兵器、戰車、甲盔等軍用物品的地方。❼官　指官府，官衙。❽計會　記錄出入的簿書。❾身　親自。❿翟璜　魏文侯之相。魏下邽人，嘗薦吳起、西門豹、樂羊、李克等人於文侯。一說翟璜，即翟黃。⓫變道　易其道。改變做法。原文無「變」字，依王念孫校補。⓬誅　懲罰。⓭王主　建樹王業之君主。擁有天下者稱王。⓮霸主　建樹霸業之君主。諸侯之長稱為霸。⓯富武　富於士卒。即士卒很多。江淮間稱士為武。⓰亡國　此指使國家滅亡之君。⓱富庫　指倉庫所藏之物極多。⓲君　原文作「王」，依王念孫校改。⓳升城　登上城樓。升，通「登」。二字古音相同。⓴挾甲笴　謂挾帶鎧甲、箭矢。挾，用胳膊夾住。笴，箭矢。原文作「被甲括矢」，依吳承仕校改。㉑服摙載粟而至　謂或服或摙，載粟而至。服，駕牛。摙，同「輦」。指人挽（拉）車。服摙載粟，原文作「負輦粟」，依王念孫校改。㉒常　通「嘗」。曾經。㉓反　同「返」。㉔解扁　舊注謂「魏臣，治東封者」。㉕東封　指魏東部疆域。㉖上計　年終之時地方官本人或遣吏至京呈上計簿，將全年人口、錢、糧、盜賊、獄訟等事報告朝廷，謂之上計。㉗有司　官吏。㉘益廣　加大。㉙力耕　盡力耕作。㉚夏　原文作「暑」，依王念孫校改。㉛強耘　盡力耕耘。耘，除草。此處泛指農事。㉜間　「閒」之俗字。㉝又　原文作「以」，依王念孫校改。㉞負軛　指馬負軛拉車以運木頭。負，背。此處有承受之意。軛，同「軶」。車上部件，軛首繫在車轅前腳橫木、軛腳架於馬首。㉟是用　是以；因此。㊱以　同「已」。楊樹達謂「以與已同，甚也」。㊲敝　疲憊。

【語　譯】有的人有罪卻可以賞賜他，有的人有功卻可以加以懲處。西門豹管理鄴縣，糧倉內沒有積蓄糧食，府庫中沒有儲藏錢財，武庫內沒有兵器、鎧甲，官衙裡沒有記錄出入的簿書，有人好幾次在魏文侯面前說他的過錯。文侯親自到鄴縣去了解情況，果然和人們所說的一樣。文侯對西門豹說：「翟璜任用你治理鄴縣，而你把鄴縣管得太亂。你若能改變做法就好，不能改變做法的話，就將處罰你。」西門豹回答說：「我聽說：創造王業的君主讓民眾富足，創造霸業的君主士兵非常多，使得國家滅亡的君主倉庫中財物極多。現在國君您要創造霸王之業，因此我把糧食、錢財和兵甲蓄積在民間。您認為這樣做不對，我請求登上城樓擊鼓，鎧甲、兵器、糧食立刻就可以備辦好。」於是兩人登上城樓，要人擊鼓，鼓聲一響，老百姓就挾帶鎧甲、箭矢，握著弩弓等兵器出來了。擂響第二通鼓，人們駕著牛、拉著車把糧食送來了。文侯說：「讓他們停止行動吧！」西門豹說：「和民眾相約而能守信用，不是一天積聚而成的。有了一次失信就欺騙了大家，那以後就不能再使用他們了。燕國曾經侵佔我們魏國八城，我請求向北攻打燕國，以收復被他們侵佔的土地。」於是發兵攻打燕國，收復失地然後返回鄴縣。這就是有罪而可以給與獎賞的例子。

解扁擔任魏國東部疆域的地方長官，年終他向朝廷匯報，財政收入較之往年增加了三倍，官吏請求獎賞他。魏文侯說：「我的國土沒有加大、人民的數量沒有增多，收入為什麼會增加三倍？」解扁回答說：「因為我讓老百姓在冬天砍伐樹木積聚起來，在春天再把那些木料經由水流運出去賣掉。」文侯說：「老百姓在春天要努力耕種，在夏天要努力耕耘，在秋天要收穫，冬天閒暇無事，現在又要他們砍伐林木而把樹木積聚起來，讓他們套上馬車把木材運到河邊，因此老百姓一年四季都不能休息，老百姓已經疲憊不堪了。即使有三倍的收入，又會有什麼用途呢？」這便是有功勞而可以加以處罰的例子。

賢主不苟得❶，忠臣不苟利❷。何以明之？中行穆伯攻鼓❸，弗能下。餽聞倫❹曰：「鼓之嗇夫❺，聞倫知之。請無罷❻武大夫❼，而鼓可得也。」穆伯弗應。左右曰：「不折一戟，不傷一卒，而鼓可得也，君奚為弗使？」穆伯曰：「聞倫為人，佞❽而不仁。若使聞倫下之，吾可以勿賞乎？若賞之，是賞佞人。佞人得志，是使晉國之武❾舍仁而從❿佞，雖得鼓，將何所用之？」攻城者，欲以廣⓫地也。

得地不取者，見其本而知其末也。

【章　旨】這一章的論題是「賢主不苟得，忠臣不苟利」，而重點說明的是「忠臣不苟利」。文中用以說明此理的是中行穆伯攻打鼓國之事。中行穆伯攻打鼓國而不能勝，餽聞倫因與鼓之嗇夫相知，願不用一兵一卒而取鼓國，而中行穆伯不允。原因是餽聞倫為人佞而不仁，若餽聞倫取鼓國必受賞，則晉之士人會捨仁而從佞。穆伯「不苟利」，實是看到了得利之後的大不利。

【注　釋】❶苟得　苟且求得；不當獲取而獲取。❷苟利　不當得利而得利。❸中行穆伯攻鼓　事見《左傳・昭公十五年》。中行穆伯，晉國大夫。鼓，春秋時國名，北狄別種。當時屬鮮虞。其地在今河北省晉縣境內。魯昭公二十二年（西元前五二〇年）為晉所滅。❹餽聞倫　晉人。一說為晉大夫。❺嗇夫　官名。《管子・君臣上》謂「吏嗇夫（檢束群吏之官）任事，人嗇夫（檢束百姓之官）任教」。❻罷　通「疲」。疲勞。❼武大夫　武將。或謂即士大夫。❽佞　奸巧諂諛；花言巧語。❾武士。俞樾謂「晉國之武，即晉國之士。《淮南》一書通謂士為武」。❿從　原文作「後」，依俞樾校改。⓫廣　擴大。

【語　譯】賢明的君主不求不應當得到的東西，忠誠的臣子不求不應當得到的利益。怎麼能明白這一點呢？中行穆伯攻打鼓國，不能攻下。這時餽聞倫對他說：「鼓國的嗇夫，我餽聞倫很了解他。請不要勞累武將們，而我可以使我國得到鼓國。」穆伯不答應。他身邊的人說：「不用折斷一根戟，不會使一個士兵受傷，而能得到鼓國，您為什麼不派他去找鼓國的嗇夫呢？」穆伯回答說：「聞倫為人，巧言諂媚而沒有仁愛之心。如果派他去把鼓國拿下來，我能夠不獎賞他嗎？如果獎賞他，那便是獎賞巧言諂媚的人。巧言諂媚的人能滿足自己的欲望，就會使晉國的士人捨棄仁愛之心而跟著也巧言諂媚，這樣即使得到了鼓國，又有什麼用呢？」攻打城邑，是要擴大國土。而能得到土地卻不取，是看出了這件事的根本和末節在哪裡。

秦穆公使子孟盟❶舉兵襲鄭，過周以東❷。鄭之賈人弦高、蹇他❸相與謀曰：「師行數千里，數絕❹諸侯之地，其勢必襲鄭。凡襲國者，以為無備也。今示以知其情，必不敢進。」乃矯❺鄭伯❻之命，以十二牛勞之。三率❼相與謀曰：「凡襲人者，以為弗知。今已知之矣，守備必固，進必無功。」乃還師而反。晉先軫❽舉兵擊之，大破之殽❾。鄭伯乃以存國之功賞弦高，弦高辭之曰：「誕❿而得賞，則鄭國之信⓫廢矣。為國而無信，是俗敗也。賞一人而敗國俗，仁者弗為也。以不信得厚賞，義者弗為也。」遂以其屬徙東夷⓬，終身不反。故仁者不以欲傷生，知⓭者不以利害義。

【章　旨】這一章說「仁者不以欲傷生，知者不以利害義」。寫法是先敘一事然後得出結論。所敘之事為弦高智退秦兵而不受鄭伯獎賞：秦穆公使孟盟舉兵襲鄭，鄭國商人詐稱鄭伯之命而以所販牛犒勞秦軍，使秦將知鄭已有防備而撤兵。鄭伯欲厚賞弦高，弦高卻以己受賞將會敗壞一國重「信」之俗為由，拒不受賞，且「以其屬徙東夷，終身不反」。弦高所為真乃「知者不以利害義」，而文中說「仁者不以欲傷生」，則從弦高語引出。

【注　釋】❶孟盟　《左傳・僖公三十二年》作「孟明」。孟明為秦賢臣百里奚之子，名視。秦穆公此次襲鄭，率秦軍者除孟明外，尚有西乞、白乙。❷過周以東　《左傳》中作「過周北門」。周，指周王都城洛邑。以，相當於連詞「而」。❸蹇他　弦高之黨。❹絕　越過。❺矯　假託；詐稱。❻鄭伯　即鄭穆公。名蘭，鄭文公庶出之子。❼三率　即三帥。指白乙、孟明、西乞。率為「衛」之省形字，「衛」為「帥」之本字。❽先軫　即原軫。晉國大夫，因食采邑於原，所以又稱原軫。❾殽　同「崤」。山名。在今河南省洛寧縣北，西北接陝縣，東接澠池。有兩山，相距三十五里，故稱二崤。❿誕　詐；欺騙。⓫信誠實；不欺。⓬東夷　此處指東部少數民族地區。⓭知　同「智」。

【語　譯】秦穆公派孟盟領兵去襲擊鄭國，經過周都到東邊去。鄭國的商人弦高和蹇他一起商量說：「秦國的軍隊行軍數千里，數次越過諸侯國的土地，看他們的勢頭必定是要襲擊鄭國。凡是要偷襲他國的人，總是認為對方沒有防備。現在告訴他鄭國已經知情了，他們一定不敢前進。」於是二人就假託鄭穆公的命令，用十二頭牛來慰勞秦軍。秦軍的三位將領一起謀劃說：「凡是偷襲別人，總認為別人不知道。現在人家已經知道了，他們防備一定堅固，我們要進攻一定不能建立功勳。」於是還師返回秦國。晉國先軫領兵攻擊秦軍，在崤山把秦軍打得大敗。鄭穆公於是以保存國家的功勞來獎賞弦高，弦高拒絕說：「我用欺騙的手段而得到獎賞，那鄭國誠實的風氣就會被廢棄了。作為一個國家而不誠實，是風俗敗壞的表現。獎賞一人而使一國風俗敗壞，仁愛之人是不這樣做的。憑著不誠實而得到豐厚的獎賞，行義之人是不這樣做的。」於是弦高帶著他的家族遷移到了東部少數民族地區，終身不再返回鄭國。所以仁愛之人是不因為自己的欲望而傷害生命的，有智慧的人是不因為謀取利益而損害大義的。

1047 間人

聖人之思脩❶，愚人之思叕❷。

忠臣者務崇❸君之德，諂臣者務廣君之地。何以明之？

陳❹夏徵舒❺弒其君，楚莊王伐之，陳人聽令。莊王以討有罪，遣卒戍陳❻，大夫畢❼賀。申叔時❽使於齊，及還而不賀❾。莊王曰：「陳為無道，寡人起九軍❿以討之，征暴亂，誅罪人，群臣皆賀，而子獨不賀，何也？」申叔時曰：「牽牛蹊人之田⓫，田主殺其人而奪之牛。罪則有之，罰亦重矣。今君王以陳為無道，興兵而政之[12]，以[13]誅罪人，遣人戍陳。諸侯聞之，以王為非誅罪人也，貪陳國也。蓋聞君子不棄義以取利。」王曰：「善。」乃罷陳之戍，立陳之後。諸侯聞之，皆朝於楚。此務崇君之德者也。

張武[14]為智伯[15]謀曰：「晉六將軍[16]，中行、文子[17]最弱，而上下離心，可伐以廣地。」於是伐范、中行，滅之矣。又教智伯求地於韓、魏、趙。韓、魏裂地而授之，趙氏不與，乃率韓、魏而伐趙，圍晉陽三年。三國陰謀同計，以擊智氏，遂滅之。此務為君廣地者也。

夫為君崇德者霸，為君廣地者滅，故千乘之國[18]，行文德[19]者王，湯武是也。萬乘之國[20]，好廣地者亡，智伯是也。

【章旨】這一章說「聖人之思脩，愚人之思叕。忠臣者務崇君之德，諂臣者務廣君之地」，其中說「忠臣」、「諂臣」是主要的，所以既用「聖人」、「愚人」之說加以概括，又用史事加以說明。說明「忠臣者務崇君之德」者，用申叔時力勸楚莊王勿遣卒戍陳之事；說明「諂臣者務廣君之地」者，用張武教智伯伐范、中行，又教其求地於韓、魏、趙，終為三國所滅之事。申叔時能看到莊王遣卒戍陳的危害和反而行之的利益，可謂「忠臣」，可謂「思脩」。張武對智伯而言，不可謂不忠，然其「思叕」顯然。從二例看，文章似說為臣之德，言「為君崇德者霸，為君廣地者滅」，但又說「行文德者王」、「好廣地者亡」，是由為臣之道言及為君之道。

【注釋】❶脩 長。❷叕 《說文・叕部》言「叕，綴聯也。象形」。短則須聯，故舊注謂「叕，短也」。❸崇 高。作動詞用。❹陳 春秋國名。春秋末為楚所滅，地當今河南省淮陽、安徽省亳縣一帶。❺夏徵舒 陳國大夫夏御叔之子。其母夏姬與陳靈公、大夫孔寧、儀行父通姦，夏徵舒怒殺靈公。❻戍陳 舊注謂「戍，守也。守，欲有陳也」。❼畢 都。全部。❽申叔時 楚大夫。當時齊惠公薨，其子頃公無野立，申叔時使於齊弔喪並賀新君即位。❾及還而不賀 王念孫言「謂大夫畢賀之時，申叔時尚未還，及其還而獨不賀也」。及還，原文作「反還」，依王氏校改。❿九軍 言大軍、眾兵。《莊子・德充符》言「雄士一人，雄入於九軍」，注「九軍」者有「天子六軍、諸侯三軍，通為九軍」之說。林希逸說：「九軍者，言眾兵也。或戰國之時有為九陣者亦未可知，不必拘天子六軍、諸侯三軍之說。」林氏之說亦合本文「九軍」之義。⓫牽牛蹊人之田 《太平御覽》引此句作「人有牽牛而徑於人之田中」。王念孫以為「牽牛蹊人之田」本如《太平御覽》所引，而為後人依《左傳・宣公十一年》所言而改（本章所述申叔時事即本於《左傳・宣公十一年》）。蹊，走過；踐踏。⓬政之 即征討之。政，同「征」。原文「政之」作「攻」，依王念孫校改。⓭以 同「已」。原文上有「因」字，依王念孫校刪。⓮張武 智伯之臣。晉人。⓯智伯 晉六卿之一。⓰六將軍 即晉之六卿：智氏、范氏、中行氏、趙氏、韓氏、魏氏。⓱中行文子 指中行氏、范氏。文子為范士燮之謚號。⓲千乘之國 指諸侯國。千乘，猶言千輛。古制諸侯地方百里，出兵車千乘。⓳文德 文治（指禮樂教化）之德。本書〈兵略〉亦言「行文德者王」。⓴萬乘之國 指擁有地方千里、出萬輛兵車的天子之國。

【語譯】聖人思考問題想得長遠，愚蠢的人思考問題眼光短淺。

忠誠之臣總是致力使君主的德行崇高，善於諂媚的臣子總是要努力擴大君主的土地。怎麼能說明這些呢？

陳國的夏徵舒殺死了他的君主，楚莊王派兵討伐夏徵舒而把他殺了，陳國人都聽從莊王的命令。莊王以討伐有罪之人為理由，要派兵去守衛陳國之地，楚國的大夫們都向莊王祝賀。申叔時當時出使到了齊國，當他回國後卻不向莊王祝賀。楚莊王問他說：「陳國成了無道之國，我發動眾兵去討伐它，征服暴亂，誅殺罪人，眾位臣子都向我祝賀，而你獨獨不來祝賀，這是為什麼？」申叔時回答說：「有人牽著牛從人家田中走過，那田主殺了牽牛的人而且奪走了他的牛。論罪，牽牛的人是有罪的，但處罰也太重了。現在君王以陳國是一個無道之國，起兵攻打它，已經殺了有罪的人，要派人去守衛陳國。諸侯們聽見這個消息後，會認為君王不是要誅殺有罪的人，而是貪圖陳國的土地。我聽說君子不會拋棄大義而去取得利益。」楚莊王說：「好。」於是停止了派兵守衛陳國的行動，而立陳國君主的後人為陳國之主。諸侯們聽說後，都向楚國朝拜。這就是臣子努力使君主德行崇高的例子。

張武為智伯謀劃說：「晉國的六位將軍，數中行氏、范氏最弱，而且兩家都是上下離心，可以攻打他們而擴大你的土地。」在這種情況下，智伯便攻打范氏、中行氏，把他們消滅了。張武又教智伯向韓、魏、趙要土地。韓、魏都分割出一塊土地給智伯，趙氏不給，於是智伯便率領韓、魏二國攻打趙氏，包圍晉陽三年。韓、魏、趙三國暗中商量、共同策劃，來攻打智氏，終於把他消滅了。這就是臣子努力為君王擴大土地的例子。

努力使君王德行崇高可以使君王建立霸業，為君王擴大土地而努力的會使君王遭到滅亡，所以能出千輛兵車的諸侯，推行文治之德，能夠稱王，商湯、周武王就是這樣。能出萬輛兵車的大國之主，喜好擴大土地就會遭到滅亡，智伯就是這樣的。

非其事者勿仞❶也，非其名者勿就也，無功❷而富貴者勿居也。夫就人之名者廢，仞人之事者敗，無功而大利者後將為害。譬猶緣❸高木而望四方也，雖愉樂哉，然而疾風至，未嘗不恐也。患及身，然後憂之，六驥追之，弗能及也。是故忠臣之❹事君也，計功而受賞，不為苟得；積力❺而受官，不貪爵祿。其所能者，受之勿辭也；其所不能者，與之勿喜也。辭所能則匿❻，欲所不能則惑。辭所不能而受所能，則得無損墮❼之勢，而無不勝之任矣。

昔者智伯驕，伐范、中行而克之，又劫韓、魏之君而割其地。尚以為不足，遂興兵伐趙。韓、魏反之，軍敗晉陽之下，身死高梁❽之東，頭為飲器❾，國分為三，為天下笑。此不知足之禍也。老子曰：「知足不辱，知止不殆，可以修久❿。」此之謂也。

【章旨】這一章說到兩個意思。一是由「非其事者勿仞」、「非其名者勿就」、「無功而富貴者勿居」，說到「忠臣之事君也，計功而受賞，不為苟得；積力而受官，不貪爵祿」。論為臣之道，言「其所能者，受之勿辭也；其所不能者，與之勿喜也」。二是說智伯既伐范氏、中行氏而有其地，又脅迫韓、魏之君而割其地，猶嫌不足，又求地於趙，終於身死國亡，是「不知足之禍」。並由此引出老子之言，而倡言「知足」、「知止」。

【注釋】❶仞　通「認」。承認；承擔。❷無功　原文上有「無故有顯名者勿處也」九字，依王引之校刪。王氏謂此九字「義與上句無別，當即是上句之注」。❸緣　攀援。❹之　原文無此字，依劉文典校補。❺積力　程力；量力。《禮記・儒行》曰：「儒有內稱不辟親，外稱不辟怨，程功積事，推賢而進達之。」程、積並言，是積與程同義。又曰：「鷙虫攫搏，不程勇者。引重鼎，不程其力。」鄭注：「程，猶量力。」故積力即程力、量力。王念孫欲改「積」為「量」，非。❻匿　指隱藏實際能力。❼損墮　隕墜；墜落。❽高梁　高梁城。城嘗為晉大夫叔向之邑，故城在今山西省臨汾縣東北。❾飲器　便溺（同「尿」）的器皿。《戰國策・趙策一》言：「及三晉分知氏，趙襄子最怨知伯，而將其頭以為飲器。」❿知足不辱三句　出自《老子》第四十四章。知足，即自知滿足。《老子》第四十六章云：「禍莫大於不知足，咎莫大於欲得。故知足之足，常足矣。」知止，言知適可而止。修久，長久。

【語譯】不是自己應該做的事情就不要承擔，不是自己應該得到的名聲就不要接受，沒有功勞而得到的富貴不要去享受。

把他人的名聲接受過來那名聲終會被人廢棄，承擔別人的事情總會把事情做壞，沒有功勞卻得到很大的利益，以後將帶來害處。

譬如攀援到高樹上而觀望四方的景象，雖然使人愉快歡樂，但是一旦疾風吹來，沒有不感到恐懼的。禍患到了身上，然後才憂愁，就是坐上六匹快馬拉的車子，也不能追上了。因此忠臣事奉君主，要計算自己的功勞而接受獎賞，不要隨便獲取；要衡量自己的能力而接受官職，不要貪圖爵位和俸祿。自己能做的事，就接受下來而不要推辭；自己不能做到的事情，給自己做也不要歡喜。推辭自己所能做到的事情，就把自己的實際能力隱藏住了；想做自己沒有能力做到的事情，就會產生疑惑。推辭自己不能做到的事而接受自己有能力做的事，那就能具有不會墜落的形勢，而沒有能力擔負不了的事情。

從前智伯驕傲，攻打范氏、中行氏而把他們打敗了，又威逼韓國、魏國的君主而割取他們的土地。這樣還認為不夠，於是興兵攻打趙國。後來韓國、魏國起來反對他，使他的軍隊大敗於晉陽城下，而他自己也死在高梁城東，頭做了人家的尿壺，國土被分割成三部分，而被天下的人譏笑。這是不知道滿足帶來的禍患。老子說：「曉得滿足的人不會受到侮辱，知道適可而止的人不會遇到危險，這樣可以長久平安。」就是說的這個意思。

或譽人而適足以敗之，或毀❶人而乃反以成之。何以知其然也？

費無忌❷復❸於荊平王❹曰：「晉之所以霸❺者，近諸夏❻也。而荊之所以不能與之爭者，以其僻遠也。楚王若欲從❼諸侯，不若大城❽城父❾，而令太子建❿

守焉，以來[11]北方，王自收其南。是得天下也。」楚王悅之，因命太子建守城父，命伍子奢[12]傅之[13]。居一年，伍子奢游人[14]於王側，言太子甚仁且勇，能得民心。王以告費無忌，無忌曰：「臣固聞之，太子內撫百姓，外約諸侯，齊、晉又輔之，將以害楚，其事已構[15]矣。」王曰：「為我太子，又尚何求？」曰：「以秦女之事[16]怨王。」王因殺太子建而誅伍子奢。此所謂見譽而為禍者也。

何謂毀人而反利之？唐子[17]短[18]陳駢子[19]於齊威王，威王欲殺之，陳駢子與其屬出亡，奔薛。孟嘗君[20]聞之，使人以車迎之。至，而養以芻豢[21]黍粱五味之膳[22]，日三至。冬日被裘罽[23]，夏日服絺紵[24]，出則乘牢車，駕良馬。孟嘗君問之曰：「夫子生於齊，長於齊，夫子亦何思於齊？」對曰：「臣思夫唐子者。」孟嘗君曰：「唐子者，非短子者耶？」曰：「是也。」孟嘗君曰：「子何為思之？」對曰：「臣之處於齊也，糲粢[25]之飯，藜藿之羹，冬日則寒凍，夏日則暑傷。自唐子之短臣也，以身歸君，食芻豢，飯黍粱[26]，服輕暖，乘牢良。臣故思之。」此謂毀人而反利之者也。是故毀譽之言，不可不審也。

【章　旨】這一章一說「或譽人而適足以敗之」，二說「或毀人而乃反以成之」，藉以強調「毀譽之言，不可不審」。文中說明「或譽人而適足以敗之」，用的是伍子奢稱譽太子建而被費無忌所利用，結果致太子建於死地的事例。說明「或毀人而乃反以成之」，用的是陳駢子為唐子所短而受到孟嘗君的禮遇的事例。兩個事例的形成都有其特殊性，但作者用它們說明的道理卻含有辯證法思想。

【注　釋】❶毀　誹謗；講別人的壞話。❷費無忌　楚之讒臣。曾為太子少傅，嘗讒蔡大夫朝吳，出蔡侯朱；讒太子建，殺連尹伍奢；又讒左尹郤宛於令尹子常（囊瓦），子常殺郤宛。人謗令尹，沈尹戌言於子常，謂其愛讒自危，子常於是殺費無忌，滅其族，謗乃止。❸復　白。❹荊平王　即楚平王。在位十三年。❺霸　晉之文公曾為諸侯之長。❻近諸夏　舊注謂「國（指晉）在諸夏也」。諸夏，周代分封的諸侯國，指中國（中原地區）。❼從　順從。此處作使動詞用。使順從之意。❽大城　擴大城池。❾城父　春秋時楚邑。地在今河南省寶豐縣。❿太子建　為平王居蔡時娶蔡女所生。本無寵於平王，加之費無忌無寵於太子建，在平王面前數讒太子，故建為平王所誅。⓫來　招致；使……歸向。⓬伍子奢　伍奢。楚大夫，事楚平王為太子太傅，費無忌讒太子建，伍奢力諫，平王怒，伍奢與其子伍尚同時被殺。⓭傅之　教導、輔佐王子。⓮游人　從事遊說活動的人。⓯構　構成；造成。⓰秦女之事　楚平王二年，太子建十五歲（守城父為平王六年之事），平王使費無忌入秦為太子娶婦，「婦好，來未至，無忌先歸說平王曰：『秦女好，可自娶，為太子更求。』平王聽之，卒自娶秦女」（《史記・楚世家》）。⓱唐子　齊大夫。⓲短　陷害；說別人的壞話。⓳陳駢子　即田駢。齊人。田姓（陳、田同），名駢，又名廣。好談善辯，齊人號之曰「天口駢」，言其口可使天下窮盡。《莊子・天下》言田駢「齊萬物以為首」，《呂氏春秋・不二》謂「陳駢貴齊」。是田駢為道家人物。著有《道書》二十五篇。⓴孟嘗君　田文。齊靖郭君田嬰少子，為人輕財好客，門下食客數千。襲父爵受封於薛。㉑芻豢　泛指家畜。草食為芻，牛、羊即是。穀食為豢，犬、豕即是。㉒膳　飯食。㉓裘罽　裘，皮衣。罽，一種毛織品。㉔絺紵　此處指以絺紵所製之衣。絺，為細葛布。紵，為苧麻所織之粗布。㉕糲粢　即粢糲。粗劣的食物。糲，粗米。粢，稷。一說粢為稻餅，食之粗者。㉖黍粱　精細之糧。黍，糯米。粱，粟類中的優良品種。古代大夫食黍稷，以粱為食之精者。原文作「黍粢」，依王念孫校改。

【語　譯】有時候讚美一個人恰好使那個人失敗，有時候誹謗一個人卻反而使那個人成功。怎麼知道是這樣的呢？

費無忌對楚平王說：「晉國之所以能在天下成為霸主，是因為它處在諸侯國之間。而我們楚國之所以不能和它競爭，就是因為楚國地方荒遠。楚王您若想使諸侯順從自己，不如擴大城父城的規模，而命令太子熊建去守衛，以使北方的人歸向楚國，君王您自己收取南方的人民和土地。這樣就得到天下了。」楚平王對費無忌的建議感到高興，於是命令太子熊建去守衛城父，命令伍子奢輔佐太子。過了一年，伍子奢派人到平王身邊遊說，說太子熊建為人十分仁愛而且很勇敢，能夠得到民心的擁護。平王把聽到的情況告訴費無忌，無忌對平王說：「我本來已經聽到了這些情況，太子對內撫慰百姓，在外約結諸侯，齊國和晉國又幫助他，將要危害楚國，現在事情已經造成了。」平王問：「他已做了我的太子，又還求什麼呢？」費無忌說：「他是因為秦國女子的事而怨恨大王。」楚平王因此殺掉了太子熊建和伍子奢。這就是所說的被人讚美卻釀成了禍患。

什麼是誹謗他人卻反而給他帶來了好處呢？唐子在齊威王面前說陳駢子的壞話，齊威王準備殺掉他，陳駢子和他整個家族出外逃亡。逃到薛地，孟嘗君聽說他要逃亡，就派人用車子去迎接他。迎來以後，就用各種肉食、各種精細的糧食和五味調和的佳肴來奉養他，孟嘗君一天之內來看他三次。冬天穿的是皮衣和毛織衣服，夏天穿的是用細葛布和苧麻布縫製的衣裳，出門坐的是堅固的車輛，駕的是好馬。孟嘗君問他說：「夫子您出生在齊地，長在齊地，夫子您對齊地還有什麼可思念的嗎？」陳駢子回答說：「我思念唐子。」孟嘗君問：「唐子這個人，不就是說您壞話的那個人嗎？」陳駢子回答說：「是的。」孟嘗君又問：「那您為什麼還思念他呢？」陳駢子回答說：「我生活在齊地的時候，吃的是粗米飯，喝的是野菜湯，到了冬天就挨冷受凍，到了夏天便中暑受傷。自從唐子在威王面前說我的壞話，我以身投向君門，吃的是肉和細糧做的飯，穿的是輕而暖的衣服，坐的是用好馬拉的牢固的車。所以我思念唐子。」這就是所說的誹謗人卻反而給人帶來好處的例子。因此，要說出讚美人或誹謗人的話，不能不慎重呀！

或貪生而反死，或輕死而得生，或徐行而反疾。何以知其然也？

魯人有為父報讎於齊者，刳❶其腹而見其心，坐而正冠，起而更衣❷，徐行而出門，上車而步馬❸，顏色不變。其御而驅❹，撫❺而止之曰：「今日為父報讎以出死❻，非為生也。今事已成矣，又何去之！」追者曰：「此有節行❼之人，不可殺也。」解圍而去之。使彼❽衣不暇帶、冠不及正，蒲伏❾而走，上車而馳，必不能自免於十步❿之中矣。今坐而正冠，起而更衣，徐行而出門，上車而步馬，顏色不變，此眾人⓫所以為死也，而乃反以得活。此所謂徐速⓬於疾、馳遲於步也。夫走⓭者，人之所以為疾也；步者，人之所以為遲也。今乃反⓮以人之所以⓯為遲者⓰為疾，明於分⓱也。有知徐之為疾、遲之為速者，則幾於道矣。故黃帝亡其玄珠⓲，使離朱、攫剟⓳索之，而弗能得之也，於是使忽怳⓴，而後能得之。

【章旨】這一章說「或貪生而反死，或輕死而得生，或徐行而反疾」，全以一魯人為例。魯人為報父仇，殺人於齊。殺仇人後，態度從容，為其駕車者欲趕馬急馳而去，他卻說為父報仇以出死（出身致死），非為生，所以不用急行而逃離現場。結果追趕他的人因為他的言行而把他當作「有節行之人」，並不殺他。作者用魯人之事既說明「或貪生而反死，或輕死而得生」，又說明「或徐行而反疾」，但重點似在強調後者，故文中謂「以人之所以為遲者為疾，明於分也。有知徐之為疾、遲之為速者，則幾於道矣」。

【注釋】❶刳 剖開。❷更衣 換衣服。❸步馬 使馬緩緩而行。馬宗霍案：「『步馬』之『步』，讀如《楚辭・離騷》『步余馬於蘭皋兮』之『步』。王逸注云：『步，徐行也。』是其義也」。❹驅 趕馬。❺撫 按；握。❻出死 出身致死。意謂拿出身子去求死。❼節行　節操；品行。❽彼　原文作「被」，依劉家立、楊樹達校改。❾蒲伏　同「匍匐」。伏地膝行。❿十步　原文作「千步」，依劉家立、楊樹達校改。⓫眾人　平常的人。⓬徐速　原文作「徐而」，依蔣禮鴻校刪補。⓭走　奔跑。⓮乃反　原文作「反乃」，依王念孫校改。⓯以　原文無此字，依王念孫校補。⓰遲者　慢者。原文下有「反」字，依王念孫校刪。⓱分　界；限。⓲黃帝亡其玄珠　《莊子・天地》言：「黃帝遊乎赤水之北，登乎崑崙之丘而南望。還歸，遺其玄珠。使知（智，寓名）索之而不得，使離朱索之而不得，使喫詬（寓託人名，喻指巧辯）索之而不得也。乃使象罔（寓託人名，喻無形跡），象罔得之。黃帝曰：『異哉！象罔乃可以得之乎？』」玄珠，黑色的明珠。一說為玄妙之珠，道家以玄珠喻道。⓳離朱攫剟　離朱，即《孟子・離婁》中之離婁。相傳為黃帝時人，視力極好，《慎子》謂「離朱之目，察毫末於百步之外」。攫剟，相傳為黃帝之臣，動作捷疾，善拾於物。原文作「捷剟」，依王念孫校改。剟，通「掇」。⓴忽怳　傳說為黃帝之臣。其人善忘。

【語　譯】有的人貪求活著卻反而死掉，有的人輕視死卻能活下來，有的人走得很慢卻反而是走得很快。怎麼知道是這樣的呢？

魯國有一個人到齊國為他的父親報仇，他把仇人的肚子剖開而露出了心臟，然後坐著把自己的帽子扶正，又起身換好衣服，然後慢慢走出仇家的大門，坐上車子讓馬拉著車子緩緩前進，臉色一點也沒變。為他駕車的人趕馬快跑，他卻按住車夫的手不讓他趕馬，並說：「今天我為父親報仇本來就是要拿出身子去求死，不是為了求得生。現在報仇的事情已經成功了，又為什麼要離開呢！」追捕他的人說：「這是一個有節操有品行的人，不能殺這樣的人。」於是解除包圍離開了他。假使他當時換衣服忙亂得連衣帶都來不及繫好，帽子也來不及扶正，伏在地上用膝蓋著地而行，一坐上車就讓馬使勁奔馳，那他自己一定不能在十步之內得以免身。現在他坐著扶正帽子，起身換好衣服，慢慢行走而邁出仇家的大門，坐上車子而讓馬緩緩前進，自己臉色一點也不改變，這是一般的人認為會死的做法，而他竟然反而得以存活，這就是所說的徐緩比急速還要快、馳騁比徐徐而行還要慢。奔跑，人們認為是很快的；徐徐而行，人們認為是慢的。現在竟然反而把人們認為是慢的當作是快的，這便是明白快與慢的界限。能夠知道徐緩可以成為急速、慢能成為快，那就接近於道了。

所以黃帝丟失了黑色的明珠，派離朱、攫剟去尋找，卻沒有辦法找到，在這種情況下派忽怳去尋找，然後才找到了。

聖人敬小慎微❶，動不失時，百射❷重戒，禍乃不滋❸。計福勿及，慮禍過之❹。同日被霜，蔽者不傷；愚者有備，與知者同功。

夫爝火❺在縹煙❻之中也，一指所能息❼也；唐漏❽若鼷穴❾，一墣❿之所能塞也。及至火之燔⓫孟諸⓬而炎⓭雲夢⓮，水決九江而漸荊州⓯，雖起三軍之眾，弗能救也。

夫積愛成福，積怨成禍。若癰疽⓰之必潰也，所浼⓱者多矣。

諸御鞅⓲復⓳於簡公⓴曰：「陳成常㉑、宰予㉒二子者，甚相憎也。臣恐其構難而危國也。君不如去一人。」簡公不聽，居無幾何，陳成常果殺㉓宰予於庭中，而弒簡公於朝。此不知敬小之所生也。

魯季氏㉔與郈氏㉕鬭雞，郈氏介㉖其雞，而季氏為之金距㉗。季氏之雞不勝，季平子怒，因侵郈氏之宮而築之㉘。郈昭伯怒，傷㉙之魯昭公㉚曰：「禘㉛於襄公㉜之廟，舞者二八㉝而已，其餘盡舞於季氏。季氏之無道無上，久矣。弗誅，必危社稷。」公以告子家駒[34]，子家駒曰：「季氏之得眾，三家[35]為一。其德厚，其威強，君胡得之？」昭公弗聽，使郈昭伯將卒以攻之。仲孫氏、叔孫氏相與謀曰：「無季氏，死亡無日矣。」遂興兵以救之。郈昭伯不勝而死，魯昭公出奔齊。故禍之所從生者，始於雞足[36]，及其大也，至於亡社稷。

故蔡女蕩舟[37]，齊師侵楚[38]。兩人搆怨[39]，廷殺宰予。簡公遇殺，身死無後，陳氏[40]代之，齊乃無呂[41]。兩家鬭雞，季氏金距，郈氏[42]作難，昭公[43]出走。故師之所處，生以棘楚[44]。禍生而不早滅，若火之得燥[45]，水之得溼[46]，浸而益大。癰疽發於指，其痛遍於體。故蠹喙[47]剖柱梁[48]，蟁虻走牛羊[49]，此之謂也。

【章旨】這一章意分幾層。先是總說「聖人敬小慎微，動不失時，百射（豫）重戒，禍乃不滋」。強調人須多慮禍，多豫備，甚至認為「愚者有備，與知者同功」。二說煙中火星用一手指即可按熄，塘漏用一土塊即可堵塞，而當火燒孟諸、雲夢，水決九江而漸荊州，那發動三軍之眾也不能挽救。這是在說小禍不止，必會釀成無法解救的大災難。三以癰疽必潰，且汙者多為例，說「積愛成福，積怨成禍」。四說諸御鞅勸齊簡公注意到陳成常與宰予相憎，有構難危國之勢，請求他「不如去一人」，而簡公不聽。陳成常果然殺宰予而弒簡公。作者說這是簡公「不知敬小之所生」。五說魯季氏與郈氏因鬥雞而生衝突，而魯昭公居然介入其中，使郈氏率兵以攻季氏，結果郈氏不勝而死、昭公出奔齊。作者要說明的是禍往往生自「雞足」小事，而「及其大也，至於亡社稷」。最後又以「蔡女蕩舟，齊師侵楚」等事例說明禍生宜早滅，不然就會日漸增大，其害無窮。本章不少字句出自《文子·微明》。

【注釋】❶敬小慎微　對小事持警戒、慎重的態度。敬，警。❷射　豫；備。射、豫同部聲近，故以射為豫。舊注謂「射，象（『豫』形壞之殘字）也」。《國語·晉語》「戒莫如豫」，韋注曰：「豫，備也。」❸滋　滋生；增長。文中有產生之義。❹過之　指多多「慮禍」。❺爝火　猶炬火。此縹煙中之爝火，指火焰微弱之火炬。❻縹煙　淡青色的煙。❼息　同「熄」。❽唐漏　堤滲漏水。唐，堤；隄。古假「唐」為「塘」，塘之水必以隄為障，故「唐」又訓為「堤」、「隄」。❾鼷穴　小鼠洞。鼷，一種小鼠。❿墣　土塊。⓫燔　焚燒。⓬孟諸　古澤名。故地在今河南省商丘市東北。舊注謂「宋大澤」。⓭炎　焚燒。⓮雲夢　古澤名。地約當今湖北省武漢市以西、湖北省安陸縣、江陵縣以南、湖南省益陽縣、湘陰縣以北地域。本書原文作「雲臺」，依楊樹達校改。楊氏謂雲夢句實本於《尸子·貴言》。⓯漸荊州　流入荊州。荊州，《漢書·地理志上》引《書·禹貢》謂「荊及衡陽唯荊州」，顏師古注謂「北據荊山，南及衡山之陽也」。⓰癰疽　惡瘡名。⓱浼　汙染；玷汙。⓲諸御鞅　齊臣。《史記·齊太公世家》作「御鞅」。⓳復　白；陳述。⓴簡公　齊簡公。名壬，齊悼公之子，在位四年，為田常弒之於徐州。㉑陳成常　即田常。又名田成子，一名田恆。春秋時，陳國公子完因內亂奔齊，以陳氏為田氏。至簡公時，完之後人田乞專齊政。乞死，田常繼之，以大斗出貸，小斗收進，以收人心。後弒簡公立平公，自為齊相。㉒宰予　春秋魯人。字子我，一稱宰我，孔子弟子。仕齊為臨菑大夫。㉓殺　陳成常追宰我。「豐丘人執子我以告，殺之郭關（齊之關名）」（《史記·齊太公世家》）。本節文字出自《呂氏春秋·慎勢》。㉔魯季氏　魯之季氏為魯桓公子季友之後，又稱季孫氏。季孫氏世為魯大夫，至文公後專魯國政。此處指季平子。平子名意如，悼子紇之子，時為執政要員之一。㉕郈氏　魯孝公子惠伯華之後。以邑為氏，因稱郈氏。此處指郈昭伯，魯大夫。昭為謚號。季氏與郈氏鬥雞交惡事見《左傳·昭公二十五年》。《史記·魯周公世家》亦言及此事。其《集解》謂「杜預曰：季平子、郈昭伯二家相近，故鬥雞。」本章敘其事則多用《呂氏春秋·察微》語。㉖介　其說不一，未知孰是。高誘注《呂氏春秋·察微》言「介，甲也，作小鎧著雞頭也」。本章舊注謂「介，以芥菜塗其雞翅也」。杜預注《左傳》謂「賈逵云：擣芥子為末，播其雞翼，可以坌郈氏雞目。或云以膠沙播之為介雞」。唯《史記》原文即作「季氏芥雞羽」，或以芥末塗雞羽之說為是，今譯從之。㉗金距　指在雞爪上套上金屬利爪。高誘注《呂氏春秋·察微》謂「以利鐵作鍛距，沓其距上」。本書舊注謂「施金芒於距也」。距，雞爪。㉘季平子怒二句　《史記集解》引服虔曰：「怒其不下己也，侵郈氏之宮地以自益。」㉙傷　指毀謗傷害。㉚魯昭公　名調。在位三十三年，流亡國外七年。㉛禘　古之大祭。原文作「禱」，依劉文典校改。㉜襄公　昭公之父。在位三十一年。㉝二八　原文作「二人」，依吳斗南、盧氏、陳奇猷諸家之說改。古禮，天子八佾，諸侯六佾。六佾，四十八人，祭襄公，於廟當有六八。季氏大夫應有四八，今又取襄公廟中四佾，共得八佾舞於府中，故《論語・八佾》謂「季氏八佾舞於庭」，是為僭擬之舉。季氏得為八佾，襄公廟自然只剩「二八」。二八即是二佾，一十六人，舞者八人方可成列，「二人」斷然字誤。㉞子家駒　《史記・魯周公世家・》索隱謂「魯大夫仲孫氏之族，名駒，諡懿伯」。㉟三家　孟氏、叔孫氏、季氏。孟氏指孟懿子，即仲孫何忌。叔孫氏為魯莊公弟叔牙之子。㊱雞足　原文作「雞定」，依王念孫校改。㊲蔡女蕩舟　事見《左傳・僖公四年》。《史記・齊太公世家》、《史記・管蔡世家》亦載其事。前篇言：「二十九年，桓公與夫人蔡姬戲船中，蔡姬習水，蕩公。公懼，止之，不止。出船，怒，歸蔡姬，弗絕。蔡亦怒，嫁其女（蔡姬為蔡侯之妹）。桓公聞而怒，興師往伐。三十年春，齊桓公率諸侯伐蔡，蔡潰，遂伐楚。……齊師進，次於陘。夏，楚王使屈完將兵扞齊，齊師退，次召陵。……桓公矜屈完以其眾。……乃與屈完盟而去。」㊳侵楚　原文上有「大」字，依王念孫校刪。㊴搆怨　結成仇怨。㊵陳氏　田氏。㊶齊乃無呂　《史記・齊太公世家》言：「田常弒簡公於徐州，田常乃立簡公弟驁是為平公。平公即位，田常相之，專齊之政，割齊安平以東為田氏封邑。平公八年，越滅吳，二十五年卒，子宣公積立。宣公五十一年，卒，子康公貸立。田會反廩丘。康公二年，韓、魏、趙始列為諸侯。十九年，田常曾孫田和始為諸侯，遷康公海濱。二十六年，康公卒，呂氏遂絕其祀，田氏卒有齊國，為齊威王。」㊷郈氏　原文作「郈公」，依俞樾校改。郈昭伯，魯大夫，不得稱公。㊸昭公　原文上有「魯」字，依俞樾校刪。㊹棘楚　猶言荊棘。舊注謂「楚，大荊也」。㊺燥　指乾燥之物。㊻溼　指卑下潮溼之處。㊼蠹啄　楊樹達謂「啄者，啄木鳥也。與蠹為食木之蟲者正同」。㊽柱梁　原文作「梁柱」，依劉台拱、楊樹達校改。㊾蝨蚉走牛羊　指蚊虻可咬牛羊使之跑走。

【語譯】聖人對微小的事情抱著警戒、慎重的態度，行動沒有不合時宜的，多方豫備，重重警戒，禍患才不會產生。謀劃得福的事不要做，但對於禍患的產生卻要多多思慮。同受一個太陽曬、同遭霜打，而採取遮蔽措施的人不會受到傷害。愚蠢的人遇事多加戒備能和聰明的人獲得相同的功效。

火炬在青白色的煙中燃起時，用一個指頭就可以把它按熄；水隄漏水的破口像小小的鼷鼠洞時，用一塊土就能把它堵住。等到烈火燒遍孟諸澤和雲夢澤，江水衝破九條江流的隄防而流遍荊州時，即使發動三軍那樣眾多的人，也沒有辦法挽救了。

累積仁愛能形成幸福，累積怨恨能造成禍患。這就像癰疽必定要潰爛，玷汙的地方會很多一樣。

諸御鞅向齊簡公陳述說：「陳成常和宰予兩個人，相互仇恨得很厲害。我害怕他們造成禍難而危害國家。君王您不如去掉他們之中的一個。」簡公不聽，沒有過多久，陳成常果然在宮廷中把宰予殺了，又在朝廷殺死了齊簡公。這些禍患都是由於不知道要對小事抱有警戒態度所造成的。

魯國的季氏和郈氏鬥雞，郈氏把芥末撒在雞翅上，而季氏在雞腳上套上金屬利爪。季氏的雞未能獲勝，季平子發怒，就侵佔郈氏宮室所在之地而建築自家的宮室。郈昭伯發怒，就在魯昭公面前說季平子的壞話：「季平子在宗廟祭祀襄公，舞蹈的人只有兩列十六人，其餘的人都在季氏家中舞蹈。季氏不行德政、心中沒有長上已經很久了。不殺死他，一定會危害到國家。」魯昭公把郈昭伯的話告訴子家駒，子家駒說：「季氏能得到很多人的支持，使孟氏、叔孫氏和季氏三家合在一起。他施予人的恩德很多，他家的威力強大，君王您怎能誅殺他呢？」昭公不聽他的，派郈昭伯率領士兵去攻打季平子。仲孫氏、叔孫氏在一起謀劃說：「沒有了季氏，我們離死亡也就沒有幾天了。」於是兩家便興兵救援季平子。結果郈昭伯無法獲勝而死，魯昭公出逃齊國。所以禍患產生的根由，是從雞腳開始的，當它變大時，能達到使國家滅亡的地步。

所以齊桓公的夫人蔡姬搖動船和他開玩笑，使得齊國的軍隊侵伐楚國。兩個人結成仇怨，使得宰予在宮廷被殺。簡公遭遇殺身之禍，死後沒有後嗣，陳氏取代齊君之位，齊國就再沒有呂氏之君了。兩家鬥雞，季平子給雞腳套上金屬利爪，郈昭伯發難，使得魯昭公出國逃亡。所以軍隊所駐紮過的地方，會長出荊棘。禍患產生而不及早消滅，就像火遇到乾燥的東西，就像水遇到潮溼，會使浸潤的地方越來越大。癰疽長在指頭上，而它引起的痛苦卻遍於全身。所以蠹蟲和啄木鳥能把屋梁、柱子剖開，蚊子、牛虻能使牛羊跑走，就是說的這種情況。

人皆務於救患之備，而莫能知使患無生。夫使患無生，易於救患，而莫能加務焉，則未可與言術也。

晉公子重耳過曹❶，曹君欲見其駢脅❷，使之袒❸而捕魚。釐負羈❹止之曰：「公子非常人❺也。從者三人❻，皆霸王之佐也。遇之無禮，必為國憂。」君弗聽，重耳反❼國，起師而伐曹，遂滅之。身死人手，社稷為墟❽，禍生於袒而捕魚。齊、楚欲救曹，不能存也。聽釐負羈之言，則無亡患矣。今不務使患無生，患生而救之，雖有聖知❾，弗能為謀耳。

【章　旨】這一章以曹君不聽釐負羈勸告終致身死國亡之事，說明人當務「使患無生」。謂「使患無生，易於救患」。若不知使患無生專務於救患之備，「則未可與言術」。作者認為曹君當年欲見重耳駢脅，若聽釐負羈之言而止之，「則無亡患矣」。重耳返晉滅曹是否純出於曹君觀其駢脅之辱，雖難以肯定，但他把兩件事聯繫起來，說防患之生重於「救患之備」，說「患生而救之，雖有聖知，弗能為謀」，還是有說服力的。此章首節出自《文子・微明》。

【注　釋】❶曹　春秋國名。魯哀公八年（西元前四八七年）為宋所滅，故地在今山東省荷澤市、定陶縣、曹縣一帶。❷駢脅　肋骨相連如一骨。曹君指曹共公（名襄，在位三十五年）。窺重耳駢脅之事見《左傳・僖公二十三年》。❸袒　脫去上衣，露出身體的一部分。❹釐負羈　曹大夫。❺人　原文無此字，依王念孫校補。❻從者三人　指狐偃、趙衰、胥臣三人。❼反　同「返」。❽墟　廢墟。❾聖知　無事不通的智慧。

【語　譯】人們都致力於挽救禍患的準備工作，卻沒有誰知道要使禍患不產生。使禍患不產生，比挽救禍患還容易，卻沒有人在這方面加以努力，那就沒有辦法和他談論控制和使用群臣的策略。

晉國的公子重耳流亡在外，在曹國停留，曹國的君主想看看他連成一塊的肋骨，就讓重耳脫掉上衣去捕魚。釐負羈阻止曹共公，要他不要這樣做，說：「晉國的公子不是一般的人。跟隨他的三個人，都是創立霸業、王業的輔佐之才。對他沒有禮貌，一定會給國家帶來憂患。」曹共公不聽他的。重耳返回晉國，就起兵討伐曹國，把曹國消滅了。曹共公自己死在人家手中，使得國家變成了廢墟，這個禍患就出在要重耳脫去上衣捕魚那件事情上。齊國、楚國想要援救曹國，也沒有能力使它存續下去。如果能聽從釐負羈的話，就沒有被滅亡的災禍。現在不努力使禍患不產生，禍患產生以後再來挽救，雖然有無事不通的智慧，也沒有辦法為他謀劃。

患禍之所由來者，萬端無方❶。是故聖人深居❷以避辱，靜安❸以待時。小人不知禍福之門戶，妄動❹而絓❺羅網，雖曲為之備，何足以全其身！譬猶失火而鑿池，被裘而用箑❻也。且唐有萬穴❼，塞其一，魚何遽❽無由出？室有百戶，閉其一，盜何遽無從入？

夫牆之壞也於隙，劍之折必有齧❾，聖人見之蚤❿，故萬物莫能傷也。太宰⓫子朱⓬侍飯於令尹⓭子國⓮，令尹子國啜羹⓯而熱，援⓰卮漿⓱而沃⓲之。明日，太宰子朱辭官而歸。其僕曰：「楚太宰，未易得也，辭官去之，何也？」子朱曰：「令尹輕行而簡禮⓳，其辱人不難。」明年⓴，伏㉑郎尹㉒而笞之三百。夫上仕者先避患而後就利，先遠辱而後求名㉓。太宰子朱之見終始微矣㉔。

【章 旨】這一章一講聖人如何避辱去禍，言禍患之所由來「萬端無方」，殊難預料，聖人能找到解決問題的根本辦法，即所謂「聖人深居以避辱，靜安以待時」。作者肯定聖人的做法，而對「小人」妄動而「曲為之備」持否定態度。說致禍之因眾多，縱然防備有加，也是防不勝防。二是說楚國太宰子朱因見令尹子國啜熱湯而灌酒於湯即辭官而歸，得於免禍。以此說明禍患之生必有細微的徵兆，唯「聖人見之蚤，故萬物莫能傷」。兩層意思都說聖人如何避辱去禍，前者偏於說理，後者偏於論事。本章前半數句出自《文子・微明》。

【注 釋】❶萬端無方 猶言有很多方面而沒有固定於某一方面。端，事物的一方面。❷深居 居於深密之地。❸靜安 靜，指靜而不行。安，指安心。❹妄動 胡亂而動。❺絓 絆住。文中言被絆住。❻箑 扇子。《方言》卷五：「扇自關（指函谷關）東謂之箑。」❼唐有萬穴 舊注釋謂「唐，堤也，言堤之有萬穴也」。❽何遽 何渠；如何。❾齧 舊注謂「缺也」。❿蚤 同「早」。原文作「密」，依陳觀樓校改。⓫太宰 掌膳饌的官吏。⓬子朱 楚國大夫。⓭令尹 春秋時楚國最高的官職。⓮子國 楚國大夫。⓯啜羹 猶言喝湯。啜，嘗；飲。⓰援 引；拿來。原文作「投」，依王念孫校改。⓱巵漿 猶言一壺酒。巵，酒器。容量四升。⓲沃 灌；澆。⓳輕行而簡禮 不重其行而怠慢其禮。簡，傲；簡慢（怠慢）。⓴明年 第二年。㉑伏 意謂使其俯伏於地。㉒郎尹 主郎官之尹。郎官，侍郎、郎中等為郎官，為侍從之職。㉓夫上仕者二句 句中「患而後就利，先遠辱而後求名」十二字原文沒有，依王念孫校補。王氏謂「避患、遠辱，謂上文太宰子朱辭官之事」。上仕，上士；高明之士。原文無「上」字，依王念孫校補。仕，同「士」。㉔太宰子朱句 王念孫謂「此亦承上文而言，子朱見令尹之輕行簡禮，而知其必將辱人，即辭官而去，可謂見其始而知其終，故曰『太宰子朱之見終始微矣』」。太宰子朱，原文亦無此四字，依王氏校補。微，細微。

【語 譯】禍患的來源出自很多方面而沒有固定在某一方面，因此聖人居住在深密的地方避免受辱，止而不動、安下心來等待合適的時機。小人不懂得禍患和幸福出自哪個門戶，胡亂行動而被羅網絆住，即使曲折周到地加以防備，又怎麼能夠保全他自身呢！就好像發生了火災而去鑿水池來救火，又好像穿著皮衣而用扇子來搧風。況且水隄有千萬個漏水的孔道，堵塞其中一個，魚又怎麼會沒有地方游出去呢？宮室有上百扇門，關上其中一扇，強盜又怎麼會沒有地方進去呢？

牆的毀壞是從裂縫開始的，劍的斷折一定是有了缺口，聖人對那些引起禍患的開端發現得早，所以萬物都不能傷害他。太宰子朱侍候令尹子國用飯，令尹子國嘗了一口湯覺得太熱，就拿酒壺往湯中灌酒。第二天，太宰子朱便辭掉官職回故鄉。他的僕人問他說：「楚國太宰這個職位，是不容易得到的，您辭掉官職離開這裡，是為了什麼？」子朱回答說：「令尹行動輕率而禮節簡慢，他做出侮辱人的事是不難的。」第二年，令尹子國果然就要郎尹俯伏在地而用板子打了他三百下。高明之士是先避開禍患然後再去得到利益，先遠離恥辱然後再去求得名譽。太宰子朱可以說是能從事情開始時出現的細微情況而知道事情的最後結果。

夫鴻鵠❶之未孚❷於卵也，一指篾之❸，則靡❹而無形矣。及至其筋骨之已就❺，而羽翮❻之既❼成也，則奮翼揮𦑝❽，淩❾乎浮雲，背負❿青天，膺⓫摩赤霄⓬，翱翔乎忽荒⓭之上，析惕⓮乎虹蜺⓯之間，雖有勁弩利矰⓰微繳⓱、蒲且子⓲之巧，亦弗能加也。江水之始出於岷山⓳也，可攓⓴衣而越也。及至乎下洞庭㉑、騖㉒石城㉓、經丹徒㉔，起波濤㉕，舟杭㉖一日不能濟㉗也。是故聖人者常從事於無形之外，而不留思盡慮於成事之內㉘，是故患禍弗能傷也。

【章旨】這一章仍然說聖人如何防患之事。先講鴻鵠尚未孵出時，其卵一指即可使其「靡而無形」。而當鴻鵠筋骨已就，人就對牠難以奈何了。再講江水始出岷山可以攓衣涉水而過，而到了它的下游，浩蕩之勢既成，就是坐船一日也難以渡過了。作者用這兩個事例說明：「聖人者常從事於無形之外，而不留思盡慮於成事之內。」究其意，他提倡的是防患於未然，或謂將患禍之由消滅在萌芽狀態。

【注釋】❶鴻鵠　天鵝。鴻鵠春北而秋南，為候鳥。其羽毛純白，飛翔甚高。段玉裁注《說文解字》謂「凡經史言鴻鵠者皆謂黃鵠。或單言鵠，或單言鴻」。❷孚　同「孵」。禽鳥伏卵育雛。❸篾之　以手指一按。篾，通「蔑」。削。❹靡　分散；靡爛。❺就　完成。此處指筋骨已經長好。❻羽翮　鳥的翅膀。翮，羽毛中間的硬管。❼既　已經。❽奮翼揮翹　意謂振翅而飛。奮翼，張開翅膀。揮翹，振動羽翼。翹，鳥羽莖的末端。舊注謂「六翮之末也」。❾淩　登；升。❿背負　背靠著。負，背倚。⓫膺　胸。⓬摩赤霄　迫近飛雲。舊注謂「赤霄，飛雲也」。⓭忽荒　形容混沌未分的元氣。泛指天空。⓮析惕　意如徜徉（徘徊、戲蕩）。⓯虹蜺　虹霓。相傳虹有雌雄之分，雄者色彩鮮盛，稱為虹；雌者色彩暗淡，稱為霓。⓰利矰　鋒利的短箭。矰，一種繫著絲繩用來射飛鳥的短箭。⓱微繳　指拴在箭上的絲繩很細。⓲蒲且子　楚之善弋者。《列子・湯問》謂「蒲且子之弋也，弱弓纖繳，乘風振之，連雙鶬於青雲之際」。⓳岷山　在四川省松潘縣北，綿延四川、甘肅二省邊境。為長江、黃河分水嶺，岷江、嘉陵江發源地。古以其為長江發源地。長江實發源於青海省南境唐古拉山之沱沱河。⓴攓　以手提衣。㉑洞庭　洞庭湖位於湖南省北部、長江南岸。在岳陽縣城陵磯流入長江。㉒騖　奔馳。此處指江水奔流。㉓石城　舊注謂「石城在丹陽」，丹陽郡之石城縣故城在今安徽省貴池縣西南。一說石城為石頭城（在今江蘇省南京市西石頭山後）。㉔丹徒　故城在今江蘇省鎮江市東南，漢屬會稽郡。㉕波濤　舊注謂「波者湧起，還者為濤」。㉖杭　舟。《方言》卷九「方舟謂之瀨」，郭璞注云：「揚州人呼渡津舫為杭，荊人呼瀨。」又《漢書・司馬相如傳下》「蓋周躍魚隕杭」，顏師古引應劭云：「杭，舟也。」㉗濟　渡；過河。㉘是故聖人者二句　本於《文子・微明》。從事，辦事；處理事情。成事，已成之事。

【語譯】鴻鵠還未從蛋中孵出的時候，用一個指頭把蛋一按，蛋就會破得稀爛而沒有形體了。等到鴻鵠從蛋中孵出來，筋骨已經長好，翅膀已長成時，就張開翅膀、振動羽翼，高高升入浮雲之中，背靠青天，胸脯迫近飛雲，在高高的天空翱翔，在虹蜺之間戲蕩，即使有強勁的弩弓、鋒利的短箭和細微的絲繩、有蒲且子那樣射鳥的技巧，也不能射到鴻鵠。長江的水剛從岷山流出時，人們用手提起衣襬就能從水中走過。等到江水流到洞庭湖、奔流在石城下、經過丹徒，湧起波濤，坐著船一天也過不了江。因此聖人常常在事物沒有成形之前努力，而不把思慮完全用在已經形成的事情上，所以禍患不能傷害他。

人或問孔子曰：「顏回❶何如人也？」曰：「仁人也。丘弗如也。」「子貢❷何如人也？」曰：「辯人❸也。丘弗如也。」「子路❹何如人也？」曰：「勇人也。丘弗如也。」賓曰：「三人皆賢夫子，而為夫子役❺，何也？」孔子曰：「丘能仁且忍❻，辯且訥❼，勇且怯。以三子之能，易丘一道，丘弗為也。」孔子知所施❽之也。

【章　旨】這一章借對孔子論顏回、子貢、子路為人的評論，提倡人應有多方面的品性，主張行事待人不可拘於一端，而要能夠變通。孔子說顏回為仁人、子貢為辯人、子路為勇人，而他自己是「能仁且忍，辯且訥，勇且怯」。並謂「以三子之能（即能仁、能辯、能勇），易丘一道，丘弗為也」。正是因為「三子之能」不能取代、包容三子之不能（忍、訥、怯），而這些在處理事務時是必不可少的。所以作者說「孔子知所施之也」。

【注　釋】❶顏回　字子淵。魯國人，孔子最得意的學生，小孔子四十歲。《論語・雍也》：「子曰：『回也，其心三月不違仁，其餘則日月至焉而已矣。』」❷子貢　姓端木，名賜，字子貢。衛國人，孔子的學生，比孔子小三十一歲。《論語・先進》：「言語：宰我，子貢。」❸辯人　善辯（善於言談，有口才）之人。❹子路　仲由，字子路。卞（故城在今山東省泗水縣東五十里）人，孔子學生，小孔子九歲。《論語・雍也》：「季康子問：『仲由可使從政也與？』子曰：『由也果，於從政乎何有？』」子路好勇，《論語・先進》記子路言志，謂「子路率爾而對曰：『千乘之國，攝乎大國之間，加之以師旅，因之以饑饉；由也為之，比及三年，可使有勇，且知方也。』」又《論語・陽貨》：「子路曰：『君子尚勇乎？』子曰：『君子義以為上，君子有勇而無義為亂，小人有勇而無義為盜。』」❺役　僕役。此處指弟子、門徒。❻忍　殘忍；狠心。❼訥　言語遲鈍。《論語・里仁》：「子曰：『君子欲訥於言而敏於行。』」又《論語・子路》：「子曰：『剛、毅、木、訥近仁。』」

❽施　實行。指具體應用。

【語譯】有人問孔子說：「顏回是一個什麼樣的人？」孔子回答說：「顏回是一個仁愛的人。我孔丘比不上他。」又問：「子貢是一個什麼樣的人？」孔子回答說：「子貢是一個很有口才的人。我孔丘比不上他。」又問：「子路是一個什麼樣的人？」孔子回答說：「子路是一個勇敢的人。我孔丘比不上他。」來客說：「這三個人都比夫子強，而他們卻都是您的學生，這是為什麼呢？」孔子回答說：「我孔丘能夠為人仁愛而又能心狠，能很會說話而又能言語遲鈍，能很勇敢而又能畏縮。拿他們三個人所具備的能力，來交換我孔丘的一種為人之術，我孔丘也不願意。」孔子是在處理事務時知道如何靈活應用的人。

秦牛缺❶徑❷於山中而遇盜，奪之❸車馬，解其橐笥❹，拖❺其衣被。盜還反顧之，無懼色憂志❻，驩然❼有以自得❽也。盜遂問之曰：「吾奪子財貨，劫子以刀，而志不動，何也？」秦牛缺曰：「車馬所以載身也，衣服所以揜形也。聖人不以所養❾害其養❿。」盜相視而笑曰：「夫不以欲傷生、不以利累形⓫者，世之聖人也。以此而見王⓬者，必且⓭以我為事⓮也。」還反殺之⓯。此能以知知⓰矣，而未能知不知⓱也；能勇於敢，而未能勇於不敢也。凡有道者，應卒⓲而不乏，遭難而能免，故天下貴之。今知所以自行也，而未知所以為人行也，其所論⓳未之究⓴者也。人能由昭昭㉑於冥冥㉒，則幾於道矣。《詩》曰：「人亦有言，無哲不愚㉓。」此之謂也。

【章　旨】這一章評述牛缺之事。牛缺遇盜，無懼弗憂，驩然有以自得，反倒引起群盜的懷疑。群盜問牛缺何故如此，牛缺說是「聖人不以所養害其養」。群盜聞言，以為牛缺見王者必以己為誅殺對象，故「還反殺之」。牛缺被盜後的言論、態度，自有其道理，但他陳述其言、表露其態卻看錯了對象。所以作者說他是「知所以自行也，而未知所以為人行也」。認為他「能以知知」「而未能知不知」；「能勇於敢，而未能勇於不敢」。不能算做「有道者」。而他提出「人能由昭昭於冥冥，則幾於道」，分明是強調智識、主張的靈活應用。而引用「無哲不愚」，則說明他看出了聰明人愚蠢的一面。

【注　釋】❶牛缺　舊注謂「隱士」。《列子・說符》及《呂氏春秋・必己》皆言「牛缺者（《呂覽》作『居』），上地（今陝西省富縣、綏德一帶）之大儒也，下之邯鄲，遇盜於耦沙之中」。牛缺係戰國後期秦國人。牛為其姓，缺為其名。❷徑　取道；行。❸之　相當於「其」。❹橐笥　橐，盛物的袋子。笥，盛衣物的方形盛器，多以竹、藤做成。❺拖　奪。❻憂志　憂愁之心。❼驩然　歡樂、歡欣的樣子。驩，通「歡」。❽自得　自覺得意。❾所養　所以養。指用來養生的物品。❿養　指所養之心性、德行。⓫累形　妨礙、牽連形體。⓬見王　《列子・說符》言其「往見趙君」。⓭且　將要。⓮為事　意謂當做一件事。指要以罪論處群盜。《列子》言「以我為必困」，《呂氏春秋》言牛缺必告於萬乘之主，「萬乘之主必以國誅我」。⓯還反殺之　《列子》作「乃相與追而殺之」，《呂氏春秋》謂「於是相與趨之，行三十里，及而殺之」。還反，返回。⓰此能以知知　與《呂氏春秋》言牛缺「此以知知故也」義近。陳奇猷釋「此以知故也」，言「此謂牛缺遇盜，知不吝於資財必可以全生，於是慷慨與盜資財，歡然而無憂吝之色，然以此而盜見其不若常人，因知其為賢者，遂追而殺之，是牛缺之喪生以知不吝於財故也」。第一個「知」，同「智」。⓱不知　不知者。指群盜之想法及做法。⓲卒　通「猝」。突然。文中指突然事變。⓳所論　所持之論；所言之理。⓴究　窮極；深入到底。㉑昭昭　明白。㉒冥冥　昏昧。㉓人亦有言二句　詩出自《詩經・大雅・抑》。原文作「人亦有言，靡哲不愚」。哲，明智。或謂明達而有才智之人。《尚書・皐陶謨》：「知人則哲。」

【語　譯】秦國的牛缺路經山中時，遇到了強盜。強盜搶走了他的車馬，解下了他的大小口袋和箱子，奪走了他的衣被。強盜回過頭來看他，他沒有恐懼的神色和憂愁的心情，倒顯出歡樂的樣子而又自覺得意。強盜就問他，說：「我們奪走你的財物，用刀威逼你，而你心意不動，這是什麼原因？」秦國的牛缺回答說：「車馬是用來運載身子的，衣服是用來遮掩形體的。聖人是不會讓那些養生之物來損害他所修養的德行的。」強盜們相互看著而發笑，說：「不因為欲望而傷害生命、不因為謀利而牽連形體，這是世上的聖人。讓這種人去見君王，他一定會把我們當作誅殺的對象。」於是返回來殺了牛缺。牛缺這個人能憑著他的智慧知道不吝惜資財可以保住生命，卻不能憑著他的智慧知道他所不了解的人的想法和做法；他能勇於無畏，卻未能勇於不無畏。凡是掌握了道的人，應付突然事變而不會缺少應變的能力，遇到災難而能避免，所以天下的人推崇他們。現在牛缺只知道自己行事的方法，卻未能掌握別人行事的方法，他對所說的道理還未研究透徹。人能在昏昧之中保持明白的頭腦，就接近於道了。《詩經》中說：「人們也有這樣的話，沒有一個聰明人不愚蠢的。」就是說的這個意思。

事或為之，適足以敗之；或備之，適足以致之。何以知其然也？

秦皇披❶錄圖❷，見其傳❸曰：「亡秦者，胡❹也。」因發卒五十萬，使蒙公❺、楊翁子❻將，築脩城❼。西屬❽流沙❾，北繫❿遼水⓫，東結⓬朝鮮⓭，中國⓮內郡輓車⓯而餉⓰之。又利⓱越⓲之犀角、象齒、翡翠⓳、珠璣⓴，乃使尉屠睢㉑發卒五十萬，為五軍，一軍塞㉒鐔城㉓之嶺，一軍守九疑㉔之塞，一軍處㉕番禺㉖之都，一軍守南野㉗之界，一軍結㉘餘干㉙之水，三年不解甲弛弩，使監祿㉚轉餉㉛，又以卒鑿渠㉜而通糧道，以與越人戰，殺西嘔㉝君譯吁宋㉞。而越人皆入叢薄㉟中，與禽獸處，莫肯為秦虜。相置㊱桀駿㊲以為將，而夜攻秦人，大破之，殺尉屠睢，伏尸㊳流血數十萬，乃發適戍㊴以備之。當此之時，男子不得脩農畝，婦人不得剡㊵麻考㊶縷，羸弱服格㊷於道，大夫箕會㊸於衢㊹，病者不得養，死者不得葬。於是陳勝起於大澤㊺，奮臂大呼，天下席卷㊻，而至於戲㊼。劉、項㊽興義，兵隨而定，若折槁振落，遂失天下。禍在備胡而利越也。欲知築脩城以備亡，不知築脩城之所以亡也；發適戍以備越，而不知難之從中發也。夫烏鵲㊾先識歲之多風也，去高木而巢扶枝㊿，大人過之則探鷇(51)，嬰兒(52)過之則挑其卵，知備遠難而忘近患。故秦之設備也，烏鵲之智也。

【章　旨】這一章用秦失天下，「禍在備胡而利越」之事，說明「事或為之，適足以敗之；或備之，適足以致之」。文中說秦皇備胡，發兵五十萬而築長城；又貪越之異物，發兵五十萬以攻越。結果引發陳勝起義和劉、項反秦，使得秦朝滅亡。作者說他是「欲知築脩城以備亡，不知築脩城之所以亡也；發適戍以備越，而不知難之從中發也」。說他的行為就像烏鵲為避風便「去高木而巢扶枝（偏枝、旁枝）」，卻為人所害一樣，是「知備遠難而忘近患」，說「秦之設備也，烏鵲之智也」。雖然文中所敘秦皇事是為說理而用，但亦可視為一篇立意獨特的「過秦論」。

【注　釋】❶披　鋪開。原文作「挾」，依吳承仕校改。《廣雅》：「披，張也。鋪，陳也。」❷錄圖　錄圖書。如後世之讖緯之書。舊注謂「秦博士盧生使入海，還奏圖錄書於始皇帝」。❸傳　此指解釋圖錄的文字。❹胡　本指胡亥，始皇以為指胡人。《資治通鑑・秦始皇三二年》謂「盧生使入海還，因奏錄圖書曰：亡秦者胡也」，蓋用本文及舊注。❺蒙公　舊注謂「蒙恬也」。蒙恬，為內史，秦統一六國，始皇令其率軍三十萬築長城。後為趙高矯旨賜死。❻楊翁子　秦將名。❼脩城　長城。

西起隴西臨洮縣。劉安父名長，以脩代長，或為避其父諱。❽屬　連接。❾流沙　沙漠。沙常因風流動轉移，故稱流沙。❿繫系；因；連接。原文作「擊」，依馬宗霍校改。俞樾校改為「磬」，訓為至、盡。亦為一說。⓫遼水　指遼河。位於今遼寧省昌圖縣西南。⓬結　連。⓭朝鮮　指漢之樂浪郡。秦長城東達遼東，遼東郡與樂浪郡地域相接。⓮中國　指中原地區。⓯輓車　拉車。輓，牽引；拉。⓰餉　軍糧。也作「饟」、「餉」。⓱利　欲得……之利。⓲越　越地。此處指古代中國南部地區。《史記·秦始皇本紀》謂「三十四年（西元前二一三年），築長城及南越地（《史記正義》：『謂戍五嶺，是南方越地。』）」。⓳翡翠　翡，赤雀。翠，青雀。⓴珠璣　圓者為珠，顯（通「團」）者為璣。㉑尉屠雎　秦將。㉒塞　充滿。這裡有布滿、佔領之義。㉓鐔城　即鐔成。縣名，故城在今湖南省黔陽縣西南。舊注謂「在武陵西南，接鬱林」。㉔九疑　山名。一作「九嶷」，在今湖南省寧遠縣南。㉕處　停留；屯駐。㉖番禺　秦縣名。以境內有番山、禺山得名。屬南海郡，故地今屬廣東省廣州市。㉗南野　故城在今江西省南康縣西南。㉘結　連。㉙餘干　縣名。位於江西省東北部信江下游，西接鄱陽湖。㉚監祿　御史監史祿。舊注謂「秦將」。㉛轉餉　運輸軍糧。原文上有「無以」二字，依王念孫校刪。㉜鑿渠　即鑿通靈渠（又名澪渠、秦鑿渠）。湘水、灕水同源於廣西省興安縣海陽山，秦始皇為統一嶺南，令「監祿」（應為史祿）鑿渠，溝通湘、灕二水。渠位於廣西省興安縣境內，一稱湘桂運河或興安運河，全長三十三公里，分南北兩渠，南渠注灕江，北渠入湘水。㉝西嘔　越人。㉞譯吁宋　舊注謂「西嘔君名也」。㉟叢薄　草木叢生處。聚木曰叢，深草曰薄。㊱相置　馬宗霍言「相」者「即相互之意。本文『相置』，猶言互相推擇桀駿，置立以為將也。『相』亦兼有『擇』義。《考工記·矢人》『凡相笴』，鄭玄注云：『相猶擇也。』是也」。㊲桀駿　才智特出的人才。桀，通「傑」。駿，通「俊」。㊳伏屍　倒在地上的屍體。㊴適戍　被謫而徵發戍守邊地之兵。適，同「謫」。謫罰。㊵剡　剝取。㊶考　成。㊷服格　匍匐而至。服，通「匐」。㊸箕會　謂苛斂民財。舊注謂「以箕於衢會斂」。箕，簸箕。㊹衢　四通八達的道路。㊺大澤　地名。在今安徽省宿縣西南故蘄縣西。《史記·陳涉世家》言陳勝、吳廣等屯大澤鄉，舉事，稱大楚。「陳勝自立為將軍，吳廣為都尉。攻大澤鄉，收而攻蘄」。㊻席卷　像捲席子一樣捲了去。比喻行事迅速輕易。㊼戲　地名。在今陝西省臨潼縣東北戲水一帶。其地有戲亭，一名幽王城。傳說周幽王寵褒姒，舉烽火戲弄諸侯，後被犬戎擊敗，身死此地。㊽劉項　劉邦、項羽（先隨其叔項梁起事）。㊾烏鵲　烏鴉和喜鵲。烏鵲同巢，故二者並提。原文無「烏」字，依王念孫校補。㊿扶枝　旁枝；側枝。扶，旁。(51)轂　待母哺食的幼鳥。(52)嬰兒　指幼兒。

樣的呢？

【語譯】做事情有的是想做好它，卻恰好失敗了；有的是想加以防備，卻恰好把禍患引來了。怎麼知道是這

秦始皇鋪開錄圖書，看見上面說明的文字講：「使秦滅亡的，將是『胡』。」因而發動五十萬士兵，派蒙公、楊翁子率領他們修築長城。使長城西與沙漠地帶相連，北與遼水相接，東與朝鮮相連，中原地區內的郡縣都派人拉著車為士兵們運送軍糧。他又要得到越地出產的犀牛角、象牙、翡翠、珠璣，就派尉屠睢起兵五十萬，把部隊分為五支，一支軍隊佔領鐔城之嶺，一支軍隊防守在九疑山，一支軍隊駐守在番禺城，一支軍隊守在南野的邊界上，一支軍隊駐紮在餘干水邊，三年軍中將士不曾脫下鎧甲、放鬆弩弓，派御史監史祿運輸軍糧，又派兵鑿通靈渠，開通運糧的道路，好與越人打仗，結果殺死了越人西嘔的君王譯吁宋。而越人都逃進了草木叢生之處，和禽鳥、野獸生活在一起，沒有誰肯做秦軍的俘虜。他們相互挑選一些傑出的人才作為將領，而在夜晚攻擊秦人，把秦兵打得大敗。殺死了尉屠睢，倒在地上的屍體和受傷流血的有幾十萬，於是又發派謫罰戍守邊地的士兵去防備越人。在這個時候，男人不能整治農田，婦女不能剝取麻皮把它搓成麻線，瘦弱的人在路上伏地而行，大夫們在四通八達的路上苛徵人們的財物，使得患病的人得不到保養，死了的人得不到安葬。在這種情況下，陳勝在大澤鄉起兵，振臂而起，大聲疾呼，天下就像捲席子那樣被捲了進去，起義軍很快便打到了戲地。劉邦、項羽高舉義旗，軍隊隨即平定了天下，就像折斷枯枝、搖下落葉一樣，於是秦失去了天下。這個災禍的根源就在於秦始皇的防備胡人和要得到越地的利益。他想修築長城來防備自己的滅亡，卻不知道修築長城會導致他滅亡；他知道起用被謫罰戍邊的人去防備越人，卻不知道災難會從中產生。烏鴉、喜鵲能預先識別年內多風，就離開高高的樹枝而把巢築到樹的旁枝上，大人從巢下經過就伸手去掏幼鳥，小孩子從巢下經過就用樹枝去撥巢中的蛋，烏鴉和喜鵲知道防備遠來的災難卻忘了近處的禍患。所以秦國的設置防備，不過是烏鴉和喜鵲那樣的智謀罷了。

或爭利而反強之，或聽從而反止之。何以知其然也？魯哀公欲西益宅，史爭之，以為西益宅不祥❶。哀公作色❷而怒，左右數諫不聽，乃以問其傅❸宰折睢❹，曰：「吾欲益宅，而史以為不祥。子以為何如？」宰折睢曰：「天下有三不祥，西益宅不與❺焉。」哀公大悅而喜。頃，復問曰：「何謂三不祥？」對曰：「不行禮義，一不祥也。嗜慾無止，二不祥也。不聽強諫，三不祥也。」哀公默然深念，憒然❻自反❼，遂不西益宅。夫史以爭為可以止之，而不知不爭而反取之也。智者離路而得道，愚者守道而失路。夫兒說❽之巧，於閉結❾無不解。非能閉結而盡解之也，不解不可解也。至乎以弗解解之者，可與及言論❿矣。

【章　旨】這一章用宰折睢諫魯哀公止「西益宅」之事，說明「或爭利而反強之，或聽從而反止之」。說明的重點是「或聽從而反止之」。魯哀公欲「西益宅」，史官以為不祥，強諫直言，而哀公不聽。宰折睢本來也反對「西益宅」，但他不直言不可，相反說「西益宅」並非不祥，而把「不聽強諫」說成不祥。哀公初聞其言喜，繼而思則悟，「遂不西益宅」。這就是所謂「或聽從而反止之」。其實，宰折睢是用曲折、婉轉的方法強諫哀公，而將此不可納入彼不可中。哀公受諫與其曲諫方式不無關係。

【注　釋】❶魯哀公欲西益宅三句　舊注釋謂「西益宅，築舊宅之西，更（當為『史』，指史官）以為田（當作『舊』）宅不止（當作『西』）益」。魯哀公，春秋魯國最後一位君主，名將，在位二十七年。西益宅，向西擴大房宅。❷作色　臉上變色。

指生氣。❸傅　師傅；輔佐教導國君的人。❹宰折睢　舊注謂「傅名姓」。❺與　參與其中。❻隤然　安然；柔然。態度溫和的樣子。原文「隤」作「憒」，依俞樾校改。❼自反　反思。反躬自問；反求之於自己。❽兒說　宋國大夫。戰國時之善辯者。❾閉結　「固不可解」之結。兒說解閉結事見《呂氏春秋・君守》。《呂氏春秋》言兒說弟子為宋元王（宋元公佐）解「閉」，「以不解解之也」。❿言論　言談；議論。

【語　譯】有的爭奪他人的利益卻反而使他人強大起來，有的聽從不直接反對自己想法的意見卻反而放棄自己的想法。怎麼知道是這樣的呢？

魯哀公打算向西擴大房宅，史官們和他爭論，認為向西擴大房宅不吉利。哀公變了臉色而大發脾氣，他身邊的臣子多次勸告他，他都不聽，於是他便向他的師傅宰折睢徵求意見，說：「我打算擴大房宅，而史官認為不吉利。您認為怎麼樣？」宰折睢回答說：「天下有三種不吉利的事，向西擴大房宅不在其中。」哀公聽後十分高興快樂。過了一會兒，又問師傅，說：「哪三件事是不吉利的呢？」宰折睢回答說：「不按禮義辦事，是第一件不吉利的事情。對嗜好、欲望的追求沒有止息之時，是第二件不吉利的事情。不聽從臣下竭力而進的忠言，是第三件不吉利的事情。」哀公聽後默默地沉思，很平和地在那裡反躬自省，於是決定不向西擴大房宅了。史官們以為靠爭論可以讓魯哀公放棄他的想法，而不懂得不爭論卻反而能使他聽取自己的意見。聰明的人離開了道路而能找得到道路，愚蠢的人守著道路卻會失去道路。像兒說那樣的技巧，對不可解開的結沒有不能解開的。他不是能使不可解開的結都能解開，而是不解開不可解開的結。一個人能達到用不解開的方法來解開不可解的結時，那就可以和他一起議論事情了。

或明禮義、推❶道體❷而不行，或解搆❸妄言❹而反當。何以明之？

孔子行游❺，馬失❻，食農夫之稼。野人❼怒，取馬而繫之。使❽子貢往說之，畢辭❾而不能得也。孔子曰：「夫以人之所不能聽❿說人，譬以大牢⓫享野獸、以〈九韶〉⓬樂飛鳥也。予之罪也，非彼人之過也。」乃使馬圉⓭往說之。至，見野人曰：「子耕於東海，至於西海⓮。吾馬之失，安得不食子之苗？」野人大喜，解馬而與之。說若此其無方⓯也而反行，事有所至，而巧不若拙，故聖人量鑿⓰而正枘⓱。夫歌〈采菱〉⓲，發〈陽阿〉⓳，鄙人⓴聽之，不若〈延路〉㉑以和㉒。非歌者拙也，聽者異也。故交畫㉓不暢㉔，連環不解，物之不通者，聖人不爭也。

【章　旨】這一章以孔子使子貢向「野人」索馬不得、而使圉人往說之則得的故事為例，說明「或明禮義、推道體而不行，或解搆妄言而反當」。據此，子貢向「野人」索馬，必以不切實際之大道理言之，圉人則以通俗比喻言之，切合「野人」心理。孔子使人索馬於「野人」的故事，說明的是說話要看對象。作者就此引發開來，謂「事有所至，而巧不若拙」。而說「巧不若拙」，又講到鄙人聽樂，聞〈采菱〉、〈陽阿〉不如〈延路〉為美。講到「物之不通」，「聖人不爭」。所講鄙人聽樂之事已涉及人的審美趣味問題。

【注　釋】❶推　推論；推求論述。❷道體　道之本體，道體虛無。❸解搆　即解構。附會造作。❹妄言　胡亂而言。❺行游　即外行。游，亦謂行。❻馬失　馬宗霍謂「《荀子．哀公》『其馬將失』，楊倞注云：『失讀為逸，奔也。』是其證。本文『馬失』與《荀子》正同。謂馬縱逸奔逃也」。失，佚；逸；奔逃。❼野人　鄉野之人；農夫。❽使　原文無此字，依王念孫校補。❾畢辭　竟其辭。原文作「卑辭」，依王念孫校改。❿聽　使人接受的話。⓫大牢　太牢。盛食之器叫牢，大的稱太牢。太牢盛三牲。宴會或祭祀時並用牛、羊、豕三牲，也稱太牢。⓬九韶　古樂名。也稱為〈九招〉。即舜樂簫韶。九成，故曰〈九招〉。⑬圉 養馬。此處指養馬的人。⑭西海 文中「東海」、「西海」，泛指相距遙遠之地，乃圉者誇張之辭。⑮無方 無術。⑯鑿 孔。⑰枘 榫頭。⑱采菱 楚人歌曲名。⑲陽阿 楚人歌曲名。宋玉〈對楚王問〉：「客有歌於郢中者，其始曰〈下里巴人〉，國中屬而和者數千人，其為〈陽阿〉、〈薤露〉，國中屬而和者數百人。」⑳鄙人 淺陋之人。㉑延路 一作〈延露〉，民間歌曲名。原文下有「陽局」二字，依王念孫校刪。又舊注謂〈延路〉為「鄙歌曲也」。㉒以和 以相唱和。和即前引〈對楚王問〉中之「屬而和」。㉓交畫 交叉而畫之線。㉔暢 暢通；舒展。

【語譯】有的闡明禮義、推論道的本體卻行不通，有的附會造作、胡亂而言卻反而得當。怎麼能明白這一點呢？

孔子出遊在外，馬跑走後，吃了農民的莊稼。農民惱怒，把馬綁起來。孔子派子貢去向農民解釋，話全說完了卻未能把馬牽回來。孔子說：「用人家聽不入耳的話去說服人家，就好比用大牢盛的牛、羊、豕去供奉野獸，又好比用〈九韶〉那樣的樂曲來讓飛鳥歡樂。這件事是我的過錯，不是那人的過錯。」於是派養馬的人前去解釋。養馬的人到農民那裡，說：「您在東海邊耕地，耕到了西海邊。我的馬撒腿奔逃，怎麼會不吃您的禾苗呢？」農民聽後很高興，就解開馬交給養馬的人。養馬的人這樣說話並沒有特殊的方法卻反而行得通，有些事情出現後，巧妙的做法還不如笨拙的有效，所以聖人先量好孔穴的大小再削出榫頭。唱〈采菱〉、〈陽阿〉這樣的歌曲，淺陋的人聽見，不會像他們聽見〈延路〉那樣相互唱和。並不是唱歌的人唱法笨拙，是聽歌的對象不同。所以交叉畫的線條不可能流暢，連環不能解開，凡事物阻絕不通，聖人是不花氣力去爭取成功的。

仁者，百姓之所慕也。義者，眾庶❶之所高❷也。為人之所慕，行人之所高，此嚴父❸之所以教子、而忠臣之所以事君也。然世或用之而身死國亡者，不周❹

於時也。

昔徐偃王❺好行仁義，陸地而朝者三十二國。王孫厲❻謂楚莊王曰：「王不伐徐，必反朝徐。」王曰：「偃王，有道❼之君也，好行仁義，不可伐。」王孫厲曰：「臣聞之，大之與小、強之與弱也，猶石之投卵，虎之啗❽豚，又何疑焉！且夫為文❾而不能達其德❿，為武而不能任其力⓫，亂莫大焉。」楚王曰：「善！」乃舉兵伐徐，遂滅之。知仁義而不知世變者也。申菽、杜茝⓬，美人之所懷服⓭也，及漸⓮之於滫⓯，則不能保其芳矣。古者，五帝貴德，三王用義，五霸任力。今取帝王之道而施之五霸之世，是由⓰乘驥逐人於榛薄⓱，而蓑笠⓲盤旋⓳也。

【章　旨】這一章用徐偃王行仁義而被楚莊王所滅，說明行仁義須知「世變」。王孫厲勸楚莊王攻伐徐偃王的話，說清了徐偃王行仁義而不合時宜的致命弱點。作者又用美人所懷香草受汙水浸染而不能保其香為喻，再說「知仁義而不知世變」之弊。最後還以「乘驥逐人於榛薄，而蓑笠盤旋」作比，說「取帝王之道而施之五霸之世」之非宜。總的看來，本章所論，不單是說行仁義須合於時，一切政治原則，無論怎麼好，皆當因時而用；不然就會生亂敗事。

【注　釋】❶眾庶　猶言平民大眾。❷高　尊敬；看重。❸嚴父　父親。舊稱父嚴母慈，故謂父為嚴父。❹周　合。原文作「同」，依王念孫校改。❺徐偃王　周時徐國君主。以仁義著稱，欲舟行上國，乃導溝陳、蔡之間，得朱弓矢，以為得天瑞，自稱徐偃王，江淮間諸侯從者三十六國。（一說周穆王巡狩，諸侯共尊偃王）周王聞之，遣使至楚令伐之，偃王愛民不鬥，為楚所滅。《荀子・非相》謂「徐偃王之狀，目可瞻焉（通『顏』，指額）」。❻王孫厲　楚臣。❼有道　政治清明謂之有道。此處指能施行德政，與「無道（沒有德政）」相對。❽咍　食。❾為文　指行禮樂。❿達其德　謂能施行其德政。⓫任其力　與上句「達其德」相對。任，任用。⓬申菽杜茝　二香草名。⓭懷服　此處指懷藏、佩帶。⓮漸　浸染。⓯潃　臭汗。⓰由　同「猶」。⓱榛薄　叢雜的草木。叢木曰榛，深草曰薄。⓲蓑笠　指穿上蓑衣和戴上笠帽。⓳盤旋　迴旋周轉。

【語　譯】「仁」是老百姓所仰慕的，「義」是平民大眾所尊重的。實行人們所仰慕的「仁」、所尊重的「義」，這是嚴厲的父親用來教誨兒子、忠臣用來奉事君主的原則。但是世上有人行仁義卻招致身死國亡，這是因為他們用得不合時宜。

從前徐偃王喜歡推行仁義，沿著陸路來朝見他的有三十二國。王孫厲對楚莊王說：「君王您不攻伐徐國，將來一定要去朝見徐國的君主。」楚莊王說：「偃王，是推行德政的君王，喜歡施行仁義，不能攻伐他。」王孫厲說：「我聽說過，大的和小的、強的和弱的較量，就像拿石頭投向蛋，又像老虎吃掉小豬一樣，又有什麼好疑惑呢！況且推行禮樂卻不能施行德政，從事武事卻不能發揮能力，禍亂沒有比這更大的了。」楚莊王說：「好！」於是發兵攻伐徐國，就把徐國消滅了。徐偃王僅知道仁義的好處卻不知道時代變化了。申菽、杜茝，是美女們懷藏、佩帶的香草，而當臭汗浸染它們時，就不能保住它們的香味了。在古時候，五帝重視德，三王採用義，五霸使用武力。現在把五帝、三王所使用的治國之道用到五霸所在的時代，這就好像騎著良馬在叢雜的草木中追逐人，又像穿著蓑衣、戴著笠帽迴旋、周轉一樣。

今霜降而樹穀，冰泮❶而求穫，欲其食則難矣。故《易》曰「潛龍勿用❷」者，言時之不可以行也。故「君子終日乾乾，夕惕若厲，無咎❸」。「終日乾乾」，以陽動也；「夕惕若厲」，以陰息也。因日以動，因夜以息，唯有道者能行之。

夫徐偃王為義而滅，燕子噲行仁而亡❹，哀公好儒而削❺，代君❻為墨而殘❼。滅、亡、削、殘，暴亂之所致也，而四君獨以仁、義、儒、墨而亡者，遭時之務❽異也。非仁、義、儒、墨不行，非其世而用之，則為之擒矣。

夫戟者，所以攻城也；鏡者，所以照形也。宮人❾得戟則以刈葵❿，盲者得鏡則以蓋卮，不知所施之也。故善鄙同⓫，誹譽在俗；趨舍同，逆順在君。狂譎⓬不受祿而誅，段干木⓭辭相而顯，所行同也，而利害異者，時使然也。故聖人雖有其志，不遇其世，僅足以容身⓮，何功名之可致也！

【章旨】這一章文分三節，都是說行事須與客觀形勢相合，不然就要遭到失敗。第一節用種莊稼須合於時方有收穫、用《易．乾卦》第一爻、第三爻爻辭、用前代諸侯王推行仁、義、儒、墨而遭到滅、亡、削、殘的事例，說明萬事須因時而為的重要性。第二節由「宮人得戟則以刈葵，盲者得鏡則以蓋卮，不知所施之也」，說到「善鄙同，誹譽在俗；趨舍同，逆順在君」。表明同一事物、同一品質、同一舉動，其能力的發揮與否、名聲的好壞、處境的順逆，都取決於客觀條件。第三節用「時使然也」解說「狂譎不受祿而誅，段干木辭相而顯」。並由此推論「聖人雖有其志，不遇其世」，是不能建立功名的。

【注釋】❶泮　冰溶解。❷潛龍勿用　此為《易．乾卦》初九（第一爻）爻辭。潛龍，指秋分時的龍星。《說文》：「龍，春分而登天，秋分而潛淵。」勿用，不利。〈文言〉謂「初九，曰『潛龍勿用』，何謂也？子曰：『龍德而隱者也，不易乎世，不成乎名，遯世無悶，不見是而無悶，樂則行之，憂則違之，確乎其不可拔，潛龍也。』」《周易正義．疏》謂「潛者，隱伏之名；龍者，變化之物。……此自然之象。聖人作法言，於此潛龍之時，小人道盛，聖人雖有龍德，於此時唯宜潛藏，勿可施用，故言勿用。……若漢高祖生於暴秦之世，唯隱居為泗水亭長，是勿用也」。❸君子終日乾乾三句　此為〈乾卦〉九三（第三爻）爻辭。乾乾，聞一多謂同「悁悁」。即悒悒。憂愁的樣子。夕惕若厲，意謂夜晚警惕好像隨時要發生危險一樣。也可分讀為「夕惕若，厲」。夕，夜。惕，警惕。若，同「然」。厲，危險。無咎，沒有禍患。咎，災禍。❹燕子噲行仁而亡　燕王子噲先是聽蘇代之言，深信其相子之。繼而聽從鹿毛壽之言，學堯讓天下於許由，讓天下於子之。又聽信臣下語，不學禹授天下於益而以啟為吏，收回三百石吏的官印，讓官吏盡由子之控制。結果子之南面而行王事，子噲不能聽政。後來燕國大亂，為齊所破。子噲死，子之亡。其事見《戰國策・燕策一》。❺哀公好儒而削　哀公，魯定公之子，名將。好儒，在位時，孔子自衛返魯。而吳王夫差「徵百牢於魯」，「吳為鄒伐魯，至城下盟而去」，「齊伐我（指魯），取三邑」，「十二年，齊伐魯」。後哀公為三桓所攻，奔衛，如鄒，如越，國人復迎歸，卒於有山氏。削，削地。❻代君　代國之君。代國，地當今山西省東北部及河北省蔚縣一帶。❼殘　殺害。《史記・趙世家》謂趙簡子卒，襄子立，「襄子姊前為代王夫人。簡子既葬，未除服，（襄子）北登夏屋，請代王。使廚人操銅枓以食代王，及從者行斟。陰令宰人各以枓擊殺代王及從官。遂興兵平代地。其姊聞之，泣而呼天，摩笄自殺」。❽時之務　當世之要事。❾宮人　宦侍。❿刈葵　猶言割葵。葵，指葵菜。⓫善鄙同　同，原文作「不同」，依王念孫校刪「不」字。下句「趨舍同」，亦依王氏校刪去「同」上「不」字。王氏謂「此言善鄙同，而或誹或譽者，俗使然也；趨舍同，而或逆或順者，君使然也。故下文云：『狂譎不受祿而誅，段干木辭相而顯，所行同也，而利害異者，時使然也。』」⓬狂譎　舊注謂「東海之上人也。耕田而食，讓不受祿，太公以為飾虛亂民而誅」。王充《論衡・非韓》謂「齊有高節之士，曰狂譎、華士，二人昆弟也，義不降志，不仕非其主。太公封於齊，以其二子解沮齊眾，開不為上用之路，同時誅之」。⓭段干木　晉國大駔（市場經紀人），學於子夏。有賢名，深得魏文侯敬重。文侯請為相，不就。於是致祿百萬，常往館中看望。因而段干木賢名更大，以致秦欲興兵攻魏僅因文侯禮遇段干木而作罷。⓮容身　猶言安身。

【語　譯】如今假設在降霜時種穀子，想在冰溶解時能收割，那要得到糧食就很困難了。所以《周易》中說：「龍星潛藏不現，是不利的。」這是說所處的時間不適宜行事。所以「居於上位的君子整天憂愁不已，夜晚警惕好像隨時要發生危險一樣，但是最後轉危為安，沒有什麼禍患。」「成天憂愁不已」，是因為陽氣在活動；「夜晚警惕好像隨時要發生危險一樣」，是因為陰氣在增長。按照白天陽氣的活動規律而活動，按照夜晚陰氣的增長而行動，這只有掌握了道的人才能辦得到。徐偃王喜歡行義而被人消滅，燕王子噲行仁而失去了君主的權柄，魯哀公喜好儒家之道而使國家土地被分割，代國君主推行墨家之道而被殺害。被人消滅、失去君主的權柄、國土被分割、君主被殺害，這是暴亂所造成的，可是四位君主偏獨因為奉行仁、義、儒、墨之道而遭到滅亡，是因為他們所遇到的要事和仁、義、儒、墨之道所能處置的事情不一樣。並不是仁、義、儒、墨之道不能實行，而是在不適宜的時代採用它們，那君主們就要被人擒獲了。

戟，是用來攻打城池的；鏡子，是用來映照形像的。宦官得到戟便用來割葵菜，瞎子得到鏡子便用來蓋酒壺，這是因為他們不知道怎樣才能發揮它們的作用。所以好的、淺陋的程度一樣，但是受到誹謗或是讚美就要由一般人的看法決定了；求取或捨棄的做法相同，但是順利還是不順利就要由君主決定了。

狂譎不接受俸祿而遭到殺害，段干木辭卻相位卻能美名顯揚，他們所做的事相同，但得利或遇害卻不一樣，是他們所處的時代不同所造成的。所以聖人即使有他的理想，但是未遇到能實現理想的時代，也只能安身而已，怎麼可能建立功業和聲名呢！

知天之所為，知人之所行，則有以徑❶於世矣。知天而不知人，則無以與俗交；知人而不知天，則無以與道遊❷。單豹❸倍❹世離俗，巖居谷飲❺，不衣絲麻，不食五穀，行年❻七十，猶有童子之顏色，卒❼而遇飢虎，殺而食之。張毅❽好恭❾，過宮室廊廟❿必趨，見門閭⓫聚眾必下，廝徒⓬馬圉，皆與伉禮⓭，然不終其壽，內熱⓮而死。豹養其內而虎食其外，毅脩其外而疾攻其內。故直意適情⓯，則堅強賊⓰之；以身役物，則陰陽食之⓱。此皆載務⓲而虧乎其調⓳者也。得道之士，外化⓴而內不化。外化，所以入人也；內不化，所以全其身㉑也。故內有一定之操㉒，而外能詘伸㉓、贏縮㉔、卷舒，與物推移，故萬舉而不陷㉕。所以貴聖人者，以其能龍變㉖也。今捲捲㉗然守一節、推一行，雖以毀碎滅沉，猶且弗易者，此察㉘於小好，而塞於大道也。

【章旨】這一章說「知天之所為，知人之所行，則有以徑（行）於世矣。知天而不知人，則無以與俗交；知人而不知天，則無以與道遊」。是對行事須盡人事而知天時之說的發揮。文中所說單豹「倍世離俗，巖居谷飲」，行年七十而為飢虎所食，蓋謂「知天而不知人，則無以與俗交」。所說張毅「好恭」，然不終其壽，內熱而死，蓋謂「知人而不知天，則無以與道遊」。上述二事見於《呂氏春秋·必己》。《呂氏春秋》用二事說明「君子必在己者，不必在人者也，必在己無不遇矣」。言遇而得合者在自己之處理得宜，而不是責之於人（用陳奇猷說）。本章則除以二事說明前引觀點外，還用它們來說明人須「外化而內不化」，即堅守的原則是不變的，而應變的方法卻可以靈活多樣。

【注釋】❶徑　行。原文作「任」，依王念孫校改。❷遊　交遊；往來。與上句「交」義同。❸單豹　舊注謂「隱士」。《莊子·達生》謂「魯有單豹者，巖居而水飲，不與民共利，行年七十而猶有嬰兒之色；不幸遇餓虎，餓虎殺而食之」。《呂氏春秋·必己》謂「單豹好術，離俗棄塵，不食穀食，不衣芮溫，身處山林巖堀，以全其生，不盡其年，而虎食之」。❹倍　通「背」。背離。❺谷飲　謂取山谷之水而飲。❻行年　經歷過的年歲。❼卒　最後。❽張毅　好禮之人。或為魯人。《莊子·達生》謂「有張毅者，高門縣薄，無不趨也，行年四十而有內熱之病以死。豹（指單豹）養其內而虎食其外，毅養其外而病攻其內，此二子者，皆不鞭其後者也」。《呂氏春秋·必己》謂「張毅好恭，門閭帷薄聚居眾無不趨，輿隸姻媾小童無不敬，以定其身，不終其壽，內熱而死」。❾恭　恭敬；謙遜有禮。❿宮室廊廟　宮室，指宮殿。廊廟，指朝廷。廊，殿四周的廊。廟，太廟。都是帝王、大臣議政之處，故稱朝廷為廊廟。⓫門閭　城門；里門。⓬廝徒　廝役；為人驅使的奴僕。⓭伉禮　行對等的禮。伉，匹敵；相當。⓮內熱　病名。神形憂勞則患內熱。⓯直意適情　直肆己意、順從其情。即任憑自己的意志、依照自己的情性行事。⑯賊　傷害。⑰陰陽食之　猶言陰陽創之，亦即陰陽傷之。陰陽主氣言。身為物役，則二氣交侵，故言。食，同「蝕」。敗創；虧毀。此處有創（傷）義。⑱載務　承受事務。⑲虧乎其調　言損害其和氣。虧，減少；損害。原文作「戲」，依楊樹達、馬宗霍校改。調，和。⑳外化　指隨外物而變化。㉑身　性。㉒操　操守；品行；志節。㉓詘伸　屈伸。㉔贏縮　進退。㉕陷　過失。㉖龍變　龍解骨騰形謂之龍變。形容人善於機變。㉗捲捲　同「拳拳」。勤苦用力的樣子。㉘察　察察；分別辨析。

【語　譯】知道大自然的活動規律，知道人的活動規矩，那就可以在世上行動了。懂得大自然的活動規律卻不明白人的行動規矩，那就無法和一般的人交往；懂得人的交往規矩卻不明白大自然的活動規律，那就無法與道相交。單豹背離世俗之人，住在山洞中，喝的是山谷中的水，不穿絲帛、麻布縫製的衣服，不吃五穀，活到七十歲，還有小孩子那樣紅潤的臉色，最後遇到飢餓的老虎，老虎把他咬死吃掉了。張毅是一個愛講禮節的人，從宮殿、朝廷旁邊經過時，總是小步快走，見到城門、里門前聚集著許多人，總是一定要下車，就是對養馬的、做粗活的下人，也要用平等的禮節對待他們，但是他卻未能長壽，患內熱病死了。單豹修煉他的心性而老虎卻吃掉了他的身體，張毅加強外在行為的修養而疾病卻在身內向他進攻。所以任憑自己的意志、依照自己的情性做事，那堅韌、剛強的外物就要傷害他；讓自身成為外物的役使，那陰陽二氣就要傷害他。這都是因為承受事務而損害了和氣而造成的。掌握了道的人，對外能隨外物的變化而變化，可是內心所堅持的志節卻不改變。對外能隨著外物的變化而變化，是用來和世人打成一片的；內心堅持的志節不改變，是用來保全他的心性的。所以人內心有一定的操守，而在外能屈能伸、能進能退、能屈曲能舒展，隨同事物一同變遷，所以即使有萬種舉動也不會出現過失。人們之所以尊重聖人，就因為他做事善於隨機應變。現在人們勤苦用力地守住一種志節、推求一種德行，即使因為這樣遭到毀壞、破碎、滅亡、沉沒，尚且還不改變，那便是能分辨出小的美好之處而對大道塞而未通。

趙宣孟活飢人[1]於委桑[2]之下，而天下稱仁焉；荊佽非犯江中之難[3]，不失其守[4]，而天下稱勇焉。是故見小行則可以論大體[5]矣。田子方[6]見老馬於道，喟然有志[7]焉，以問其御曰：「此何馬也？」其御曰：「此故公[8]家畜也。老罷[9]而不為用，出而鬻之。」田子方曰：「少而貪其力，老而棄其身，仁者弗為也。」束帛[10]以贖之。罷武[11]聞之，知所歸心[12]矣。齊莊公[13]出獵，有一蟲舉足將搏其輪，問其御曰：「此何蟲也？」對曰：「此所謂螳螂者也。其為蟲也，知進而不知卻[14]，不量力而輕敵。」莊公曰：「此為人，而必為天下勇武[15]矣！」迴車而避之。勇武聞之，知所盡死[16]矣。故田子方隱[17]一老馬而魏國載[18]之，齊莊公避一螳螂而勇武歸之。湯教祝網者，而四十國朝[19]；文王葬死人之骸[20]，而九夷[21]歸[22]。武王蔭暍人[23]於樾下[24]，左擁[25]而右扇之，而天下懷[26]。越王句踐一決獄[27]不辜[28]，援龍淵[29]而切其股，血流至足，以自罰也，而戰武[30]必死[31]。感於恩也[32]。故聖人行之於小，則可以覆大矣；審[33]之於近，則可以懷遠矣。

孫叔敖決期思[34]之水，而灌雩婁[35]之野，莊王知其可以為令尹也。子發[36]辯擊劇[37]而勞佚齊[38]，楚國知其可以為兵主也。此皆形於小微，而通於大理者也。

【章　旨】這一章一以「趙宣孟活飢人於委桑之下，而天下稱仁焉」等二事例，說明「見小行則可以論大體」。二以「田子方隱一老馬而魏國載之」等六事例，說明「聖人行之於小，則可以覆大矣；審之於近，則可以懷遠矣」。三說孫叔敖之所為，「莊王知其可以為令尹」；子發之所為，「楚國知其可以為兵主」，是因為「此（指孫叔敖、子發之所為）皆形於小微，而通於大理者也」。作者說這三層意思，一方面從認識論的角度對一些現象作了分析，另一方面也是說明對人、特別是對君主、臣下處身行事須重「小節」。

【注　釋】❶趙宣孟活飢人　事見《呂氏春秋・報更》。文云：「昔趙宣孟將上之絳，見骫桑之下，有餓人臥不能起者，宣孟止車，為之下食，蠲而餔之，再咽而後能視。宣孟問之曰：『女何為而餓若是？』對曰：『臣宦於絳，歸而糧絕，羞行乞而憎自取，故至於此。』宣孟與脯一朐，拜受而弗敢食也。問其故，對曰：『臣有老母，將以遺之。』宣孟曰：『斯食之，吾更與女。』乃復賜之脯二束與錢百，而遂去之。」趙宣孟，晉卿趙盾。❷委桑　蔭翳下垂的桑樹。一說委，通「萎」。委桑，即枯死之桑。❸荊佽非犯江中之難　《呂氏春秋・知非》言其事曰：「荊有次非者，得寶劍於干遂，還反涉江，至於中流，有兩蛟夾繞其船。次非謂舟人曰：『子嘗見兩蛟繞船能兩活者乎？』船人曰：『未之見也。』次非攘臂袪衣拔寶劍曰：『此江中之腐肉朽骨也。棄劍以全己，余奚愛焉！』於是赴江刺蛟，殺之而復上船，舟中之人皆得活。」佽非，一作次非、茲非、佽飛。楚人，《博物志》以為是荊軻之字。江，原文作「河」，依王念孫校改。王充《論衡・龍虛》謂「渡淮」。❹守　指所守之志節。❺大體　大要；本質；原則。❻田子方　魏人。嘗師從子貢、東郭順子。❼有志　謂心意動。即有感慨。志，心意。❽公　指田子方。❾老罷　衰老羸弱。❿束帛　五匹帛為一束，而兩端（一丈八尺為一端或兩丈為一端）合捲為一匹。⓫罷武　指羸弱軍士。武，同「士」。⓬歸心　心之所歸。⓭齊莊公　春秋齊君。名光，在位六年。⓮卻　退。⓯勇武　勇士。⓰盡死　效死。⓱隱　哀；痛。⓲載　通「戴」。擁護；愛戴。⓳湯教祝網者二句　《呂氏春秋・異用》云：「湯見祝網者，置四面，其祝曰：『從天墜者，從地出者，從四方來者，皆離吾網。』湯曰：『嘻！盡之矣。非桀其孰為此也？』湯收其三面，置其一面，更教祝曰：『昔蛛蝥作網罟，今之人學紓。欲左者左，欲右者右，欲高者高，欲下者下，吾取其犯命者。』漢南之國聞之曰：『湯之德及禽獸矣。』四十國歸之。」祝網者，為張網捕鳥而頌禱者。⓴文王葬死人之骸　舊注釋謂「文王治靈臺，得死人之骨，夜夢人呼而請葬。於旦，文王反葬以五大夫之禮」。骸，骸骨；屍骨。㉑九夷　泛指眾多的少數民族。一說東方之夷有九種，曰畎夷、于夷、方夷、黃夷、白夷、赤夷、玄夷、風夷、陽夷。㉒歸　原文下有「之」字，依王念孫校刪。㉓暍人　中暑的人。㉔樾下　即越下。本書〈精神〉舊注謂「楚人樹上大本小，如車蓋狀為越，言多蔭也」。樾，同「越」。㉕擁　抱。㉖懷　懷念。㉗決獄　判決獄訟。㉘不辜　無罪。㉙龍淵　寶劍名。《越絕書．外傳記寶劍》謂「歐冶子、干將鑿茨山，洩其溪，取鐵英，作為鐵劍三枚：一曰龍淵，二曰泰阿，三曰工布」。㉚戰武　即戰士。原文作「戰武士」，依王念孫校刪「士」字。㉛必死　必為之死。原文作「必其死」，依王念孫校刪「其」字。㉜感於恩也　原文無此四字，依王念孫校補。王氏謂「此四字乃總承上文言之，不專指越王」。㉝審　審慎；慎重。㉞期思　古蔣國地。楚滅之為期思邑，故址在今河南省固始縣西北。㉟雩婁　春秋吳地。為楚所奪，故城在今河南省商城縣東北。孫叔敖為期思之鄙人，一說為楚之處士。㊱子發　楚將名。嘗率軍攻秦。㊲辯擊劇　意謂辨別兩相擊劍者孰優孰劣。舊注謂「辯，次第也。擊劇，次第罷勞之賞，各有齊等也。或曰：子發辯擊之勞佚齊。子發築設勞佚之節，是以楚知可為兵」。㊳勞佚齊　指勞佚不同的人所得賞罰（包括名次的判定）的標準相同。齊，同。

【語　譯】趙宣孟在一棵枯死的桑樹下救活了一個挨餓的人，天下的人都讚美他仁愛；楚國的佽非在過江時遭遇危難，而不失去他的志節，天下的人都稱讚他勇敢。因此見到一個人小的行為就可以說出他的本質了。田子方看到路上有一匹老馬，很有感觸地歎息，他問車夫說：「這是誰家的馬？」他的車夫回答說：「這是您家從前養的馬。因為衰老、瘦弱，不能再發揮作用了，所以把牠牽出去賣掉。」田子方說：「在牠少壯時貪得牠的力氣，衰老了就拋棄牠，仁愛的人不做這樣的事情。」於是派人用五匹帛把那老馬贖了回來。一些年邁體弱的軍士聽到這件事後，都知道自己的心應該歸向何人了。齊莊公外出打獵，有一隻蟲子舉腳要和他的車輪搏鬥，莊公問車夫說：「這是什麼蟲？」車夫回答說：「這就是人們所說的螳螂。這種蟲子，只知道前進而不知道退卻，不衡量自己的力量而輕視敵人。」莊公說：「這樣的蟲子如果是人，一定會成為天下的勇士。」於是掉轉車輪避開了牠。勇士們聽到這件事情後，便知道自己應該為誰盡死效力了。所以田子方痛惜一匹老馬而使得魏國的人民擁戴他，齊莊公因為避開一隻螳螂而使勇士們歸順他。商湯王教為張網捕雀而禱告的人如何說話，而使得四十個諸侯國朝見他；周文王把死人的骸骨埋葬好，而使得許多少數民族歸順他。周武王讓中暑的人在樹下歇蔭，要人從左邊抱住他，從右邊給他搧風，而使得天下的人懷念他。越王句踐一次判案錯殺無罪之人，就拿過龍淵寶劍切開自己的大腿，血一直流到腳上，用這來懲罰自己，而使得戰士們一定要為他盡死奮戰。他們都是受到了恩德的感動。所以聖人所做的事情小卻可以影響很大；很慎重地處理身邊的事，就可以使遠方的人歸順他。

孫叔敖把期思的河隄挖開，用河水來灌溉雩婁的田野，莊王便知道他可以擔任令尹的職務。子發辨明擊劍者的優劣次第，而使勞苦的人和安逸的人所得賞罰有相同的標準，楚國便知道他能做領兵的人。這些都是表現為一些微小的事情，但卻和大道理相通。

聖人之舉事，不加憂焉，察其所以而已矣。今萬人調鐘，不能比❶之律❷，誠得知者❸，一人而足矣。說者之論，亦猶此也。誠得其數❹，則無所用多矣。夫車之所以能轉千里者，以其要❺在三寸之轄❻。夫勸人而弗能使也，禁人而弗能止也，其所由者非理也。

昔者，衛君❼朝於吳，吳王❽囚之，欲流❾之於海❿。說者冠蓋相望⓫，而弗能止。魯君⓬聞之，撤鐘鼓之縣⓭，縞素⓮而朝。仲尼入見曰：「君胡為有憂色？」魯君曰：「諸侯無親，以諸侯為親。大夫無黨⓯，以大夫為黨。今衛君朝於吳⓰，吳王囚之而欲流之於海。孰⓱衛君之仁義而遭此難也！吾欲免之而不能，為奈何⑱？」仲尼曰：「若欲免之，則請子貢行。」魯君召子貢，授之將軍之印，子貢辭曰：「貴⑲無益於解患，在所由之道。」斂躬⑳而行，至於吳，見太宰嚭㉑。太宰嚭甚悅之，欲薦之於王。子貢曰：「子不能行說㉒於王，奈何吾因子㉓也！」太宰嚭曰：「子焉知嚭之不能也？」子貢曰：「衛君之來也，衛國之半曰：不若朝於晉。其半曰：不若朝於吳。然衛君以為可以歸骸骨也，故束身以受命㉔。今子受衛君而因之，又欲流之於海，是賞言朝於晉者，而罰言朝於吳也。且衛君之來也，諸侯皆以為著龜㉕兆。今朝於吳而不利，則皆移心於晉矣。子之欲成霸王之業，不亦難乎！」太宰嚭入，復之於王。王報㉖出令於百官曰：「比㉗十日，而衛君之禮不具者死㉘！」子貢可謂知所以說矣。

【章旨】這一章用子貢說太宰嚭而使吳王由「欲流之於海」而以禮相待之事，說明遊說貴在掌握方法，所謂「誠得其數」。就像車能轉行千里，關鍵在於三寸之轄一樣，而遊說能夠成功的關鍵是要得理。衛君朝於吳，而吳王囚之，且欲流之於海，大為悖理。子貢說太宰嚭，即從衛君朝吳的背景（本來就有一半人反對朝吳）、從吳王那樣處置衛君在諸侯中會引起的震撼、對吳王欲建王霸之業的影響等方面加以分析，既能指出吳王舉措悖理、危害無窮，而又是據理敘說其事，不作聳人之論，故其能成。

【注釋】❶比　合。❷律　律管。用來正音的一種竹管。文中指音律。❸知者　指知調音技術的人。❹數　術；方法。❺要要領；關鍵。❻轄　安在車軸末端的擋鐵，用以擋住車輪，不使脫落。❼衛君　即衛出公。靈公之孫、蒯聵之子，名輒。在位十二年。孔悝立蒯聵，出公流亡在外四年，其間衛換三君，乃自齊返衛，為君九年。出公十年（西元前四八三年），吳王召衛侯會於鄖（發陽，今江蘇省泰州市），即文中所言衛君朝吳事。❽吳王　指夫差。❾流　流放。❿海　指海邊。衛曾殺吳之行人（使者），故吳王怒而欲嚴懲衛君。而其時吳國勢盛，此年召魯、衛之君以會，次年「吳王北會諸侯於黃池，欲霸中國」（《史記・吳太伯世家》）。⓫冠蓋相望　指官員們一路上絡繹不絕。冠，禮帽。蓋，車蓋。官吏的服飾和車乘，借指官吏。⓬魯君　指魯哀公。吳王夫差召衛君會於鄖前，嘗召魯哀公會於橐皋（今安徽省壽縣）。⓭縣　同「懸」。⓮縞素　白色的喪服。⓯黨　指親族。⓰吳　原文下有「王」字，依王念孫校刪。⓱孰　原文下有「意」字，依王念孫校刪。王氏謂「孰，何也。言何衛君之仁義而遭此難也」。⓲為奈何　言將奈之何。為，義同「將」。⓳貴　顯貴。文中指魯君「授之將軍之印」而言。⓴斂躬　檢束其身。謂其行為不放縱。㉑太宰嚭　伯氏，名嚭。春秋楚人，後奔吳，為夫差之太宰。㉒行說　猶言勸說、說服。㉓因子　猶言依仗您。㉔衛國之半曰六句　中言其半贊成衛君朝晉、其半贊成衛君朝吳，其事當本於《左傳・哀公十二年》所謂「吳徵會於衛。初，衛人殺吳行人，且姚而懼，謀於行人子羽，子羽曰：『吳方無道，無乃辱吾君，不如止也。』子木曰：『吳方無道，國無道，必棄疾於人。吳雖無道，猶足以患衛。往也，長木之斃無不摽也；國狗之瘈，無不噬也，而況大國乎？』」束身，同「束躬」。檢束自己，不使放任。㉕著龜　著草、龜甲。占卜用具。舊注謂「以為著龜，以卜朝吳之吉凶也」。㉖報　回答；答覆。㉗比　及至。㉘衛君之禮句　謂於衛君之禮不備者處以死刑。

【語　譯】聖人做事，不會帶著憂愁情緒去做，只是仔細考察該用何種方法罷了。現在有一萬個人試著調鐘，但都不能使鐘的音調和律管的音律相合，如果確實得到了會調音律的人，只要一人就足夠了。遊說的人，也像這樣。如果掌握了遊說的方法，就不需要用很多人去遊說了。

車子能夠轉行千里，關鍵在於有那三寸長的擋鐵。勸說人而不能使他聽從自己的意見，禁止人卻不能使人的行動停止，是他所遊說的內容沒有道理造成的。

從前，衛國的君主朝見吳王，吳王夫差把他囚禁起來，打算把他流放到海邊去。前去勸說的官員一路上絡繹不絕，卻不能使吳王改變做法。魯國的君主聽見後，派人撤除了懸掛的鐘和鼓，穿著白色的喪服上朝處理政事。孔仲尼入朝拜見魯國君主，問：「您為什麼面有憂愁之色？」魯國君主回答說：「諸侯沒有親戚，而把諸侯當作親戚。大夫沒有親族，而把大夫當作親族。現在衛國的君主朝見吳王，吳王把他囚禁起來而打算把他流放到海邊。為什麼衛國的君主那樣仁義卻要遭受這樣的災難呢！我想使他免除這種災難卻沒有辦法，這將怎麼辦啊？」孔仲尼說：「如果要使衛國君主免除這場災難，那就請子貢去走一趟吧。」於是魯國君主召見子貢，要授給他將軍的印璽，子貢推辭說：「顯貴的官職對於解除禍患沒有益處，關鍵在於所持的道理如何。」子貢很小心地到了吳國，見到了太宰伯嚭。太宰伯嚭十分喜歡，打算把子貢推薦給吳王。子貢卻對他說：「您不能說服吳王，我怎麼能依靠您呢？」太宰伯嚭反問他：「您怎麼知道我不能說服吳王呢？」子貢說：「衛國國君來吳國前，衛國臣子中一半人說：不如朝見晉國國君。另一半人說：不如朝見吳王。但是衛國君主認為吳國是會把他的骸骨歸還給衛國的，所以很小心地接受了來吳的命令。現在您們接納衛國的君主而把他囚禁起來，又想把他流放到海邊去，這是獎賞衛國主張朝見晉國君主的那些人，而懲罰主張朝見吳王的那些人。何況衛國君主到吳國來，諸侯們都把他遭遇的好壞當做用蓍草、龜甲占卜所見的吉凶徵兆。現在朝見吳王大為不利，那就都要把心移向晉國了。您們要完成霸王之業，不就很困難了嗎！」太宰伯嚭進入宮中，把子貢的話告訴吳王。吳王作出答覆，對百官發出命令說：「等到十天，對待衛國君主的禮儀還不完備，主管的人就要處以死刑！」子貢可以說是一位懂得如何遊說的人。

魯哀公為室❶而大，公宣子❷諫曰：「室大，眾與人處則譁，少與人處則悲。願公之適❸。」公曰：「寡人聞命❹矣。」築室不輟。公宣子復見曰：「國小而室大，百姓聞之必怨吾君，諸侯聞之必輕吾國。」魯君曰：「聞命矣。」築室不輟。公宣子復見曰：「左昭而右穆❺，為大室以臨❻二先君之廟，得無害於子❼

乎？」公乃令罷役除版❽而去之。魯君之欲為室誠矣，公宣子止之必矣，然三說而一聽者，其二者非其道也。

夫臨河而釣，日入而不能得一鯈魚❾者，非江河魚不食也，所以餌之者非其欲也。及至良工執竿，投而擐❿唇吻⓫者，能以其所欲而釣者也。

夫物無不可奈何，有人無奈何⓬。鉛之與丹，異類殊色，而可以為丹⓭者，得其數也。故繁稱⓮文辭⓯，無益於說，審其所由⓰而已矣。

【章　旨】這一章一說公宣子三諫魯哀公不可為大室然後才成功，「三說而一聽者，其二者非其道也」。說明規勸遊說一定要合理。二說「能以其所欲」而設餌者方能釣到魚，表明遊說者必須掌握被遊說者的心理特點，針對此而說理。三則先說萬物皆有術可治，只是有的人不能掌握其術。又說鉛與丹本非一類，而鉛能為丹，就在於煉丹者掌握了技術。然後歸本章主旨，謂「繁稱文辭，無益於說，審其所由而已矣」。

【注　釋】❶室　宮室；宮殿。❷公宣子　魯國大夫。❸適　適意；安適。與上二句中「譁」、「悲」相對而言，實指宮室不可大。❹聞命　承命。或謂領會其命。❺左昭而右穆　古代宗法制度，宗廟的輩次排列，以始祖居中，二世、四世、六世位於始祖的左方，稱為昭；三世、五世、七世位於始祖的右方，稱為穆。舊注謂「昭穆，先君之宗廟」。❻臨　面對。❼子　子道；為子之道。實詞虛用。義如本書〈氾論〉「可謂能子矣」之「子」。《太平御覽》引《新序》「子」作「孝」。❽版　版築；築牆用的夾版。❾鯈魚　即小白魚。❿擐　穿。⓫唇吻　口；嘴。⓬夫物無不可奈何二句　舊注釋謂「言物皆可術而治也。事有人才所不及，無奈之何也」。⓭為丹　道家以鉛煉成丹，以代穀食。⓮繁稱　猶謂多言。稱，聲言。⓯文辭　有文藻的言語。⓰所由　所從由的道路。文中指說理的方式方法。《論語・為政》「視其所以，觀其所由」，楊伯峻即解「所由」為方式、方法。

【語譯】魯哀公修建宮殿修得很大，公宣子規勸他說：「宮殿修得很大，許多人在裡面聚集就會喧鬧不堪，很少的人在裡面便又感到哀傷。希望您能建造一個使您感到安適的宮殿。」魯哀公說：「我已經領會您的意思了。」但仍然修建宮殿而不停止。公宣子又去拜見魯哀公，說：「國家小而宮殿很大，老百姓知道了就會埋怨我們君王，諸侯知道了就會輕視我國。」魯國君主對他說：「我已領會您的意思了。」但仍然修建宮殿而不停工。公宣子於是再一次拜見魯哀公，說：「宗廟裡左昭右穆，其中有先君的靈位，您修建的大宮殿正對著供奉兩位先君的宗廟，這對您的為子之道難道沒有妨害嗎？」於是魯哀公下令停止施工、撤除版築一類的建築工具。魯國的君主想修建大的宮殿是誠心誠意的，公宣子要制止他的行動是肯定的，但是他三次規勸而魯哀公卻只聽從一次勸告，是因為他的另外兩次勸告講的不合道理。

到黃河邊釣魚，一直釣到太陽落山連一條小白魚也未釣到，不是長江、黃河中的魚不吃東西，是用來釣魚的餌食不是魚所想要吃的東西。等到優秀的釣魚人一拿起釣竿，把它往水中一擲，鉤就穿進了魚的嘴唇，這是因為他能用魚所想要吃的食物作釣餌來釣魚。

萬事萬物，沒有一樣是不能用一定的方法來治理的，但是有的人卻沒有辦法來治理它們。鉛和丹，是類別、色彩完全不同的東西，但是有人卻能用鉛煉出丹來，就因為他掌握了恰當的方法。所以說許多言語美好的話，對勸說是沒有什麼好處的，最重要的不過是仔細地研究勸說的方式方法罷了。

物類❶之相摩近❷而異門戶者，眾而難識也。故或類之而非，或不類之而是；或若然而不然者，或若不然而然者❸。

諺曰：「鳶❹墮腐鼠，而虞氏以亡❺。」何謂也？曰：虞氏，梁❻之大富人也。家充盈殷富❼，金錢無量，財貨無貲❽。升高樓，臨大路，設樂陳酒，擊博❾其上。

游俠❿相隨而行。樓上⓫博者⓬，射明⓭張中⓮，反兩⓯而笑。飛鳶適墮其腐鼠而中游俠。游俠相與言曰：「虞氏富樂之日久矣，而常有輕易⓰人之志。吾不敢侵犯，而乃辱我以腐鼠，如此不報⓱，無以立矜⓲於天下。請與公僇力⓳一志，悉率徒屬⓴，而必以滅其家。」其夜，乃攻虞氏，大滅其家㉑。此所謂類之而非者也。

何謂非類而是？屈建㉒告石乞㉓，曰：「白公勝將為亂。」石乞曰：「不然。白公勝卑身下士，不敢驕賢。其家無筦籥㉔之信㉕、關楗㉖之固。大斗斛㉗以出，輕斤兩㉘以內㉙。而乃論之，以不宜也。」屈建曰：「此乃所以反也。」居三年，白公勝果為亂，殺令尹子椒、司馬子期㉚。此所謂弗類而是者也。

【章　旨】這一章一是總說事物之間的幾種關係，即所謂「或類之而非，或不類之而是；或若然而不然者，或若不然而然者」。這四種情形，都是講如何透過現象看事物本質的問題。二是各舉一例說明何謂「或類之而非」和「或不類之而是」。其中「鳶墮腐鼠，而虞氏以亡」之事，鳶墮腐鼠雖屬偶然，但游俠怨恨虞氏而欲滅之卻在必然之中。鳶墮腐鼠雖非虞氏所為，而從他平日為人看，實在能作出以腐鼠辱人之事。所以用這件事說明「或類之而非」，還是就表面現象論表面現象。白公勝禮賢下士、讓利於民而後作亂，就為亂而言，其事誠為「或不類之而是」。

【注　釋】❶物類　物之種類。或指萬物。❷摩近　接近；迫近。❸或若不然而然者　王引之謂「越王句踐之事吳，請身為臣，妻為妾，若不叛吳而實欲滅吳也（見下文）」。若不，原文作「不若」，依王氏校改。❹鳶　鴟鷹。❺虞氏以亡　虞氏之事見《列子・說符》。❻梁　即魏。魏自惠王徙都大梁（今河南省開封市），即稱梁。❼殷富　殷實、富足。殷，富裕。❽無貲　謂不可計量。貲，計量。❾擊博　原文作「積博」，依莊逵吉校改。張湛注《列子・說符》「擊博」條云：「擊，打也。如今雙陸棊也。韋昭《博弈論》云『設木而擊之』是也。《古博經》曰：『博法：二人相對坐，向局。局分為十二道，兩頭當中名為水，用棊十二。故法六白六黑，又用魚二枚置於水中。其擲采以瓊為之。瓊畟（音則）方寸三分，長寸五分，銳其頭，鑽刻瓊四面為眼，亦名為齒。二人互擲采，行棊，棊行到處即豎之，名為驍棊。即入水食魚，亦名牽魚。每牽一魚，獲二籌。翻一魚獲三籌。若已牽兩魚而不勝者名曰被。翻雙魚，彼家獲六籌，為大勝也。』」❿游俠　指仗義而好急難之人。⓫樓上　原文作「樓下」，依莊逵吉校改。⓬博者　博戲之人。原文作「博上者」，依莊逵吉校刪「上」字。⓭射明　投擲明瓊。明瓊即今之骰子，其齒（眼）五白。原文作「射朋」，依《列子》「射明瓊張中」句而改。張湛注謂「凡戲爭能取中皆曰射，亦曰投」。⓮張中　投中；打中。⓯反兩　即翻兩魚，可獲六籌。原文上作「射朋張中反兩」，舊注謂「射朋張，上棋中之，以一反兩也」。原文及注似皆有誤，錄以備考。⓰輕易　輕視。易，簡慢；輕視。⓱報　報復。此處指報怨。⓲立矜　以勇立名。矜，勇。《列子》作「立慬」，慬，通「矜」。張湛謂「慬，勇也」。原文「矜」作「務」，依王引之、吳承仕校改。⓳僇力　同「戮力」。盡力。⓴徒屬　徒眾（眾人）、屬眾（同道之眾）。或謂徒屬猶言黨友（同類之人）。㉑其夜三句　原文無，依王念孫校補。張湛注《列子》，於此句下注謂「驕奢之致禍敗，不以一塗。虞氏無心於陵物而家破者，亦由謙退之行不素著故也」。㉒屈建　人名。楚國大夫。㉓石乞　人名。白公之臣。㉔筦籥　鎖匙。筦，同「管」。籥，即今之「鑰」。鑰匙。㉕信　憑據。鑰匙能開鎖，開鎖即可進屋，故以筦籥為進屋之信。㉖關楗　鎖門的工具。橫曰關，豎曰楗。㉗大斗斛　此與下句「輕斤兩」句法同。即大於斗、斛的正常標準，十斗為一斛。㉘輕斤兩　即比正常標準的斤、兩要輕。㉙內　同「納」。收進。㉚白公勝果為亂二句　白公勝，白公熊勝。勝為楚平子之孫、太子熊建之子。白，楚縣名。楚僭稱王，守縣大夫皆稱公。太子建為費無極（忌）所譖，出奔鄭，與晉通謀，欲反鄭於晉，鄭人殺之。白公勝與庶父令尹子西、司馬子期伐鄭，為父報仇，許而未行，晉人伐鄭，子西、子期率師救鄭，勝乃與石乞等襲殺子西、子期於朝。劫惠王置之高府，欲弒之。勝自立為王。月餘，葉公來救楚，楚惠王之徒與之共攻白公，殺之。子椒、子期皆白公之季父。

【語譯】萬物種類接近而門類不同，這樣的情形眾多而且很難識別。所以有的是表面類似而實際上不同，有的表面上不相類卻是一樣的；有的像是這樣卻不是這樣，有的像不是這樣卻是這樣。

諺語說：「鵂鷹口中掉下一隻腐爛的老鼠，而虞家就因此而滅亡。」這是說的什麼事？說的是：虞家，是魏國的大富戶。家中豐盛富足，金錢多得數不清，財物多得無法計量。一天，他登上高樓，面對大路，在樓上設置樂隊、擺上好酒，在那裡和人玩擊博的遊戲。游俠跟著他走在後面。樓上參與博戲的人，扔出去的「明瓊」投中了目標，使得兩隻「魚」翻轉過來，因而大笑。這時恰好一隻腐爛的老鼠從飛過的鵂鷹口中掉下來，擊中了一位游俠之士。游俠們在一起議論說：「虞家富裕、快活的日子已經過得很久了，而常常有輕視人的念頭。我們不敢侵犯他家，可是他卻用腐爛的老鼠來侮辱我們，像這樣不報復他，我們就無法以有勇氣而立名於天下了。請各位同心盡力，率領各自的同黨好友，一定要消滅虞氏家族。」就在那天夜裡，游俠們攻打虞家，把虞家徹底消滅了。這就是所說的表面上類似而實際上不是那回事。

什麼叫做表面上不相類似而實際上卻是那回事呢？屈建告訴石乞說：「白公熊勝將要製造暴亂。」石乞回答說：「你說的不對。白公熊勝用謙遜的態度對待賢士，從來不敢在賢士面前擺出驕傲的架勢。他們家門不上鎖、用不著鑰匙就可進門，屋內門上也不設栓立楗以防守牢固。他用大斗、大斛借出糧，卻少斤少兩收進。而你卻這樣評論他，是很不適宜的。」屈建說：「這些正是他用來謀反的做法。」過了三年，白公熊勝果然發動暴亂，殺了令尹子椒和司馬子期。這就是所說的表面上不相類似而實際上卻是那回事。

何謂若然而不然？子發為上蔡❶令，民有罪當刑，獄斷❷論定，決於令前❸，子發喟然有悽愴❹之心。罪人已刑而不忘其恩。此其後，子發服罪威王而出奔❺。刑者❻遂襲❼恩者❽，恩者逃之於城下之廬。追者至，踹足❾而怒，曰：「子發親❿決吾罪而被⓫吾刑，怨之憯⓬於骨髓。使我得其肉而食之，其⓭知厭⓮乎？」追者以為然而不索其內，果活子發。此所謂若然而不然者。

何謂若⑮不然而然⑯者？昔越王句踐卑下⑰吳王夫差，請身⑱為臣⑲，妻為妾⑳，奉四時之祭祀，而入春秋之貢職㉑，委社稷㉒，效㉓民力㉔，居為隱蔽，而戰為鋒行㉕，禮甚卑，辭甚服㉖，其離叛之心遠矣，然而甲卒三千人以擒夫差於姑胥㉗。

此四策㉘者，不可不審也。夫事之所以難知者，以其竄端匿跡㉙，立私於公，倚邪於正，而以務㉚惑人之心者也。若使人之所懷於內者，與所見於外者，若合符節，則天下無亡國敗家矣。

夫狐之搏㉛雉㉜也，必先卑體㉝弭毛㉞，以待其來也。雉見而信之，故可得而擒也。使狐瞋目㉟植睢㊱，見必殺之勢，雉亦知驚憚遠飛，以避其怒矣。夫人偽之相欺也，非直㊲禽獸之詐計也。物類相似若然，而不可從外論者，眾而難識矣，是故不可不察也。

【章旨】這一章和上一章為一整體。內容有三。一是用一受刑之民為感激子發憐憫之恩，而在子發遇難時設計救他的故事，說明何謂「若然而不然」。二是用越王句踐卑躬服侍吳王夫差而終擒夫差之事，說明何謂「若不然而然」。三是對本章和上一章所說四種情況的分析，認為一些事情難以認識，就因為為事者「竄端匿跡，立私於公，倚邪於正，而以務惑人之心者也」。人們內心所想和外在表現往往不一致，故使人常有判斷上的錯誤，以致「亡國敗家」。作者說，狐搏雉尚且懂得先用「卑體弭毛」的假象來引誘牠上當，何況人以假象相欺，更比禽獸狡詐得多。最後他告誡人們：「物類相似若然，而不可從外論者，眾而難識矣，是故不可不察也。」

【注　釋】❶上蔡　縣名。故縣在今河南省上蔡縣西南。❷獄斷　即斷獄。審理和判決案件。❸決於令前　王念孫謂「決於上蔡令之前」。令，原文下有「尹」字，依王氏校刪。❹悽愴　悲痛；傷感。❺服罪威王句　俞樾謂「言其負罪而出奔也」。服罪，負罪。服，通「負」。原文作「盤」，依俞樾校改。威王，楚威王。楚宣王之子熊商，在位十一年。❻刑者　指前言之「罪人」。❼襲　掩藏。此處有掩護之義。❽恩者　施恩者。指子發。❾踹足　蹀足。即投足、踏步。此處作「跺腳」解為宜。❿親　親自。原文作「視」，依王念孫校改。⓫被　加於其上。⓬憯　通「慘」。慘痛。⓭其　通「豈」。⓮厭　滿足。⓯若　原文無此字，依王引之校補。⓰而然　原文作「而若然」，依王引之校刪「若」字。⓱卑下　低下。此處作動詞用。⓲身　自身；自己。⓳臣　男性奴隸。⓴妾　女性奴隸。㉑貢職　即貢物。此處指賦稅。㉒委社稷　委棄社稷。此即《呂氏春秋．順民》中句踐所言「則孤將棄國家，釋群臣」云云。㉓效　獻出。㉔民力　指民眾的財力。㉕居為隱蔽二句　王念孫釋謂「言越之事吳，居則為隱蔽，而戰則為前行也」。居，居住。隱蔽，即陰蔽。暗中掩蔽。或謂暗中保護。原文作「隱居為蔽」，依王念孫校改。鋒行，前行。即作前鋒。㉖服　順從。㉗姑胥　山名。又名姑蘇，在今江蘇省吳縣西南。㉘四策　四種計謀。指「或類之而非，或不類之而是；或若然而不然者，或若不然而然者」而言。㉙竄端匿跡　指掩飾事由真相。竄，隱藏；逃匿。端，開頭。引申為緣由。㉚務　義如「瞀」。指事情紛亂之狀。原文作「勝」，依蔣禮鴻校改。㉛搏　捕捉。原文作「捕」，依王念孫校改。㉜雉　即野雞。㉝卑體　即低身。㉞弭毛　按毛（毛緊貼其身而不伸開）。原文作「彌耳」，依王念孫校改。㉟瞋目　張目；怒目。㊱植脽　猶言豎尾。原文作「植睹（舊注謂『柱尾也』）」，依吳承仕校改。吳氏謂「注文當云：植脽，柱尾也，皆形近而誤。《說文》：『脽，尻也。』古人尻、尾得通言之，獸怒欲有所搏殺，則瞋目豎尾以作氣勢。柱，調支柱。柱尾，猶言豎尾矣」。㊲直　僅；只是。

【語　譯】什麼叫做像是這樣卻不是這樣？子發擔任上蔡縣令時，老百姓中有一個犯了罪、應當服刑的人，他的案子已經判了，在縣令子發面前宣布處刑，子發歎息、露出悲傷的心情。罪人服刑以後不忘記他的恩情。這件事過去以後，子發因為在楚威王面前犯有罪行而外出逃跑。那個受刑的人便來掩護對他有恩的子發，對他有恩的子發便逃進城牆邊一間房屋躲起來。追趕他的人到了屋門口，那個受刑的人跺腳發怒說：「子發親自判決我有罪而使我受刑，我對他的痛恨已進入骨髓。假使讓我得到他，把他的肉吃掉，難道我能夠滿足嗎？」追趕的人認為受刑的人說的是那麼回事，就不進屋內去搜索，那受過刑的人果然救了子發一條活命。這就是所說的像是這樣而實際上不是這樣。

什麼叫做像不是這樣而實際上又是這樣呢？從前越王句踐用處身卑下的態度敬事吳王夫差，請求讓自己做他的男奴，讓妻子做他的女奴。給他送上四季的祭祀之物，獻上春秋所得的賦稅。拋棄國家，獻上民眾的財力。吳王住下來時，句踐就暗中保護他；要打仗時，句踐就做他的前鋒。對他的禮節十分謙卑，對他說的話十分恭順。看來，他已把離叛之心拋得很遠很遠了，但是後來句踐卻用三千士兵在姑胥捉住了夫差。

這四種計謀，不能不辨別清楚。事情之所以很難認識，是因為做事的人要掩飾事情的由來，在為公的掩護下謀取私利，用正直的形式來做邪惡之事，而用紛亂之狀來迷惑人們的心思。如果讓人們心中所想的，和他所顯現在外的行動，像符節相合那樣吻合，那天下就沒有亡國、敗家的事情了。

狐狸在捕捉野雞的時候，必然是先低下身子、緊縮獸毛，以等待牠來臨。野雞見到後，相信不會遇害，所以狐狸可以把牠逮住。假使狐狸怒眼大睜、豎起尾巴，野雞看到狐狸一定要捕殺牠的架勢，牠也知道驚恐遠飛，而避開狐狸的怒氣。人們用做假的方式相互欺騙，不只是運用禽獸那樣狡詐的手段而已。萬物種類相似好像是這樣、而不能從外表來作論斷的，實在眾多而又難以識別，因此不能不加以考察。

卷一九

脩 務

【題 解】高誘解釋本篇篇名，謂「脩，勉。務，趨。聖人趨時，冠敧（不正）弗顧，履遺不取，必用仁義之道以濟萬民，故曰脩務，因以題篇」。而本書〈要略〉說本篇的寫作目的，則特別講到學的問題，言：「〈脩務〉者，所以為人之於道未淹、味論未深、見其文字，反之以清靜為常、恬淡為本，則懈墮分學，縱欲適情，欲以偷自佚，而塞於大道也。今夫狂者無憂，聖人亦無憂。聖人無憂，和以德也；狂者無憂，不知禍福也。故通而無為也，與塞而無為也同。其無為則同，其所以無為則異。故為之浮稱流說，其所以能聽、所以使學者孳孳以自幾也。」又謂「知人間而不知脩務，則無以使學者勸力。」上述解說都能道出本篇內容上的特點。

概括而言，本篇內容主要有兩點，一是講「無為」，二是論「學」。除此之外，文中「夫歌者，樂之徵也；哭者，悲之效也。憤於中則應於外，故在所以感之矣」，「夫以徵為羽，非絃之罪；以甘為苦，非味之過」，「故美人者非必西施之種」，以及「今夫毛嬙、西施，天下之美人，若使之銜腐鼠、蒙蝟皮、……則布衣韋帶之人，過者莫不左右睥睨而掩鼻。嘗試使之施芳澤、正娥眉、……則雖王公大人、有嚴志頡頏之行者，無不憚悇癢心而悅其色矣」，則反映出作者的美學觀念。

或曰：「無為者，寂然無聲，漠然不動，引之不來，推之不往❶。如此者，乃得道之像❷。」吾以為不然。

嘗試問之❸矣：「若夫神農、堯、舜、禹、湯，可謂聖人乎？」有論者必不能廢❹。以五聖觀之，則莫得無為，明矣❺。

古者，民茹❻草飲水，採樹木之實，食蠃蛖❼之肉，時多疹病❽毒傷之害❾。於是神農乃教民播種五穀❿，相⓫土地之⓬宜，燥溼肥墝高下⓭；嘗百草之滋味、水泉之甘苦，令民知所辟就⓮。當此之時，一日而七十毒⓯。

堯立孝慈仁愛，使民如子弟⓰。西教沃民⓱，東至黑齒⓲，北撫幽都⓳，南道⓴交阯㉑。放㉒讙兜㉓於崇山㉔，竄㉕三苗㉖於三危㉗，流共工㉘於幽州，殛㉙鯀㉚於羽山㉛。

舜作室，築牆茨屋㉜，辟地樹㉝穀，令民皆知去巖穴，各有家室㉞。南征三苗，道死蒼梧㉟。

禹沐霪雨㊱，櫛扶風㊲，決江疏河㊳，鑿龍門㊴，闢伊闕㊵，脩彭蠡之防㊶，乘四載㊷，隨㊸山栞木㊹，平治水土，定千八百國㊺。

湯夙興夜寐，以致聰明㊻；輕賦薄斂，以寬民氓㊼；布德施惠，以振㊽困窮；

弔死㊾問疾，以養孤孀㊿。百姓親附，政令流行，乃整兵鳴條(51)，困夏南巢(52)，譙(53)以其過，放之歷山(54)。

此五聖者，天下之盛主(55)，勞形盡慮，為民興利除害而不懈(56)。奉(57)一爵(58)酒不知於色(59)，挈(60)一石之尊(61)則白汗交流，又況贏(62)天下之憂，而任(63)海內之事者乎？其重於尊亦遠(64)也！且夫聖人者，不恥身之賤，而愧道之不行；不憂命之短，而憂百姓之窮。是故禹為水(65)，以身解(66)於陽盱之阿(67)；湯苦(68)旱，以身禱於桑林之際(69)。聖人憂民，如此其明也，而稱以無為，豈不悖(70)哉！

【章　旨】這一章反駁兩種說法，一是無所作為的「無為」論，一是把能做到完全無所作為當作「得道之像」的說法。後一說法以前一說法為前提，故反駁的重點是前一說法。反駁的方法是這樣的：先肯定神農、堯、舜、禹、湯為聖人，然後以他們的「莫得無為」，來否定前面提到的「無為」之說。因而文中對五聖大有為之事分別加以陳述，然後總言「此五聖者，天下之盛主，勞形盡慮，為民興利除害而不懈」。還說「且夫聖人者，不恥身之賤，而愧道之不行；不憂命之短，而憂百姓之窮」。這些旨在說明聖人實在不是「寂然無聲，漠然不動，引之不來，推之不往」。既然聖人不能如此「無為」，那前引「無為」之說自難成立。

【注　釋】❶無為者五句　此處所說「無為」，《莊子》中〈齊物論〉、〈大宗師〉、〈應帝王〉等篇以及本書〈俶真〉、〈覽冥〉、〈主術〉、〈精神〉等篇中有類似言語。漠然，寂靜無聲的樣子。❷如此者二句　舊注釋謂「或人以為先為術如此，乃可謂得道之法也」。像，法。❸問之　舊注謂「以為不如或人之言，嘗問之於聖人矣」。❹有論者必不能廢　舊注謂「言五人可謂聖人耶？有論者何能廢其道也」。有論者，猶為論者。即作論之人。❺則莫得無為二句　舊注謂「言不得無為也」。❻茹　吃。❼贏蛖　即螺蚌。❽疹病　生病；染病。疹，通「疢」。熱病。泛指病。原文作「疾病」，依王念孫校改。❾害　患。❿五穀　菽、麥、黍、稷、稻。⓫相　視。⓬之　原文無此字，依王念孫校補。⓭燥溼肥墝高下　舊注謂「燥，乾也。墝，埆。高，陵也。下，溼也」。⓮辟就　避免與趨向。辟，通「避」。⓯一日而七十毒　言神農一天有七十次中毒。原文「七十毒」上有「遇」字，依王念孫校刪。⓰堯立孝慈仁愛二句　舊注謂「言雖役使其民，必加仁愛遇之，如己之子弟也」。使民，役使百姓。⓱沃民　西方之國。《山海經・大荒西經》謂「西有王母之山、壑山、海山。有沃之國，沃民是處。沃之野，鳳鳥之卵是食，甘露是飲。凡其所欲，其味盡存」。⓲黑齒　東方之國。《山海經・海外東經》謂「黑齒國在其北，為人黑（黑下當有齒字），食稻啖蛇，一赤一青，在其旁。一曰：在豎亥北，為人黑首，食稻使蛇，其一蛇赤」。⓳幽都　北方極遠處。幽與明相對。都，所聚也。舊注謂「陰氣所聚，故曰幽都，今雁門以北是」。《山海經・海內經》謂「北海之內，有山，名曰幽都之山，黑水出焉。其上有玄鳥、玄蛇、玄豹、玄虎、玄狐蓬尾」。⓴道　通「導」。教導。㉑交趾　位於五嶺以南，傳說其地人臥時頭外向，足在內而相交，故稱交趾。舊注謂「南方之國」。㉒放　棄。㉓讙兜　堯佞臣。㉔崇山　南極之山。位於今湖南省大庸縣西南，與天門山相連。㉕竄　放逐。㉖三苗　舊注謂「蓋帝鴻氏之裔子渾敦，少昊氏之裔子窮奇，縉雲氏之裔子饕餮。三族之苗裔，故謂之三苗」。㉗三危　西極之山名。《水經注》謂「三危山在敦煌南。《肅州圖經》云：白龍堆東倚三危，北望蒲昌，是為西極要路」。㉘共工　堯之大臣。㉙殛　殺。㉚鯀　禹之父。治水無功，為堯殛於羽山。㉛羽山　東極之山。《山海經・南山經》謂「又東三百五十里，曰羽山，其下多水，其上多雨，無草木，多蝮虫」。羽山何在，其說不一，有言在今江蘇省連雲港市地者，有言在今山東省蓬萊縣者，有言在今山東省臨沂縣者。㉜茨屋　用茅草蓋屋。茨，用茅草、蘆葦蓋的屋頂。亦有蓋覆之義。㉝樹　種植。㉞家室　此處指屋舍。㉟蒼梧　山名。又名九疑。在今湖南省寧遠縣南。㊱禹沐霪雨　舊注謂「禹勞力天下，不避風雨，以久雨為沐浴」。原文「沐」下有「浴」字，依王念孫校刪。霪雨，久雨。㊲櫛扶風　舊注謂「以疾風為梳櫛也」。櫛，梳理頭髮。㊳決江疏河　舊注謂「決巫山，令江水得東過，故言決。疏道東注於海，故言疏」。㊴鑿龍門　舊注謂「龍門本有水門，鰫（當作鮪）魚游其中，上行，得上過者，便為龍，故曰龍門。禹闢而大之，故曰鑿」。龍門在河南省洛陽市南。㊵闢伊闕　舊注謂「伊闕，山名，禹開截山體，令伊水得北過，入洛水，故曰闢也」。伊闕，即龍門。㊶脩彭蠡之防　舊注謂「脩，治也。彭蠡，澤名。在豫章彭澤縣西。防，隄也」。㊷四載　四種交通工具。舊注謂「山行用蔂，水行用舟，陸行用車，澤行用輴」。㊸隨　循。㊹栞木　舊注謂「栞，石栞識之」。即用石砍木以識之。栞，通「刊」。砍斫；削除。

㊺千八百國　舊注謂「四海之內凡萬國，禹定千八百國」。㊻湯夙興夜寐二句　舊注謂「早起夜寐，以思萬事，能得其精，故曰『以致聰明』」。馬宗霍釋謂「『以致聰明』，猶言以極盡其聰明也。高注『以思萬事能得其精』，蓋以『精』字申『致』字。聰明主耳目言，思主心言。心為五官之長。非極盡其思者，固不能得萬事之精。非收視返聽使耳目不旁騖者，則思亦莫能盡。收視返聽，即聰明之極致也」。夙興，猶言早起。㊼寬民氓　舊注謂「寬，猶富也。野民曰氓」。民氓，即人民。民為土著之民。氓為流亡之民。㊽振　救濟。㊾弔死　悼念死者。㊿孤孀　舊注謂「幼無父曰孤。孀，寡婦也。雒家謂寡婦曰孀婦」。51鳴條　地名。又名高侯原，其地所在，異說紛紜，難以確指。52南巢　在今安徽省巢縣。舊注謂「今廬江居巢是」。53譙　舊注謂「責也，讓夏桀之罪過也」。54歷山　又稱歷陽、亭山。在安徽省和縣西北。55盛主　有大德之君主。56懈　惰。57奉　同「捧」。58爵　一種酒器。59不知於色　猶言不見於顏色。一爵酒為輕，舉之不覺費力，故無難色見於面。60挈　提起。61尊　酒器。62贏　背；擔。63任　負擔。原文無此字，依王念孫校補。64遠　猶多也。65為水　即治水。原文上有「之」字，依王念孫校刪。66解　舊注釋謂「禱以身為質」。67陽盱之阿　原文作「陽盱之河」，依楊樹達校改。《穆天子傳》謂「陽紆之山，河伯、無夷之所都居」。68苦　原文無此字，依王念孫校補。69桑林之際　指桑山林中。舊注謂「桑山之林，能興雲致雨，故禱之」。原文作「桑山之林」，依王念孫校改。《呂氏春秋・順民》謂「天大旱，五年不收，湯乃以身禱於桑林。……於是翦其髮，鄽其手，以身為犧牲，用祈福於上帝，民乃甚說，雨乃大至」。70悖　荒謬。

【語　譯】有的人說：「無為，就是靜靜地沒有聲響，靜靜地一動也不動，召引不來，推而不去。像這樣，才能算是得道之法。」我認為不是這樣。

我曾經試著問過人：「像神農、堯、舜、禹、湯，可以稱為聖人嗎？」發表意見的人一定不能否定他們的做法。從五位聖人的做法來看，他們沒有誰做到無為，是很明顯的。

古時候，老百姓吃草、喝水、採集樹上的果實，吃螺蚌的肉，當時有許多病痛、毒傷一類的災禍。神農因此便教人民播種五穀，觀察土地適宜種什麼莊稼，看土質是乾還是溼，是肥沃還是貧瘠，地勢是高還是低；品嘗百草的滋味和水源的苦甜，讓人民知道應該避開哪些東西、接近哪些東西。在這個時候，他在一天內就有七十次中毒。

堯建立孝慈、仁愛的道德規範，役使民眾如同對自己的子弟一樣。到西方教育沃民國的國民，東方到過黑齒國，在北方撫慰幽都的民眾，在南方教導交趾的百姓。把讙兜流放到崇山，把三苗放逐到三危山，把共工流放到幽州，把鯀殺死在羽山。

舜創造房屋，用土築牆、用茅草覆蓋屋頂，開闢田地，種植莊稼，讓老百姓都知道離開巖洞，各自都有自己的屋舍。後來他到南方征伐三苗，路途中死在蒼梧山。

禹冒著久落不止的雨水、頂著疾風，疏通長江、黃河，鑿開龍門，開闢伊闕，修建彭蠡湖澤的隄防，乘坐四種交通工具，順著山用石片砍伐樹木作為標記，平整水土，使一千八百個諸侯國安定下來。

湯起早睡晚，而極盡聰明智慧，減輕賦稅、少收財物，好讓人民富足；廣布德澤，施予恩惠，來救濟困窮的人；悼念死人，安慰生病的人，撫養孤兒和寡婦。百姓親近、依附於他，政教法令傳布天下，於是在鳴條整頓軍隊，把夏桀圍困在南巢，指責他的罪過，把他流放到歷山。

這五位聖人，是天下具備大德的君主，勞累身體、極盡思慮，為人民興利除害而從不懶惰。當一個人端著一杯酒時是不會在臉上露出為難的神色的，但是提起裝有一石酒的酒器就會白汗交流，又何況要承受天下的憂愁，和負擔起海內之事呢？它比裝滿一石酒的酒器可要重得多！況且聖人，不會因為自己地位卑賤而感到恥辱，只是為自己的主張不能實行而感到羞愧；不為自己生命短促而憂愁，只是為老百姓的窮困擔憂。因此禹治水時，以自身作人質在陽盱山向神祈禱；湯為天旱感到痛苦，就用自身作祭品在桑山林中向上帝祈禱。聖人為人民而憂慮，是這樣明顯，而要說他們是「無為」，這難道不是很荒謬嗎！

且古之立帝王者，非以奉養❶其欲也；聖人踐位❷者，非以逸❸樂其身也。為天下強掩❹弱、眾暴❺寡、詐欺愚、勇侵怯、懷知而不以相教、積財而不以相分，故立天子以齊一❻之。為一人聰明而不足以遍照海內，故立三公九卿❼以輔❽翼❾之。絕國❿殊俗⓫，僻遠幽閒⓬之處，不能⓭被德承澤，故立⓮諸侯以教誨之。是以地無不任、時無不應、官無隱事、國無遺利⓯。所以衣寒食飢，養老弱而息勞倦也。

若以布衣徒步之人⓰觀之，則伊尹負鼎而干湯⓱，呂望鼓刀而入周⓲，百里奚轉鬻⓳，管仲束縛⓴，孔子無黔突㉑，墨子無暖席。是以聖人㉒不高山，不廣河，蒙恥辱以干世主㉓，非以貪祿慕位，欲事㉔起天下之㉕利而除萬民之害。蓋聞傳書㉖曰：「神農憔悴，堯瘦臞，舜黴黑㉗，禹胼胝㉘。」由此觀之，則聖人之憂勞百姓甚㉙矣！故自天子以下，至於庶人㉚，四胑㉛不動，思慮不用，事治求澹㉜者，未之聞也。

夫地勢，水東流，人必事焉，然後水潦得谷行㉝。禾稼春生，人必加功㉞焉，故五穀得遂長㉟。聽其自流，待其自生，則鯀、禹之功不立，而后稷㊱之智不用。

【章　旨】這一章承上一章而來，仍是反駁無所作為的「無為」論。文中說了幾條理由。一是古代立帝王、立三公九卿、立諸侯本來就是為了解決各種問題，因而帝王、三公九卿、諸侯不能無所作為，而只能盡力而為。二是布衣徒步之人如伊尹、呂望、孔子、墨子等，皆是設法尋找施展才能的機會和汲汲於行道，而未「無為」。三是從傳書所說「神農憔悴，堯瘦臞，舜黴黑，禹胼胝」加以引申，謂自天子至於庶人，欲「事治求澹」就得四肢動、思慮用。四是以禾稼春生終須人「加功」其中始「得遂長」等二例，說明萬事之成，縱然有一定的客觀條件，總不能離開人的主觀努力。而人不付出主觀努力，也就沒有鯀、禹所建立的曠古奇功。本章文字多出《文子・自然》。

【注釋】❶奉養 侍奉和贍養。❷踐位 登帝王之位。❸逸 安。❹掩 掩襲；乘人不備而突然襲擊。❺暴 欺淩；損害。❻齊一 舊注謂「齊，等。一，同也」。❼三公九卿 三公為輔助君王掌握軍政大權的最高官員。《書・周官》：「立太師、太傅、太保，茲唯三公，論道經邦，燮理陰陽。」漢以大司馬、大司徒、大司空為三公。九卿，朝廷中九個高級官職，周以少師、少傅、少保、冢宰、司徒、宗伯、司馬、司寇、司空為九卿。漢以太常、光祿勳、衛尉、太僕、廷尉、大鴻臚、宗正、大司農、少府為九卿。❽輔 正。❾翼 佐。❿絕國 極遠的邦國。絕，遠。⓫殊俗 異方的風俗。指代遠方。殊，異。⓬幽閒 幽深閒隔。即深隔。⓭能 猶及也。⓮立 置以為遠國君。⓯是以地無不任句 舊注謂「言官無隱病失職之事，以利民，故無所遺亡也」。⓰布衣徒步之人 指平民。古時平民著布衣，出行無車，徒步而行，故以布衣、徒步稱代平民。⓱伊尹負鼎而干湯 舊注釋謂「伊尹處於有莘之野，執鼎俎，和五味以於湯，欲調陰陽，行其道。《詩》曰『實維阿衡，實左右商王』是也」。干，求取。⓲呂望鼓刀而入周 舊注謂「呂望，姜姓，四岳之後。四岳佐禹治水有功，賜姓曰姜氏。呂望其後，居殷，乃屠於朝歌，故曰鼓刀入周。自殷而往，為文王太師，佐武王伐紂，成王封之於齊也」。鼓刀，動刀屠宰。因動刀時發出聲響，故稱鼓刀。一說屠宰時敲擊其刀有聲，故稱鼓刀。⓳百里奚轉鬻 舊注謂「百里奚，虞臣。自知虞公不可諫而去，轉行自賣於秦，為穆公相而秦興也」。⓴管仲束縛 舊注謂「管仲傅相齊公子糾，不死子糾之難而奔魯，束縛以歸齊，桓公用之而伯也」。束縛，綑綁。㉑孔子無黔突 舊注謂「黔，言突也。竈不至於黑，坐席不至於溫，歷行諸國，汲汲於行道也」。黔突，使煙囪變黑。突，本義為深，此處指煙囪。煙囪就其外形突起以出煙火而言稱為突，就其內中深曲以通煙火而言稱為突。孔子傳道於外，不常在家用炊，故其煙囪不黑。㉒聖人 此處當指伊、呂、孔、墨等。前言彼等為布衣時之事，而舊注謂「聖人蓋謂禹、稷。不以山為高，不以河為廣，言必踰渡之」。㉓世主 國君。㉔事 治。此「事」字統「起天下之利」、「除萬民之害」而言。㉕之 原文無此字，依王念孫校改。㉖傳書 用言語傳達（表達）的書。㉗黴黑 霉黑；臉面垢黑。㉘胼胝 手掌、腳底生的老繭。㉙甚 重。㉚庶人 庶民；平民；百姓。㉛四职 猶言四體。职，同「肢」。㉜澹 通「贍」。滿足。㉝然後

水潦得谷行　舊注釋謂「水勢雖東流，人必事而通之，使得循谷而行也」。水潦，雨水。谷行，馬宗霍謂「谷」有「通」義、「中」義，「谷行」可釋為「通行」，「水由地中行」。譯文依馬氏所解。㉞加功　指從事農業生產之事。功，事功。㉟遂長　成長。遂，成。㊱后稷　舜之農官。《詩經・大雅・生民》曾禮讚其於農藝之傑出貢獻。

【語　譯】而且古代設立帝王的目的，並不是為了滿足帝王的嗜欲；聖人登上帝王之位，也不是為了使自己享受安樂。而是因為天下存在著強大的襲擊弱小的、人多的欺淩人少的、狡詐的欺騙愚昧的、勇猛的侵犯怯懦的、擁有知識而不把知識教給別人、積有財物而不把財物分給別人的現象，所以設立天子來使各種人的情況等同一致。又因為一個人的聰明不能普遍地明照海內，所以又設立三公、九卿來輔佐他。極遠之國、邊遠地區、偏僻遙遠和內地遠隔的地方，得不到天子的恩澤，所以設立諸侯來教誨他們。因此土地沒有不被利用的、生產沒有和農時不相適應的、做官的沒有失職的情況、國家沒有被遺失的利益。就用這種做法使人民寒冷了有衣裳穿、飢餓了有飯吃，老弱得到贍養而辛勞疲倦的得到休息。

如果從作為身穿布衣、出門步行的平民的角度來看，那麼，伊尹是背著鼎釜去求見湯，呂望是敲擊著屠刀到達周地，百里奚是把自己轉賣到秦國，管仲被綑綁著送到齊國，孔子家中的煙囪沒有燒黑過，墨子坐席從未坐暖和過。因此聖人不怕山高，不怕河寬，蒙受恥辱而去求得國君任用，並不是貪圖俸祿、嚮往官位，而是要做一番為天下人民興利和為萬民除害的事業。

曾經從書上知道：「神農容貌憔悴，堯身體很瘦弱，舜臉面垢黑，禹的手掌、腳底都長有老繭。」從這看來，那麼聖人為百姓憂思、勞苦太深重了！所以從天子以下，直到平民百姓，不動四肢、不用思慮，而能使事情做得好、需求得到滿足的，那是未聽說過的事。

從地勢來看，水是往東流的，但是人必須加以疏通，雨水才能流得順暢。莊稼在春天生長，人一定要加以耕作管理，五穀才能夠順利地生長、成熟。聽任雨水自己流動，等待莊稼自己生長，那麼，鯀和禹治水的功勞就不能建立，而后稷從事農藝的智慧就不能發揮作用了。

若吾所謂「無為」者，私志❶不得入公道❷，嗜欲不得枉❸正術❹，循理而舉事，因資❺而立功❻，推❼自然之勢，而曲故❽不得容者。故❾事成而身弗伐❿，功立而名弗有⓫。非謂其感而不應、故⓬而不動者。若夫以火熯⓭井、以甕⓮灌山，此用己而背自然，故謂之有為⓯。若夫水之用舟、沙之用鳩⓰、泥之用輴⓱、山之用蔂⓲，夏瀆⓳而冬陂⓴，因高為臺㉑，因下為池，此非吾所謂為之㉒。

【章　旨】這一章說「無為」的幾個特點：一是不以私志入公道。二是不以嗜欲枉正術。三是循理舉事、因資立功，按自然趨勢行事，不用智巧。四是事成不誇耀、功立不要名。其中第三點講因順自然之勢，講遵循事理行事最為重要。文中還舉例說明「用己而背自然」者為「有為」。又舉例說明何謂「非吾所謂為之」，即「吾所謂無為」。本章文字多出自《文子・自然》。

【注　釋】❶私志　個人意志。或謂私心。❷公道　至公至正之道。❸枉　歪曲。❹正術　正當的道術。❺資　供給；資助。此處指所提供的客觀條件或實際情況。❻功　原文無此字，依王念孫校改。❼推　行。原文作「權」，依王念孫校改。❽曲故　巧詐。❾故　原文作「政」，依王念孫校改。❿身弗伐　言自身不誇耀其美。舊注謂「伐，自矜大其善」。⓫名弗有　不名有其功。⓬故　今之「迫」字。迫近。⓭熯　用火烘乾。⓮甕　同「罋」。陶製容器。原文作「淮」，依蔣禮鴻校改。王充《論衡・順鼓》「夫大山失火，灌以壅（孫詒讓曰：壅當為甕，形聲之誤）水」。⓯有為　舊注謂「火不可以熯井，淮（當作甕）不可以灌山，而以用之，非其道，故謂之有為也」。⓰鳩　行於沙上的一種小車。馬宗霍謂「《爾雅・釋詁》云：『鳩，聚也。』沙之體散，因其散而聚之。聚之必有其具，故即以鳩名之耳」。⓱輴　泥濘路上的交通工具。⓲蔂　《文子》作「欙」。登山用具。一說其近於屐。⓳瀆　小溝渠。此處作動詞用。⓴陂　池塘。此處作動詞用。㉑因高為臺　本書〈說山〉即謂「因高而為臺，就下而為池」。臺，原文作「田」，依劉台拱校改。王念孫依《文子》改「田」為「山」，謂「『因高為山』，所謂『為高必因丘陵』也」，其解似非句意，否則，「因下為池」豈非「為下必因水池」乎？故從劉說。㉒此非吾所謂為之 舊注謂「此皆因其宜用之，故曰非吾所謂為。言無為」。

【語譯】至於我所說的「無為」，是說私心不能混入至公至正之道，嗜欲不能歪曲正當的道術，按照事務的規律辦事，根據客觀情況去建立業績，一切按自然的趨勢行動，而中間不能容納巧詐之術。所以事情獲得成功而自己不誇耀，功業建立而不佔有名譽。這並不是說它感而不應、迫而不動。至於那些想用火來烘乾水井、用甕盛水來澆灌山原，這是以自己的主觀願望辦事，是違背自然規律的，所以把它稱做「有為」。至於在水上用船、在沙上用鳩、在泥濘的路上用輴、上山用蔂，夏天挖溝渠而冬天修池塘，順著高的地勢起造樓臺，利用低的地勢挖掘池塘，這都不是我所講的「有為」。

聖人之從事❶也，殊體❷而合於理❸，其所由異路而同歸，其存危定傾❹若一，志不忘於欲利人也。何以明之？

昔者，楚欲攻宋，墨子聞而悼❺之，自魯趍❻而往❼，十日十夜，足重繭而不休息，裂裳❽裹足，至於郢❾。見楚王，曰：「臣聞大王舉兵將攻宋，計必得宋而後攻之乎？亡其❿苦眾勞民、頓⓫兵剉銳⓬、負天下以不義之名，而不得咫尺之地，猶且攻之乎⓭？」王曰：「必不得宋，又且⓮為不義，曷為攻之！」墨子曰：「臣見⓯大王之必傷義而不得宋。」王曰：「公輸⓰，天下之巧士，作雲梯之械，設⓱以攻宋，曷為弗取！」墨子曰：「今公輸設攻，臣請守之。」於是公輸般設攻宋之械，墨子設守宋之備，九攻⑱而墨子九卻⑲之，弗能入⑳。於是乃偃㉑兵，輟㉒不攻宋。

段干木㉓辭祿而處家，魏文侯過其閭㉔而軾㉕之。其僕曰：「君何為軾？」文侯曰：「段干木在是，以軾。」其僕曰：「段干木布衣之士，君軾其閭，不已甚乎？」文侯曰：「段干木不趨勢利，懷君子之道，隱處窮巷㉖，聲施㉗千里，寡人敢勿㉘軾乎！段干木光㉙於德，寡人光於勢；段干木富於義，寡人富於財。勢不若德尊，財不若義高。干木雖以己易寡人不為㉚。吾日悠悠㉛慙於影㉜，子何以輕之哉！」其後秦將起兵伐魏，司馬庾㉝諫曰：「段干木賢者，其君禮之，天下莫不知，諸侯莫不聞。舉兵伐之，無乃妨於義乎！」於是秦乃偃兵，輟不攻魏。

夫墨子跌蹏㉞而趍千里，以存楚、宋；段干木闔門不出，以安秦、魏，夫行與止也，其勢相反，而皆可以存國，此所謂異路㉟而同歸㊱者也。今夫救火者，汲水而趍之，或以甕瓴㊲，或以盆盂，其方員銳橢不同，盛水各異，其於滅火，鈞也。故秦、楚、燕、魏之謳也，異轉㊳而皆樂；九夷㊴八狄㊵之哭也，殊聲而皆悲，一也。夫歌者，樂之徵㊶也；哭者，悲之效㊷也。憤㊸於中則應於外，故在所以感㊹之矣㊺。夫聖人之心，日夜不忘於欲利人，其澤之所及者，效㊻亦大矣。

【章 旨】這一章主要講聖人做事，做法有異而合於道則相同，所謂「所由異路而同歸」。講他們「存危定傾」、總想有利於民的心志是一樣的。本章闡述這一觀點，舉了兩個人物為例。一是墨子，講他為了制止楚、宋之戰，行路十日十夜以勸楚王，終於成功之事；二是段干木，講他辭祿處家為魏文侯所敬，以致秦欲伐魏因聞其事而輟攻之事。作者說「墨子跌蹏而趍千里，以存楚、宋；段干木闔門不出，以安秦、魏，夫行與止也，其勢相反，而皆可以存國，此所謂異路而同歸者也」。為了說明聖人行止有異而利民心同，文中還用救火時汲水器具形態各異而皆可救火為例，用各地之歌音聲不同而皆樂、九夷八狄之哭殊聲而皆悲為例。最後總言聖人之心，日夜不忘於欲利人，澤之所及，功效亦大。本章觀點出於《文子・精誠》。

【注 釋】❶從事 做事。❷殊體 殊，異。體，行。❸理 道。❹存危定傾 謂使遇到危害者得以存在，使遭到傾覆者得到安定。❺悼 傷。❻自魯趍 自，從。趍，同「趨」。走；奔向。❼往 原文無此字，依王念孫校補。❽裂裳 原文作「裂衣裳」，依王念孫校刪「衣」字。❾郢 指今湖北省江陵縣北之紀南城，為楚都。❿亡其 連詞。抑或；還是。⓫頓 疲。⓬剉銳 剉，折；折傷。原文作「挫」，依王念孫校改。銳，精。指精銳之兵。⓭負天下以不義之名三句 舊注謂「攻無罪之宋，故負天下以不義，猶且必攻也」。⓮且 將要。⓯見 意為知、覺得。⓰公輸 魯班號。時在楚。⓱雲梯之械設 雲梯，攻城具。高長，上與雲齊，故曰雲梯。械，器。設，施。⓲九攻 多次進攻。⓳九卻 多次打退。⓴入 猶下也。㉑偃 停；止息。㉒輟 止。文中言墨子止楚攻宋之事發生在楚惠王時。又此處文字見於《呂氏春秋・愛類》。㉓段干木 戰國魏人。師事子夏，文侯請以為相，辭而不受，文侯以師事之。㉔閭 里巷之門。舊注謂「里。周禮二十五家為閭」。㉕軾 車箱前用作扶手的橫木。此作動詞用。伏軾表示敬禮。舊注謂「軾，伏軾，敬有德。《曲禮》曰：『軾視馬尾。』」㉖窮巷 猶言陋巷。狹小、簡陋的里巷。㉗聲施 聲，名。施，行。㉘勿 無。㉙光 通「桄」。充。與下文「富」字同意。又「光」可釋為「廣」。㉚干木雖以己句 文中所述段干木之事文字多出於《呂氏春秋・期賢》。《呂覽》中於本書此句作「段干木未嘗肯以己易寡人也」，高誘注謂「謂以己之德，易寡人之賢，不肯也」。本書此句當謂段干木以己之德、義，易寡人之財、勢，不肯為之也。干木，段干木。段干為複姓，木為其名。複姓一般不作省稱，此處或脫「段」字。㉛悠悠 深思、憂思的樣子。㉜慙於影謂自己看到自己的形影感到慚愧。慙，同「慚」。影，形影。㉝司馬庾　秦之庾姓司馬。司馬為官名。舊注謂「庾，秦大夫也。或作唐」。㉞跌蹏　疾行。跌，奔。原為作「跌」，依王引之校改。蹏，同「蹄」。疾行。㉟異路　謂行與止。㊱同歸　謂歸於存國。㊲瓴　盛水的瓶子。㊳轉　宛轉；變化。指聲調言。舊注謂「音聲也」。㊴九夷　舊注謂「東方之夷九種」。㊵八狄　舊注謂「北方之狄八類」。夷、狄，均為古人對少數民族的貶稱。㊶徵　跡象；應驗。㊷效　效驗。㊸憤　發。㊹感　激發。㊺之矣　原文無此二字，依俞樾校補。㊻效　功。

【語譯】聖人們做事情，做法不相同卻與道相符合，所經過的路徑不同而到達的目的地相同，他們使遇到危害的國家能夠存續、使遭到傾覆的國家得以安定的義行是一樣的，心中總不忘要有利於人民。怎麼知道這一點呢？

從前，楚國要攻打宋國，墨子聽說後很傷心，就從魯國奔向楚國。走了十天十夜，腳底磨出了一層又一層的繭，還是不休息，撕破衣裳包住雙腳又往前趕路，終於到了楚都郢地。他見到楚王，對他說：「我聽說大王興師將要攻打宋國，您是盤算好了必定會拿下宋國然後才攻打它呢？抑或要使民眾勞苦、使士兵疲困、精銳之師受到損傷、以不義之名辜負天下人民，而得不到尺寸之地，仍然要攻打宋國呢？」楚王回答說：「如果一定得不到宋國，又將成為不義之事，那我又為什麼要攻打它呢！」墨子說：「我覺得您攻打宋國一定會傷害大義而得不到宋國。」楚王說：「公輸般是天下的巧匠，他為我做雲梯這種器械，架設好來攻打宋國，怎麼不能攻取它呢！」墨子說：「您命令公輸般布設攻城之勢，臣請求讓我來守衛。」於是公輸般布設好了攻打宋國的器械，墨子布設好了守衛宋國都城的工事，公輸般多次進攻而墨子多次把他打退，無法攻下宋國的都城。於是楚王便停止用兵，不攻打宋國了。

段干木辭去祿位而住在家中，魏文侯經過他住的里巷之門時伏在車前橫木上向他致敬。他的僕人問：「您為什麼伏在橫木上？」魏文侯回答說：「段干木住在這兒，所以向他表示敬意。」他的僕人說：「段干木是一個平民人士，您在他里巷門前向他致敬，不是太過分了嗎？」文侯說：「段干木不追求勢利，懷抱君子之道，隱居在狹小的里巷中，而名聲傳播千里，我敢不向他致敬嗎！段干木富足的是德，我富足的是勢；段干木富有的是義，我富有的是財。勢沒有德尊貴，財不如義高尚。段干木即使能用自己的德、義來換我的勢和財，他也不會這樣做。我每天憂思不已，總對著自己的形影感到慚愧，你怎麼能輕視他呢！」後來秦國將要起兵攻打魏國，一位姓庾的司馬勸說道：「段干木是一位賢明的人，他們的君主對他很有禮貌，天下沒有誰不知道，諸侯中沒有誰未聽說過。現在我們起兵攻打魏國，不是會妨害大義嗎！」因此秦國便停止用兵，不攻打魏國了。

墨子急急忙忙奔走千里，而使楚國、宋國得以存續；段干木關門不出，而使秦國、魏國得以安定，奔走和關門不出，情勢相反，卻都可以使國家存續，這就是所說的走的路不同而歸向相同的目的地。現在救火，人們打了水奔向火場，有的用甕、用瓶，有的用盆、用盂，這些器皿方、圓、尖、橢的形狀不同，盛的水多少各不一樣，但都能滅火卻是相同的。所以秦、楚、燕、魏等地的歌，聲調的宛轉不一樣卻都能使人快樂；九夷、八狄之人哭泣，聲音不同卻都能使人悲傷，都是一樣的。歌聲，是快樂的表現；哭泣，是悲哀的結果。情感從心中產生就會在外面顯現出來，所以是歌唱還是哭泣在於心中產生的情感如何。聖人的心，日夜都不忘記想給人民帶來利益，他們這種恩澤所播及的地方，功效也是很大的。

世俗廢衰❶，而非學者多❷。「人性各有所脩短，若魚之躍，若鵲之駮❸，此自然者，不可損益❹」。吾以為不然。

夫魚者躍、鵲者駮也，猶犬馬❺之為犬馬，筋骨形體，所受於天，不可變。

以此論之，則不類❻矣。夫馬之為草駒❼之時，跳躍揚蹏，翹❽尾而走，人不能制❾，齕咋❿足以嚙⓫肌碎骨，蹶踶⓬足以破盧⓭陷匈⓮。及至圉人⓯擾⓰之，掩以衡扼⓱，連以轡銜，則雖歷險超壍⑱，弗敢辭。故其形之為馬，馬不可化；其可駕馭，教之所為也。馬，聾蟲⑲也，而可以通氣志⑳，猶待教而成，又況人乎！

且夫身正性善，發憤而成仁，慣憑㉑而為義，性命㉒可說㉓，不待學問而合於道者，堯、舜、文王㉔也；沉湎㉕耽荒㉖，不可教以道、不可喻㉗以德，嚴父弗能正、賢師不能化者，丹朱、商均㉘也。曼頰㉙皓齒，形夸㉚骨佳㉛，不待脂粉芳澤㉜而性㉝可說者，西施、陽文㉞也。啳睽㉟哆噅㊱，籧蒢㊲戚施㊳，雖粉白黛黑弗能為美者，嫫母、仳倠㊴也。夫上不及堯、舜，下不若㊵商均，美不及西施，惡不若嫫母，此教訓之所諭㊶也，而芳澤之所施。且子有弒父者，然而天下莫疏其子，何也？愛父者眾也。儒有邪辟㊷者，而先王之道不廢，何也？其行之者多也。今以為學者之有過而非學者，則是以一噎㊸之故，絕穀㊹不食；以一蹪㊺之難，輟足不行，惑也。

今有良馬，不待策錣㊻而行；駑馬，雖兩錣之不能進，為此不用策錣而御，則愚㊼矣。夫怯夫操利劍，擊則不能斷，刺則不能入，及至勇武㊽，攘捲㊾一擣㊿，則摺51脇傷幹52，為此棄干將、鏌邪而以手戰，則悖矣。

【章　旨】這一章論「學」的重要。開篇即批評非學之論所謂的「人性各有所脩短，……此自然者，不可損益」為「不然」。然後加以反駁。一說馬為草駒時，人不能制，及至圉人加以調教，馬即為人所用。所謂「其形之為馬，馬不可化；其可駕馭，教之所為也」。因此推論馬無知，「而可以通氣志，猶待教而成，又況人乎」。二說人有三類，一是「身正性善」、「性命可說」、「不待學問而合於道者」，如堯、舜等。二是「不可教以道」、「不可喻以德」、「弗能正」、「不能化」者，如丹朱、商均等。此二類人如女人中之有美女西施等和有醜女嫫母等。第三類人是「上不及堯、舜，下不若商均」者。而「學」乃為此輩而設。可見作者對人性的看法、對「學」的論述尚有其局限性。三說一些人「以為學者之有過而非學者」，如因噎廢食，如有子弒父而天下人莫疏其子者。四說「學」不可廢，否則即如見到良馬不用策便行、而駑馬策之仍不行就「不用策錣而御」那樣愚蠢；即如見到怯夫操利劍刺之不能入而勇士捋拳一擣就打斷人的肋骨便「棄干將、鏌邪而以手戰」那樣荒謬。

【注　釋】❶廢衰　廢弛衰敗。❷非學者多　俞樾謂「下有闕文，或是言字，或是曰字，未敢臆補。蓋人性各有所脩短云云，乃世俗非學者之說。意謂人性之自然者，非學所能損益也。下文『吾以為不然』，則《淮南》自為破之之說」。非，不善之辭，故曰非。❸駮　此處指鵲羽顏色黑白相雜。❹損益　增減；改動。❺犬馬　原文作「人馬」，依楊樹達校改。下同。❻不類　舊注謂「言人（當為犬，下同）之為人，馬自為馬，不相類也」。❼草駒　初生之馬。舊注謂「馬五尺以下為駒，放在草中，故曰草駒」。❽翹　舉足。❾制　禁。❿齕咋　齕，咬。咋，齧；咬。⓫噆　咬穿。⓬蹶踶　用腳踢。蹶，蹋。踶，蹋；踢。原文作「蹏」，依楊樹達校改。⓭盧　通「顱」。頭顱骨；腦蓋。⓮匈　同「胸」。⓯圉人　養馬官。⓰擾　馴服。舊注謂「順（同訓）也」。⓱衡扼　衡，車前橫木。扼，叉馬頸的木條。⓲壍　同「塹」。壕溝；護城河。⓳聾蟲　無知的動物。聾，愚蠢；不明事理。蟲，動物之通稱。舊注謂「喻無知也」（當依《太平御覽》卷八九六所引注作「聾，蟲無知也」）。⓴氣志　氣和志。偏指志，心志、意志。㉑慣憑　慷慨。舊注謂「盈滿積思之貌」。慣，慷慨。原文作「帽」，依王念孫校改。憑，楚人名滿曰憑。㉒性命　指人固有之天性。㉓說　同「悅」。㉔堯舜文王　舊注謂「言有善性命可教說者，聖人不學而知之者，堯、舜、文王。《詩》云『不識不知，順帝之則』是也」。㉕沉湎　沉溺於酒。湎，同「湎」。沉迷於酒。㉖耽荒　享樂過度。

耽，沉溺，一指非禮之樂。荒，享樂過度。《逸周書・謚法》謂「外內從亂曰荒，好樂怠政曰荒」。㉗喻　告訴；使其明白。㉘丹朱商均　舊注言二人「弗能化，《詩》云『誨爾諄諄，聽我藐藐』，是其類也」。丹朱，帝堯之子。堯娶散宜氏之女曰女皇，生丹朱。丹朱不肖，堯以天下授舜。商均，舜之子。為女英所生，不肖，舜使禹繼位。㉙曼頰　指面容美好。曼，美；肌膚細膩。㉚夸　通「姱」。美好。㉛佳　好。㉜芳澤　潤髮用的香油。㉝性　猶姿也。㉞西施陽文　古之好女。陽文為楚之美女。㉟啳睽　啳，通「齤」。缺齒，一說齒不正。睽，目不相視。或謂目光呆滯少神，或謂張目之貌。原文作「睽」，依楊樹達校改。㊱哆噅　張口不正，醜陋之狀。哆，張口。噅，通「瘑」。口咼（咼，口戾不正）。㊲籧篨　同「籧篨」。身有殘疾不能俯身者。《國語・晉語》謂「籧篨不可使俯」。㊳戚施　駝背。《國語・晉語》謂「戚施不可使仰」。本書舊注則謂「籧篨，偃也。戚施，僂也。皆醜貌」。㊴嫫母仳倠　古之二醜女名。嫫母為黃帝時醜女。傳為黃帝妃，生倉林。㊵若　原文作「及」，依王念孫校改。㊶諭　導。㊷邪辟　與中正相反。乖戾不正。㊸噎　食塞咽喉。原文作「飽」，依王念孫校改。㊹絕穀　指斷絕飲食。㊺蹪　顛仆；跌倒。義如「躓」。㊻策錣　謂以錣擊馬。策，為馬鞭。錣，馬鞭端的針刺。㊼愚　舊注謂「為良馬能自走，不復用箠，得駑馬，無以行之，故曰愚也」。㊽勇武　勇士。舊注謂「武，士也，楚人謂士為武」。㊾攘捲　猶言捋拳。捲，同「拳」。㊿擣　捶。(51)摺　折。(52)幹　軀體。楊樹達謂「幹亦脅（自腋下至肋骨盡處為脅）也」。

【語譯】世上風氣廢弛、衰敗，而反對學習的人很多。有的人說：「人的天性各有長短，就像魚的跳躍，像喜鵲羽毛色彩的駁雜，這是自然形成的，不能夠加以改變。」我認為這種說法不對。

魚跳躍、喜鵲毛色駁雜，就像狗、馬自為狗、馬，牠們的筋骨形體，都是稟受於天，不能改變。用這來推論學習，那就不倫不類了。當馬還是小馬駒時，揚起蹄子又蹦又跳，翹起尾巴奔跑，人們不能控制牠，牠咬起人來能夠咬穿人的肌肉、咬碎人的骨頭，用腳踢起人來能夠踢破人的頭顱骨、踢破人的胸膛。等到養馬人馴服了牠，給牠套上衡扼，戴上馬嚼子、繫好韁繩，即使要牠經過險坡、越過壕溝，也不敢違拗。所以就牠的形體為馬來說，馬之為馬是不可變化的；牠能夠讓人來駕馭，那是人教會牠的。馬是無知的動物，而要牠懂得人的心意，還要等待教化才能成功，又何況人呢！

況且為人端正、品性美好，發憤而成為仁人，慷慨而為義舉，天性使人悅慕，不用學習而言行就與大道相合的，堯、舜、文王就是這樣的人。沉溺於酒樂之中，不能用道來教導他，也不能用德來教誨他，嚴厲的父親不能糾正他，賢明的師傅不能教化他，丹朱、商均就是這樣的人。貌美齒白，身段美好，不用塗抹脂粉、香油而姿容令人喜愛的；西施、陽文就是這樣的人。齒歪眼張、嘴巴歪斜、雞胸駝背，即使塗上白粉、黑黛，也不能顯出美來的；嫫母、仳倠就是這樣的人。天性上趕不上堯、舜，下又不像商均，美趕不上西施，醜不像嫫母，這樣的人，正是通過教育、訓導而能加以教導的人，是能用脂粉、香油加以打扮的人。況且做兒子的有殺害父親的，但是天下做父親的沒有誰會疏遠自己的兒子，這是為什麼呢？因為兒子愛父親的是多數。儒家信徒中有姦邪不正的人，可是先王的道並未因此而廢棄，這是為什麼呢？是因為按先王之道而行的人是多數。現在因為學習的人有人犯過錯誤就反對學習，就是因為一次吃飯哽噎住了，就斷絕飲食；就是因為一次走路跌倒了，就雙腳停下不走路了，這真是糊塗啊！

現在有一匹很好的馬，不用鞭打，就會向前跑；而有一匹不好的馬，即使三番兩次鞭打，也不往前走，因為這種情況就不用鞭子來駕馭馬，那就太愚蠢了。一個膽怯的人手握一柄鋒利的劍，砍吧什麼也砍不斷，刺吧什麼也刺不進，等到勇士一來，他捋出拳頭一捶，就打斷了別人的肋骨、打傷了人家的身體，因為這種情況就扔掉利劍干將、鏌邪，用手和敵人搏鬥，那就太荒唐了。

所謂言者，齊❶於眾而同於俗。今不稱九天❷之頂❸，則言黃泉之底❹，是兩末之端議，何可以公❺論乎！

夫亭歷❻冬生，而人曰冬死，死者眾；薺麥夏死，人曰夏生，生者眾❼。江、河之回曲❽，亦時有南北❾者，而人謂江、河東流。攝提❿、鎮星⓫、日、月東行，而人謂星辰、日、月西移者，以大氐為本⑫。胡人有知利者，而人謂之駤⑬；越人有重遲⑭者，而人謂之訬⑮，以多者名之。

若夫堯眉八彩⑯，九竅⑰通洞⑱，而公正無私⑲，一言而萬民齊⑳。舜二瞳子，是謂重明㉑，作事成法㉒，出言成章㉓。禹耳參漏㉔，是謂大通㉕，興利除害㉖，疏河決江。文王四乳，是謂大仁㉗，天下所歸，百姓所親㉘。皋陶㉙馬喙㉚，是謂至信㉛，決獄明白，察㉜於人情。啟生於石㉝，契生於卵㉞，史皇㉟產而能書，羿㊱右臂㊲脩而善射。若此九賢者，千歲㊳而一出，猶繼踵而生。今無五聖㊴之天奉㊵、四俊㊶之才難㊷，欲棄學而循性，是謂猶釋船而欲蹍㊸水也。

【章　旨】這一章仍是反駁非學之論。其說有二。一是講人所謂「言」是「齊於眾而同於俗」，即要從多數情況著眼，以大多數人的情形作標準。不可「不稱九天之頂，則言黃泉之底」而執「兩末之端議」。並舉人們對一些植物生長的規律、對江河的流向、對日月星辰運行的方向以及對胡人、越人特點等說法為例，說明人們說話總是以多數情況為準。二是列舉五聖、四俊天性超人能自有特異才能，而一般人沒有他們那樣的天賦，「欲棄學而循性，是謂猶釋船而欲蹍水也」。從這兩點可以看出，作者講「學」其實是至聖可循性而不必學、至愚是不可學，唯上不及至聖、下不若至愚者方需學、能學。

【注　釋】❶齊　同。❷九天　天的八方、中央。合稱九天。❸頂　極高。❹底　極卑。❺公　平。❻亭歷　即葶藶。一年生草本藥用植物。本書〈天文〉謂「五月為小刑，薺、麥、亭歷枯，冬生草木必死」。原文作「橘柚」，依王念孫校改。❼眾多。❽回曲　紆曲。❾南北　指流向南和流向北。❿攝提　歲星在寅（斗、牛之間）稱為攝提。⓫鎮星　舊注謂「中央土星，鎮四方，故曰鎮」。⓬大氐為本　舊注謂「氐，猶更。言其餘星辰皆西行，故曰『大氐為本』也」。大氐，大的變動。⓭駤橫蠻；固執。舊注謂「忿戾惡理不通達。胡人性皆然，亦舉多」。⓮重遲　緩慢；遲鈍。⓯訬　矯健；敏捷。舊注謂「輕利急（下脫疾字）」。並謂稱越人訬「亦以多者言」。⓰眉八彩　眉有八彩之色。舊注謂「堯母慶都，蓋天帝之女，寄伊長孺家，年二十無夫。出觀於河，有赤龍負圖而至，曰赤龍受天下之圖。有人赤衣，光面，八彩，鬚冉長。赤帝起，成元寶，奄然陰雲。赤龍與慶都合而生堯，視如圖，故眉有八彩之色」。⓱九竅　九孔。指人之眼、耳、鼻、口及大、小便處。⓲通洞　貫通；洞達。舊注謂「洞，達聖道也」。⓳無私　無所愛憎。⓴一言而萬民齊　馬宗霍謂「萬民聞其一言而皆肅然也」。一言，仁言。齊，肅。舊注謂「無倦」。無倦即不懈惰，不懈惰與嚴正之意相因。㉑重明　謂重瞳子。舊注謂「言能知人，舉十六相」。㉒成法　舊注謂「作事為後世所法」。㉓成章　章指法規。舊注謂「《論語》：『舜有天下，煥乎其有文章，巍巍乎！』此之謂也」。㉔參漏　三個耳孔。舊注謂「參，三也。漏，穴也」。㉕大通　舊注謂「大通天下，推下滯之物」。㉖興利除害　舊注謂「《傳》曰：『劉子觀於額汭，曰：微禹，吾其魚乎！故曰『興利除害』也」。㉗大仁　舊注謂「乳所以養人，故曰『大仁』也」。㉘百姓所親　舊注謂「文王為西伯，遭紂之虐，三分天下而有二，受命而王，故曰『百姓所親』也」。㉙皋陶　一謂咎繇。傳說為舜之臣。㉚馬喙　嘴如馬口。㉛至信　舊注謂「喙若馬口，出言皆不虛，故曰『至信』」。㉜察　猶知也。㉝啟生於石　《漢書・武帝紀》：「詔曰：朕至於中嶽，見夏后啟母石。」應劭曰：「啟生而母化為石。」師古曰：「禹治鴻水，通轘轅山，化為熊，謂塗山氏曰：『欲餉，聞鼓聲乃來。』禹跳石，誤中鼓，塗山氏往見禹，方作熊，慙而去，至嵩高石破北方而啟生。事見《淮南子》。」又郭璞注《山海經・中山經》謂「啟母化為石而生啟，在此山，見《淮南子》」。本書原文作「禹生於石」，舊注且謂「禹母脩己感石而生禹，折（坼）胸而出」。禹之母生禹或言感流星、或言吞薏苡，或言生於石紐（地名），無言生於石者，故依王引之校改。㉞契生於卵　契為商族始祖帝嚳的兒子。舊注謂「契母，有娀氏之女簡翟也，吞燕卵而生契，愊背而出。《詩》云『天命玄鳥，降而生商』是也」。㉟史皇　蒼頡。生而見鳥跡，知著書，故曰史皇，或曰頡皇。㊱羿　有窮之君。吳江聲謂「有窮君，不得云賢者。……此乃堯時之羿耳」。江說是。㊲右臂　原文作「左臂」，依劉文典校改。㊳千歲　舊注謂「以千歲為近，明聖賢之難」。㊴五聖　堯、舜、禹、湯、周文王。㊵奉　助。㊶四俊　舊注謂「才千人為俊。謂皋陶、稷、契、史皇」。㊷才難　謂人才難得。㊸屣　同「蹝」。踩；踏。舊注謂「履也」。

【語譯】所說的發表言論，要和大眾的看法一致和與習俗相同。現在說話不是說到九天的極高處，就是說到黃泉底下，這是兩種極端的議論，怎麼能作出公平的評論呢！

亭歷在冬天生長，而人們說它在冬天死去，這是因為在冬天死去的多；薺麥在夏天死去，人們說它在夏天生長，這是因為在夏天生長的很多。長江、黃河水道紆曲，也時常有南北流向的情況出現，而人們都說長江、黃河向東流。歲星、土星、日、月都向東運行，而人們說星辰、日、月向西移轉，這是以大多數星辰運轉的方向作為依據。胡人也有懂得利害關係的，而人們卻認為他們橫蠻；越人中有動作緩慢、遲鈍的，而人們認為他們動作敏捷，這都是根據多數人的情況來說的。

至於堯的眉毛有八種色彩，九孔都通達聖道，為人公正而沒有個人的愛憎在內，他說一句話而萬民為之肅然。舜的眼睛各有兩個瞳仁，這就叫做「重明」，他做的事成為後世的準則，說出的話就成為法規。禹的耳朵有三個孔，這叫做「大通」，他為人民興利除害，疏通黃河、長江。周文王長有四個乳頭，這叫做大仁愛之人，天下歸附他，百姓親近他。皋陶的嘴像馬嘴，這叫做最為可信，他斷案明白，了解人情。啟從石中誕生，契是他母親吞下燕的蛋以後生出來的，史皇生下來就能寫字，羿的右臂很長而善於射箭。像這九位賢人，一千年就會出現一個，以後仍然會繼續出現。現在一些人沒有五位聖人那樣的上天之助、沒有四位俊傑那樣難以得到的才能，卻想放棄學習而聽任自己天性自然發展，這就好像拋棄渡船而想涉水過江一樣。

夫純鈞❶、魚腸❷之始下型❸，擊則不能斷，刺則不能入，及加之砥礪❹，摩❺其鋒剽❻，則水斷龍舟❼，陸剸❽犀甲。明鏡之始下型，矇然❾未見形容，及其扢❿以玄錫⓫，摩以白旃⓬，鬢眉微豪⓭可得而察⓮。夫學亦人之砥、錫也。而謂學無益者，所以論之過⓯。

知者之所短，不若愚者之所脩⑯；賢者之所不足，不若眾⑰人之所⑱有餘。何以知其然？夫宋畫吳冶，刻刑鏤法，亂脩曲出⑲，其為微妙，堯、舜之聖不能及⑳。蔡㉑之幼女、衛㉒之稚質㉓，梱㉔纂組㉕，雜奇彩，抑墨質，揚赤文㉖，禹、湯之智不能逮㉗。

夫天之所覆、地之所載、包於六合之內、託於宇宙之間，陰陽之所生、血氣之精，含牙戴角、前爪後距、奮翼攫肆㉘、蚑行蟯動㉙之蟲，喜而合，怒而鬥，見利而就，避害而去，其情㉚一也。雖所好惡，其與人無與異㉛，然其爪牙雖利，筋骨雖強，不免制於人者，知不能相通㉜、才力不能相一㉝也。各有其自然之勢㉞，無稟受於外㉟，故力竭功沮㊱。夫雁順風而飛㊲，以愛氣力；銜蘆㊳而翔，以備矰弋㊴。蟻知為垤㊵，貛貉㊶為曲穴，虎豹有茂草，野彘有艽莦㊷、槎櫛㊸，堀虛㊹連比㊺，以像宮室，陰以防雨，晏以蔽日㊻。此亦鳥獸之所以知求合於其所利。今使人生於辟陋㊼之國，長於窮櫚㊽漏室㊾之下，長無兄弟，少無父母，目未嘗見禮節，耳未嘗聞先古㊿，獨守專室(51)而不出門戶(52)，使其性雖不愚，然其知者必寡矣。

昔者，蒼頡作書，容成(53)造曆，胡曹(54)為衣，后稷耕稼，儀狄(55)作酒，奚仲(56)為車。此六人者，皆有神明之道，聖智(57)之跡，故人作一事而遺後世，非能一人而獨兼有之。各悉58其知，貴其所欲達59，遂為天下備60。今使六子者易事，而明弗能見者何61？萬物至眾，而知不足以奄之62。周室以後，無六子之賢63，而皆脩其業；當世之人，無一人之才而知六賢64之道者何？教順65施續66，而知能流通。由此觀之，學不可已67，明矣！

【章　旨】這一章論說「學」的重要性、必要性。文分四段。第一段以劍須砥礪方能利斷外物，鏡須「扢以玄錫，摩以白旃」始能明鑑「鬢眉微豪」作比，謂「學亦人之砥、錫」，是對人有益之事。第二段舉例說明「知者之所短，不若愚者之所脩；賢者之所不足，不若眾人之所有餘」。例中特別說到工匠、織女之所長，即使堯、舜、禹、湯也趕不上。見得人皆須學，方能補其所短。第三段以自然界各種動物為例，說牠們各有本能以營其生，而不免制於人者，是「知不能相通、才力不能相一」，「各有其自然之勢，無稟受於外」，因而能力有限。並由此引申到人，說人若自幼即避世獨處而不學，「其知者必寡」。第四段說蒼頡等六人縱然「皆有神明之道，聖智之跡」，但「使六子者易事，而明弗能見」，意即各有所長，而各有所不通，因為萬物眾多，而人的智慧總是有限，因此不能不學。有才如六子尚須學習，當代才不及六子者，自然更不能停止學習。「學不可已」可謂本章要旨。

【注　釋】❶純鈞　利劍名。一作「淳鈞」，一作「淳均」。本書〈覽冥〉謂「區冶生而淳鈞之劍成」。本章原文作「純鉤」，依王念孫校改。❷魚腸　利劍名。舊注謂「文理屈辟若魚腸者，良劍也」。❸型　模型；鑄造器物的模子。❹砥礪　磨石。細者為砥，粗者為礪。❺摩　同「磨」。❻鋒剸　鋒刃。兵器尖端為鋒，刀劍之刃為剸。剸，通「鍔」。❼龍舟　大舟。❽剸　割；截。❾矇然　模糊不清的樣子。❿扢　摩；擦拭。原文作「粉」，依王念孫校改。⓫玄錫　玄緆之訛。黑色的細麻布。⓬白旃　白氈。或謂白色毛織物。⓭鬢眉微豪　指鬢髮、眉毛中細小的毫毛。鬢，靠近耳邊的頭髮。眉，指眉毛。微，細。

豪，同「毫」。長而尖銳的毛。⑭察　見。⑮夫學亦人之砥三句　文意本於《荀子・勸學》「木受繩則直，金就礪則利，君子博學而日參省乎己，則知明而行無過矣」。以，用。過，非。⑯知者之所短二句　舊注謂「短，缺。脩，長也。謂（謂原在『愚』上）明有所不足，愚有所不昧也」。知，同「智」。⑰眾　凡。⑱所　原文無此字，依王念孫校補。⑲夫宋畫吳冶三句　舊注謂「宋人之畫，吳人之冶，刻鏤刑法，亂理之文，脩飾之巧，曲出於不意也」。刑，通「型」。模型。與「法」為對文。⑳及猶如也。㉑蔡　蔡國。其地相當今河南省上蔡、新蔡等縣域。㉒衛　衛國。地當今河南省淇縣一帶。㉓稚質　指少女。㉔梱叩擊使齊平。㉕纂組　赤色的綬帶。㉖抑墨質二句　言壓住黑的底色，突出赤色花紋。揚，顯揚；突現。㉗禹湯之智不能逮舊注謂「言不能及二國之女巧也」。㉘攫肆　攫，搏。肆，極。㉙蚑行蟯動　爬行蠕動。㉚情　情況。㉛雖所好惡二句　舊注謂「一同人，亦避害就利。有不相如，故言『雖』也」。㉜不能相通　言動物之智不能相通、不能交流。㉝不能相一　言動物有才力（才能、能力）而不能團結如一。㉞勢　力。㉟無稟受於外　舊注謂「無有學問、受謀慮於外，以益其思也」。㊱力竭功沮　舊注謂「竭，盡力。沮，敗也」。㊲而飛　原文無此二字，依王念孫校補。㊳蘆　舊注謂「未秀（開花）曰蘆」。㊴矰弋　矰，矢。弋，繳。並謂「(雁)銜蘆，所以令繳不得截其翼也」。㊵螘知為垤　螘，同「蟻」。垤，蟻洞外防雨水侵入的小土堆。㊶貛貉　貛，即狗貛。形似豬而小，穴居山野。貉，似貍，銳頭尖鼻，晝伏夜出。㊷芄莦　禽獸巢穴中的墊草。㊸槎櫛　泛指樹枝椏杈之類。槎，樹砍後之再生枝。櫛，同「節」。樹節（分枝長葉處）。㊹堀虛　掘洞。虛，空穴。㊺連比　相連。㊻陰以防雨二句　王引之謂「言穴居之獸，陰則有以防雨，晴則有以蔽日也」。防，衛。晏，日出天空無雲。原文作「景」，依王氏校改。㊼辟陋　辟，遠。陋，鄙小。㊽窮櫚　僻遠小巷。㊾漏室　即陋室。㊿先古　謂聖賢之道。51專室　小室。52戶　原文無此字，依王念孫校補。53容成　舊注謂「黃帝臣。造作曆，知日月星辰之行度」。曆，曆術；曆法。54胡曹　舊注謂「《易》曰：『黃帝垂衣裳。』胡曹亦黃帝臣也」。55儀狄　相傳夏禹時發明釀酒的人。《戰國策・魏策》：「昔者帝女令儀狄作酒而美，進之禹。」56奚仲　夏代的車正。相傳為車的發明者。舊注謂「《傳》曰：奚仲為夏車正，封於薛」。57聖智　超凡的智慧。58悉　盡。59達　通。60備　猶用也。61今使六子者二句　舊注謂「見，猶知也。言人各有所不通」。62奄之　舊注謂「奄蓋之也」。奄，覆蓋；包。63賢　才。64六賢　原文上有「其」字，依王念孫校刪。65教順　猶言教訓。教誨訓導。順，通「訓」。66施續　猶言延續。施，蔓延；延續。67已　止。

【語　譯】純鈞、魚腸這樣的寶劍剛從模型中拿出來時，砍東西砍不斷，刺東西刺不進，等到用磨石磨利鋒刃以後，就能砍斷水上的龍船、在陸地上就能割開犀牛皮做的鎧甲。明鏡剛從模型中取出時，照人模糊不清，看不見人的容貌，等到用黑色的細麻布在鏡面上擦拭一番，再用白色的毛織物擦一擦，那鬢髮、眉毛中的細毛就全都能看得見了。學習就是人的磨刀石和細麻布。而認為學習對人沒有好處的，這是立論的依據錯了。

聰明人的欠缺之處，不如愚昧之人的長處；賢能之人的不足之處，不如一般人的有餘之處。怎麼知道是這樣的呢？宋國人的繪畫、吳國人的冶煉鑄造，刻畫有模式、雕鏤有法度，文理和修飾的巧妙出人意外，它們的微妙，像堯、舜這樣的聖人也做不到。蔡國的少女、衛國的姑娘，編織紅色的綬帶，使奇彩錯雜，遮住黑色的底色，突出紅色的花紋，就連禹、湯那樣的智慧也趕不上。

那些為天所覆蓋、地所承載、包羅在上下四方之內、寄託在宇宙之間、為陰陽二氣所產生、有血有氣的精靈，那些含牙長角、前有爪子後有趾、振翅飛翔、肆意攫搏的、爬行蠕動的動物，高興起來就聚合在一起，發起怒來就相互鬥爭，見到有利就走近來，要避開危害就離開，牠們在這方面的情況相同。雖然所喜好的和所憎惡的，與人沒有什麼差別，但是牠們爪牙即使鋒利、筋骨即使強健，還是不能避免被人制伏，原因就是牠們不能交流智慧，大家不能團結如一來發揮能力。各自有天然生就的力量，而不能從外界接受什麼本領，所以總是力量用盡而事情遭到失敗。大雁順著風勢而飛，為的是愛惜自己的氣力；口中銜著蘆稈飛翔，為的是防備矰弋射中自己。螞蟻知道在洞外累積好防止雨水侵入的小土堆，貛和貉懂得打造曲曲折折的洞穴，虎豹知道利用茂密的草藏身，野豬會用野草、樹的椏杈築窩，掘的洞穴彼此相連，就像宮室一樣，陰天用來防雨，晴天用來遮蔽日頭，這些不過是鳥獸用牠們的才智來做好適合自己利益的事情。現在使一個人生活在地勢偏僻而很落後的國家，生長在僻遠的小巷子中一間簡陋的屋子裡，長大後沒有兄弟，小時候沒有父母，眼中從來沒有見過禮節一類的儀式，耳中沒有聽見過聖賢之道，一個人獨自守在一間小屋中而不出門，這樣即使他的天性並不愚蠢，但他懂得的事情一定很少。

從前，蒼頡發明文字，容成發明曆法，胡曹發明衣裳，后稷發明農業生產，儀狄發明酒，奚仲發明車。這六個人，都有神明的道術和超人才智的事跡，所以各人發明一件東西就能遺留到後世，卻不能獨自一個人兼有各種發明。各人盡自己的智慧，注重自己所要達到的目的，這樣發明出來的東西就能被天下人使用。現在假使讓六個人改換他們各自做的事情，而他們的聰明就不能顯現出來，這是為什麼呢？是因為萬物實在太多了，而一個人的智慧不能夠全部掌握它們。從周朝以後，沒有出現過像這六個人才智的人，但大家都研習自己的工作；當代的人，沒有一個人具備六人中一個人的才能，卻能知道六位賢人的道術，這是為什麼呢？是因為通過教誨、訓導而將他們的本事延續下來，而知識技能互相傳播、交流的緣故。從這些情況看來，學習不能廢止，是很明白的了！

今夫盲者，目不能別晝夜、分白黑，然而搏❶琴撫弦，參彈❷復徽❸，攫援❹摽拂❺，手若蔑蒙❻，不失一弦。使未嘗鼓琴❼者，雖有離朱❽之明、攫掇❾之捷，猶不能屈伸其指。何則？服習積貫之所致❿。故弓待檠⑪而後能調，劍待砥⑫而後能利。玉堅無敵⑬，鏤以為獸，首尾成形，礛諸⑭之功。木直中繩，揉以為輪，其曲中規⑮，檃括⑯之力。唐碧⑰、硻力⑱之類，猶可刻鏤⑲，以成器用⑳，又況心意乎！

且夫精神滑淖纖微，倏忽變化，與物推移，雲蒸風行，在所設施㉑。君子有能精搖摩監㉒、砥礪其才、自誠其神明㉓、覽物之博、通物之壅㉔、觀始卒之端㉕、見無外之境㉖、以逍遙仿佯㉗於塵埃㉘之外，超然獨立、卓然離世㉙，此聖人之所以游心㉚若此。然晚世之人㉛而不能閒居㉜靜思、鼓琴讀書、追觀上古㉝、友㉞賢大夫、學問講辯、日以自娛㉟、蘇援世事㊱、分別白黑㊲、籌策㊳得失，以觀禍福㊴；設儀立度，可以為法則；窮㊵道本末，究㊶事之情；立是㊷廢非㊸，明示後人；死有遺業，生有榮名㊹。如此者，人才之所能逮㊺。然而莫能至焉者，偷慢懈惰，多不暇日之故㊻。夫瘠地之民多有心㊼者，勞也；沃地之民多不才者，饒㊽也。由此觀之，知人無務，不若愚而好學㊾。自人君、公卿至於庶人，不自彊而功成者，天下未之有也。《詩》云：「日就月將，學有緝熙於光明㊿。」此之謂也。

【章　旨】這一章仍是說「學」的重要。文分二段。第一段先以盲人「服習積貫（即反覆練習，養成習慣）」便能得心應手地搏琴撫絃，而未曾習琴者不能屈伸其指為例，說明事欲成非「學」不可。然後連舉「弓待檠而後能調」等四事為例，再說「學」於人之重要。最後以「唐碧、堅力之類，猶可刻鏤，以成器用」作比，說人之「心意」是可以通過「學」而掌握知識、發揮出更大的作用的。第二段先說精神的特點微眇變化，不易把握，須憑藉其他事物方能作有意義的展現。然後說到兩類人（即君子、聖人和晚世之人）的不同作為。而這裡講的君子、聖人並非「保其精神，偃其智故」（〈原道〉）者、並非「抱素守精」（〈精神〉）者，而是「能精搖摩監、砥礪其才、自誠其神明」者。作者肯定這種磨礪其性、用智於世的做法，對晚世之人無所作為持否定態度。並說彼所不能者，人皆能為，問題是人們偷慢懈惰而不能為。最後再舉二例，得出結論：「知（智）人無務，不若愚而好學」。「自人君、公卿至於庶人，不自彊而功成者，天下未之有也」。

【注　釋】❶搏　擊。此處指彈。❷參彈　并絃。❸復徽　舊注謂「上下手也」。徽，琴徽；繫琴絃的繩子。❹攫援　掇。❺摽拂　敷。❻蔑蒙　言其疾。❼鼓琴　彈琴。原文「琴」作「瑟」，依俞樾校改。❽離朱　黃帝時人。明目，能見百步之外、秋毫之末。❾攫掇　黃帝時行動捷疾者。❿服習積貫句　舊注釋言「謂上『不失一弦』」。服習，反覆練習。積貫，積久而習慣。有熟能生巧之義。⓫檠　矯正弓的器具。⓬砥　質地很細的磨刀石。⓭敵　匹敵。⓮礛諸　舊注謂「治玉之石。《詩》云『他山之石，可以為厝』是」。⓯木直中繩三句　出自《荀子・勸學》。揉，使木變形。或使直為曲，或使曲為直。規，畫圓形的工具。⓰櫽括　也作「隱括」。矯正竹木彎曲的工具。⓱唐碧　舊注謂「石似玉」。⓲礐力　即玪塾。石之次於玉者。原文作「堅忍」，依楊樹達校改。唐碧、礐力皆堅鑽之物。⓳刻鏤　原文下有「揉」字，依楊樹達校刪。⓴器用　此處指器物。㉑且夫精神五句　徐復觀謂「乃言精神之自身，是微眇變化、不易把握，須憑藉其他事物而始能作有意義的展現」（《兩漢思想史》）。滑淖，柔滑軟和。淖，柔和。推移，猶轉易也。施，用。㉒精搖摩監　精搖，楚人謂精進（精明而進趨）為精搖。摩監，同「磨礛」。磨礱，比喻鍛鍊、鑽研。㉓自誠其神明　徐復觀謂「乃把精神的功用，完全實現出來」。原文「誠」作「試」，無「其」，依楊樹達校改、校補。㉔壅　堵塞。㉕端　開頭。㉖見無外之境　舊注釋謂「所觀以（當為『者』）遠」。㉗仿佯　遊蕩；徘徊。㉘塵埃　塵世；世俗。㉙超然獨立句　舊注釋謂「不群於俗」。㉚游心　留心；注意。或謂心靈自由活動。㉛然晚世之人　原文無此五字，依楊樹達校補。晚世，猶言近世。㉜閒居　避人獨居。㉝上古　指遠古聖賢之跡。㉞友　結交。原文作「及」，依楊樹達校改。㉟學問講辯句　舊注謂「講論辯別然否，自娛樂」。自娛，自我娛樂。㊱蘇援世事　楊樹達謂本文「假蘇為疎，假援為遠」，並謂「上文云『逍遙仿佯於塵埃之外，超然獨立、卓然離世』，正此所謂疎遠世事也」。㊲分別白黑　舊注謂「知利害之所在也」。原文下有「利害」二字，依王念孫校刪。原文無「別」字，依王念孫校補。㊳籌策　猶言謀劃。㊴禍福　利害。㊵窮　舊注謂「盡也」。㊶究　舊注謂「極也」。㊷是　善。㊸非　惡。㊹死有遺業二句　此段前出「晚世之人而不能」之「不能」，直貫至「生有榮名」而止。遺業，遺存之功業。㊺如此者二句　如此者，指上述「晚世之人而不能」之事而言。逮，及。㊻偷慢懈惰二句　舊注謂「薄易之人，懈惰於庶幾，多言己不暇日而不學，推此故也」。馬宗霍謂「偷慢懈惰之人，翫歲而愒日，多無暇以從事於學，故莫能至也」。「謂若輩多藉己無暇日也」。偷慢，輕薄怠慢。不，無。㊼心　舊注謂「向義之心也」。㊽饒　逸。㊾知人無務二句　馬宗霍謂「言智人無所事，不若愚人之好學也」。知，同「智」。務，事。作動詞用。㊿日就月將二句　出自《詩經・周頌・敬之》。舊注謂「《詩・頌・敬之》，言為善者，日有所成就，月有所奉行，當學之是明。此勉學之謂也」。日就月將，日有所得，月有所進。緝熙，漸積光明。

【語　譯】現在瞎子的眼睛不能辨別晝和夜、區分白和黑，然而當他彈琴撫絃時，并絃而彈，上下自如，時擢時敷，動作極快，沒有彈錯一絃。假使讓從未彈過琴的人來彈，即使他有離朱那樣明亮的眼睛、有攫掇那樣敏捷的動作，還是不能使自己的手指自由地伸屈。為什麼呢？因為那是需要反覆練習、養成習慣才能做得到的。所以弓要有矯正的器具才能調正，劍要有磨刀石才能磨得鋒利。玉石堅固無比，把它刻鏤成獸形，首尾都很像，這是礛諸的功勞。樹木取直而合於繩墨的要求，把它彎曲製成車輪，它的彎度合乎圓規的要求，這是檃括的作用。唐碧、礐力一類硬石，尚且可以刻鏤成為器物，又何況人的心意呢！

況且精神柔滑、軟和而又細微，倏忽之間就會發生變化，隨著外物轉移，如同風起雲湧，存在於發揮作用的地方。君子中有人能夠精進鍛鍊、磨礪自己的才幹、自己確實把精神的功用完全施展出來、可以觀察萬物的廣博、通曉塞而不通的外物、看得出事物開始與結束的端倪、見得到無外可言的境界，而逍遙自在地遊蕩在世俗之外，超脫塵俗而獨立、卓異於眾而離世，這是聖人所留心的地方。但是近世的人卻不能避世獨居而沉靜思考、彈琴讀書、尋求觀覽遠古時代的聖賢事跡、結交現代賢明的士大夫，和他們一起學習、探討、講道理、辯論是非、每天用這來自我娛樂、不能疏遠人世之事、區別黑白、謀劃得失、來觀察禍福；不能設立一定的標準來作為法則；不能窮盡道的本末、徹底弄清事物的實際情形；不能建立正確的，廢除錯誤的，將它明白地告訴後人；不能死了有遺存的功業、活著有光榮的名聲。像上面所說的那些事，一般人的才能是能做得到的。但是沒有誰能做到，那是人們輕薄、怠慢、鬆弛、懶惰，多無空閒日子來學習的緣故。生活在貧瘠土地的人多有創業的心願，這是生活勞苦造成的；生活在肥沃土地的人，多半沒有才能，這是生活安逸的結果。從這看來，聰明的人不從事學習，還不如愚蠢而愛好學習的人。從國君、公卿直到平民百姓，不自己盡力而能使事業成功的，天下從來沒有過。《詩經》中說：「日有所得，月有所進，逐漸積累、不斷學習就會無比光明。」說的就是這個道理。

名可務立❶，功可彊❷成，故君子積志❸委正❹，以趣❺明師❻；厲節❼亢高❽，以絕世俗❾。何以明之？

昔者，南榮疇❿恥聖道之獨亡於己，身淬⓫霜露，敕蹻趹步⓬，跋涉山川，冒蒙荊棘⓭，百舍重趼⓮，不敢休息，南見老聃⓯，受教一言⓰，精神曉泠⓱，鈍閔⓲條達⓳，欣然⓴若七日不食㉑，如饗太牢㉒。是以明照四海，名施㉓後世，略達天地㉔，察㉕分秋豪，稱譽華語，至今不休㉖。此所謂名可務㉗立者。

吳與楚戰㉘，莫囂㉙大心㉚撫其御之手曰：「今日距彊敵，犯白刃，蒙矢石，戰而身死，卒勝民治㉛，全我社稷，可以庶幾㉜乎！」遂入不返，決㉝腹斷頭，不旋踵運軌㉞而死。申包胥㉟曰：「吾㊱竭筋力以赴嚴敵㊲，伏尸流血，不過一卒㊳之才，不如約身㊴卑辭，求救於諸侯。」於是乃贏㊵糧跣走㊶，跋涉㊷谷行㊸，上峭山㊹，赴深谿㊺，游㊻川水，犯津關㊼，躐㊽蒙籠㊾，蹷沙石㊿，蹠(51)達(52)膝曾繭(53)重胝(54)，七日七夜，至於秦庭。鶴跱(55)而不食，晝吟宵哭，面若死灰，顏色黴黑(56)，涕液(57)交集，以見秦王(58)，曰：「吳為封豨脩蛇(59)，蠶食(60)上國(61)，虐(62)始(63)於楚。寡君(64)失社稷，越(65)在草茅(66)。百姓離散，夫婦男女，不遑(67)啟處(68)。使下臣告急。」秦王乃發車千乘、步卒七萬，屬之子虎(69)。踰塞(70)而東，擊吳濁水(71)之上，果大破之，以存楚國。烈[72]存廟堂[73]，著於憲[74]法。此功之可彊成者也。

夫七尺之形，心知憂愁勞苦，膚知疾痛寒暑，人情一[75]也。聖人知時之難得，務可趣也，苦身勞形，焦心怖肝[76]，不避煩難，不違危殆。蓋聞子發[77]之戰，進如激矢[78]，合如雷電，解如風雨，員之中規，方之中矩，破敵陷陳[79]，莫能壅御[80]，澤戰[81]必克[82]，攻城必下。彼非輕身而樂死，務[83]在於前，遺利於後，故名[84]立而不墮[85]。此自強而成[86]功者也。是故田者不強[87]，困倉[88]不盈；官御[89]不厲[90]，心意不精[91]；將相不強，功烈[92]不成；侯王懈惰，後世[93]無名。《詩》云：「我馬唯騏，六轡如絲。載馳載驅，周爰諮謨[94]。」以言人之有所務也。

【章　旨】這一章講人通過主觀努力、發揮能動作用，可以立名建功。所謂「名可務立，功可彊成」。文中先說南榮疇恥聖道之獨亡於己，而發憤求學。歷盡艱辛，南見老聃，受教有得，終於「明照四海，名施後世」。用這證明「名可務立」。然後以申包胥哭秦庭請得秦軍破吳兵以存楚國為例、以子發戰於沙場，「破敵陷陳，莫能壅御」為例，證明「功可彊成」、或謂「自強而成功」。其中說申包胥之事，先以莫囂大心戰死作背景材料，以見楚國處境之險惡，對申包胥乞師存楚之功有著襯托作用。而說子發事後，謂「田者不強，困倉不盈；官御不厲，心意不精；將相不強，功烈不成；侯王懈惰，後世無名」，指出「名可務立，功可彊成」的道理適用於各種人，則使作者闡明的人須有為、事方有成的看法更具有普遍意義。

本章首尾所述觀點及部分文字出自《文子・精誠》，而所述南榮疇事，文字又本於賈誼《新書・勸學》。

【注釋】❶務立　楊樹達謂「與『彊成』為對文，『務』亦『彊』也」。今從楊說。舊注謂「務，事也」。❷彊　勉；努力；盡力。❸積志　蓄志；積蓄志氣。❹委正　積累公正之心。委，積；累。❺趣　同「趨」。奔向。❻明師　賢聖之師。舊注謂「師，所以取法則」。❼勵節　磨礪志節。❽亢高　高尚。亢，高。❾以絕世俗　不群於眾。❿南榮疇　即南榮趎。舊注謂「南，姓；榮疇，字，蓋魯人也」。《莊子．庚桑楚》言「南榮趎蹴然正坐曰：若趎之年者已長矣，將惡乎托業以及此言邪」，又言其向老子求道事。成玄英謂其「姓南榮，名趎，庚桑弟子也」。⓫淬　浴。⓬欶蹻跌步　欶蹻，猶言著鞋。跌步，疾行。跌，奔。原文無「步」字，依王念孫校補。⓭跋涉山川二句　舊注謂「不從蹊遂曰跋涉，故觸犯荊棘」。冒蒙，觸犯。⓮百舍重趼　百舍，一說「百日止宿」，即走了百日的路；一說「百里一舍」，百舍即言走了許多路；一說「舍」指三十里或三十五里，「百舍」即言走了許多路。重趼，即重繭。原文「趼」作「跰」，依王念孫校改。⓯老聃　老子。字伯陽，楚苦縣賴鄉曲里人。⓰一言　舊注謂「道合也」。⓱曉泠　明瞭。舊注謂「曉，明。泠，猶了也」。泠，同「聆」。曉解。⓲鈍閔　遲鈍；昏昧。原文作「鈍聞」，依王念孫校改。⓳條達　條理通達。⓴欣然　喜悅的樣子。㉑若七日不食　舊注謂「丈夫七日不食則斃，故以七日為極」。若，原文無此字，依王引之校補。㉒如饗太牢　王引之謂「言聞老聃之言，若七日不食而饗太牢也。賈子云：『南榮跦既遇老聃，見教一言，若飢十日而得太牢。』是其證」。如，同「而」。舊注謂「三牲（指牛、羊、豕）具曰太牢」。㉓施　延續。㉔略達天地　言其術通天地。與上句「明照四海」、「名施後世」，以及下句「察分秋豪」句例相同。略，數術。達，通。略達，原文作「達略」，依馬宗霍校改。㉕察　明。㉖稱譽華語二句　王念孫謂言榮名常在人口也。華語，榮語；榮耀之語。原文作「葉語」，依王氏校改。㉗務　原文作「彊」，依俞樾校改。㉘吳與楚戰　舊注謂「吳王闔閭與楚昭王戰於柏舉」。㉙莫囂　即莫敖。楚官名，次於令尹。舊注謂「莫，大也。囂，眾也。主大眾之官，楚卿大夫」。㉚大心　舊注謂「楚成得臣子玉之孫」。王紹蘭謂若以大心為楚成得臣子玉之孫，柏舉之役，成大心已一百三四十許人，不可有犯白刃之事。「或昭王時自有名大心者，為莫敖之官，死於柏舉之戰，其軼事見於他說。《淮南子》博採舊聞，正可補《傳》（指《左傳》）文所未備」。王說是。㉛卒勝民治　言士卒獲勝，民得完整。治，整；完整。㉜庶幾　舊注謂「庶幾得安」。㉝決　剖；破。㉞旋踵運軌　旋踵，轉足之間。形容迅速。運軌，回軌。指車轉向。㉟申包胥　春秋時楚國大夫。姓公孫，封於申，故號申包胥。舊注謂「楚大夫，與伍子胥友者。子胥之亡，謂申包胥曰：『我必覆楚國。』申包胥曰：『子能覆之，我必興之。』及昭王敗於柏舉，奔隨，申包胥如秦乞師」。㊱曰吾　原文無此二字，依俞樾校補。㊲嚴敵　嚴猛之敵；強敵。㊳一卒　舊注謂「在車曰士，步曰卒。如此者，一人之功也」。㊴約身　約束其身。謂舉止拘束、謹慎。㊵贏　擔負；裹。舊注謂「裹也。

一日囊」。41跣走　不及著履，光著腳跑。42跋涉　舊注謂「不（下脫『從』字）蹊遂曰跋涉」。43谷行　伏行；潛行。《戰國策・楚策》即言申包胥「於是贏糧潛行」。44峭山　高山。45深谿　大壑。46游　渡。上言山、谿、川水乃自楚至秦所經由。47津關　設在水路衝要之處的關口。48躐　踐踏。49蒙籠　茂密的草木。或謂山名。50蹷沙石　謂足踏沙石。蹷，踏。51蹠　足。52達　穿。53曾繭　累繭。指一層又一層的繭。54重胝　重重老繭。55鶴跱　跱立貌。言不動不食。楊樹達謂「鶴之臥亦直立不動，故云鶴跱」。56黴黑　面垢黑。57涕液　鼻涕和唾液。58秦王　秦哀公。59封豨脩蛇　舊注謂「封、脩，皆大也。豨、蛇，喻貪也」。豨，豬。南楚稱豬為豨。60饕食　盡；無餘。61上國　中國。指中原地區。62虐　害。63始　舊注謂「先也。言將以次至秦也」。64寡君　指楚昭王。65越　遠。舊注謂「在於隨矣」。66草茅　雜草。猶言草野、民間。67遑　暇。68啟處　啟，跪。處，安。69子虎　其人不詳。舊以子虎為鍼虎。注謂「秦大夫子車鍼虎。《傳》曰『率車五百乘以救楚』，凡三萬七千五百人。此云千乘、步卒七萬，不合也」。王紹蘭謂鍼虎在柏舉之役前一百一十七年即已為秦伯伍好（穆公）殉葬，子虎非鍼虎。70塞　舊注謂「函谷。一曰：武關塞也」。71濁水　舊注謂「蓋江水。《傳》曰：『敗吳於公壻之谿。』公壻之谿，楚地」。72烈　功。73廟堂　宗廟、明堂。指朝廷。74憲　法令。75一　同。76怖肝　猶戒懼。77子發　楚威王將。78激矢　急疾之箭。79陳　通「陣」。80壅御　抵禦。壅，阻塞。81澤戰　水澤之戰。82克　勝。83務　勉力。84名　武中（當作「勇」）寧國之名。85墮　廢。86成　猶立也。87強　力。88囷倉　糧倉。89官御　官府駕馭車馬者。90厲　同「礪」。磨礪；磨鍊。91精　專。92功烈　功業。烈，業。93世　猶身也。94我馬唯騏四句　出自《詩經・小雅・皇皇者華》。此詩之意，言遇有患難，當馳驅而往，盡忠信以謀之也。騏，青色有黑紋的馬。六轡如絲，舊注謂「六轡四馬如絲，言調勻也」。如絲，柔和、協調如絲。載，又。周，忠信。諮諏，此處指為解難而磋商謀劃。

【語　譯】名聲是可以經過努力建立的，功業是可以通過努力完成的，所以君子蓄養志氣、積儲正氣，而奔向聖賢之師；盡力使自己的節操高尚，而和世俗斷絕聯繫。怎麼知道這一點呢？

從前，南榮疇為聖人之道偏偏在自己身上失去而感到恥辱，於是披霜踩露，穿著鞋子快步趕路，跋山涉水，穿過荊棘，走了許多路，腳底磨出了一層又一層老繭，還不敢休息，到南邊去拜見老聃，他受到老聃一句合道之言的教誨，精神頓時豁然開朗，往日的遲鈍、昏昧轉為條理通達，他高興得就像七天沒有吃東西而吃到牛、羊、豬肉兼有的太牢一樣。正因如此才使他的光輝照耀四海、名聲延續到後世、道術通達天地、眼光能分辨得出秋毫來，以致人們用榮耀的話稱讚他，到今天還沒有停止。這就是所說的名聲可以經過努立而建立。

吳國和楚國打仗，楚國的莫敖大心撫摸著為他駕車的御手的手說：「今天要抵禦強大的敵人，冒著雪白的刀刃，冒著箭、石，在戰鬥中自己死了，最後士兵勝利而人民沒有損失，保全我們的國家，這些大概可以做得到吧！」於是衝進戰場而沒有返回。他肚子被剖開了、頭被砍斷了，還未來得及轉動腳跟、掉轉車的方向就死了。申包胥說：「我如果用盡我的力量去和強大的敵人拼搏，屍體倒在地上流血，不過是發揮一個士兵的作用，不如約束自己的舉止、用恭敬謙遜的話去向諸侯求救。」於是便背著糧食、打著赤腳，不走大路，偷偷地前進。上高山，過深溝，渡過河流，闖過水路要衝的關口，從茂密的草木中穿過，腳踏沙石，從腳到膝蓋都磨穿了，長了一層又一層老繭。走了七天七夜，到了秦國朝廷，他就像鶴那樣站立著，不吃東西。白天、夜晚不停歎息、哭泣，臉色蒼白如同死灰，顯得又髒又黑，鼻涕和唾液流在一起。就這樣拜見秦哀公，說：「吳國現在好比是一頭貪婪的大豬、一條貪婪的大蛇，正在蠶食中原的國家，先是侵害楚國。我們的君王已經失去國都，遠逃到了民間。老百姓流離失散，男女夫妻不能安居。派我來向您告急。」秦哀公便出動戰車千輛、步兵七萬，交給子虎統率。秦軍開出函谷關向東前進，在濁水邊攻打吳軍，果然大敗吳軍，而保住了楚國。申包胥的功業保存在廟堂中，寫在法令上。這就是功業可以通過努力而完成的例子。

有七尺高的形體，心中知道憂愁勞苦，皮膚知道疼痛寒熱，人們的這些情況是一樣的。聖人懂得時機的難得，事情是可以促成的，於是使自己身體勞累辛苦，心中焦慮、恐怖，不避開那些煩雜難辨的事情，不躲避危險。聽說子發作戰時，前進時如同急疾飛行的箭，合圍時如同電閃雷鳴，散開時如同雨隨風去，擺成圓陣，符合規的要求；擺成方陣，符合矩的要求，打敗敵人、攻破敵陣，沒有誰能阻擋。在水澤作戰一定能把對方打敗，攻打城池一定能把城攻下來。他並不是輕視自己的身體而樂意去死，而是要努力在前，把利益留給後世，所以他的聲名能建立而不會被廢棄。這就是自己努力而獲得成功的例子。因此種田的人不努力，糧倉就裝不滿倉庫；為官府駕馭車馬的人不磨鍊自己的技藝，他的心意就不能專一；將軍、宰相不努力，就不能建立功業；諸侯、帝王懈怠、懶惰，在後世就沒有好的名聲。《詩經》中說：「我的馬毛色青青有著黑色的花紋，六根轡繩握在手中如同絲線一般柔和。遇有患難應當馳驅往前，懷著忠信之心去為君王謀劃解除危難的辦法。」這是說人要努力做一些事情。

通❶於物者，不可驚以怪❷；喻❸於道者，不可動以奇❹；察❺於辭者，不可燿❻於名❼；審❽於形者，不可遯❾以狀❿。

世俗之人，多尊古而賤今，故為道者必託之於神農、黃帝而後能入說⓫。亂世闇主，高遠⓬其所從來⓭，因而貴之。為學者，蔽於論而尊其所聞，相與危坐⓮而稱⓯之、正領而誦之。此見是非之分不明⓰。

夫無規矩，雖奚仲不能以定方圓；無準繩，雖魯般不能以定曲直。是故鍾子期⓱死，而伯牙絕絃破琴⓲，知世莫賞也；惠施⓳死，而莊子⓴寢㉑說言，見世莫可為語者也。

夫項託㉒七歲為孔子師，孔子有以聽其言也。以年之少，為閭丈人，救敲不給，何道之能明也㉓！昔者，謝子見於秦惠王㉔，惠王說之。以問唐姑梁㉕，唐姑梁曰：「謝子，山東辯士，固奮說以取少主㉖。」惠王因藏怒而待之，後日㉗復見，逆而弗聽㉘也。非其說異也，所以聽者易㉙。

夫以徵為羽，非絃之罪(30)；以甘為苦，非味之過(31)。楚人有亨猴而召(32)其鄰人，鄰人(33)以為狗羹也而甘(34)之。後聞其猴也，據地而吐之，盡寫(35)其食。此未始知味者也。

邯鄲師(36)有出(37)新曲(38)者，託之李奇(39)，諸(40)人皆爭學之。後知其非也，而皆棄其曲。此未始知音者也。

鄙人(41)有得玉璞(42)者，喜其狀，以為寶而藏之。以示人，人以為石也，因而棄之。此未始知玉者也。故有符(43)於中(44)，則貴是而同今古(45)；無以聽其說，則所從來者遠而貴之耳(46)。此和氏之所以泣血於荊山之下(47)。

今劍或絕側羸文(48)，齧缺卷鉒(49)，而稱以頃襄之劍，則貴人爭帶之(50)。琴或撥剌(51)枉橈(52)，闊解(53)漏越(54)，而稱以楚莊之琴，則尚士(55)爭鼓之。苗山(56)之鋌(57)、羊頭之銷(58)，雖水斷龍舟，陸剸兕甲，莫之服帶(59)；山桐之琴，澗梓之腹(60)，雖鳴廉脩營(61)，唐牙(62)莫之鼓也。

【章旨】這一章講人能通於物、喻於道、察於辭、審於形，就能正確地認識事物，不會受到一些現象的迷惑。並且批評由於「尊古而賤今」社會風氣的存在，所出現的幾種情況。如為道者必託之於神農、黃帝方能為人所信所用，如亂世闇主也是「高遠其所從來，因而貴之」，如為學者「蔽於論而尊其所聞」。

說這都是「是非之分不明」。接著說到認識事物要有一定的標準，或掌握了標準才能正確評論人。然後述說同一人物、同一說法而聽者不同（或人同而心理異），效果迥異的事例、述說「未始知味」的事例、述說「未始知音」的事例和「未始知玉」的事例。並分析這些事例，說它們的出現多是人們心中沒有真正認識到事物的實質、不能判明他人說法的正確與否，而只看到它稱引遠古之事所造成的。大概作者於尊古賤今、不從實際出發量材用物極為反感，故本章最後又再舉其例而加以嘲諷。

【注釋】❶通　達。❷不可驚以怪　舊注謂「言怪物不能驚之也」。❸喻　明。❹奇　非常曰奇。❺察　明察；洞悉。❻燿眩。❼名　虛實之名。❽審　明白；清楚。❾遯　欺騙。❿狀　貌。⓫故為道者句　舊注謂「說，言也。言為二聖所作，乃能入其說於人，人乃用之」。⓬高遠　遙遠；久遠。高，遠。句中謂以為高遠。⓭從來　由來。⓮危坐　端正。古人兩膝著地而坐。即正身而跪。⓯稱　稱頌。⓰正領而誦之二句　舊注謂「誦之，諭若影之隨形，響之應聲，效言之，不知其理，故曰『不明』也」。正領，理好衣領。即整裝。表示嚴肅、尊重。⓱鍾子期　楚人。與鍾儀同族。舊注謂「鍾，官氏（以官為氏）。子，通稱。期，名也。達於音律」。⓲伯牙絕絃破琴　舊注謂伯牙「睹世無有知音若子期者，故紀絃破其琴也」。《呂氏春秋・本味》言此事謂：「伯牙鼓琴，鍾子期聽之，方鼓琴而志在太山，鍾子期曰：『善哉乎鼓琴，巍巍乎若太山（謂其志若山之巍巍）。』少選之間，而志在流水（謂其志若流水進而不懈），鍾子期又曰：『善哉乎鼓琴，湯湯乎若流水。』鍾子期死，伯牙破琴絕弦，終身不復鼓琴，以為世無足復為鼓琴者。」伯牙，楚人。伯為姓，牙為名。或作「伯雅」。伯牙善鼓琴，〈說山〉謂「伯牙鼓琴，駟馬仰沫」。絕絃，斷絃。⓳惠施　宋人。仕於梁，為惠王相。⓴莊子　名周。宋蒙縣人，作書二十三篇，為道家之言。㉑寢　止；息；藏。㉒項託　一作項橐。春秋人。《戰國策・秦策》記甘羅言「夫項橐生七歲而為孔子師」。㉓為閭丈人三句　舊注謂「敲，橫（下脫『擿』字）也。丈人，長老之稱。年少為之說事，老人敲其頭，自救不暇，何能明道也」。閭，里。㉔謝子見於秦惠王　事見《呂氏春秋・去宥》。謝，姓。子，通稱也。高誘注〈去宥〉謂「謝子，關東人也，學墨子之道」。秦惠王，即秦惠文王、秦孝公之子駟。㉕唐姑梁　唐，姓。名姑梁，秦大夫。㉖謝子三句　舊注謂「言謝子，辯士也，常發其巧說以取少主之權」。山東，崤山以東。奮，發。原文作「權」，依王引之校改。少主，舊注謂「謝子之君」。一曰：謂惠王」。惠王此時已老，不當言少主。故應依楊樹達說，「蓋惠王太子也」。㉗後日　日後；他日。㉘聽　猶說是也。㉙易　改變。㉚非絃之罪　舊注謂「罪在聽也」。㉛非味之過　舊注謂「過在嘗也」。㉜召　猶請也。㉝鄰人　原文無此二字，依王念孫校補。㉞甘　味美。㉟寫　瀉。指吐出。㊱師　樂師。瞽也。㊲出　猶作也。㊳新曲　非雅樂也。㊴李奇　古之名倡。為趙國擅長音樂者。㊵諸　眾。㊶鄙人　小人。㊷玉璞　含有玉的石頭。㊸符　驗。驗者，有明也。㊹中　心中。㊺則貴是而同今古　舊注謂「是，實也。言中心能明實是者則貴之，古今一也，故曰同也」。㊻無以聽其說二句　舊注謂「言無中心明驗，無以聽人說之是否，但見其言遠古之事，便珍貴之耳。近世之事，有可貴者，亦有不貴之也」。㊼此和氏句　舊注謂「荊人和氏得美玉之璞於荊山之下，獻楚武王，武王以為石，刖其右足。及文王即位，復獻之如是，乃泣血證之為寶。文王曰：『先王輕於刖足而重剖石。』遂為剖之，果如和言，因號為和氏之璧也」。荊山，位於今湖北省南漳縣西。㊽絕側羸文　舊注謂「絕無側，羸無文」。絕無側，謂劍刃裂缺而側邊不正。羸無文，謂劍身毀壞而不見紋理。㊾鐂缺卷鋌　舊注謂「鈍弊無刃」。鐂缺，刃缺如鐂。鋌，鋒刃。㊿而稱以頃襄之劍二句　舊注謂「託之為楚頃襄王所服劍，故貴人慕而爭帶之。一說：頃襄王(「王」涉上文衍)，善為劍人名」。(51)撥剌　不正。(52)枉橈　曲弱。(53)闊解　壞。(54)漏越　越為琴底孔畫，漏(疏、穿)之使音緩。此處專指部件「越」。(55)則尚士　原文無「則」字，依俞樾校補。尚士，上士；高明之士。原文作「側室」，依俞樾校改。(56)苗山　楚山。利金所出。(57)鋋　銅鐵之璞。即未成器物之原胚銅鐵。《論衡・率性》謂「世稱利劍有千金之價，其本鋋，山中之恆鐵也」。本書原文作「鋋」，依王念孫校改。(58)羊頭之銷　舊注謂「白羊子刀」。銷，生鐵。(59)莫之服帶　舊注謂「雖有利用，無所稱託，故無人服帶也」。服，佩。楊樹達謂「古音服與佩同」。(60)澗梓之腹　謂以山溝旁生長的梓木做成琴腹(共鳴之音箱)。(61)鳴廉脩營　舊注謂「鳴聲有廉隅(棱角，形容音聲純正)。脩營，音清涼，聲和調」。(62)唐牙　唐，通「堂」。指師堂。古之樂師，一稱師襄，《韓詩外傳》言孔子曾向他學琴。牙，指伯牙。枚乘〈七發〉謂「龍門之桐」，「使琴摯斫斬以為琴」，「使師堂操〈暢〉、伯子牙為之歌」。

【語　譯】通達萬物之理的人，不能用怪物來驚嚇他；明白道理的人，不能用奇異的東西來震動他；洞悉言辭涵義的人，不能用種種名義來迷惑他；清楚萬物形體特徵的人，不能拿外物的形貌來欺騙他。

社會上一般的人，多半都重視古代而看不起當代，所以倡導某種學說的人，必定要把他的學說假託為神農、黃帝之說，然後才能使人接受。處於亂世的昏昧君王，認為這種主張由來久遠，因此就很重視。學習的人，被這種學說的論點所蒙蔽，而重視有關這種學說的傳聞，大家在一起端正坐著加以稱頌、理正衣領在那裡述說。這是見到是非而不能明確分辨。

沒有規、矩，即使是奚仲也不能確定方形和圓形；沒有準、繩，即使是魯般也不能確定曲和直。因此鍾子期死後，伯牙就割斷琴絃、摔破了琴，因為他知道世上再沒有人能欣賞他的琴聲了；惠施死了以後，莊子便停止和人論辯，因為他看到世上再也沒有誰能和自己說話了。

項託七歲時當孔子的老師，孔子聽他說的話是有原因的。像項託這樣年幼，給里中老人講授道理，如果老人敲打他的頭，他連自救都來不及，哪裡能說明道理呢！從前，謝子見秦惠王，惠王很高興。而問唐姑梁，唐姑梁卻說：「謝子，是山東的善辯之士，他的本意是想用巧辯之說來從太子那裡獲得權力。」惠王於是隱藏住怒氣來等待他，後來又見了謝子，便拒絕而不聽他的了。並不是謝子的說法和上次不同，是聽他說話的人心情改變了。

把徵音當作羽音，這不是絃的過錯；把甜的當作苦的，這不是味道的過錯。楚國有一個人用猴肉煮了湯而請鄰居來喝，鄰居們以為是狗肉湯而覺得味道很美。後來聽說喝的是猴肉湯，便站在原地嘔吐，把吃進去的全吐出來了。這是一些從來就不識味的人。

邯鄲有一位樂師創作出一首新的曲子，託名是李奇創作的，眾人都爭著來學。後來知道不是李奇創作的，都拋棄不學了。這是一些從來就不懂音樂的人。

一個鄉野小人得到了一塊含玉的石頭，喜歡它的形狀，把它當作寶貝收藏起來。拿給別人看，那人認為是一塊普通的石頭，他便把玉石給扔了。這就是不曾知道什麼是玉。所以心中有個驗證的正確標準，對實際價值的重視無論是古代的或是今天的都會相同；心中沒有一個驗證的正確標準，那麼一聽說是由來久遠的事物就會重視。這便是和氏之所以懷抱寶玉在荊山下哭得流出血來的緣故。

現在有一把劍，也許它邊鋒斷缺、劍面紋路磨滅，刃缺鋒禿，而聲稱是頃襄王的劍，貴人便會爭著佩帶它。有一張琴，也許它琴體不正，彎彎扭扭，琴底的孔穴也壞了，而聲稱是楚莊王的琴，那高明之士就會爭著來彈它。用苗山的銅鐵打的劍和白羊子刀，雖然在水上可以砍斷龍船、在地面可以割穿兕皮製的鎧甲，也沒有誰會把它們佩帶在身上；用山上桐樹做的琴，用澗邊梓樹做的琴腹，雖然聲響純正、清涼、和諧，就是師堂、伯牙那樣的大師也不會去彈它。

通人❶則不然❷。服劍者期於銛利❸，而不期於墨陽、莫邪❹；乘馬者期於千里，而不期於驊騮、綠耳❺；鼓琴者期於鳴廉脩營，而不期於濫脇、號鐘❻；誦《詩》、《書》者期於通道略物❼，而不期於〈洪範〉、〈商頌〉❽。聖人見是非，若白黑之於目辨❾，清濁❿之於耳聽，眾人⓫則不然⓬，中無主以受之。譬若遺腹子之上隴⓭，以禮哭泣之，而無所歸心⓮。

故夫孿子⓯之相似者，唯其母能知⓰之；玉石之相類者，唯良工能識之⓱；書傳之微⓲者，唯聖人能論⓳之。今取新聖人⓴書，名之孔、墨，則弟子句指而受者必眾矣㉑。故美人者非必西施之種㉒，通士㉓者不必孔、墨之類。曉然意有所通於物，故作書以喻意㉔，以為知者㉕也。誠得清明㉖之士，執玄鑑㉗於心，照物明白，不為古今易意，攄書明指以示之，雖闔棺亦不恨矣㉘。

昔晉平公㉙令官為鐘，鐘成而示師曠㉚，師曠曰：「鐘音不調㉛。」平公曰：「寡人以示工，工皆以為調，而㉜以為不調，何也？」師曠曰：「使後世無知音者則已，若有知音者，必知鐘之不調。」故師曠之欲善調鐘也，以為後之有知音㉝

者也。

【章　旨】這一章緊接上一章而來，上言一般人不能「有符於中」，「則所從來者遠而貴之」，本章則講「通人」不是這樣。通人不盲目尊古賤今，而是從實際、實用出發來對待事物的取捨進止。本章還進一步分析一般人之所以易受尊古賤今風氣的影響，常常是非不明，就因為一種事物出現，而「中無主以受之」。這裡強調「主」和上章講要「有符於中」，都是講人對事物的認識須心中有數。不然就會上當受騙或鬧笑話。據此，本章還提出，和「美人者非必西施之種」一樣，「通士者不必孔、墨之類」。說「通士」是對客觀事物有透徹的認識，所以才寫書以明事、為後世知己者而設。就像師曠調鐘之音為後世知音者而設一樣。既如此，就不能非孔、墨之書而不學。相反，人若能得一清明之士的見解、「不為古今易意」的著作來學習，便可死而無憾。

【注　釋】❶通人　學識淵博的人。❷不然　不如眾人貴遠慕聲。❸銛利　銳利。原文作「恬利」，依陶方琦校改。❹墨陽莫邪　美劍名。莫邪係干將為吳王所鑄之雌劍。墨陽為韓卒所用之劍。《戰國策・韓策》謂「韓卒之劍戟，皆出於冥山、棠谿、墨陽、合膊、鄧師、宛馮、龍淵、大阿，皆陸斷馬牛、水擊鵠鴈，當敵即斬堅」。據此，墨陽或為地名，本書原文似作「墨陽之莫邪」。❺驊騮綠耳　均為良馬名。二馬在周穆王八駿之中。驊騮，赤色駿馬，亦名棗騮。綠耳，一作「騄耳」，黑體綠耳。本書〈主術〉謂「夫華騮、綠耳，一日而至千里」。❻濫脇號鐘　皆為古琴名。齊桓公之琴。濫，通「藍」。❼略物　通達物事。舊注謂「略，達物事也」。❽洪範商頌　〈洪範〉為《尚書》篇名。傳為商末箕子所作，以此向周武王陳述天地之大法。〈商頌〉為《詩經》三頌之一，今存共五首。傳為微子後七世戴公時，大夫正考甫從周太師處得〈商頌〉十二首，歸以祀其先王（商代帝王及其先祖等）。❾辨　別。❿清濁　清，商。濁，宮。⓫眾人　一般的人。⓬然　是。⓭隴　通「壟」。墳墓。⓮無所歸心　舊注謂「目不識父之顏，心不哀也」。歸心，指從心裡思念。⓯孿子　雙生子。⓰唯其母能知　《戰國策・韓策》謂「夫孿子之相似者，唯其母知之而已」，當為本句出處。又《呂氏春秋・疑似》謂「夫人子之相似者，其母常識之」。⓱識之　舊謂「卞和是也」。⓲書傳之微　書傳，典籍；著述；傳述。微，妙。⓳論　敘。⓴新聖人　猶言今之聖人。㉑名

之孔墨二句　舊注謂「眩於孔、墨之名，而或不知其實非孔、墨所作也」。句指，謂屈指。為恭謹之狀。㉒種　種類。㉓通士　通達事理的人。《荀子·不苟》：「上則能尊君，下則能愛民，物至而應，事起而辨，若是則可謂通士矣。」㉔作書以喻意　此「意」承上句「意有所通於物」之「意」而言。舊注謂「喻，明也。作書者，以明古今傳代之事，以為知者施也」。㉕知者　知己者。㉖清明　指神志清靜明朗。㉗玄鑑　水和鏡。均為能見物像者。㉘據書明指二句　舊注謂「據，抒也。指，書也。朝聞道，夕死可矣，何恨之有乎」。據書明指，布陳書中以明其旨。恨，遺憾。㉙晉平公　晉悼公之子彪。㉚師曠　春秋晉樂師。字子野，生而目盲，善辨音。㉛調　和；和諧。㉜而　汝。㉝知音　舊注釋言師曠事「諭上句作書為知音施也」。上言師曠事文字多出自《呂氏春秋·長見》。

【語　譯】通達事理的人就不是這樣（貴遠慕名）。佩帶劍只希望那劍鋒利，而不希望一定要是墨陽、莫邪；騎馬只希望騎的馬能日行千里，不希望一定要是驊騮、綠耳；彈琴只希望那琴音聲純正、清涼、和諧，而不希望一定要是濫脇、號鐘；誦讀《詩經》、《尚書》，只希望通達各種事物的道理，而不希望一定要精通〈洪範〉、〈商頌〉。聖人觀察是和非，就像用眼睛分辨白的和黑的一樣，就像用耳傾聽清聲和濁聲一樣；一般的人就不是這樣，在接觸外物時心中沒有主見。就像遺腹子到他父親的墳前祭拜，雖然按照禮儀在那裡哭泣，可是內心卻並不感到悲哀。

所以一對雙生子形貌相像，只有他們的母親能曉得誰是老大、誰是老二；玉和石頭相像，只有高明的玉工才能分清是玉是石；典籍、傳述中的微妙之處，只有聖人能夠說得出來。現在把新「聖人」的書籍，假託為孔子、墨子的著作，那學生之中恭敬、謹慎地接受的人一定很多。所以美人不一定是西施一類的人，通達事理的人不一定就是孔子、墨子一類的人。心中對於事物的規律有明確的認識，所以就寫出書來敘說這種認識，好讓後來的知音了解。如果真能得到一位神志清靜、明朗的人，心中就像有水、有鏡一樣把外物照得明白，不因為是古代或現代的而改變看法，並把這種看法在書中陳述得清清楚楚，這樣即使死了闔上棺蓋也沒有遺憾了。

從前晉平公命令樂官鑄了一口大鐘，鐘鑄好後，平公要人敲鐘給師曠聽。師曠說：「鐘的音聲不和諧。」

平公說：「我要人擊鐘給樂工聽，樂工們都認為音聲和諧，你卻認為音聲不和諧，這是什麼原因呢？」師曠回答說：「假使後世沒有懂得音律的人那就算了，如有懂得音律的人，他一定會知道這口鐘的音聲是不和諧的。」所以師曠想要把鐘的音律調好，是他認為後世會有懂得音樂的人。

三代❶與我同行❷，五伯❸與我齊智，彼獨有聖智之實，我曾無有閭里之聞、窮巷之知者何❹？彼并身❺而立節，我誕謾❻而悠忽❼。

今夫毛嬙、西施，天下之美人，若使之銜腐鼠、蒙蝟皮❽、衣豹裘、帶❾死蛇，則布衣韋帶❿之人，過者莫不左右睥睨而掩鼻⓫。嘗試使之施芳澤、正娥眉、設笄珥⓬、衣阿錫⓭、曳齊紈⓮、粉白黛黑、佩玉環、揄步⓯、雜芷若⓰、籠蒙目⓱、冶由笑⓲、目流眺⓳、口曾撓⓴、奇牙出、靨酺㉑搖，則雖王公大人、有嚴志㉒頡頏㉓之行者，無不憛悇㉔癢心㉕而悅其色矣。今以中人㉖之才，蒙愚惑㉗之智，被汙辱㉘之行，無本業所脩、方術㉙所務，焉得無有睥睨㉚掩鼻之容哉！

今鼓舞㉛者，繞身若環㉜，曾撓摩地㉝，扶於猗那㉞，動容轉曲㉟，便娟擬神㊱，身若秋葯被風㊲，髮若結旌㊳，騁馳若鶩㊴。木熙㊵者，舉梧檟㊶，據句枉㊷，蝯自縱，好茂葉㊸，龍夭矯㊹，燕枝拘㊺，援豐條，舞扶疏㊻，龍從鳥集，搏援攫肆㊼，蔑蒙踴躍㊽。則夫㊾觀者莫不損心酸足㊿，彼乃始徐行微笑，被衣脩擢(51)。

夫鼓舞者非柔縱52，而木熙者非眇勁53，淹浸漸靡54使然也。是故生木之長55，莫見其益56，有時57而修；砥礪礛堅58，莫見其損，有時而薄。藜藋之生，蝡蝡然日加數寸59，不可以為廬棟60；楩、柟、豫章61之生也，七年而後知62，故可以為棺舟63。夫事有易成者名小，難成者功大。君子脩美64，雖未有利，福將在後至。故《詩》云：「日就月將，學有緝熙於光明。」此之謂也。

【章　旨】這一章論品行、才智的修養問題。先以「我」與三代之君、春秋五伯作比較，謂「我」無「閭里之聞、窮巷之知」而彼有「聖智之實」，原因就在於「彼并身而立節，我誕謾而悠忽」。說明人欲有「聖智」，必須嚴格要求自己，專力於「立節」。然後以毛嬙、西施「銜腐鼠」則為人所惡，而「施芳澤」則為人所喜作比，說人須有修養，而且應有好的修養，萬不可「蒙愚惑之智，被汙辱之行，無本業所脩、方術所務」。最後以「鼓舞者」並非生而「柔縱」、「木熙者」並非生而「眇勁」，乃「淹浸漸靡使然也」為例，說人的修養要長久積累，而在漸進過程中，並不一定馬上見到明顯的進步，等到一定的時候，就會功效顯著。據此，作者甚至提出：「事有易成者名小，難成者功大」。鼓勵人們修美立節，不可一日懈怠。

【注　釋】❶三代　指夏、商、周三代的聖賢之君。❷與我同行　我，我們。泛指非有「聖智之實」者。舊注則說「我，謂作書者」。同行，謂材（才）質相同。此「同行」之「行（才）」和下句中「齊智」之「智」，皆就天性言，謂人之才智受於天者等同。❸五伯　指春秋時期的五位霸主。即齊桓公、晉文公、宋襄公、楚莊王和秦穆公。❹我曾無有句　舊注謂「我則無聲名宣聞於閭里，窮巷之人無有知我之賢，何故也」。曾，則。❺彼并身　彼，指「三代」、「五伯」。并身，謂身心專一。❻誕謾　放縱；散漫。❼悠忽　輕忽；放蕩。舊注謂「誕謾倨傲，悠忽遊蕩，輕物也」。❽蝟皮　刺蝟皮。蝟皮刺毛深、硬而密集。

❾帶　腰帶。此處作動詞用。❿韋帶　平賤之人所繫的無飾皮帶。⓫過者莫不左右句　舊注謂「言雖有美姿，人惡聞其臭，故睥睨掩其鼻。孟子曰：『西子蒙不潔，則人皆掩其鼻而過之。』（見《孟子・離婁下》）是也」。睥睨，斜視。⓬笄珥　笄，此處指女子用以固定髮髻的簪子。珥，女之耳飾。即瑱。多以玉為之。⓭阿錫　阿，細穀（有縐紋的紗）。錫，同「緆」。細布。⓮紈　細絹。舊注謂「素，齊所出」。⓯揄步　舊注謂「體搖動，撓足行」。揄，引。二字中間似脫一字。⓰雜芷若　雜佩香草芷若。芷若，白芷、杜若兩香草名之合稱。原文「芷」作「芝」，依王念孫校改。⓱籠蒙目　猶言遠視。舊注謂「籠蒙，猶眇。目，視也」。眇，即眇綿、遠視。原文下有「視」字，依王念孫校刪。⓲冶由笑　舊注謂「巧笑。《詩》曰『巧笑倩兮』是也」。冶由，妖媚的神態。⓳流眺　流轉目光遠看。⓴曾撓　舊注謂「曾，則也。撓，弱也。口則弱撓，冒若將笑，故好齒出。《詩》云『齒如瓠犀』是也」。撓，啟唇欲笑的樣子。㉑靨酺　同「靨輔」。頰邊微渦，俗稱酒渦。舊注謂「頰邊文，婦女之媚也」。㉒嚴志　嚴正之志。㉓頡頏　倔強；倔傲。㉔憛悇　愛好；貪圖。舊注謂「貪欲也」。原文作「憚悇」，依莊逵吉校改。㉕癢心　即心癢。此處指為美色所動狀。舊注則謂「煩悶也」。㉖中人　平常人。㉗愚惑　愚昧昏惑。㉘汙辱　恥辱。㉙方術　道術。此處指各行各業的技術。㉚睥睨　原文作「睥面」，依劉家立、楊樹達校改。案：本章前幅本於賈誼《新書・勸學》所言「謂門人學者：舜，何人也？我，何人也？夫啟耳目、載心意，從立移徙，與我同性。而舜獨有賢聖之名，明君子之實，而我曾無鄰里之聞、寬徇之智者，獨何與？然則舜僶俛而加志，我儃僈而弗省耳。夫以西施之美而蒙不潔，則過之者莫不睨而掩鼻。嘗試傅白黛黑榆鋏陂襍，……視益口笑、佳態佻志、從容為說焉，則雖王公大人，孰能無憛悇養心而巔一視之。今以二三子才而蒙愚惑之智，予恐過之有掩鼻之容也」。㉛鼓舞　合樂而舞。舊注謂「或作『鄭舞』，鄭者鄭袖，楚懷王之幸姬，善歌攻舞，因名鄭舞。一說：鄭重攻舞也」。㉜繞身若環　舊注謂「如車輪倒也」。㉝曾撓摩地　曲屈近地。指舞姿言。㉞扶於猗那　扶於，周旋。原文作「扶旋」，依王念孫校改。猗那，柔美；盛美。二者皆寫舞姿。㉟動容轉曲　謂一曲完畢又改變容色換跳一曲。轉，更易。㊱便娟擬神　謂舞姿美好如神。便娟，美好的樣子。原文作「便嬪（媚）」，依王念孫校改。擬，像。㊲秋葯被風　舊注謂「（秋）葯，白芷，香草也。被風，言其弱也」。被風，指為風所吹。㊳結旌　收斂旌旗。舊注謂「屈而復舒也」。㊴騁馳若騖　舊注謂「言其疾也」。騖，原文作「鶩」，依王念孫校改。㊵木熙　緣木為戲。古代雜技之一。熙，遊戲。㊶舉梧檟　舉，援也。梧，桐。檟，梓。皆大木也。㊷據句枉　憑藉彎樹枝兒。舊注謂「句枉，曲枝也」。㊸蝯自縱二句　舊注謂「言舞者若猿，不復踐地，好上茂木之枝葉」。㊹龍夭矯　舊注謂「言纘蘊若蟠龍」。夭矯，屈伸自如，縱姿之狀。㊺燕枝拘　舊注謂「言其著樹，如燕附枝也」。㊻援豐條二句　舊注謂「援，持也。持大條（豐條），以木舞。扶

疏，槃跚貌」。槃跚，即盤跚。婆娑，分散之狀。㊼龍從鳥集二句　舊注謂「言其舞體如龍附雲，如鳥集山，持捷大極其巧」。㊽搏，用手指抓取。援，用手拿。攫，用手迅速抓取。肆，盡；極。㊽蔑蒙踴躍　言其疾也。蔑蒙，形容快速。㊾則夫　原文作「且夫」，依王念孫校改。王氏謂「『則夫』二字承上『今鼓舞者』以下二十一句而言。上文云『則布衣韋帶之人，莫不左右睥睨而掩鼻』，又云『則雖王公大人、有嚴志頡頏之行者，無不憚悇癢心而悅其色矣』，語意並與此同」。㊿損心酸足　寫觀者睹木熙之感受。舊注謂「觀者見其微妙危險，皆為之損動中心、酸酢其足也」。(51)彼乃始徐行二句　舊注謂「彼舞者更復徐行小笑，被倡衣，脩擢舞，為後曲也」。倡衣，猶言舞衣。脩擢，謂練習舞羽。擢，亦作「翿」、「掉」、「翟」。皆指舞羽（樹雉尾於竿，執而舞之）。(52)非柔縱　舊注謂「言非其人生自柔弱屈句委縱也」。(53)非眇勁　言其非能自有輕捷強勁之功。眇，同「訬」。輕利急疾。吳承仕謂「文言眇勁者，謂其強力聯綿不絕耳」，訓「眇」通「綿」，亦為一解。(54)淹浸漸靡　謂久經磨煉，逐漸接近現有水準。舊注謂「淹，久也。浸，漬。漸於教久，使之柔縱、眇勁，靡教化使之然也」。原文「淹浸」下有「漬」字，依王念孫校刪。靡，通「摩」。接近。(55)生木之長　指樹木生長。(56)益　加。指長高。(57)有時　舊注謂「積時，言非一日。教化亦然也」。下「有時」亦言積時。(58)礛堅　以堅固之物磨之。礛，「磨」的本字。(59)藜藋之生二句　王念孫謂「藜藋皆生於不治之地，其高過人，故曰蝡蝡然日加數寸」。藜，為紅心灰藋。藋，灰藋。又名蔏藋，草名。原文作「藜藿」，依王氏校改。蝡蝡，蟲爬行之狀。此處形容藜藋緩緩上長之狀。加，猶益也。(60)廬棟　屋之正梁。廬，田中屋，即屋。原文作「櫨」，依王念孫校改。(61)楩柟豫章　三樹名。楩，即黃楩木。柟，即楠木。豫章，樟類樹木，長得高大。(62)知　舊注謂「猶覺，覺其大」。(63)棺舟　棺木和船。(64)脩美　猶言積善。舊注謂「美，善也」。

【語譯】三代聖君和我有相同的才能，春秋五位霸主和我有同等的智慧，可是他們偏偏有顯出賢能智慧的行為，我卻沒有被鄉里之人所稱讚的名聲、沒有被陋巷之人所知道的德行，這是什麼原因呢？是因為他們身心專一地建立名節，我卻放縱、散漫、輕忽、遊蕩。

現在都認為毛嬙、西施是天下的美人，如果使她們口裡含著腐爛的老鼠、頭上蒙著刺蝟皮、穿著豹皮製的衣服、繫著死蛇作腰帶，那麼就是穿著布衣、繫著皮帶的普通百姓，從她們旁邊經過時，沒有誰不左右斜視而用手捂住鼻子的。試一試讓她們抹點香油、畫正娥眉、插上髮簪、戴上玉珥、穿上細縠、細布縫製的衣服、拖著用齊地出產的細絹做的長帶、抹上白色的粉、描上黑色的黛、佩帶玉環、搖動身軀細步緩行、身上雜佩白芷、杜若、遠望巧笑、目光流轉遠看、啟唇欲笑、露出一口美牙、一對酒渦突現出來，即使是王公大人、是有嚴正之志、倔強行為的人，沒有誰不產生貪欲、心中發癢而愛上她們的美色的。現在憑著普通人的才能、蒙受的是愚昧、昏惑的智慧、有著使人感到恥辱的品行、沒有所修治的本業、沒有所從事的技術，怎麼能不使人有斜眼相視、掩鼻而過的容顏呢！

現在合樂舞蹈的人，身子繞轉就像一個圓環一樣，曲屈近地，周旋柔美，一曲舞罷，又改變儀容再舞一曲。體態美好得好像神仙，身子柔弱如同風中的秋葯，頭髮好像收攏了的旌旗，屈而復舒，縱體馳騁如同受到驚駭一般。爬上木竿玩雜技的人，拿來梧桐和梓木，藉著彎彎的樹枝，就像猿那樣縱身一躍，喜歡攀上茂密的枝葉中，縱身如同龍行屈伸自如，貼在樹上就像燕子附在枝上一樣，手拿一根粗樹枝，盤旋而舞，他的舞姿如龍附雲、如鳥集山，或搏或援或攫，極盡其巧，踴躍奮起，動作迅疾。於是觀看的人沒有誰不為他損動其心、酸酢其足，這樣他才微微露出笑容慢慢走來，穿上舞衣練習羽舞。

合樂舞蹈的人並不是生來就能那樣舞姿柔美而跳得縱放自如，而爬上木竿玩雜技的人也不是生來就能那樣動作輕快有力，是經過長久磨煉逐漸接近最高境界而使他們這樣的。因此樹木生長，沒有誰能看見它伸長，但長到一定的時候樹就高了；磨刀石磨堅固的東西，沒有誰能一下子就看見磨刀石有損失，但磨到一定的時候磨刀石就變薄了。藜和藿生長時，就像蟲子蠕動一樣緩緩地上冒，一天要長出好幾寸，但是不能把它們拿來做屋的正梁；黃楩木、楠木和豫章生長得慢，七年後才會覺得它們長大了，所以這些樹木可以拿來做棺材和船。事情容易成功的名聲小，難以成功而做成了的往往功業就大。君子積累善行，雖然當時沒有好處，幸福將在以後到來。所以《詩經》中說：「日有所得，月有所進，逐漸積累、不斷學習就會無比光明。」說的就是這個道理。

卷二〇

泰族

【題解】許慎解釋本篇篇名，謂「泰言古今之道，萬物之指，族於一理，明其所謂也，故曰泰族」。曾國藩說：「族，聚也，群道眾妙之所聚萃也。泰族者，聚而又聚者也。」有人說本書一篇為一類，此篇為二十類中最大的一類，是對全書的總結，而且是以儒家思想對全書作總結。筆者以為，本篇儒家觀念突出是明顯的，然其所言，仍為二十類中之一類，或謂二十類中之一大類。其內容主要是以儒家的仁政思想作指導，談君主的修養、治政之術。

天設日月、列星辰、調陰陽、張❶四時。日以暴❷之，夜以息之，風以乾之，雨露以濡❸之。其生物也，莫見其所養而物長；其殺物也，莫見其所喪而物亡。此之謂神明。聖人象❹之。故其起❺福也，不見其所由❻而福起；其除禍也，不見其所以❼而禍除。遠之則邇，延❽之則疏；稽❾之弗得，察之不虛；日計無算❿，歲計有餘。

夫溼之至也，莫見其形，而炭已重⑪矣。風之至也，莫見其象，而木已動矣。日之行也，不見其移。騏驥倍日⑫而馳，草木為之靡；縣熢⑬未轉，而日在其前。故天之且⑭風，草木未動而鳥已翔⑮矣；其且雨也，陰曀⑯未集而魚已噞⑰矣，以陰陽之氣相動也。故寒暑燥溼，以類相從；聲響疾徐，以音相應也⑱。故《易》曰：「鳴鶴在陰，其子和之⑲。」

高宗⑳諒闇㉑，三年不言，四海之內，寂然無聲；一言聲然㉒，大動天下。是以天心㉓呿唫㉔者也。故一動其本而百枝皆應，若春雨之灌㉕萬物也，渾然㉖而流，沛然㉗而施，無地而不澍㉘，無物而不生。故聖人者，懷天心，聲然能㉙動化天下者也。故精誠感於內，形氣動於天，則景星㉚見，黃龍㉛下，祥鳳至，醴泉㉜出，嘉穀生，河不滿溢，海不溶波㉝。故《詩》云：「懷柔百神，及河嶠嶽㉞。」逆天暴物㉟，則日月薄蝕㊱，五星㊲失行，四時干乖㊳，晝冥宵光㊴，山崩川涸，冬雷夏霜。《詩》曰：「正月繁霜，我心憂傷㊵。」天之與人，有以相通也。故國危亡而天文㊶變，世惑亂㊷而虹蜺見，萬物有以相連，精祲㊸有以相蕩也。故神明之事，不可以智巧為也，不可以筋力致也。

【章旨】這一章一由天之「生物也，莫見其所養而物長；其殺物也，莫見其所喪而物亡」這種「神明」之功，說到聖人的法天道，「其起福也，不見其所由而福起；其除禍也，不見其所以而禍除」。實際上講的是天道的無為而無不為和聖人法天的無為而無不為。二是以「陰陽之氣相動」來解釋自然界無為而無不為的現象。諸如「溼之至也，莫見其形，而炭已重矣」、「天之且風，草木未動而鳥已翔矣」等。而在具體說明時則引用了《易傳・文言》中「同聲相應，同氣相求；水流溼，火就燥」的說法。三就殷高宗「諒闇，三年不言，四海之內，寂然無聲；一言聲然，大動天下」之事加以議論，說「天心呿唫（口之開閉，微動狀）」，「一動其本而百枝皆應」。說「聖人者，懷天心，聲然能（同『而』）動化天下者也」。說「天之與人，有以相通」，而人「精誠感於內，形氣動於天」，「國危亡而天文變，世惑亂而虹蜺見」。說「神明之事，不可以智巧為也，不可以筋力致也」。其說雖多，總不離法天道而得其「神明」之大義。

本章大義本於《文子・精誠》。

【注釋】❶張　設立。❷暴　曬。❸濡　浸；滋潤。❹象　法；效法。❺起　造；創造。❻所由　所經由的道路。❼所以　意如所由。由、以一聲之轉，義同，皆可訓為自、從。《論語・為政》「視其所以，觀其所由」。一說「以」猶「為」，亦通。❽延　引進。表示親近。❾稽　稽察；考覈。❿無算　少；少得無法計算。⓫重　炭因吸水氣而重。⓬倍日　一天趕兩天的路程。⓭縣燧　猶言舉燧。燧為古代邊防報警用的煙火。白天放煙稱燧，夜間舉火稱燧。《史記・魏公子列傳》「公子與魏王博，而北境傳舉烽」，《集解》引文穎謂「作高木櫓，櫓上作桔槔，桔槔頭兜零，以薪置其中，謂之烽。常低之，有寇即火然舉之以相告」。一處燧縣，另一處見之亦即刻燃其燧。⓮且　將。⓯鳥已翔　舊注謂「鳥巢居，知風也」。⓰陰曀　陰沉；昏闇。⓱魚已噞　舊注謂「魚潛居，知雨也」。噞，魚在水面張口呼吸。⓲故寒暑燥溼四句　出自《周易・乾・文言》「同聲相應，同氣相求；水流溼，火就燥；雲從龍，風從虎；聖人作而萬物睹，本乎天者親上，本乎地者親下，則各從其類也」。⓳鳴鶴在陰二句　出自《周易・中孚》九二爻辭。陰，同「蔭」。子，指雌鶴。⓴高宗　指殷高宗武丁。武丁為盤庚弟小乙之子，嘗用傅說為相，使殷商得以中興。㉑諒闇　居喪之所。即凶廬。一作「亮陰」、「梁闇」、「涼陰」。《禮記・喪服四制》謂「高宗諒闇，三年不言」，注謂「闇，謂廬也」。㉒一言聲然　馬宗霍謂聲有震義，「《說文》『聲』雖訓『音』，而如『聲威』、『聲勢」之「聲」，莫不涵震驚之意」。「『一言聲然』，猶言『一言震然』。震則動，故下文云『大動天下』，又云『聲然能動化天下者也』」。蔣禮鴻則謂「聲然之聲即《孟子》『仁言不如仁聲入人之深』之『聲』，言其感應之速如聲出響隨也」。㉓天心　天帝之心。㉔呿唫　呿，張口。唫，閉口。或謂指呼吸之微動。㉕灌　澆。㉖渾然　水勢盛大的樣子。㉗沛然　充盛的樣子。㉘澍　潤澤。㉙能　猶「而」。㉚景星　瑞星；德星。實為雜星名。《史記・天官書》謂「天精而見景星。景星者，德星也。其狀無常，常出於有道之國」。㉛黃龍　祥瑞之龍。傳說黃龍負圖授黃帝。㉜醴泉　甘美的泉水。㉝海不溶波　馬宗霍謂「猶言海波不盛也」。溶，盛大。楊樹達謂「《說文・水部》云：『溶，水盛也。』溶疑當讀為涌」。㉞懷柔百神二句　見《詩經・周頌・時邁》。懷柔，招徠安撫。嶠嶽，高山。㉟暴物　殘害萬物。㊱薄蝕　日月相掩食。㊲五星　金（太白）、木（歲星）、水（辰星）、火（熒惑）、土（鎮星）五大行星。㊳四時干乖　謂四季更替違反春夏秋冬的順序。干乖，違反；違背。㊴宵光　指夜晚一片光明。㊵正月繁霜二句　出自《詩經・小雅・正月》。正月，指夏曆四月。㊶天文　日月星辰等天體在宇宙間分布、運行的現象。也指風、雲、雨、露、霜、雪等地文現象。㊷惑亂　迷亂。或謂迷惑、蠱惑。㊸精祲　侵入之陰氣陽氣。《漢書・匡衡傳》注「精祲有以相盪」曰：「李奇曰：祲，氣也。師古曰：祲，謂陰陽氣相浸漸以成災祥者也。」

【語　譯】上天陳設日月、羅列星辰、調和陰陽、設置四季。白天太陽曬萬物，夜晚使萬物休息，用風來使萬物乾燥，用雨露來滋潤萬物。它使萬物生長，沒有誰見到它在養育萬物而萬物卻生長了；它殺死萬物，沒有誰見到它使萬物死亡而萬物已經死亡了。這就叫做「神明」。聖人效法上天的這種「神明」。所以他要創造幸福，沒有見到他創造幸福的做法，幸福就創造出來了；他要消除禍患，沒有見到他消除禍患的做法禍患就被除掉了。遠離禍福而它卻和你靠得很近，親近它而它卻和你疏遠得很；考察它在那兒卻找不到它，仔細觀察卻又不是虛空的；每一天計算它，則會少得無法計算，按一年來計算又豐裕有餘。

溼氣出現時，還沒有看見它的形跡，可是炭已經變重了。風出現時，還沒有看見它的相貌，可是樹木已經動起來了。太陽運行時，看不見它在移動。千里馬一天趕兩天的路程，草木都被牠踩倒了。這一座烽火臺燃起烽火所發出的警報還未轉到下一座烽火臺，而太陽已經運行到了它的前面。所以天上將要刮風，草木還未搖動而鳥已飛走了；天上將要下雨，陰沉、昏闇的雲還未聚攏而魚已經把頭伸出水面來吸氣了，這都是陰陽二氣相互感動所造成的。所以寒冷、暑熱、乾燥、潮溼，因為是同一類而相互跟從，回聲的快慢是和所發聲音的快慢相互呼應的。所以《周易》中說：「鶴在有蔭的枝頭鳴叫，和牠成對的雌鶴就發出叫聲和牠應和。」

殷高宗居喪住在凶廬中，三年不說話，四海之內，靜靜的沒有聲音；他說一句話便使人感到震驚，天下的人為之大動。這是用天帝的心使他的嘴巴開閉所造成的。所以一搖動樹木的根本而所有的樹枝都會跟著動搖，就像春雨澆灌萬物一樣，水在地上滾滾地流，源源不斷地灌溉，沒有哪一塊土地未被浸溼，沒有哪一種植物不生長的。所以聖人，懷有天帝之心，發出令人震驚的聲音就能震動、教化天下的人民。所以一個人的精誠之氣在內心一動，形體之氣就會在天上活動，那就會有景星顯現、黃龍下降、吉祥的鳳凰飛來、甘美的泉水湧出、五穀生長、黃河的水不會漫溢出來，海水也沒有很大的波浪。所以《詩經》中說：「安撫百神，和黃河、高山的神靈。」如果違背天道、殘害萬物，那就會日月相互掩食、五星就會不按正常的軌道運行，四季更替的秩序就會被打亂，會白天黑暗、夜晚一片光明，高山會崩塌、河水會乾枯，冬天會打雷、夏天會結霜。就像《詩經》上說的：「正月多霜，我心中為之憂傷。」這說明天和人，是存在著相互通連的關係的。所以國家危亡而天體的布列、運行就會違反常規，世道迷惑、昏亂，天空就會出現虹蜺，萬物之間有相互連通之處、侵入物身的陰陽之氣有著相互激盪的關係。所以像上天生物那樣的神明之事，是不能用智謀和巧詐手段來做的，也不是靠體力能做好的。

天地所包、陰陽所嘔❶、雨露所濡，以生❷萬殊❸。翡翠玳瑁❹，瑤碧❺玉珠，文彩明朗，潤澤若濡，摩而不玩❻，久而不渝❼。奚仲不能旅❽，魯般不能造。此之謂大巧。

宋人有以象❾為其君為楮❿葉者，三年而成，莖柯⓫豪芒⓬，鋒殺⓭顏澤⓮，亂⓯

之楮葉之中而不可知⑯也。列子曰：「使天地三年而成一葉，則萬物之有葉者寡矣。夫天地之施化也，嘔之而生，吹之而落，豈此契契⑰哉！」故凡可度⑱者，小也；可數者，少也。至大，非度之所能及也；至眾，非數之所能領⑲也。故九州不可頃畝⑳也，八極㉑不可道里㉒也，太山不可丈尺也，江海不可斗斛也。故大人者，與天地合德，與日月合明，與鬼神合靈，與四時合信㉓。故聖人懷天氣㉔，抱天心，執中含和㉕，不下廟堂而衍四海㉖，變習易俗，民化而遷善，若性諸己，能以神化也㉗。《詩》云：「神之聽之，終和且平㉘。」夫鬼神視之無形，聽之無聲，然而郊天㉙、望㉚山川、禱祠㉛而求福、雩兌㉜而請雨、卜筮而決事。《詩》云：「神之格思，不可度思，矧可射思㉝！」此之謂也。

【章　旨】這一章先說天地生物之「大巧」，再說宋人用象牙刻楮葉之小巧。然後通過小大特點之比較，說「至大」、「至眾」之不可量數。進而講大人如何達到「至大」、「至眾」的境界，聖人如何方「能以神化」其民。所謂「故大人者，與天地合德，與日月合明，與鬼神合靈，與四時合信。故聖人懷天氣，抱天心，執中含和，不下廟堂而衍四海，變習易俗，民化而遷善」。簡言之就是法天體道，方能神化其民。而神化的作用點又在於「變習易俗」使民「遷善」。本章要義亦見於《文子・精誠》。

【注　釋】❶嘔　通「欨」。噓氣；吹。❷以生　原文作「化生」，依王念孫校改。❸萬殊　萬般不同；多式多樣。原文作「萬物」，依王念孫校改。❹翡翠玳瑁　翡翠，鳥名。羽毛華美，雄赤稱翡，雌青稱翠。玳瑁，動物名。形狀似龜，甲片可作飾品。

原文此四字在「瑤碧玉珠」之後，依王念孫校改。❺瑤碧　玉名。《山海經・西山經》謂章娥之山「無草木，多瑤碧」。❻摩而不玩　馬宗霍謂「承瑤碧玉珠翡翠玳瑁言之，謂諸物皆天地所生，色澤文彩，成之自然，雖摩弄之而不缺損也。與下句『久而不渝』意正相儷」。摩，撫摸玩賞。或謂摩弄。玩，通「刓」。剸；細割。引申為缺、損。❼渝　變更；改變。❽旅　傳。馬宗霍謂「『旅』蓋『臚』之借字，『臚』、『旅』聲相近。《儀禮・士冠禮》『旅佔』，鄭玄注云：『古文旅作臚。』」「《國語・晉語》『風聽臚言於市』，韋昭注云：『臚，傳也。』」「本文『旅』字亦當以『傳』為義。下文云『此之謂大巧』，然則『奚仲不能旅』者，謂天地化生之巧，雖奚仲不能傳之也」。❾象　象牙。❿楮　樹名。即構樹。其葉似桑而大、厚。⓫柯　樹枝。楮樹葉片及枝上均有白色絨毛。⓬豪芒　當指絨毛而言。⓭鋒殺　即豐殺、增減。鋒，通「豐」。⓮顏澤　顏色；光澤。⓯亂混雜。⓰知　別；辨別。⓱契契　憂苦之狀；勤苦之狀。馬宗霍謂「《詩・小雅・大東》『契契寤歎』即本文『契契』所出。《毛傳》云：『契契，憂苦也。』本文承上為楮葉之人言，則契契有鍥而不捨之意。夫三年而成一葉，勤亦至矣。故此之『契契』為勤苦之貌，言天地施化，純任自然，必不若是也」。宋人為楮葉事見於《韓非子・喻老》。⓲度　量；計算。⓳領　統領；理治。指數清。⓴頃畝　頃和畝均為土地面積單位，句中作動詞用。或謂頃畝指百畝。㉑八極　八方極遠之處。本書〈墬形〉謂「八紘之外，乃有八極」。㉒道里　道程；旅程。㉓故大人者五句　出自《易・乾・文言》。大人，德行高尚之人。《荀子・解蔽》謂「明參日月，大滿八極，夫是之謂大人」。文中兩「與」字，原文皆無，均依王念孫校補。信，守信。㉔天氣　天上天之氣。㉕執中含和　謂能堅持中正和平。《禮記・中庸》「喜怒哀樂之未發謂之中，發而皆中節謂之和，……致中和，天地位焉，萬物育焉」。㉖衍四海　謂行於天下。《文子・精誠》作「行於四海」。衍，流衍；傳布。有推行義。㉗民化而遷善句　謂化民而使之改惡從善如同化己之性，能以神明化人，似與《孟子・盡心上》所謂「霸者之民驩虞如也，王者之民皞皞如也。殺之而不怨，利之而不庸，民日遷善而不知為之者。夫君子所過者化、所存者神，上下與天地同流，豈曰小補之哉」義近。遷善，改惡從善。性諸己，性之於己。㉘神之聽之二句　出自《詩經・小雅・伐木》。〈伐木〉是歌唱友情的樂歌。前寫鳥鳴嚶嚶以求其友，繼言「相彼鳥矣，猶求友聲。矧伊人矣，不求友生？神之聽之，終和且平」。朱熹謂「人能篤朋友之好，則神之聽之、終和且平矣」。注家多釋「神」為神明（神祇），釋「聽之」謂聽說人重友情。馬瑞辰釋「神」為慎，警誡之義。釋「聽」為從，聽從，謂聽從求友之道。終，既。譯從眾說。㉙郊天　即祭天。帝王在每年冬至到南郊祭天，祀上帝諸神。㉚望　古代祭祀山川的專稱。遙望而祭。㉛禱祠　求福為禱，得福報賽（舉祭以答謝神之庇蔭）為祠。古人禱既則祠之以報。㉜雩兌　祭祀旱神使其愉悅。雩，雩祭。即祈雨之祭祀。兌，通「悅」。媚。《周禮・春官・大祝》：「掌六祈以同鬼神示：

一曰類，二曰造，三曰禬，四曰禜，五曰攻，六曰說。」㉝神之格思三句　出自《詩經・大雅・抑》。格，至。思，語助詞。下二句「思」同。矧，況且。射，通「斁」。討厭。

【語譯】為天地所包容、陰陽所噓吹、雨露所滋潤，而產生了各式各樣的東西。像翡翠和玳瑁，像瑤碧和玉珠，它們都是色彩豔麗明朗，潤澤如同浸了水一般，撫摸玩賞而不會缺損，時間長久也不會變質。天地這種生物的技能，即使是奚仲也不能傳授給人，魯般也製造不出來。這就叫做大巧。

宋國有一個為國君把象牙刻成楮木樹葉的人，花了三年把楮葉刻成了，連枝莖和莖葉上的纖細絨毛都刻出來了，顏色、光澤增減適當，把它混雜到真正的楮葉中也不能辨別出來。列子聽到這事後說：「假使讓天地三年生出一片葉子，那麼萬物中長有葉子的就很少了。天地在化育萬物時，噓一口氣就生出它們，吹一口氣它們就衰落了，哪裡像這樣辛勤、勞苦呢！」所以凡是可以度量的，都是小的；凡是可以數得出來的，都是少的。最大，不是度量所能量得盡的；最多，不是用數字能數得清的。所以九州不能用頃、用畝做單位來測量，八方極遠處的距離不能用道路的里程來計量，泰山的高度不能用丈、尺做單位來測量，長江、大海的水不能用斗和斛來量。所以德行高尚的人，他的德和天地相合，他的光明和日月相合，他和鬼神一樣靈驗，他和四季按時到來一樣守信。所以聖人懷抱天之氣，擁有天之心，堅持做到中正和平，不必走出朝廷而能令行全國，使習俗改變，人民改惡而從善，就像改變自己的特性一樣，能夠用神明之巧來使他們變化。《詩經》中說：「天神聽說人們友愛，就會使人們過得平平和和。」鬼神，看則沒有形體；聽則沒有聲音，但是人們要在南郊祭天、要祭祀山川、要用祈禱、還報福蔭等活動來求福，用取悅鬼神的方法來求雨，用占卜來決定事情的吉凶。《詩經》中說：「神的到來，不可揣測，怎麼能厭棄不信呢！」就是說的這個意思。

天致其高，地致其厚，月照其夜，日照其晝，列星朗❶，陰陽化，非有為焉，正❷其道而物自然❸。故陰陽四時，非生萬物也；雨露時降，非養草木也；神明接，陰陽和，而萬物生矣。故高山深林，非為虎豹也；大木茂枝，非為飛鳥也；源流❹千里，深淵❺百仞，非為龍蛟❻也。致其高崇❼，成其廣大，山居木棲，巢跂❽穴藏，水潛陸行，各得其所寧焉。

夫大生小，多生少，天之道也。故丘阜不能生雲雨，滎水❾不能生魚鼈者，小也。牛馬之氣❿蒸生蟣蝨，蟣蝨之氣蒸不能生牛馬。故化生於外，非生於內也。

夫蛟龍伏寢於淵，而卵剖於陵⓫；螣蛇⓬雄鳴於上風，雌鳴於下風而化成形，精之至也。故善人養心，莫善於誠，至誠而能動化矣。今夫道者，藏精於內，棲神於心，靜漠恬淡，說⓭繆⓮胸中，邪氣無所留滯，四枝⓯節族⓰，毛蒸理泄⓱，則機樞⓲調利⓳，百脈九竅，莫不順比⓴，其所居神者得其位也，豈節拊㉑而毛修㉒之哉！

聖主在上，廓然㉓無形，寂然無聲，官府若無事，朝廷若無人，無隱士，無軼民㉔，無勞役，無冤刑，四海之內莫不仰上之德，象㉕主之指㉖，夷狄之國重譯而至㉗，非戶辯㉘而家說㉙之也，推其誠心，施之天下而已矣。《詩》曰：「惠此中國，以綏四方㉚。」內順而外寧矣。太王亶父㉛處㉜邠㉝，狄人攻之，杖策而去，百姓攜幼扶老，負釜甑，踰梁山㉞，而國乎岐周㉟，非令之所能召也。泰穆公為野人㊱食駿馬肉之傷㊲也，飲之美酒；韓之戰，以其死力報，非券㊳之所能㊴責㊵也。密子治亶父㊶，巫馬期㊷往觀化焉，見夜漁者得小即釋之，非刑之所能禁㊸也。孔子為魯司寇，道不拾遺，市㊹不豫賈㊺，田漁皆讓長㊻，而斑白㊼不戴負㊽，非法之所能致也。夫矢之所以射遠貫牢㊾者，弩力也；其所以中的㊿剖微者，人心(51)也。賞善罰暴者，政令也；其所以能行者，精誠也。故弩雖強不能獨中，令雖明不能獨行，必有精誠(52)所以與之施道。故攄道(53)以被民(54)，而民弗從者，誠心弗施也。

【章　旨】這一章先講天地萬物的無為而有為。說「天致其高，地致其厚」以至「陰陽化」等，都不是「有為」，只是「道」得其正而眾物自然而成。陰陽四時並非有意生萬物，雨露時降亦非有意滋養草木，而是「神明接，陰陽和，而萬物生矣」。萬物原本在無為中生成。山林、源流的自然存在，卻使得「山居木棲，巢技穴藏，水潛陸行，各得其所寧焉」。繼而舉例說到「大生小，多生少」乃「天之道」。本章的重點是講聖主欲無為而有為，須有精誠之心，而以精誠之心施於天下方能成其事。作者以蛟龍伏於淵而卵剖之於陵、螣蛇雄鳴於上風、雌鳴於下風而化成形，乃「精之至」為例，提出「善人養心，莫善於誠，至誠而能動化」。而有至誠之心是得「道」的表現。「今夫道者，藏精於內，棲神於心，靜漠恬淡，說繆胸中，邪氣無所留滯，……其所居神者得其位也」。這種靜漠恬淡之心是滌蕩「邪氣」之後的境界，因此才算得至精至誠之心。聖主要無為而治，僅有精誠之心還不夠，尚要推其誠心而施之天下。故文中言：「聖主在上，廓然無形，寂然無聲，官府若無事，朝廷若無人，無隱士，無軼民，無勞役，無冤刑，四海之內莫不仰上之德，象主之指，夷狄之國重譯而至，非戶辯而家說之也，推其誠心，施之天下而已矣」。下說太王亶父、秦穆公、密子及孔子四事，都是為了說明心懷精誠而施以至誠之心的重要。所謂「所以射遠貫牢者，弩力也；其所以中的剖微者，人心也。賞善罰暴者，政令也；其所以能行者，精誠也。故弩雖強不能獨中，令雖明不能獨行，必有精誠所以與之施道。故攄道以被民，而民弗從者，誠心弗施也」。

【注　釋】❶列星朗　原文在「陰陽化」之後，依王念孫校改。列星，羅列天空、定時出現的恆星。《荀子・天論》「列星隨旋」，注謂「列星有列位者，二十八宿也」。王氏謂「自『天致其高』至『列星朗』，是說天地日月星，而『陰陽化』一句則總承上文言之」。又「列星朗」下原文無「非有為焉」四字，依王念孫校補。❷正　原文作「非」，依王念孫校改。❸然　意為「成」。❹源流　原文作「流源」，依王念孫校改。❺深淵　原文作「淵深」，依王念孫校改。❻龍蛟　原文作「蛟龍」，依楊樹達校改。❼高崇　崇高。崇，高。❽豉　載；戴；高置立。❾滎水　小水。《說文・水部》：「滎，絕小水也。」又《韓詩外傳》曰：「滎澤之水，無吞舟之魚。」❿牛馬之氣　牛馬所含之氣。⓫夫蛟龍伏寢於淵二句　舊注謂「蛟龍，鼈屬也。乳於陵而伏於淵，其卵自孕」。剖，謂破卵而出。原文作「割」，依王念孫校改。⓬螣蛇　神蛇。《荀子・勸學》謂「螣蛇無足而飛」。又傳云其能興雲霧而游其中。⓭說　同「悅」。原文作「訟（高誘訓為容）」，依王引之校改。⓮繆　同「穆」。和；悅。王引之謂「說繆胸中者，所謂『不改其樂』也」。⓯四枝　即四肢。⓰節族　節為骨節，族為骨肉交錯聚結的部位。族，同「腠」。⓱毛蒸理泄　謂毛孔、皮膚紋理有所蒸發。或謂理即腠理。⓲機樞　機關、樞紐。比喻人體的關鍵部位。⓳調利　調和順利。⓴順比　順合之意，不拂逆。㉑節拊　指骨節依附於肉。拊，通「附」。㉒毛修　指膚毛安好。㉓廓然　空虛的樣子。㉔軼民　即佚民、逸民。遁世隱居的人。㉕象　法；照著執行。㉖指　通「恉」。意旨。㉗夷狄之國句　謂夷狄之國的人通過輾轉翻譯來到國內。重譯，輾轉翻譯。因道路遙遠，經歷多國，語言風俗不同，故需輾轉相譯而後通曉。㉘辯　申辯；解說。㉙說　勸說；說服。㉚惠此中國二句　出自《詩經・大雅・民勞》。惠，惠愛。中國，指西周王朝直接統治的區域，即王畿。綏，安。四方，指四方各諸侯國。㉛太王亶父　指周族領袖、周人所追尊之太公王古公亶父。㉜處　居住。㉝邠　本作「豳」。古國名，周先人公劉所建，故地在今陝西省彬縣。㉞梁山　在今陝西省乾縣西北。㉟岐周　西周。古公亶父自邠遷於岐山（今陝西省岐山縣東北）建邑，西周始於岐山，故稱西周為岐周。文中所述之事已見〈道應〉、〈詮言〉。㊱野人　農民。㊲傷　謂恐傷農夫。所述之事已見〈氾論〉。㊳券　契約。㊴能　原文無此字，依王念孫校補。㊵責　要求。㊶密子治亶父　密子，當作「宓子」。《韓非子・外儲說左上》謂「宓子賤治單父」。宓子賤，即孔子弟子宓不齊。亶父，即單父。地名，春秋魯邑，故城在今山東省單縣南。亶、單音同通假。㊷巫馬期　字子期，孔子弟子。陳奇猷據《呂氏春秋・察賢》謂「巫馬旗（期）亦治亶父，然則此所謂巫馬旗往觀化於亶父者，蓋欲接任亶父之政歟」（《呂氏春秋・具備》校釋）。㊸禁　指禁止捕小魚。上述宓子事已見〈道應〉。㊹市　原文下有「買」字，依王念孫校刪。㊺豫賈　出高價，或漫天要價。賈，古之「價」字。《荀子・儒效》謂「仲尼將為司寇，沈猶氏不敢朝飲其羊，公慎氏出其妻，慎潰氏踰境而徙，魯之粥（鬻）牛馬者不豫賈，必蚤正以待之也」。㊻讓長　讓與長者。舊注謂「（分別）長者得多」。㊼辨白　舊注謂「頭有白髮」。辨，「斑」之本字。駁文。㊽戴負　即頭頂背負。㊾射遠貫牢　射穿遠處的牢固物品。㊿中的　射中目標。(51)人心　原文作「正心」，依王念孫校改。(52)有精誠　有，原文作「自」，依劉文典校改。精誠，真誠；至誠。《莊子・漁父》謂「真者，精誠之至也，不精不誠，不能動人」。本書原文作「精氣」，依徐復觀校改（見其《兩漢思想史》）。(53)攄道　布道；行道。攄，散布；抒發。(54)被民　加於民。

【語　譯】天極盡其高，地極盡其厚，月亮照耀著夜晚，太陽照耀著白天，恆星明朗，陰陽變化，都不是要有所作為，而是它們的活動規律正確而自然形成的。所以陰陽二氣和春夏秋冬四時的出現，並不是要產生萬物；雨露按時降臨，並不是為了滋養草木；神明相接，陰陽二氣合和，而萬物便產生了。所以高山深林，並不是為了虎豹而存在的；大樹、茂密的枝葉，並不是為了飛鳥而長出來的；源泉之水流行千里，深淵深達百仞，並不是為了滿足蛟龍的需要。但是山能成為高山，水能成為廣大的水流，那些住在山上的、棲息在樹上的、把巢高築在枝頭的、把洞藏於土中的、在水中潛伏的、在地上行走的，便各自得到了安寧的場所。

大的產生小的，多的產生少的，這是自然的規律。所以土山不能產生雲雨，很小的水中不能產生魚鱉，就是因為它們太小。牛馬之氣蒸發後會產生蟣子、蝨子，而蟣子、蝨子之氣蒸發後卻不可能長出牛馬來。所以氣的變化出現在事物的外面，而不是產生在事物裡面。

蛟龍伏臥在深淵，而能孵化大土山上的龍蛋；螣蛇雄的在上風中鳴叫，雌的在下風中鳴叫而能使牠的卵孵出小蛇的形體，這是精氣通到卵中的緣故。所以聖人養心，沒有比養誠心更好的了，最真誠的心就能感化他人。如今掌握大道的人，把精氣藏在體內，讓神棲息在心中，靜寂無聲、淡泊閒適，心中和悅快樂，邪氣沒有滯留之地，四肢骨節腠理，毛孔蒸發、皮膚上的紋理散泄，那麼全身的關鍵就會調和順當，所有的經脈和孔竅，沒有不順合人意的，他使神處於最適切的位置，哪會只是骨節依附於皮肉和膚毛安好呢！

聖明的君主居於上位，虛空而沒有形體，寂靜而沒有聲響，官府像沒有事似的，朝廷像沒有人似的，沒有隱士，沒有避世不見的佚民，沒有勞役，沒有被冤枉處刑的，四海之內的人民沒有誰不敬仰君主的德行，按他的意旨行動的。夷狄之國的人通過輾轉翻譯來到國內，這並不是去一家一戶地勸說所得到的，只不過是把他的誠心推展出去，用到天下人民身上罷了。《詩經》中說：「愛這國都四周的人民，而能安撫四方的諸侯。」內部和順而外部就安寧了。太王古公亶父住在邠地時，狄人來攻打，於是他便拄著拐杖離開邠地，老百姓扶老攜幼，背著釜和甑，翻過梁山，而在岐山建立了周國，老百姓跟著他並不是靠命令能召引來的。秦穆公擔心農民吃了駿馬的肉會受到傷害，就讓他們喝好酒；當秦穆公在韓地和晉惠公作戰遇難時，那些農夫便拼死用力營救他來報答他，農夫們的舉動不是靠簽訂的契約而能要求他們做得到的。宓子治理單父，巫馬期前去觀察他所施行的教化如何，見到在夜裡打漁的人捕到了小魚就把牠放到水中去，漁民捕捉小魚並不是靠刑罰所能禁止的。孔子擔任魯國的司寇時，掉在路上的東西沒有人撿走，市場上沒有人抬高物價，打獵、捕魚，都讓年紀大的人多得一些，而白髮的老人不必背馱東西，這些都不是靠制訂法律所能做到的。箭能射穿遠處的牢固東西，是靠弩弓的力量，而箭能射中目標中的細微之處，靠的是人的心。獎賞善良、懲罰凶惡、殘暴，靠的是行政措施和法令；而行政措施和法令能夠實行，靠的是人的精誠。所以弩弓雖然強勁有力卻不能單靠這個就射中目標，法令雖然明確不能單靠這個就得以實行，一定要有人的精誠和它們一同發揮作用。所以散布大道而加到民眾身上，而民眾卻不依從，那是沒有把誠心施加上去。

天地、四時，非生萬物也；神明接，陰陽和，而萬物生之。聖人之治天下，非易民性也，拊循❶其所有而滌蕩❷之，故因則大，作則細矣❸。禹鑿龍門、闢伊闕，決江濬❹河，東注之海，因水之流也。后稷墾草發菑❺，糞土樹穀，使五種❻各得其宜，因地之勢也。湯、武革車❼三百乘，甲卒三千人，討暴亂，制夏、商❽，因民之欲也。故能因，則無敵於天下矣。

夫物有以自然，而後人事有治也❾。故良匠不能斲金，巧冶不能鑠❿木，金之勢⓫不可斲，而木之性不可鑠也。埏埴⓬而為器，窬木⓭而為舟，鑠鐵而為刃，鑄金⓮而為鐘，因其可也。駕馬服⓯牛，令雞司夜，令狗守門，因其然也。

民有好色之性，故有大婚⓰之禮；有飲食之性，故有大饗⓱之誼⓲；有喜樂之性，故有鐘、鼓、筦、絃之音；有悲哀之性，故有衰絰哭踊⓳之節。故先王之制法也，因民之所好，而為之節文⓴者也。因其好色而制婚姻之禮，故男女有別；因其喜音而正「雅」、「頌」㉑之聲，故風俗不流㉒；因其寧家室、樂妻子而㉓教之以孝㉔，故父子有親；因其喜朋友而教之以悌，故長幼有序。然後脩朝聘㉕以明貴賤，鄉飲習射㉖以明長幼；時搜㉗振旅㉘以習用兵㉙，入學庠序㉚以脩人倫㉛。此皆人之所有於性，而聖人之所匠成㉜也。

故無其性不可教訓，有其性、無其養不能遵道。繭之性為絲，然非得工女以埶湯㉝而抽其統紀㉞，則不能成絲。卵之化為雛，非慈雌嘔暖㉟覆伏，累日積久，則不能為雛。人之性有仁義之資㊱，非聖人為之法度而教導之，則不可使鄉方㊲。故先王之教也，因其所善以勸善，因其所惡以禁姦，故刑罰不用而威行如流，政令約省而化燿㊳如神。故因其性則天下聽從，拂㊴其性則法縣而不用。

【章　旨】上一章論聖主施行政令須以誠心為之，這一章則說到聖人之治天下，須因民性、依物勢而為。文中既言「聖人之治天下，非易民性也，拊循其所有而滌蕩之，故因則大，作則細矣」。而以禹「因水之流」、后稷「因地之勢」、夏、商「因民之欲」為例，說「能因，則無敵於天下」。又舉例說「物有以自然，而後人事有治也」。謂正因物有自成之性之勢，聖人方可因其自成之性之勢而治之。文中特別用因性而為的觀點解釋禮樂的由來。所謂「民有好色之性，故有大婚之禮；有飲食之性，故有大饗之誼」。總之，「先王之制法也，因民之所好，而為之節文者也」。聖王所施教化，「皆人之所有於性，而聖人之所匠成也」。又發揮說：「無其性不可教訓，有其性、無其養不能遵道。」強調「養」、治之功。落實到人，則「人之性有仁義之資，非聖人為之法度而教導之，則不可使鄉方」。而「先王之教也，因其所善以勸善，因其所惡以禁姦」。仍然是要因民之性。養、治如此，實行政令亦如此，因為「因其性則天下聽從，拂其性則法縣而不用」。

【注　釋】❶拊循　撫循；依循。❷滌蕩　條暢；條直通暢。❸故因則大二句　舊注謂「能循，則必大也；化而欲作，則小矣」。作，造作。原文為「化」，依王念孫校改。王氏謂「聖人順民性而條暢之，所謂因也，反是，則為作」。細，小。❹濬　疏通。❺發菑　開發荒地。菑，不耕之田也。❻五種　五穀之種植。❼革車　兵車。古代作戰有馳車、革車。馳車為輕車，革車為重車。又輕車、重車，合而言之皆曰革車。❽制夏商　制，制伏。夏商，指夏桀、商紂王。❾物有以自然二句　義如

〈原道〉所言「所謂無不為者，因物之所為。所謂無治者，不易自然也；所謂無不治者，因物之相然也」。物有以自然，言物遵循一定的客觀規律而自成。⑩鑠　熔化金屬。⑪勢　形勢；趨勢。意近特性。⑫埏埴　調和泥製作陶器。⑬窬木　指刳木為舟。窬，空。⑭金　金屬。此處指銅。⑮服　駕；拉車。⑯大婚　天子、諸侯之婚禮。句中當指「民」之婚娶之禮。⑰大饗　用酒食招待賓客。《周禮・春官・大司樂》：「大饗不入牲。」注謂「大饗，饗賓客也」。⑱誼　假誼為義。楊樹達謂「『義』即今『禮儀』之『儀』字，『儀』與『禮』文異而義同」。⑲衰絰哭踊　衰，同「縗」。居喪之服。絰，服喪時結於頭上或腰間的麻帶。古時喪服有五種，其中「斬衰」用粗麻布製成，左右和下邊不縫。子、未嫁女對父母，媳婦對公婆，承重孫對祖父母，妻對夫，都服斬衰。「齊衰」用粗麻布製成，緝邊縫齊。為繼母、慈母服齊衰三年，為祖父母、妻、庶母服齊衰一年，為曾祖父母服齊衰五月，為高祖父母服齊衰三月。哭踊，喪禮的儀節。哀甚則踊。踊，跳。⑳節文　節制文飾。文飾是給予某種行為以肯定。㉑雅頌　鄭樵《六經奧論》謂「風土之音曰風，朝廷之音曰雅，宗廟之音曰頌」。雅是秦地的樂調，周秦同地，在今陝西。頌，即「容」字。有表演的意思。頌不但用皇家聲調歌唱，而且是帶有扮演、舞蹈的藝術。㉒流　流蕩。㉓而　原文無此字，依馬宗霍校補。㉔孝　原文作「順」，依劉文典、馬宗霍校改。㉕朝聘　古代諸侯定期朝見天子稱朝聘。《禮記・王制》：「諸侯之於天子也，比年一小聘，三年一大聘，五年一朝。」注謂「比年，每歲也。小聘使大夫，大聘使卿，朝則君自行」。㉖鄉飲習射　鄉飲即鄉飲酒。古制，三年大比，諸侯之鄉學考察生之德藝，以其賢者能者獻於其君，由鄉大夫作主人以敬賓之禮設宴為其送行，稱為鄉飲酒。行鄉飲酒禮後行鄉射禮。《周禮・地官・鄉大夫》：「鄉大夫之職，各掌其鄉之政教禁令，三年則大比，故其德行道藝，而興賢者、能者，鄉老及鄉大夫帥其吏與其眾寡，以禮賓之。」「退而以鄉射之禮，五物詢眾庶，一曰和，二曰容，三曰主皮，四曰和容，五曰興舞。」㉗搜　通「蒐」。檢閱；閱兵。或謂簡（檢）閱車馬。㉘振旅　整頓部隊。《書・大禹謨》：「班師振旅」，傳謂「兵入曰振旅，言整眾」。本篇舊謂「出曰治兵，入曰振旅」。㉙用兵　原文下有「也」字，依馬宗霍校刪。㉚庠序　古代地方所設的學校。即鄉學。《孟子・滕文公上》謂「設為庠、序、學、校以教之。庠者，養也；校者，教也；序者，射也。夏曰校，殷曰序，周曰庠，學則三代共之，皆所以明人倫也」。㉛人倫　人與人之間的關係及行為準則。《孟子・滕文公上》謂「使契為司徒，教以人倫：父子有親，君臣有義，夫婦有別，長幼有序，朋友有信」。㉜匠成　培養造成。㉝湯　熱水；開水。㉞統紀　統、紀都指絲縷的頭緒。㉟嘔暖　嘔而暖之。嘔，通「煦」。撫育。㊱資　天賦；資質。㊲鄉方　趨向方正。㊳化燿　調教化效應明顯。㊴拂　違背；不順。

【語譯】天地、四時，並不能產生萬物；神明相接，陰陽合和，萬物便產生了。聖人治理天下，並不是要改變人民的性情，而是依順人民所具備的性情，使它條達順暢，所以依照規律做事，成就就會大；違背規律做事，成就就很小。禹鑿出龍門，開闢伊闕，疏通長江和黃河，使江河之水向東流進大海，是依順水流的趨向。后稷開發荒地，在田中施肥種莊稼，使五穀各自種到適宜生長的地方，這是按照田地的情勢進行的。商湯、周武王用兵車三百輛、士兵三千人，討伐製造暴亂的人，制伏夏桀、商紂王，是依順人民的願望。所以能遵循客觀形勢，就會無敵於天下。

萬物會遵循一定的規律自然形成，然後人們才能按這個規律把事情做好。所以高明的木匠不能砍斫金屬，技巧高明的冶煉師傅不能使木料熔化，這是因為金屬的特性是不能砍斫的，而樹木的特性是不能熔化的。調和泥巴做成陶器，挖空木頭做成船，熔化金屬打成刀劍，熔化銅做成鐘，這些是根據各種材料的可能性而做成的。用牛馬拉車，讓雄雞主管夜裡報曉的事，讓狗守衛門，這都順著牠們的天然特性。

人有貪愛容色的特性，所以就有婚娶的禮儀；有喜愛飲食的特性，所以就有大宴賓客的禮儀；有喜樂的特性，所以就有鐘、鼓、管、絃演奏出的樂音；有悲哀的特性，所以就有穿上喪服、悲哭至於跳腳的禮節。因此先王制定法令，是根據人的喜好，而加以節制或修飾。根據人喜好容色就制定出婚姻的禮儀，所以男女之間有了區別；根據人喜好音樂就使「雅」、「頌」之音純正，所以風俗就不會流蕩；根據人喜愛家中安寧、喜歡自己的妻子、兒女就用孝道教導他們，所以父子之間親近；根據人喜歡朋友就用順從兄長的禮儀教導他們，所以年長和年幼的有一定的次序。然後又制定朝聘的規矩來顯出天子和諸侯的貴賤，又制定鄉飲酒禮、習射之禮顯出長幼次序，時時檢閱車馬、整頓部隊來練習用兵，讓人進入鄉學接受教化而學會處理人與人之間的關係。這些都是人的本性所具有，而經過聖人培養造成的。

所以沒有那種特性就不能加以教誨、訓導，有那種特性、而沒有加以培養，也不能依道而行。繭的特性可以成為絲，但是沒有女工用熱水而抽出絲縷的頭緒，就不能成為絲。鳥蛋可以變化成雛鳥，但是沒有慈愛的母鳥覆伏在上面把牠孵得溫暖，即使時間積得很久，也不能變出雛鳥來。人的本性中有仁義的資質，沒有聖人為他們制定法令制度而加以教誨、訓導，也不能使他們趨向方正。所以先王教誨人，是按照他們善的品性而勉勵他們行善，按照他們惡的品性而禁止他們做邪惡之事，所以不使用刑罰而威勢遠行如同水流，行政命令簡約而教化明顯如同神助。所以依順人民的本性，天下的人都會聽從；違背人的本性，法令制定出來了也不能用。

昔者，五帝三王之蒞政①施教，必用參五②。何謂參五？仰取象③於天，俯取度④於地，中取法於人，乃立明堂⑤之朝⑥，行明堂之令⑦，以調陰陽之氣，以和四時之節，以辟疾疹⑧之菑⑨。俯視地理⑩，以制度量，察陵陸水澤肥墩⑪高下之宜，立事生財，以除飢寒之患。中考乎人德⑫，以制禮樂，行仁義之道，以治人倫而除暴亂之禍。乃澄⑬列金、水、木、火、土⑭之性，以⑮立父子之親而成家；別五音、清濁、六律⑯相生之數，以立君臣之義而成國；察四時季孟之序⑰，以立長幼之禮而成官⑱。此之謂參。制君臣之義、父子之親、夫婦之辨⑲、長幼之序、朋友之際⑳，此之謂五。乃裂地而州㉑之，分職而治之，築城而居之，割㉒宅而異之，分財而衣食之，立大學㉓而教誨之，夙興夜寐而勞力之㉔，此治之綱紀㉕也。然得其人則舉㉖，失其人則廢。堯治天下，政教平，德潤㉗洽㉘，在位七十載，乃求所屬天下之統㉙，令四岳㉚揚側陋㉛。四岳舉舜而薦之堯，堯乃妻以二女㉜，以觀其內㉝；任以百官，以觀其外；既入大麓，烈風雷雨而不迷㉞，乃屬以九子㉟，贈以昭華㊱之玉，而傳天下焉。以為雖有法度，而朱㊲弗能統也。

【章旨】這一章緊承上一章而來，說聖人治政因天地之道、因人之性而為之。文中細說何謂「參五」，而原則不離因天、因地、因人的原則。強調家庭、朋友、社會關係準則的建立不能違背因人之性這個基本作法。而此類關係的準則建立後，才「裂地而州之，分職而治之，築城而居之，割宅而異之，分財而衣食之，立大學而教誨之，夙興夜寐而勞力之」。作者稱這為「治之綱紀」。顯然，這個「綱紀」的理論基礎是以法天、法地、因人之性為特徵的「無為」論。作者還以堯選擇、考察、確立舜為繼位者為例，說明有了「治之綱紀」，而有無合適的人來執行它，是決定它舉廢的關鍵。所謂「得其人則舉，失其人則廢」。本章主要觀點見於《文子・上禮》。

【注釋】❶蒞政　掌管政事。❷參五　三五；三才五倫。三才，指天道、地道、人道。《易・說卦》謂「立天之道，曰陰與陽；立地之道，曰柔與剛；立人之道，曰仁與義，兼三才而兩之，故易六畫而成卦」。五倫，五常。指君臣、父子、兄弟、夫婦、朋友之間關係之準則。❸取象　取法。❹取度　意如取法。《禮記・三年問》謂「上取象於天，下取法於地，中取則於人」。❺明堂　帝王宣明政教的地方。❻朝　朝會。❼明堂之令　舊注謂「明堂，布令（政）之宮，有十二月之政令也」。❽疾疹　原文作「疾病」，依王念孫校改。疹，通「疢」。病。❾菑　同「災」。災害。❿地理　山川土地的環境形勢。⓫墽　同「磽」、「墝」。瘠土。⓬德　指人之天性。得其天性謂之德。《韓非子・解老》謂「德者內也」，得道而成為內在的本質為德。⓭澄　清。⓮金水木火土　原文作「金、木、水、火、土」，依王念孫校改。王氏謂「蓋金、水、木、火、土，相生之序，故本之以立父子之親也」。董仲舒《春秋繁露・五行之義》謂「天有五行，一曰木，二曰火，三曰土，四曰金，五曰水。木，五行之始也。水，五行之終也。土，五行之中也。此其天次之序也。木生火，火生土，土生金，金生水，水生木，此其父子也」。又〈五行對〉謂「故五行者，五行也。由此觀之，父授之，子受之，乃天之道也。故曰夫孝者，天之經也」。⓯以　原文作「故」，依王念孫校改。⑯五音清濁六律　原文作「清濁、五音、六律」，依王念孫校改。五音，即五聲。宮、商、角、徵、羽。清濁，清音、濁音。六律，黃鐘、太蔟、姑洗、蕤賓、夷則、無射。五音相生之數，本書〈天文〉謂「宮生徵，徵生商，商生羽，羽生角，角主姑洗」。六律相生之數，參見〈天文〉原文及注解。⑰季孟之序　一年四季各有三月，第一月稱孟，次月稱仲，第三月稱季。又「季孟」有上下、前後義。《文子・上禮》作「察四時孟仲季之序」。⑱官　指官制。諸侯以下三公至士皆稱為官。官者管也，以管領為名。⑲辨　猶「別」。⑳朋友之際　馬宗霍謂「即《禮記・中庸》所謂『朋友之交』也」。際，猶「交」。㉑州　地方行政單位。周代民戶編制，五黨為一州，每州兩千五百家。㉒割　分割；劃分。㉓大學　太學。即國學。古代貴族子弟讀書的處所。㉔夙興夜寐句　言早夜勤於民事。勞力，猶「勞來」，勞、來、力三字皆謂「勤」。㉕綱紀　綱領；大綱要領。㉖然得其人則舉　言得其人則「治之綱紀」得以貫徹執行。舉，立；興起。㉗德潤　猶言德澤。即恩澤。㉘洽　廣博；普遍。㉙統　統承；繼承。指繼承人。㉚四岳　相傳四岳為羲和四子，為堯之臣，分管四方的諸侯。一說為一人。㉛側陋　地位卑微而有才德之人。㉜二女　堯之二女。舊注謂「娥皇、女英」。㉝觀其內　指觀其家居時之操行。內，室內。㉞既入大麓二句　舊注謂「林屬於山曰麓。堯使舜入林麓之中，遭大風雨不迷也」。烈風，猛烈的風；狂風。上述堯、舜事本於《尚書》〈堯典〉、〈舜典〉。㉟九子　舊注謂「堯有九男」。㊱昭華　玉名。㊲朱　丹朱。堯之長子，不肖。

【語　譯】從前，五帝、三王掌管政事、施行教化時，一定要用三才、五倫。什麼叫做三才、五倫？向上效法天的自然規律，向下效法地的自然法則，中間效法人類的自然特性，才設置明堂作為朝會之處，推行在明堂制定的政令，用來調和陰陽之氣，用來使四時節令協調，用來避免疾病帶來的災害。俯視山川地理形勢，而制定度量的標準，察看土山、陸地、水流、湖澤的肥瘠、高下適宜什麼作物生長，來安排生產活動、創造財富，來解除飢餓、寒冷的禍患。中間通過考察人的德性，來制定禮樂，推行仁義的主張，來整治好人們之間的關係而除掉暴亂給人民帶來的災禍。於是清楚地列出金、水、木、火、土的特性，來確立父子間的親緣關係而建立家庭；區別出五音、清音、濁音以及六律相生的規律，來確定君臣之間合宜的關係而建立國家；觀察四季中每季三個月的次序，來確立長幼之間的禮節而定出官制。這就叫做三才。規定君臣之間的合理原則、確立父子之間的親緣關係、指明夫婦之間的區別、規定長幼之間的次序、確立朋友之間交往的原則，這就叫做五倫。這才把國土分開為州，分開職官而加以治理，建築城邑而讓人民居住，劃分住宅而使各家分開，分配財物而使人民有吃有穿，建立大學而教誨子弟，帝王早起晚睡而為民事盡力，這就是治理國家的大綱要領。但是這個綱領要有合適的人才能實行，沒有合適的人就會被廢棄。堯治理天下，政治、教化平和，恩澤布施普遍，在位七十年，才為他治理的天下去找繼承人，命令四岳把有才德而處於卑微地位的人推舉出來。四岳推舉舜而把他薦給堯，堯於是把兩個女兒嫁給他，來觀察他家居時的操行；又任命他擔任過許多官職，來了解他在外辦事的能力；他進入大山林以後，遇到狂風、雷雨卻沒有迷路，於是堯又把自己的九個兒子託付給他，贈給他昭華美玉，就把天下傳給他。堯認為傳位雖然有法度，但丹朱不能繼承帝位。

夫物未嘗有張而不弛❶、成而不毀者也，唯聖人能盛而不衰、盈而不虧。神農之初作❷琴也，以歸神杜淫，反其天心❸；及其衰也，流而不反，淫而好色，至於亡國❹。夔❺之初作樂也，皆合六律而調五音，以通八風❻；及其衰也，以沉湎淫康❼，不顧政治，至於滅亡。蒼頡之初作書❽，以辯治❾百官，領理❿萬事，愚者得以不忘，智者得以志事⓫；至其衰也，為姦刻偽書，以解⓬有罪，以殺不辜。湯之初作囿⓭也，以奉宗廟鮮犞⓮之具，簡士卒，習射御，以戒不虞⓯；及至其衰也，馳騁獵射，以奪民時，以罷民力⓰。堯之舉禹、契、后稷、皋陶，政教平，姦宄⓱息，獄訟止而衣食足，賢者勸善而不肖者懷其德；及至其末，朋黨⓲比周⓳，各推其與⓴，廢公趨私，內外相舉㉑，姦人在朝，而賢者隱處。天地之道㉒，極則反㉓，盈則損。五色雖朗，有時而渝㉔；茂木豐草，有時而落。物有隆殺㉕，不得自若㉖。故聖人事窮而更為、法弊而改制，非樂變古易常也，將以救敗扶衰、黜淫濟非，以調天地之氣、順萬物之宜也。

【章　旨】這一章從因順自然規律的原則出發，講聖人治政必須法因時變。文中先說萬物皆是有張有弛，有成有毀，只有聖人「能盛而不衰、盈而不虧」。繼而以神農初作琴、夔初作樂、蒼頡初作書、湯初作囿、堯舉禹等為例，說明聖人初為一事，用意、效果都好，而到後來便弊端百出，為壞人所利用。據此，作者得出結論：「天地之道，極則反，盈則損」。既然治政要「因」「天道」而為，「故聖人事窮而更為、法弊而改制，非樂變古易常也，將以救敗扶衰、黜淫濟非，以調天地之氣、順萬物之宜也」。這是論聖人「能盛而不衰、盈而不虧」的訣竅，也是鼓吹變法之道。本章文字多出自《文子・上禮》。

【注　釋】❶張而不弛　此以開弓（張，拉緊弓弦）、鬆弓（弛，放鬆弓弦）做比，言事物之興衰、起落。❷作　創造。❸歸神杜淫二句　《白虎通義》謂「琴者，禁也。所以禁止淫邪，正人心也」。又《琴操》謂「昔伏羲氏作琴，所以禦邪僻、防心淫，以脩身理性，反其天真也」。歸神杜淫，謂使神歸於清和而杜絕淫心。杜淫，原文作「及其淫也」，依王念孫校改。❹及其衰也四句　原文無，依王念孫校補。流而不反，與上言「反其天心」相對。❺夔　堯典樂官。❻八風　八方之風。即炎風、條風、景風、巨風、涼風、飂風、麗風、寒風。❼淫康　淫樂；過度娛樂。❽書　文字。❾辯治　治理；辦理。辯，同「辦」。❿領理　了解；處理。⓫志事　記事。原文作「志遠」，依王念孫校改。⓬解　解脫。⓭囿　畜養禽獸的園地。⓮鮮犞　舊注謂「生肉為鮮，乾肉為犞」。⓯不虞　沒有預料到的事。⓰以罷民力　原文作「罷民之力」，依王念孫校改。罷，同「疲」。⓱姦宄　為非作歹的人。⓲朋黨　為私利而結成同夥。⓳比周　集結。此處指結夥營私。⓴與　指黨與。即同黨的人。㉑舉　原文上有「推」字，依王念孫校刪。㉒天地之道　原文上有「故《易》之失也卦，《書》之失也敷，《樂》之失也淫，《詩》之失也辟，《禮》之失也責，《春秋》之失也刺」三十二字，依王念孫校刪。㉓極則反　物極則反。事物發展到極度時，就會走向反面。《鶡冠子・環流》謂「物極則反，命曰環流」。㉔渝 改變。㉕隆殺 猶言盛衰。㉖自若 自如舊；保持原樣。

【語譯】萬物未曾有興起而不廢弛、成功而不毀壞的，只有聖人能興盛而不衰落、充滿而不虧損。神農氏起初創造琴，為的是讓人們的精神歸於清和而杜絕淫亂，使它返回到天然的本心；等到神農帝開創的基業衰落的時候，帝王心性流蕩而不返歸天然之心，淫亂而貪戀女色，而至於國家滅亡。當初夔創造音樂的時候，他所創造的音樂，都與六律相合而五音協調，用來和八方之風相通；等到堯開創的基業衰落的時候，帝王沉迷在過度的遊樂之中，不顧政治，而至於滅亡。蒼頡剛開始創造文字的時候，用它來治理百官，處理各種事情，使得愚笨的人不會忘記事情，聰明的人能夠把事情記下來；等到時代衰落的時候，一些人用文字私自刻寫出假的文書，來使有罪的人解脫，而殺害沒有罪的人。商湯起初設置畜養禽獸的園地時，為的是給宗廟祭祀提供鮮肉和乾肉，為的是給檢閱車馬、練習射箭和駕御戰車提供場地，用來戒備沒有預料到的事變；到了殷商衰落的時候，帝王在其中縱橫馳騁，捕捉、射殺禽獸，佔奪了農民種田的季節，使得民眾疲困力盡。當堯舉用禹、契、后稷、皋陶的時候，政治、教化平和，為非作歹的人停止了活動，訴訟的事停止了而人們衣食充足，賢明的人勉勵自己行善而不賢之人也懷念堯的恩德；等到了末世，許多人結黨營私，各自推舉自己的同黨，廢除公道而追逐私利，內外相互推舉，姦邪之人在朝執政，而賢能之人卻隱居在民間。天地之間萬物的規律是，事物發展到極處就會走向反面，事物到了滿足之時就會減少。青、黃、赤、白、黑這五種色彩雖然明朗，但到一定的時候就會改變；茂密的樹木、茂盛的草，到一定的時候就會零落。萬物有盛有衰，不能老是保持原樣不變。所以聖人事情失敗了就會改換一種做法、法令有毛病就會更改重新制定，這並不是他喜歡改變古代的常規，而是要用改革的辦法來挽救失敗、扶起衰勢、消除淫亂、對不合理的事加以補救，用來調和天地之氣、順應適合萬物的種種特點。

聖人天覆地載，日月照，陰陽調❶，四時化，萬物不同，無故無新，無疏無

親，故能法天。天不一時❷，地不一利，人不一事，是以緒業❸不得不多端，趨行不得不殊方。

五行異氣❹而皆和❺，六藝❻異科而皆同道。溫惠柔良者，《詩》之風也；淳龐❼敦厚者，《書》之教也；清明條達❽者，《易》之義也；恭儉尊❾讓者，《禮》之為也；寬裕簡易者，《樂》之化也；刺幾❿辯義⓫者，《春秋》之靡⓬也。故《易》之失鬼⓭，《樂》之失淫⓮，《詩》之失愚⓯，《書》之失拘⓰，《禮》之失忮⓱，《春秋》之失訾⓲。六者，聖人兼用而財制⓳之。失本則亂，得本則治。其美在和⓴，其失在權㉑。

水、火、金、木、土、穀，異物而皆任㉒，規、矩、權、衡、準、繩，異形而皆施㉓，丹、青、膠、漆，不同而皆用，各有所適，物各有宜。輪圓輿㉔方，轅從衡橫㉕，勢施便也。驂㉖欲馳，服㉗欲步；帶不厭新，鉤不厭故，處地宜也。〈關雎〉㉘興於鳥，而君子美之，為其雌雄之不乖居㉙也；〈鹿鳴〉㉚興於獸，君子大㉛之，取其見食而相呼也。泓之戰㉜，軍敗君獲，而《春秋》大之，取其不鼓不成列㉝也；宋伯姬㉞坐燒而死，《春秋》大之，取其不踰禮而行㉟也。成功立事㊱，豈足多㊲哉？方指㊳所言，而取一槩㊴焉爾。

【章　旨】這一章先說聖人待物能如「天覆地載，日月照，陰陽調，四時化，萬物不同，無故無新，無疏無親」，故能「法天」。這實際上是對上章所說「得其人」之「人」提出素質上的要求。既要「法天」，而天、地、人的特性並不單一，因此聖人「緒業不得不多端，趨行不得不殊方」。故本章的另一重要內容是講聖人如何根據需要合理地用物之長。既說六藝本義之得失，而謂「聖人兼用而財（裁）制之」，又舉眾例，說聖人「異物而皆任」、「異形而皆施」，因為「各有所適，物各有宜」。還提出聖人用物，直如「方指所言，而取一槩焉爾」的原則。這些都說明作者看問題比較全面，而處事方法靈活，能從實用出發，取物之所有而為我所用。本章首段出自《文子・自然》。

【注　釋】❶調　和。❷時　季節。天有四時。❸緒業　事業。❹五行異氣　五行，指木、水、火、土、金。稱行，為天行氣之義。五行之氣稱五氣，故文中言「五行異氣」。❺和　原文作「適調」，依莊逵吉、王念孫校改。❻六藝　指《詩》、《書》、《禮》、《樂》、《易》、《春秋》六經。❼淳龐　淳厚；淳樸篤厚。❽清明條達　均指氣而言。清明，清靜明朗，不濁亂。❾尊　通「劗」。減；貶損；謙遜。❿刺幾　猶言刺譏。指責譏諷。⓫辯義　猶言辯議。辯析議論。⓬靡　美好。⓭易之失鬼　舊注謂「《易》以氣定吉凶，故鬼」。⓮樂之失淫　舊注謂「樂變至於鄭聲，淫也」。淫，淫蕩。古以雅樂為正，而將鄭、衛之聲等俗樂斥為淫。⓯詩之失愚　舊注謂「詩人怒，怒近愚」。⓰書之失拘　舊注謂「《書》有典謨之制，拘以法也」。⓱禮之失忮　舊注謂「禮，尊尊卑卑，尊不下卑，故忮也」。忮，很（不聽從）；違逆。《太平御覽》引文「忮」作「亂」。⓲春秋之失訾　舊注謂「《春秋》貶絕不避王人，書人之過，相訾也」。訾，詆毀。⓳財制　即裁制。為複語。財，同「裁」。制。⓴和　原文作「調」，依王念孫校改。㉑權　機變。㉒任　使用。㉓施　施行；施用。㉔輿　車箱。㉕轅從衡橫　轅為車前駕牲口的直木，故謂「轅縱」。從，同「縱」。衡為車轅頭上的橫木，故謂「衡橫」。㉖驂　駕車時位於兩旁的馬。舊注謂「驂，騑」。㉗服　駕車時位於中間的馬。㉘關雎　《詩經・周南》篇名。〈毛詩序〉謂「〈關雎〉，后妃之德也，風之始也，所以風天下而正夫婦也。……是以〈關雎〉樂得淑女以配君子，憂在進賢，不淫其色；哀窈窕，思賢才，而無傷善之心焉，是〈關雎〉之義也」。㉙乘居　匹居；成對而居。原文「乘」作「乖」，依王念孫校改。王氏謂「乘者，匹也，言雌雄有別，不匹居也」。㉚鹿鳴　《詩經・小雅》篇名。〈毛詩序〉謂「〈鹿鳴〉，燕群臣嘉賓也。既飲食之，又實幣帛筐篚以將其厚意，然後忠臣嘉賓得盡其心矣」。㉛大　尊重；推崇。㉜泓之戰　泓水（位於今河南省柘城縣西北）之戰。西元前六三八年，宋襄公與楚成王戰於泓水，楚軍強大，襄公傷股，宋軍大敗。㉝不鼓不成列　《左傳・僖公二十二年》：「宋公及楚人戰於泓，宋人既成列，楚人未既濟。司馬曰：彼眾我寡，及其未既濟也，請擊之。公曰：不可。既濟而未成列。又以告。公曰：未可。既陳而後擊之。宋師敗績，公傷股，門官殲焉。國人皆咎公。公曰，君子不重傷，不禽二毛，古之為軍也，不以阻隘也。寡人雖亡國之餘，不鼓不成列。」㉞伯姬　宋共工夫人。《左傳・襄公三十年》解釋經文「宋伯姬卒」謂「宋大災，宋伯姬卒，待姆也。君子謂宋共姬女而不婦。女待人，婦義事也」。本書舊注謂「伯姬，宋共工夫人。夜失火，待傅母不至，不下堂，而及火死之也」。㉟踰禮而行　指不等傅母而自逃。㊱立事　建立事業。㊲多　稱讚。㊳方指　出示指頭。㊴一槩　一節；一端。

【語　譯】聖人就像上天覆蓋萬物、大地承載萬物，就像日月照耀著萬物，像陰陽調和、四時變化，萬物不同，但對它們沒有新、舊之分，沒有親、疏之別，所以他能夠效法天道。天不會只有一個季節，地不會只帶給人類一種利益，人不會只從事一件事情，因此聖人的事業不能不是多種多樣的，他奔走也不能不有不同的方向。

木、水、火、土、金所行之氣不同，但都是陰陽合和之氣，《詩》、《書》、《禮》、《樂》、《易》、《春秋》六經門類不同卻都屬於同一種道。溫和、仁惠、柔順、善良，是《詩》教育感化的作用；淳樸寬厚，是《書》的教化作用；氣要清靜明朗、條達通暢，是《易》的要義；恭敬、儉約、謙遜、退讓，是《禮》所要培養的品格；待人寬和、簡易，是《樂》感化的目標；指責、譏諷壞的事物、辯析、議論道理，是《春秋》的美好之處。所以《易》失去本義就會注重鬼，《樂》失去本義就會出現淫蕩之聲，《詩》失去本義就會使人愚蠢，《書》失去本義就會使人言行拘泥，《禮》失去本義就會使人違背禮法，《春秋》失去本義就會使人相互詆毀。這六種經典，聖人同時加以採用而裁制。失去根本就會混亂，掌握住根本就會把事情辦好。它的好處在於合和，毛病在於權變。

水、火、金、木、土和穀，這些不同的東西都加以利用，規、矩、權、衡、準、繩，形狀不一樣卻都加以應用，丹、青、膠、漆，物性不同而都加以使用，各種東西都有適宜發揮的作用。車輪是圓的，車箱是方的，車轅是直的，車衡是橫的，因為按它們所處的形勢製造那樣的形狀才會便利。靠近車轅的驂馬要走得快些，車轅中間的馬走得慢一些；衣帶從不嫌新，帶鉤從不嫌舊，因為它們所處的地方決定它們那樣才最適宜。《關雎》用鳥起興，而君子讚美雎鳩，是因為雎鳩雌雄有別，並不成雙成對地住在一起；《鹿鳴》用野獸起興，而君子看重鹿，是看中了鹿發現有食物，就呼喚同伴來吃這一點；宋楚泓水之戰，宋軍失敗而國君被俘獲，但《春秋》卻重視這件事，它是看中了宋襄公主張敵人不擊戰鼓、不擺好隊伍就不進攻這一點；宋共公的伯姬夫人，為了等教她婦道的女老師而坐著被火燒死，《春秋》重視她的行為，是取她不越禮而為這一點。人們所完成的功業，哪裡能都加以稱讚呢？就像出示指頭說話一樣，只是取它的一節罷了。

王喬、赤松❶去塵埃之間，離群慝❷之紛，吸陰陽之和❸，食天地之精，呼而出故，吸而入新❹，踈虛❺輕舉，乘雲游霧，可謂養性矣，而未可謂孝子也。周公誅管叔、蔡叔，以平國弭❻亂，可謂忠臣也，而未可謂悌弟❼也。湯放桀、武王伐紂，以為天下去殘除賊，可謂惠君❽，而未可謂忠臣矣。樂羊❾攻中山，未能下，中山烹其子，而食之以示威，可謂良將，而未可謂慈父也。故可乎可，而不可乎不可❿；不可乎不可，而可乎可。

舜、許由異行⓫而皆聖，伊尹、伯夷異道⓬而皆仁，箕子、比干異趨⓭而皆賢。故用兵者，或輕或重⓮，或貪或廉，此四者相反，而不可一無也。輕者欲發⓯，重者欲止，貪者欲取，廉者不利⓰非其有。故輕⓱者可以進鬥，而不可令持牢⓲；

重者可令塡固⑲，而不可令凌敵⑳；貪者可令進取，而不可令守職；廉者可令守分，而不可令進取；四者㉑相反，聖人兼用而財使㉒之。夫天地不包一物㉓，陰陽不生一類㉔。海不讓㉕水潦㉖以成其大，山不讓土石以成其高。夫守一隅而遺㉗萬方，取一物而棄其餘，則所得者鮮㉘，而所治者淺㉙矣。

【章　旨】這一章緊承上一章「成功立事，豈足多哉」而言，舉王喬、赤松求仙之舉「可謂養性矣，而未可謂孝子」；周公誅管叔等，「可謂忠臣也，而未可謂悌弟」；湯放桀、武王伐紂，「可謂惠君，而未可謂忠臣」；樂羊食子肉之羹，「可謂良將，而未可謂慈父」等數事為例，說「成功立事」之人皆有可非議處，問題是從哪個角度分析。所謂「可乎可，而不可乎不可；不可乎不可，而可乎可」。繼而作者又以聖賢「異行」、「異道」、「異趨」而「皆聖」、「皆仁」、「皆賢」為例，說到「用兵者，或輕或重，或貪或廉」，「四者相反，而不可一無」，故「聖人兼用而財使之」。強調的是人各有才，而皆可用，和用必有成。作者說「天地不包一物」、「海不讓水潦以成其大」，以及反對「守一隅而遺萬方，取一物而棄其餘」，正反映出一個大一統漢帝國的政治家的廣博胸懷。本章基本觀點見於《文子・自然》。

【注　釋】❶王喬赤松　均為傳說中的仙人。王喬，又稱王子喬。《列仙傳》謂「太子晉也，道人浮丘公接以上嵩高山」。赤松，又稱赤松子。傳其神農時為雨師，服水玉以教神農，能入火不燒。至崑崙山，常入西王母石室，隨風雨上下。本書〈齊俗〉稱為「赤誦子」。❷慝　邪惡。❸和　和氣。❹呼而出故二句　〈齊俗〉謂「吹嘔呼吸，吐故納新」。故，指舊氣。❺踈虛　踏空。踈，同「蹀」。踏；蹈。❻弭　消除；停止。❼未可謂悌弟　管叔為周公之兄，故文中言周公「未可謂悌弟（奉行悌道之弟）」。悌，弟弟順從兄長。原文無此字，依孫詒讓校補。❽惠君　仁愛之君。❾樂羊　魏將樂羊攻中山國，不得已而食子肉之羹。事見本書〈人間〉。❿不可乎不可　前「不可」謂不贊成，不許可。後「不可」指不許可之人或事。⓫舜許由異

行　堯讓天下給許由，許由遁耕於箕山之下；而舉舜為帝，舜則接受。故曰二人異行。⑫伊尹伯夷異道　伊尹佐湯伐夏桀，而伯夷卻叩馬諫阻周武王伐商紂，故曰二人異道。⑬箕子比干異趨　紂王暴虐無道，箕子諫不聽，便披髮佯狂為奴，為紂所囚；比干犯顏強諫，激怒紂王，被剖心而死，故曰二人異趨。⑭或輕或重　輕指輕視敵人而勇氣盛者，重指重視敵人力量而行動穩重者。⑮發　出發。指出征。⑯不利　不取為利。⑰輕　原文作「勇」，依俞樾校改。⑱持牢　把穩；固守。⑲埴固　堅牢。⑳淩敵　突然襲擊敵人。突掩為淩。㉑四者　原文作「五者」，依俞樾校改。又原文前有「信者可令持約，而不可令應變」十二字，亦依俞樾校刪。㉒財使　裁使；量而用之。㉓不包一物　謂不只包含一物。㉔一類　一種。㉕讓　拒。㉖水潦　雨水。㉗遺　失。㉘鮮　少。㉙淺　狹；窄小。

【語　譯】王子喬、赤松子離開塵埃瀰漫的人間，避開眾多邪惡紛爭的世界，吸進陰陽合和之氣，食用天地的精華，呼出舊的氣體，吸進新鮮的空氣，腳踩虛空輕快地上升，駕著雲霧遨遊，可以說是善於修養心性了，卻不能稱為孝子。周公誅殺管叔、蔡叔，為國家平定動亂，可以說是忠臣，卻不能稱為順從兄長的弟弟。商湯流放夏桀、周武王討伐商紂王，替天下人民除掉凶暴的敵人，可以稱得上是仁愛之君，卻不能稱為忠臣。樂羊攻打中山國，未能把城攻下來，中山國君殺掉他的兒子煮成湯，樂羊就喝了湯來向中山國示威，他可以稱為好的將領，卻不能說是一個慈愛的父親。所以肯定該肯定的，而不肯定那些不該肯定的；不肯定那些不該肯定的，就要肯定那些該肯定的。

舜和許由行為不同卻都是聖人，伊尹、伯夷的做法不同卻都是仁愛之人，箕子、比干的行為不同卻都是賢人。所以用兵的人，有的輕視敵人，有的重視敵人，有的人貪得戰功，有的人不貪，這四類人性情相反，卻也不能缺少任何一種。輕視敵人的人總想出征，重視敵人的人總想止而不進，貪得戰功的人總想攻下敵軍的陣地，不貪戰功的人不把不屬於自己的功勞當作自己的功勞。所以輕視敵人的人，可以讓他衝鋒向前和敵人戰鬥，卻不能讓他固守陣地；重視敵軍勢力的人，可以讓他牢守陣地，卻不能讓他突襲敵人；貪得戰功的人，可以讓他衝向前去打敗敵人，卻不能讓他只是守其職分；不貪得戰功的人，可以要他安守本分，卻不能命令他衝向前去攻下敵人；這四種人性情相反，聖人都任用他們而且量才派用。天地不只包容一種事物，陰陽也不僅僅化生一種事物。海不拒絕受納雨水而變得很大，山不拒絕受納土和石，而變得很高。守住一個角落而失去萬方之地，只取一物而把其餘的都拋棄，那樣所得到的就少，而所治理好的地方就窄小得很。

治大者，道不可以小；地廣者，制不可以狹；位高者，事不可以煩；民眾者，教不可以苛。夫事碎❶，難治也；法煩❷，難行也；求多，難澹❸也。寸而度之，至丈必差；銖❹而稱之，至石必過。石秤丈量，徑❺而寡失；簡絲數米，煩而不察❻。故大較❼易為智，曲辯❽難為慧。故無益於治而有益於煩者，聖人不為；無益於用而有益於費者，智者弗行也。故功不厭約❾，事不厭省，求不厭寡。功約，易成也；事省，易治❿也；求寡，易澹也。眾易之於以任人⓫，易⓬矣！孔子曰：「小辯⓭破言⓮，小利破義，小藝破道。道小則⓯不達，達⓰必簡。」

河以委蛇⓱，故能遠；山以陵遲⓲，故能高；道⓳以優游⓴，故能化。夫徹㉑於一事、察於一辭、審㉒於一技，可以曲說㉓，而未可廣應也。蓼菜㉔成行、甂甌㉕有堤㉖、秤薪而爨、數米而炊，可以治小，而未可以治大也。員中規、方中矩、動成獸㉗、止成文㉘，可以愉舞㉙，而不可以陳軍。滌盃而食、洗爵而飲、盥㉚而後饋㉛，可以養少，而不可以饗眾。今夫祭者，屠割亨殺、剝狗燒豕、調平五味者，庖也；陳簠簋㉜、列樽俎㉝、設籩豆㉞者，祝也；齊明盛服㉟、淵默㊱而不言，神之所依者，尸㊲也。宰、祝雖不能，尸不越樽俎而代之㊳。故張瑟者，小絃急而大絃緩；立事㊴者，賤者勞而貴者逸。舜為天子，彈五絃之琴，謌〈南風〉㊵之詩，而天下治。周公肴臑㊶不收於前，鐘鼓不解於懸，而四夷服。趙政㊷晝決獄而夜理書㊸，御史㊹冠蓋㊺接於郡縣，覆稽㊻趨留，戍五嶺㊼以備越㊽，築脩城㊾以守胡，然姦邪萌生，盜賊群居，事愈煩而亂愈生。故法者，治之具也，而非所以為治也。亦㊿猶弓矢，中(51)之具，而非所以中也。

【章旨】這一章實際上是講聖人當如何無為而治。概而言之就是得道要大，行事必簡。文分二段細說其理。首段中「治大者，道不可以小；地廣者，制不可以狹」、「大較易為智，曲辯難為慧」，以及「小則不達」，皆言得道要大。而說「位高者，事不可以煩；民眾者，教不可以苛」、「事碎，難治也；法煩，難行也；求多，難澹也」、「功不厭約，事不厭省，求不厭寡」，以及「達必簡」，皆言行事必簡。而說寸度至丈必差、銖稱至石必過，而「石秤丈量，徑而寡失」云云，則是兼兩者而言之。末段自「河以委蛇，故能遠」，至「不可以饗眾」，言得大道始能治大，通小技僅能治小。自「今夫祭者」至末句，一說聖主不代臣為具體之事，二說聖人以簡易之禮樂得治天下，而趙政晝夜理事，卻「事愈煩而亂愈生」，再說求大道而行事必簡之理。本章大部分文字取自《文子．上仁》。

【注釋】❶碎　瑣屑；繁細。❷煩　繁多；繁瑣。❸澹　通「贍」。充足；滿足。❹銖　重量單位。二十四銖為一兩。❺徑　捷速；直接。❻簡絲數米二句　舊注謂「言事當因大法，如簡閱絲、數米，則煩而無功也」。簡絲，簡閱絲。指一根絲一根絲地看。❼大較　大法。❽曲辯　猶謂巧言。❾約　簡。❿治　辦理。⓫眾易之於以任人　言將「眾易」的原則用到「任人」方面。眾易，指「功約易成」、「事省易治」、「求寡易澹」。⓬易　容易。指易成功。⓭小辯　小辯說。⓮言　指道理。⓯道小則　原文作「小見」，依俞樾校補「道」字，改「見」為「則」。⓰達　原文無此字，依王念孫校補。孔子語見於《大戴禮記・小辯》，文字略有出入。⓱委蛇　同「逶迤」。綿延曲折的樣子。⓲陵遲　指山坡的緩緩下斜。或謂即緩延之斜坡。⓳道　原文上有「陰陽無為，故能和」七字，依王念孫校刪。⓴優游　遠且長。㉑徹　通達。㉒審　明白。㉓曲說　一偏之論；片面之說。此數句已見於〈繆稱〉。㉔蓼菜　味辛苦，古人用作調味品。㉕甂甌　二陶器名。《說文・瓦部》：「甂，似小瓿。大口而卑。用食。」「甌，小盆也。」㉖莛　「提」之假借字。指手提部分。㉗動成獸　謂動則合於取象於獸的軍陣之法。㉘文　謂威儀文采。㉙愉舞　戲樂。㉚盥　洗手。㉛饋　食；吃。㉜簠簋　二禮器。簠為盛稻粱的器皿。形狀長方，口向外侈，有四短足。簋為盛黍稷的器皿。內方外圓。㉝樽俎　為盛酒食的器具。樽以盛酒，俎以盛肉。㉞籩豆　二禮器。豆形似高足盤，竹豆為籩。籩，盛果脯等食物的竹器。㉟齊明盛服　《禮記・中庸》：「齊明盛服，以承祭祀。」齊明，齋明。齋戒嚴整。盛服，謂衣冠整齊。㊱淵默　深沉不言。㊲尸　代表鬼神受享祭的人。㊳宰祝雖不能二句　本於《莊子・逍遙遊》所謂「庖人雖不治庖，尸祝不越樽俎而代之矣」。㊴立事　涖事；臨事；親自處理事情。㊵南風　古詩名。傳為虞舜所作。一說其詩讚父母長養己之恩，舜以此教天下人行孝，為孝子之歌，而其辭已不存。一說其為歌頌天下太平、民生富裕之歌。《尸子・綽子》有詩二句。《孔子家語・辯樂解》謂「昔者，舜彈五絃之琴，造〈南風〉之詩，其詩曰：『南風之薰兮，可以解吾民之慍兮；南風之時兮，可以阜吾民之財兮。』唯修此化，故其興也勃焉，德如泉流，至於今，王公大人，述而不忘」。一說南風長養萬物，〈南風〉歌為生長之音，舜樂好之，樂與天地同意，得萬國之歡心，故天下治。㊶肴臑　佳肴。臑，動物之前肢，此處指前肩肉。㊷趙政　即嬴政。㊸夜理書　夜裡處理公文。《史記・秦始皇本紀》亦言「天下之事無大小，皆決於上（指始皇），上至於衡石量書，日夜有呈，不中呈，不得休息。貪於權勢至如此」。㊹御史　秦設御史大夫，職副丞相，並以御史監郡，有彈劾糾察之權。㊺冠蓋　官吏的服飾和車乘。冠為禮帽，蓋為車蓋。㊻覆稽　審察；考核。㊼五嶺　指鐔城之嶺、九疑之塞、番禺之都、南野之界、射干之水。㊽越　百越（粵）。古南方之國，此指湘、灕南方之西越。㊾脩城　即長城。㊿亦　原文作「而」，依王念孫校改。(51)中　中的。

【語譯】治理大事業，所用的「道」不能是小「道」；地域廣大，不能用小的規章制度來管理；官位很高的人，不能做一些繁瑣的事情；老百姓很多，不能用繁苛的內容教誨他們。事情瑣碎，就很難辦好；法令繁瑣，就很難實行；要求很多，就難以滿足。一寸一寸地量，量一丈長必然會差幾寸；一銖一銖地稱，稱一石東西必然會多出重量來。如果用一石作標準單位來稱、用一丈作標準單位來量，那就稱得快、量得快而且很少有誤差；把一根根絲拿出來看，把一顆顆米拿來數，繁瑣而弄不清楚。所以大法容易使人有智慧，而巧言很難顯出聰明。所以對治理國家沒有好處而有助於繁瑣的事，聖人不做；對發揮作用沒有好處而對耗費資財有利的措施，聰明的人不採用。所以所要成就的功業不嫌簡，所做的事情不嫌省，所提的要求不嫌少。功業簡，就容易完成；事情省，就容易辦理；要求少，就容易滿足。把這些容易做到的原則用到用人方面，那用人也就容易了。孔子說：「小的辯說會破壞道理，小利會破壞大義，小技藝會破壞大道。見識淺就不能通達情理，能通達情理的道理必定簡明扼要。」

黃河因為綿延曲折，所以流得遠；山因為有綿長緩延的斜坡，所以能很高；道因為遠而長，所以能化生萬物。通曉一件事情、清楚一種言辭、懂得一種技藝，可以用它們說出片面的道理，卻不能廣泛地應對各種說法。把蔘菜種成行、在甂、甌上安上提手、用秤稱柴來燒、數出米來做飯，這些做法可以處理小事情，而不能解決大問題。作圓形符合規的要求、作方形符合矩的要求、動則合於取象於獸的軍陣之法、停下來又顯得有威儀，這些只適宜用來戲樂，而不能用到軍陣施設中去。洗淨杯子吃飯、洗淨酒盅飲酒、洗手以後再吃東西，可以用來奉養少數人，卻不能用來宴請許多人。現在的祭祀活動，屠殺烹煮、剝去狗皮、燒好豬肉，調和五味，這是廚師的事情；陳列簠和簋、擺好樽和俎、放置籩和豆，這是祝的事情；齋戒嚴整、衣冠整齊、深沉而不說話，為神所依憑，這是尸的事情。宰、祝即使不能做到他們應該做的事情，尸也不會越過樽、俎而去代替他們。所以彈奏瑟的時候，小絃節奏急疾而大絃節奏緩慢；做事情的人，地位卑賤的就辛勞，而尊貴的人就安逸。舜做天子，手彈五絃琴，口唱〈南風〉之詩，而天下便治理好了。周公連面前的佳肴還未收拾、懸掛著的鐘鼓還未解下，而四方的夷狄之國都降服了。秦始皇趙政白天判決獄訟，夜裡處理公文，御史在郡縣之間來往不斷，審察、考核或走或留，又派軍隊戍守五嶺以防備西越，修築長城以防備胡人，但是姦邪之人還是產生，盜賊成群地住在一起，事情越是繁瑣就越發生亂子。所以法令，是治理國家的工具，但不是國家治理得好的根本原因。就像弓箭一樣，它們是射中目標的工具，卻不是射中目標的根本原因。

黃帝曰：「芒芒昧昧，因天之威，與元同氣❶。」故同氣者帝，同義者王，同力者霸，無一焉者亡❷。故人主有伐國之志，邑犬群嘷，雄雞夜鳴，庫兵動而戎馬驚❸。今日解怨偃兵，家老甘臥❹，巷無聚人，妖菑❺不生。非法之應也，精氣之動也。故不言而信，不施而仁，不怒而威，是以天心動化者也。施而仁，言而信，怒而威，是以精誠感之者也。施而不仁，言而不信，怒而不威，是以外貌為之者也。故有道以統之，法雖少，足以化矣；無道以行之，法雖眾，足以亂矣。

【章旨】這一章說君主法天體道之理。文中先用黃帝的話說明「道」的特點，特意點出它和天的關係，所謂「芒芒昧昧，因天之威，與元同氣」。而說「同氣者帝，同義者王，同力者霸，無一焉者亡」，雖是強調與人「同氣」、「同義」、「同力」的作用，中心思想仍是法天體道。下面拿人主治政「以天心動化者」、「以精誠感之者」、「以外貌為之者」的不同效應作比較，更是在倡導人主懷天心以行無為之道。最後說「法」的作用的好壞取決於道的有無，既是講體道的重要，也是對上章所說法須簡而不繁、法為治之具的一種補充。

【注釋】❶芒芒昧昧三句　出自《呂氏春秋・應同》。蓋言道因天之德，故無不敬；與天同氣，故無不協。芒芒，廣大的樣子。昧昧，純厚的樣子。或謂芒芒昧昧，即為廣大之貌。威，德。元，天。❷故同氣者帝四句　出自《呂氏春秋・應同》。

高誘注前三句謂「同元氣也」、「同仁義也」、「同武力也」，陳奇猷注謂「〈先己〉云：『五帝先道而後德，故德莫勝焉；三王先教而後殺，故事莫功焉；五伯先事而後兵，故兵莫強焉。』」五帝先道，是與人同氣。三王先教，是與人同義。五伯先事，是與人同功」。同氣，與人同元氣。同義，與人同仁義。同力，與人同武力。❸故人主有伐國之志四句　舊注謂「伐國，逆天之行，則時必有大（當作「犬」）禍」。吳承仕謂「『邑犬群嘷』，即犬禍之事也。《五行志》云：『犬，兵革失眾之佔。』」如淳曰：「犬吠守，似兵革。」此注義與彼近。《異苑》云：「隆安初，吳郡治下，狗常夜吠。狗有限而吠聲甚眾，無幾，有孫恩之亂。」是其事」。庫兵，庫中貯藏的兵器。戎馬，兵馬。❹家老甘臥　謂家中長老安逸地躺在床上。❺妖菑　怪異之災。

【語　譯】黃帝說：「道廣大純厚，依從上天之德，和上天同氣。」所以君主和人與元氣同一的成為帝，和人與仁義同一的成為王，和人與武力同一的成為霸主，一樣都不能同一的就會滅亡。所以君主產生了攻伐他國的想法，他國都城內的狗就會成群地嘷叫；雄雞半夜啼鳴，兵庫中的武器就會有動靜而戰馬就會驚叫。現在怨恨解除了，戰爭停止了，家中年紀大的人安逸地躺在床上，里巷沒有人聚集，怪異的災害也不出現了。這不是法令所產生的效應，是精氣感動的結果。所以不用說話就得到信任，不用行動就有仁愛之名，不發怒就能顯出威嚴，這都是用上天之心感化人的結果。行動而能有仁愛之名，說出話後能使人們相信，發怒而能使人感到威嚴，這是用精誠之心感動人。行動而不能有仁愛之名，說出話來而不能使人相信，發怒也使人感受不到他的威嚴，這是用外在動作對待人的結果。所以有道加以統領，雖然法令少，也足以感化民眾；如果不依道來推行法令，法令即使很多，那也只是足以引發爭亂罷了。

治身❶，太上❷養神，其次養形；治國，太上養化❸，其次正法。神清志平，百節皆寧，養性之本也；肥肌膚，充腸腹，供嗜欲，養生之末也。民交讓❹爭處卑，委利❺爭受寡，力事❻爭就勞，日化上❼遷善❽而不知其所以然，此治之本❾

也。利賞⑩而勸善⑪，畏刑而不為非，法令正於上而百姓服於下，此治之末也。上世⑫養本而下世⑬事末，此太平之所以不起也。夫欲治之主不世出⑭，而可與⑮治之臣不萬一⑯，以不⑰萬一求不世出，此所以千歲不一會也。

水之性，淖⑱以清，窮谷⑲之汙⑳，生以青苔㉑，不治其性㉒也。掘其所流而深之，茨㉓其所決而高之，使得循勢而行，乘衰而流㉔，雖有腐髊㉕流漸㉖，弗能汙也。其性非異也，通之與不通也。風俗㉗猶此也。誠決其善志、防其邪心、啟其善道、塞其姦路，與同出一道㉘，則民性可善、風俗可美也。

所以貴扁鵲㉙者，非貴其隨病而調藥，貴其擪息脈血，知病之所從生也㉚。所以貴聖人者，非貴隨罪而鑑刑㉛也，貴其知亂之所由起也。若不修其風俗，而縱之淫辟㉜，乃隨之以刑，繩之以法㉝，雖殘賊㉞天下，弗能禁也。禹以夏王，桀以夏亡；湯以殷王，紂以殷亡，非法度不存也，紀綱不張㉟、風俗壞也。

【章　旨】這一章有三層意旨。一由「治身，太上養神，其次養形」，說到「治國，太上養化，其次正法」。又由養性之本和養性之末，說到治國之本和治國之末。謂「民交讓爭處卑，委利爭受寡，力事爭就勞，日化上遷善而不知其所以然，此治之本也」。並說「上世養本而下世事末，此太平之所以不起也」。二是由使水順勢而流而「弗能汙」，說到君主「誠決其（指民）善志、防其邪心、啟其善道、塞其姦路，與同出一道，則民性可善、風俗可美也」。三說「修其風俗」是「知亂之所由起也」的表現，並謂「桀以夏亡」、「紂以殷亡」，不是沒有法度，而是「紀綱不張、風俗壞也」。此章文字見於《文子・下德》。

【注釋】❶治身　猶言修身。修養身心。❷太上　大上；最上。❸養化　猶言教化。《禮記・文王世子》「立太傅、少傅以養之」，注謂「養，猶教也，言養者，積浸成長之」。❹交讓　互相推讓。❺委利　棄利；不要利。❻力事　致力於事。❼化上　受感化於上。❽遷善　改惡從善。❾本　原文作「上」，依王念孫校改。❿利賞　貪賞。⓫勸善　勉勵行好。⓬上世　上古時代。⓭下世　近古時代。⓮不世出　謂非世所常有。⓯與　原文下有「興」字，依俞樾校刪。⓰不萬一　謂不能萬中有一。⓱不　原文無此字，依王念孫校補。⓲淖　柔和。《管子・水地》：「夫水，淖弱以清。」⓳窮谷　幽深之谷。⓴汙　小池。㉑青苔　苔蘚類隱花植物。俗稱水衣、地衣。舊注則謂「水垢也」。㉒性　本性；本質（淖以清）。㉓茨　堆積。舊注謂「積土填滿之也」。㉔乘衰而流　俞樾謂「衰乃等衰之衰。水之從高流下，必有次第，故曰『乘衰而流』」。衰，由大到小依次遞減。㉕腐髊　骨。㉖流澌　流冰。澌，解凍時流動的冰。原文作「漸」，依楊樹達校改。㉗風俗　一地方長期形成的風氣、習慣。《漢書・地理志》謂「凡民稟五常之性，而有剛柔緩急音聲不同，繫水土之風氣，故謂之風。好惡取捨，動靜無常，隨君上之情欲，故謂之俗」。㉘與同出一道　謂在上者與人民同出於禮義。㉙扁鵲　戰國時名醫。㉚貴其擪息脈血二句　舊注謂「言人之喘息，脈之病可知」。《鹽鐵論・輕重》言「扁鵲撫息脈而知疾所由生」，似出於此。擪息，按脈。擪，用手指按。一呼一吸為一息，中醫切脈以呼息為準則。脈血，脈其血。脈作動詞用。㉛鑑刑　鑑察而定刑。㉜淫辟　淫滯邪僻；放縱於邪惡。㉝以法　原文作「法法」，依王念孫校改。㉞殘賊　傷害；殺害。㉟張　施。

【語譯】修養身心，最上等的是養好精神，其次是保養好形體；治理國家，最上等的是整治好教化，其次是建立正常的法制。神志清靜、平和，身上各種骨節都安寧無事，這是保養心性的根本；使皮肉長得肥潤、腸肚吃得飽、滿足嗜好欲望，這是保養身心的末節。民眾互相推讓而爭著居於下位，放下利益都爭著得利少一些，致力於事業而爭著接受勞苦，一天天受到君王的感化而改惡從善，還不知道為什麼會這樣，這是治理國家根本的結果。因為貪得賞賜而勉勵自己做好事，因為畏懼受到懲罰而不做壞事，上面法令制訂得好而老百姓在下面都服從，這是治理國家末節的結果。上古時代的君主培養的是治國的根本，近古時代的君主致力於治國的末節，這便是太平時代不能出現的原因。想要治理好國家的君主不是每個時代都出現的，而可以一起治理好國家的臣子也不可能一萬人中有一人，用不可能在一萬人中有一個的臣子去尋求不是每一個時代都能產生的君王，這就是一千年賢臣、明君不能相會的原因。

水的性質，柔和而清淨，在幽深山谷中的小水池內長有青苔，這是沒有把水質整治好所造成的。如果把水所流過的地方挖深，將水衝破缺口的地方堆積泥土，把它填滿，使水按照地勢流行，往逐漸降低的地方流去，即使有骨頭、流冰，也不能使它汙穢。流水和池水並不是性質不同，而是一個流得通暢而另一個沒有流動。風俗就像這樣。君主確實能開導民眾美好的志向、能防止他們產生邪惡之心、能開闢為善之道、堵塞姦邪之路，和民眾同走一條道路，那麼民眾的性情就能變得善良，風俗就能變得美好。

人們之所以崇尚扁鵲，並不是崇尚他隨著不同的病而配出不同的藥，而是崇尚他經由按脈而知道病因。人們之所以崇尚聖人，不是崇尚他能根據不同的罪行而確定刑罰，而是崇尚他能知道動亂是怎麼產生的。如果君主不整治風俗，而聽任民眾放縱邪惡行為，然後才隨著處以刑罰，用法令處置他，那樣，即使殺死天下所有的犯人，也不能禁止人們邪惡的行為。禹在夏代成為帝王，桀在夏代遭到滅亡；湯在殷代成為帝王，紂在殷代遭到滅亡，不是法度不存在了，而是法紀沒有實行、風俗敗壞了。

三代之法不亡，而世不治者，無三代❶之智也。六律具存，而莫能聽者，無師曠之耳也。故法雖在，必待聖而後治；律雖具，必待耳而後聽。故國之所以存者，非以有法也，以有賢人也；其所以亡者，非以無法也，以無賢人也。晉獻公欲伐虞，宮之奇存焉，為之寢不安席、食不甘味，而不敢加兵焉。賂❷以寶玉駿馬，宮之奇諫而不聽，言而不用，越疆而去，荀息❸伐之，兵不血刃，抱寶牽馬而去。故守不待❹渠塹❺而固，攻不待衝降❻而拔❼，得賢之與失賢也。故臧武仲以其智存魯❽，而天下莫能亡也；璩伯玉❾以其仁寧衛，而天下莫能危也。《易》曰：「豐其屋，蔀其家，窺其戶，闃其無人❿。」無人者，非無眾庶⓫也，言無聖人以統理⓬之也。

民無廉恥⓭，不可治也。非修禮義，廉恥不立。民不知禮義，法弗能正也；非崇善廢醜，不向禮義⓮。無法不可以為治也，不知禮義不可以行法。法能殺不孝者，而不能使人為孔、曾之行；法能刑竊盜者，而不能使人為伯夷之廉。孔子弟子七十，養徒三千人，皆入孝出悌，言為文章⓯，行為儀表，教之所成也。墨子服役者⓰百八十人，皆可使赴火蹈刃，死不還踵⓱，化之所致也。夫刻肌膚、鑱皮革、被創流血，至難也，然越人為之，以求榮也⓲。聖王在上，明好惡以示之，經⓳誹譽以導之，親賢而進之，賤不肖而退之，而有高世⓴尊顯之名，民孰不從？

【章　旨】這一章論法的實行和有無賢人的關係。論法的實施和禮樂教化的關係。講前者，中心觀點是法正而必須有聖賢之臣來執行方能治理好國家。所謂「法雖在，必待聖而後治」。據此，作者認為三代之法不亡而世不治，就因為沒有具備三代君主那樣智慧的聖賢存在。提出「國之所以存者，非以有法也，以有賢人也；其所以亡者，非以無法也，以無賢人也」。並說宮之奇在虞而晉獻公不敢犯虞，後來宮之奇因諫而不聽以去虞，獻公即滅虞，虞的前後遭遇不同，原因就在於「得賢之與失賢也」。講法的實施和禮樂教化的關係，中心觀點是禮樂教化能發揮法所沒有的作用，而只有禮樂教化的配合，法令才能實行。所謂「民不知禮義，法弗能正也」。「無法不可以為治也，不知禮義不可以行法」。並說「法能殺不孝者，而不能使人為孔、曾之行；法能刑竊盜者，而不能使人為伯夷之廉」，法所不能為者，只有「教」、「化」能成、能致。

【注釋】❶三代　指三代之君。❷賂　贈送財物。❸荀息　晉將。荀息伐虞事見《左傳・僖公五年》。《公羊傳》謂「宮之奇諫，虞公不從其言，終假之道以取郭。還，四年，反取虞，虞公抱寶牽馬而至」。本文「抱寶牽馬而去」，就滅虞之荀息而言。❹不待　無須；不必。❺渠壍　壕溝；護城河。❻衝降　即衝隆。為攻城戰具。〈兵略〉謂「故攻不待衝隆、雲梯而城拔」。❼拔　攻取。❽故臧武仲以其智存魯　臧武仲，魯大夫（官司寇）臧孫紇，武仲為其謚名。他因助季武子而得罪於孟孫氏，孟孫氏告發他將作亂，他逃往邾，後死於齊。《左傳・襄公二十三年》言「仲尼曰：知之難也，有臧武仲之知而不容於魯國，抑有由也，作不順而施不忠也」。武仲入齊，齊侯將賜以田，武仲預見莊公將被殺，故而不受，是其智。本文所言「以其智存魯」事不詳。《左傳・襄公二十三年》及《論語・憲問》皆言武仲入齊前，奔邾，以其采邑防（今山東省費縣東北六十里之華城）請立其兄為臧孫氏先人之後。若以此事為其智，則「存魯」當謂臧孫氏存於魯。如此，「存魯」便與下句中「寧衛」句式有異。今譯仍依同一句式解釋。❾璩伯玉　即蘧伯玉。〈說山〉謂「蘧伯玉以德化」。〈主術〉言：「蘧伯玉為相，子貢往觀之，曰：『何以治國?』曰：『以弗治治之。』簡子欲伐衛，使史黯往觀焉。還報曰：『蘧伯玉為相，未可以加兵。固塞險阻，何足以致之?』」❿豐其屋四句　《易・豐卦》上六爻辭。豐，同「寷」。大屋。蔀，用草或草織的小席所蓋的屋頂。闃，寂靜。⓫眾庶　一般平民。⓬統理　統治；統御。⓭廉恥　廉潔知恥。⓮非崇善廢醜二句　馬宗霍釋謂「言非崇善廢醜，則不知向禮義也。與上文『非修禮義，廉恥不立』，意正相承」。廢醜，猶言止惡。向，嚮往；趨向。⓯文章　禮樂法度。⓰服役者　效勞者。此處指弟子。⓱還踵　同「旋踵」。文中指轉足回頭逃跑。⓲夫刻肌膚四句　舊注謂「越人以箴刺皮，為龍文，所以為尊榮之也」。鑱，刺。原文無「人」字，依王念孫校補。文中所言越人刻肌膚事，即文身之事。以箴刻畫其體，納墨其中，為蛟龍之狀，是謂文身。⑲經 度量；劃分。⑳高世 超乎世俗。

【語譯】三代的法令沒有消亡，而社會卻不能治理好，這是因為沒有具備三代君主那樣智慧的國君。六律完備，而沒有誰能聽得出來，這是因為沒有具備師曠耳力那樣的人。因此三代之法即使存在，一定要有聖人才能治理好國家；六律雖然具備，一定要有識音的人才能聽得出來。所以國家能夠存在，並不在於有法令，而在於有賢明的人；國家滅亡的原因，並不在於沒有法令，而在於沒有賢明的人。晉獻公打算攻打虞國，可是因為宮之奇在虞國，晉獻公為此而睡不安神，吃飯不覺得飯菜香美，而不敢對虞國用兵。獻公把寶玉、駿馬送給虞公，宮之奇勸虞公不要借道給晉國，虞公不聽，他說的話不被採用，便越過疆土而離開了虞國。於是荀息率兵攻打虞國，兵器上連血都沒有沾上，荀息便抱著寶玉、牽著駿馬回晉國去了。所以守衛國土並不一定靠護城河才能守得牢固，攻打敵城並不一定要有衝隆才能把敵城攻下來，關鍵是有賢人還是沒有賢人。所以臧武仲能用他的智慧保存魯國，而使得天下沒有誰能把魯國滅亡；璩伯玉能用他的仁愛使衛國安寧，而使得天下沒有誰能危害衛國。《周易》中說：「屋子高大，用草席蓋屋頂，從門縫往裡看，裡面靜靜地沒有人。」這裡說的沒有人，並不是沒有一般的平民，是說沒有聖人加以統治。

人民沒有廉恥之心，是不能治理好的。而不加強禮義之教，人們的廉恥觀念是不可能樹立的。人民不知道禮義，法令不可能使他們走上正道；不推崇美好的品行而制止邪惡行為，人們不會傾向禮義。沒有法令不能把國家治理好，人民不懂得禮義，國家就不可能實行法令。法令能將不孝之人處以死刑，卻不能使人有孔子、曾子那樣的孝行；法令能將盜竊的人處以刑罰，卻不能使人像伯夷那樣清廉。孔子有弟子七十人，培養的學生有三千人，他們都是出入做到孝敬父母、順從兄長、說出的話能成為禮樂制度、行為能成為人們的標準，這些都是教育的結果。墨子的學生有一百八十人，都可讓他們奔赴火中、腳踩利刃、臨死也不會轉身逃跑，這是教化造成的。刻畫肌膚、刺爛皮肉、受傷流血，這是極難做到的事，但是越地的人卻這樣做，因為他們要通過這樣來求得榮耀。聖明的君王處於高位，辨明好壞給人們看，通過對人們的毀謗、稱譽來加以引導，親近賢人而讓他們出來做官，輕視不賢明的人而將他們黜退，這樣就會有高出世人的尊貴、顯赫的名聲，人民誰會不順從他呢？

古者，法設而不犯，刑錯❶而不用，非可刑而不刑也。百工維時❷、庶績❸咸熙❹、禮義脩而任賢德也。故舉天下之高❺以為三公，一國之高以為九卿，一縣之高以為二十七大夫，一鄉之高以為八十一元士❻。故智過萬人者謂之英、千人者謂之俊、百人者謂之豪、十人者謂之傑。明於天道、察於地理、通於人情、大足以容眾、德足以懷遠、信足以一❼異、知❽足以知變者，人之英也。德足以教化、行足以隱義❾、仁足以得眾、明足以照下者，人之俊也。行足以為儀表、知足以決嫌疑、廉足以分財、信可使守約、作事可法、出言可道者，人之豪也。守職而不廢、處義而不比❿、見難不苟免、見利不苟得者，人之傑也。英俊豪傑，各以小大之才處其位、得其宜，由本流末⓫，以重制輕，上唱而民和，上動而下隨，四海之內，一心同歸，背貪鄙⓬而向仁義⓭，其於化民也，若風之搖草木，無之而不靡⓮。

今使愚教知，使不肖臨⓯賢，雖嚴刑罰，民弗從也：小不能制大、弱不能使強也。故聖主者舉賢以立功，不肖者舉其所與同。文王舉太公望、召公奭⑯而王；桓公任管仲、隰朋⑰而霸，此舉賢以立功也。夫差用太宰嚭而滅，秦任李斯、趙高⑱而亡，此舉所與同。故觀其所舉，而治亂可見也；察其黨與⑲，而賢、不肖可論也。

【章　旨】這一章講君主「任賢德」之事。文章從古代「法設而不犯，刑錯而不用」乃因「禮義脩而任賢德」說起，講到古代用何種人擔任三公、九卿、二十七大夫、八十一元士。說明何為英、俊、豪、傑。這是告訴當今君王如何識出人中英、俊、豪、傑。接著說到「英俊豪傑，各以小大之才處其位、得其宜，由本流末，以重制輕，上唱而民和，上動而下隨」云云。這是告訴當今君主如何使用英俊豪傑，和使用得當的益處。最後又和前面照應，謂不可「使愚教知，使不肖臨賢」，否則「雖嚴刑罰，民弗從也」。並推言「聖主者舉賢以立功，不肖者舉其所與同」。而「觀其所舉」，「治亂可見」，仍然是強調君主舉賢。

本章文字出自《文子・上禮》。

【注　釋】❶錯　即「措」。置。❷百工維時　百工，眾官。維時，維為語助詞。時，善；美。❸庶績　各種事功。❹熙　興盛。《尚書・堯典》謂「允釐百工，庶績咸熙」。❺高　指才德高出時人者。❻元士　官名。即士。天子之士稱元士，以別於諸侯之士。古制，天子有八十一元士。《禮記・王制》：「天子：三公、九卿、二十七大夫、八十一元士。」❼一　統一。❽知　即「智」。❾行足以隱義　馬宗霍謂「隱者，有先事而度之意」，「由先事而度之意引申之，則凡事之闇合者亦得謂之隱。然則『行足以隱義』者，猶言行足以闇合於義耳」。隱義，闇合於義。隱，度。❿比　以暫時的共同利益相互勾結。⓫由本流末　言治政由本至末。⓬貪鄙　貪婪；鄙陋。前者不義，後者不仁。⓭仁義　原文作「義理」，依王念孫校改。⓮其於化民也三句　本於《論語・顏淵》所謂「君子之德風，小人之德草，草上之風，必偃」。⓯臨　統治。⓰召公奭　姓姬，名奭。本為周的支族，因其封地在召（在今陝西省岐山縣西南），故稱召公或召伯。⑰隰朋　齊人。助管仲輔桓公成就霸業，管仲病中曾向桓公推薦朋以代己，二人卒於同一年。⑱趙高　秦時宦官。始皇死，他與丞相李斯矯詔賜長子扶蘇死，立胡亥為二世皇帝。不久殺李斯，自為丞相。又殺二世，立子嬰。子嬰立，殺趙高。⑲黨與　同黨的人。

【語譯】古時候，制訂了法令而沒有人犯法，設置了刑罰而沒有用過，並不是可以用刑而不用刑。是因為所有的官員都把事情做好了、各種事業興旺發達、禮義修治而任用賢明有德之人的緣故。所以推薦天下才德最高的人擔任三公，推薦一國之內才德最高的人當九卿，推薦一縣之內才德最高的人當二十七大夫，推薦一鄉之內才德最高的人作八十一元士。所以智慧超過一萬人的稱為「英」、超過一千人的稱為「俊」、超過一百人的稱為「豪」、超過十人的稱為「傑」。明白天的運行規律、明察地理形勢、通曉人的情性、胸懷寬大能容納眾人意見、德行能安撫遠方之人、信用能把不同主張的人統一起來、智慧能知道萬物的變化，這樣的人就是人中之英。德行能起教化作用、行為闇合大義、仁愛能得到眾人擁護、光明能照耀下層人，這樣的人就是人中之俊。行為能成為大家的表率、智謀能夠決斷嫌疑之事、廉潔能把財物分給別人、信用可以堅守盟約、作的事可以使人效法、說出的話能合於道，這樣的人就是人中之豪。守其職分而不放棄、處理事情合於大義而不為私利相互勾結、遇到危難而不苟且避免、見到利益而不隨便獲取，這樣的人就是人中之傑。讓英、俊、豪、傑，各按才能的大小處於適當的位置，各人都能適度發揮自己的才能；由本源流向末流，用重的制約輕的；君王在上提倡，人民便加以應和；上面一動，下面就跟著行動。四海之內，眾人一心同歸一人，大家背離貪婪、鄙陋之行而歸向仁義。這樣教化民眾，就像風吹動草木，草木沒有不被吹倒的。

現在讓愚蠢的人來教誨聰明的人，讓不賢之人來統治賢明之人，雖然嚴格地施用刑罰，人民還是不會服從：原因在於小的不能制服大的、弱的不能驅使強的。所以聖明的君主總是選用賢明的人來建立功業，不賢的君主則是選用那些和自己相同的人。周文王選用太公望、召公姬奭而使他在天下稱王；齊桓公任用管仲、隰朋而使他成為霸主，這就是選用賢才而成就功業的例子。夫差用太宰嚭而被人消滅，秦朝任用李斯、趙高而滅亡，這是選用和自己相同的人的例子。所以觀察一位君主所選用的人，那麼國家是治理得好還是紛亂不堪就可以看得出來；觀察一個人的同黨，那這個人是賢明還是不賢明就可以論定。

夫聖人之屈者，以求伸也；枉者，以求直也。故雖出邪僻之道、行幽昧之塗❶，將欲以興❷大道、成大功，猶出林之中不得直道、拯溺之人不得不濡足也。伊尹憂天下之不治，調和五味、負鼎俎而行❸，五就桀❹，五就湯，將欲以濁為清、以危為寧也。周公股肱❺周室、輔翼❻成王，管叔、蔡叔奉公子祿父而欲為亂，周公誅之以定天下❼，緣不得已也。管子憂周室之卑❽、諸侯之力征、夷狄伐中國、民不得寧處，故蒙恥辱而不死，將欲以憂夷狄之患❾，平夷狄之亂也。孔子欲行王道，東西南北七十說❿而無所偶⓫，故因衛夫人⓬、彌子瑕⓭而欲通其道。此皆欲平險除穢、由冥冥至炤炤⓮、動於權⓯而統於善者也。

夫觀逐者於其反⓰也，而觀行者於其終也。故舜放弟⓱，周公殺兄，猶之為仁也；文公樹米⓲，曾子架羊⓳，猶之為知⓴也。當今之世，醜必託善以自為解，邪必蒙正以自為辟㉑。遊不論國，仕不擇官，行不辟汙㉒，曰：「伊尹之道也。」分別㉓爭財，親戚㉔兄弟搆怨㉕，骨肉相賊㉖，曰：「周公之義也。」行無廉恥，辱而不死，曰：「管子之趨也。」行貨賂㉗，趣㉘勢門，立私廢公，比周㉙而取容，曰：「孔子之術也。」此使君子、小人紛然淆亂，莫知其是非者也。故百川並流㉚，不注海者不為谷㉛；趨行蹐馳㉜，不歸善者不為君子。故善言歸乎可行，善行歸乎仁義。田子方、段干木輕爵祿而重其身，不以欲傷生、不以利累形。李克㉝竭股肱之力，領理㉞百官、輯穆㉟萬民，使其君生無廢事、死無遺憂，此異行而歸於善者㊱。張儀、蘇秦家無常居，身無定君㊲，約㊳從橫㊴之事，為傾覆之謀，濁亂天下、撓滑㊵諸侯，使百姓不遑啟居㊶，或從或橫，或合眾弱，或輔富強，此異行而歸於醜㊷者也。故君子之過也，猶日月之蝕，何害於明？小人之可㊸也，猶狗之晝吠、鴟之夜見㊹，何益於善？

【章旨】這一章文分二段。第一段舉伊尹、周公、管子、孔子諸人之事為例，說聖人為了成就功業，往往委屈自己。所謂「聖人之屈者，以求伸也；枉者，以求直也。故雖出邪僻之道、行幽昧之塗，將欲以興大道、成大功」。並說聖人如此委屈求全，「猶出林之中不得直道、拯溺之人不得不濡足也」。是不得已而為之。又說聖人這樣作是「動於權而統於善」，目的是「欲平險除穢、由冥冥至炤炤」。第二段先承上段之意提出一個觀點，即觀察人的行為要看事情的結果，不能被事情的表象所迷惑，而看不清問題的本質。繼而揭露當今之世「醜必託善」、「邪必蒙正」的種種表現，認為這樣使得「君子、小人紛然淆亂，莫知其是非」，故本章後幅專一辨君子、小人之別。謂「不歸善者不為君子」，而「善言歸乎可行，善行歸乎仁義」。君子則有「異行而歸於善者」，小人則有「異行而歸於醜者」。所以君子有過如日月有蝕，無害於明；小人認為正當之事便如狗之晝吠、鴟之夜見，無益於善。本章少許言辭出於《文子・上義》。

【注　釋】❶幽昧之塗　即昏暗之路。〈離騷〉：「路幽昧以險隘。」幽昧，昏暗不明。❷興　興起；建立。原文作「直」，依王念孫校改。❸伊尹憂天下之不治二句　舊注謂「伊尹七十說湯而不用，於是負鼎俎，調五味，僅然後得用」。❹就桀　投向夏桀。❺股肱　本指大腿和胳膊，常用以比喻君王之臣，故有輔助之義。❻輔翼　輔佐；輔助。❼管叔蔡叔二句　周武王滅殷，封紂子武庚祿父以續殷祀，祿父得為諸侯，而以管叔、蔡叔傅之。周公旦代成王攝政當國，管叔、蔡叔疑周公將為不利於成王，乃挾武庚作亂。周公承成王命誅武庚、殺管叔而流放蔡叔。奉，尊奉。公子祿父，即紂王之子武庚祿父，祿父為其名。❽卑　衰微。❾將欲以憂夷狄之患　謂將欲以緩和夷狄之禍患。《說文・文部》：「憂，和之行也。」此處「憂」不可訓為愁，當用其本義「和」，有寬緩之義。❿七十說　言到七十個地方遊說。後來李白用此寫詩，謂「仲尼七十說，歷聘莫見收」（〈贈崔郎中宗之〉）。⓫偶　指遇合。⓬衛夫人　舊注謂「衛靈公夫人南子也」。南子與宋公子朝私通，名聲不好。孔子在蘧伯玉處，南子使人言於孔子，謂「欲與寡君為兄弟者，必見寡小君。寡小君願見」。於是孔子見南子。「子路不說，夫子矢（發誓）之曰：予所（意謂如果），否者，天厭之！天厭之」（《論語・雍也》）。⓭彌子瑕　舊注謂「衛之嬖臣」。⓮炤炤　即「昭昭」。明亮。⓯權　權變；靈活。⓰反　同「返」。⓱舜放弟　舜有異母弟象，所「放弟」必為象。然《史記・五帝本紀》言象雖不肖，常與父母作計害舜，而舜「愛弟彌謹」，及踐帝王，「封弟象為諸侯」。或本書作者另有所據，而言「舜放弟」。⓲文公樹米　舊注謂「文公，晉文公也。樹米而欲生之也」。樹，種。⓳架羊　枷羊。把羊聯繫在一起，使之不能相觸、逃跑。架，連架。「枷」之假借字。⓴知　同「智」。㉑辟　同「譬」。打比方。㉒辟汙　避免姦邪之事。㉓分別　分離。㉔親戚　古人把父母兄弟也稱為親戚。㉕搆怨　結成仇怨。㉖賊　害；殺害。㉗行貨賂　行貨；行賂。即賄賂。㉘趣　同「趨」。奔赴。㉙比周　結夥營私。㉚竝流　指眾水朝一個方向流動。㉛谷　兩山之間的水道。原文作「川」，依王念孫校改。㉜踳馳　即舛馳。背道而馳。原文「踳」作「蹐」，依王念孫校改。㉝李克　戰國魏人。為魏守中山，後相文侯。㉞領理　治理。㉟輯穆　和睦。㊱此異行而歸於善者　舊注謂「田子方、段干木、李克，皆魏文侯臣，故皆歸於善」。㊲定君　固定於一個君主。㊳約　相約以行。㊴從橫　即縱橫。合縱、連橫。蘇秦遊說六國諸侯，使之聯合抗秦，稱為合縱（六國位於關東，南北長，長為從）。蘇秦嘗為「合縱長」。張儀遊說六國事秦，稱連橫或連衡。㊵撓滑　擾亂。㊶啟居　安居休息。啟，跪。㊷醜　惡。

㊸可　以為正當者。㊹夜見　指在黑夜中能見物。

【語　譯】聖人委屈自己，是為了求得伸展；他的枉曲是為了求得端直。所以他雖然從邪僻不直的道上出發，而走在昏闇不明的路上，是要由此去建立大道和成就偉大的事業，這就好像從森林中出來找不到筆直的路走、要拯救落水的人不得不打溼腳一樣。伊尹為天下不能太平而憂慮，於是調和五味，背著鼎鍋、砧板而到處奔走，五次奔向夏桀，五次奔向商湯，想要努力把天下的濁亂變得清明、使國家由危險變得安寧。周公輔助周王朝，輔佐周成王，管叔、蔡叔尊奉紂王的公子武庚祿父而想作亂，周公殺了他們來安定天下，這也是沒有辦法的事。管子為周王室的衰微、諸侯用武力征伐、夷狄攻打中原地區、人民不能過安寧日子而憂愁，所以他蒙受恥辱卻不死去，因為他要緩和夷狄帶來的禍患並平定夷狄所造成的混亂。孔子要推行王道，到東西南北七十個地方去遊說而沒有遇合，所以借助衛夫人、彌子瑕而想使他的王道在衛國行得通。這些人的行為都是要鏟平險途、清除汙穢，把國家政治由昏暗引向光明，行動方法靈活而統歸於善。

觀看追逐的人要看他返回時的情況，觀察走路的人要看他到達終點怎麼樣。所以舜流放他的弟弟，周公殺死他的哥哥，仍然是仁愛的人；晉文公把米種進地中，曾子把羊群用木枷枷在一起，仍然是有智慧的人。在當今之世，作惡必定寄託在行善上以自我解脫，行邪必定用為正來自作比方。遊說時不管國家，為宦則不選擇官職，行動不避汙穢，還說：「這是伊尹的做法。」分家爭奪財物，親戚、兄弟之間結成仇怨，骨肉之間相互殺害，還說：「這是周公奉行過的大義。」行為不講廉恥，受辱而不死去，還說：「這是管子所做過的事。」大行賄賂，投向權勢之門，謀求私利，廢棄公道，結黨營私而曲從討好，取悅於人，還說：「這是孔子的做法。」這樣便使得君子和小人亂紛紛地混雜在一起，沒有人知道誰是誰非。所以眾水朝一個方向流動，不流入海中的不是山谷；奔走背道而馳，不歸向善的不是君子。所以好的言語是可以見諸行動的，美好的品行是歸屬於仁義的。田子方、段干木輕視官爵、俸祿而看重他們的身體，不因為欲望而傷害生命，不因為利益而使形體受到牽累。李克竭盡輔佐的力量，治理百官，使萬民和睦，讓他的國君活著的時候沒有被廢棄的事業，死時沒有留下憂慮，這便是行為不同而同歸於善。張儀、蘇秦家無固定的住所，自己沒有固定的國君，整天在做約縱、連橫的事，想的是使他國傾覆的計謀，把天下弄得一片混亂，又擾亂諸侯國，使老百姓無法安居，有時候約縱，有時候又連橫，有時候把許多弱小的國家聯合在一起，有時候又輔助富強的國家，這便是行為不同而同歸於惡。所以君子有過錯，就像日、月有日蝕、月蝕一樣，對日、月的明亮有什麼妨害呢？小人認為是正當的事，就好比是狗在大白天叫、貓頭鷹在黑夜中能看見東西，那對於行善有什麼益處呢？

夫知者不妄為❶，勇者不❷妄發。擇善而為之，計議而行之，故事成而功足賴也，身死而名足稱也。雖有知能，必以仁義為之本，然後可立也。知能蹐馳❸，百事並行，聖人一❹以仁義為之準繩，中之者謂之君子，弗中者謂之小人。君子雖死亡，其名不滅；小人雖得勢，其罪不除。使人左據天下之圖❺而右刎其❻喉，愚者不為也，身貴於天下也。死君親❼之難，視死若歸，義重於身❽也。天下，大利也，比之身則小；身，所❾重也，比之義則輕。義，所全也。《詩》曰：「愷悌君子，求福不回❿。」言以信義為準繩也。

【章　旨】這一章實是對上一章的小結。言如何判別君子、小人，或謂君子當如何而為。總的說法是以仁義為準繩來衡量，君子之行必以仁義為本。所謂「雖有知能，必以仁義為之本，然後可立也」，所謂「百事並行，聖人一以仁義為之準繩，中之者謂之君子，弗中者謂之小人」。本章觀點及部分文字見於《文子・上義》。

【注釋】❶為 原文作「發」，依王念孫校改。❷勇者不 原文無此三字，依王念孫校補。❸踳馳 同「舛馳」。相背而馳。原文作「蹐馳」，依王念孫校改。❹一 皆；全。❺據天下之圖 形容掌握天下權力。據，掌握。天下之圖，指天下土地之圖。❻其 原文無此字，依俞樾校補。❼君親 人君和父母。❽義重於身 此即孔子所謂殺身以成仁、孟子所謂捨生以取義。❾所 原文作「之」，依俞樾校改。❿愷悌君子二句 出自《詩經・大雅・旱麓》。愷悌，和樂簡易。指平易近人。〈旱麓〉中作「豈弟」。愷，樂。悌，易。回，邪；姦邪。

【語譯】有智慧的人不胡亂行動，有勇氣的人不隨便顯出勇氣，他們選擇好事情才去做，計議好了才行動，所以事情完成而功業可以依靠，死後名聲還能為人稱道。即使有智慧、才能，也一定要以仁義為根本然後才能有所建樹。大家的智慧、才能有多種用法，甚至用法相背而馳，大家同時做許多事情，聖人全都用仁義作標準來加以衡量，符合仁義標準的就稱做君子，不符合仁義標準的就稱做小人。君子即使死亡，他的名聲不會沒滅；小人即使得到權位，他的罪惡不能消除。假使讓一個人左手握著他所統治的天下的地圖而右手用刀割斷自己的頸子，愚蠢的人也不願意這樣做，因為人的身體比天下貴重。為君王、父母的禍難而死，把死去看做回家，這是認為義比人的身體重要。天下，是很大的利益，和人的身體相比就很小；身體，是人們所重視的，和義相比，就很輕。義，是人們應該保全的。《詩經》中說：「平易近人的君子，求福不走邪道。」說的是用忠信仁義作為為人的標準。

能❶成霸王之業者，必得勝者也。能得勝者，必強者也。能強者，必用人力者也。能用人力者，必得人心者也。能得人心者，必自得❷者也。故心者，身之本也；身者，國之本也。未有得己❸而失人者也，未有失己❹而得人者也。故為治之本，務在寧民；寧民之本，在於足用；足用之本，在於勿奪時❺；勿奪時之本，在於省事；省事之本，在於節欲❻；節欲之本，在於反性❼。未有能搖其本而靜其末、濁其源而清其流者也。

故知性之情❽者，不務性之所無以為❾；知命❿之情者，不憂命之所無奈何。故不高宮室者，非愛木也；不大鐘鼎者，非愛金⓫也。直行性命之情，而制度可以為萬民儀⓬。今目悅五色，口嚼滋味，耳淫五聲，七竅交爭以害其性，日引邪欲而澆⓭其天和⓮，身弗能治，奈天下何？故自養得其節⓯，則養民得其心矣。

【章　旨】這一章講君主的修養。前一段層層推言，說明「能成霸王之業者」，「必自得者也」。說明「為治之本」，「在於反性」。所謂「自得」乃自得其道。而自得其道，須全其身，因為全身即能與道合。而返諸性為其根本性的內容。返於性即合於道。所以作者把「自得」、「反性」作為君主修養的根本，也把它們作為君主成就霸王之業和治好國家的根本。後一段則說到君主在實際行動中如何「自得」、「反性」。總的做法是「不務性之所無以為」，「不憂命之所無奈何」，而「直行性命之情」。本章觀點及部分文字見於《文子・下德》。

【注　釋】❶能　原文作「欲」，依王念孫校改。❷自得　自得其道。〈原道〉謂「夫有天下者，豈必攝權持勢，操殺生之柄而以行其號令邪？吾所謂有天下者，非謂此也，自得而已。自得，則天下亦得我矣。吾與天下相得，則常相有，己又焉有不得容其間者乎？所謂自得者，全其身者也。全其身，則與道為一矣」。又《文子・符言》謂「能得人心者，必自得者也；自得者，必柔弱者」。❸得己　指得己之心。❹失己　指失己之心。❺奪時　耽誤時節。奪，使喪失。❻節欲　原文作「節用」，依王念孫校改。下句中「節欲」亦依王氏校改而成。節，止。欲，貪。❼反性　返歸本性（受於天而為人所固有的性）。〈詮言〉調「為治之本，務在於安民。……節欲之本，在於反性。反性之本，在於去載。去載則虛，虛則平。平者，道之素也；虛者，道之舍也」。❽性之情　性為道之分化。而「古之聖人，其和愉寧靜，性也」(〈俶真〉)。〈繆稱〉調「性者所受於天也」。情，真實的情況。❾不務性之句　許慎釋〈詮言〉此句調「人性之無以為者，不務也」。❿命　指命運、時運。〈繆稱〉調「所遭於時也」。〈俶真〉調「古之聖人，……其志得道行，命也」。⓫金　金屬的通稱。此處指銅。⓬儀　準則；法度。⓭澆　為減薄、減少之義。⓮天和　天然和氣。原文作「身夫調」三字，依王念孫校改。⓯得其節　調適度。節，法度。

【語　譯】能夠成就霸主、帝王事業的，一定是得到勝利的人。能得到勝利的，一定是強大的人。能夠強大的，一定是善於用人的人。能夠善於用人力的，一定是得到人心擁護的人。能夠得到人心擁護的，一定是自得其道的人。所以心是身體的根本，身體是國家的根本。沒有得己之性而失掉賢人的，也沒有失己之心而能得到賢人的。所以治理國家的根本，在於致力於人民生活的安定；使人民生活安定的根本，在於滿足人民的生活需要；滿足人們生活需要的根本，在於不耽誤農時；不耽誤農時的根本，在於減少事務；減少事務的根本，在於止息貪婪之心；止息貪婪之心的根本，在於返歸本性。世界上沒有搖動樹的主幹而能使樹梢靜止不動的事，沒有把水源攪得渾濁而能使水流清淨的事。

因此知道人性的真實情況的人，不致力於人性所無法做到的事；知道命運的真實情況的人，不為命運所無可奈何的事而憂愁。所以不把宮殿蓋得很高，並不是要愛惜木材；不把鐘、鼎鑄得很大，並不是愛惜銅。直接按照人的性、命的真實情況做事，法令禮俗就可以成為萬民的準則。現在眼睛欣賞五顏六色，口中嚼著滋味香美的佳肴，耳朵沉浸在動人音樂之中，七竅交相爭奪而損害天性，每天都引來邪惡的欲望而使天然和氣減少，自身都不能治理好，又怎麼能把天下治理好呢？所以自我養性恰到好處，那保養萬民就能得到民心的擁護了。

所謂有天下者，非謂其履勢位❶、受傳籍❷、稱尊號❸也；言運❹天下之力，而得天下之心。紂之地，左❺東海，右❻流沙❼，前交趾❽，後幽都❾。師起容關❿，至浦水⓫，士億⓬有餘萬，然皆倒矢而射、傍戟而戰。武王左操黃鉞⓭，右執白旄⓮以麾⓯之，則瓦解而走，遂土崩而下。紂有南面⓰之名，而無一人之譽⓱，此失天下也。故桀、紂不為王，湯、武不為放⓲。周處酆、鎬⓳，地方不過百里，而誓紂牧之野⓴。入據殷國，朝成湯㉑之廟，表㉒商容之閭、封㉓比干之墓、解箕子之囚。乃折枹㉔毀鼓、偃五兵㉕、縱牛馬，搢笏㉖而朝㉗天下，百姓謌謳而樂之，諸侯執禽而朝之，得民心也。

闔閭㉘伐楚，五戰入郢，燒高府㉙之粟、破九龍之鐘㉚、鞭荊平王之墓㉛、舍昭王之宮㉜。昭王奔隨，百姓父兄攜幼扶老而隨之，乃相率而為致勇之寇㉝，皆方命㉞奮臂㉟而為之鬬。當此之時，無將率㊱以行列㊲之，各致其死，卻吳兵，復楚地。靈王㊳作章華之臺㊴，發乾谿之役㊵，外內㊶搔動，百姓罷敝，弃疾乘民之怨而立公子比㊷，百姓放臂㊸而去之。餓於乾谿，食莽㊹飲水，枕塊而死㊺。楚國山川不變、土地不易、民性不殊，昭王則相率而殉之，靈王則倍畔㊻而去之，得民之與失民也。故天子得道，守在四夷㊼；天子失道，守在諸侯。諸侯得道，守在四鄰；諸侯失道，守在四境。故湯處亳㊽七十里，文王處酆百里，皆令行禁止於天下。周之衰也，戎伐凡伯於楚丘以歸㊾。故得道則以百里之地令於諸侯，失道則以天下之大畏於冀州㊿。故曰：「無恃其不吾奪也，恃吾不可奪51。行可奪之道，而非篡弒之行，無益於持52天下矣。」

【章旨】這一章仍說為君之事。謂為君想得民心，就要「得道」。文中先提出「所謂有天下者，非謂其履勢位、受傳籍、稱尊號也；言運天下之力，而得天下之心」。繼而以紂王為武王所滅為例，說紂亡是其「有南面之名，而無一人之譽」。並說「桀、紂不為王，湯、武不為放」，肯定誅弒暴君的正義性，而從王不為王說起。又說周之由小而大，入據殷國，使得「百姓謌謳而樂之，諸侯執禽而朝之」，就在於其行「得民心」。接著又以楚昭王、楚靈王的不同遭遇作比：前者是吳國侵楚，楚人「皆方命奮臂而為之鬬」，結果「卻吳兵，復楚地」。後者是靈王為弃疾等所攻，楚地「百姓放臂而去之」，使之「枕塊而死」。此二事即是「得民之與失民也」。最後說到國君得道可以由小而大，失道則有天下亦畏懼於畿內。告誡君王應「恃吾不可奪」即得道、得民心。本章主要觀點出自《文子・下德》。

【注釋】❶勢位　權勢地位。❷傳籍　自古相傳的圖籍。❸尊號　尊崇帝、后的稱號。❹運　運用。❺左　表示方位，東方稱左。❻右　表示方位，西方稱右。❼流沙　沙漠。❽交趾　古地名。指五嶺以南一帶地區。❾幽都　指北方極遠的地方。❿容關　其地不詳。⓫浦水　渭水。⓬億　指十萬。⓭黃鉞　以黃金為飾之鉞（狀若斧子），天子所用。⓮旄　以犛牛尾做裝飾的旗幟。或指大旗。⓯麾　揮動。⓰南面　居於帝位。或謂為帝。⓱譽　原文作「德」，依王念孫校改。⓲故桀紂不為王二句　桀、紂不是真正的帝王（指不得天下之心），故湯、武滅之並非無理地放弒君主。《孟子・梁惠王下》記載孟子與齊宣王論「湯放桀、武王伐紂」事，孟子曰：「賊仁者謂之賊，賊義者謂之殘。殘賊之人謂之一夫。聞誅一夫紂矣，未聞弒君也。」然《呂氏春秋・舉難》謂「物固不可全也，……湯、武以放弒之謀」。放，放弒；放逐而殺之。⓳酆鎬　酆，一作「豐」，文王滅崇作豐邑，在今陝西省戶縣（舊作鄠縣）東。鎬，鎬京。故地在今陝西省西安市西南，灃水東岸。武王滅商，自酆徙都於鎬。⑳誓紂牧之野　《尚書‧牧誓》言「武王戎車三百兩，虎賁三百人，與受戰於牧野，作牧誓」。牧之野，在今河南省淇縣南。㉑成湯　即天乙。商開國之君，子姓，名履。㉒表　標幟；標記。㉓封　聚土築墳。《尚書‧武成》言：「（武王）一戎衣，天下大定，乃反商政，政由舊。釋箕子囚，封比干墓，式商容閭。」㉔枹　同「桴」。擊鼓杖。㉕五兵　即五戎。指刃、劍、矛、戟、矢，或指弓矢、殳、矛、戈、戟。文中泛指兵器。㉖搢笏　插笏。笏，君臣朝會時所持之手板，臣見君時書其欲奏之事或對命之辭於其上，君亦有笏。㉗朝　天子旦見百官曰朝。此處指接見臣子。㉘闔閭　即闔廬。吳公子光。光使專諸刺殺吳王僚而自立，即為吳王闔廬。闔廬用楚亡臣伍子胥，屢敗楚兵，西元前五〇六年攻入楚都郢。㉙高府　楚國都府庫名。㉚破九龍之鐘　舊注謂「楚為九龍之簴（ㄐㄩˋ，懸掛編鐘、編磬的木架。橫木曰簨，直木曰簴），以縣鐘也」。後來張華《博物志》亦云：「子胥伐楚，燔其府庫，破其九龍之鐘。」㉛鞭荊平王之墓　平王殺子胥之父奢及兄尚，故子胥入楚掘平王墓而鞭其屍。《越絕書‧荊平王內傳》言：「（闔廬）即使子胥救蔡而伐荊。十五戰，十五勝。荊平王已死，子胥將卒六千，操鞭捶笞平王之墓而數之曰：『昔者吾先人無罪而子殺之，今此報子也。』」荊平王，即楚平王。㉜舍昭王之宮　舊注謂「吳之入楚，君舍乎君室，大夫舍大夫室也」。昭王，平王之子，名壬。子胥入郢在昭王十年。昭王出奔，使申包胥請救於秦，秦救楚，敗吳於稷。㉝乃相率而為句　馬宗霍謂「『之』猶『於』也。『寇』斥吳人，吳人入寇於楚，故昭王奔隨。此謂百姓隨王出奔者，相率而為致勇於吳寇也」。相率，相互隨從。致勇之寇，猶言致勇於寇。㉞方命　馬宗霍謂「猶竝命也。百姓同仇，眾志赴敵，故曰竝命」。㉟奮臂　振臂而起。㊱率　同「帥」。原文作「卒」，依王念孫校改。㊲行列　指排列隊伍。㊳靈王　楚靈王。楚康王之寵弟，名圍，後改名熊虔。弒郟敖（楚君，在位四年）自立，在位十二年。㊴章華之臺　臺之遺址在今湖北省潛江縣龍灣區馬長邨。㊵乾谿之役　指築乾谿臺之勞役。乾谿臺舊址在今河南省商水縣西北。《新語‧懷慮》：「楚靈王居千里之地，享百邑之國，作乾谿之臺，立百仞之高。」㊶外內　朝廷內外，外為百官，內為君主的親信左右。㊷公子比　舊注謂「弃疾、公子比，靈王之兄弟」。弃疾先立公子比，又以詐弒之，而自立為王，是為平王，改名熊居。㊸放臂　此與前「奮臂」對言。《春秋公羊傳‧昭公十三年》：「夏四月，楚公子比自晉歸於楚，弒其君於乾谿。」「靈王為無道，作乾谿之臺，三年不成，楚公子棄疾脅比而立之。然後令於乾谿之役曰：比已立矣，後歸者不得復其田里。眾罷而去之，靈王經而死。」㊹莽　草。㊺枕塊而死　枕著土塊而死。《左傳》、《公羊傳》皆謂靈王縊而死。㊻倍畔　即背叛。㊼守在四夷　謂天子行王道，感化四夷為天子之守衛。《左傳‧昭公二十三年》：「古者天子，守在四夷。天子卑，守在諸侯。諸侯，守在四鄰。諸侯卑，守在四竟（境）。」四夷，華夏以外少數民族之通稱。即東夷、南蠻、西戎、北狄。㊽亳　湯始居亳而以其地為都，故地在今河南省商丘縣北。㊾戎伐凡伯句　舊注謂「凡伯，周大夫，使於魯，而戎伐之楚丘」。戎伐凡伯事見《左傳・隱公七年》。凡伯，周公第二子。楚丘，地名。故地在今山東省曹縣東南。㊿冀州　指王畿（國都四周的地區）。《釋名・釋州國》：「冀州，取地以為名也。其地有險有易，帝王所都。」《穀梁傳・桓公五年》楊士勛疏謂「蓋冀州者，天下之中州，自唐虞及夏殷皆都焉，則冀州是天子之常居。……故後王雖不都冀州，亦得以冀州言之」。51不可奪　指得道、得民心。52持　保持。或謂掌握。

【語　譯】所說的擁有天下，並不是說他擁有權勢地位、接受自古相傳的圖籍、獲得尊崇的稱號；而是說他能運用天下人民的力量，能得到天下民心的擁護。紂王的國土，東到東海，西有沙漠，前有交趾，後有幽都。軍隊從容關一直擺到渭水，士兵有十餘萬，但是他們都把箭倒過來射，把戟放在一旁來作戰。周武王左手握著飾有黃金的斧鉞，右手把白旄旗一揮，紂王的士兵就像瓦片碎裂那樣趕快逃跑，於是周武王就好像使土崩塌一樣打垮了紂王。紂有帝王的名義，卻沒有一個人稱讚他，這就是他失去天下的原因。所以夏桀、商紂不是真正的君王，商湯、周武王也不是放逐、殺死他們。周武王住在酆邑、鎬京的時候，土地方圓不過百里，而他卻能在牧野誓師打敗紂王。進入殷的國都以後，到廟裡朝拜成湯、在商容居住的里巷大門上作標記以示表彰、用土築好比干的墳墓、把遭到拘禁的箕子放出來。於是折斷鼓槌、毀壞戰鼓、擱下兵器、縱放牛馬，把笏板插入腰間而接受天下臣子的朝拜，百姓歌唱而感到快樂，諸侯手持禽鳥來朝拜他，這是他得到民心擁護的結果。

闔閭攻打楚國，經過五次戰爭攻入郢都，焚燒高府中的糧食、砸破宮中的九龍鐘，掘開楚平王的墳墓鞭打他的屍體、住在楚昭王的宮中。昭王奔逃到隨地，百姓父老兄弟扶老攜幼跟隨著他，大家跟著一起勇敢地和敵軍拼搏，都同心赴敵、振臂而起而和敵軍戰鬥。在這個時候，沒有將軍來帶領他們擺成行列，各人拼死奮戰，終於打退了吳兵，收復了楚國的土地。楚靈王起造章華臺，又興起造乾谿臺的勞役，朝廷內外為之騷動，百姓們羸弱疲困，弃疾利用人們對靈王的怨恨而立公子比為國君，百姓們放下手臂都離開了靈王。靈王在乾谿挨餓，吃草喝水，枕著土塊死了。楚國的山河沒有變化、土地也沒有改動、民眾的性情也還是和從前一樣，昭王遇難而大家都為他去死，靈王遇難大家都背叛他、離開他，原因就是一個得到民心擁護，一個失去了民心。所以天子執政符合道義，四夷就會成為他的守衛者；天子執政不合道義，諸侯就成為他的守衛者。諸侯執政符合道義，四鄰就會成為他的守衛者；諸侯執政不合道義，守衛他的人就在四方邊境。所以湯所在的亳地只有方圓七十里，文王所在的酆邑只有方圓百里，卻都能使天下的人遵行法令而不觸犯禁令。周朝衰落的時候，戎人在楚丘截獲凡伯把他帶回去。所以執政合於道義，憑著方圓百里的地方也能使諸侯聽從命令；執政不合於道義，即使擁有天下之大也會在京城裡畏懼不已。所以說：「不要依恃人家不會奪取我的天下，而要仗恃我的天下不能被奪取。依照可以被人奪取天下的方法執政，而指責人家篡位、殺君的行為，這對保持政權是沒有益處的。」

凡人之所以生者，衣與食也。今囚之冥室之中，雖養之以芻豢❶，衣之以綺繡，不能樂也，以目之無見、耳之無聞。穿隙穴，見雨零❷，則快然而笑❸，況開戶發牖，從冥冥見炤炤乎！從冥冥見炤炤，猶尚肆然❹而喜，又況出室坐堂、見日月光乎！見日月光，曠然❺而樂，又況登泰山，履石封❻，以望八荒❼，視天都❽若蓋，江、河若帶，萬物在其間者乎？其為樂豈不大哉！

且聾者，耳形具而無能聞也；盲者，目形存而無能見也。夫言者，所以通己於人也；聞者，所以通人於己也。瘖者不言，聾者不聞，既瘖且聾，人道❾不通，故有瘖、聾之病者，雖破家求醫，不顧其費。豈獨形骸有瘖、聾哉？心志❿亦有之。夫指之拘也，莫不事申也，心之塞也，莫知務通也，不明於類也⑪。夫觀六藝⑫之廣崇⑬，窮道德之淵深，達乎無上，至乎無下，運乎無極，翔乎無形，廣於四海，崇於太山，富於江、河，曠然而通，昭然而明，天地之間，無所繫戾⑭，其所以監觀⑮，豈不大哉？

【章　旨】這一章論求學之事。文中第一段用人視野的變化所引起的情緒的變化，標出人們求學可以達到的幾種境界。一是「囚之冥室」，而「不能樂也」；二是「穿隙穴，見雨零」，而「快然而笑」，三是「開戶發牖，從冥冥見炤炤」，而「肆然而喜」；四是「出室坐堂，見日月光」，而「曠然而樂」；五是「登泰山」、「以望八荒」，而「為樂豈不大哉」。從作者對這五種境界的描述，可以看出他對學問的重視，人必求學、學也有樂，為其基本觀念。還可看出他所提倡的學問，是一種大境界的學問。第二段先說人有生理上的聾、瘖，和心志上的聾、瘖，而治前者「雖破家求醫，不顧其費」，而於「心之塞也，莫知務通」，是「不明於類」。這是重申求學的重要性，而對不事於學以通「心之塞」者提出批評。然後極力形容「觀六藝之廣崇，窮道德之淵深」的巨大好處，總言「其所以監觀，豈不大哉」。說明作者所謂學問、所謂求學的大境界，是以六藝之說、道德之論為依歸的。

【注　釋】❶芻豢　牛羊犬豕之類的家畜。❷雨零　落小雨。雨，降雨。零，零雨；徐雨；斷續不止之雨。疾雨曰驟雨，徐雨曰零雨。❸快然而笑　快然，高興的樣子。笑，原文作「歎之」，依王念孫校改。❹肆然　縱情的樣子。❺曠然　開朗之狀。❻石封　指泰山上古代帝王封禪所立之石。❼八荒　八方荒遠之地。❽天都　指天空。❾人道　指人倫。人類社會的道德規範。《荀子・非相》謂「人道莫不有辨，辨莫大於分，分莫大於禮，禮莫大於聖王」。❿心志　心意；意志。⓫夫指之拘也五句　本於《孟子・告子上》所言：「今有無名之指屈而不信，非疾痛害事也。如有能信之者，則不遠秦楚之路，為指之不若人也。指不若人，則知惡之；心不若人，則不知惡，此之謂不知類也。」朱熹集注謂「不知類，言不知輕重之等也」。拘，同「句」。彎曲。申，同「伸」。務，致力；從事。不明於類，指不懂得輕重次序。⓬六藝　與本篇前言「六藝異科」之「六藝」同。即《詩》、《書》、《易》、《禮》、《樂》、《春秋》。⓭廣崇　廣博；高深。⓮無所繫戾　馬宗霍謂「猶言無所乖隔也。乖隔則不相入。無所乖隔，亦即無所不合也」。繫戾，即擊戾。拂戾（不和順）、乖隔（不相合）。繫，通「擊」。⓯監觀　猶言觀看、審視。《詩經．大雅．皇矣》「監觀四方，求民之莫」，朱熹注謂「監，亦視也」。

【語譯】人之所以能夠生存，靠的是穿衣吃飯。現在把一個人拘禁在一間闇室中，即使讓他有各種肉吃，讓他穿華美絲織品縫的衣裳，他也不可能快樂，因為眼睛看不到什麼、耳朵聽不見什麼。他鑿穿一個洞，看到外面雨兒慢慢地下，就會高興得笑起來，更何況打開門、推開窗戶，從黑暗中見到光明呢！從黑暗中見到光明，尚且還會縱情地喜悅，又何況讓他從闇室中走出來坐到正屋中、看見太陽、月亮的光亮呢！看見日、月的光亮，便會心情開朗、快樂，又何況讓他登上泰山、走到歷代帝王封立的石碑附近，而眺望八方荒遠的地方，看那天空就像一個傘蓋、長江、黃河就像兩根衣帶、萬物都在天地中間呢？那樣得到的快樂難道不是很大嗎？

況且耳聾的人，長著耳朵而不能聽見聲音，眼睛瞎了的人，長著眼睛而不能看見東西。說話，是把自己的想法傳達給別人；聽話，是把別人的想法傳達給自己。啞巴不會說話，聾子不能聽見別人說的話，既是啞巴又是聾子，就不能知道做人的規矩。所以患有聾、啞疾病的人，即使求醫治病要毀掉家，也不顧花費得多。哪裡只是人的形體有啞病、聾病呢？人的心志也有啞病、聾病。人的指頭彎曲後，沒有誰不把它伸直的，但心被堵塞後，卻沒有誰努力把它開通，這是不知道事情輕重次序的表現。觀察六藝的廣博高深，窮盡道德的無比深邃，就能上達最高的地方，下達最深的地方，運行到沒有極限的地方，翱翔在無形之中，所到之處比四海還要寬廣，比太山還要崇高，比長江、黃河的水還要多，空曠無限而暢通無阻，明明白白而十分清楚，天地之間，沒有什麼東西和他乖隔不通的，這樣他所看到的世界，難道不是很大嗎？

人之所知者淺❶，而物變無窮，曩不知而今知之，非知益多也，問學之所加也。夫物常見則識之，嘗為則能之，故困其患則造其備❷，犯其難則得其便。夫以一世之壽，而觀千歲之知，今古之論，雖未嘗更也，其道理素具，可不謂有術乎？

人欲知高下而不能，教之用管準❸則說❹；欲知輕重而無以，予之以權衡則喜；欲知遠近而不能，教之以金目❺則快❻，又況❼應無方❽而不窮❾，犯大難而不懾，見煩繆❿而不惑，晏然⓫自得，其為樂也，豈直⓬一說之快哉！夫道，有形者皆生焉，其為親亦戚⓭矣；享穀食氣者⓮皆受焉，其為君⓯亦惠矣；諸有智者皆學焉，其為師亦博矣。射者數發不中，人教之以儀⓰則喜矣，又況生儀者乎！

人莫不知學之有益於己也，然而不能者，嬉戲害之⓱也。人皆多以無用害有用，故智不博而日不足⓲。以鑿觀池⓳之力耕⓴，則田野必辟㉑矣。以積土山之高脩隄防，則水用必足矣。以食狗馬鴻鴈之費養士，則名譽必榮矣。以弋獵博弈㉒之日誦《詩》、讀《書》，則㉓聞識必博矣。故不學之與學也，猶瘖、聾之比於人也㉔。

【章　旨】這一章承上一章而言，續論為學之事。文中先說學可以增加人的知識，「以一世之壽，而觀千歲之知」，可以使人「有術」。仍是談求學的好處。接著說人能學到解決實際問題的本領，其樂也無窮。而能學到產生這些技能的根源——道，那就更令人可喜。再次表明「道」是人們學習最重要的內容。最後講為什麼人們知道學之於己有益卻不能學，主要是「嬉戲害之也」。說若把「弋獵博弈之日」用來讀書求學，則「聞識必博」。指出「人皆多以無用害有用，故智不博而日不足」。

【注　釋】❶淺　少。與下句中「多」對言。❷故困其患則造其備　俞樾謂「言困於患難則造作其備也。與下句『犯其難則得其便』一律」。困，原文作「因」，依俞樾校改。❸管準　水準器。❹說　同「悅」。❺金目　舊注謂「深目，所以望遠近、射準也」。姚範疑金目類似眼鏡之物（見《援鶉堂筆記・雜識》）。❻快　原文下有「射」字，依陳觀樓校改。❼況　原文下有「知」字，依俞樾校刪。❽無方　沒有法度、規律。❾窮　原文下有「哉」字，依俞樾校刪。❿煩繆　煩雜紛糾（紛亂、紛淆）。⓫晏然　安逸的樣子。⓬直　僅。⓭戚　親近。⓮享穀食氣者　食用穀物者（指一般的人）、食用空氣者（指習道之仙人）。〈墬形〉謂「食氣者神明而壽，食穀者知慧而夭」。⓯君　君主。此「君」及下句中「師」皆比喻「道」。⓰儀　法度。此處指射法。⓱害之　原文作「害人」，依王念孫校改。⓲日不足　指時間不夠用來學習。⓳觀池　觀賞用的水池。⓴力耕　盡力耕作。㉑辟　同「闢」。開墾。㉒博弈　博，古代的一種棋局。弈，圍棋。弈但行棋，博先擲采（骰子）然後行棋。後人不行棋而專擲采，遂以擲采為博。㉓則　原文無此字，依劉文典校補。㉔故不學之與學也二句　謂拿人的聾、啞作比，「不學」即是聾、啞，「與學」則是去聾、去啞。

【語　譯】人所知道的很少，可是事物的變化卻沒有窮盡，過去不知道的今天知道了，並不是智慧增多了，而是向人請教而增加了知識。一件事物，經常看見就認識它了；一件事情，曾經做過就會做了，所以困於患難中就造作防備之物，遭遇困難時就能想出便利的方法。靠著一生的年歲，而能領會千年的知識，古今的說法，雖然未曾親身經歷，但那道理平素就具備了，這種人，能不認為他有學問嗎？

一個人想知道地勢的高低而沒有辦法做到，教他使用水準器他就會很喜悅；想知道物體的輕重而無法做到，給他秤和秤錘他就會很高興；不知道距離的遠近，告訴他用金目測算遠近他就會很快樂，又何況應對那些不按規律出現的事物而不會困窘，遇到災難而不害怕，看見煩雜紛亂的情況而沒有疑惑，很安逸地自覺得意，那種歡樂，哪裡僅僅是聽到一種說法後那樣愉快呢！道，凡是有形體的東西都會產生它，它和有形之物的關係也夠親近的了；食用穀物的、食用空氣的都接受了道，它作為君主也是夠恩惠的了；眾多有智慧的人都學道，它作為老師知識也夠廣博的了。射箭的人射了幾次都射不中，有人教他射箭的方法，他就會很高興，又何況是教給他產生射箭方法的道呢！

人沒有誰不懂得求學對自己是有益處的，但是卻不能好好求學，這是好玩樂害了他。人們大都用無用之事來妨害有用之事，所以智慧不多而時間不夠用。把挖掘觀賞用水池的力氣用來翻耕土地，田野一定會開闢出來。用堆高土山的力量去修隄防，用水一定會很充足。把飼養狗、馬、鴻、鴈所花的費用拿來奉養士人，他的名譽一定很光榮。把射鳥、捕捉野獸和擲采、下圍棋的時間用來誦讀《詩經》、《尚書》，他的見聞、知識一定很廣博。所以不學習和學習，就像一個是有啞、聾毛病的人，一個是去掉啞、聾毛病的人。

凡學者能明於天人之分❶，通於治亂之本，澄心清意以存之，見其終始，可謂知略❷矣。

天之所為，禽獸草木；人之所為，禮節制度，搆而為宮室，制而為舟輿是也。治之所以為本者，仁義也；所以為末者，法度也。凡人之所以事生者，本也；其所以事死者，末也。本末，一體也；其兩愛之，性也❸。先本後末，謂之君子；以末害本，謂之小人。君子與小人之性非異也，在所❹先後而已矣。草木之性❺，洪者為本，而殺者❻為末。禽獸之性，大者為首，而小者為尾。末大於本則折，尾大於要則不掉矣❼。故食其口而百節肥，灌其本而枝葉美。天地之性❽物也有本末，其養物也有先後。人之於治也，豈得無終始哉？故仁義者，治之本也。今不知事脩其本，而務治其末，是釋其根而灌其枝也。

且法之生也，以輔仁義。今重法而棄仁❾義，是貴其冠履而忘其頭足也。故仁義者，為厚基者也，不益其厚而張其廣者毀；不廣其基而增其高者覆。趙政不增其德而累其高，故滅；智伯不行仁義而務廣地，故亡。《國語》曰：「不大其棟，不能任重。重莫若國，棟莫若德❿。」國主之有民也，猶城之有基、木之有根。根深則木⓫固，基美則城堅，民安則⓬上寧。

【章旨】這一章第一節為上章至本章的過渡性文字。說明作者所講的「學」，是要「明於天人之分，通於治亂之本」。還要能「澄心清意以存之，見其終始」。以下便解說何謂「天人之分」、「治亂之本」，而特別詳論後者。文中說到人之養生有本末、草木之性有本末、禽獸之性有本末、天地生物有本末，而人君治國也有本末，「治之所以為本者，仁義也；所以為末者，法度也」。並說：「今不知事脩其本，而務治其末，是釋其根而灌其枝也」。第三節則進一步論述治之本與治之末即仁義和法度的關係。提出「法之生也，以輔仁義」，「仁義者，為厚基者也」。從這個觀點出發，作者反對「重法而棄仁義」，反對「不益其厚而張其廣」和「不廣其基而增其高」。還說「國主之有民」，「猶城之有基、木之有根」根深基美才能木固城堅，而「民安則上寧」。本章文字多出自《文子・上義》。

【注　釋】❶凡學者能明句　《莊子・大宗師》謂「知天之所為、知人之所為者，至矣」。又說「天與人不相勝也，是之謂真人」。《荀子・天論》謂「明於天人之分，則可謂至人矣。不為而成，不求而得，夫是之謂天職。如是者，雖深，其人不加慮焉；雖大，不加能焉；雖精，不加察焉：夫是之謂不與天爭職」。天人之分，意如天人之際。指天道和人道之間的關係。❷略　謀略。指治國之謀略。❸本末四句　王念孫謂「言本末兼愛，人性皆然」。原文「性」上有「一」字，依王念孫校刪。《莊子・天地》謂「形體保神，各有儀則，謂之性」。❹在所　原文作「所在」，依王念孫校改。❺之性　原文無此二字，依劉文典校補。❻殺者　指草木衰敗、凋謝之枝葉。❼尾大於要句　《左傳・昭公十一年》「末大必折，尾大不掉」。又賈誼〈治安策〉亦謂「一脛之大幾如要，一指之大幾如股，平居不可屈信」。要，同「腰」。掉，轉動。❽性　即「生」字。原文下有「也天地之生」五字，依王念孫校刪。❾仁　原文無此字，依王念孫校補。❿不大其棟四句　出自《國語・魯語》。原文《國語》上有「其」字，依王念孫校刪。棟，屋中的正梁。⓫木　原文作「本」，依王念孫校改。⓬城堅民安則　原文本無，依楊樹達校補。

【語　譯】凡是求學的人，能夠明白天道、人道之間的關係，通曉國家清明、安定或動蕩不安的原因，而能澄心靜意把它記住，能見其發展脈絡，這可以說是懂得謀略。

　　大自然所做的事，是產生禽獸草木；人類所做的事，是規定好禮節制度，建造宮室、製造車和船也是人類所做的事情。作為治理國家的根本，是仁義；作為末節的，是法度。凡是人們所做的養生之事，都是掌握根本；而所做的對死亡的探求，是末節。根本和末節，是一個整體；而人對兩者都喜愛，是人的特性。先做根本之事而後顧及末節，這就稱為君子；用末節來損害根本，叫做小人。君子和小人的本性並不是不相同，不過是對待本末的先後不同罷了。草和樹木的特性是粗大的為根本，而衰敗、凋謝的是末節。禽獸的特性，長得大的部分是牠們的頭，長得小的部分是尾巴。樹木的末端比根部還要粗大，就會折斷；禽獸的尾巴比腰還要粗，就不能轉動尾巴了。所以口中進食而使百節長得粗大，把水澆灌在草木的根上而使枝葉長得茂盛。天地產生萬物有本有末，它們長養萬物有先有後。人們治理國家，難道就沒有終結和起始嗎？所以，仁義是治理國家的根本。現在不知道做修治根本的事，而盡力修治末節，這是丟下根本而去澆灌枝葉。

況且法度的產生，是用來幫助推行仁義的。現在重視法度而拋棄仁義，這是看重帽子、鞋子而忘記了他的頭和腳。所以仁義就好像是一個厚實的基礎，不加深它的厚度而擴張它的廣度，這個基礎就會被毀掉；不加大它的廣度而增加它的高度，這個基礎就會傾覆。秦始皇趙政不增多他的德行而把自己的地位堆積得很高，所以秦王朝被消滅了；智伯不奉行仁義而竭力擴大土地，所以滅亡。《國語》上說：「不用粗大的木材做屋的正梁，那正梁就承受不了重東西。重東西中沒有比國家更重的，棟梁之大也沒有比德更大的。」國君擁有人民，就好像城牆有基礎、樹木有根本。根長得深，樹木就結實，基礎打得好，城牆就堅固，人民安定，居於上位的人就安寧。

五帝三王之道，天下之綱紀、治之儀表❶也。今商鞅之啟塞❷、申子之三符❸、韓非之〈孤憤〉❹、張儀、蘇秦之從橫❺，皆掇取之權❻、一切❼之術也，非治之大本、事之恆常❽、可博聞❾而世傳❿者也。子囊⓫北⓬而全楚，北不可以為庸⓭；弦高誕而存鄭，誕不可以為常。今夫雅、頌之聲，皆發於詞、本於情，故君臣以睦、父子以親。故〈韶〉、〈夏〉⓮之樂也，聲浸乎金石、潤乎草木。今取怨思之聲，施之於絃管，聞其音者，不淫則悲，淫則亂男女之辯⓯，悲則感怨思之氣，豈所謂樂哉！趙王遷流於房陵⓰，思故鄉，作為〈山木〉⓱之嘔⓲，聞者莫不殞涕⓳。荊軻西刺秦王，高漸離、宋意為擊筑⓴，而謌於易水之上，聞者莫不瞋目裂眦，髮植㉑穿冠。因以此聲為樂而入宗廟，豈古之所謂樂哉！故弁冕、輅輿㉒，可服㉓

而不可好也；大羹之和㉔，可食而不可嗜也；朱弦㉕漏越㉖，一唱而三歎，可聽而不可快也。故無聲者，正其可聽者也；其無味者，正其足味者也。吠聲㉗清於耳、兼味㉘快於口，非其貴也。

故事不本於道德者，不可以為儀；言不合乎先王者，不可以為道；音不調乎「雅」、「頌」者，不可以為樂。故五子㉙之言，所以便說㉚掇取也，非天下之通義㉛也。

【章旨】這一章講君主治國之道，共分兩種，一是「治之大本」，所謂「五帝三王之道，天下之綱紀、治之儀表也」。一是「掇取之權、一切之術」。雖然作者也肯定憑權宜之術能獲得某種成功，如「子囊北而全楚」、「弦高誕而存鄭」，但總認為其做法不合於道，而「非天下之通義」。可見作者所言之道，還是在說治國之本。前章已說仁義、道德為本，本章重申「事不本於道德者，不可以為儀；言不合乎先王者，不可以為道」。為了說明權宜之術不可為治國之本的道理，文中特以趙王遷、荊軻之歌能征服聽者而不可入宗廟為例，並因此而提出「無聲者，正其可聽者也；其無味者，正其足味者也」，這些正反映出了作者特有的審美觀念。

【注釋】❶儀表　法則；標準。❷啟塞　舊注謂「啟之以利，塞之以禁，商鞅之術也」。啟，開啟。塞，閉塞。❸申子之三符　申不害，京（今河南省滎陽縣東南）人，其學本於黃老而主刑名。嘗為韓昭侯之相，使韓國治兵強。舊注謂「申不害治韓，有三符驗之術」。❹韓非之孤憤　韓非，韓之公子，喜刑名法術之學，而歸本於黃老。〈孤憤〉為其代表作。舊注謂「韓非說孤生之憤志」。《史記・韓非列傳》：「故作〈孤憤〉、〈五蠹〉、〈內外儲〉、〈說林〉、〈說難〉十餘萬言。」司馬貞《史記索隱》云：「〈孤憤〉，憤其孤直不容於時也。」楊樹達則謂「韓非書有〈孤憤〉，憤法術之士勢孤乏助也」。❺從橫　舊注謂「蘇秦合六國為從，張儀說為衡」。❻掇取之權　猶言拾取之權術（權謀機變之手段、方法）。❼一切　權宜。❽恆常　固定不變。❾博聞　多聞。此處言使人多聞。❿世傳　謂使世人相傳。⓫子囊　名貞，子囊為其字。春秋楚莊王之子、共王之弟，嘗為令尹。⓬北　逃跑。舊注謂「逐走」。⓭庸　常。⓮韶夏　韶，樂曲名，傳為舜所作。《論語・述而》：「子在齊聞〈韶〉，三月不知肉味。」夏，樂曲名，傳為禹所作。⓯辯　同「辨」。別。⓰房陵　古縣名，治所即今湖北省房縣。秦始皇時，先後徙嫪毐等四千餘家及趙王遷、呂不韋家於房陵。趙王遷為趙悼襄王之子，悼襄王廢嫡子嘉而立其為趙王。遷素無行，信讒，誅良將李牧，後為所虜，流放於房陵。⓱山木　歌曲名。原文作「山水」，依王念孫校改。⓲嘔　同「謳」。歌曲。⓳殞涕　落淚。⓴荊軻西刺秦王二句　本文舊注謂「荊軻，燕人，太子丹之客。丹怨秦王，故遣軻刺之。高漸離、宋意，皆太子丹之客」。筑，古之絃樂器名。「形如琴，十三弦。鼓法：以左手扼之，右手以竹尺擊之」（《格致鏡原》卷四六）。㉑植　豎立。㉒弁冕輅輿　弁、冕均為冠名。男子穿禮服時所戴之冠曰弁，吉禮之服用冕，通常禮服用弁。輅輿，大車；天子所乘之車。㉓服　駕；拉車。㉔大羹之和　大羹，即泰羹。祭祀用的肉汁。不和鹽梅（酸梅）。舊注謂「大羹不和五味」。㉕朱弦　舊注謂「練絲」。㉖漏越　疏越；穿越。指音聲節奏緩。舊注謂「漏，穿。越，琴瑟兩頭也」。《禮記・樂記》謂「清廟之瑟，朱弦而疏越」。鄭注云：「越，琴底孔晝，疏之使聲遲也。」㉗呋聲　淫聲；浮靡而不正的樂曲。《玉篇》：「呋，婬（淫）聲。」原文作「吠聲」，依王念孫校改。㉘兼味　多種味道。指味道濃烈的食物。㉙五子　商鞅、申子、韓非、蘇秦、張儀。㉚便說　權宜之說。㉛通義　通常不變的義理；通則。

【語譯】五帝三王的主張是統治天下的綱領，治理國家的法則。這商鞅的開啟、閉塞之術，申不害的三符驗的做法、韓非子的〈孤憤〉所講的法治之術、張儀、蘇秦的縱橫之術，都是拾取的權變之法、權宜之術，不是治國的根本要領，不是事物固定不變的準則，不是能使人博聞而使世人相傳的做法。子囊敗逃而保全楚國，但是敗逃不能作為常用的做法；弦高用欺騙手段保住了鄭國，但是欺騙也不能成為處事的常則。現在雅、頌的樂聲，都是出自於詞、原本於情，所以君臣聽了上下和睦，父子聽了彼此親近。所以像〈韶〉、〈夏〉那樣的樂曲，它們的樂音能浸潤金石、浸潤草木。現在把表達怨恨、懷念感情的樂曲用管絃樂器演奏出來，聽到樂音的人，不是淫蕩就會悲哀，一淫蕩就會擾亂男女之別，一悲哀就會觸動人的怨恨、思念之氣，這哪裡是所說的快樂呢！趙王遷被秦始皇流放到房陵，他思念故鄉，創作出了〈山木〉的歌曲，聽見的人沒有不落淚的。荊軻到西邊去刺殺秦王，高漸離、宋意替他擊筑，而他在易水邊歌唱，聽見他們演唱的人，沒有誰不怒目圓睜好像眼眶要睜裂開來一樣、頭髮豎立要穿過帽子似的。因此就以這種樂聲作為祭祖的樂曲在宗廟內演奏，聽者所產生的感受哪裡是古人所說的快樂呢！所以弁冕、大車，可以戴一戴、坐一坐，卻不能過於喜好；肉汁不用五味調和，可以吃一吃，卻不能對它有特殊的愛好；琴瑟朱絃音響從底孔緩緩傳出，一人唱歌，三人讚歎而加以應和，這樣的音樂可以聽，卻不能使人感到快樂。所以沒有聲響的音樂，正是適宜聽的音樂；沒有味的東西，正是味道充足的東西。浮靡不正的歌曲聽起來感到清新，多種味道的菜肴吃起來感到很痛快，但不是值得重視的東西。

所以做的事情不是以道德作為根本，就不能作為法度；說的話不符合先王的說法，就不能作為大道；聲音不能與「雅」、「頌」的樂調協調的，不能用做樂曲。所以商鞅等五人所說的，都是根據情勢臨時變通提出的一些主張，是拾取的權宜之術，而不是天下都能用的通用法則。

聖王之設政施教也，必察其終始，其縣法立儀，必原其本末，不苟以一事備❶一物而已矣。見其造❷而思其功，觀其源而知其流，故博施而不竭，彌久而不垢❸。夫水出於山而入於海，稼生於田而藏於倉，聖人見其所生，則知其所歸矣。故舜深藏黃金於嶄巖❹之山❺，所以塞貪鄙之心也。儀狄為酒，禹飲而甘之，遂疏儀狄而絕旨酒，所以遏流湎之行也❻。師延為平公鼓朝歌北鄙之音❼，師曠曰：「此亡國之樂❽也。」大息❾而撫止❿之，所以防淫辟⓫之風也。故民知書而德衰、知數⑫而厚衰、知券契而信衰、知械機⑬而空⑭衰也。巧詐藏於胸中，則純白不備，而神德不全矣⑮。

瑟⑯不鳴，而二十五絃⑰各以其聲應；軸不運，而三十輻各以其力旋。絃有緩急小大然後能⑱成曲，車有勞逸動靜而後能致遠。使有聲者，乃無聲者也；能致千里者，乃不動者也。故上下異道⑲則治，同道則亂。位高而道大者從⑳，事大而道小者凶㉑。故小快害義，小慧害道，小辯㉒害治，苛削㉓傷德。大政不險㉔，故民易道㉕；至治寬裕㉖，故下不賊㉗；至忠復素，故民無匿㉘。

【章　旨】這一章有兩層意思。一說聖人設政施教必察其終始，懸法立儀必原其本末。寫法是先說其理再舉其例。說理則謂「見其造而思其功，觀其源而知其流，故博施而不竭，彌久而不垢」。舉例則以舜深藏黃金於嶄巖之山、禹疏儀狄而絕旨酒、師曠撫止朝歌北鄙之音三事言之，說明聖人能見始知終。而文中說「民知書而德衰」云云，也是講見始知終之事，說巧詐藏於胸中，即純白不備、神德不全，則是對四知而有四衰的解釋。二是以瑟之「使有聲者，乃無聲者也」、車之「能致千里者，乃不動者也」為例，說明君臣「上下異道則治，同道則亂」。並且指出君主道大能行，而事大道小則不吉利，要求君主去小快、小慧、小辯、苛削而不為。本章主要觀點和大部分文字出自《文子・微明》。

【注　釋】❶備　預防。❷造　開始。❸垢　汙；玷汙。❹嶄巖　即巉巖。險峻的樣子。❺丘山　大山。丘，巨。原文作「之山」，依蔣禮鴻校改。❻儀狄為酒四句　《北堂書鈔・流刑》條下引本文，作「儀狄造酒，禹嘗而美之，曰：『後世必有以酒亡國者。』乃疏儀狄」。疏，疏遠。旨酒，美酒。旨，味美。流湎，指沉溺於酒。❼師延為平公句　舊注謂「(衛) 靈公宿於濮水之上，聞琴音，召師涓而寫之，蓋師延所為紂作朝謌北鄙之音也」。朝歌，故址在今河南省淇縣，商紂都城。北鄙，北部邊區。❽亡國之樂 舊注謂「靈公進新聲平公，平公以問師曠，師曠曰：『紂子師延作靡靡之樂。紂亡，師延東走，自投濮水而死。得此音必於濮上也。』」❾大息 即太息。出聲長歎。❿撫止 用手按而禁止之。以手按之曰撫。原文無「止」字，依俞樾校補。師曠之事見《韓非子・十過》。⓫淫辟 放縱與邪惡。⓬數 技藝；方術。⓭械機 指機心巧智。⓮空 空空；誠實、淳樸的樣子。其義同「矼」。《莊子・人間世》謂「德厚信矼，未達人氣」。本文四衰之「德、厚、信、空」即《莊子》之「德厚信矼」。原文作「實」，依蔣禮鴻校改。⓯巧詐藏於胸中三句 本於《莊子・天地》所謂「機心存於胸中，則純白不備；純白不備，則神生不定；神生不定者，道之所不載也」。神生，即神性。⓰瑟 原文作「琴」，依王念孫校改。⓱二十五絃 《史記・封禪書》：「或曰：太帝使素女鼓五十絃，瑟悲，帝禁不止，故破其瑟為二十五絃。」⓲能 原文無此字，依王念孫校補。⓳異道 指君臣不同道，君主有為而臣下無為。〈主術〉謂「主道員」、「臣道方」，「是故君臣異道則治，同道則亂。各得其宜、處其當，則上下有以相使也」。⓴從 猶「行」。㉑凶 不吉利。㉒小辯 小辯說。㉓苛削 苛刻。㉔大政不險 大政，即好的政治。險，險惡。㉕道 同「導」。引導；教導。㉖至治寬裕 言政治寬容。至治，最完美的政治。寬裕，寬容。㉗賊 害。原文上有「相」字，依王念孫校刪。王氏謂「政寬則不為民害，故曰『至治寬裕，則下不賊』」。㉘至忠復素二句 王念孫謂「言至忠復素，則民無姦慝也」。復素，指恢復樸素之本性。匿，同「慝」。邪惡。原文下有「情」字，依王氏校刪。

【語譯】聖明的君王處理政事、施行教化，一定要考察它的終始由來，他制定法律、確立規則，一定要弄清它的本末，不隨隨便便用一件事情來預防一種事物的出現。看到事情的起始而能想到它的功效，觀察事物的源頭而能知道它的支流，所以施捨廣泛而不會枯竭，時間長久而不會出現毛病。水從山中流出而注入海中，莊稼生長在田中而收藏在倉庫裡，聖人看到它們生長的地方就知道它們會歸向何處。所以舜把黃金深藏在險峻的大山中，用來堵塞世人的貪婪、鄙賤之心。儀狄創造酒，禹喝後覺得味道很美，於是便疏遠儀狄而杜絕美酒，用來阻止人們沉溺於酒的行為。師延為晉平公彈奏朝歌北部地區的靡靡之音，師曠說：「這是使國家滅亡的音樂。」於是長歎而按住琴絃要師延停止彈奏，這是要防止放縱與邪惡的風氣。所以民眾會讀書那麼德行就會衰減、懂得技藝那麼純厚就會衰減、懂得立契據那麼誠實就會衰減、知道用機心巧智那麼淳樸就會衰減。智巧、詐術藏在胸中，純潔、素白的心性就不具備，而心神德性就不全了。

瑟沒有響聲，而二十五根絃各以自己的聲音和它應和；車軸沒有動，而三十根輻條各自都使出自己的力量旋轉。絃有細有粗，有彈得快的，有彈得慢的，然後才能彈成曲子，車的部件有的辛勞，有的安逸，有的動，有的靜，然後才能到達遠處。使絃發出聲響的，是不發出聲響的瑟；能使車輻運轉千里的，是不動的軸。所以君臣上下做法不同，國家就會治理得好；做法相同，國家就會混亂不堪。地位高而所奉行的道大的就行得通，事情很大而道術淺薄就會不吉利。所以小的痛快會妨害大義，小的智慧會妨害大道，小的辯說會妨害對國家的治理，苛刻會傷害德行。好的政治沒有險惡的特點，所以人民很容易加以引導；最好的政治具有寬容的特點，所以向下不會傷害人民；最好的忠誠具有恢復人的素樸本性的特點，所以人民不做邪惡的事情。

商鞅為秦立相坐之法❶，而百姓怨矣；吳起為楚張減爵之令❷，而功臣畔❸矣。商鞅之立法也、吳起之用兵也，天下之善者也。然商鞅之法亡秦，察於刀筆之跡❹，而不知治亂之本也。吳起以兵弱楚，習於行陳❺之事，而不知廟戰❻之權也。晉獻公之伐驪，得其女，非不善也，然而史蘇歎之❼，見其四世之被禍❽也。吳王夫差破齊艾陵❾、勝晉黃池❿，非不捷⓫也，而子胥憂之，見其必擒於越也。小白⓬奔莒⓭，重耳奔曹，非不困也，而鮑叔、咎犯⓮隨而輔之，知其可與至於霸也。句踐棲於會稽，修政不殆⓯，謨慮⓰不休，知禍之為福也。襄子再勝⓱而有憂色，畏福之為禍也。故齊桓公亡汶陽之田而霸⓲，智伯兼三晉⓳之地而亡。聖人見福[20]於重閉之內[21]，而慮患於九拂之外[22]者也。

【章旨】這一章仍講設政施教必察其終始、原於本末。值得注意的是，作者對靈活應用政策的做法並不否定。文中一方面批評商鞅之法亡秦是「不知治亂之本」，一方面又批評吳起以兵弱楚是「不知廟戰之權」。可見作者論治政之道，是既重根本，也不輕視權變之術。不過在論述時各有所側重罷了。這一章講的最多的是見始知終之事，文中說史蘇為晉獻公得驪君之女而歎，子胥為夫差破齊勝晉而憂，鮑叔隨小白、咎犯隨重耳，句踐修政於會稽，趙襄子再勝而憂等，都是能見始知終。最後說「聖人見福於重閉之內，而慮患於九拂之外」，則對見始知終的意義作了更高的概括。

【注釋】❶相坐之法　舊注謂「一家有罪，三家坐之」。坐，定罪。《史記・商鞅列傳》：「卒定變法之令，令民為什伍，而相收司連坐。」《索隱》謂「一家有罪而九家連舉發，若不糾舉，則什家連坐」。❷張減爵之令　施行減爵之令。舊注謂「減爵者，收減群臣之爵祿」。《史記・吳起列傳》言吳起相楚，「明法審令，損不急之官，廢公族疏遠者，以撫養戰鬥之士，……故楚之貴戚盡欲害吳起」。本章原文作「減爵祿之令」，依王引之校補「張」字、刪「祿」字。❸畔　通「叛」。背叛。❹刀筆之跡　指書寫的法律條文。刀筆，古代的兩種書寫工具。❺行陳　即行陣。軍隊行列。❻廟戰　朝廷所擬定的作戰方案。❼史蘇歎之　舊注謂「晉獻公得驪姬，使史蘇占之，史蘇曰：『俠以銜骨，齒牙為禍也。』」《史記・晉世家》謂「初，獻公將伐驪戎，卜曰：齒牙為禍」，《集解》言「韋昭曰：齒牙謂兆端，左右釁拆有似齒牙。中有縱畫，以象讒言之有害也」。史蘇，晉卜筮之官。❽四世之被禍　晉獻公立驪姬為夫人，廢太子申生而立驪姬之子奚齊為太子，里克率國人攻殺之。荀息立奚齊弟卓子（即悼子，驪姬妹為獻公所生子），里克弒其於朝。公子夷吾賂秦以地而入為晉君（即晉惠公），後背秦而不予地，秦穆公率師攻晉，獲惠公而歸，囚之於靈臺。後放惠公還晉而以其子圉作人質。圉逃歸晉，惠公死，圉為君（即晉懷公）。秦穆公怒其逃歸，起兵殺懷公於高梁，而立重耳。四世，蓋指奚齊兄弟和夷吾父子。❾艾陵　地名。在今山東省萊蕪縣東北。❿黃池　地名。在今河南省封丘縣西南。⓫捷　軍之所獲為捷。⓬小白　齊桓公。⓭莒　諸侯國名。其地約當今山東省莒縣一帶。⓮鮑叔咎犯　鮑叔為小白之臣，曾向小白推薦管仲。咎犯，重耳之舅狐偃，嘗教重耳定周天子於成周，取義利於天下。之前，隨重耳流亡在外十九年。⑮殆　同「怠」。懶惰。⑯謨慮　謀劃考慮。⑰再勝　兩次獲勝。舊注謂「趙襄子再勝，謂伐狄，勝二邑」。⑱齊桓公亡汶陽句　舊注謂「魯莊公使曹子劫桓公，取汶陽之田，桓公不背信，諸侯朝之也」。汶陽，春秋魯地，在今山東省寧陽縣東北。⑲三晉　春秋末，晉國為韓、趙、魏三家卿大夫所分，各立為國，史稱三晉。⑳福　原文上有「禍」字，依王念孫校刪。㉑重閉之內　重重封閉之內。指無禍福之場。㉒九拂之外　九州之外。九拂，九域；九有；九州。舊注謂「九拂，九曲，是折投拂不見處也」。九拂之外，為絕思慮之境。

【語譯】商鞅為秦國制定連坐法，而引起了百姓的怨恨；吳起為楚國制定縮減眾臣爵祿的法令，而有功之臣都背叛了他。商鞅制定法令、吳起用兵打仗，都是天下優秀的人才。但是商鞅制定的法令使秦國滅亡了，是因為他只清楚如何制定法令條文，而不懂得國家平治和混亂的根本原因。吳起用兵而使楚國變弱，是因為他只熟悉編排隊列、指揮作戰，而不知道對朝廷制定的作戰方案加以靈活應用。晉獻公攻打驪戎，得到了驪戎君主的女兒，並不是一件不好的事，但是占筮官史蘇卻為這件事而歎息，他是看到了晉國四位君主將因此而遭到禍患。吳王夫差在艾陵打敗了齊軍、又在黃池戰勝了晉軍，並不是沒有獲得勝利，可是伍子胥卻為這而憂愁，他是看到了夫差一定會被越王捉住。小白逃奔莒國，重耳逃奔曹國，他們不是沒有處於困難的境地，但是鮑叔、咎犯卻跟隨著他們、輔助他們，是二人知道和他們在一起能夠成就霸主之業。句踐居住在會稽山中，整頓政治而不懈怠，謀劃考慮而不停止，他是懂得禍能夠轉變成為福。趙襄子獲得兩次勝利而面有憂愁之色，他是畏懼福會轉變為禍。所以齊桓公失去汶陽的田地而成了霸主，智伯兼併三晉的土地而被人滅亡。聖人能見到存在於重重封閉之內的幸福，能想到存在於九州之外的禍患。

原蠶❶一歲再登❷，非不利也，然而王法禁之者❸，為其殘❹桑也。離❺先稻熟，而農夫耨❻之，不以小利傷大穫❼也。家老異飯而食，殊器而享，子婦❽跣❾

而上堂，跪而斟羹，非不費也，然而不可省者，為其害義也。待媒而結言⑩，娉納⑪而取⑫婦，袀絻⑬而親迎，非不煩也，然而不可易者，所以防淫也。使民居處相司⑭，有罪相覺⑮，於以舉姦，非不掇⑯也，然而不可行者，為其⑰傷和睦之心、而構仇讎之怨也⑱。故事有鑿一孔而開⑲百隙、樹一物而生萬葉者。所鑿不足以為便，而所開足以為敗；所樹不足以為利，而所生足以為濊⑳。愚者惑於小利，而忘其大害。昌羊㉑去蚤蝨，而人弗席㉒者，為其來蛉窮㉓也；貍執鼠，而不可脫於庭者，為搏雞也。故事有利於小而害於大、得於此而亡於彼者。故行棊㉔者，或食兩㉕而路窮，或予踦㉖而取勝。

【章　旨】這一章以農事、養老禮儀、婚禮、法治以及日常生活知識為例，說明「事有利於小而害於大、得於此而亡於彼者」。言做事不可「惑於小利，而忘其大害」。

【注　釋】❶原蠶　也叫二蠶。夏秋第二次孵化的蠶。原，再。❷再登　指蠶兩次成熟。登，成。原文作「收」，依王念孫校改。❸王法禁之者　《周禮·夏官·司馬》：「禁原蠶者。」王法，帝王制定的法令。❹殘　傷害。❺離　舊注謂「稻米隨（當作『墮地』）而生者為離，與稻相似。耨之，為其少實」。《說文·禾部》謂「稻今年落明年自生謂之秜」。秜，即離。一說離即離。水稗。❻耨　除草。❼穫　收成。❽子婦　指媳婦。❾跣　赤腳。❿結言　口頭結盟或訂約。⓫娉納　訂婚、納采。娉，通「聘」。聘問；訂婚。原文即作「聘」，依馬宗霍校改。納采為古婚禮六禮之一，男方具送求婚的禮物。⓬取　同「娶」。⓭袀絻　袀，袀服；上衣下裳同色之服。原文作「初」，依孫詒讓校改。絻，同「冕」。禮冠。《禮記·郊特牲》說婚禮謂「玄冕齊戒」，故孫氏謂「袀絻者，謂玄衣而冕」。即釋袀服為黑衣。⓮司　通「伺」。偵察。⓯覺　告；告發。⓰掇

1223 族 泰

通「輟」。止。指止姦。⑰不可行者為其 原文無，依王念孫校補。⑱也 原文無此字，依王念孫校補。⑲開 原文作「生」，依俞樾校改。⑳濊 同「穢」。汙濁。㉑昌羊 草名。菖蒲。㉒席 為席。原文作「庠」，依王念孫校改。㉓蛉窮 即蚰蜒。多生牆屋爛草中，喜愛脂油香。〈說林〉謂「昌羊去蚤虱而來蛉窮：除小害而致大賊，欲小快而害大利」。㉔行棊 下棋。舊注謂「謂大（當為『六』）博也」。㉕食兩 指吃掉對方兩棋子。六博共十二棋，六黑六白，每人六棋。㉖予踦 舊注謂「予對家奇一棋也」。讓對方多走一棋。踦，同「奇」。

【語譯】養第二次蠶可以一年收兩次蠶絲，並不是沒有利，但是帝王制定的法令卻禁止此事，是因為那樣做會傷害桑樹。稗子比稻子先成熟，但是農民把它當成草除掉，這是不為得小利而損害大的收成。家中老人要和其他人分開吃飯，要用不同的器皿盛食物，媳婦要赤腳進入正屋，跪著為老人舀肉湯，這樣做不是不費事，但是卻不能省略，因為一省略就會損害大義。依靠媒人和女方談妥，經過訂婚、納采的儀式而娶媳婦，穿上純色的衣裳、戴上禮帽而親自去迎親，並不是不煩瑣，但是卻不能改變，這是要用這種禮儀防止人們的淫蕩。讓民眾生活在一起時相互探察，有人犯罪就相互告發，用這種辦法來檢舉邪惡的人，並不是不能制止犯罪的行為，但是卻不能那樣做，因為會傷害人們的和睦之心，給大家造成仇人一般的怨恨。所以事情中有的就像鑿一個孔卻開出了上百個洞、種一種植物卻長出了上萬片葉子。所鑿出的孔不能夠提供便利，而打開的洞卻能把事情弄壞；所種的東西不能夠成為有利的東西，而所生長的葉子卻能夠把事情弄糟。愚蠢的人受到小利益的迷惑，卻忘了它所帶來的大害處。昌羊能驅除蚤蝨，但人卻不用它作席子，是因為它會引來蚰蜒；貍能捉拿老鼠，卻不能讓牠逃到庭院中去，因為牠在庭院中會捕捉雞。所以事情中有得利很小而害處很大、在這裡有所得而在那裡有所失的。所以下棋時，有時吃掉對方兩個棋子，卻使自己沒有路可走了；有時讓出對方一個棋子，反而取得勝利。

偷利❶不可以為行，而智術不可以為法，故仁、知❷，人才❸之美者也。所謂仁者，愛人也；所謂知者，知人也。愛人則無虐刑矣，知人則無亂政矣。治由文理❹，則無悖謬❺之事矣；刑不侵濫❻，則無暴虐之行矣。上無煩亂之治❼，下無怨望❽之心，則百殘❾除而中和❿作矣。此三代之所以⓫昌也。故《書》曰：「能哲且惠，黎民懷之。何憂讙兜，何遷有苗⓬。」智伯有五過人之才⓭，而不免於身死人手者，不愛人也。齊王建⓮有三過人之巧⓯，而身虜於秦者，不知賢⓰也。故仁莫大於愛人，知莫大於知人。二者不立，雖察慧捷巧⓱、劬祿疾力⓲，不免於亂也。

【章　旨】這一章說君主最可貴的是有仁、智之才。而「所謂仁者，愛人也；所謂知者，知人也」。或謂「仁莫大於愛人，知莫大於知人」。愛人主要是指熱愛人民，知人主要是指知賢人、用賢人。文中說君主能做到這兩點，就會「治由文理」、「刑不侵濫」，使得國無暴虐之行、無亂政之事。

【注　釋】❶偷利　苟且得利。❷知　同「智」。❸人才　人的才能。才調才幹可以立身者。❹文理　以禮樂制度來治理。❺悖謬　荒謬；措施失當。❻侵濫　無節制地枉法行事。❼煩亂之治　原文作「煩之亂治」，依劉文典校改。煩亂，即紛亂。❽怨望　心懷不滿。❾百殘　猶言百害。❿中和　指施政寬猛得中。⓫以　原文無此字，依劉文典校補。下「也」字亦依劉氏校補。⓬能哲且惠四句　本於《尚書・皋陶謨》。原文為：「知人則哲，能官人；安民則惠，黎民懷之。能哲而惠，何憂乎驩兜、何遷乎有苗、何畏乎巧言令色孔壬。」哲，明智。惠，愛；仁愛；寬厚。讙兜有苗，《尚書・舜典》言舜「流共工於幽洲，放讙兜於崇山，竄三苗於三危，殛鯀於羽山」。有苗即三苗。本書舊注謂「讙兜、有苗，舜所放佞也」。⓭智伯有五過人之才　舊注謂「智伯美髯長大，一才也；射御足力，二才也；才藝畢給（意為足），三才也；攻（一作『巧』）文辯慧，四才也；強毅果敢，五才也」。⓮齊王建　田齊之王建。為齊最後一位君主，在位四十四年，後中秦人計，死於共縣。《戰國策・齊六》：「秦使陳馳誘齊王內之，約與五百里之地，齊王不聽即墨大夫而聽陳馳，遂入秦。處之共松柏之間，餓而死。」⓯三過人之巧　舊注謂指「力能引強，走先馳馬，超能越高」。⓰不知賢　舊注謂齊王建「任用后勝之計，不用淳于越之言也」。⓱察慧捷巧　明察、聰慧、敏捷、靈巧。⓲劬祿疾力　劬祿，即劬錄。猶言勤勞。疾力，速力而作。《荀子・榮辱》「孝弟原愨，軥錄疾力，以敦比其事業，而不敢怠傲」，為此句所本。

【語　譯】苟且取利不能成為人的德行，而智巧之術不能作為法度，所以仁愛、智慧，是人的才能中美好的東西。所說的仁，是愛人民；所說的智慧，是能了解人。愛人民就沒有酷虐的刑罰，了解誰是賢人就沒有混亂的政治了。通過禮樂制度來治理國家，就不會有措施失當的事情出現了；施用刑法時不會無節制地枉法行事，就沒有暴虐的行為出現了。上面沒有紛繁雜亂的政治，下面沒有心懷不滿的人，那百害都會消除而施政就會寬猛適中。這就是三代之所以昌盛的原因。所以《尚書》中說：「能夠做到明智而且仁愛、寬厚，人民就會懷念他。哪裡還需要為讙兜而憂愁、還要把三苗遷往他地呢。」智伯有五種超過一般人的才能，卻未能避免自身死於他人手中，就是因為他不愛人民。齊王田建有三種超過一般人的技巧，而自己卻做了秦人的俘虜，這是因為他不知道賢人。所以仁愛沒有比愛人民更重要的了，智慧沒有比了解人更重要的了。這兩點不能具備，即使明察、聰慧、敏捷、靈巧、勤勞、努力，也免不了要遭受禍亂。

卷二一

要略

【題解】許慎解釋本篇篇名說：「凡《鴻烈》之書二十一篇，略數其要，明其所指，序其微妙，論其大體，故曰要略。」因此，〈要略〉可視為《淮南子》一書的序論和提要。

有人認為〈要略〉為劉安賓客中偏於道家思想者所寫，而《淮南子》中儒、道思想並行競進，故〈要略〉不能明白、準確地略舉書中儒家思想之要。此說雖為一家之言，但對讀者如何應用〈要略〉之義去理解全書內容，是有啟迪作用的。

夫作為書論❶者，所以紀綱❷道德、經緯❸人事❹、上考❺之天、下揆❻之地、中通諸理。雖未能抽引玄妙之中才❼，繁然❽足以觀終始矣。總要舉凡❾，而語不剖判❿純樸⓫、靡散⓬大宗⓭。懼為人之惛惛然弗能知也，故多為之辭、博為之說；又恐人之離本就末也，故言道而不言事，則無以與世浮沉⓮；言事而不言道，則無以與化⑮游息⑯，故著二十篇。有〈原道〉，有〈俶真〉，有〈天文〉，有〈墬形〉，有〈時則〉，有〈覽冥〉，有〈精神〉，有〈本經〉，有〈主術〉，有〈繆稱〉，有〈齊俗〉，有〈道應〉，有〈氾論〉，有〈詮言〉，有〈兵略〉，有〈說山〉，有〈說林〉，有〈人間〉，有〈脩務〉，有〈泰族〉也。

【章　旨】這一章一說本書的寫作意圖，乃是「紀綱道德、經緯人事、上考之天、下揆之地、中通諸理」。二說本書寫作上的特點。言「總要舉凡，而語不剖判純樸、靡㪔大宗」。「多為之辭、博為之說」，既不「言道而不言事」，又不「言事而不言道」。三說全書二十篇的篇名。

【注　釋】❶作為書論　作為，制作；寫作。書論，論著；著述。❷紀綱　治理。❸經緯　規劃、治理。❹人事　人世上各種事情。❺考　考察。❻揆　度量；考察。❼雖未能抽引句　馬宗霍謂「《淮南》此文之『才』，亦古文『哉』字之僅存者。『雖未能抽引玄妙之中才』，猶言未能於玄妙之中抽引其緒也。『才』在句末，初無意義。然句首有『雖』字，則是轉語之末著『哉』字，不徒助本句之語勢，兼以起下文」。玄妙，幽深微妙。才，同「哉」。❽繁然　繁多。❾總要舉凡　謂總其約辭，舉其大指。要，約束謂之要。而鄭玄注《周禮・秋官・序官》「司約」，謂「約，言語之約束」。《說文・二部》謂「凡，最括也」，引申之，大指亦謂之凡。顏師古注《漢書・揚雄傳下》「諸略舉凡而客目覽其切焉」，謂「凡，大指也」。大指，大旨；大要；大意。❿剖判　分析；剖分。⓫純樸　樸素；太素。純為絲之本真，樸為木之本真，故純樸有質素之義。⓬靡㪔　有碎散之義。靡、㪔義近。㪔，同「散」。分離。⓭大宗　物之根本。指道。〈原道〉謂「無形者，物之大祖也；無聲者，聲之大宗也」，高誘注謂「大祖、大宗，皆本也」。⓮浮沉　隨波逐流；追隨世俗。⓯化　本指萬物生息之道。這裡指萬物。⓰游息　遊樂休息。

【語　譯】撰寫論著的目的，是用來整治道德、規劃、治理人的各種事情、向上考察天道、向下考察地理特點、中與各種事理貫通。即使未能從幽深、微妙之中抽引出頭緒，但豐富的內容也足夠用來觀察事務的終始了。

總括要約之辭、舉出大要之旨，而在用語詞表述的時候，並不剖分道的純樸、不使萬物之本散離。怕有些迷迷糊糊的人不能明白，所以多用一些言辭、從多方面來加以解說；又怕一些人會背離根本而去追求末節，所以只講道而不講事情，那就沒有辦法和世人相處；而只講事情卻不講道，又沒有辦法和造化一同遊樂、休息，所以寫了二十篇。有〈原道〉，有〈俶真〉，有〈天文〉，有〈墜形〉，有〈時則〉，有〈覽冥〉，有〈精神〉，有〈本經〉，有〈主術〉，有〈繆稱〉，有〈齊俗〉，有〈道應〉，有〈氾論〉，有〈詮言〉，有〈兵略〉，有〈說山〉，有〈說林〉，有〈人間〉，有〈脩務〉，有〈泰族〉。

〈原道〉者，盧牟❶六合❷，混沌❸萬物，象太一❹之容，測窈冥❺之深，以翔虛無之軫❻。託小以苞❼大，守約以治廣，使人知先後之禍福、動靜之利害。誠通其志，浩然❽可以大觀❾矣。欲一言而寤❿，則尊天而保真⓫；欲再言而通，則賤物而貴身；欲參⓬言而究⓭，則外物⓮而反情⓯。執其大指⓰，以內洽五藏，瀸漬肌膚⓱，被服⓲法則，而與之終身，所以應待萬方⓳、覽耦⓴百變也，若轉丸掌中，足以自樂也。

【章旨】這一章講〈原道〉的內容、寫作目的。〈原道〉論宇宙之演化而統歸之於道。文中說以道論探索宇宙之由來，用意在於「使人知先後之禍福、動靜之利害」。就全書而言，〈原道〉所論，實為書中所述黃老道學之哲學基礎。本章十分重視把握道的重要性，既謂「誠通其志，浩然可以大觀矣」，又說到「執其大指」，「而與之終身」就能「應待萬方、覽耦百變」。

【注釋】❶盧牟　同「矑眸」。猶言明察。舊注則謂「猶規模也」。矑，目中瞳子。眸，瞳人。❷六合　即四方上下。四方指東南西北，地平面上的四個方向。上下即天地。❸混沌　元氣未分的狀態。❹太一　指道。〈詮言〉謂「洞同天地，渾沌為樸，未造而成物，謂之太一」。又〈本經〉謂「太一者，牢籠天地，彈壓山川，含吐陰陽，伸曳四時，紀綱八極，經緯六合。覆露照導，普氾無私。蠉飛蠕動，莫不仰德而生」。本章舊注則謂「太一之容，北極之氣合為一體也」。❺窈冥　深遠；奧妙。❻軫　通「畛」。界限。文中指區域、範圍。❼苞　包；裹。❽浩然　廣大、眾多的樣子。❾大觀　洞達透徹的觀察。❿寤　省悟。⓫真　本原；本性。⓬參　同「三」。⓭究　窮；極。⓮外物　置物於身外。⓯反情　返歸本性。情，性。⓰大指　大旨；大要。⓱以內洽五藏二句　王念孫謂「言內則浹洽於五藏，外則漸漬於肌膚也」。洽，潤。五藏，即五臟。瀸漬，義如漸漬、浸潤。瀸，漬。文中「漬」，原文作「濇」，依王念孫校改。⓲被服　謂親身受之如衣之覆體。⓳應待萬方　猶言應對四方。應待，應對。⓴覽耦　猶言攬合。覽，通「攬」。持；秉。耦，合。

【語譯】〈原道〉這一篇，明察上下四方，推原萬物未分時元氣混沌的狀態，擬像太一的容貌，探測道的深遠，而翱翔在虛無的境域中。寄託之處小而包裹的內容多，堅守的簡約而治理的宏大，使人知道或先或後所帶來的禍福、或動或靜所具有的利害關係。果真能通曉它的精神，那廣大、眾多之物就可用它來作洞達透徹的觀察。想要說一句話就省悟，那句話就是尊重天道而保持自己的本性；想要說第二句話就精通，那句話就是賤視外物而重視自身；想要說第三句話而能極盡其理，那句話就是置萬物於身外而返歸人的本性。掌握道的大要，而在內滋潤五臟，浸潤肌膚，接受它的法則，而和它終身不離，用它來應對萬方、觀察而攬合百變，就像在手掌中轉動圓丸一樣，那就足夠自得其樂了。

〈俶真〉者，窮逐終始之化、嬴埒❶有無之精❷、離別❸萬物之變、合同❹死生之形，使人遺物反己，審❺仁義之間❻、通同異之理、觀至德之統、知變化之紀、說符❼玄妙之中、通迴❽造化之母❾也。

【章　旨】這一章說〈俶真〉是透過追蹤、分析、體味客觀事物，而闡述道的特徵，使人能「遺物反己，審仁義之間、通同異之理、……說符玄妙之中、通迵造化之母也」。

【注　釋】❶嬴埒　包裹搓摩。嬴，通「贏」。舊注謂「繞匝也」，包裹、包握之意。埒，以手握物。原文作「垺」，舊注謂「垺，靡煩也」。蔣禮鴻謂正文及注中「垺」當作「埒」，「靡煩」即「摩煩」。挼莏（搓摩）之意。今從蔣說。❷精　此與「道」為同質之物，如〈精神〉所謂「若此人者，抱素守精，蟬蛻蛇解，游於太清」之「精」。❸離別　猶分別、分析。❹合同　會合齊同。❺審　明白；清楚。❻間　間隙。指細微處。❼說符　謂解說符驗（符合應驗）。《荀子・性惡》謂「凡論者貴其有辨合，有符驗」。❽通迵　通達。迵，通。原文作「迴」，依王念孫校改。❾造化之母　指元氣。舊注謂「元氣太一之神（當作初）」。

【語　譯】〈俶真〉這一篇，盡力追求事物終始變化的規律，包裹、搓摩或有或無的道，分析萬物變化的特點、會合、齊同死生的形態，使人遺棄外物而返歸自己的本性，能清楚了解仁義的細微之處、通曉事物同異的道理，看到最高德行的準則，知道事物變化的規律，解說幽深微妙之中的符驗現象，而和造化形成之初的元氣相通。

〈天文〉者，所以和陰陽之氣、理日月之光、節❶開塞之時❷、列星辰之行，知逆順之變、避忌諱之殃、順時運❸之應、法五神❹之常，使人有以仰天承順❺，而不亂其常者也。

【章　旨】這一章說〈天文〉的內容是闡述天體等自然現象的運行規律，而闡述規律的目的是使人順應天時、依順自然之物的特性，所謂「仰天承順，而不亂其常者也」，以避免災禍。

【注　釋】❶節　節制。❷開塞之時　謂時令之始終。始為「開」，終為「塞」。❸時運　指四時（春夏秋冬）的運行。❹五神　木、火、土、金、水五行之神。五行氣行於天，質具於地，故在天有五帝，在地有五神。❺承順　順從。

【語　譯】〈天文〉這一篇，是用來說明如何調和陰陽二氣、理順日月經天的關係、掌握時令的開啟、堵塞、羅列星辰運行的軌跡，讓人明白違反天象運行規律所帶來的變異、避免發生人們所避忌的禍殃、順應四時運行的特點、效法五行之神的常規，使人有辦法敬仰天、順從天道，而不會違背它的規律。

〈墬形〉者，所以窮南北之脩❶、極東西之廣、經山陵之形❷、區❸山谷之居❹、明萬物之主、知生類之眾、列山淵之數，規遠近之路，使人通迵❺周備，不可動以物、不可驚以怪者也。

【章　旨】這一章說〈墬形〉的內容是介紹地理方面的知識，以「使人通迵周備，不可動以物、不可驚以怪者也」。

【注　釋】❶脩　長。❷經山陵之形　馬宗霍謂「猶言經畫山陵之形勢也」。經，經畫；劃分界限。❸區　區別。❹居　指居所、位置。❺通迵　通達。原文「迵」作「迴」，依王念孫校改。

【語　譯】〈墬形〉這一篇，窮盡大地南北之間的長度、東西之間的寬度、劃分山陵的形勢、區別山谷的位置、說明萬物的主宰、讓人知道生物種類的眾多、羅列山水的數目、測計遠近的路程，使人通曉的地理知識周密完備，而不能用外物來撼動他、不能用怪異之物來驚嚇他。

〈時則〉者，所以上因天時、下盡地力、據度行當❶，合諸人則❷，形十二節❸，以為法式，終而復始❹，轉於無極，因循倣依，以知禍福，操舍❺開塞，各有龍忌❻，發號施令，以時教期❼，使君人者知所以從事。

【章　旨】這一章說〈時則〉講「上因天時、下盡地力」云云，是為了使國君知道如何根據時令的特徵和人類生活的規律施行政教。

【注　釋】❶據度行當　馬宗霍釋謂「『據度』之『度』，即〈時則〉所謂繩、準、規、衡、矩、權六者各有其度之『度』。守度不失，是謂據度。『行當』之『行』，即〈時則〉所謂春夏秋冬四時各行其令之『行』。令不錯行，是謂行當」。❷人則　人類生活的準則。❸形十二節　舊注謂「一月為人一節」。❹終而復始　舊注謂「歲終十二月，從正月始也」。❺操舍　操持與捨棄。❻龍忌　鬼神忌日。舊注謂「中國以鬼神之事日忌，北胡、南越皆謂之請龍」。❼教期　即教導。期，通「惎」。意亦為「教」。

【語　譯】〈時則〉這一篇，用來說明上要依順天時、下要盡力發揮土地的潛力、守度不失、按節令而行，符合人類生活的準則，形成十二月令，作為一定的法則，結束後又重新開始，沒有窮盡的時候，人們因循依做月令的變易，而知道禍福產生的情況，操持、捨棄、開通、堵塞，各有鬼神的忌日，發號施令，按照時令的特點來教化民眾，以使國君懂得如何施行政事。

〈覽冥〉者，所以言至精之通九天也❶、至微之淪無形也、純粹之入至清也、昭昭之通冥冥也。乃始攬物引類、覽取❷撟掇❸、浸想宵類❹、物之可以喻意象形者，乃以穿通窘滯❺、決瀆壅塞、引人之意，繫之無極，乃以明物類之感、同氣之應、陰陽之合、形埒❻之朕❼，所以令人遠觀博見者也。

【章旨】這一章說〈覽冥〉講「至精之通九天也、至微之淪無形也」云云，是為了打通人們思慮中的關隘，所謂「穿通窘滯、決瀆壅塞、引人之意，繫之無極」，使人明白「物類之感、同氣之應、陰陽之合」，而「令人遠觀博見」。

【注釋】❶所以言至精句　本於〈覽冥〉所謂「然而專精厲意、委務積神，上通九天，激厲至精」。舊注謂「以精誠感之」。九天，八方和中央之天。❷覽取　攬取。❸撟掇　撟，取。掇，拾。❹浸想宵類　舊注謂「浸，微視也。宵，物似也。類，眾也」。❺窘滯　滯塞不通。❻形埒　跡兆。❼朕　徵兆；跡象。

【語譯】〈覽冥〉這一篇，用來說明至精至誠能上通九天、最細微的東西能陷沒在無形之中、純粹之物能進入最清淨之處、昭昭光亮能通向冥冥昏暗之中。然後才開始引取物類，攬取拾掇，略微看一看那些眾多的相似之物，找出可以用來說明意思、象其形貌的對象，然後經由這些說理，來穿通滯塞、在堵塞之處開出一道溝渠，引導人的心意，和不可窮盡的事物聯繫在一起，透過這來明白相同種類事物之間的感應、相同之氣彼此之間的應和、陰陽二氣的合和、萬物變化的徵兆、跡象，為的是使人能夠看得遠、見得多。

〈精神〉者，所以原本❶人之所由生，而曉寤其形骸九竅，取象於天❷：合同其血氣，與雷霆風雨；比類其喜怒，與晝宵寒暑❸。審死生之分、別同異之跡、節動靜之機，以反其性命之宗。所以使人愛養其精神、撫靜❹其魂魄，不以物易己，而堅守虛無之宅❺者也。

【章　旨】這一章說〈精神〉追溯人的由來、敘說人的特點，讓人「審死生之分、別同異之跡、節動靜之機，以反其性命之宗」。「使人愛養其精神、撫靜其魂魄，不以物易己，而堅守虛無之宅者也」。

【注　釋】❶原本　追溯事物的由來。❷取象於天　〈精神〉謂「頭之圓也象天，足之方也象地。天有四時、五行、九解、三百六十日，人亦有四支、五藏、九竅、三百六十節」云云，即「取象於天」。❸合同其血氣四句　言血氣之相從，如雷霆風雨；喜怒之相反，如晝宵寒暑也。〈精神〉即謂「血氣者，風雨也」。又謂「天有風雨寒暑，人亦有取與喜怒」。四句中兩「與」字，意均為「如」。宵，夜。原文「寒暑」下有「竝明」二字，依王念孫校刪。❹撫靜　猶言安靜、寧靜。作動詞用。❺虛無之宅　指虛無之心。即存道之心。宅，居所。〈精神〉謂「虛無者，道之所居也」。

【語　譯】〈精神〉這一篇，是用來追溯人類產生的由來，而使人領會人的形體、九竅的生成，都是效法天象：人的血氣會合齊同，有如雷霆風雨；用譬喻形容人的喜怒，有如白天和黑夜、寒涼和暑熱。使人清楚死和生的區別、辨明同和異的形跡、控制住動和靜的關鍵，而返歸到他的性命的本原。用這些來使人愛護、保養他的精神、使他的魂魄寧靜，不因為外物而改變自己固有的本性，而牢牢守住虛無之心。

〈本經〉者，所以明大聖之德，通維初❶之道，埒略❷衰世古今之變，以褒先世之隆盛❸，而貶末世之曲政❹也。所以使人黜耳目之聰明、精神之感動❺、樽❻流遁❼之觀、節養性之和、分帝王之操❽、列小大之差❾者也。

【章　旨】這一章說〈本經〉講何謂「大聖之德」，以道論作指導，通過概述衰世古今之變，褒揚先世隆盛之業、貶斥末世曲政之弊，而使人（指帝王）體道養性施政，弄清如何為帝為王。

【注　釋】❶維初　太初（元氣始萌，謂之太初）。❷埒略　取其大略。❸隆盛　興隆繁盛。指政治美好而言。❹曲政　委屈細密之政。❺感動　動搖。感亦為動。❻樽　止。楊樹達謂「樽假為剸」，「剸」，有節減之意，與「止」意相近。❼流遁　披散。即分散。❽分帝王之操　〈本經〉謂「帝者體太一，王者法陰陽，霸者則四時，君者用六律」，並細言四者之異。操，操行。❾小大之差　指帝王、霸君操行而言。〈本經〉謂「帝者體陰陽則侵，王者法四時則削，霸者節六律則辱，君者失準繩則廢。故小而行大，則滔窕而不親；大而行小，則狹隘而不容。貴賤不失其體，而天下治矣」。

【語　譯】〈本經〉這一篇，是用來說明道德完美、高尚之人的德行，通達太初之道，通過略敘衰世的情況和古今的變化，來褒揚前代政治的興盛美好，而貶斥朝代末期所實行的委屈細密的政治。用來使人去掉耳目的聰明、精神的動搖、減少那些分散精神的觀賞活動、節省用來養性的天然和氣，以及分清帝、王操行的不同、能列出帝、王、霸、君操行大小的區別。

〈主術〉者，君人之事也。所以因任督責❶，使群臣各盡其能也。明攝權操柄，以制群下❷；提名責實❸，考之參伍❹。所以使人主秉數❺持要、不妄喜怒也。其數直施❻而正邪❼、外私❽而立公，使百官條達❾而輻輳❿，各務其業，人致其功。此〈主術〉之明⓫也。

【章　旨】這一章說〈主術〉講的是君主之事。所謂君主之事實為統治天下的政治藝術，其核心內容是「因任督責，使群臣各盡其能」。而要求君主「秉數持要、不妄喜怒」。能摒除私意樹立公心、能使百官團結在自己周圍、能使臣下「各務其業，人致其功」，這便是〈主術〉所說明的內容。

【注　釋】❶因任督責　王念孫謂「因任其臣而督責其功也」。此與〈主術〉「因循而任下，責成而不勞」，以及《韓非子・揚搉》「因而任之，使自事之」同義。因任，因而任之。或謂因其素分而任其天然。原文為「因作任」，依王念孫校刪「作」

字。❷群下　眾臣下；眾僚屬。❸提名責實　《韓非子・定法》言「循名而責實」與此句義近。提，挈。責，要求。❹參伍　錯綜比較，以為驗證。❺數　術。指君主控制臣下的策略。❻直施　馬宗霍言「謂施者直之」。「『施』引申之有游移之義。游移則不直，不直則曲。施者直之，猶言曲者直之也」。❼正邪　馬宗霍言「謂邪者正之也」。❽外私　猶言摒除其私。外，棄遺；摒除。❾條達　條理通達。❿輻輳　同「輻湊」。車輻集中於軸心。比喻人聚集一處。《戰國策・魏一》謂「地四平，諸侯四通，條達輻湊，無有名山大川之阻」。〈主術〉言「人主之聽治也，清明而不闇，虛心而弱志，是故群臣輻湊竝進，無愚智、賢不肖，莫不盡其能」。⓫明　明白；清楚。

【語　譯】〈主術〉這一篇，講的是君主的事情。為的是讓他因循臣下之才而督促、責成其功，使得眾位臣子各自盡到自己的才能。讓他明白掌握權柄，控制眾臣；舉出名目而要求實際成就和名目相符，並要錯綜比較加以考核。為的是使君主掌握控制臣下的策略、要領，不隨便喜和怒。他的策略是使曲者直而邪者正、摒除私意而樹立公心，使得百官條理通達而聚集在他周圍，各人努力做好本職工作，建立功業。這些便是〈主術〉所說明的內容。

〈繆稱〉者，破碎❶道德之論、差次❷仁義之分、略雜人間之事，總同乎神明之德。假象取耦，以相譬喻；斷短為節，以應小具❸。所以曲說❹巧論❺，應感❻而不匱❼者也。

【章　旨】這一章說〈繆稱〉是講道德、仁義之事，而略雜人間之事，而全歸總於神明之德。述說的方法則是「假象取耦，以相譬喻」。講這些的目的則是為了面對曲說巧論，能做到「應感而不匱」。

【注　釋】❶破碎　猶言解析。❷差次　等級次序。區別之意。區別亦與分析義同一類。❸小具　小的準備；小的需要。❹曲說　片面之說。❺巧論　巧辯；詭辯。原文作「攻論」，依馬宗霍校改。❻應感　指應「曲說巧論」之「感」。❼匱　乏；缺少。

【語譯】〈繆稱〉這一篇，解析道德的理論、區別仁義的分界、略微攙雜一些人間的事情，而把它們聚合於神明之德。借用一些合於道德之理的事物來作譬喻；說理細微，如同把短小之物截斷成小節一樣，為的是適應小的需要。這樣面對片面之說、詭辯之論，就能應對自如而沒有匱乏的情況出現。

〈齊俗〉者，所以一❶群生❷之短脩、同九夷❸之風采❹、通古今之論、貫萬物之理，財制❺禮義之宜、擘畫❻人事之終始者也。

【章旨】這一章說〈齊俗〉講的是在有差別的萬事萬物中，存在著共同的東西，並根據這個道理，來「財制禮義之宜、擘畫人事之終始」。

【注釋】❶一　一致。作動詞用。❷群生　一切生物。❸九夷　指眾多夷狄。❹風采　原文作「風氣」，依王念孫校改。《文選·魏都賦》「壹八方之混同，極風采之異觀」，李善注謂「《淮南子》曰：『同九夷之風采。』高誘曰：『風，俗也。采，事也。』」❺財制　即裁制。規劃；安排。❻擘畫　籌謀；區分。擘，用手分開。

【語譯】〈齊俗〉這一篇，是用一致的觀點來看待一切生物的長短、優劣，用相同的觀點來看待眾多少數民族的風俗、民事的差別、通達古今的說法、貫穿萬物之理，裁定哪些禮義是適宜的，區分出人世各種事情的始和終。

〈道應〉者，攬掇遂事❶之蹤、追觀往古❷之跡、察禍福利害之反、考驗❸乎老莊之術，而以合得失之勢者也。

【章　旨】這一章說〈道應〉是以往古已成之事來驗證老莊之術，「而以合得失之勢」。

【注　釋】❶遂事　成事；往事。遂，成；已成。已成亦可訓為往，故「遂事」可釋為往事。❷往古　往昔。❸考驗　考察驗證。

【語　譯】〈道應〉這一篇，拾取往日的事跡，回溯、觀看往昔之時的事情，辨明禍與福、利與害各自向反面轉化的情況，用它們來考察驗證老子、莊子的學說，以此說明老莊的學說符合事物得失的趨勢。

〈氾論〉者，所以箴縷縩繺之間❶、櫼楔唲齵之郄❷也，接徑直施❸，以推本樸，而兆見❹得失之變、利病之反，所以使人不妄沒於勢利、不誘惑於事態，有符曬晲❺，兼稽❻時勢之變，而與化推移者也。

【章　旨】這一章說〈氾論〉用很細密的方法推導事物的樸素之本，預見事物的得失變化和利病間的正反關係，目的是使人不受到「勢利」、「事態」的誘惑，而能持身有則、考察時勢之變、隨著事物的變化而轉變。

【注　釋】❶箴縷縩繺之間　馬宗霍謂「綃煞疑即綃衣之縫。衣縫必有間，間者隙也。縷者線也。施箴線於縫中，故云『箴縷縩繺之間』」。箴縷，即針線。吳承仕又謂「縩」通「際」。縩為繺之際會，故縩繺皆指衣縫而言。二說均有理，譯從馬氏前說。舊注謂「縩（繺），綃煞也」。楊樹達謂「縩與幓（殘帛）同」。❷櫼楔唲齵之郄　馬宗霍謂「齒有隙，楔塞之，故云『櫼楔唲齵之郄』矣。上句取喻於衣縫，下句取喻於齒郄。蓋言〈氾論〉持論之密，無微不入、無孔不彌也」。櫼楔，木籤；小木棍。原文作「攕揳」，依吳承仕、馬宗霍校改。唲齵，參差不齊。句中指牙齒不齊。故舊注謂「錯梧也」。郄，同「隙」。❸接徑直施　謂連接路徑使斜路成為直路。接徑，路徑相連。直施，以斜為直。施，斜；不正。❹兆見　預見。❺所以使人二句　不沒不惑，則持身有則，亦猶日行之有恆，故曰「有符曬晲」。曬晲，日行的軌道。或謂日行於軌道。馬宗霍謂「『曬晲』連文，蓋狀日行之貌。日行不失次謂曬晛」。❻稽　考察。

【語　譯】〈氾論〉這一篇，就像用針線縫合綃衣的縫隙、用小木籤塞進牙齒空隙那樣立論嚴密，連接路徑而使斜為直，為的是推導出事物樸素的本原，和預見事情得失的變化和利病之間的正反關係，為的是使人不要妄自沉沒於勢利之中、不要受到事物表面形態的誘惑，做人行事如日行軌道，同時還能考察時勢的變化，而隨著事物的變化一起轉變。

〈詮言〉者，所以譬類❶人事之指❷、解喻治亂之體❸也。差擇❹微言❺之眇❻、詮以至理之文，而補縫❼過失之闕者也。

【章　旨】這一章說〈詮言〉用「至理之文」來解說「人事之指」、「治亂之體」、「微言之眇」，為的是使人「補縫過失之闕」。

【注　釋】❶譬類　譬喻。❷指　通「恉」。意旨；意向。❸解喻治亂之體　賈誼嘗言：「曰安且治者，非愚則諛，皆非事實知治亂之體者也。」（《陳政事疏》）體，事物的本體、主體。❹差擇　選擇；比較。❺微言　精微之言。❻眇　通「妙」。深遠微妙。❼補縫　彌補。

【語　譯】〈詮言〉這一篇，是用譬喻來說明人世各種事情的意向、解釋什麼是國家治亂的本體。選擇、比較精微之言的微妙，而用包含最根本之理的文字來加以詮釋，而彌補由於過失所帶來的缺點。

〈兵略〉者，所以明戰勝攻取之數、形機❶之勢、詐譎之變，體❷因循之道、操持後❸之論也。所以知戰陣分爭之非道不行也、知攻取堅守之非德不強也。誠明其意，進退左右無所❹擊危❺，乘勢以為資，清靜以為常，避實就虛，若驅群羊。此所以言兵者❻也。

【章旨】這一章說〈兵略〉是講用兵之術，其中心思想是「體因循之道、操持後之論」。為的是讓用兵者「知戰陣分爭之非道不行也、知攻取堅守之非德不強也」。並謂「誠明其意，進退左右無所擊危（違礙）」。

【注釋】❶形機　指軍事形勢的機變。❷體　行；實踐。❸持後　堅持後而不先。舊注謂「不敢為主而為客也」。為主即居先，為客即居後。〈原道〉謂「是故聖人守清道而抱雌節，因循應變，常後而不先」。❹無所　原文下有「失」字，依王念孫校刪。❺擊危　即擊詭。王念孫說「猶今人言違礙也。謂進退左右，無所違礙也」。危，同「詭」。戾；乖違。❻者　原文無此字，依劉文典校補。

【語譯】〈兵略〉這一篇，是用來說明戰而能勝、攻而能取的戰術，和如何依據軍事形勢隨機應變，如何應用欺詐多變的手段，如何實行因循之道、掌握後而不先的原則。用來使人知道作戰陣法的擺列與戰場上的分異、爭奪沒有「道」作指導是行不通的，知道在攻取和堅守時沒有「德」來貫領其事是不可能強大有力的。如果確實明白了文中講的意思，那麼軍隊前進、後退、左衝、右突就沒有什麼人違背軍令、加以阻擋，就能利用有利的形勢作為依託，而以清靜作為常則，避實就虛，好像驅趕羊群一樣。這談論的是軍事的觀點。

〈說山〉、〈說林〉者，所以竅窕❶穿鑿❷百事之壅遏，而通行貫扃❸萬物之窒塞者也。假譬取象，異類殊形，以領理人❹之意；解墮❺結紐❻，說擇❼摶囷❽，而以明事埒❾者也。

【章旨】這一章說〈說山〉、〈說林〉二篇論述萬事、萬物之理，是通過假譬取象的方法，讓人領會如何治理民眾；又通過解釋種種紐結、疑團，來說明事物變化的徵兆。

【注釋】❶竅窕　貫通。❷穿鑿　鑿通。❸貫扃　貫穿。扃，扛鼎時貫穿鼎耳之橫木。❹理人　治理民眾。❺解墮　解脫。墮，意如解、脫。❻結紐　紐亦為結。原文「紐」作「細」，依王念孫校改。❼說擇　脫解。說與「脫」同，擇與「釋」同。原文「擇」作「捍」，依王念孫校改。❽摶囷　王念孫謂「卷束之名」。舊注謂「摶，圓（當作『團』，意為聚）也。囷，茞（當作『菌』，意為結）也」。❾事埒　事之兆朕。原文下有「事」字，依王念孫校刪。

【語譯】〈說山〉和〈說林〉，用來貫穿、鑿通橫亙在百事之中的阻塞之物，打通、貫串存在於萬物之中的不通之處，假借不同種類的物象來作譬喻，使人領會治理民眾的旨意；解開紐結、解開疑團，而用來說明事物變化會有的徵兆。

〈人間〉者，所以觀禍福之變、察利害之反、鑽脈❶得失之跡、標舉終始之壇也❷。分別百事之微、敷陳存亡之機。使人知禍之為福、亡之為得、成之為敗、利之為害也。誠喻❸至意，則有❹以傾側偃仰世俗之間、而無傷乎讒賊❺螫毒❻者也。

【章旨】這一章說〈人間〉的內容，是通過觀察人間禍福的變化、利害的反向轉化，通過鑽研得失之事、揭示終始之處，來「分別百事之微、敷陳存亡之機」，而使人明白禍福、得失、成敗、利害相互轉化的道理。並隨世俯仰而不會有傷害。

【注　釋】❶鑽脈　猶言鑽研、弄清條理。脈，脈絡；條理。❷標舉終始之壇也　馬宗霍釋謂「壇」為「祭之壇場。《禮記・祭法》『遠廟為祧，去祧為壇，去壇為墠』，鄭玄注云：『祧之言超也。超，上去意也。封土曰壇，除地曰墠。』案：墠即場也，為場而後壇之。析言壇與場別，綜言壇亦場也。推祭法之意，遠祖之廟，在應遷之例，壇場之設，遠廟之祭於是終，新廟之祭於是始。故《淮南》此文云標舉終始之壇矣」。標舉，意謂揭示、標出。標，末端。壇，場。❸喻　知道；明白。❹有　馬宗霍謂「猶『可』也」。❺讒賊　傷害好人。《荀子・修身》謂「傷良曰讒，害良曰賊」。❻螫毒　毒害。

【語　譯】〈人間〉這一篇，是觀察人間禍福的相互變化、利害的反向轉化、鑽研、弄清事情的得失、標出事物的終始之處。辨別百事的微妙所在、鋪陳生存、滅亡的預兆。使人知道災禍可以變為幸福、失去可以變為獲得、成功可以變為失敗、有利可以變為有害。如果確實明白了這些最深刻的見解，就可以用它們使自己偏側、俯仰在世俗之間，而不會遭到各種各樣的傷害。

〈脩務〉者，所以為人之於道未淹❶、味論❷未深、見其文字，反之以清靜為常、恬淡為本，則懈墮❸分學❹，縱欲適情❺，欲以偷❻自佚，而塞於大道也。今夫狂者無憂，聖人亦無憂。聖人無憂，和以德也；狂者無憂，不知禍福也。故通而無為也，與塞而無為也同❼。其無為則同，其所以無為則異。故為之浮稱流說❽，其所以能聽、所以使學者孳孳以自幾也❾。

【章　旨】這一章說〈脩務〉是針對那些對道體會不深、強調清靜、恬淡而懈墮於學的人寫的。提倡「通而無為」，使學者讀後，能「孳孳以自幾」。

【注釋】❶淹　精深；深廣。❷味論　指體味道論之理。❸懈墮　懶惰。❹分學　離於學。即不學。❺情　指情欲。❻偷　苟且；怠惰。❼故通而無為也句　馬宗霍謂「是總冒句。言通、塞本異，而異中有其同。同無為之形也。『其無為則同、其所以無為則異』是分析句，即承上句『同』字而申之。言同中有其異，異無為之實也」。❽浮稱流說　當為謙詞，指〈脩務〉之反覆論說。浮稱，不足徵信之言。流說，無根源之邪說。❾其所以能聽句　馬宗霍釋「謂此所以使人耐聽也，此所以使學者孳孳以自幾也。『所以』二字疊出，加足行文語勢」。其，此。馬宗霍謂「即指浮稱流說而言。『其』字直貫下文」。能聽，耐聽。孳孳，同「孜孜」。勤勉不懈。幾，相近；差不多。指求學而言。

【語譯】〈脩務〉這一篇，是為這些人寫的：他們對於道沒有精深的理解、對道的學說領會不深，見到論述道的文字，反而把清靜當作固定的準則、把恬淡當作為人的根本，於是便懶惰而不肯學習，放縱情欲、盡量滿足欲望，要用苟且的態度求得自我安逸，而堵塞了通向大道的路徑。現在瘋瘋癲癲的人沒有憂愁，聖人也沒有憂愁。聖人沒有憂愁，是因為他的德處於和諧境地；瘋瘋癲癲的人沒有憂愁，是因為不知道什麼是禍福。所以通於道而無為，和塞而不通的無為是相同的。兩者無為是相同的，但無為的原因卻不同。所以本篇加以反覆論說。為的是用這些說法使人耐聽、使人孜孜不倦地學習而接近於大道。

〈泰族〉者，橫八極、致高崇，上明三光❶、下和水土，經古今之道、治倫理❷之序，總萬方之指，而歸之一本，以經緯❸治道、紀綱❹王事。乃原心術、理性情，以館❺清平之靈、澄徹❻神明之精，以與天和❼相嬰薄❽。所以覽五帝三王：懷天氣、抱天心，執中含和❾，德形於內，以莙凝❿天地，發起陰陽，序四時，正流方⓫。綏⓬之斯寧，推之斯行。乃以陶冶萬物、遊化⓭群生，唱而和，動而隨，四海之內，一心同歸。故景星⑭見，祥風⑮至，黃龍⑯下，鳳巢列樹，麟止郊野。德不內形⑰，而行其法籍⑱，專用制度，神祇⑲弗應，福不歸，四海不賓，兆民弗化。故德形於內，治之大本。此《鴻烈》⑳之〈泰族〉也。

【章　旨】這一章說〈泰族〉的內容極為廣博，而大體有二端。一是經由整治古今之道、倫理之序，而將萬方之指歸於一個根本，來規劃「治道」、治理「王事」。二是講帝王主觀修養，強調「懷天氣、抱天心，執中含和，德形於內」，即體天之道、法天之德。當然講帝王的修養是為了闡述帝王的治國之道。所以本章謂「德形於內，治之大本」，而謂「德不內形，而行其法籍，專用制度」則國不能治。這兩點基本上概括了〈泰族〉的內容。

【注　釋】❶三光　日、月、星（或指五星）。❷倫理　人倫道德之原理。❸經緯　規劃治理。❹紀綱　治理；管理。❺館　客舍。句中有「居」意。❻澄徹　徹底澄清。❼天和　天然和氣。❽嬰薄　環繞迫近。嬰，繞抱。❾執中含和　執中，謂守中道，無過不及。《書．大禹謨》謂「人心唯危，道心唯微，唯精唯一，允執厥中」。含和，內藏和氣。和氣即陰陽合和之氣。〈俶真〉謂「天含和而未降，地懷氣而未揚」。❿碧凝　凝結。⓫流方　流散的方向。⓬綏　安。⓭遊化　周流化育。⓮景星　雜星名。也稱為瑞星、德星。《史記．天官書》謂「天精而見景星。景星者，德星也。其狀無常，常出於有道之國」。本章舊注則謂「在月之旁，則助月之明也」。⓯祥風　和風。舊注謂「風不鳴條也」。⓰黃龍　祥瑞之物。⓱內形　體現於心。⓲法籍　記載法令的書籍、法典。句中指法令。⓳神祇　天地之神。天曰神，地曰祇。⓴鴻烈　《淮南子》之原名。高誘謂「鴻，大也；烈，明也。以為大明道之言也」。本章舊注則謂「鴻，大也，烈，功也。凡二十篇，總謂之《鴻烈》」。任繼愈主編之《中國哲學史》第二冊則說：「這部書稱為《淮南鴻烈》，『鴻』是廣大的意思，『烈』是光明的意思，作者自認為它包括著廣大而光明的道理。」

【語　譯】〈泰族〉的內容廣博，橫布到八方極遠之處、一直到達很高的地方，上和日、月、星同明，下與水、土相連，理順古今的道理、整治人倫道德的條理，聚合萬方的指向，把它們歸於同一根本，用來整治治國之道、治理王事。於是探索心之功能產生的原因、理順性情，用來安置清靜平和的靈魂、徹底澄清具有神明功效的至精至誠，能與天然和氣相迫近而被它纏繞。用來觀看五帝三王的事跡：他們內懷天氣、胸藏天心，堅持中道而內藏和氣，德形成於內，而結聚於天地之間，能使陰陽二氣產生、使四時有序、端正陰陽流布的方向。使它安定就會帶來寧靜，推動它就能運行。於是用它來陶冶萬物、使它周流不止以化育所有的生物，一唱就有應和者，一動就有跟隨者，四海之內，大家一心同歸一人。所以德星顯現、祥風吹來、黃龍下降、鳳鳥把巢築在並列的樹上，麒麟在郊野棲息。如果帝王不在內形成德性，而只是推行法令、專一使用規章制度，那天地之神就不會響應，福祉就不會歸於他，天下各國就不會歸順他，億萬民眾就不會接受他的教化。所以帝王在內形成德性，是治理國家的最大根本。這就是《鴻烈》一書中〈泰族〉的內容。

凡屬書❶者，所以窺道開塞，庶後世使知舉錯❷取舍之宜適，外與物接而不眩，內有以處神養氣、宴煬❸至和，而己自樂，所受乎天地者也。故言道而不明終始，則不知所倣依；言終始而不明天地四時，則不知所避諱❹；言天地四時而不引譬援類，則不知精微；言至精而不原人之神氣，則不知養生之機；原人情而不言大聖之德，則不知五行❺之差；言帝道而不言君事，則不知小大之衰❻；言君事而不為稱喻，則不知動靜之宜；言稱喻而不言俗變，則不知合同大指；已言俗變而不言往事，則不知道德之應；知道德而不知世曲，則無以耦❼萬方；知氾論而不知詮言，則無以從容❽；通書文而不知兵指❾，則無以應卒❿；已知大略而不知譬喻，則無以推明事；知公道⓫而不知人間，則無以應禍福；知人間而不知脩務，則無以使學者勸力⓬。欲強省其辭，覽總⓭其要，弗曲行區入⓮，則不足以窮道德之意。故著書二十篇，則天地之理究⓯矣，人間之事接⓰矣，帝王之道備矣。其言有小有巨，有微有粗，指奏⓱卷異⓲，各有為語。今專言道，則無不在焉，然而能得本知末者，其唯聖人也。今學者無聖人之才，而不為詳說，則終身顛頓⓳乎混溟⓴之中，而不知覺寤乎昭明之術㉑矣。

【章　旨】這一章從著書「所以窺道開塞」的作用、目的說起，講到《淮南子》為什麼要寫二十篇。文中說有此二十篇，「則天地之理究矣，人間之事接矣，帝王之道備矣」。而學者方能「覺寤乎昭明之術」。這實際上說出了全書各篇之間的聯繫，即結構上的特點。其中一些文字實是概括各篇內容而言。如「言道」指〈原道〉、「明終始」指〈俶真〉、「明天地」指〈天文〉和〈墬形〉、「四時」指〈時則〉、「引譬援類」指〈覽冥〉、「原人之神氣」指〈精神〉、「大聖之德」指〈本經〉、「言君事」指〈主術〉、「為稱喻」指〈繆稱〉、「言俗變」指〈齊俗〉、「言往事」指〈道應〉、「知世曲」指〈氾論〉、「詮言」指〈詮言〉、「兵指」指〈兵略〉、「譬喻」指〈說山〉和〈說林〉、「人間」指〈人間〉、「脩務」指〈脩務〉、「窮道德之意」指〈泰族〉。

【注　釋】❶屬書　猶言著書。❷舉錯　擢用和廢置。❸宴煬　溫暖。宴，同「曣」。燠；暖。煬，溫和。❹避諱　迴避。❺五行　指五常。即仁、義、禮、智、信。❻衰　等衰；等次。❼耦　合；和諧。❽從容　安逸舒緩，不慌不忙。❾兵指用兵的要義。❿卒　通「猝」。倉猝；突然。⓫公道　公正之道。或謂「公」當作「天」。⓬勸力　勉力；強力；努力。⓭覽總　執掌總理。⓮區入　謂屈曲而入。區，通「句（勾）」。⓯究　終極。⓰接　遍；遍及。⓱指奏　旨趣。⓲卷異　指每卷旨趣有異。唐以前之書為卷軸，一卷即一軸。⓳顛頓　顛沛（傾覆；仆倒）困頓。⓴混溟　大溟。此處指十分昏暗。混，大。溟，通「冥」。㉑術　道路。

【語　譯】凡是著書，都是想用來使人窺見道的開啟與堵塞，期望後世的人知道如何適宜地擢用、廢置和取捨，和外物接觸而不會被迷惑，心中有安神養氣、溫暖至和之氣的方法，而自己從天地那裡領受快樂。所以談論道而不明白道的始終，就不知道怎樣倣效依順道；談論道的始終而不明白天、地、四時的特點，就不知道要迴避什麼；談論天、地、四時的特點，而不引用事物來作譬喻，就不知道事物精細隱微的特點；談論至精至誠的作用，而不追究人的精神、血氣的由來，就不知道養生的關鍵；追究人性情的本原而不說最為高尚、完備的德行，就不知道仁、義、禮、智、信這五常的差別；論說帝王之道而不講君主治理國事的方法，就不知道小和大的等次；談論君主治國之術而不加以稱引譬喻，就不知道怎樣恰當地動或靜；說稱引、譬喻之事而不講風俗的變化，就不懂得把各種風俗會合、齊同為一個大要；已經說了風俗變化的情況而不說往昔之事，就不知道道德的應驗情況；知道道德的要義而不知道世間瑣事，就無法適應世間瑣事的種種做法；知道汎論眾事而不知道就萬物而言其微妙，做起事來就無法從容不迫；通曉書籍、文章而不懂得用兵的要義，就無法應付突然的事變；已懂得大的策略而不知道如何譬喻，就無法推明事理；懂得公正之道而不知道人間之事，就無法應對災禍和幸福；懂得人間之事而不知道努力進取，就無法使求學的人努力學習。想要勉強省略文辭，只是掌握總的要點，而不曲折、周到地行文和委屈深入地敘述，就不能夠窮盡道德的含意。所以著有書二十篇，這樣天地之理就說盡了，人間之事就普遍接觸到了，帝王之道就全具備了。書中的言論，有的說的是小事，有的是大事，有的說得細微，有的說得粗略，每一卷的旨趣都不相同，各自按照一定的旨趣安排語詞。現在專一談論道，那道是無所不在的，但是能夠掌握道的本末的，大概只有聖人。現在求學的人沒有聖人的才能，如果不為他們詳細敘說，他們就會終身顛沛、困頓於十分昏暗的境地之中，而不知道在光明大道上覺悟過來。

今《易》之〈乾〉〈坤〉，足以窮道通意也。八卦可以識吉凶、知禍福矣，然而伏羲為之六十四變❶，周室❷增以六爻❸，所以原測❹淑清❺之道，而攟逐萬物之祖❻也。夫五音之數，不過宮、商、角、徵、羽，然而五弦之琴❼不可鼓也，必有細大駕和❽，而後可以成曲。今畫龍首，觀者不知其何獸也，具❾其形，則不疑矣。今謂之道則多，謂之物則少；謂之術則博，謂之事則淺，推之以論，則無可言者。所以為學者，固❿欲致之不言而已也。

夫道論至深，故多為之辭以抒其情⓫；萬物至眾，故博為之說以通其意。辭雖壇卷⓬連漫⓭、絞紛⓮遠緩⓯，所以洮汰⓰滌蕩⓱至意，使之無凝竭⓲底滯⓳、捲握⓴而不散也。夫江、河之腐胔㉑不可勝數，然祭者汲焉，大也。一盃白酒，蠅漬其中，匹夫弗嘗者㉒，小也。誠通乎二十篇之論，睹凡㉓得要，以通九野㉔、徑㉕十門㉖、外天地、捭㉗山川，其於逍遙一世之間、宰匠㉘萬物之形，亦優游㉙矣。若然者，挾日月而不姚㉚，潤萬物而不耗㉛。曼兮洮兮㉜，足以覽矣！藐兮浩兮㉝，曠曠㉞兮，可以游矣！

【章　旨】這一章前幅以《易》由〈乾〉、〈坤〉、八卦而六十四變；由定五音之五絃琴不能鼓而須細大之音和諧方能成曲；由畫龍首而人不識為何物、龍形具始知為龍，說明言道言術多而言事言物少，不能使學者靈活應用。後幅則直言全書何以「多為之辭以抒其情」、「博為之說以通其意」的原因。並說「誠通乎二十篇之論，睹凡得要」，就能遊心於道，優游自得地「逍遙一世之間、宰匠萬物之形」。

【注　釋】❶六十四變　指將八卦組合成六十四卦。本書認為八卦之作、六十四卦之演成均為伏羲氏所為。舊注謂「八八變化六十四卦，伏羲示其象」。《易·繫辭下傳》謂「古者包犧氏之王天下也，仰則觀象於天，俯則觀法於地，觀鳥獸之文與地之宜，近取諸身，遠取諸物，於是始作八卦，以通神明之德，以類萬物之情」。司馬遷則認為「六十四變」是文王所為，所謂「蓋文王拘而演《周易》」（〈報任少卿書〉）、「西伯蓋即位五十年，其囚羑里，蓋益《易》之八卦為六十四卦」（《史記·周本紀》）。❷周室　舊注謂「文王也」。❸六爻　六爻之爻辭。《周易》為周代簡易的算卦之書（或謂論普遍變化之書），基本符號為「一（陽）」和「--（陰）」。兩符號疊三層成八卦「乾（☰）為天、坤（☷）為地、震（☳）為雷、巽（☴）為風、坎（☵）為水、離（☲）為火、艮（☶）為山、兌（☱）為澤」。八卦兩兩組合成六十四卦。六十四卦每卦六個符號稱為六爻，從下往上數，依次稱為初、二、三、四、五、上爻。每爻有爻辭說明爻象之義。爻辭、卦辭為《周易》之「經」。傳為文王所作。李鏡池認為「《周易》必作於文王之後、戰國之前」。「它的作者就是西周末年的一位筮官」（《周易通義》）。❹原測　推原測度。❺淑清　明朗純淨。❻擴逐萬物之祖　猶言窮追萬物之祖也。窮追即追溯之意。馬宗霍謂「擴」為「窘」之假借字。窘，迫也，引申之義則為窮。逐，追也。❼五弦之琴　《禮記·樂記》「舜作五弦之琴，以歌南風」，《疏》言「謂無文武二弦，唯宮商等五弦也」。❽細大駕和　細大，指音之大小。駕和，相和。或謂更互相和。馬宗霍謂駕猶襄也，而襄有偶竝、佐助之義。「偶竝、佐助，猶相和也」。又謂「駕」有「更」義。「《淮南》本文，正謂細大之音，更互相和，而後成曲。故謂之『駕和』矣。駕和者，猶《樂記》所云『比音而樂之』也」。❾具　形成；具備。❿固　必。⓫情　指道之實情。⓬壇卷　猶言舒捲。⓭連漫　連綿擴張。⓮絞紛　糾紛；紛擾。⓯遠緩　謂語句疏緩。遠，疏。⓰洮汰　猶言洗濯、清洗。舊注謂「潤也」。⓱滌蕩　洗蕩。⓲凝竭　凝結；聚結。⓳底滯　停滯；閉塞。底，著。滯，廢。⓴捲握　掌握；聚集。㉑腐胔　腐肉。胔，死者之肉。㉒一盃白酒三句　漢時常用語。白酒，原文作「酒白」，依俞樾校改。㉓凡　要；大指（旨）。㉔九野　八方、中央。㉕徑　同「經」。經過。㉖十門　八方、上下。㉗捭　兩手排擊。舊注謂「擗去也」。㉘宰匠　執掌；掌握。㉙優游　悠閒自得。㉚挾日月而不姚　與《荀子・賦》「充盈大宇而不窕」、《俶真》「橫扃天地之間而不窕」、《氾論》「舒之天下而不窕」，句法同而意近。挾，通「浹」。周帀；遍繞。姚，窕。有空隙，不充實。不滿密狀。㉛秏　同「耗」。虛；減少。㉜曼兮洮兮　曼洮，廣遠、無極之狀。㉝藐兮浩兮　藐，通「邈」。廣遠。浩，浩渺；遠大。㉞曠曠　廣大的樣子。

【語　譯】 現在用《周易》中的〈乾卦〉、〈坤卦〉就足夠窮盡萬物之理並通曉它們所包含的意向了。八卦已經可以用來識別吉凶、知道禍福了，但是伏羲還是把它演變為六十四卦，周文王又為每一卦增寫了六爻的爻辭，這是為了推原、測度明朗、純淨的道，而追溯萬物之祖。五聲音階中的音級數量，不會超過宮、商、角、徵、羽五個，但是一絃一個音級的五絃琴是無法彈奏的，一定要有高音、低音更互相和才能彈成曲子。現在畫出龍的頭，觀看的人不知道這是何種野獸，等到把龍體全都畫好以後，觀看的人就沒有疑問了。如果現在說的道很多，而講到的物很少；說到做事的策略很多，而講到的具體事情很少，那要推論事理，就會沒有什麼話可說。以此來教求學的人，就一定會使他們處於推論事理無話可說的境地。

道的理論極其深奧，所以多用一些言辭來表述它的真實情況；萬物極其眾多，所以廣泛地加以敘說來傳達它們的意旨。言辭雖然有舒有捲、連綿擴張、糾纏紛擾、語句疏緩，但都是用來滋潤、滌蕩這些很深奧的意旨，使它們不會凝結、停滯、閉塞，能夠掌握而不會流散。長江、黃河中腐爛的屍骨數不完，但是祭祀的人還是從其中取水，這是因為長江、黃河很大的緣故。一盃白酒，有一隻蒼蠅泡在裡面，平民也不會去嘗那盃酒，因為盃子太小了。如果確實通曉二十篇所說的道理，讀懂要義、掌握要領，而通達九野、經過十門、到達天地之外、摒棄山川，那麼他就能無拘無束地生活在人世間，掌握萬物形態的特點，也夠悠閒自得了。像這樣，那就能環繞日月而不會不充實，就能滋潤萬物而不會減少。遼闊無邊，也足夠觀覽的了！浩渺無際，真是廣大呀，能夠在其中遨遊了！

文王之時，紂為天子，賦斂無度，殺戮無止，康梁沉湎❶，宮中成市❷。作為炮烙之刑，刳❸諫者，剔❹孕婦，天下同心而苦之。文王四世❺纍善，脩德行義，處岐周之間，地方不過百里，天下二垂❻歸之。文王欲以卑弱制強暴❼，以為天下去殘除賊而成王道，故太公之謀❽生焉。

文王業之而不卒❾，武王繼文王之業❿，用太公之謀，悉索薄賦⓫，躬擐⓬甲胄，以伐無道而討不義，誓師牧野，以踐天子之位。天下未定，海內未輯⓭，武王欲昭⓮文王之令德⓯，使夷狄各以其賄⓰來貢，遼遠未能至，故治三年之喪，殯文王於兩楹之間⓱，以俟遠方。武王立三年而崩，成王在褓襁之中，未能用事⓲，蔡叔、管叔輔公子祿父⓳而欲為亂。周公繼文王之業、持天子之政，以股肱⓴周室，輔翼成王。懼爭道之不塞、臣下之危上也，故縱馬華山，放牛桃林㉑，敗㉒鼓折枹，搢笏而朝，以寧靜王室、鎮撫諸侯。成王既壯，能從政事，周公受封於魯㉓，以此移風易俗。孔子脩成、康之道㉔，述周公之訓，以教七十子㉕，使服其衣冠、脩其篇籍㉖，故儒者之學生焉。

【章　旨】這一章一講「太公之謀」產生的背景，二講「儒者之學」產生的由來。文中說周文王處於紂王無道之世，修德行義，而民心歸之。因此文王「欲以卑弱制強暴，以為天下去殘除賊而成王道」，而「太公之謀」便應時而生。而說「儒者之學」之生，則講到兩點，一是講到武王「昭文王之令德」、用太公之謀而治未能安定之世。以及周公輔成王、安定天下、受封於魯之事。二是講孔子研究成、康之道、敘述周公之訓，而教其弟子，「使服其衣冠、脩其篇籍」之事。這兩點涉及儒學興起的過程，也說到了儒學的一般內容。

【注　釋】❶康梁沉湎　康梁，耽樂。沉湎，淫酒。❷成市　言集者多。❸刳　剖開；挖開。❹剔　分解骨肉。❺四世　四代。舊注謂「太王（古公亶父）、王季（古公少子季歷）、文王（公季之子姬昌）、武王（姬昌之子發），凡四世也」。一說「四世」不當有「武王」，而應由文王起上數王季、太公、公叔、祖類。❻二垂　二邊陲之地。指殷之西北邊陲。一說「垂」為「分」字。❼暴　「暴」的古字。❽太公之謀　指呂尚之謀。舊注謂「太公為陳陰符兵謀也」。《漢書・藝文志》著錄「《太公》二百三十七篇、《謀》八十一篇、《兵》八十五篇」。一說此當專指謀而言，不謂兵也。謀者，即太公之《陰謀》；言者，即太公之《金匱》。❾文王業之而不卒　本於《呂氏春秋・下賢》所謂「文王造之而未遂」。造，始。遂，終（卒）。業，始。❿業　謂「緒」。指前人留下來的事業。⓫悉索薄賦　謂傾盡全國兵力。舊注謂「薄，少也。賦，兵也」。古代按田賦出兵車、甲士，故稱兵為賦。「悉索薄賦」幾為成語，或作「悉索敝賦」、「悉帥弊賦」。⓬躬擐　指親自披掛。擐，貫著。⓭輯　安定。⓮昭　顯揚。⓯令德　美德。⓰賄　財物。⓱殯文王於兩楹之間　舊注謂「殯，大斂也。兩楹，堂柱之間，賓主夾之」。⓲用事　指執政、當權。⓳祿父　紂王之子。《史記・殷本紀》謂周武王「封紂子武庚祿父，以續殷祀」。〈魯周公世家〉亦謂「封紂子武庚祿父，使管叔、蔡叔傅之，以續殷祀」。本篇舊注則謂「祿父，紂之兄子，周封之以為殷後，使管、蔡監之」。⓴股肱　輔助。㉑故縱馬華山二句　《尚書・周書・武成》謂縱馬放牛事為武王事，言其「偃武修文，歸馬於華山之陽，放牛於桃林之野，示天下弗服」。《史記・周本紀》亦作武王時事，謂其「縱馬於華山之陽、放牛於桃林之虛，偃干戈，振兵釋旅，示天下不復用也」。桃林，古地名。其地約當今河南省靈寶縣以西、陝西省潼關縣以東地區。㉒敗　毀壞。㉓受封於魯　周公佐武王破殷，武王「遍封功臣同姓戚者，封周公旦於少昊之虛曲阜，是為魯公。周公不就封，留佐武王」（《史記・魯周公世家》）。此指周公還政成王、北面就臣位事。㉔成康之道　成王名誦，武王之子，在位三十七年。成王幼時，周公攝政，制禮樂、立制度。周公還政，成王亦行周公之道。康王名釗，成王之子，在位二十六年。能修文武之業，百姓興於禮義。史謂成、康之際，刑措不用者四十餘年，為周之盛世。㉕七十子　傳說孔子有弟子三千，而優秀者有七十餘人，謂「七十子」蓋言整數。《孟子・公孫丑上》謂「如七十子之服孔子也」。《史記・孔子世家》謂「孔子以詩、書、禮、樂教弟子，蓋三千焉；身通六藝者七十有二人」。而《史記·仲尼弟子列傳》既言「七十有七人」，又謂「學者多稱七十子之徒」。㉖篇籍　書籍。指周公等人的著作，如〈大誥〉、〈微子之命〉、〈歸禾〉、〈嘉禾〉、〈康誥〉、〈酒誥〉、〈梓材〉等。

【語譯】周文王的時候，紂王做天子，沒有限度地搜刮民賦，不停地殺戮無辜，整日耽溺於享樂、沉迷於酒，宮中人多得如同市集一樣。製作炮烙之刑，挖出規勸者的心，剖開孕婦的肚子，天下為他所苦的心完全相同。文王一家四代累積善行，以德義修身實踐，處於岐周之間，地方縱橫不超過百里，而天下兩處邊陲之地的人民都歸順他。文王要用卑下弱小的勢力去制服強暴之人，用這來為天下人民除去凶惡、狠毒的人而成就用仁義治理天下的王道，所以太公的謀略就產生了。

文王開始了他的事業卻沒有完成，武王繼承文王的事業，應用太公的謀略，傾盡全國的兵力，親自戴上頭盔、穿上鎧甲，來討伐無道、不義之君，在牧野告誡將士一定要打敗紂王，以此登上了天子之位。但是天下尚未平定，國內還未安定下來，武王想要顯揚文王的美德，使各少數民族用他們的財物來獻給周王朝，有的路途遙遠未能趕到，所以就用三年時間處理喪事，把文王的靈柩停放在廳堂兩柱之間，以等待遠方客人來弔喪。武王登位三年就死了，當時成王還是一個嬰兒，不能執政，蔡叔、管叔輔助紂王的公子祿父打算叛亂。周公繼承文王的事業，掌握天子的政權，以幫助周王室，輔佐成王。他害怕爭鬥的路徑不堵塞、臣下會危害君主，所以就把戰馬放入華山，把牛放入桃林，毀壞戰鼓、折斷鼓槌，把笏版插進腰帶而朝見君主，用這種辦法來使王室寧靜、安撫諸侯。成王已經長大，能處理政事了，周公便在魯地接受封地，用這種行動來移風易俗。孔子研究成王、康王的施政之道，敘述周公的教誨，用來教導他的七十個弟子，使他們穿戴成王、康王時期流行的衣帽、研究那時候產生的書籍，這樣儒家的學說便產生了。

墨子學儒者之業，受孔子之術，以為其禮煩擾而不說❶、厚葬靡財而貧民、久服傷生而害事❷，故背周道而用夏政❸。禹之時，天下大水，禹身執虆臿❹，以為民先，剔❺河而道❻九岐❼、鑿江而通九路❽、辟五湖❾而定東海。當此之時，燒不暇撌❿，濡不給⓫扢⓬，死陵者葬陵，死澤者葬澤⓭，故節財、薄葬、閒服⓮生焉。

齊桓公之時，天子卑弱，諸侯力征，南夷北狄，交伐⓯中國，中國之不絕如線⓰。齊國之地，東負海而北障河，地狹田少，而民多智巧。桓公憂中國之患，苦夷狄之亂，欲以存亡繼絕⓱，崇天子之位，廣⓲文、武之業，故管子之書⓳生焉。

齊景公內好聲色、外好狗馬，獵射亡歸，好色無辯⓴。作為路寢之臺㉑，族㉒鑄大鐘。撞之庭下，郊雉皆呴㉓。一朝用三千鐘贛㉔。梁丘據、子家噲㉕導㉖於左右。故晏子㉗之諫生焉。

【章旨】這一章述說三事之由來。一是喪葬時之「節財、薄葬、閒服」，二是「管子之書」，三是「晏子之諫」。說「節財、薄葬、閒服」之生，則先講墨子對儒者喪葬之禮的批評，「以為其禮煩擾而不悅」云云，「故背周道而用夏政」。後講禹治水時「死陵者葬陵，死澤者葬澤」之實踐。說「管子之書」的由來，則認為是適應齊桓公「憂中國之患，苦夷狄之亂，欲以存亡繼絕，崇天子之位，廣文、武之業」這種政治需要的結果。說「晏子之諫」的產生，則認為是齊景公荒淫享樂、濫賞而為佞臣所左右而造成的。文中說三事之由來，都能聯繫當時的社會背景、政治態勢加以分析，雖是述事之由來，實已說到事之作用。

【注釋】❶倪　簡易。原文作「說」，依王念孫校改。❷厚葬靡財句　《墨子．節葬下》謂「厚葬久喪實不可以富貧、眾寡、定危治亂乎，此非仁非義非孝子之事也」。又《晏子春秋．外篇》謂「厚葬破民貧國，久喪遁哀費日」，為二句所本。靡，浪費。久服，久為服喪。原文無「久」字，依王念孫校補。❸用夏政　指用夏已有之兼愛精神。如《孟子．離婁》言「禹思天下有溺者，猶己溺之也」。❹虆臿　虆，盛土之籠。臿，鍬。原文作「垂」，依王念孫校改。❺剔　分流；泄流。❻道　同「導」。疏導。❼九岐　舊注謂「河水播岐為九，以入海也」。王蘧常謂「即《禹貢》之九河。鄭玄曰河水自上至此，流盛而地平無岸，故能分為九，以衰其勢，壅塞故通利之也。九河之名：徒駭、大史、馬頰、覆釜、胡蘇、簡、絜、鉤盤、鬲津，周時齊桓公塞之同為一。今河間弓高以東，至平原鬲津，往往有其遺處焉」（《諸子學派要詮》）。❽九路　舊注謂「江水通別為九」。王蘧常謂「即《禹貢》之九江。《潯陽地記》曰：『一曰烏白江、二曰蚌江、三曰烏江、四曰嘉靡江、五曰畎江、六曰源江、七曰廩江、八曰提江、九曰菌江。』張須元《緣江圖》則一曰三里江、二曰五洲江、三曰嘉靡江、四曰烏土江、五曰白蚌江、六曰烏江、七曰箘江、八曰沙提江、九曰廩江。略不同。並云參差隨水長短，或百里，或五十里，始於鄂陵，終於江口，會於桑落洲」（同上）。❾辟五湖　舊注謂「使水辟（同『避』）人而相從也」。五湖，王蘧常謂「即《禹貢》之震澤，今之太湖也。《墨子．兼愛中》曰：『南為江、漢、淮、汝，東流之，注五湖之處。』」（同上）。❿擯　排除。⓫給　通「及」。⓬抆　擦拭。⓭葬澤　《宋書．禮志》引《尸子》謂「禹治為喪法，使死於陵者葬於陵，死於澤者葬於澤，桐棺三寸，制喪三月」。⓮閒服　簡服。謂三月服喪之服。原文作「閑服」，依王念孫校改。⓯交伐　交相攻打。⓰線　細絲。⓱存亡繼絕　使滅亡之國復存、斷絕之嗣得續。⓲廣　擴大。⓳管子之書　《漢書．藝文志》著錄《管子》八十六篇。有的研究者認為《管子》大部分是戰國時代的作品，是齊國法家的著作，中心思想是法家思想。⓴辯　通「辨」。舊注謂「別也」。㉑作為路寢之臺　《晏子春秋．內篇諫下》謂「景公築路寢之臺，三年未息」。路寢，天子、諸侯的正室。路者，大也。天子、諸侯皆有三寢，一曰高寢，二曰路寢，三曰小寢。一說路寢制如明堂，以聽政。㉒族　聚。㉓撞之庭下二句　舊注釋謂「大鐘聲似雷震，雉應而呴鳴也」。呴，同「雊」。鳴叫。《說文》：「雊，雄雉鳴也。雷始動，雉乃鳴而句其頸。」㉔一朝用三千鐘贛　《晏子春秋．內篇諫上》謂「景公燕賞於國內萬鐘者、三千鐘者，五令三出而職計莫之從。公怒，令免職計」。鐘，十斛為一鐘。贛，舊注謂「賜也」。一朝賜群臣之費三萬斛也」。㉕梁丘據子家噲　齊景公之二佞臣。㉖導　引導。舊注則謂「諫也」。㉗晏子　晏嬰。春秋齊國夷維人，字平仲（一說諡平仲），先為齊卿，後相景公，敢諫、善諫。《晏子春秋》有〈諫上〉、〈諫下〉二卷記載其勸諫之事。

【語 譯】墨子學習儒家的學業，接受孔子的學術教導，卻認為儒家的禮儀冗雜繁亂，用豐厚之物舉行葬禮浪費財物而使民眾貧困，長久服喪會妨害人的生活，使事業造成損失，所以墨子就違背周朝的做法而用夏代的政令。禹的時候，天下有大水，禹拿著鍬和盛土的籠子，為民眾的先導，使黃河分流而引出九條支流，鑿通長江而溝通九條河流，整治五湖而使東海安定。在這個時候，被火燒也來不及排除，臉上浸溼了也來不及擦拭，人死在大土山上的就葬在大土山上，死在湖澤地帶的就葬在湖澤地帶，所以在處理喪事時節約財物、實行儉約的葬儀、短期穿喪服的規矩便產生了。

齊桓公的時候，周天子勢力弱小，諸侯用武力相互征伐，南方的夷、北方的狄，交相攻打中原地區，中原地區各諸侯國政權沒有斷絕就如同絲線一樣。齊國的國土，東靠海而北為黃河所阻隔，領土狹窄而可耕種的田很少，可是人民卻有很多智謀和巧詐之術。桓公為會遭到中原各諸侯國那樣的禍患而愁，為夷狄作亂所苦，想要使滅亡之國得以保存、使斷絕之嗣得以延續，想使天子的地位變得崇高起來，想擴大周文王、周武王的事業，因此管子的書便產生了。

齊景公在宮內喜好聲色，在外喜好狗馬，獵獸射禽忘了歸來，貪愛女色往往不加辨別。起造路寢之臺，聚集金屬鑄造大鐘。在庭下撞擊大鐘，使得郊外的野雞都叫起來了。一次朝會便賜給臣下三千鐘糧食。又有梁丘據、子家噲在他身邊引導他。所以便有了晏子的規勸。

晚世❶之時，六國諸侯，谿異谷別，水絕山隔，各自治其境內、守其分地、握其權柄、擅❷其政令。下無方伯❸，上無天子❹，力征爭權，勝者為右❺。恃連與❻，約重致❼，剖信符❽，結遠援，以守其國家、持其社稷，故縱橫修短生焉❾。

申子❿者，韓昭釐⓫之佐。韓，晉別國⓬也，地墽⓭民險⓮，而介於大國之間，晉國之故禮未滅，韓國之新法重出，先君之令未收，後君之令又下，新故相反，前後相繆⑮，百官背亂⑯，不知所用，故刑名之書⑰生焉。

秦國之俗，貪狼⑱強力，寡義而趨利，可威以刑，而不可化以善；可勸⑲以賞，而不可厲⑳以名。被險㉑而帶河㉒、四塞㉓以為固，地利形便，畜積殷富，孝公欲以虎狼之勢而吞諸侯，故商鞅之法生焉。

【章旨】這一章先論「縱橫修短」之術的產生，說是戰國時代六國諸侯「力征爭權」，時與「恃連與，約重致，剖信符，結遠援」以保其國家，所以便有了縱橫修短之術。次論申不害刑名之書產生的原因，說是韓為晉之別國，地墽民險，故禮未滅，新法重出；先君之令未收，後君之令又下，百官不知所用，所以有了刑名之書。最後論商鞅之法的由來，說是秦國之俗「可威以刑」、「可勸以賞」。而秦之地理形勢有利、畜積殷富，孝公欲以虎狼之勢吞併諸侯，所以便產生了商鞅之法。本章觀點多取自《韓非子．定法》。

【注釋】❶晚世　末世。指周之末世，實指戰國時代。❷擅　獨攬。❸方伯　一方諸侯之長。❹上無天子　此時周天子尚在，言無天子，是因政令不自天子出，雖有如無。❺右　強。或釋為尊。❻恃連與　原文作「恃連與國」，依王念孫校刪「國」字。舊注釋謂「怙恃連與之國」。連與，猶言聯盟。❼約重致　意謂一再約定。❽剖信符　古以竹為符證，剖而為二，兩方各執其一，故以為符契以行事。信符，符契；憑據。❾縱橫修短生焉　可參看劉向《戰國策．序》。中言「晚世益甚，萬乘之國七，千乘之國五，敵侔爭權，蓋為戰國。貪饕無恥，競進無厭，國異政教，各自制斷。上無天子，下無方伯，力功爭強，勝者為右。兵革不休，詐偽並起。當此之時，雖有道德，不得施謀，有謀之強，負阻而恃固，連與交質，重約結誓，以守其國，……是以蘇秦、張儀、公孫衍、陳軫、代厲之屬，生縱橫短長之說」。縱橫修短，指戰國策士縱橫長短之術。縱橫，即合縱連橫。因欲令其事長即長說之，欲令其事短則短說之，故縱橫說又稱之為修（長）短說。❿申子　即申不害。《史記・老莊申韓列傳》：「申不害者，京（今河南省滎陽縣東西）人也。故鄭之賤臣，學術以干韓昭侯。昭侯用為相，內修政教，外應諸侯十五年。終申子之身，國治兵強，無侵韓者。申子之學本於黃老而主刑名，著書二篇，號曰《申子》。」⓫韓昭釐　當為韓昭侯。昭侯名武，在位三十年。韓有韓釐王，襄王子，名咎，在位二十三年。釐王即位，申不害在昭侯二十二年即已去世。故文中「釐」或有誤。⓬韓晉別國　東周威烈王二十三年（西元前四〇三年），周王命韓虔、趙籍、魏斯為諸侯，正式承認韓、趙、魏三分晉國。故言韓為晉之別國。別國，分支之國。或謂國之分支。⓭墽　同「磽」。土地堅硬而又貧瘠。⓮險　邪惡。⓯繆　同「謬」。悖謬；違背；衝突。⓰背亂　背戾惑亂。⓱刑名之書　《史記・萬石張叔列傳》司馬貞《索隱》引《別錄》謂「申子學號曰刑名，刑名者，循名以責實，其尊君卑臣，崇上抑下，合於六經也」。《漢書・藝文志》著錄《申子》六篇。刑名，戰國時法家思想中的一派。主張循名責實，以強化上下關係。⓲貪狼　貪狠如狼。⓳勸　勉勵。⓴厲　同「勵」。激勵。㉑被險　謂為險要之地所環繞。被，覆蓋。㉒帶河　謂為黃河所圍繞。帶，被圍繞。㉓四塞　四境要塞。《史記・蘇秦列傳》記蘇秦「說惠王曰：秦四塞之國，被山帶渭，東有關河，西有漢中，南有巴蜀，北有代馬，此天府也」。張守節《正義》謂「東有黃河，有函谷、蒲津、龍門、合河等關；南有南山及武關、嶢關；西有大隴山及隴山關、大震、烏蘭等關；北有黃河、南塞，是四塞之國也」。

【語譯】 到了周代末期，六國的諸侯，各自有自己的谿谷，山水隔絕，各自治理國境以內的事情、守衛所分割到的國土、掌握這一國的權力，獨自決定他這一國的政策和法令。這時下無管理一方的諸侯之長，上無可以管得住諸侯的天子，於是他們用武力征伐來爭奪權力，獲勝的就是強大的。大家都依靠國家的聯合，一再簽定盟約，剖竹作為憑證，結交遠方的國家作為援助，這樣來守住他的國家、保住他的社稷，所以合縱連橫的長短之術就產生了。

申不害，是韓昭侯的輔佐之臣。韓國，本是從晉國分出來的，土地堅硬、貧瘠，民心邪惡，而處於大國中間，晉國從前的禮法還未消除，韓國新的禮法又出來了，先前君主的政令還未收回，後來君主的政令又頒發下來了，新舊禮法相反，前後君主的政令相互衝突，百官感到背戾惑亂，不知道執行何種禮法、政令，所以論述刑名的著作便產生了。

秦國的民俗，人們貪狠如狼而好強用武，缺少義氣而追逐利益，可以用刑罰來使他們感到害怕，而不能用行善之道來教化他們；可以用行賞來勉勵他們，而不能用名譽來激勵他們。其地形險要而為黃河所環繞，四方要塞十分牢固，地形便利，積蓄豐富，孝公想憑著虎狼一般的凶猛氣勢吞併諸侯，所以商鞅的法令便產生了。

若劉氏之書❶，觀天地之象、通古今之事；權❷事而立制、度形❸而施宜；原道之心、合三王之風，以儲與❹扈冶❺；玄眇之中，精搖❻靡覽❼，棄其畛挈❽，斟❾其淑靜❿，以統天下、理萬物、應變化、通殊類⓫。非循一跡之路⓬、守一隅之指⓭、拘繫牽連之物，而不與世推移也。故置之尋常⓮而不塞、布之天下而不窕⓯。

【章　旨】這一章承前數章而言，意謂上述諸家思想、各種著述都有其來由、目的和作用，而「劉氏之書（指《鴻烈》）」則研究的對象更為廣泛，所說的道理更為深刻，因而更具普遍性，無處不可用。按上數章說諸家思想、著述由來之通例，本章應當具體說到《鴻烈》一書產生的現實背景和作用。可是文中卻用籠統、誇張的言辭巧妙帶過，使得讀者欲明其意，尚須細讀全書。

【注　釋】❶劉氏之書　指《鴻烈》。劉氏，劉安自謂。舊注言「淮南王自謂也」。❷權　衡量。❸形　指形勢。❹儲與　拘束；限制。舊注謂「猶攝業（或作『葉』、『僷』，攝業為不舒展貌）也」。❺扈冶　廣大。❻精搖　精進（精明而進趨）。❼靡覽　謂細小處都看到。靡，細小。❽畛挈　指水之混濁。與下句「淑靜」相對。畛挈，為楚之方言。楊樹達「疑挈當讀為界」，又以《說文・田部》「畛，井田閒陌也。界，境也」，釋「畛挈」，似別為一解。❾斟 舀取；吸取。❿淑靜 謂清澈、平靜。⓫殊類 不同的類別。⓬一跡之路 即狹小之路。⓭一隅之指 偏於一方面之旨。即片面的意見或主張。⓮尋常 此處指小面積、小範圍。⓯窕 不滿密。舊注謂「窕，緩也。布之天下，雖大不窕也」。

【語 譯】至於劉氏所著的書，觀察天地間所有的形象，通達古今的事理；衡量事物的特點而建立制度，度量形勢而採用適宜的做法；探索道德觀念的本原，符合三王實行過的教化，用來制約廣大之物；在深奧微妙之中，精明進趨連細小之處都看到了，棄其粗劣之質而取其精華，如同拋棄混濁的湖水而舀取清澈、平靜的水一樣，用來總括天下之事、理順萬物之序、應對變化之勢、溝通不同的類別。而不是順著狹小的道路前進，堅持片面的主張，不受互有關聯之物的束縛，而不隨著世道的變遷而轉易。所以把它說的道理放入尋常之間不會堵塞，把它分布到普天之下也不會鬆緩不密。

附錄

敘目

漢涿郡・高誘

淮南子名安，厲王長子也。長，高皇帝之子也。其母趙氏女，為趙王張敖美人。高皇帝七年討韓信於銅鞮，信亡走匈奴，上遂北至樓煩。還過趙，不禮趙王。趙王獻美女趙氏女，得幸，有身。趙王不敢內之於宮，為築舍於外。及貫高等謀反發覺，并逮治王，盡收王家，及美人趙氏女亦與焉。吏以得幸有身聞上，上方怒趙王，未理也。趙美人弟兼因辟陽侯審食其言之呂后，呂后不肯白，辟陽侯亦不強爭。及趙美人生男，恚而自殺。吏奉男詣上，上命呂后母之，封為淮南王。暨孝文皇帝即位，長弟上書願相見，詔至長安。日從游宴，驕蹇如家人兄弟。怨辟陽侯不爭其母於呂后，因椎殺之。上非之，肉袒北闕謝罪，奪四縣，還歸國。為黃屋左纛，稱東帝，坐徙蜀嚴道，死於雍。上閔之，封其四子為列侯。時民歌之曰：「一尺繒，好童童。一升粟，飽蓬蓬。兄弟二人，不能相容。」《史記》本傳作「一尺布，尚可縫。一斗粟，尚可舂。兄弟二人，不能相容」上聞之曰：「以我貪其地邪？」乃召四侯而封之：其一人病薨，長子安襲封淮南王，次為衡山王，次為盧江王。太傅賈誼諫曰：「怨讎之人，不可貴也。」後淮南、衡山卒反，如賈誼言。

初，安為辨達，善屬文。皇帝為從父，數上書，召見。孝文皇帝甚重之，詔使為〈離騷賦〉，自旦受詔，日早食已。上愛而祕之。天下方術之士多往歸焉。於是遂與蘇飛、李尚、左吳、田由、雷被、毛被、伍被、晉昌等八人，及諸儒大山、小山之徒，共講論道德、總統仁義，而著此書。其旨近《老子》，淡泊無為，蹈虛守靜，出入經道。言其大也，則燾天載地；說其細也，則淪於無垠，及古今治亂存亡禍福、世間詭異瓌奇之事。其義也著，其文也富，物事之類，無所不載，然其大較歸之於道，號曰《鴻烈》。鴻，大也；烈，明也，以為大明道之言也。故夫學者不論《淮南》，則不知大道之深也。是以先賢通儒述作之士，莫不援採以驗經傳。以父諱長，故其所著，諸「長」字皆曰「脩」。光祿大夫劉向校定撰具，名之《淮南》。又有十九篇者，謂之《淮南外篇》。

自誘之少，從故侍中、同縣盧君受其句讀，誦舉大義。會遭兵災，天下棋峙，亡失書傳，廢不尋修，二十餘載。建安十年，辟司空掾，除東郡濮陽令，覩時人少為《淮南》者，懼遂淩遲，於是以朝餔事畢之間，乃深思先師之訓，參以經傳道家之言，比方其事，為之注解，悉載本文，并舉音讀。典農中郎將弁揖借八卷刺之，會揖身喪，遂亡不得。至十七年，遷監河東，復更補足。淺學寡見，未能備悉，其所不達，注以「未聞」。唯博物君子覽而詳之，以勸後學者云爾。

漢書・淮南王安傳

班固

淮南王安，為人好書、鼓琴，不喜弋獵狗馬馳騁，亦欲以行陰德拊循百姓、流名譽。招致賓客方術之士數千人，作為《內書》二十一篇，《外書》甚眾，又有《中篇》八卷，言神仙黃白之術，亦二十餘萬言。時武帝方好藝文，以安屬為諸父，辯博善為文辭，甚尊重之。每為報書及賜，常召司馬相如等視草乃遣。初，安入朝，獻所作《內篇》，新出，上愛祕之。使為〈離騷傳〉，旦受詔，日食時上。又獻〈頌德〉及〈長安都國頌〉。每宴見，談說得失及方技、賦、頌，昏暮然後罷。

安初入朝，雅善太尉武安侯，武安侯迎之霸上，與語曰：「方今上無太子，王親高皇帝孫，行仁義，天下莫不聞。宮車一日晏駕，非王尚誰立者！」淮南王大喜，厚遺武安侯寶賂。其群臣賓客，江、淮間多輕薄，以厲王遷死，感激安。建元六年，彗星見淮南，王心怪之。或說王曰：「先吳軍時，彗星出，長數尺，然尚流血千里。今彗星竟天，天下兵當大起。」王心以為上無太子，天下有變，諸侯並爭，愈益治攻戰具。積金錢賂遺郡國。遊士妄作妖言阿諛王，王喜，多賜與之。

王有女陵，慧，有口。王愛陵，多予金錢，為中詗長安，約結上左右。元朔二年，上賜淮南王几杖不朝。后荼愛幸，生子遷為太子，取皇太后外孫修成君女為太子妃。王謀為反具，畏太子妃知，而內泄事，乃與太子謀，令詐不愛，三月不同席。王陽怒太子，閉使與妃同內，終不近妃。妃求去，王乃上書謝歸之。后荼、太子遷及女陵擅國權，奪民田宅，妄致繫人。

太子學用劍，自以為人莫及，聞郎中雷被巧，召與戲。被壹再辭讓，誤中太子。太子怒，被恐。此時有欲從軍者，輒詣長安，被即願奮擊匈奴。太子數惡被，王使郎中令斥免，欲以禁后。元朔五年，被遂亡至長安，上書自明。事下廷尉、河南。河南治，逮淮南太子。王、后計欲毋遣太子，遂發兵。計未定，猶與十餘日。會有詔即訊太子，淮南相怒壽春丞留太子逮不遣，劾不敬。王請相，相不聽。王使人上書告相，事下廷尉治。從跡連王，王使人候司。漢公卿請逮捕治王，王恐，欲發兵。太子遷謀曰：「漢使即逮王，令人衣衛士衣，持戟居王旁，有非是者，即刺殺之，臣亦使人刺殺淮南中尉，乃舉兵，未晚也。」是時上不許公卿，而遣漢中尉宏即訊驗王。王視漢中尉顏色和，問斥雷被事耳，自度無何，不發。中尉還，以聞。公卿治者曰：「淮南王安雍閼求奮擊匈奴者雷被等，格明詔，當棄市。」詔不許。請廢勿王，上不許。請削五縣，可二縣。使中尉宏赦其罪，罰以削地。中尉入淮南界，宣言赦王。王初聞公卿請誅之，未知得削地，聞漢使來，恐其捕之，乃與太子謀如前計。中尉至，即賀王，王以故不發。其后自傷曰：「吾行仁義見削地，寡人甚恥之。」為反謀益甚。諸使者道長安來，為妄言，言上無男，即喜；言漢廷治，有男，即怒，以為妄言，非也。日夜與左吳等按輿地圖，部署兵所從入。王曰：「上無太子，宮車即晏駕，大臣必徵膠東王，不即常山王，諸侯並爭，吾可以無備乎！且吾高帝孫，親行仁義，陛下遇我厚，吾能忍之；萬世之後，吾寧能北面事豎子乎！」

王有孽子不害，最長，王不愛，后、太子皆不以為子兄數。不害子建，才高有氣，常怨望太子不省其父。時諸侯皆得分子弟為侯，淮南王有兩子，一子為太子，而建父不得為侯。陰結交，欲害太子，以其父代之。太子知之，數捕繫笞建。建具知太子之欲謀殺漢中尉，即使所善壽春嚴正上書天子曰：「毒藥苦口利病，忠言逆耳利行。今淮南王孫建，才能高，淮南王后荼、荼子遷疾害建。建父不害無罪，擅數繫欲殺之。今建在，可徵問，具知淮南王陰事。」書既聞，上以其事下廷尉、河南治。是歲元朔六年也。故辟陽侯孫審卿善丞相公孫弘，怨淮南厲王殺其大父，陰求淮南事而搆之於弘。弘乃疑淮南有畔逆計，深探其獄。河南治建，辭引太子及黨與。

初，王數以舉兵謀問伍被，被常諫之，以吳、楚七國為效。王引陳勝、吳廣，被復言形勢不同，必敗亡。及建見治，王恐國陰事泄，欲發，復問被，被為言發兵權變，語在被傳。於是王銳欲發，乃令官奴入宮中，作皇帝璽、丞相、御史大夫、將軍、吏中二千石、都官令、丞印，及旁近郡太守、都尉印、漢使節法冠。欲如伍被計，使人為得罪而西，事大將軍、丞相，一日發兵，即刺大將軍衛青，而說丞相弘下之，如發蒙耳。欲發國中兵，恐相、二千石不聽，王乃與伍被謀，為失火宮中，相、二千石救火，因殺之。又欲令人衣求盜衣，持羽檄從南方來，呼言曰：「南越兵入！」欲因以發兵。乃使人之廬江、會稽為求盜，未決。

廷尉以建辭連太子遷聞，上遣廷尉監與淮南中尉逮捕太子。至，淮南王聞，與太子謀，召相、二千石，欲殺而發兵。召相，相至，內史以出為解。中尉曰：「臣受詔使，不得見王。」王念獨殺相而內史、中尉不來，無益也，即罷相。計猶與未決。太子念所坐者謀殺漢中尉，所與謀殺者已死，以為口絕，乃謂王曰：「群臣可用者皆前繫，今無足與舉事者，王以非時發，恐無功，臣願會逮。」王亦愈欲休，即許太子，太子自刑，不殊。伍被自詣吏，具告與淮南王謀反。吏因捕太子、王后，圍王宮，盡捕王賓客在國中者，索得反具以聞。上下公卿治，所連引與淮南王謀反列侯、二千石、豪傑數千人，皆以罪輕重受誅。

衡山王賜，淮南王弟，當坐收。有司請逮捕衡山王，上曰：「諸侯各以其國為本，不當相坐。與諸侯王、列侯議。」趙王彭祖、列侯讓等四十三人皆曰：「淮南王安大逆無道，謀反明白，當伏誅。」膠西王端議曰：「安廢法度，行邪僻，有詐偽心，以亂天下，營惑百姓，背畔宗廟，妄作妖言。《春秋》曰『臣毋將，將而誅』，安罪重於將，謀反形已定。臣端所見其書印圖及它逆亡道事驗明白，當伏法。論國吏二百石以上及比者、宗室近幸臣不在法中者，不能相救，皆當免，削籍為士伍，毋得宦為吏。其非吏，它贖死金二斤八兩，以章安之罪，使天下明知臣子之道，毋敢復有邪僻背畔之意。」丞相弘、廷尉湯等以聞，上使宗正以符節治王。未至，安自刑殺。后、太子諸所與謀皆收夷。國除，為九江郡。

◎新譯管子讀本

湯孝純／注譯　李振興／校閱

《管子》乃是依春秋時代齊國著名的政治家管仲之名成書，可謂先秦時期一部百科全書式的學術著作，舉凡政治、經濟、軍事、哲學、教育和自然科學等思想無不包容。但因此書內容紛繁複雜，加之詞義古奧，簡篇錯亂，因而歷來號稱難讀之書。本書集歷代學者研究之精華，加以近代學者之成就，淺明注釋，白話翻譯，讓一般讀者也能輕鬆閱讀這部難得的好書。

三民網路書店 會員

獨享好康大放送

通關密碼：A7675

憑通關密碼

登入就送100元e-coupon。

(使用方式請參閱三民網路書店之公告)

生日快樂

生日當月送購書禮金200元。

(使用方式請參閱三民網路書店之公告)

好康多多

購書享3%~6%紅利積點。

消費滿350元超商取書免運費。

電子報通知優惠及新書訊息。

三民網路書店

www.sanmin.com.tw

超過百萬種繁、簡體書、原文書5折起